AF546549
KRAUTGARTEN VELDT
Andreas Conradt Aecker

Erhard Hindelang

Limbach
und
Maria Königin Bild

Erhard Hindelang

Limbach
und
Maria Königin Bild

Aus der Geschichte
des Dorfes und der ehemals
bedeutendsten Wallfahrt
Schwabens

Anton H. Konrad Verlag

Titelbild: Blick entlang der Bgm.-Hindelang-Straße von Südwesten auf den Pfarrhof und die Pfarrkirche St. Stefan in Limbach. Rückseite: Das Gnadenbild »Maria Königin Bild«, heute in der Pfarrkirche Burgau
Vorsatz: vorn der Ortsplan von Limbach, aufgenommen von Johann Caspar Klickh, 1743, hinten das zugehörige Besitzerverzeichnis
Frontispiz: Ölbild von Angelika Böhm: »Frau Hindelang im Kirchengarten«, aus dem Jahr 2000

Pro Suebia

Dieses Buch wurde gefördert durch die Dr. Eugen Liedl Stiftung.

Impressum

Die Deutsche Bibliothek verzeichnet diese Publikation in der Deutschen Nationalbibliografie; detaillierte bibliografische Daten sind im Internet unter http://dnb.d-nb.de abrufbar.

Informationen über unser Verlagsprogramm: **http://www.konrad-verlag.de**

ISBN 978-3-87437-620-4

Inhalt

Grußwort

Liebe Leserinnen und Leser,

Heimatbücher sind mehr als nur eine Sammlung von Seiten und Worten – es sind lebendige und bedeutende Chroniken, die die Geschichte und das Erbe von Städten und Ortschaften festhalten.

In den Seiten des vorliegenden Buches werden Sie eine faszinierende Reise durch die Vergangenheit unseres Ortsteils Limbach erleben. Das Buch lädt Sie ein, in vergangene Zeiten einzutauchen und Menschen und Geschichten zu entdecken, die Limbach geprägt haben. Von historischen Ereignissen über kulturelle Errungenschaften bis hin zu bedeutenden Persönlichkeiten, die ihre Spuren hinterlassen haben – dieses Buch ist eine Schatzkammer an Informationen und Erinnerungen, die uns dabei helfen soll, unsere Wurzeln zu verstehen und unsere Identität zu schätzen.

Ich möchte allen danken, die an der Erstellung dieses Buches beteiligt waren, allen voran dem Autor Herrn Erhard Hindelang, der mit viel Fleiß und Anstrengung dieses beachtenswerte Werk geschaffen hat. Ein Dank aber auch all denen, die für den Autor Fotos, Dokumente und Erinnerungsstücke beigesteuert haben, um das Buch mit lebendigen Details zu füllen.

Ein herzliches Dankeschön geht auch an Sie, liebe Leserinnen und Leser. Indem Sie dieses Heimatbuch in Ihren Händen halten und in seine Seiten eintauchen, zeigen Sie Ihre Wertschätzung für die Geschichte und das Erbe Limbachs.

Möge dieses Buch auch zukünftigen Generationen eine wertvolle Ressource sein, um ihre Wurzeln zu verstehen und ihre eigene Geschichte zu gestalten.

In diesem Sinne wünsche ich Ihnen eine spannende und bereichernde Lektüre.

Mit den besten Grüßen,

Martin Brenner
1. Bürgermeister der Stadt Burgau

Grußwort

Seit dem 19. Jahrhundert gibt es Heimatbücher. Besonders für die Lokalgeschichtsforschung stellen sie mit ihren Tausenden von Veröffentlichungen einen großen »Schatz« dar, da sie einen enormen Fundus von Informationen und Quellen beinhalten und »zugänglich« machen. Dabei ist es gleich, ob sie als Bücher zu Ortsjubiläen, Vertriebenenheimatbücher, als Ergebnis engagierter Laiengeschichtsforschung oder in einer Mischform der beachtlich großen geneigten Leserschaft vorgelegt werden. Stets dienen sie als »Erinnerungsorte« der historischen »Selbstvergewisserung« und »Selbstverortung« und stiften nicht selten »Identität«, wie es der Tübinger Historiker Andreas Müller bezeichnet hat.

So ist auch die vorliegende Arbeit von Erhard Hindelang ein wichtiger Beitrag, besonders in einer Zeit, in der viele Menschen nach Identität und »Beheimatung« suchen. Zeigt sie doch die Vielfalt einer gelebten Kultur früherer Generationen bis in die jüngste Vergangenheit. Somit schafft sie die Möglichkeit, die Geschichte der näheren Umgebung besser kennen zu lernen und auch jenen, die vielleicht neu zugezogen sind, spezifische Besonderheiten in ihrer neuen Heimat besser zu verstehen.

Ich wünsche diesem Buch eine große Leserschaft und viel Erfolg und danke Erhard Hindelang für seine fleißige und verdienstvolle Arbeit.

Dr. Stefan Siemons
Leiter des Kultur- und Touristikamtes der Stadt Burgau

Vorwort

In so manchem Gespräch spüre ich, dass die Vergangenheit Limbachs auf Interesse stößt. Das erfuhr ich auch bei meinem gut besuchten Vortrag: »Entwicklung und Wandel einer schwäbischen Landgemeinde«, den ich 2013 für den Historischen Verein Burgau und Umgebung hielt. Nach diesem Vortrag rief ein Zuhörer, der bis aus Kempten gekommen war, bei mir an, ich solle doch in einem Buch festhalten, was ich über Limbach weiß. Das war so der letzte Anstoß, den ich brauchte, um mich ans Werk zu machen.
Dieses Buch über die Ortschaft Limbach, die über Jahrhunderte zum Kloster der Augustiner Chorherren in Wettenhausen gehörte und 1803 mit der Auflösung des Klosters in der Säkularisation eine selbstverwaltete Gemeinde wurde, bis sie 1978 die Eingemeindung zu einem Stadtteil von Burgau machte, ist nun vollendet. Gott sei Dank!

»Denk an die Tage der Vergangenheit,
lerne aus den Jahren der Geschichte!
Frag deinen Vater, er wird es dir erzählen,
frag die Alten, sie werden es dir sagen.« Dt 32,7

Beim Breviergebet, das mir als Diakon obliegt, wird dieser Satz immer wieder zum Nachdenken vorgegeben. Er gilt nicht nur im jüdischen Volk als Anweisung für die Weitergabe des Glaubens und des Wissens der Geschichte des Volkes. Der Satz, der mir erst als Diakon aufging, regte mich an, mich tiefer in die Unterlagen, die unser letzter ortsansässiger Pfarrer Joseph Völk gesammelt und erarbeitet hatte, einzulesen und sie aufzuarbeiten.
Bereits vor hundert Jahren begann Pfarrer Joseph Völk Stoff über Limbach zu sammeln. In der Beilage »Schwäbische Heimat« zum »Günz- und Mindelboten«, die später »Schwäbischer Heimatbote« hieß, hat er mit vielen Aufsätzen von 1925 bis 1933 geschichtliches Wissen festgehalten und verbreitet. Er wertete alte Akten aus, die er aus dem Archiv Neuburg (heute Staatsarchiv Augsburg) ausgeliehen hatte, durchforstete die Matrikelbücher für die Erstellung von Stammbäumen und sammelte fleißig Korrespondenzen und Rechnungen. Damit hat er mir die Arbeit zu diesem Buch erheblich erleichtert. Eine Reihe

1 *Der Ortskern von Limbach im Sommer 2023. Am unteren Bildrand der Weiher, im Hintergrund die Bundesautobahn A 8 und das ehem. Kernkraftwerk Gundremmingen*

von Artikeln veröffentlichte Völk über die Kirchen von Limbach, Anhausen, Deubach und St. Veit in Riedhausen, das Pfarrdorf Deffingen und über uralte Bräuche und Sagen. Über die Ehrung dreier Bauernfamilien: Bläsbauer (Eisenlauer), Jörgle (letzter Besitzer Müller) und Wolfabauer (Mändle in Kleinanhausen) hat Völk genauere Erhebungen angestellt und veröffentlicht. Ein Thema war auch die Teuerung von 1770, deren Auswirkungen in den Beschreibungen über die Höfe und ihre Besitzer zu erkennen sind.
Das Anliegen des Verfassers des vorliegenden Buches war es, dieses Wissen zusammenzufassen und auch noch in die neuere Zeit hinein zu erweitern, um in der Dorfgemeinschaft Interesse für die alte Zeit zu wecken.
Ein Danke sage ich den Hofbesitzern, die bereitwillig Auskunft gaben und es so ermöglichten, die Reihe der Besitzer der Hofstellen bis ins 21. Jahrhundert aufzuführen.
Ein Danke an die Kirchenverwaltung, die mir den Zutritt in das Archiv ermöglicht hat, auch als ich nicht mehr Kirchenpfleger war.
Ich danke Herrn Helmut Schön aus Günzburg, der im Diözesanarchiv Einsicht genommen hat in die Personalakte Karl Kempters und mir die Kopien zur Verfügung stellte.
Ein herzlicher Dank vor allem auch an meine Tochter Dr. phil. Regina Hindelang, M.A. die als Lektorin darauf achtete, dass die Zitate und Erinnerungen möglichst auch belegt wurden und dem Anton H. Konrad Verlag für die liebevolle Gestaltung diese Buches.

Limbach, im Sommer 2023

Ein Blick auf den Ort

Limbach, ein alter Ort, liegt zentral in der nördlichen Hälfte des Landkreises Günzburg auf dem Höhenzug zwischen Günz und Kammel, mitten im Dreieck zwischen Günzburg und Burgau und dem früheren Herrschaftsort Wettenhausen. Man erreicht Limbach über die Kreisstraße GZ 15, die von der Staatsstraße 2510 über die Autobahn hinweg in Nord-Süd-Richtung nach Wettenhausen führt. Ein Ortsverbindungsweg führt nach Ebersbach und zur B 16. Von Limbach aus gelangt man auch zum nahe gelegenen Stubenweiher. Das Ortsbild beherrscht die aus gotischer Zeit stammende Kirche, deren Turm weithin über das Land grüßt. Weihe der Kirche war am 5. Oktober 1503. Zur Kirche gehört der stattliche Renaissance-Fachwerkbau des Pfarrhofes, der im Jahre 1630, kurze Zeit bevor die Schweden kamen, errichtet wurde. Ein bekannter Treffpunkt ist die Gastwirtschaft Jehle, die den »Schwarzen Adler« im Wappen führt und damit an die frühere Zugehörigkeit zur Markgrafschaft Burgau erinnert.

Abseits von der Hauptstraße, an der Karl-Kempter-Straße, liegt die ehemalige Schule, die 1912 von den Gemeinden Limbach und Anhausen errichtet worden war. Heute wird sie als schulvorbereitende Einrichtung für Behinderte genutzt. Der Verein Lebenshilfe zog hier im November 1973 als Mieter ein. Die Einweihung erfolgte dann im Januar 1974.[1]

Jenseits der Autobahn erinnert die Kapelle von 1964/65 an die ehemals große Wallfahrt »Maria Königin Bild«. Von 1692 bis 1787 stand dort eine von Herzogin Eleonora gestiftete und durch Valerian Brenner aus Günzburg erbaute Kirche.

Stattliche Anwesen, von denen noch einige ihr schwäbisches Aussehen bewahrt haben, reihen sich entlang der Straßen von Limbach. Zum Ortsbild gehört auch der Weiher; er diente der Freiwilligen Feuerwehr 100 Jahre lang als Wasserreservoir. Durch die bauliche Ausdehnung des Dorfes nach 1945 und in den 1970er-Jahren wurde er in den Ort einbezogen und lockt im Winter viele Eisläufer an.

An drei Stellen wird an die Familie Kempter erinnert, aus der als bekanntestes Mitglied der Domkapellmeister Karl Kempter hervorging. Das ist einmal die Gedenktafel, die im Rahmen eines Festes zum 150. Geburtstag von Karl Kempter am Nachfolgehaus des Geburtshauses, in dem der Vater als Lehrer Schule hielt, enthüllt wurde;[2] dann die beiden Grabkreuze der Eltern Mathias und Kreszentia an der Außenseite des Chors der Kirche und eine zum 200. Geburtstag von Karl Kempter von Egon Stöckle geschaffen Reliefplatte in der Kirche am Aufgang zur Empore.[3]

---

1 Günzburger Zeitung, 21.01.1974: Vorschulkindergarten kirchlich eingeweiht.

2 Günzburger Zeitung, (19.)01.1969: Seine Werke werden weiterleben.

3 Katholische Sonntagszeitung, 11.01.2020, Nr. 2, S. 13: Karl Kempter wird plastisch; Günzburger Zeitung, 24.12.2019: Limbacher ehren Karl Kempter.

Eine ländliche Gemeinde im Laufe der Zeit

Im Lied »Hei! Grüaß di Gott, Ländle« heißt es »zwischa de Gärtla sind Dörfla verstreut«. Beim Blick auf unsere schwäbische Landkarte haben wir genau so ein Bild vor uns. Mit Stolz blicken die Einwohner der Dörfer auf ihre Geschichte zurück. So ist es auch für unseren Ort interessant, wie er sich in der Geschichte entwickelt hat. Darum werfen wir einen Blick auf den Namen des Ortes, auf geschichtliche Zeugnisse in der nächsten Umgebung und die urkundlichen Nennungen.

Der Name des Ortes

Ältere Deutungen haben den Namen Limbach zurückgeführt auf *Limaha*. Sie gingen dabei aus vom ersten Namensteil *lim-* und führten es zurück auf das nhd. *Lehm*, ahd. *leim/lieto* (Lehm, Töpfererde, Tonerde, Erdpech), mhd. *leim* oder *līm* (Leim, Ton, Vogelleim). Das althochdeutsche *lie* (Schlamm, Lehm) und *aha* (Wasser) ergeben danach zusammen *lieaha* und wurden der leichteren Aussprache wegen zu *limaha*. Dies ist aber wohl nicht ganz zutreffend, da die frühen Schreibweisen für Limbach immer die Form *lim* (kurzer Vokal) u. Ä. aufweisen und damit der Diphtong *-ei-* und ein lang gesprochenes *-ī-* ausscheiden.[4]

Neueren Forschungen zufolge leitet sich das Grundwort vom ahd. *bah* (Bach), mhd. *bach* her.[5] Eine andere Version für die erste Worthälfte legt das ahd. *linta* (Linde), mhd. *linde* oder das vordeutsche Wort *lind* für Sumpf, See, Fluss zugrunde. Dazu gibt es keinen sicheren Beleg. Die lautliche Entwicklung führte dann ausgehend von *Lintpach* über Assimilierung des Dentals *-t-* zu *Linpach* und Angleichung des Nasals *-n-* an den bilabialen Anlautplosiv zu *Limpach*.[6]

Die Bedeutung des Ortsnamens wäre dann: Ein Wasser (Bach), das durch einen Lindenhain fließt oder an einer Linde oder an Linden vorbeifließt oder ein Bach, der durch einen Sumpf fließt. Dies ist die naheliegenste Herleitung, da das Siedlungsgelände immer sehr sumpfig, feucht und lehmig war.

Spätere Bezeichnungen sind: *Limpach, Linp[p]ach, Lympach, Lÿmppach, Lümpach, Lemp[p]ach, Limpa, Lempen, Lem[m]bach* und heute Limbach.[7]

---

4 Glenk, HONB Günzburg, S. 207 f.

5 Ebenda.

6 Ebenda mit Anm 62: Hier der Hinweis, dass Limbach in der älteren Literatur z.T. auf die Baumart und z.T. auf das vordeutsche lind (Sumpf, See, Fluss) zurückgeführt wurde.

7 Glenk, HONB Günzburg, S. 206 f.

2 *Die Viereckschanze westlich von Limbach wird heute nur noch in der Luftaufnahme durch unterschiedliche Feuchtigkeitsmerkmale des Bodens sichtbar*

3 *Reste der Grabhügel westlich von Limbach*

Reste der keltischen Zeit von etwa 800 v. Chr bis 15 v. Chr. (Hallstattzeit [800 bis 500] und Latènezeit [500 bis 15])[8]

Vor etwa 3000 Jahren lebten in unserer Gegend die Kelten, die bereits Werkzeuge aus Eisen herstellten. Für Schmuck dagegen verwendeten sie noch Bronze. Vorräte (Lebensmittel, Samen und Getreide) wurden in großen Tongefäßen aufbewahrt, die seit der Latènezeit farbig ornamentiert waren. Die Menschen der Hallstattzeit siedelten vorwiegend an Handelswegen wie dem Donautal oder in Höhen- oder Wallburgen auf den Jurahöhen oder sonstigen Anhöhen (so etwa auf der Reisensburg). Ein Handelszentrum wird auch in Günzburg angenommen, das an der Handelsroute zwischen dem Salzburger Land und Südwestdeutschland lag. Dies geht auf den beginnenden Salzhandel zurück. Es können aber auch Verbindungen zum Mittelmeerraum nachgewiesen werden. Reste von Höhensiedlungen findet man nur sehr selten. Es ist wahrscheinlich, dass die Menschen hauptsächlich in einfachen Holzhäusern, in der Nähe von Gewässern, wohnten.

Kennzeichnend für die Hallstattzeit ist die Bestattungssitte in Grabhügeln. Die Toten wurden in hölzernen Grabkammern unter diesen Erdhügeln bestattet. Weil man an ein Weiterleben im Jenseits glaubte, legte man den Verstorbenen Tongefäße mit Nahrung und auch Waffen und Schmuck mit ins Grab. Die Vornehmen (»Fürsten«) wurden unter besonders großen Hügeln bestattet. Während der Latènezeit wurde diese Sitte zugunsten von Flachgräbern aufgegeben.

In der Umgebung von Limbach sind noch mehrere Grabhügel erhalten oder wenigstens erkennbar. Einer findet sich südöstlich des Ortes beim Sportplatz im Wald, einer im Wald an der Straße nach Ebersbach und zwei auf der Höhe des Johannesberges Richtung Ebersbach westlich der Straße (nur noch leichte Anhöhen), drei in verschiedener Größe sind im Westen auf der Leinheimer Flur noch recht gut erkennbar.

Viereckschanzen sind vor allem im 2. und 1. Jahrhundert v. Chr. entstanden und treten in bestimmten Kleinräumen gehäuft auf. Die Viereckschanze bei Limbach am Buschelweg, die in Luftaufnahmen noch gut zu sehen ist, kann im Ackerfeld nur noch mit geübtem Auge verortet werden. Ihr ging es wie verschiedenen Grabhügeln, die durch die Nutzung des Bodens im Laufe des letzten Jahrhunderts eingeebnet wurden und nur noch durch Luftaufnahmen oder durch Magnetspektroskopie nachgewiesen werden können. Viereckschanzen waren Tempel oder Kultbezirke und nebenbei wohl auch Wehranlagen, vergleichbar mit den späteren Wehrkirchen. Sie waren von einem Erdwall und einem vorgelagerten Graben umgeben. Die Flurkarte von 1823 zeigt annähernd den Grundriss (Abb. 103). Dr. von Raiser schrieb über sie 1831 in seiner Beschreibung des Ober-Donau-Kreises: »Eine noch zur Hälfte ihres Quadrats vorhandene große Schanze bei Limpach, welche 600 Fuß [ca. 180 m] im Umfang hält [...] der Wall ist noch 12 bis 13 [Fuß, ca. 4 m] hoch.«[9]

8 Hennig, Hallstattzeit, Karte III/4; Uenze, Latènezeit, Karte III/5.

Dieser Wall wurde um 1934 während der Flurbereinigung zerstört.[10] Man darf wohl annehmen, dass angesichts der Nähe solcher frühzeitlichen Zeugen auch Siedlungstätigkeit vorhanden war. Eine solche ist aber aufgrund des Fehles von archäologischen Funden nicht nachweisbar. Um diese Schanze rankte sich durch die Jahrhunderte die Sage vom versunkenen Schloss.[11]

Urkundliche Nennungen im Zusammenhang mit den Besitzverhältnissen

Urkunden spielen bei der Ermittlung des Alters eines Ortes eine große Rolle. Eine erste Erwähnung bedeutet, dass ein Ort bereits bestanden hatte, über seine Gründung sagt dies nichts aus. Der erste urkundliche Nachweis für Limbach stammt aus dem Jahr 1280. Otto von Limbach, der wahrscheinlich letzte der »Herren von Limbach«, ein Ministeriale (Dienstadeliger) der Markgrafschaft Burgau, schenkt sein Gut (Bgm.-Hindelang-Str. 18) dem Kloster Kaisersheim (Kaisheim), in das er selbst eintritt.[12] Im 13. Jahrhundert sind die Grafen von Helfenstein (Burgruine über Geislingen) in Limbach begütert. Am 26. Juni 1293 schenkt Ulrich von Helfenstein seine Eigengüter (vererbbarer Besitz) an das Kloster Wettenhausen (Bgm.-Hindelang-Str. 4, Pfarrer-Völk-Str. 10 und 18).[13] Ein Jahr später, am 21. Juni 1294, bestätigt Heinrich von Münster dem Kloster den ungehinderten Besitz eines Gutes (Pfarrer-Völk-Str. 23), das der *Bochesloher Kirchherr ze Altheim* von ihm gekauft und dem Kloster geschenkt hatte. Damit kam der Widdumhof (zur Pfarrpfründe gehörige Landwirtschaft) an das Kloster.[14] Weitere Stiftungen an Klöster wer-

9 Vgl. Völk, Ein versunkenes Schloß, in: Schwäbische Heimat 1926, Nr. 14; Raiser, Ober-Donau-Kreis, 26.

10 Schwarz, Viereckschanzen Bayerns, S. 110 Nr. 129.

11 Siehe unten Volkskunde: Die Sage vom versunkenen Schloss.

12 StAA Reichsstift Kaisheim Urk. 232 ([um 1280]); Hoffmann, Urkunden Kaisheim, S. 192 Nr. 335 ([um 1280]); RB IV, S. 131 (um 1280); Glenk, HONB Günzburg, S. 206: »Ottho dictus de Limpach, Ministeriale des Mgf. Heinrich v. Burgau, macht eine Schenkung an das Kl. Kaisheim.«

13 StAA Kloster Wettenhausen Urk. 6 (1293 VI 26); RB IV, S. 539 (1293 VI 26); Glenk, HONB Günzburg, S. 206: »1293 Gf. Ulrich v. Helfenstein schenkt seine Güter in Limpach, die Ritter Heinrich v. Münster von ihm zu Lehen getragen hat, an das Stift Wettenhausen.«

14 StAA Kloster Wettenhausen Urk. 7 (1294 VI 21): »Ich Heinrich von Münsteren thue kund denen, die diesen Brief lesent, hörent, oder sehent, daß ich dem Kloster in Wettenhausen geben hab, umb daz Guet, daz von mir kauft hat u. daz gelegen ist ze Linpach, dezze hab ich mich u. für mein Erben verzigen, es si besuchts oder unbesuchts, ze Holz, ze Veld, ze Dorff u. mit dem Kirchensatz ze Linpach. Darum han ich geben diesen Brief mit meinem Insigl. daz daran hangt, daz mit gezeigen, min Herr Wolfhart Bischof zu Augsburg, Graf Ego von Berg Ritter, Herr Burchard vom Bach Ritter, Otto von Berg, Egloff der Blarrer, Cunrad der Halder und andere gezeigen. Da dieser Brief geben ward, daz war 1294; RB IV, S. 565 (1294 VI 21): »Heinrich v. Münstern verzicht sich gen dem Keloster Wehtenhusen dez Gutes ze Linpach, daz in der Bochesloher Kerchherr ze Altheim gab. Geziugen: Herr Wolfhart Bischoffe ze Auspurch; Grave Egen von …, Burchart v. Bache, Korherren ze Auspurch; Herr Chunrat von Berge, Herr Bilgerin von Bache, die Ritter; Eglolf der Blärer, Chunrat der Halder. Geben an S. Albans Tak (21. Jun.).«; Glenk, HONB Günzburg, S. 206.

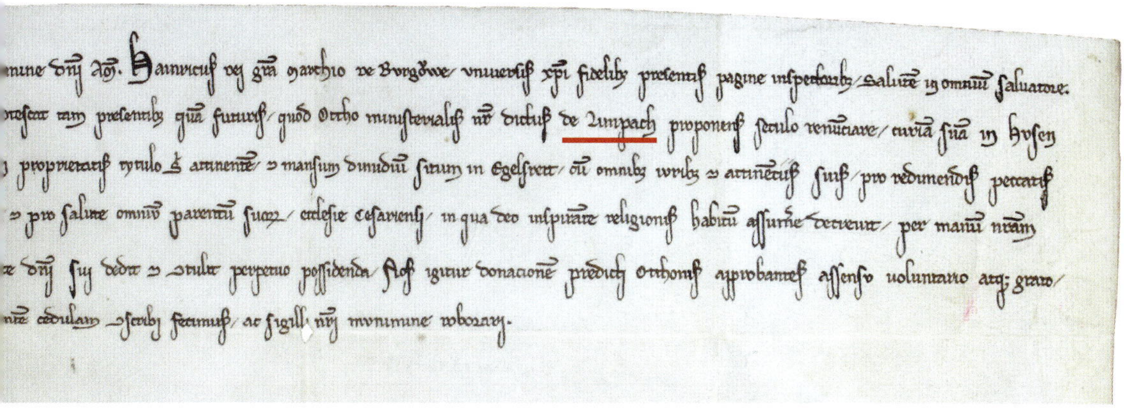

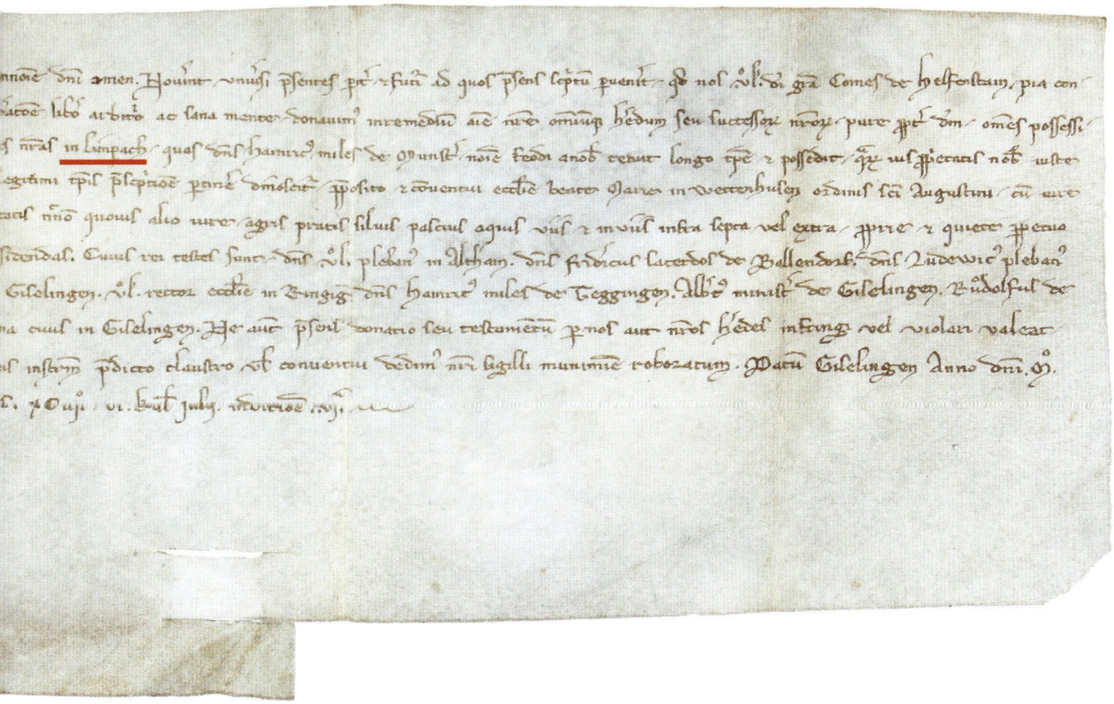

4/5 *Die ersten Erwähnungen Limbachs in Urkunden oben um 1280 und unten am 26. Juni 1293*

den genannt, als Heinrich von Richenbach 1348 dem Kloster Kaisheim ein *predium in Lympach* gibt und Wilhelm von Roth d. Ä. dem Stift Wettenhausen 1375 eine Wiesmahd in *Limpach* schenkt. 1376 verzichtet Wilhelm von Roth auf alle seine Ansprüche an der Wiesmahd.[15] Am 14. Juni 1376 inkorporiert (einverleiben) Bischof Burkhart von Augsburg die Pfarrei dem Kloster Wettenhausen.[16] 1384 wird Limbach im Traditionsbuch des Klosters Ursberg erwähnt.[17] 1424 ist Heinrich von Günzburg vom Erzherzog Friedrich mit Gütern in *Lympach* belehnt, ebenso wie Jos Günzburger im Jahr 1454 durch Erzherzog Sigismund.[18] Solche Belehnungen sind auch für 1544 und noch später für 1558, 1611, 1686 und 1701 bezeugt.[19] Gerwig Oswald verkauft 1427 eineinhalb Tagwerk Mahd bei Beuren an das Kloster Wettenhausen.[20] 1489 kauft die Kirchenstiftung Großanhausen zwei Anwesen, die nach 1699 zum Besitz des Klosters zählten (Pfarrer-Völk-Str. 21 und Karl-Kempter-Str. 2).[21] 1493 verkauft am Dienstag nach Lichtmess Ulrich Baumeister seinen Hof *auf der Tränkin* (Ebersbacher Str. 4) an Propst Ludwig zu Wettenhausen.[22] Von 1424 bis zum 27. Juli 1517 haben die Günzburger, eine Ulmer Bürgerfamilie, einen Hof, sieben Sölden und ein Feldlehen in Besitz, die sie dann ans Kloster veräußern (Bgm.-Hindelang-Str. 3, 8, 17, 19, 20, 25, 30 und 32). Dazu gehört auch der Weiher, der erst 1838 durch die Dammaufschüttung vergrößert wird. 1535 werden auch die Sölden (Bgm.-Hindelang-Str. 5 und 34, Frühlingstr. 1–3) als wettenhausisch genannt.[23] Durch alle Jahrhunderte burgauisch geblieben sind die 1578 genannte Wirtschaft (Pfarrer-Völk-Str. 22) und zwei Höfe. Der eine war damals angesiedelt zwischen Bgm.-Hindelang-Str. 4 und 8 (verlegt 1867 nach Pfr.-Völk-Str. 13), der andere ist Bgm.-Hindelang-Str. 15 (genannt 1571).[24]

15 StAA Reichsstift Kaisheim Urk. 643 (1348); StAA Kloster Wettenhausen Urk. 51 (1375) und Urk. 52 (1376); Glenk, HONB Günzburg, S. 206.

16 StAA Kloster Wettenhausen Urk. 53 (1376 VI 14); RB IX, S. 350 (1376 VI 14); Steichele – Schröder, Bisthum Augsburg 5, S. 365; Glenk, HONB Günzburg, S. 206: »Bf. Burkhard von Augsb. inkorporiert dem Stift Wettenhausen Ecclesiam parochialem in Limpach; das Stift soll dem Bf. für die Verwaltung der Seelsorge einen vicarius perpetuus präsentieren und ihm eine prebenda congrua aus den Einkünften der Kirche zur Verfügung stellen.«

17 Schröder, Traditionsbuch Ursberg, S. 25 Nr. 28: Möglicherweise kam zwischen 1209 (päpstliche Bestätigung der Stiftungsgüter des Klosters Ursberg: WUB 2, S. 374–378 Nr. 546 (1209 VII 6 Viterbo) bei der kein Besitz zu Limbach genannt wird) und 1384 Besitz in unbekannter Form zu Limbach über einen unbekannten Schenker an das Kloster.

18 StAA Vorderösterreich LU 11477 (1424) und 11479 (1454); Glenk, HONB Günzburg, S. 206.

19 Glenk, HONB Günzburg, S. 207; StAA LU Vorderösterreich 11068 (1544), 11069 (1558), 11076 (1611), 11084 (1686), 11086 (1701).

20 Glenk, HONB Günzburg, S. 206; StAA Kloster Wettenhausen Urk. 96 (1427).

21 StAA Kloster Wettenhausen Urk. 248 (1489); Glenk, HONB Günzburg, S. 207; Pfarrarchiv Limbach, Abt. III, Anh. 2: Salbuch Großanhausen von 1692.

22 StAA Kloster Wettenhausen Urk. 263 (1493 II 5); Glenk, HONB Günzburg, S. 207.

23 StAA Reichsstift Wettenhausen Lit. 6 (Salbuch Wettenhausen von 1535).

24 StAA Reichsstift Wettenhausen Lit. 8 (Gült- und Zinsbuch von 1578); Pfarrarchiv Limbach, Abt. V, OG 30: Protokolle 1566–1574.

Alle diese Daten sagen freilich nichts über die Gründung oder Entstehung dieser Höfe oder Sölden. Aufgeschrieben sind nur die jeweils ältesten auffindbaren Daten der Nennung.
Das Anwesen Bgm.-Hindelang-Str. 7 wurde als Gemeindeschmiede 1686 gegründet.[25] Hier war der Schmied bis 1840. Im Jahr darauf entstand durch das Auffüllen der *Wätte* (Bgm.-Hindelang-Str. 9) ein Platz für die neue Schmiede.[26] Der letzte Schmied Anton Mäusle brannte seine Kohlen noch auf der *Kohlstatt*, wo heute das *Lagerhaus* steht. 1925 erbaute Georg Holder die jetzt geschlossene Schmiede (Pfr.-Völk-Str. 27).

Orts- und Gemeindebeschriebe für Limbach

Frühe Erfassung der Ortsgröße

Eine der ältesten Aufzeichnungen über die Größe des Ortes stammt aus dem Jahr 1492. Im sog. Feuerstattguldenregister der Markgrafschaft Burgau lesen wir: »Ludwig, Propst zu Wettenhausen, entrichtet für 4 Feuerstätten zu Limpach den Feuerstattgulden; die Witwe Günzburgerin zu Ulm für einen Hof und 8 Sölden zu Limpach.«[27]
1632 ist im Schwedenkrieg festgehalten, dass 25 Häuser bestanden, von denen elf niedergebrannt wurden.[28] Der Ort Limbach ist über Jahrhunderte in seinem Umfang nicht gewachsen. Im Jahr 1721 zählte man wieder 25 Häuser.[29] Dies war auch um 1750 der Fall. Wir erfahren nach einem Beritt, einer frühmodernen Landvermessung, dass Limbach aus 25 Feuerstätten bestand, von denen »21 der Prälatur in Wettenhausen, 3, unter welchen der Zapfenwirth, nach Burgau, so unter den neuberittenen Orten nach Ehingen collectiren, und eine der Prälatur Kaysersheim gehören«. Es hatte »mittelmäsigen Feldbau, Wiesewachs, Viehzucht und Holtzbau; Die hohe Juristiction ist Burgauisch die niedere den Besitzern«.[30]
1801 hält Philipp Röder in seinem *Geographisch, statistisch-topographischen Lexikon von Schwaben* fest, dass »Limbach, Pfarrdorf mit 365 Seelen, im Gebiet des Stifts Wettenhausen« liegt.[31]
Die grundherrschaftliche Situation in Limbach im 18. Jahrhundert und am Ende des Alten Reiches um 1800 bildete sich folgendermaßen ab:[32]

25 StAA Reichsstift Wettenhausen Lit. 56 (Contractsprotokoll des Oberamtes Wettenhausen von 1721–24).
26 Es handelt sich um eine Urkundenabschrift von Pfarrer Völk, datiert auf 1841. Siehe auch HsNr. 11½ im Hausnummernverzeichnis.
27 Glenk, HONB Günzburg, S. 207; Nebinger – Schuster, Burgauer Feuerstattguldenregister, S. 99 Nr. 386 und S. 124 Nr. 941.
28 Völk, St. Stefanskirche in Limbach, in: Schwäbische Heimat Juli 1926, Nr. 19.
29 Glenk, HONB Günzburg, S. 207.
30 Ebenda; Kolleffel, Beschreibung 1749–1753, S. 188.
31 Glenk, HONB Günzburg, S. 207; Röder, Lexikon II, Sp. 69.
32 Wüst, Günzburg, S. 216.

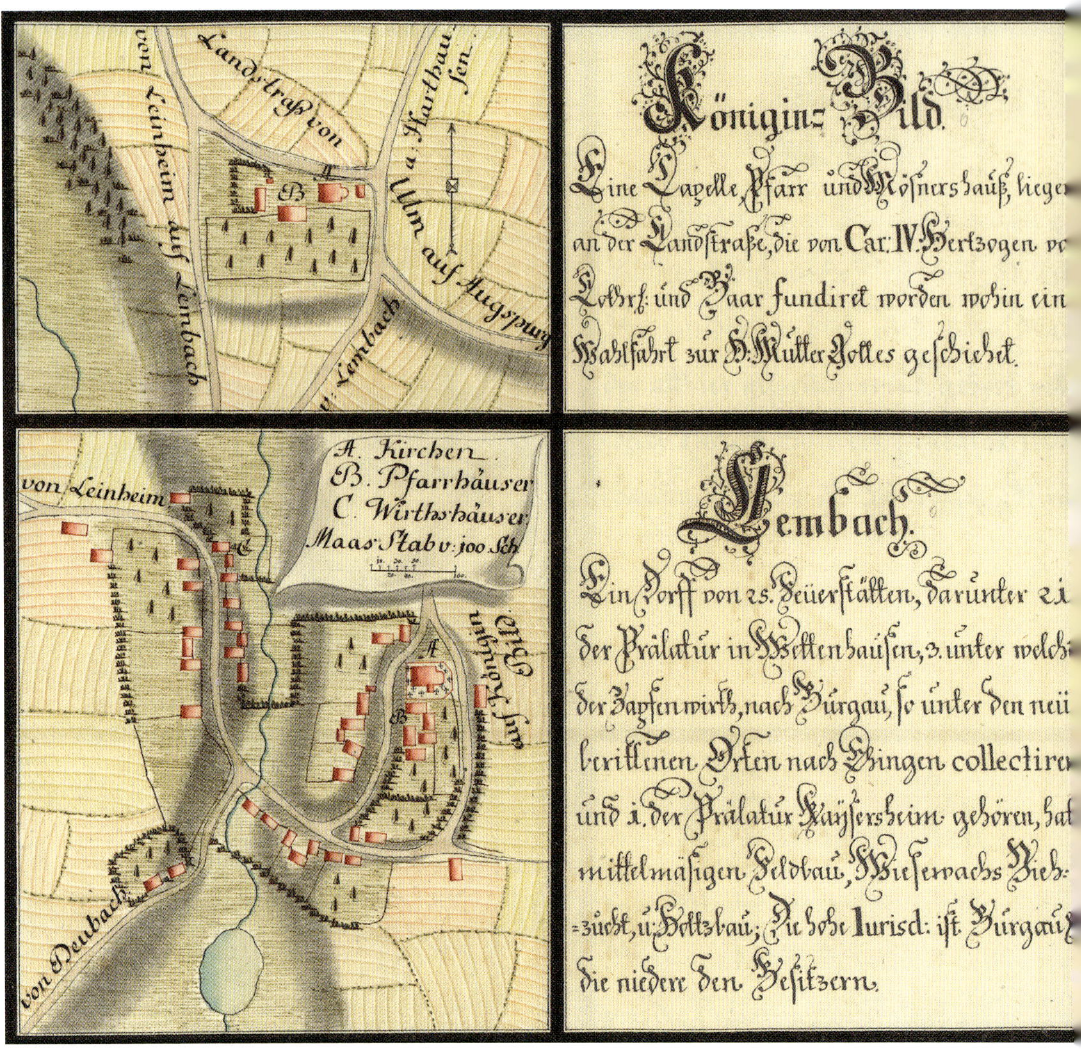

6 *Limbach um 1750, aus der geographischen und topographischen Beschreibung der Markgrafschaft Burgau des österreichsichen Offiziers Johann Lambert Kolleffel*

Limbach

Landeshoheit	Reichsstift Wettenhausen (Markgrafschaft Burgau)
Hochgericht	Markgrafschaft Burgau
Niedergericht	Reichsstift Wettenhausen mit Gassengericht, Markgrafschaft Burgau, Reichsstift Kaisheim
Steuer	Reichsstift Wettenhausen
Ortsherrschaft	Reichsstift Wettenhausen
Pfarrei	Limbach
Grundherrschaften	1. Reichsstift Wettenhausen (Oberamt Wettenhausen) 5 Höfe (Nr. 3, 4, 5, 7, 8), 16 Sölden (Nr. 1, 2, 6, 9, 10, 11, 12, 13, 14, 15, 17, 18, 19, 20, 21, 22), 1 Gnadenhaus (Nr. 30), 1 Hirtenhaus (Nr. 16) 2. Markgrafschaft Burgau 1 Wirtschaft (Nr. 27), 1 Sölde (Nr. 23), 2 Leerhäuser (Nr. 25, 26) 3. Reichsstift Kaisheim 1 Hof (Nr. 24) 4. Eigen Pfarrhof (Nr. 29), Schule (Nr. 31), Dorfkirche (Nr. 32)

Maria Königin Bild

Landeshoheit	Markgrafschaft Burgau
Hochgericht	Markgrafschaft Burgau
Niedergericht	Markgrafschaft Burgau
Steuer	Markgrafschaft Burgau
Ortsherrschaft	Markgrafschaft Burgau
Pfarrei	Limbach
Grundherrschaft	1. Eigen 1 Wallfahrtskirche, Pfarr- und Mesnerhaus

Dann veränderte die Säkularisation die Besitzverhältnisse. Bayerische Beamte nahmen auf Befehl der königlichen Verwaltung eine Einteilung in Steuerdistrikte vor. Limbach wurde zu einem Steuerdistrikt, zu dem auch Groß- und Kleinanhausen und Hammerstetten gezählt wurden. Vom Rentamt Burgau wurde im Berechnungszeitraum 1811/12 für den Steuerdistrikt Limbach, eine Erhebung durchgeführt. Für den Ort wurden 27 Hausnummern gezählt. Eine Kirche, 27 Wohnhäuser und 14 Scheunen oder Stadel, Magazine oder sonstige Gebäude. In der Summe ergibt dies 42. Davon sind mit Ziegeln gedeckt 33, mit Stroh gedeckt neun. Der Steuerassecuranzwert aller Gebäude ist auf 8930 fl festgelegt.[33] 1823 ist Limbach »ein Pfarrdorf im Landgericht Burgau von 28 Häusern und 195 Seelen unter dem Schutz des hlg. Märtyrers Stephan, dessen Pfarrei dem Stift Wettenhausen gehört und die mit der ihr

7 *Limbach in der Uraufnahme von 1823*

vereinigten Pfarrei Großanhausen alternierenden Gottesdienst hält«.[34] 1890 wird wieder einmal eine Zählung durchgeführt, die es auf 46 Wohngebäude und 226 Einwohner bringt.[35] 1895 heißt es dann wieder »Dorf mit 38 Häusern, davon 6 Bauernhöfe«.[36]

Gemeindebeschrieb vom Juni 1876[37]

I. Lage

Limbach liegt auf einer Anhöhe zwischen dem Günz- und Kammelthale, rechts der von Ulm nach Augsburg führenden Straße im Mittelpunkte zwischen den Städten Günzburg und Burgau.

II. Grenzen

Östlich wird das Dorf von den Zehentstadel- und Kreuzäckern, südlich von dem Weiher und Weiherberg, den Weiheräckern, westlich vom Geschlacht und langen Gewände, nördlich von den Bachäckern und der Kälberweide begrenzt. Die Gemeindeflur Limbach grenzt im Osten an die Anhauser und Hammerstetter Flur von Pl.Nr. 715a bis 840b; im Süden von Pl.Nr. 840b bis 945 an die Hammerstetter und Ebersbacher Flur; im Westen von Pl.Nr. 945 bis 679½ an die Ebersbacher, Kleinkötzer und Leinheimer Flur; im Norden von Pl.Nr. 679½ bis 715a an die Harthauser Flur.

III. Straßen und Wege

Die durch den oberen Teil des Dorfes führende Straße und die in den unteren Teil des Dorfes führende Kirchenstraße sind durch die Kellerberg- und Weiherbergstraße miteinander verbunden. Der Kötzer Limbacher Weg beginnt bei Pl.Nr. 12, geht zwischen dem Birkengehau und [den] Kreuzäckern durch, theilt sich bei Pl.Nr. 263 und 312 in zwei Arme, wovon der rechte nach Kleinkötz führt und bei Pl.Nr. 315 in die Ebersbacher Flur tritt, und der andere links nach Ebersbach führt und bei Pl.Nr. 264 endet. Der Hammerstetter Fahrtweg beginnt am Dorf östlich von Pl.Nr. 147, geht durch die Hardttheile und bei Pl.Nr. 854 in die Flur von Großanhausen. Der Harthauser Kommunikationsweg fängt beim Dorfe zwischen Pl.Nr. 50 und 51 an, geht bei Pl.Nr. 633 über

33 BSB Cgm 6844(9: Die sog. Montgelas-Statistik wurde aufgestellt, um die Einwohner, die Häuserzahl und alle liegende und fahrende Habe schätzen zu können. In den Jahren 1809 bis 1811 wurde damit die erste umfassende Volkszählung in Bayern und den angeschlossenen Gebieten durchgeführt. Ermittelt sollte vor allem das mögliche Steueraufkommen der bayerischen Bürger werden, um dem maroden Staat wieder auf die Beine zu helfen.

34 Glenk, HONB Günzburg, S. 207; Braun, Historisch-topographische Beschreibung 1, S. 266 f.

35 Glenk, HONB Günzburg, S. 207; Gemeinde-Verzeichniss 1892, S. 254.

36 Glenk, HONB Günzburg, S. 207; Steichele – Schröder, Bisthum Augsburg 5, S. 364.

37 Privatbesitz Ulrich Schmid sen.: Gemeindebeschrieb 1876.

die Landstraße, dann bei Pl. Nr. 707 über den sogenannten Postweg und nördlich von Pl. Nr. 707 in die Harthauser Flurgrenze.

IV. Flüsse

Finden sich im Gemeindebezirk keine. Ein kleiner Bach (Abfluss des Ortsweihers) fließt durch das enge Thal nach Leinheim und sammelt sich in zwei großen Weihern östlich der Stadt Günzburg.

V. Politische Beziehung

Das Pfarrdorf Limbach zählt 37 Häuser mit 20 Nebengebäuden und 215 Einwohnern, steht unter dem Bezirksamt Günzburg, Amtsgerichte und Rentamte Burgau und hat eine Kirche und Schule.

VI. Beschäftigung

Die Einwohner beschäftigen sich vorzugsweise mit Ackerbau und Viehzucht. Nur wenige treiben Gewerbe: ein Brauer, 1 Wagner, 1 Schmid, 1 Schuhmacher, 1 Weber, 1 Schreiner, 1 Käser, 1 Krämer.

VII. Besitzungen

Die Gemeinde besitzt eine Kiesgrube, circa 0,30 Tgw. unvertheilte Gemeindegründe, eine Feuerspritze samt Reguisiten, ein Schulhaus und ein Armenhaus. Das Schulhaus ist zweistöckig. Im oberen Stocke gegen Süden befindet sich das Schulzimmer, außer demselben ein heizbares und ein unheizbares zur Dienstwohnung des Lehrers gehöriges Zimmer und zwei geräumige Abtritte. Den unteren Theil des Hauses nimmt die Dienstwohnung des Lehrers ein mit einem heizbaren und zwei unheizbaren Zimmern, Küche, Abtritt und Holzlege. An der Nordseite befindet sich das Ökonomiegebäude mit Stall und Stadel. Das Armenhaus ist einstöckig und es können in demselben 4 Familien wohnen.

VIII. Rechte und Gerechtigkeiten

Die Gemeinde Limbach besitzt das Weiderecht mit Rindvieh und Schafen auf die Brache und Stoppelfeldern und Wiesen zu offener Zeit in der Flur Limbach, wie solche in den Gemeindeplan eingezeichnet ist.
Ferner besitzt Limbach das Jagdrecht in der gesamten Gemeindeflur zu circa 1400 Tgw. und das Fischwasserrecht in dem Ortsweiher.

Angefertigt im Juni 1876
Die Gemeindeverwaltung
Kupfer Bürgermeister Siegel: Verwaltung der Landgemeinde Limbach

Gemeindebeschrieb vom 26. Mai 1965[38]
1965 sammelte die Kreisbehörde von den Gemeinden Auskünfte über ihre Situation, um sie dann in eine Kreisbeschreibung einfließen zu lassen. Die Verantwortlichen aus Limbach haben zu dem vorliegenden Fragebogen folgende Auskunft zusammengetragen:

1. Zur Gemeinde Limbach gehören keine weiteren Orte, Weiler oder Einzelhöfe. Im 19. und 20. Jahrhundert erfolgten keine Ein- und Ausgemeindungen. Die Gemeinde führt in ihrem Siegel kein Wappen. Die Gemeinde zählt 48 Anwesen; darunter 29 Haushalte von Bauern und Landwirten, 7 von Handwerkern und 1 Brauereibetrieb. Von den insgesamt 270 Einwohnern sind 47 als Fabrikarbeiter und Taglöhner tätig. Seit dem Jahr 1939 ist eine zunehmende Zahl von Pendlern in die Industriebetriebe von Günzburg und Burgau festzustellen.

Wirtschaftliche Nutzung:	
Ausmaß der Gemeindeflur:	495,40 ha
Ackerland	32,17%
Haus- und Kleingärten	0,97%
Obstanlagen	0,07%
Wiesen	28,18%
Viehweiden	4,12%
Wald	28,51%
Ödland	0,51%
Gebäude- und Hofflächen	1,01%
Wegeland	4,75%
Gewässer	0,12%

Die Einwohner sind bis auf fünf Personen römisch-katholisch.

2. Die Gemeinde besitzt keine Bahnstation. Die Bundesautobahn führt knapp an der nördlichen Bebauungsgrenze durch die Gemeindeflur. Sie hat zwei Ausfahrten, die allerdings für den öffentlichen Verkehr gesperrt sind. Auf der von Wettenhausen kommenden Kreisstraße erreicht man in einer Entfernung von 400 m die Bundesstraße 10. Zwei Autobuslinien, eine von Burgau und eine von Ichenhausen, stellen die Verkehrsverbindung mit den Städten Günzburg und Burgau her.

3. Das Dorf besitzt keine zentrale Wasserversorgung. Die Versorgung mit Elektrizität erfolgt über das Überlandwerk Neu-Ulm. Limbach besitzt keine Gasversorgung. Die Kanalisation wurde in Teilabschnitten von 1956 bis 1960 für den ganzen Ort durchgeführt. Später wurde die Ortsdurchfahrt sowohl in

38 Privatbesitz Erhard Hindelang, Aufzeichnungen Karl Janosch, Gemeindebeschrieb 1965: Janosch sammelte die Daten im Auftrag des Bürgermeisters.

Richtung Wettenhausen als auch in Richtung Ebersbach innerhalb der Ortsgrenzen mit einer festen Bitumenschicht versehen. Teilweise wurden Gehsteige zu beiden Seiten der Straße angelegt. Die Flurbereinigung wurde im Jahr 1939 durchgeführt. Der Dorfweiher ist durch eine Betonmauer gegen die Ortsstraße hin befestigt. Der Abfluss wurde unter die Straße verlegt.

4. Im Ort befindet sich keine Mühle. Limbach besitzt eine Brauerei (Jehle) mit Gaststättenbetrieb und außerdem eine Niederlassung der Brauerei Kleinkötz (Grüner Baum). Eine Ausflugsgaststätte am Stubenweiher wird von der Brauerei Jehle versorgt. Im Ort befindet sich neben der Brauerei, deren Gründung vielleicht ins 17. Jahrhundert zurückgeht, eine Gemischtwarenhandlung, ein Schreinereibetrieb und eine Schmiede. In zunehmendem Maße werden Söhne von Bauern und Landwirten zu Pendlern in die Industriebetriebe von Günzburg und Burgau. In der Gemeinde besteht eine Raiffeisen-Genossenschaft für Limbach und Anhausen mit einer Raiffeisenkasse und Lagerhaus, dem eine Gemeinschaftskühlanlage angeschlossen ist.

5. Bis zum Jahr 1954 wurde die einklassige Volkschule in Limbach von den Kindern der Gemeinden Limbach, Groß- und Kleinanhausen besucht. In diesem Jahr schlossen sich Groß- und Kleinanhausen mit Unterknöringen zu einem Schulverband zusammen. Die einklassige Volksschule Limbach zählt heute rund 40 Schüler. Da die Bautätigkeit im Ort gering ist, ist mit einem Ausbau der Schule kaum zu rechnen. Die Bildung eines Schulverbandes mit Schulen der Nachbarschaft wird daher erwogen. Das jetzige Schulhaus mit Lehrerdienstwohnung I. Ordnung wurde im Jahre 1914 (?) erbaut.

6. Da nach der Flurbereinigung der Gemeinde nur wenig Grund als Baugelände übrig blieb, war die Bautätigkeit in den letzten Jahren nicht so stark wie in vergleichbaren Gemeinden der Nachbarschaft. Bis zur Säkularisation besaß die Gemeinde am nördlichen Ortsausgang (an der Bundesstraße 10) eine von Königin Eleonora gestiftete Wallfahrtskirche »Maria Königin Bild« (einst größte Wallfahrt in Schwaben) mit wertvollen Stiftungen aus dem Haus Habsburg. Das Wallfahrtsbild ist heute noch im linken Seitenaltar der Stadtpfarrkirche in Burgau zu sehen. Dort befindet sich auch ein von Kaiserin Maria Theresia handgearbeiteter Ornat aus jener Kirche, von der heute keine Spur mehr zu erkennen ist. Weitere Kunstschätze aus »Maria Königin Bild« befinden sich in Domschatz von Freiburg i. Br. Eine Erinnerungskapelle, am gleichen Platz, ist 1965 eingeweiht worden.

Die gemeindlichen Strukturen in Limbach

Die Gemeinde und ihre Vertreter

Die Gemeinde als Rechtsgemeinschaft hat sich schon früh entwickelt. Vor 1800 hatte jedoch die Ortsherrschaft die Führung fest in der Hand und ernannte oder bestätigte alle gemeindlichen Führer wie Dorfvorsteher, Vierer, Siebner etc., auch wenn diese durch die Mitglieder der Gemeinschaft gewählt worden waren. Die Gemeinde, wie wir sie heute verstehen, entwickelte sich im Königreich Bayern erst mit den Gemeindeedikten ab 1808, als feste Vertretungsgremien für die Dorfgemeinschaften (Ruralgemeinschaften) installiert wurden. Ab 1818 wurde die Selbstständigkeit immer mehr ausgeweitet.
Die Traumatrikel von 1675 nennt für Limbach einen Gemeindevierer – Ulrich Langegger. Auch Heinrich Heim wird 1697 so bezeichnet. Die folgende Liste konnte aus den Gemeinderechnungen im Staatsarchiv Augsburg, zusammengetragen werden:[39]

1701	Andreas Schmid, Bürgermeister
1708	Friedrich Goßner und Peter Krambser, Führer
1724	Mathes Müller und Hans Caspar Brand, Bürgermeister
1750	Josef Berchtold
1772/73	Ulrich Mayr und Anton Mayr
1773	Anton Mayr und Bartl Kupfer
1774/75	Alban Bestler
1776 u.	Johann Michael Schmid
1793–96	Amman und herrschaftlicher Bürgermeister
1783	Peter Schieferle und Raimund Bürkner, Bürgermeister
1784	Peter Schieferle und Franz Kempter
1799–1800	Josef Mäusle und Ulrich Faißt
1801–1804	Isidor Abele und Isidor Geyler
1804–1806	Ulrich Faißt und Georg Hopfenzitz, Gemeindsführer
1806–1807	Georg Hopfenzitz
1807–1814	Xaver Mäußle, Bürgermeister Ab 1809 unterzeichnen auch die Gemeinderäte die Jahresabrechnungen.
1814–1817	Josef Haber
1824–1834	Josef Kupfer
1834–1842	Georg Fischer, Vorsteher
1842–1849	Anton Geiler
1849–1852	Georg Fischer
1852–1859	Josef Eisenlauer
1858–1870	Max Mäusle
1870–1888	Stefan Kupfer, Bürgermeister

39 ABA Pfarrmatrikel L (Limbach), Bd. 8; StAA Reichsstift Wettenhausen Gemeinderechungen Limbach (eingesehen von Pfarrer Völk).

1888–1900 Anselm Berger
1900–1919 Leonhard Konrad
1919–1924 Stefan Kupfer
1924–1930 Friedrich Hindelang
1930–1939 Stefan Kupfer
1940–1945 Anton Mack
1945–1978 Alois Hindelang
Ihm, der mit der Bayerischen Kommunalen Verdienstmedaille und dem Bundesverdienstkreuz am Bande ausgezeichnet wurde, fiel es schwer, am 20. November 1976 für »seine« Gemeinde den Vertrag zu unterzeichnen, der sie zum 1. Mai 1978 zu einem Teil der Stadt Burgau machte.[40]

8 *Der langjährige Bürgermeister Alois Hindelang (Mitte) beim Fest zur Fahnenweihe der Limbacher Feuerwehr im Jahr 1984*

Den Ortsteil Limbach vertraten im Stadtrat Burgau von 1978 an:
1978–1990 Hubert Rosenfelder, Ortssprecher
1990–2002 Erhard Hindelang, Ortssprecher
2002–2014 Berta Schmid, Stadträtin
2014–2020 Simone Werdich, geb. Kupfer, Ortssprecherin

40 Privatbesitz Erhard Hindelang, Eingemeindungsvertrag vom 20. November 1976.

Die Schule, die Lehrer und Mesner

Mesner sind in den hiesigen Pfarrmatrikeln schon früher aufgeführt. Ob sie auch Schule gehalten haben ist nicht gesichert. Es finden sich keine Aufzeichnungen darüber. Die ersten Mesner sind uns seit 1663 bekannt, als Limbach wieder einen eigenen Pfarrer bekommen hatte. Vorherige Bücher sind wohl 1632 durch die Schweden vernichtet worden oder in dieser Zeit verloren gegangen.[41] So waren als Mesner im Dienst:

bis 1666	Adam Weber, HsNr. 2
1671	Adam Weber wird der Altmesner genannt auf HsNr. 2, († 20. Juli 1674) ∞ Anna († 8. April 1681)
1666–1669	Bartholomäus Krambser, er kommt aus der Pfarrei Großkirch in Kärnten und wohnte in HsNr. 11 ∞ 7. Juni 1666 Katharina Kindig von Limbach
1669–1697	Jerg Weber, war 27½ Jahre Mesner und wohnte auf HsNr. 2
1697–1701	Johann Georg Rohrmayer († 15. Februar 1701), er kam aus Landshausen, Gemeinde Bachhagel, und war 2 Jahre und 22 Wochen Mesner. ∞ 6. Oktober 1698 Jerg Webers Tochter Anna Maria Barbara Weber (* 2. Dezember 1671, † 25. Februar 1714)
1701–1741	Hans Kaspar Brand († 10. April 1741) aus Ettenbeuren I. ∞ 5. Juli 1701 Witwe Barbara Rohrmayer II. ∞ 16. September 1715 Veronika Gruber (* 4. Februar 1686, † 19. Januar 1739) von Großanhausen

Erst mit Hans Kaspar Brand, der hier 1701 einheiratete und 1702 als Mesner im Dienst stand, haben wir den ersten nachweislichen Lehrer in Limbach.
Die Bestallungsurkunde, die ihm 1715 neu ausgestellt wurde, weil es Differenzen gab, lautet in Auszügen:[42]
»Reichsstift Wettenhausisches-Rath Protokoll dato 11. Dezember 1715. Hans Kaspar Branden, Mössners in Limpach, neuerlich verglichenen Besoldung betreffend. Auf der Limpach'schen Gemeindsleith und dasigen Mössners wegen seines Lohns erfolgte Mißverständnus wirdet nach dersachen reiflicher Überlegung dem klagenden Mössner Hans Jakob [!] Branden anbefohlen, dass er künftighin die beklagende Saumbsal im Wetterleithen erbessere, auf ein oder des anderen Angeben darmit nit verweile, zue Trost der Gemeindsleithen eine Schuel halte, die Kinder im Lesen, Schreiben undt zur christlichen Lehr gehörigen Sachen unterrichte, entgegen aber auf zusagende Nachgelobung ernannte Gemeindsleith demselben den vigore hl. Buchs, den 18. Febr. 1661 et 7. Jan. 1667 bedingten alten Lohn weithers geben; also der 1712 auf ein Jahr gemachte Vergleich gehoben sein solle, nemblich von Martini 1715 anzufangen bis Martini 1716 exclusive solle:

41 ABA Pfarrmatrikel L (Limbach) Bd. 8: Die Matrikelbücher setzen erst mit dem Jahr 1666 ein.
42 StAA Kloster Wettenhausen Lit. MüB 9; StAA Reichstift Wettenhausen Lit. 53 (Contractsprotokoll des Oberamtes Wettenhausen von 1715–17).

Jeder Baur, deren 6 mit dem Kayserheimb (HsNr 24) solle [geben]	2 Mezen Roggen, Gienger Meß
jeder Söldner, deren 17, gibt jährlich	1 Mezen Roggen, Gienger Meß
Item von einer Kindstauf	4 kr.
Von einem Kind zu legen und Leitherlohn	6 kr.
Wann eine alte Person gelegt wird Leitherlohn	6 kr.
Item für den Aufsatz bei der Besingnus allemahl	½ Mitle Roggen
Am Siebenten, wenn einer gehalten wird	1 Laib Brot, etwas an Schmalz
Dann am Dreißigst	1 Strich oder ½ Mitlen Mehl
Von einer Seel- oder Votivmeß	4 kr.
Von einem Jahrtag	5 kr.
Wann man einem die letzte Ölung gibet	2 kr.
Wann man eines versieht	2 kr.

Für Wötterleithen:	
Von jedem Haus	1 Laib Brot
Ein jeder Baur	4 Roggengarben
Ein jeder Söldner, so 2 Jcht. in einem Veld bauet	2 Roggengarben
Ein jeder Söldner, so 1 Jcht. in einem Veld bauet	1 Roggengarbe

Daß gegenwärtiger Extract dem Original ganz gleichlautend seye, attestiert:

Wettenhausen, den 10. März 1716
Reichsprälatische Canzlei allda.«

Freilich musste er als Weber dazuverdienen. Diese Urkunde lässt erkennen, dass anfänglich nur Lesen und Schreiben und in der Religionslehre unterrichtet wurde; Rechnen wurde für die Gemeinden wettenhausischer Herrschaft erst später eingeführt, wie die Bestallungsurkunde für den Mesnerlehrer in Kemnath vom 17. Mai 1737 zeigt. Dort heißt es: »Bei dem zu mehreren Bequemlichkeit am Menserdienst anklebenden Schueldienst ist zu verhüten, dass nicht die armen der Instruction benötigten Kinder außer dem Dorf und Pfarr, etwan in unkatholischen gelegenen Orts /:so ohnehin in Synodalibus scharpf verboten:/ müssen verschickt werden. Die Schuel im Sommer, auch Winterszeit gegen gebührend gewohnliches wöchentliches Schuelgeld fleißig zu halten und die darin taugsamben, oder von selbsten darein schickende Kinder alle Monat anzeigen, in aller Gottesfurcht, katholischen christlichen Lehr, Gebett, Lesen, Schreiben und womöglich im Rechnen dienlich zu unterrichten, sich befleiße.«[43]
Hans Kaspar Brand versah sein Amt bis 1741. Die Schule scheint unter ihm nicht sonderlich floriert zu haben, denn im Pfarrvisitationsbericht vom Jahre 1736 steht die Bemerkung: »Eine Schule ist vorhanden, wird aber nicht viel besucht.«[44]

43 StAA Kloster Wettenhausen Lit. MüB 9.

1741–1774 Gregor Brand in HsNr. 2. Er war ebenfalls zugleich Lehrer und stand bis zu seinem Tod der Schule vor.

Amt und Anwesen übernahm Kaspar Brands Sohn Georg. Genaueres ist über das Wirken von Vater und Sohn Brand nicht bekannt. Da sie über 70 Jahre Kirche und Schule in Limbach betreuten ist anzunehmen, dass sie nicht zu denen zählten, von denen Abraham a S. Clara in *Etwas für Alle* (erschienen 1699) in seiner deftigen, kernigen Sprache Folgendes schreibt; Pfarrer Josef Völk zitiert hieraus: »Entgegen finden sich nicht Wenige, welche wegen ihrer Saumseeligkeit, wie auch wegen des liederlichen Wandels einer Gemeinde mehr schädlich als nutzlich seyn. Zuweilen sicht man einen groben Gesellen, der da mehrer einem Schuchmeister als Schulmeister gleichet, weil er das Klopff-Holtz immerzu in Händen tragt, wordurch die zarte Jugend nur zaghafft gemacht wird, zu Zeiten ist einer, der die meiste Rechen-Kunst mit den Kellneren und Wirthen treibt, und ist er wegen der kupfferigen Nasen mehren schandroth als schamroth, immerzu seynd eine anzutreffen, welche die Kinder für Kälber halten, dann sie dero Elteren nie genug melcken können. [...] Aber es last sich doch zuweilen ein Meßner finden, welcher gar wenig Sorg tragt über das Gottes-Haus und ist zu Zeiten der Altar so aufgebutzt, wie eine Tändlerbutten, die Sacristey so ordentlich eingericht, wie ein Zigeiner-Herberg, die Kirchen so voller Staub, als wenn das gantze Jahr Ascher-Mittwoch wäre. Ihr meiste Andacht bestehet in Auslährung der Opfer-Kändel und geschicht wohl auch daß die Lampen in der Kirchen thun fasten, sie aber das Öl für einen Sallat gebrauchen.«[45] Dass Brand ab und zu auch nach alter »Teutschen-Art« zu tief ins Glas geguckt, wollen wir ihm nicht weiter übel deuten. So berichten die *Klag- und Verhörsprotokolle in Sachen der Juden*:[46] »Actum, den 20. August 1751. Simon Oßwaldt, schutzverwandter Jud in Ichenhausen klagt unter heutigem dato wider Gregor Brandt, Mesner in Limbach, wie dass derselbe ihne Juden am verwichenen Aftermontag, als er Jud wegen starken Regnen bei Mathias Kraus ein halbes Bier getrunckhen, ohne gegebene Ursach nit allein einige Ohrfeigen, sondern auch ain steinernen Maßkrug am Kopp verschlagen, auch seinen angetragenen Rockh verrissen habe; ain solches wolle er Jud auch mit dem Reinle-Wirt und seinem Weib, auch Dienstmagd, welche ihne Mösner selbsten abgewarnet, probieren, bittet mithin gedachter Jud unterthänig umb geziemende Satisfaction. Beklagter Gregori Brand bekennet zwar des Juden Aussag wahr zu sein, seye ihme aber herzlich layd, dass solches geschehen, welches zwar keineswegs vorbeigegangen, wann it der Brand ziemlichermassen berauschet gewesen were; bittet mithin umb einige gnädige Straf. Beschaid: Gregorius Brand solle in dem Thurm diesen ausgegebenen Frevel mit Brodt und Wasser abbüssen und dem Juden wegen verrissenen Rockh und anderes pro satisfactione ainen Thahler mit 1 fl. 30 kr. erlögen, künftighin aber von dergleichen Frevel sich hüetten.«

44 Pfarrarchiv Limbach, Abt. II, PG 19: Pfarr- und Kirchenvistitationen.

45 Abraham a Santa Clara, Etwas für Alle, S. 287–289.

46 StAA Reichsstift Wettenhausen Lit. 103 (Judenklag- und Verhörsprotokoll, Amt Wetttenhausen 1740–87).

Einmal aber hat sich Gregor Brand doch gröblich gegen seine Mesnerehre vergangen und wir müssen dem damaligen Vikar von Maria Königin Bild dankbar sein, dass er über diese Übeltat berichtete. Auf einem losen Blatt in der Benefiziaten-Chronik von Maria Königin Bild, allem Anschein nach aus dem Diurnale des Benefiziaten stammend, findet sich folgender Eintrag: »1. Juni 1747: der Fronleichnamsumgang gehalten, aber etwas naß geworden; den Schitz geben 20 kr., der Bellerschitz 15 kr., heut hat der Schuelmeister nit einmahl ein Weihrauch im Schüffle, und beym 3. Evangelium nit raichen kennen.«[47]

1775–1804 Lorenz Mayer ein. Er kam von Altenmünster. Er war Lehrer und zugleich Metzger und wohnte in HsNr. 15, dann in HsNr 1
∞ 7. November 1757 Elisabeth Miller, verwitwete Sailer

Nach dem Ableben Gregor Brands stellte Wettenhausen am 13. November 1775 Lorenz Mayer als »Schulmeister und Mössner« ein. Sein Haus war aber wegen seiner Abgelegenheit für Schulzwecke nicht recht geeignet und wohl deshalb hat er gleich im nächsten Jahr nach seiner Anstellung, am 26. April 1776 mit Michael Gassner von HsNr. 1 die Wohnung getauscht. Glänzende Erfolge hat auch unter ihm die Schule nicht gebracht. So stellt Visitator Steiner 1776 in seinem summarischen Bericht über die Landschulen des Kapitels Ichenhausen fest: »Sonders wurde geklagt, dass auf dem Lande die Schulen nicht wohl bestellet und die Kinder von den Eltern schlecht an die Schule gehalten werden, allein es lässt sich hoffen, dass diesem Defect andurch abgeholfen wird, weil man von Seiten des Günzburgischen Oberamts auf Ihro k.k.Majestät allergnädigsten Befehl arbeitet, die Schulen zu verbessern, in Burgau eine Normalschule einzulegen und jene in Günzburg bei den P.P.piarum Scholarum und bei dem englischen Hause, welche schon wohl bestellet sind zu weiterer Vollkommenheit zu bringen, wo mittels dieser Einrichtung zu erwarten ist, dass auf dem Lande gute Schulmeister aufgestellt werden.«[48]
Auch Lehrer Mayr wäre es wie seinem Vorgänger unmöglich gewesen von dem mageren Diensteinkommen zu leben, wenn er nicht noch nebenbei eine kleine Sölde besessen hätte, die ihm seine Frau Elisabeth Miller, verwitwete Sailer, in die Ehe gebracht hatte. Er versah sein Amt bis zur Säkularisation. Mit der »Inkammeration« des Klosters durch die kurbayrische Regierung endete der Einfluss Wettenhausens auf seine Schulen. Daran änderte auch die Aufstellung des einstigen Wettenhauser Professors August Rohrer von Mertingen (* 27. Januar 1758) als Inspector für die Landschulen in der Präfectur Wettenhausen nichts mehr. Er durfte mit dieser Aufgabe als Pensionär im Kloster bleiben.
Der neue Wind, der mit der Veränderung der Regierung aufkam, behagte Mayr scheinbar nicht. So gab er bei der ersten passenden Gelegenheit sein Amt ab und legte das »Meerrohr-Scepeter« nieder.

47 Pfarrarchiv Limbach, Abt. I, MKB 2: Abschrift der Chronik.
48 Pfarrarchiv Limbach, Abt. II, PG 19: Pfarr- und Kirchenvisitationen.

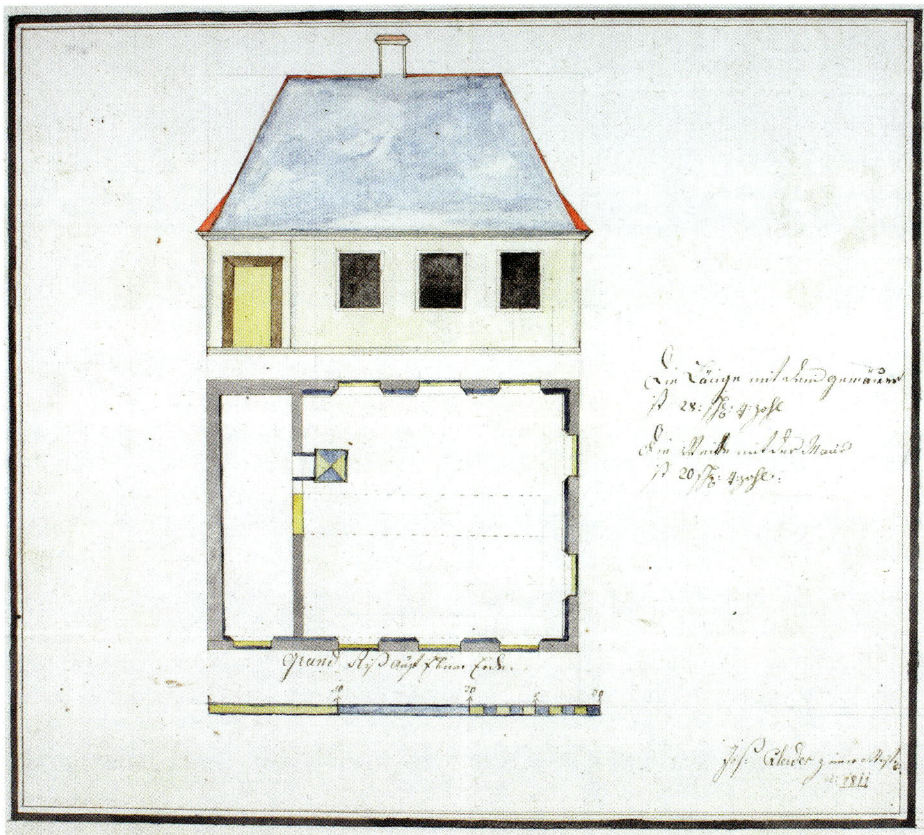

9 Bauplan zu einem Schulhaus in Limbach. Grund- und Aufriss von Zimmermeister Joseph Gleider, 1811

1804–1859 Mathias Kempter (* 23. Februar 1783; † 23. Mai 1859)
Lehrer auf HsNr. 1
∞ 13. Februar 1804 Kreszentia Mayer
(* 18. September 1773, † 5. Juli 1851)

Auf Lorenz Mayer folgte Mathias Kempter, der Vater unseres bekannten Komponisten. Kempter war in Limbach geboren. Von 1799 bis 1804 war er an der Schule zu Seekirch in Württemberg Adstant, oder besser Provisor, da der dortige Lehrer altershalber dienstunfähig war. Im Januar 1804 kam er also in die Heimat zurück. Für seinen Vorgänger Mayr war dies die Gelegenheit, sein Amt abzugeben. Kempter trug als einer der letzten im Ort ständig die schwäbische Bauerntracht.

Sie sei kurz beschrieben: Am Sonntag Spitzhut, kurzer, bis an die Hüften reichender Janker mit zwei Reihen silberner Knöpfe besetzt, werktags Janker aus Zwilich; kurze, eng anliegende Lederhosen bis unters Knie, wo sie gebunden waren, blaue Strümpfe und Schuhe mit schöner, breiter Schnalle.

Von ihm und Pfarrer Matthäus Beck, der 10 Jahre lang die Stelle eines Adstanten (Hilfslehrer) versah, gibt es eine nette Episode: »›Es wird erzählt, daß es wegen seiner Extravaganzen beim Orgelspiel während des Gottesdienstes öfters zu unliebsamen Auftritten kam zwischen Lehrer und Pfarrer. Nach einem solchen Meinungsaustausch habe Kempter einmal kurzerhand den Pfarrer im Friedhof stehen lassen, beim Friedhofausgang die Rockschöße seines ›Gehsthintri‹ hochgezogen, den Oberkörper tief nach vorn gebeugt und so dem Pfarrer den unanständigsten Teil seiner Rückseite zu nicht misszuverstehendem Zweck gezeigt. Ein nicht gerade alltägliches Bild. Trotzdem blieben Lehrer und Pfarrer die besten Freunde.«[49] Kempter erlebte den Bau eines Schulsaales 1817.

Dieses Gebäude wurde 1859 abgerissen und an gleicher Stelle zu einem Stockhaus erweitert (Pfr.-Völk-Str. 19), mit dem Schulsaal im Obergeschoß und der Lehrerwohnung im Erdgeschoss. Hier unterrichteten:

1859–1880 Franz-Xaver Schwaiger[50],
1885–1896 Johann Evangelist Naser und
1896–1912 Johann Baptist Knoll

Bis 1912 waren dann die Pläne soweit gereift, dass die Gemeinden Limbach und Anhausen – von dort kamen die Kinder noch bis 1954 hierher zur Schule – das neue Schulhaus mit Lehrerwohnung (heute schulvorbereitende Einrichtung für Behindertem, Karl-Kempter-Str. 3) erbauten. Hier unterrichteten in der Folgezeit:

1912–1913 Ludwig Vogler
1913–1915 Johann Heichlinger
1915–1916 Karolina Schmucker
1916–1917 Josepha Ellenrieder
Herbst 1917 Joseph Völk, Pfarrer
1917–1918 Karolina Aubele

1919 wurden die Aufgaben Mesner und Lehrer/Organist getrennt. In der Folge waren als Lehrer und Organist tätig:

1918–1922 Richard Mayr
1922–1932 Karl Gerber
1932–1949 Hubert Seelos
1940/41 Martha Längst; B. Stähr; Weigl

49 Pfarrarchiv: Limbach, Abt. V, OG 11 Lehrer in Limbach.

50 Gedenktafel (an der Südwand der Kirche) für Franz-Xaver Schweiger von 1859–80 Lehrer dahier, gest. 8. Febr 1891 zu Günzburg und seine beiden Ehefrauen Anna von Ungerhausen, gest. 7. Juni 1862, dahier Viktoria von Knöringen, gest. am 8. März 1888 zu Goldbach sowie deren Kinder: Margaretha, Narziß, Theresa und Anna aus erster Ehe, Maria und Pauline aus zweiter Ehe gest. dahier. Die dankbaren Söhne Georg, Xaver, Anton und Ferdinand. R.I.P.

10 Postkartenansicht von Limbach. Rechts oben das noch heute bestehende Schulhaus aus dem Jahr 1912

1941/42	Ettlinger
1942/43	Martha Längst; Winkelmann
1943/44	Hanft, Martha Längst, Paul Fischer
1944/45	Hanft; Paul Fischer
1945/46	Mayr
1946–1952	Hans Sauter
1951/52	Horber u. Helmut Lasar (Krankheitsvertretung)
1952/53	Werner Wörnhör; Heribert Schretzenmayr, u.a. (Krankheitsvertretungen)
1953–1969	Karl Janosch

In seiner Zeit als Seminarleiter hatte er zur Mithilfe zugeteilt bekommen:

1967/68	Frau Ullmann
1968/69	Frau Karola Neumaier, verheiratete Kalnin

Die Schulreform brachte es mit sich, dass ab dem 1.9.1965 die 15 Schüler und Schülerinnen der Oberstufe erstmals im Gastschulverhältnis an der Volksschule Unterknöringen unterrichtet wurden. Ab 11.9.1968 besuchten dann die Limbacher Oberstufenschüler, die nicht ins Gymnasium oder die Realschule gingen, die Volksschule in Burgau. Am 23.1.1969 war für die 25 Schüler und Schülerinnen der Grundstufe der letzte Schultag an der Volksschule Limbach gekommen. Seither besuchen sie die Außenstelle Unterknöringen der Grund-

11/12 Schülerinnern und Schüler der Limbacher Dorfschule im Jahr 1949. Links Pfarrer Joseph Völk, rechts Lehrer Hans Sauter

schule Burgau. Schon am 30.9.1954 hatten die Anhauser den Limbachern den Rücken gekehrt und waren nach Unterknöringen zur Schule gegangen.

Ab 1919 waren als Mesner tätig:

Simplizius Danner	1.12.1919 bis 31.3.1929, HsNr.14
Friedrich Langenwalter	1.4.1929 bis 20.2.1958, HsNr. 10 und 10½
Bartholomäus Rosenfelder	1.4.1958 bis 31.3.1988, HsNr. 19½; Ebersbacher Str. 8 (HsNr. 39)
Erhard Hindelang	1.4.1988 bis 31.12.1992, Bgm.-Hindelang-Str. 30
Maria Hindelang	seit 1.1.1993, Bgm.-Hindelang-Str. 30

Das 20. Jahrhundert

Die moderne Zeit hielt im vergangenen Jahrhundert auch in Limbach ganz allmählich ihren Einzug. Bereits im Jahr 1906 haben sich sechs Bauern im Oberdorf darum bemüht, ein Wasserrecht zu bekommen, um auf privater Basis eine Wasserversorgungsanlage zu installieren. Dazu sollte das Wasser mit einem Widder[51] vom Kronbach in die Reserve auf dem Grundstück von Leonhard und Anna Konrad heraufgepumpt werden. Es dauerte noch bis 1912, bis dieses Projekt abgeschlossen werden konnte.[52] Seit dem Jahre 1955 hat sich Bürgermeister Hindelang auch in verschiedenen Anläufen bemüht, eine Wasserversorgung für die gesamte Gemeinde zu bauen. Dieses Vorhaben konnte aber erst Mitte der siebziger Jahre umgesetzt werden und wurde 1979 mit dem Anschluss an die Wasserversorgung Leinheim-Nornheim realisiert.[53]
1922/23 wurden die ersten Stromleitungen gespannt und in den Wohnungen und Ställen sparsamste Beleuchtungen eingerichtet.[54]
Mit viel Eifer machte man sich 1923 an die Flurbereinigung, musste sie aber wegen Geldmangels bald wieder einstellen. Mit dem Bau der Autobahn 1934 wurde sie jedoch wieder aufgegriffen. Zur Neuverteilung der Grundstücke konnte man aber erst 1941/42 schreiten.
Am 14. September 1937 tönte eine einmalige Nachricht aus den Volksempfängern: »Die Autobahn Ulm-Limbach wurde heute in einem festlichen Akt dem Verkehr übergeben.« Die Schulkinder wanden zu diesem Anlass eifrig Girlanden und wurden dafür mit Wurst und Semmeln belohnt.

51 Der Widder ist eine Wasserpumpe, die im Prinzip wie eine Brunnenpumpe arbeitet. Der Schwengel, der mit Muskelkraft bewegt wird, ist beim Widder durch ein Gefäß ersetzt, das mit Wasser gefüllt, niedergedrückt wird. Am Tiefpunkt angelangt, wird das Wassergefäß entleert und schwingt wieder nach oben. Durch diese Pumpbewegung wird das Wasser befördert.

52 Pfarrarchiv Limbach, Abt. V, OG 23: Eigentumsrechte bei Grundstücken: Protokoll des Notariats Burgau vom 14.12.1912: Die sechs Landwirte, die sich zusammengeschlossen hatten, waren: Ulrich Mayer (HsNr. 4), Theodor und Maria Eisenlauer (HsNr. 5), Johann und Kreszenz Mäusle (HsNr. 6), Stefan Kupfer (HsNr. 7), Leonhard und Anna Konrad (HsNr. 8) und Josef Jehle (HsNr. 19). Auch der Pfarrhof und die Schule wurden in den Verband aufgenommen.

53 Günzburger Zeitung, 24.01.1973: Alle Möglichkeiten sind offen; Privatbesitz Erhard Hindelang, Bescheid über Brauchwasseranschluss vom 17.4.1979.

54 Pfarrarchiv Limbach, Abt. V, OG 12: Elektrifizierung 1922/23: Sammelliste Beleuchtungskörper.

Nach dem Krieg stieg die Einwohnerzahl Limbachs von 225 auf 305, da auch hier Heimatvertriebene und Flüchtlinge aufgenommen werden mussten. Die Aufgabe, sie unterzubringen, übernahm der von den Amerikanern am 1. Juni 1945 eingesetzte Bürgermeister Alois Hindelang. Er zeichnete für die nächsten 33 Jahre verantwortlich für den Ort und gab ihm ein neues Gepräge. Während seiner Amtszeit wurden in den Jahren 1959 bis 1962 Tagwasserkanäle[55] verlegt und der Ausbau und die Asphaltierung der Innerortsstraßen in Angriff genommen.[56] 1960 war die Kreisstraße (Pfarrer-Völk-Straße) an der Reihe. Ihr folgten 1964 die Verbindungsstraßen zur Ebersbacher Straße. 1970/71 wurde im Hinterdorf die Wasserleitung verlegt und ebenfalls die Straße ausgebaut. Die Ortsverbindungsstraßen nach Ebersbach und Harthausen folgten 1967 und 1970/71/73. Schließlich wurde 1978 noch der Feldweg zum Stubenweiher asphaltiert. Die Kanalisation wurde 1987 und 1988 im ganzen Ort als Tag- und Schmutzwasser-Mischsystem erneuert.[57] Die Abwässer werden seitdem in der Kläranlage des Mindel-Kammel-Abwasserverbandes in Offingen gereinigt.

Neben diesen Arbeiten begann 1966 die Planung zur Erschließung des Baugebietes »Weiheräcker« (heutige Ringstraße). Anfang der 1970er Jahre wurde dort ein Trennsystem für das Abwasser eingebaut. Das Schmutzwasser floss in eine Dreikammerkläranlage, deren Zulauf inzwischen an das Kanalsystem angeschlossen ist. Das Tagwasser fließt noch in den Weiher.

Von 2009 an dauerten die Bemühungen, in der Frühlingstraße ein neues Baugebiet einzurichten. Ab 2017 entstanden dort die ersten Häuser.[58] 2020 lebten etwa 270 Einwohner im Ort. Die meisten von ihnen verdienten ihren Lebensunterhalt in den Betrieben der Umgebung.

Auch um den Dorfweiher hatte Bürgermeister Hindelang sich angenommen und ihn im Winter 1972/73 entschlammen lassen.[59] In einer weiteren Aktion sanierte die Stadt Burgau den Weiher 1999 und versah ihn mit einer Landzunge.[60]

---

55 Kanal zum Ableiten des Oberflächenwassers.

56 Bei den Kanalarbeiten traten Holzwege zutage. Im Oberdorf vor der Hofeinfahrt zum Anwesen Franz und Margita Schuster lag der Knüppelweg ca. 1½ Meter tiefer als das heutige Niveau. Im Unterdorf, wo den Bach zu beiden Seiten eine nasse bis sumpfige Fläche begleitete, legte der Bagger eine solche Strecke frei, die zur Überquerung des Baches und des Sumpfgebietes vor dem Anwesen Merfeld angelegt worden war. Diese sumpfigen Flächen wurden bereits 1686 zum Bau der »alten Schmiede« (Anwesen Sebastian Schuster) aufgefüllt. Auf der anderen Seite wurde 1840/41 die »Wätte« für die Anlage der »neuen Schmiede« (heute Merfeld) aufgefüllt. Ab 1959 wurde der Aushub der Kanalarbeiten zum Auffüllen des Gartens der »alten Schmiede«, der Weiherwiese sowie des Priels (Anwesen Christa Eisenlauer) verwendet (Augenzeugenbericht Erhard Hindelang). Günzburger Zeitung, 29.02.1960.

57 Günzburger Zeitung, 30.04.1959: Rücklagen für den Straßenbau; 24.01.1973: Alle Möglichkeiten sind offen; 08.05.1987: 2 Millionen für Kanalarbeiten; 22.05.1987: Limbacher Straßen sind wie ein Faß ohne Boden; 21.11.1987: Kanalisation erregt die Gemüter.

58 Bebauungsplan 2013: Informationsblatt der Bürgerversammlung; Günzburger Zeitung Nr. 263, 14.11.2009: Lösung für das Baugebiet in Limbach ist in Sicht; 05.05.2020: Mitteilung der Stadt Burgau, Änderung des Flächennutzungsplanes (Erweiterung des Baugebietes »Frühlingsstraße II«).

59 Günzburger Zeitung 24.01.1973: Alle Möglichkeiten sind offen.

60 Günzburger Zeitung, 05.03.1999: Dorfweiher wird schöner; 07.04.1999: Limbacher Dorfweiher erhält neues Gesicht.

13 Die Pfarrer-Völk-Straße vor dem Ausbau. Links der Holzschuppen mit der Kegelbahn der Gastwirtschaft Jehle, geradeaus der Hof der Familie Mayer (HsNr. 4)

14 In den Jahren 1959–1962 wurden die Tagwasserkanäle in den Ortsstraßen verlegt. Am rechten Bildrand ist noch der Zehentstadel zu sehen.

15 *Die Pfarrer-Völk-Straße (Kreisstraße) bekam 1960 Bürgersteige und eine Teerdecke. Rechts der Hof der Familie Schuster (HsNr. 3)*

16 *Die Kegelbahnen der Gastwirtschaft Jehle mussten dem Straßenausbau weichen.*

In den Jahren 1974/75 wurde im Schulgarten ein schlichtes Leichenhaus errichtet und ein Platz für einige Grabstätten vorgesehen. Ab 1994 begannen Verhandlungen mit dem Ziel, diesen Friedhof zu erweitern. Erst am 8. Juli 2001 konnte mit der Einweihung des neuen Leichenhauses und des Friedhofes dieses Projekt abgeschlossen werden.[61]
Am Ort wurden 1984 noch zwölf Haupterwerbslandwirte und zehn Landwirte mit Zuerwerb gezählt. Zu ihnen gesellten sich eine Baumschule, eine Gastwirtschaft und drei Werkstätten: ein Schreiner, ein Elektriker und ein Schmied.
Bis 2019 reduzierte sich die Zahl der Landwirte im Haupterwerb auf vier und im Zuerwerb ebenso auf vier. Ein großer Teil der landwirtschaftlichen Flächen wird von Landwirten aus anderen Orten bewirtschaftet. Auch im Bereich Handwerk haben die Werkstätten des Schreiners, des Elektrikers und des Schmieds, der auch eine Tankstelle betreute, ihre Tore geschlossen. Zwei Gartenbaubetriebe, ein Landtechnikbetrieb, ein Ingenieurbüro und ein Maler arbeiten hier. Zu der Gastwirtschaft mit ihren Fremdenzimmern kam in der Pfarrer-Völk-Straße 8 eine Ferienwohnanlage, in der Gäste des Legolandes übernachten.
Die Limbacher finden sich zusammen in mehreren Vereinen: der Feuerwehr (seit 1879), dem Schützenverein (seit 1910) und dem Krieger- und Soldatenverein (seit 1922). Dazu kommt die Chorgemeinschaft, die Karl Janosch 1953 gegründet und lange geleitet hat. Der Chor hat 2007 an Fronleichnam zum letzten Mal gesungen. Die Seniorengemeinschaft hat seit 1980 im Pfarrhof ihren Treffpunkt. Seelsorgerisch wurde die Pfarrei Limbach-Anhausen von 1953 an von den Pfarrern von Unterknöringen betreut. Seit 2006 gehört Limbach zur Pfarreiengemeinschaft Burgau.
Die Verwaltung trägt seit dem 1. Mai 1978 die Stadt Burgau.
Die Verkehrsführung zu den Städten Günzburg und Burgau erfuhr 1997 einen Kreuzungsumbau an der B 10 und den Einbau einer Unterführung für Fußgänger und Radfahrer.[62] 20 Jahre später verlegte man die B 10 weiter nach Norden und »löste« damit das häufige Unfallproblem der Kreuzung (B 10, Kreisstraße 15 und Ortsverbindungsstraße nach Harthausen) mit einem Kreisverkehr. Die Bauarbeiten begannen am 21. Juni 2016 und wurden mit der offiziellen Verkehrsfreigabe am 4. August 2017 abgeschlossen. In diesem Zusammenhang erfolgte die Abstufung der B 10 zur Staatsstraße 2510.[63]

61 Günzburger Zeitung, 04.02.1994: Platznot auf Friedhof; 15.07.1995: Limbacher Friedhof wird erweitert; 09.03.1996: Der Limbacher Friedhof soll erweitert werden; 06.07.2001: Neuer Friedhof nach 25 Jahren; 10.07.2001: Neuer Friedhof eine »gute Visitenkarte«.

62 Günzburger Zeitung, 17.04.1997: Unfallschwerpunkt: Limbacher Kreuzung wird entschärft; 07.09.1997: Die »Limbacher Kreuzung« wird nun entschärft; 16.09.1997: Kreuzung wird umgebaut.

63 Günzburger Zeitung, 13.07.2012: Bürgerversammlung zum Thema B10 bei Limbach; 03.08.2012: Kreisverkehr oder Unterführung; 04.08.2017: Die alte B10 ist wieder frei; 21.12.2017: Millionen für die Straßen; Burgau Aktuell Sept. 12, 4: Kreuzungsvarianten zum Kreuzungspunkt bei Limbach.

17 *Die Autobahn Augsburg–Ulm (A8) wurde bei Limbach im Jahr 1937 eröffnet und zwischen 2011 und 2015 auf sechs Spuren ausgebaut. Aufnahme 2023*

Die Autobahn, die seit 1937 im Norden am Ort vorbeiführt und noch im zweispurigen Zustand war, erfuhr einen Ausbau in jeweils drei Fahrspuren mit Standspur. Das Verkehrsaufkommen war in den Jahren derart gewachsen, dass ein Neubau unumgänglich war. Ab dem 3. August 2011 hatten die Limbacher Umwege zu fahren, weil die Brücke gesperrt wurde.[64] Vom 21. auf den 22. April 2012 wurde sie abgerissen.[65] Bis die neue Brücke passierbar war, dauerte es bis zum 17. August 2012, dem Tag der Einweihung und Eröffnung.[66]

64 Günzburger Zeitung, 06.08.2011: Nüßlein: Erst Neubau, dann Abriss.
65 Günzburger Zeitung, 23.04.2012: Limbacher A-8-Brücke abgerissen.
66 Günzburger Zeitung, 18.08.2012: Die Zeit der Umwege ist vorbei.

Im Ort begleitete die Baustelle ein hohes Aufkommen an schweren Baufahrzeugen, unter denen die Bürgermeister-Hindelang-Straße Schaden genommen hat. Am 28. September 2015 fand sich viel Prominenz und Volk an der Raststätte Burgau ein zur Einweihung der fertigen Strecke Augsburg–Kreuz Oberelchingen.[67]

Ehrungen verdienter Bürger

Der Kirchenkomponist Karl Kempter wurde am 17. Januar 1819 als siebtes Kind der Lehrersehegatten Mathias und Kreszentia Kempter in Limbach geboren. Kempter wurde 1839 Domorganist in Augsburg und 1865 Domkapellmeister. Er starb hochgeehrt am 12. März 1871. In Limbach wird an mehreren Stellen an ihn erinnert. Sein Vater Mathias Kempter, der am 23. Februar 1783 ebenfalls in Limbach geboren worden war, wirkte in Limbach als Lehrer und trat als Kirchenkomponist hervor. Er starb am 23. Mai 1859 und fand zusammen mit seiner Frau Kreszentia auf dem Friedhof von Limbach seine letzte Ruhestätte.

Pfarrer Joseph Völk wurde am 21. Februar 1880 in Pforzen geboren. Von 1912 bis 1953 war er Pfarrer in Limbach und lebte bis zu seinem Tod am 17. Mai 1955 im Pfarrhof. Er hat sich als Heimatforscher hervorgetan. Er ist in den 20er und 30er Jahren des 20. Jahrhunderts durch zahlreiche Veröffentlichungen, in der Zeitschrift »Schwäbische Heimat«, einer Beilage zum »Günz- und Mindelboten«, in der Heimatforschung bekannt geworden. Im Jahre 1954 wurde er zum Ehrenbürger der Gemeinde Limbach ernannt.[68]

Zwei weiteren verdienten Männern wurde durch Beschluss des Gemeinderates Limbach die Ehrenbürgerwürde zuerkannt. Wilhelm Spitz, langjähriger Gemeinderat und -kassier, Rechner der Raiffeisenkasse Limbach-Anhausen, bekam diese Ehrung am 8. November 1977.[69] Alois Hindelang, erster Bürgermeister von 1945 bis 1978, Vorstand der Freiwilligen Feuerwehr Limbach und Sprecher verschiedener Interessensgemeinschaften, wurde die Ehrenbürgerurkunde anlässlich des 70. Geburtstages am 19. Februar 1978 überreicht.[70] Er erhielt 1972 die Kommunale Verdienstmedaille in Bronze, wurde 1976 mit dem Bundesverdienstkreuz am Bande ausgezeichnet. Im Jahre 1978 wurde ihm der Ehrentitel »Altbürgermeister« zuerkannt.

Nach der Eingemeindung Limbachs in die Stadt Burgau wurde Herr Rektor Karl Janosch 1988 von der Stadt Burgau mit der neu geschaffenen Bürgermedaille geehrt.[71]

---

67 Günzburger Zeitung, 17.06.2015: Ein neues Stück A8 ist jetzt da.
68 Pfarrarchiv Limbach, Abt. IV, PfV 1: Persönliche Urkunden.
69 Die Urkunde ging nach seinem Tod verloren.
70 Die Urkunde ist im Privatbesitz der Familie Hindelang.
71 Günzburger Zeitung, Juli 1988: Das Leben im Stadtteil Limbach geprägt.

Kriege berühren den Ort

Der Bauernkrieg

Eine Folge der Reformation waren die Bauernkriege. Martin Luther hat mit seinen Schriften, die als Flugblätter schnell unter die Leute kamen, von der »Freiheit des Christenmenschen«[72] geschrieben. Viele sahen in diesen Schriften die Begründung, sich frei zu machen von der Leibeigenschaft und Hintersassenschaft. Überall im Land rotteten sich Bauernhaufen zusammen. Schlecht bewaffnet mit Gabeln, Äxten und anderen Werkzeugen zogen sie durchs Land und plünderten bei uns auch das Kloster in Wettenhausen. Beim sog. Leipheimer Haufen waren aus Limbach 23 Mann beteiligt.[73] Eine beachtliche Zahl, wenn man bedenkt, dass Limbach damals nur 15 Feuerstätten umfasste. Der Heerführer des Schwäbischen Bundes, Georg Truchsess von Waldburg, schlug den Aufstand in unserer Gegend blutig nieder. Der politische und gesellschaftliche Erfolg dieser Aufstände war gleich Null. Die Lage der Bauern hat sich nicht verbessert, wurde aber auch nicht drückender.

Eine Erzählung zur Pestzeit

Schon acht Jahre tobte der grausame Krieg, den wir den Dreißigjährigen Krieg (1618–1648) nennen. In unserer Gegend war bisher nicht allzu viel passiert. Ab und zu gab es Einquartierungen im Dorf. Aber ein ganz anderer unheimlicher ›Gast‹ ließ sich hier nieder, die Pest. Die Menschen sprachen im Flüsterton, wenn von ihr die Rede war.

Die Anweisungen zum Verhalten, wie man diese Seuche, die die Haut der Menschen mit eiternden Beulen überzog, bis sie daran starben, bekämpfen könnte, ließ der Propst des Klosters verkünden: »Wir, Jakob I., Prälat des Klosters Wettenhausen tun kund und zu wissen: Das Kloster bleibt vom heutigen Tage ab für alle Fremden und Boten verschlossen. Die Fenster der Kirchen müssen an heiteren Tagen offen, an Nebel- und Regentagen geschlossen sein. Das ganze Kloster wird mit Wacholderholz oder -beeren ausgeräuchert. Für die Kranken wird ein Spital im Garten eingerichtet. Tote aus dem Kloster werden im Friedhof, nicht in der Kirche beerdigt. Wer mit Pestkranken verkehren muss, soll sich vorher Gesicht, Mund und Hände kalt waschen, nachher desgleichen tun, einige Tropfen englischen Essigs zu sich nehmen, seine Kleider in den Wind hängen oder sie über ein Wacholderfeuer längere Zeit halten. Dies alles ist notwendig, um die im Lande allenthalben verbreitete Pestseuche von uns fern zu halten. Jacob, Prälat und Reichsfürst.«[74] Etwa ein Jahr blieb der Schwarze Tod in der Gegend. Solange galten auch diese Vorschriften des Propstes.

---

72 Luther, Von der Freiheit.

73 Glenk, HONB Günzburg, S. 207.

74 Privatbesitz Erhard Hindelang, Aufzeichnungen Karl Janosch, Sammlung für die Schule: Der Schwarze Tod im Dorf.

Zum »Schwedenkrieg«

Während des Dreißigjährigen Krieges hielten sich nach den Annalen des Klosters Wettenhausen vom 25. Februar 1632 bis 18. August 1634 schwedische Verbände in der Umgebung auf.[75] Die Auswirkungen auf den Ort waren schrecklich. In der Literatur sind die »Spezialitäten« der Schweden genügsam festgehalten. Durch die Gräuel dieses Krieges wurden von 25 Anwesen 11 niedergebrannt. Nur sieben Familien lebten noch im Ort. 1635 kamen dazu noch die Beschwernisse eines Notjahres (kaum Saatgut, kaum noch Vieh). Erst 1640 rief dann der Prälat am 2. Mai seine Untertanen zusammen, um die Höfe und Sölden neu zu verteilen. Damit ging das Leben weiter. Der Aufbau begann aber erst sehr zaghaft ab 1653. Bis 1662 waren die meisten Anwesen wiedererstanden. Manche Hofstätte war aber noch über 1666 hinaus verwaist.

Aus dem Spanischen Erbfolgekrieg

Auch der Spanische Erbfolgekrieg (1701–1714) zog über die schwäbische Donauebene.[76] Im Winter 1703/04 »lagen die Franzosen im Schwabenland und die um Günzburg liegenden Oerter bei 2 Stunden in der Breite hatten die größte Qual erlitten«[77]. Limbach und Anhausen blieben in diesen Kriegszeiten nicht verschont. Am 19. Dezember 1703 erschossen brandschatzende Franzosen den Söldner Mathias Sterr von Großanhausen. Überall lagen Truppen im Quartier. Die Pfarrmatrikel berichtet: »Am 17. Febr. 1704 starb in Anhausen das 7 Tage alte Kind Anna Maria, Tochter des auswärtigen Kriegs- oder Lagerhändlers, sogenannten Margetender Josef Gg. Wolz und seiner Frau Anna Maria von Fawingen. Auch Kriegsgesindel trieb sich in der Gegend umher. Am 26. März 1704 starb in Anhausen das 13 Monate alte Kind Maria Agatha, Tochter des Franz Bullion, ein vagabundierender badischer Soldat und Anna Maria seiner Frau; am 21. Jan. 1705 das 2 Monate alte Kind Mathias, Sohn des vagabundierenden Soldaten Josef Anreither und seiner Frau Susanna.« Man kann den Pfarrer Johann Michael Aicher verstehen, der als vorderösterreichischer Schwabe über die Bayern und ihren Kurfürsten als Urheber dieses blutigen Streits, urteilte: »Im Jahre 1702 den 2. Sept. fiel Kurfürst Max Emanuel von Kaiser Leopold I. ab und erhielt durch List, am Feste Mariä Geburt, Ulm, da er Ludwig XIV. König von Gallien gefolgt war, weil er die spanische Monarchie unter dem ungerechtesten Titel einer angeblichen Erbschaft begehrte; darauf besetzte er Memmingen, Regensburg, Augsburg, Neuburg und andere Orte aus keiner anderen Ursache, als den Galliern den Weg zu einem Einfall in Schwaben und anderen Orten zu bahnen, während Klerus und Volk von Bayern Beifall spendete, da sie durch das Gerücht, es handle sich um einen Religionskrieg, zum Narren gehalten wurden.«

75 StAA Annales Wettenhusani, eingesehen von Pfarrer Völk.
76 ABA Pfarrmatrikel Limbach, Bd. 2: Sterbefälle von Angehörigen der durchziehenden Soldaten.
77 Stiftsbuch des Frauenklosters Günzburg, eingesehen von Pfarrer Völk.

Aus dem Franzosenkrieg (sog. Erster Koalitionskrieg)

Ein böses Jahr war auch 1796 für unser Schwabenland. Noch lange erzählte man sich davon, wie sich die Bewohner von Limbach vor den heranrückenden Franzosen in die Wälder um den Stubenweiher flüchteten. Sie nahmen alles lebende Inventar mit, außer einem prächtigen Schimmel, den sie zurücklassen mussten, weil sie fürchteten, durch sein Wiehern verraten zu werden. Wertsachen vergrub man, Mädchen verbarg man in leeren, unauffällig abgedeckten Kalkgruben.
Am 17. August fielen französische Soldaten, geführt von Ortskundigen, über Limbach her. Pfarrer Johann Michael Knupfer wurde mit dem Säbel verwundet und um 11 gallische Taler erleichtert. Dem Ort wurde übel mitgespielt, auch beim Rückzug. So steht in den Annales Wettenhusani: »An Geld, Schmalz, aller Gattung Vieh, Geflügel, Kleidern, Leinwath, Haber, Heu, usw. fast gänzlich ausgeleert. Schand- und Lastertaten mit dem anderen Geschlecht [...]«[78] wurden verübt. Obendrein grassierte in diesem Jahr eine Viehseuche, die hier 100 Stück Rindvieh wegraffte.

Die Weltkriege

Am Ersten Weltkrieg, der zu einer starren Front zwischen Deutschland und Frankreich führte, waren 60 junge Männer aus Limbach beteiligt, von denen 12 im Kampfe fielen und vier als vermisst gezählt werden. Ihre Namen nennt uns das Ehrenmal:

	gefallen am
Sebastian Mack	20.8.1914
Sebastian Schuster	4.1.1915
Karl Voggesser	25.6.1915
Stefan Hindelang	13.10.1915
Anton Mäusle	1.3.1916
Matthias Mäusle	13.4.1916
Paul Berger	15.3.1917
Josef Kastler	5.4.1918
Ulrich Konrad	15.5.1918
Anton Voggesser	2.6.1918
Johann Heichlinger	19.6.1918
Leopold Voggesser	16.7.1918

	vermisst seit
Sebastian Schuster	3.10.1914
Johann Schuster	25.5.1915
Stefan Schuster	14.7.1916
Josef Voggesser	9.4.1917

78 Völk, 1796, in: Schwäbische Heimat 1927, Nr. 4 und 5.

Der Zweite Weltkrieg kostete 16 Männern an den verschiedenen Fronten das Leben, zu ihnen müssen noch fünf Vermisste gezählt werden. Auf dem Gefallenendenkmal lesen wir:

	geboren	gefallen am
Georg Hindelang	1912	19.8.1941
Ludwig Kuhn	1914	31.8.1941
Josef Mäusle	1917	15.11.1941
Josef Gaa	1912	6.2.1942
Anton Oßwald	1909	13.7.1942
Josef Jehle	1919	23.12.1942
Alois Kiehbacher	1924	18.7.1943
Anselm Berger	1908	15.10.1943
Josef Wiblishauser	1924	1944
Adalbert Wittner	1909	20.12.1944
Franz Oßwald	1926	19.5.1945
Hubert Seelos	1902	7.3.1945
Konrad Hoser	1911	25.1.1945
Adam Jung	1922	1945

18 *Im Jahre 1941 mussten mit Georg Hindelang und Ludwig Kuhn die ersten Gefallenen Limbacher des Zweiten Weltkrieges betrauert werden.*

Die Bildtafel in der Kirche führt noch auf:

Franz Spleiß	29.11.1943
Andreas Herold	4.7.1945

	geboren am	vermisst seit
Wilhelm Spitz	1921	1944
Josef Mayer	1921	1944
Josef Oßwald	1907	1944
Franz Prawetschek	1887	1944
Hubert Mäusle	1901	1945

Vier Kriegergräber, die heute zusammengefasst sind zu einer Gedenkstätte, erinnerten an vier Soldaten, die um Limbach herum am 25. April 1945 gefallen sind.

Am Ende des Krieges wurde auch das Dorf schwer in Mitleidenschaft gezogen. Acht Höfe und der Kirchturm waren durch feindlichen Beschuss betroffen.[79] Zu allem Überfluss hinderten deutsche Soldaten die Betroffenen am Löschen, indem sie Löschwillige mit Waffen bedrohten. Den Spritzenwagen nahmen die vordringenden Amerikaner mit.

Die Scheune brannte am 24. April 1945 ab bei:
Josef Mäusle, Pfarrer-Völk-Straße 13
Stefan Kupfer, Bgm.-Hindelang-Straße 4
Franz Schuster, Pfarrer-Völk-Straße 21
Alois Hindelang, Ebersbacher Straße 4
Josef Schmid, Bgm.-Hindelang-Straße 11
Anna Schmid, Königin-Bild-Straße 3

Am 25. April brannte das Haus ab bei:
Josef Mäusle, Pfarrer-Völk-Straße 13 und
Josef Jehle, Pfarrer-Völk-Straße 15

Bei Hugo Konrad, Pfarrer-Völk-Straße 10, brannte an diesem Tag die Scheune nieder.[80]

79 Chronik der FFW 1984.
80 Günzburger Zeitung, 21.10.1975: Der traurigste Tag war im Krieg.

Die Geschichte der Pfarrei Limbach

Personen und geistliches Leben

Geistliche, die in Limbach oder in Limbach und Anhausen wirkten

Nach Antonius Steichele und Alfred Schröder stammt die erste sichere Nachricht, dass in Limbach ein bepfründeter Geistlicher angestellt war, aus dem Jahre 1294. In einer leider sehr schadhaften Urkunde vom 21. Juni 1294 ist die Rede vom *Kirchensaze ze Linpach.*[81] Der Kirchensatz selbst ging aber wahrscheinlich schon ein Jahr früher ans Kloster Wettenhausen.[82] Man darf annehmen, dass schon längere Zeit vorher in Limbach eine Pfarrstelle bestand und natürlich auch eine Pfarrkirche. Gesicherte Nachrichten gibt es erst ab 1376 als das *jus patronatus* (Patronatsrecht) und der Kirchensatz (das Recht auf Mitwirkung bei der Besetzung der Pfarrstelle) an das Kloster Wettenhausen kamen. Am 14. Juni 1376 inkorporiert Bischof Burkhart von Augsburg die Pfarrkirche von Limbach in das Kloster Wettenhausen. Das Kloster übernahm damit die Verpflichtung, für die Seelsorge einen *Vicarius perpetuus* (immerwährenden Vikar) zu präsentieren und diesen mit einer *prebenda congrua* (angemessenen Pfründe) auszustatten.[83]

Der erste namentlich bekannte Pfarrer in Limbach war P. Jodokus Rettenberger. Bis 1600 scheinen fast ausschließlich Conventualen von Wettenhausen Pfarrer gewesen zu sein.

1468	P. Jodokus Rettenberger, Conventuale von Wettenhausen
1492	P. Daniel Guldin, Conventuale und Dekan von Wettenhausen, † 1508
1500	Martin Beck, um 1500 als Pfarrer genannt
1519–1532	P. Georg Frei, Conventuale von Wettenhausen (* in Günzburg, † 16. Januar 1552 in Wettenhausen). Am 29. April 1532 wurde er zum Abt gewählt und regierte bis 5. März 1551.
bis 1563	P. Johann Hueber, Conventuale von Wettenhausen, † 18. März 1563

81 Steichele – Schröder, Bisthum Augsburg 5, S. 365; StAA Kloster Wettenhausen Urk. 7 (1294 VI 21); RB IV, S. 565 (1294 VI 21); Glenk, HONB Günzburg, S. 206.

82 StAA Kloster Wettenhausen Urk. 6 (1293 VI 26); RB IV, 539 (1293 VI 26); Glenk, HONB Günzburg, S. 206.

83 Steichele – Schröder, Bisthum Augsburg 5, S. 365; StAA Kloster Wettenhausen Urk. 53 (1376 VI 14); RB IX, S. 350 (1376 VI 14). Inkorporieren meint die Eingliederung eines kirchlichen Benefiziums in eine kirchliche juristische Person – hier das Kloster –, um dieser den vollen Nutzen der Pfründe zu verschaffen.

1570	P. David Kadlishofer, Conventuale von Wettenhausen
ab 1573	Johann März, Pfarrer

Nach 1600	werden nur noch Weltpriester als Pfarrer genannt.
1601–1605	Michael Ruoff, Pfarrer von Jakobi 1601 bis 25. Juli 1605 Am 22. Juli 1601 wurde er nach bestandenem Examen zum Pfarrer ernannt.
1605–1611	Jakob Römelin, 13. September 1605 Dienstantritt (* in Knöringen), 1620–1626 Pfarrer von Knöringen, 1626 wurde Römelin wegen Begünstigung von Irrlehren abgesetzt.[84]
1611–1630	Johann Wolf, am 26. Oktober 1611 als Pfarrer eingezogen (* in Deggingen, Diözese Konstanz). Vorher war Wolf *sacellanus* (Kaplan) in Remshart. Bischof Heinrich V. von Knöringen (1598–1646) ließ ihn für einige Zeit vertreten.[85] Im Visitationsbericht von 1624 lesen wir: *Parochus nunc est* (ist jetzt Pfarrer).
1624	Johannes Frieß, Pfarrer, *regit per commissionem*, (leitet die Pfarrei im Auftrag)[86].
1630–1632	Magister Jakob Kötterle, ab 21. April Pfarrvikar (* in Großanhausen, † 1632 in Limbach). 1630 erlebte Kötterle den längst fälligen Neubau des Pfarrhofes.

84 Pfarrarchiv Limbach, Abt. II, PG 19: Visitation 1606: Templum ruinosum, es sind nur drei konsekrierte Partikeln da. Visitation 1611: Wenig Kaseln, Alben und Mappen. Tempel (Kirche) wegen allzu hohen Alters *fumigosum* (rußig).

85 Pfarrarchiv Limbach, Abt. II, PG 19: Präsentationsurkunde: *vitae morumque integritate integerrimus* (in Lebensweise und Sitten äußerst unbescholten). – Weitere Berichte: Pfarrer Johann Wolff *homo ut apparet insufficiens* (als Mensch, wie es scheint ungenügend) hat *commissionem, titulum a comite* (Zulassung, Tischtitel vom Graf) in Helfenstein; *tecta parochialia ruinosa* (die Dächer der Pfarrgebäude sind ruinös), sonderlich die Bachkuchl; *piscina in templo nulla* (kein Waschbecken in der Kirche); steht im Verdacht mit einer Magd eines Nachbarn Verkehr zu haben, er leugnet es. – Visitationsbericht: Johann Wolf ist neulich mit dem Kreuz nach Burgau gegangen und hat bei einem Bürger daselbst ¼ Branntwein samt einer Maas Wermutwein ausgetrunken, darnach auf die Kanzel gegangen und gröber als der Pfarrer von Knöringen (vermutlich Jakob Mayer 1615 bis 1620) zu Burgau getan, über Obrigkeit, Christen und Juden wunderbarlich geschmäht und tituliert. Besucht fast alle Wochenmärkte zu Burgau, geht allemal bierschellig heim. Wie er dann im Heimgehen einem Juden einen einpfündigen Stein beim Fenster hineingeworfen, allerdings ein Kind getroffen. – Vistiationsbericht 1615: Wolf Johann war nicht zu Hause, das Allerheiligste verwahrt er würdig. – Vistiationsbericht 1620: Der Pfarrer beklagt sich, dass der Propst von Wettenhausen die Pfarrgebäude mehr als ruinös lasse, Pfarrer Wolf ein *homo scandalosus, concubinatum exercet* (ein Ärgernis erregender Mann, der wilde Ehe ausübt) mit einem Scheppacher Weib, welche ihm *aliquot proles* (einige Kinder) geboren haben soll, er gibt jedoch nur eines zu; obwohl schon früher im Auftrag des Ordinariats deswegen bestraft, meidet er dieses Weib nicht, kommt vielmehr immer wieder mit ihm in Knöringen zusammen, wo er für sie ein Haus gekauft hat, *in qua lectum habet et prolem* (in dem er ein Bett hat und ein Kind). Diese Konkubine pflegt ihn von Burgau betrunken kommend in ihr Haus in Oberknöringen aufzunehmen. Pflegt in Burgau mit ihm zu zechen. Dieser Pfarrer trinkt sich ärgerlich voll zu Burgau, wie erst neulich geschehen, da er in gemeldem Ort zu Burgau also hat sich angetrunken, dass er im Heimweg von einem Ort zum anderen gefallen, einen Buben durch die Stadt bis gegen Knöringen hat vorspielen und singen lassen, bis er also in der Nacht gegen Oberknöringen gekommen ist. Dazu ist er *homo ferox et arrogans* (zügellos, anmaßend rücksichtslos). Der Pfarrhof ist *domus miserrima* (eine elende Behausung).

19 Blick auf die Limbacher Pfarrkirche St. Stephan von Osten in Verlängerung der Karl-Kempter-Straße

1632 Magister Abraham Pfefferle, am 16. September 1632 als Pfarrer präsentiert (* in Günzburg). Das Ende seiner Amtszeit ist nicht erwähnt, da seit 25. Februar 1632 die Schweden plündernd und mordend durch die Gegend zogen. Als die Schweden auch über Limbach herfielen suchte Pfefferle sein Heil in der Flucht. Dieser Überfall der Schweden richtete so großen Schaden an, dass bis 1663 kein Pfarrer am Ort unterhalten werden konnte.

1632–1663 Vakanz
Limbach wurde von den Patres in Wettenhausen *excurrendo* (der Geistliche kam zu den Gottesdiensten aus Wettenhausen) versehen. Schon 1642 mussten die Limbacher, wie auch die Anhauser den Gottesdienst in Wettenhausen besuchen. Im Ort lebten noch sieben Familien.[87]

1663–1665 Johann Martin Schopper, Pfarrer ab 8. Januar 1663
Am 8. Januar 1663 übernahm Schopper die Pfarrei, die mit seiner Installation mit der Pfarrei Großanhausen uniert wurde. Er war der erste Pfarrer der vereinigten Pfarreien Limbach und Anhausen. Seine Präsentationsurkunde beginnt: *Cum parochia in Limpach et utroque Anhausen multis iam annis ob redituum denuitate proprium parochum alere nequerint.* (Da die Pfarrei in Limbach und beiden Anhausen schon viele Jahre lang wegen Mangel an Einkünften keinen eigenen Pfarrer ernähren konnten), erklärte sich Johann Martin Schopper, bisher Pfarrer *ad B[eatam] V[irginem]* bei Weitra in Österreich zur Übernahme der Pfarrei bereit. 1665 beginnen auch die Eintragungen von Taufen, Hochzeiten und Sterbefällen in die Matrikelbücher.

1665–1668 Magister Matthias Maier, vom 30. Oktober 1665 bis 9. Juli 1668 (* in Wattenweiler). Übernommen hat er die Pfarreien zuerst als Vikar. Die Ernennung zum Pfarrer erfolgte zu einem späteren Zeitpunkt. Bei der Präsentation des Gerichtsvogtsohnes aus Wattenweiler klagt der Prälat von Wettenhausen über Not und Seelenzahl der Pfarrei Limbach-Anhausen: *ubi pauci adhuc subditi sunt iique prorsus inopes* (wo bisher nur wenige Untertanen sind und diese noch von Grund aus arm).

86 Pfarrarchiv Limbach, Abt. II, PG 19: Pfarreibeschreibung: Patron ist der Erzmartyrer Stefanus. Altäre 3: der Hochaltar zu Ehren des hl. Stefanus, Apostel Andreas und der Jungfrau Agatha, den 2. zu Ehren der seligen Jungfrau, den 3. zu Ehren der 14 Nothelfer, des hl. Sebastian und Bekenners Silvester, sämtliche sind geweiht aber ohne Beneficium. Kirchweihfest ist am Sonntag vor Michäli. Friedhof ist um die Kirche mit Mauer umgeben und verschlossen und mit einem Beinhaus. Den Groß- und Kleinzehnt erhebt der Pfarrer. Kommunikanten sind es 150, davon 30 in Kleinanhausen, die übrigen in Limbach. – Visitationsbericht 1626: 160 Kommunikanten.

87 Pfarrarchiv Limbach, Abt. II, PG 19: Visitationsbericht 1659: Das Dach bedarf der Reparatur; der Pfarrer ist in Wettenhausen (es sollte aber ein Säcularpriester sein). Hammerstetten wird als Filiale von Limbach genannt. Der Abt von Wettenhausen legt Verwahrung ein, dass die vom Kloster versehenen Pfarreien von einem anderen Visitator visitiert werden.

Ein tatkräftiger Pfarrer war dann von 1668 bis 1701 Johann Georg Bausch, unter dem ab 1679 die Wallfahrt zu Maria Königin Bild ihren Anfang nahm.

1668–1701 Johann Georg Bausch, vom 3. Dezember 1668 bis 29. April 1701 Pfarrer (* 1637 in Söflingen, † 29. April 1701 in Limbach). Seine Eltern waren Jakob Bausch, Gerichtsvogt in Ettenbeuren († 10. Oktober 1689 in Limbach, 80 Jahre alt), und Anna Bausch († 13. März 1686 in Limbach, 75 Jahre alt). Angetreten ist er am 1. Februar 1669. Ihm unterstanden als Filialen auch Kleinanhausen und Hammerstetten, das als solche 1674 und 1690 genannt wird. In seiner Zeit werden in den Visitationsberichten immer die gleichen miserablen Zustände von Kirche und Pfarrhof genannt. Trotzdem wurden in der Kirche 1674 der neue Hochaltar und 1680 die beiden Seitenaltäre errichtet.[88] Unter Pfarrer Bausch wurde auch die Bruderschaft zur »Anbetung des heiligsten Altarssakramentes« gegründet, die bis 1803 bestand. Das Deckengemälde im Chor erinnert noch an sie. 1692 kam das Taufbecken in die Kirche. Am 20. Februar 1679 ließ Königin

88 Pfarrarchiv Limbach, Abt. II, PG 19: Visitationsbericht 1674: Pfarrer Johann Georg Bausch von Ettenbeuren, 37 Jahre alt, seit 6 Jahren in der Pfarrei. Es fehlen würdige Paramente, auch das Ziborium fehlt, es ist eine silberne Capsula vorhanden, die kaum 20 Hostien fasst, was für die Osterzeit *valde grave et periculosum est* (sehr bedenklich und gefährlich ist), der Pfarrhof und Pfarrstadel sind ohne Dach und will der Abt von Wettenhausen, dass die Stiftung etwas zur Wiederherstellung beitrage. Aber die Kirche ist zu arm und kann nichts beitragen, da sie sonst das zum Gottesdienst alljährlich notwendige nicht mehr bestreiten kann. Die Einkünfte der Pfarrei betragen 600 fl., Communicantes 231. – Pfarrarchiv Limbach, Abt. II, PG 19: Visitationsbericht 1678: Limbach und Großanhausen haben den gleichen Pfarrer. Bausch ist 41 Jahre alt und seit 10 Jahren Pfarrer. Seine Beschwerde übergibt er dem Dekan schriftlich. Mit dem Prälaten will er nicht zusammentreffen, damit er die Reverenz nicht verletze. Er war nämlich auf den Tischtitel des Klosters geweiht worden. Der Regen dringt bis auf den Altar. Das Pfarrhaus ist schlecht. Die Einkünfte sind 60 Schaff Korn: 20 Roggen, 20 Veesen, 20 Haber und der Kleinzehnt aus den drei Orten. Kommunikanten derzeit 250. – Pfarrarchiv Limbach, Abt. II, PG 19: Visitationsbericht 1682: Pfarrer derselbe und Zustand der Gebäude auch derselbe. – Pfarrarchiv Limbach, Abt. II, PG 19: Visitationsbericht 1686: Pfarrer derselbe. Die Kirche ist so baufällig, dass die Instandsetzung nicht mehr länger verschoben werden kann. Die Gottesackermauer ist *summe ruinosa* (äußerst baufällig), ebenso der Turm und das Kirchendach. In diesem Bericht wird zum ersten Mal die königliche Kapelle zu Ehren der Muttergottes an der Staatsstraße genannt, die als Wallfahrtskirche gut besucht ist und viele Votivtafeln und Wachsfiguren aufweist. Hier werden auch sehr viele Votivmessen gelesen. – Pfarrarchiv Limbach, Abt. II, PG 19: Visitationsbericht 1688: Der Pfarrer von Lempen ist derselbe, seit 21 Jahren im Ort. Die königliche Kapelle ist neu errichtet, erhält viele *oblationes* (Geschenke), welche der Pfarrer von Limbach mit dem Burggrafen von Burgau verwaltet. Bausch beschwert sich über die Ansetzung des Gottesdienstbeginns in der königlichen Kapelle, da besonders die jungen Leute nachmittags in die Kapelle gehen und die Christenlehre versäumen. – Pfarrarchiv Limbach, Abt. II, PG 19: Visitationsbericht 1690: Hammerstetten ist Filiale von Limbach. – Pfarrarchiv Limbach, Abt. II, PG 19: Visitationsbericht 1694: *Fateor, quod in tota dioecesi tam ruinosa et deformis ecclesia non reperiatur.* (Ich gestehe, dass in der ganzen Diözese keine so ruinöse und hässliche Kirche gefunden wird.) Mit aller Kraft muss darauf gedrungen werden, dass sie instand gesetzt wird. – Pfarrarchiv Limbach, Abt. II, PG 19: Visitationsbericht 1697: *Limbach ecclesia usque ad grave periculum ruinosa.* (Kirche bis zu schwerer Gefahr ruinös.) Kommunikantes ungefähr 350. Der Abt von Wettenhausen richtet deshalb das Pfarrhaus in Großanhausen nicht, damit Limbach mit Großanhausen vereinigt werde.

Maria Eleonora Pfarrer Bausch holen, um den Platz für eine Feldkapelle zu bezeichnen. Diese ließ sie am 15. Juli 1679 zum Dank errichten. Pfarrer Bausch war zugleich der erste Wallfahrtspriester von Maria Königin Bild. Die Chronik der Kirche und Wallfahrt zum Königin-Bild schreibt über ihn: »Johann Georg Bausch seligen Angedenkens, würdigster Assistent des Landkapitels Ichenhausen. Derselbe war 43 [34!, Anm. des Verf.] Jahre lang ein unermüdlicher Pfarrer von Limbach, Groß- und Kleinanhausen, ein Mann voll Gottesfurcht, ein Eiferer für die Ehre Mariens in der königlichen Kirche, den man mit vollstem Recht den Urheber oder wenigstens den Beförderer dieser so berühmten Wallfahrt nennen kann. Keinem stand er nach, allen suchte er seine eigene Liebe gegen die erhabene Gottesmutter einzuflößen.«[89] Die Gedenktafel für Pfarrer Bausch an der Sakristeiwand trägt die Inschrift: *Hic jacet Adm*[*odus*] *Rev*[*erendus*] *et Doctis*[*simus*] *D*[*ominus*] *Johann Georg Bausch capit*[*uli*] *Ichenhus*[*uani*]

20 Epitaph für Pfarrer Johann Georg Bausch (1668–1701) an der östlichen Außenwand der Sakristei der Pfarrkirche

Assistens et Senior, qui 34 annos in Limbach pastor bonus anno aetatis suae 64 pie in Domino 29. April 1701 obiit et ab omnibus audire cupit: Requiescat.[90]

1701 Johann Georg Fischer, vom 29. April 1701 bis 25. Mai 1701, Pfarrvikar. Fischer war Benefiziat in Günzburg.

1701–1713 Johann Michael Aicher, vom 25. Mai 1701 bis 1713 Pfarrer (* in Füssen † 30. August 1733 in Weißenhorn). Vorher war Aicher Frühmesser in Ettenbeuren. 1705 ließ Aicher von Orgelbauer Chrysostomus Bauer aus Ulm eine neue Orgel in der Kirche aufstellen. Im Mai 1710 unternahm Aicher eine Wallfahrt nach Maria Einsiedeln. Im Februar 1712 wallfahrte er nach Rom. Am 2. Februar 1713 tauschte Aicher mit Pfarrer Nenning die Pfarrei. So kam er nach Straß bei Elchingen.[91]

1712 Georg Jakob Leuthin, Vikar als Aushilfe

1713–1730 Franz Nenning, vom 9. Januar 1713 bis 22. Mai 1730 Pfarrer (* 1671, † 22. Mai 1730 in Limbach). Vorher war Nenning Kurat in Straß. Auf seiner Gedenktafel an der Sakristeiwand lesen wir: *Stans Luge Hic jacet A[dmodus] R[everendus] D[ominus] M[agister] Francis[cus] C. Nenning[us] S[anctae] Th[eolo]g[i]ae Can[di-*

21 *Epitaph für Pfarrer Franz Nenning (1713–1730)*

89 Stahlhut, Chronik, 78.

90 Hier ruht der bewundernswerte, ehrwürdige, hochgelehrte Herr Johann Georg Bausch, Assistent und Ältester des Kapitels Ichenhausen, der 34 Jahre in Limbach guter Hirte [war] im Alter von 64 Jahren fromm im Herrn am 29. April 1701 gestorben ist und von allen zu hören wünscht: Er möge ruhen in Frieden.

91 Pfarrarchiv Limbach, Abt. II, PG 19: Visitationsbericht 1705: Pfarrer Michael Aicher steht im Verdacht mit seiner früheren Haushälterin Verkehr zu haben.

datus] Parochus Limbach utriusque Anhausen A[nn]o aetatis 59, die 22. May 1730, ut pastor posuit propriam pro grege salutem, Aeternam hinc requiem. Quaeso precare, vale![92]

1730 Johann Georg Gollmitzer, Pfarrvikar.
Der Benefiziat von Leinheim, war in diesem Jahr zweimal Lückenbüßer.

1730 Joseph Drexler, vom 23. Juni 1730 bis 18. September 1730 Pfarrer und Kapitelassistent, († 3. August 1754). Drexler war vorher Pfarrer in Kemnat, nachher Pfarrer in Rettenbach. Am 8. September 1731 kam Drexler mit seinen Pfarrkindern in Prozession aus Rettenbach nach Maria Königin Bild und übertrug das Heiligtum des Schleiers der lieben Muttergottes aus der kleinen Kapelle in die große.

1730–1736 Joseph Anton Welz, ab 16. Dezember 1730 Pfarrer
(* 1701 in Tettnang, † 25. März 1757 in Ichenhausen). Welz war vor seinem Dienstantritt in Limbach Benefiziat in Thonau, Diözese Konstanz, dann Kurat in Kemnat. Nach seinem Aufenthalt in Limbach wurde er Pfarrer in Ichenhausen. Die Benefiziatenchronik berichtet: »Am 21. August 1735 am Feste der Kirchweihe von [Maria] K[önigin] B[ild] predigte Welz zum ersten Mal in der Wallfahrtskirche. Er predigte aber am Anfang, im Laufe seiner Rede und deren Ende so bitter und gallig, dass er nicht bloß Geistlichen und Adelsfamilien, sondern auch dem sehr zahlreich anwesenden Volke lästig wurde und der Benefiziat lud ihn nicht mehr zum Predigen ein.«[93] Unter Pfarrer Joseph Anton Welz erhielt die Pfarrkirche ihre Stephanusreliquie. Am Patrozinium 1734 wurde »in aller Frühe in der Kirche zum Königin-Bild vor der ausgesetzten heiligen Reliquie von Pfarrer und Benefiziat die heilige Messe gelesen. Nachher kam der Pfarrer in feierlicher Prozession, welcher sich auch der Benefiziat anschloss und die Musik leitete. Der Dekan des Klosters Wettenhausen vollzog den Akt der Übertragung. In der Pfarrkirche hielt Pater Stephan von Wettenhausen die Predigt, während der genannte Herr Dekan das Hochamt hielt.«[94] 1735 besorgte Welz das Stephanusaltärchen für die Reliquie (Abb. 43).[95]

92 Bleib stehen und traure! Hier ruht der bewundernswerte, ehrwürdige, Herr M[agister] Franz C. Nenning, Kandidat der heiligen Theologie: Pfarrer von Limbach und beiden Anhausen im 59. Lebensjahr am 22. Mai 1730 (gestorben). Als Hirte hat er das Wesentliche grundgelegt für das Heil seiner Herde. Von jetzt an ewige Ruhe. Ich bitte um dein Gebet. Lebe wohl!

93 Stahlhut, Chronik, 249.

94 Ebenda, 228.

95 Die Inschrift auf der Rückseite des Altärchens lautet: 1735 auf St. Stephanstag ist dies Altärchen gemacht worden, vor welches dem Bildhauer in Günzburg 4 fl. ausbezahlt; so ist demnach er bezahlt und kostet es in allem 6 fl.

22 *Pfarrer Josef Anton Welz (1730–1736). Ölgemälde im Pfarrhaus Limbach*

1736–1791 Peter Paul Lechner, präsentiert am 26. Februar, instituiert am 8. März 1736–3. Dezember 1791 (* 29. Juni 1705 in Wettenhausen, ord. 1729, † 3. Oktober 1791 in Limbach). Bevor Lechner seine Stelle in Limbach antrat, war er Kaplan in Waldkirch und dann Assistent und Senior des Kapitels Ichenhausen. Von ihm stammt ein Kelch, der in Burgau verwahrt wird.[96] Die Gedenktafel an der Ostwand der Sakristei, die inzwischen sehr verwittert ist, sagt: *Jacet hic Rev[erendus] ac eximius D[o]m[inu]s Petrus Paulus Lechner SS [Sanctissimae] Th[eo]l[o]giae Examinat[us] et Approbat[us] SS [Sanctissimi] Can[onici] Cand[idatus] et Capit[uli] Ichenhus [ani] Assistens Parochiae in Limpach et utroque Anhausen per annos LV Vicarius zelosissimus, obiit 3. Oct. 1791 aetatis 86.*[97] Im Wahrheitsfreund 1886 liest man über ihn: »Volle 56 Jahre verwaltete Pfarrer Lechner die Pfarreien Limbach und Anhausen, ein seltenes Beispiel von Hirtentreue, Ausdauer und Genügsamkeit. Im Jahre 1779 feierte er in der Klosterkirche zu Wettenhausen, wo er getauft worden war und sein erstes hl. Messopfer gefeiert hatte, sein 50jähriges Priesterjubiläum. Im Jahre 1786 konnte er in Limbach sein 50jähriges Pfarrjubiläum feiern. Im Jahre 1791 starb er und fand sein Grab in Limbach. Mögen die Limbacher heute noch das Grab des Priestergreises ehren, der so lange der treue Seelenhirte ihrer Väter war.«[98] Lechner hat für die Kirche viel *ex propriis* (aus der eigenen Tasche) getan. Zu seiner Zeit wurde die Kirche im barocken Stil hergerichtet. »1755/56 ist die Kirche renoviert und die feine Stokadorarbeit von Anton Kederle von Ichenhausen, die Mählerei aber von Johann Enderle von Donauwörth verfertigt worden. Dem Maler sind 100 fl bezahlt worden, weilen er aber die Kost im Pfarrhof genossen, hat er (um) selbe zu bezahlen die feine Bildnuß ›Christus am Ölberg‹ gemacht.«[99]

1764–1766/ 1775–1776 Johann Georg Lechner, Kaplan (* 20. April 1741 in Wettenhausen, † 21. Februar 1785 in Kemnat)

1782–1791 Franz Joseph Bogenrieder, Kaplan (* 29. Januar 1749 in Hammerstetten, ord. 21. September 1779). Als Kaplan von Limbach, wird Bogenrieder bei der Primiz von Ottmar Scheppach am 12. Juli 1789 genannt.

---

96 Die Widmung hat folgenden Text: QVaDragInta qVattVor AnnIs ParoChVs In LIMpaCh et AnhaVsen. PIe DonaVIt PetrVs PaVLVs LeChner Mysta IVbILans (44 Jahre Pfarrer in Limpach und Anhausen. In frommer Gesinnung gewidmet [von] Petrus Paulus Lechner [Jubelpriester]). Beide Zeilen ergeben jeweils das Jubeljahr 1779 (goldenes Priesterjubiläum).

97 Hier ruht der ehrwürdige und ausgezeichnete Herr Petrus Paulus Lechner examiniert in der Heiligen Theologie und approbiert im heiligen Recht, Assistent des Kapitels Ichenhausen und 55 Jahre eifrigster Vicarius der Pfarrei Limpach und beider Anhausen, gestorben am 3. Oct. 1791, 86 Jahre alt.

98 Völk, Aus der Pfarrgeschichte Limbach, in: Schwäbische Heimat, Febr. 1925, Nr. 1; Pfarrarchiv Limbach, Abt. II PG 36: Der Wahrheitsfreund 12/1886.

99 Ebenda.

23 *Pfarrer Peter Paul Lechner (1736–1791). Ölgemälde im Pfarrhaus Limbach*

Es kam zu einem ›Investiturstreit‹. Das ist ein Begriff aus der hohen Geschichte. Papst Gregor VII. und Kaiser Heinrich IV. stritten sich, wer im Hl. Röm. Reich Bischöfe einsetzen durfte. Der Kaiser oder der Papst. Der Kaiser konnte die Aufhebung des Bannes, den der Papst verhängt hatte, in Canossa 1077 erreichen. Der Streit war damit aber nicht beendet. Er setzte sich in politischen Auseinandersetzungen fort.

Ähnlich entbrannte ein Streit zwischen dem Prälaten Augustin Bauhof und dem Fürstbischof Clemens Wenzeslaus von Augsburg. Es war ein langwieriger Streit um das Recht der Präsentation von Regulargeistlichen auf die Pfarreien Limbach und Anhausen. Als Bogenrieder nach dem Tod Lechners vom Kloster zum Vikar bestellt wurde gab es die ersten Meinungsverschiedenheiten. Der Dekan hat sich übergangen gefühlt und auf sein vermeintliches Recht pochend in Joseph Hänle einen anderen Vikar eingesetzt.[100]

1791 Joseph Hänle, 8.–30. Oktober 1791 Vikar

Das Kloster hat auf diese Aktion hin prompt reagiert und einen neuen Pfarrer präsentiert. Die feierliche Amtseinführung wurde durch den Widerstand des Vikars nur erschwert, aber nicht verhindert. Hänle hatte Kirche und Pfarrhof verschlossen. Er war vom Dekan eingesetzt und wollte den Pfarrer, den das Kloster schickte, nicht einlassen und auch die Schlüssel zur Kirche und zum Tabernakel nur auf Geheiß des Dekans herausgeben. Der Mesner öffnete die Kirche und ein anderer stieg in den Pfarrhof ein, um von innen die Türe zu öffnen.[101] So war die Amtseinfüh-

100 ABA Pfarrmatrikel K (Kleinkötz): 16. Oct. 1782: Bogenrieder Josef, Cooperator in Limbach *pro tempore hic Vicarius*. Seine Vikarie in Limbach endete unerwartet. Er fiel unter den ›Investiturstreit‹. Der Abt von Wettenhausen hatte nach dem Ableben Lechners dessen Kaplan als Vikar ernannt. Der Dekan und Stadtpfarrer von Günzburg *aegre id ferens* (verärgert) beschwerte sich beim Generalvikariat. *A quo tum*, nachdem er (Bogenrieder) drei Wochen lang dieses Vikariat verwaltet hatte, *per decretum statione sua in Limbach cedere jubebatur sub comminatione suspensionis ipso facto incurrendo, si secus faceret* (wurde ihm [Bogenrieder] mittels eines Erlasses unter Androhung der Suspendierung befohlen seine Station in Limbach zu verlassen). (Ann. Wett.). Am 8. Oct. 1791 beauftragte das Generalvikariat Augsburg den Dekan, dass er den von Wettenhausen eigenmächtig aufgestellten interimistischen Vikar Bogenrieder »in Zeit drei Tagen um so gewißer von dort abzuberufen habe, als man widrigenfalls diesen *ab omni exercitio Curae* [von allen geistlichen Diensten] zu suspendieren bemüßigt wäre«. (Dek. Archiv Günzburg). Über den Vollzug dieses Auftrags berichtet der Dekan an das Ordinariat: »Am Tage des Empfanges dieses Schreibens [8. Okt. 1791] begab sich der Dekan mit Johann Georg Gernbeck [Pfarrer] von Deffingen und dem Benefiziaten Wild Joseph [Leinheim] zu Bogenrieder, der sich dem Befehl ganz gefüget und ich gleich damit den Priester Joseph Hänle als Pfarrvikar an dessen Statt eingesetzt.« (Dek. Archiv Günzburg)

101 Wettenhausen erkannte ihn nicht an und machte ihm die größten Schwierigkeiten. Im Taufbuch, wo über diese »unerhörte Gewalttätigkeiten des wettenhausischen Reichsstiftes gegen göttliche Rechte der Bischöfe« geklagt wird, fehlt leider die Seite mit der Niederschrift dieser Aktionen. Wie es dem neuen Vikar erging lässt ein Schreiben des Generalvikariates vom 26. Nov. 1791 an den Propst von Wettenhausen erahnen. Darin wird gefragt, warum dem Vikar der Eintritt in Kirche und Pfarrhof nicht gestattet worden sei. (Dek. Archiv Günzburg).

rung von Johann Michael Knupfer mit Schwierigkeiten verbunden, weil sich das Bischöfliche Ordinariat und das Kloster um das Recht der Besetzung stritten. Dies war eine unkonventionelle Art, den Dienst in der Pfarrgemeinde zu beginnen. Pfarrer Knupfer erlebte die Geburt des späteren Komponisten Karl Kempter. Er konnte das Kind jedoch nicht mehr sehen, da er 1818 vollends erblindete.

Mit dem ›Investiturstreit‹ war selbst die *Congregatio consilii* befasst, bis er am 16. und 20. April 1795 durch Vergleich unter folgenden Bedingungen beigelegt wurde: Wettenhausen darf 1. in Limbach-Anhausen den neuen Pfarrer *quoad temporalia* [künftig] instituieren, 2. bei Erledigungsfällen einen interimistischen Vikar, womöglich einen Weltgeistlichen bestellen, leistet aber für immer Verzicht darauf, nach Limbach einen Religiosen zu präsentieren.[102]

1791–1823 Johann Michael Knupfer, 30. Oktober 1791 bis zu seinem Tod Pfarrer (* 29. September 1741 in Wettenhausen, ord. 19. Sept. 1767, † 19. Januar 1823 in Limbach). Nach der Gemeinderechnung 1799/1800 erhielt Knupfer 6 fl 24 kr und nach den Rechnungen von 1802 bis 1823 jährlich 6 fl Zuschuss für den Unterhalt seiner Kapläne.

Die Inschrift auf seinem Epitph am Turm lautet: *Grabstätte des Hochwürdigen Herrn Johann Michael Knupfer, 31 Jahre eifrigsten Pfarrers dahier und 50 jährigen Jubelpriesters. Er starb den 19. Januar 1823, in seinem 82. Lebensjahre.*

Pfarrer Knupfer hatte ab 1792 eine Reihe Kapläne:

1792 Florian Klaiter, Kaplan

1795 Matthäus Wengenmayr, Kaplan (* 13. September 1769 in Holzheim/Dillingen, ord. 20. September 1794)

1796–1798 Franz Joseph Schrötter, Cooperator (* 9. September 1755 in Roggenburg, ord. 5. Juni 1784)

1800 P. Nazar Auerhammer, Kaplan aus dem Dominikanerorden (* 13. Oktober 1772 in Kirchheim, ord. 24. September 1796)

1801 Johann Georg Wall, Kaplan

Der Propst von Wettenhausen beschloss am 7. Nov. 1791 Johann Michael Knupfer, *per 24 annos capellanus* (24 Jahre Kaplan) in Ichenhausen feierlich als Pfarrer in Limbach einzuführen. Außerhalb der Ortschaft warteten die Limbacher und Anhauser mit Kreuz und Fahnen auf ihn. Den Rosenkranz betend zog man bei Glockengeläute ins Gotteshaus. Aber den Eintretenden widersetzte sich der vom Landdekan *interim institutus Vicarius declamans* (zwischenzeitlich eingesetzte Vikar laut eifernd). Er habe vom Dekan die Schlüssel zum Tabernakel und zur Kirche erhalten, welche er ohne dessen Auftrag niemand ausliefern dürfe. Doch schloss der Mesner die Kirche auf. Das Volk geleitete den neuen Pfarrer in die Kirche, das *Te deum* wurde gesungen und der Pfarrer teilte zum Schluss das Weihwasser aus. Dann gings zum Pfarrhof, der geschlossen war. Der Vikar wollte eben dadurch den Eintritt verwehren. Doch einer aus dem Volk drang durch ein Fenster in den Pfarrhof ein und schloss die Türe auf und die Wettenhauser Herren führten ihren Pfarrer in sein Haus ein.

102 Steichele – Schröder, Bisthum Augsburg 5, S. 520 f.

1801–1805 Martin Emminger, Cooperator (* 10. November 1770 in Ichenhausen, ord. 18. Mai 1799)

1805–1811 Pius Müller, Kaplan (* 22. April 1776 in Wettenhausen, ord. 3. April 1802)

1811–1812 Johann Baptist Schmied, Kaplan, dann kgl. bay. Feldkaplan (* 15. August 1773 in Konradsbrunn, ord. 2. Juni 1802)

1812 P. Ignaz Archangelus Harlacher, Kaplan aus dem Franziskanerorden (* 10. August 1766 in Raunau, ord. 20. März 1790)

1814–1821 Anton Wörnhör, Kaplan, dann Hofmeister in Aulendorf (* 31. Mai 1790 in Burgau, ord. 31. August 1813). An ihn erinnert eine Gedenktafel: *Dem Andenken des Hochwürdigen Herrn Anton Wörnhör, durch 7 Jahre und 7 Monate gewesten Kaplans dahier. Gewidmet von seinem dankbaren Schüler Anselm Berger. R[equiescat] I[n] P[ace].*

1821–1823 Joseph Anton Gast, Kaplan, vom 19. Januar 1823 bis 28. Juli 1823 Pfarrvikar (* 12. November 1793 in Bidingen, ord. 27. August 1820). Vorher war Gast Kaplan in Jettingen, dann Benefiziat bei St. Johann Nepomuk in Günzburg.

1823–1828 Mathias Wiedemann, 22. Juni 1823 bis 4. Dezember 1828 Pfarrer (* 2. Februar 1775 in Eppisburg, ord. 21. Dezember 1799, † 31. Mai 1852 in Augsburg). Zuvor war er Kaplan in Westendorf und ab 21. April 1814 Pfarrer in Zusamzell. Nach Limbach war er ab 4. Dezember 1828 Pfarrer in Mattsies, 1840 hat er freiresigniert und ist als Commorant und Jubilar in Augsburg gestorben.

1828–1833 P. Felix Ignaz Prestele, Kapuziner, Pfarrer von November 1828 bis 10. April 1833 (* 29. Dezember 1780 in Nassenbeuren, ord. 17. November 1803, † 10. April 1833 in Limbach). Vorher war er Kaplan in Eppishausen, 1813 Kaplan in Freihalden, 1814 Benefiziumsvikar in Mönstetten, 1815 Kaplan und 1817 bis 1821 Pfarrverweser in Binswangen, 1821 Kurat Benefiziat in Haldenwang (Dekanat Jettingen). Die Grabinschrift lautet: *Denkmal des Hochwürdigen Herrn F. Ignaz Prestele, geb. 29. Dez. 1780, gest. 10. Apr. 1833. Jesus gieb ihm du Frieden, Freude, Ruh.*

1833 Joseph Sailer (* in Autenried, ord. 1831). Von Palmsonntag, 10. April, an Hilfspriester und nach dem Tod von Ignaz Prestele bis 26. April 1833 Pfarrvikar.

1833 Joseph Rhenn, Pfarrvikar

1833–1849 Franz Baugger, 13. August 1833 bis 1. April 1849 Pfarrer (* 21. November 1800 in Glött, ord. 21. Februar 1823, † 1. April 1849 in Limbach). Zuvor war Baugger 1823/24 Kaplan in Obergünzburg und 1828 Pfarrer in Zusamzell. Seine Grabinschrift am Turm lautet: *Zum frommen Andenken im Gebet an den hochwürdigen wohlgeborenen Herrn Franz Baugger gewesenen Pfarrer dahier. Geboren zu Glött den 21. Nov. 1800, zum Priester geweiht am 21. Febr 1823, gestorben zu Limpach den 1. April 1849.*

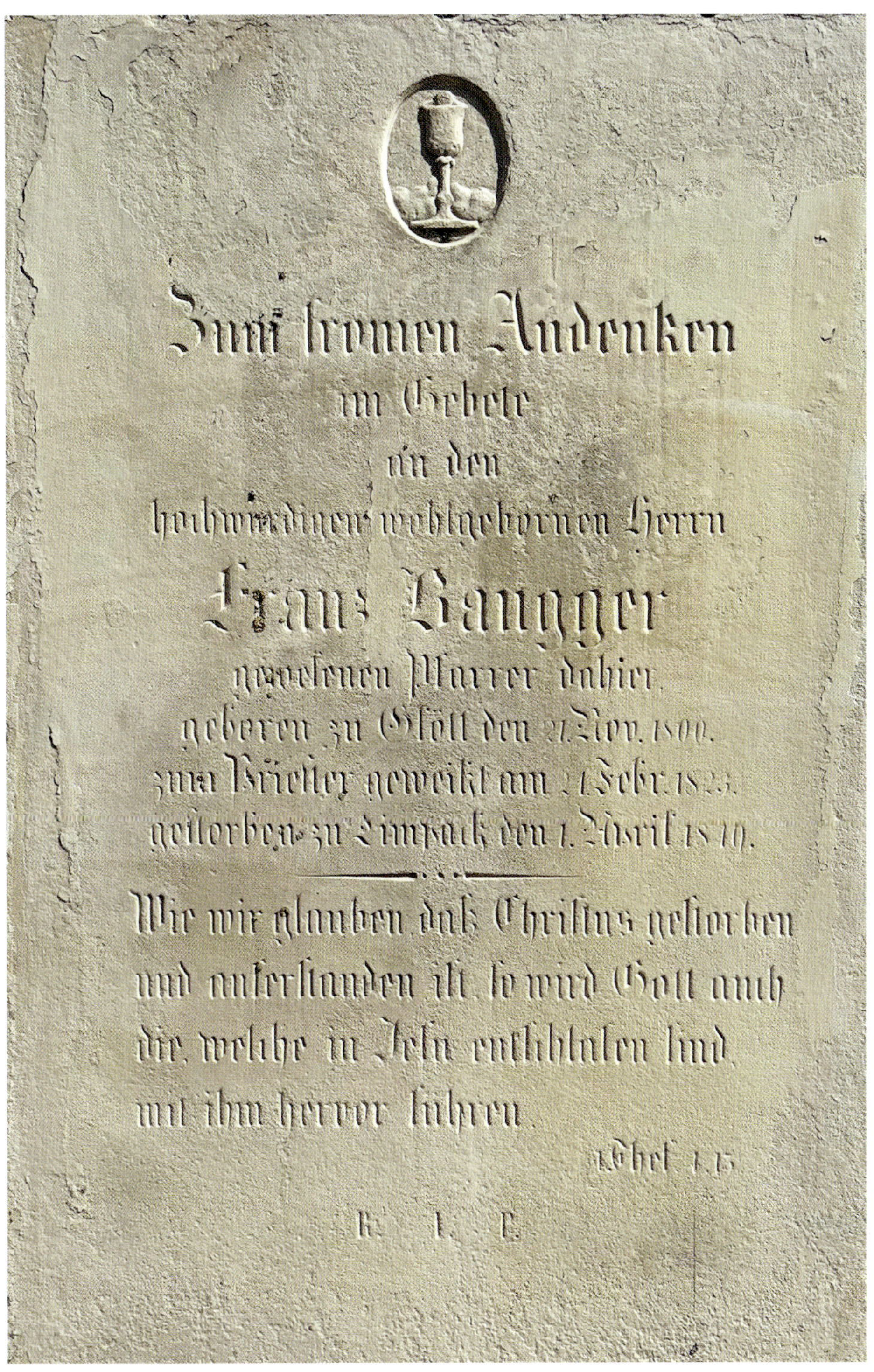

24 *Epitaph für Pfarrer Franz Baugger (1833–1849)*

Wie wir glauben, daß Christus gestorben und auferstanden ist, so wird Gott auch die, welche in Jesus entschlafen sind mit ihm hervor führen. 1 Thes 1,15 R.I.P.

1849 Wilhelm Feistle, Maxent(ius), 1849 Pfarrvikar (* 12. Dezember 1815 in Dillingen, ord. 5. Juni 1840). Feistle war vorher Kaplan in Dietmannsried, 1851 Pfarrvikar in Rieden/Kötz.

1849–1869 Matthäus Beck, 28. Juni 1849 bis 6. Dezember 1869, Pfarrer (* 8. August 1807 in Mickhausen, ord. 16. Juni 1832, † 4. August 1870 in Attenhausen). Beck war ab 1832 Kaplan in Aislingen, ab 1835 Pfarrvikar in Haldenwang, ab 10. Juni 1838 Benefiziumsvikar in Weißenhorn, ab dem 21. Februar 1839 Pfarrer in Hegelhofen und ab dem 6. Dezember 1869 Pfarrer in Attenhausen. Zehn Jahre hat Pfarrer Beck unentgeltlich in Limbach Schule gehalten und der Gemeinde die Anstellung eines Adstanten bei Mathias Kempter erspart. Aus Dankbarkeit ließ sie darum am 13. Januar 1873 eine Gedenktafel in der Kirche anbringen (Preis: 30 fl 32 kr).

Denkmal christlicher Liebe –
dem in Gott ruhenden Hochwürd. Herrn Matheus Beck,
geb. zu Mickhausen 4. Aug. 1807,
gest. zu Attenhausen 4. Aug. 1870,
Durch 20 Jahre Pfarrer dahier, wirkte er in Kirche, Schule und Gemeinde stets im Geiste und in der Liebe Christi. Als erleuchteter Verkünder der Lehre des Heils, als treuer Spender der hl. Geheimnisse, war er schlicht in Worten, edel in Werken, rein im Wandel. Im Leben und Leiden blieb er uns allen ein Vorbild. R.I.P. Gewidmet von der Gemeinde Limbach

25 Gedenktafel für Pfarrer Matthäus Beck (1849–1869) in der Pfarrkirche

Von Pfarrer Beck wird erzählt: Er habe sehr großes Heimweh nach Limbach gehabt. Es sei ihm eine große Freude gewesen, wenn er bei sichtigem Wetter das Kammeltal herunter schauen und das weiß getünchte Bildstöckel 100 m westlich von Großanhausen am Kirchen- und Schulweg grüßen konnte.

Pfarrer Beck hatte immer wieder Aushilfspriester:

1856 P. Anselm Meuerle, ab 29. Mai 1856 Pfarrvikar, Kapuziner

1857 Joseph Maier, Mai bis Juli 1857 Hilfspriester (* in Münsterhausen, ord. 1856). Zuvor wirkte er als Hilfspriester in Dettenschwang, dann war er 1857 Pfarrer in Breitenbrunn.

1858 Anton Leckenwalter, Hilfspriester (* 1833 in Dillingen, ord. 1858, † 27. April 1917 in Babenhausen). Er vertrat Beck während einer Kur in Bad Kissingen im Juni 1858. Der Neupriester (Neomyst) kam hierher als Hilfspriester. Sein nächster Einsatz war 1858 in Angelberg.

1860 Ulrich Mack, Hilfspriester (* 3. Juli 1835 in Unterbechingen, ord. 1859, † 18. September 1891 in Engetried). Auch er kam als Neomyst 1860 nach Limbach und ging dann im Juni 1860 als Kaplan nach Göggingen.

1860 Joseph Huber, Aushilfspriester (* 1. Jan. 1827 in Unterdissen)

1870 Franz Xaver Wengenmayr, Pfarrvikar (* 31. Juli 1830 in Donaualtheim, ord. 23. Mai 1857, † 25. März 1900 in Tapfheim)

1870–1875 Franz Xaver Stieglbaur, 20. April 1870 bis 20. Mai 1875, Pfarrer (* 15. Dezember 1822 in Pfersee, ord. 25. Juni 1849 in Dillingen, † 24. Januar 1897 in Schwennenbach). Ab Juli 1849 Kaplan in Kissing, ab Mai 1852 Pfarrvikar in Antdorf, ab Oktober 1852 Pfarrvikar in Pobenhausen, ab März 1853 Pfarrvikar in Walleshausen, im Dezember 1853 Pfarrvikar in Karlshuld, ab März 1854 Frühmess- und Kaplaneibenefiziumsvikar in Großaitingen, ab August 1854 Kaplan in Mittelberg, ab Februar 1856 Kurat und Schulbenefiziat in Mittelstetten, ab dem 25. Juni 1863 Pfarrer in Unterthürheim, ab dem 21. Mai 1875 Pfarrer in Rohrenfels und ab dem 28. Dezember 1894 Pfarrer in Schwennenbach.

1875–1882 Karl Clos, 16. September 1875 bis 4. Januar 1882, Pfarrer (* 31. März 1837 in Oettingen, ord. 2. August 1860 in Dillingen, † 11. Februar 1894 in Loppenhausen). Ab November 1860 Kaplan in Oettingen, ab Januar 1864 Kurat in Hirschbrunn, ab Mai 1865 Pfarrkuratievikar in Schopflohe, ab Oktober 1866 Pfarrkurat in Schopflohe, ab Januar 1882 Pfarrer in Burlafingen, ab Januar 1886 Pfarrer in Oberaurbach und ab November 1892 Pfarrer in Loppenhausen.

1882 Dr. Johann Diepolder, Pfarrvikar mit langen Haaren

1882–1904 Leopold Böck, 20. April 1882 bis 17. Januar 1904, Pfarrer (* 18. Oktober 1843 in Weinried, ord. 9. August 1868 in Dillingen, † 17. Januar 1904 in Limbach). Ab September 1868 Kaplan in

Oberaurbach, ab März 1869 Kaplan in Aindling, ab September 1871 Kaplan in Lutzingen, ab Dezember 1871 Benefiziumsvikar in Wullenstetten, ab Februar 1872 Pfarrkuratievikar in Senden, ab Februar 1873 Kaplan in Wallenhausen, ab April bis August 1876 Pfarrvikar in Wallenhausen, ab Februar 1877 Pfarrvikar in Jedesheim und ab Juli 1877 Pfarrer in Aystetten. Sein Name steht auf dem Grabstein am Priestergrab.

1904–1912 Johann Evangelist Maisch, 23. Juni 1904 bis 6. Juli 1912, Pfarrer (* 4. November 1873 in Burgau, ord. 23. Juli 1898 in Dillingen, † 6. Juli 1912 in Limbach, in Burgau begraben). Ab August 1898 Kaplan in Haunstetten, ab August 1899 Benefiziumsvikar und Chorregent in Bayerdissen und ab November 1902 Benefiziat in Bayerdissen.

1912–1953 Joseph Völk, 3. Oktober 1912 bis 31. März 1953, Pfarrer (* 21. Februar 1880 in Pforzen, ord. 28. Juli 1907 in Dillingen, † 17. Mai 1955 in Limbach). Die Primiz fand am 15. August 1907 statt. Danach ab August 1907 Kaplan in Weßling, ab Mai 1908 Hilfspriester in Jettingen und ab Mai 1910 Benefiziumsvikar in Jettingen.

26 Pfarrer Josef Völk (1912–1953)

Joseph Völk, der sich um die Heimatforschung sehr verdient gemacht hat, bleibt im Pfarrhof wohnen und hilft unter dem Pfarrvikar Franze bis zu seinem Tod weiter in der Seelsorge mit. Seit seiner Resignation auf die Pfarrei wird die Seelsorge von den Pfarrern in Unterknöringen als Dauervikaren mitgetragen. Von Pfarrer Völk stammen auch sämtliche Unterlagen zu dieser Ortschronik. Er starb am 17. Mai 1955 und wurde unter großer Anteilnahme des Volkes zu Grabe getragen.

Pfarrer Völk sei sehr schlagfertig gewesen. Der Totengräber war gerade bei der Arbeit und hub ein Grab aus. In diesem Moment begegneten sich Dr. Friedl aus Burgau und der Pfarrer. »Grüß Gott, Herr Versenkungsrat, hat ma wieder a Arbat? Der Pfarrer ganz knapp: »Grüß Gott, Herr Lieferant!« Nach einer Beerdigung war der Pfarrer auf dem Weg zum Leichenschmaus beim Jehle. Als er beim Schuster vorbeikam, sprach ihn dieser an: »Mei Herr Pfarr, was hand'r heit wieder alles verzählt!« Treffend gab der Pfarrer zurück: »Was wear i bei dir amal allz liaga miaßa!«

Die Gemeinde ehrte Pfarrer Völk mit der Würde eines Ehrenbürgers. Die Urkunde im Pfarrarchiv lautet:

Ehrenbürger Urkunde
Dem langjährigen und allseits beliebten Seelsorger
und Hochwürdigen Herrn Pfarrer Joseph Völk
widmet die Gemeinde Limbach aus Dankbarkeit diese Urkunde und verleiht Ihm hiermit die Ehrenbürgerschaft der Gemeinde. Limbach
13. Juni 1954
Der Gemeinderat – Hindelang, Bürgermeister

1953–1968 Robert Franze, 1. April 1953 bis 30. April 1968, Pfarrvikar (* 13. November 1910 in Nixdorf, ord. 16. Juni 1935 in Leitmeritz, † 19. Juni 2003 in Ichenhausen). Ab September 1935 Kaplan in Neschwitz/Elbe, ab November 1936 Pfarradministrator in Ohren, ab Mai 1937 Pfarradministrator in Neschwitz, ab Juni 1938 Pfarradministrator in Rosendorf und ab Februar 1940 Pfarrer in Rosendorf. 1941 folgte die Verhaftung durch die Gestapo und Haftaufenthalte im KZ Sachsenhausen und später in Dachau. Nach 13-monatiger Haft kam er zurück in seine Pfarrei nach Rosendorf. Ab September 1946 war er Kommorant in Hausen, ab Oktober 1949 Pfarrvikar in Hausen und ab dem 1. Januar 1953 bis zum 30. April 1968 Pfarrvikar in Unterknöringen. Ab dem 9. November 1967 Stadtpfarrer in Burgau und nebenamtlicher Vikar in Unterknöringen und Limbach. Zum 1. August 1978 emeritierte Franze mit Alterssitz in Hochwang, ab 1979 litt er an einer Nervenlähmung. Monsignore Franze feierte 1995 sein diamantenes Priesterjubiläum bei uns in Limbach im Pfarrstadel. Er war auch Dekan des Kapitels Jettingen. Für sein verdienstvolles Wirken als Pfarrer, Dekan und Flüchtlingsseelsorger erhielt er den Ehrentitel eines Monsignore.

27 Pfarrer Robert Franze (1953–1968)

1968–1984 Johannes Utz, 1. Mai 1968 bis 31. August 1984, Pfarrvikar (* 7. März 1935 in Gundelfingen, ord. 1960 in Dillingen, † 28. Juli 2006 in Krumbach). Utz war Kaplan in Friedberg, Gersthofen und Immenstadt. Dann wurde er Pfarrer von Unterknöringen und Pfarrvikar von Limbach. In Unterknöringen baute er den neuen Pfarrhof. Er war krank und leidend, musste 1984 in den vorzeitigen Ruhestand gehen und zog nach Krumbach.

1984–1985 P. Josef Madathiparambil, 1. Oktober 1984 bis 31. August 1985, Pfarradministrator. Seine Heimat ist in Kerala in Südindien.

1985–1995 Karl Mayr, 1. August 1985 bis 31. August 1995, Pfarradministrator (* 3. Februar 1952 in Oberndorf, ord. Juni 1982 in Augsburg). Mayr war Pfarrer von Unterknöringen und Pfarradministrator von Limbach. Nach seinem Weggang war er vom 1. September 1995 bis zum 31. August 2017 Pfarrer in Reichertshofen bei Ingolstadt. Er verbringt seinen Ruhestand in Aichach.

28 Pfarrer Karl Mayr (1985–1995)

1995 Joseph Kaniamparambil. Im Juli 1995 übernahm er die Vertretung wegen der Kur von Pfarrer Mayr. Seine Heimat ist Kerala in Südindien.

1995 P. Gregorius Balazs, war im August 1995 Urlaubsvertretung. Er kam aus Kecskemét in Ungarn.

1995–2006 P. Joseph MSFS Reddy, 1. September 1995 bis 31. August 2006, Pfarradministrator (* 8. Juli 1939, ord. 19.10.1968 Ganapuram). Er war Pfarradministrator in Unterknöringen und Limbach. Pfarrer Johannes Kuen aus Wettenhausen war bis 1. September 2002 für die Temporalienverwaltung bestellt. Bei der Visitation, die Domkapitular Prälat Dr. Dietmar Bernt im Auftrag des Bischofs Victor Joseph Dammertz 1998 vornahm, gab es keine Beanstandungen.

2004 Jacek Szostakiewicz, war im August 2004 *Vicarius paroecialis* (Urlaubsvertretung). Er kam zu uns aus Ostpolen.

2003–2019 Erhard Josef Hindelang, Diakon im Nebenberuf (* 23. September 1944 Limbach, ord. am 11. Oktober 2003 in Augsburg). Am 11. Oktober 2003 wurde Erhard Hindelang im Augsburger Dom zum Diakon geweiht und eine Woche später in den Dienst in der Gemeinde eingeführt. Seine Anweisung als nebenberuflicher Diakon galt zuerst für Unterknöringen und Limbach-Anhausen. Mit der Errichtung der Pfarreiengemeinschaft Burgau wurde er seit dem 1. September 2006 für die PG Burgau angewiesen. Die Ruhestandsversetzung erfolgte nach den Statuten zum 31. August 2019 rechtzeitig zum 75. Geburtstag.

2006–2008 Bernd Franz Schaller, Pfarradministrator (*17. Januar 1962 in Augsburg, ord. 1995 in Augsburg). Vom 1. September 2005 bis 31. August 2008 war er Pfarrer von Burgau und ab dem 1. September 2006 bis zum 31. August 2008 Pfarradministrator für Unterknöringen und Limbach. Mit seinem Amtsantritt in den Pfarreien Unterknöringen und Limbach-Anhausen wurde die Pfarreiengemeinschaft Burgau gegründet. Nachdem viele Schwierigkeiten durch Eigensinn und Unversöhnlichkeit entstanden waren, wurde er durch Bischof Dr. Walter Mixa von der Diözese freigestellt und zum Militärpfarrer in Sigmaringen ernannt.

2008–2009 Daniel Maria Schmitt, Pfarradministrator (* 1956, ord. 27. Mai 1984). Vom 1. September 2008 bis zum 31. Juli 2009 war er Leiter der Pfarreiengemeinschaft. Ein schwieriges Jahr für den Pfarrer, der einiges aufzuarbeiten hatte, was sein Vorgänger liegen ließ. Viel Verwaltungsarbeit wartete auf ihn. Mit viel Fleiß und Energie hat er in diesem Jahr Versöhnungsarbeit geleistet. Die Feierlichkeit in den Gottesdiensten, Anbetung und Meditation brachte er aus seinem Ordensleben mit. In diesem Jahr wurde er in die Diözese Augsburg inkardiniert. Nachdem er noch seine eigene Urlaubsvertretung bis zum 23. August wahrgenommen hatte, zog er nach Dietkirch, wo er die Pfarreiengemeinschaft übernahm. Ein Jahr später wurde er Pfarrer der Pfarreiengemeinschaft Reimlingen. Nach einem kurzen Einsatz in Waal kam er nach Ursberg.

2009–2018 Martin Finkel, Pfarradministrator (* 10. September 1961 in Buchenberg, ord. 28. Juni 1987 in Augsburg). Vom 1. September 2009 bis 31. August 2018 war Finkel Pfarrer der Pfarreiengemeinschaft Burgau. Bereits am 30. Juni 2009 zog er als Pfarrer der Pfarreiengemeinschaft in Burgau ein. Seinen Dienst begann er am 29. August. Im Dezember 2012 wurde er Dekan für das erweiterte Dekanat Günzburg, zu dem das frühere Dekanat Krumbach hinzu kam. Zuvor war er Pfarrer in Ehekirchen und in Memmingen-Amendingen. Am 31. August 2018 verließ er Burgau wieder und trat zum 1. September 2018 seine neue Stelle in Bad Hindelang an.

2009–2012 Jörg Sauter, Kaplan (* 14. August 1977, ord. 2007). Vom 1. September 2009 bis zum 29. Februar 2012 war Sauter Kaplan der Pfarreiengemeinschaft Burgau. Er war *ad experimentum* in die Diözese Augsburg aufgenommen worden und der Pfarreiengemeinschaft Burgau als Kaplan zugeteilt. Nach dem Weltjugendtag 2011 in Madrid, an dem er mit einer Gruppe teilnahm, trat er seinen Dienst nicht mehr an und wurde zum Ende Februar 2012 aus dem Dienst der Diözese Augsburg entlassen. Er kehrte in die Diözese Rottenburg-Stuttgart zurück.

2012–2014 P. Dr. Abraham Pulprayil Ulahannan, Kaplan (* 1964, ord. 1992). P. Abraham kam direkt aus Indien zu uns. Er sprach gut deutsch und vollendete während der Zeit bei uns seine Promotion in Indien. Seine nächste Stelle war in Zusmarshausen.

2014–2016 Marco Iljic, 2. Pfarrer (* 1960 in Kroatien, ord. 1986). Vom 1. September 2014 bis zum 31. August 2016 wirkte er als zweiter Pfarrer der Pfarreiengeimschaft Burgau. Seine Heimat ist Kroatien. Er war zuvor Pfarrer in Ursberg und zog 2016 von hier nach Oberelchingen.

2016–2018 Andreas Chaber, Kaplan (* 10. Juli 1960 in Polen, ord. 1984, † 13. Dezember 2021 in Marienfried). Seit dem 1. September 2016 bis zum 31. August 2018 war er Kaplan der Pfarreiengemeinschaft Burgau. Seine Heimat ist Ostpolen. Er war vorher zehn Jahre Benefiziat in Dießen am Ammersee und zog ab dem 1. September 2018 nach Kempten.

seit 2018 Simon Stegmüller, Pfarradministrator (*29. August 1986 in Wörnitzstein, ord. im Juni 2014 in Augsburg). Er war Kaplan in Dillingen und dann in Vöhringen und übernahm in Burgau am 1. September 2018 seine erste Pfarrstelle.

Geistliche, die aus Limbach und Anhausen hervorgingen

Limbach

Peter Wiest (* Limbach, ord. 1461, † 1477). Priester und Conventual von Wettenhausen. 1444–1446 Vertreter des Propstes Stefan, Pfarrer in der am 26. Februar 1455 neu errichteten Pfarrei Höselhurst.

Josef Anselm Berger, Priester (* 17. April 1808 in Limbach, ord. 31. Mai 1833 in Dillingen, Primiz am 30. Juni 1833 in Limbach, † 11. Oktober 1880 in Großkitzighofen). Ab 1833 Kaplan in Vöhringen, ab 1836 Kaplan in Ursberg, ab 1838 Pfarrvikar u.a. in Tafertshofen, ab dem 10. September 1840 Pfarrer in Willbrechtszell und Hohenried, ab dem 4. Oktober 1860 Pfarrer in Diedorf und ab dem 2. September 1869 Pfarrer in Großkitzighofen.

Isidor Heim, Priester (* 9. September 1813 in Limbach, ord. 1. Juni 1838 in Dillingen, Primiz am 1. Juli 1838 in Limbach, † 16. Oktober 1858 in Eglfing). Ab 1838 Kaplan in Pähl, ab 1841 Kaplan in Lauingen, ab 1842 Kaplan in Landsberg, ab April 1844 Kaplan in Kempten, ab Oktober 1845 Benefiziat resp. Commorant in Buchloe, ab dem 1. Dezember 1845 Kaplan in Neuburg/Donau bei St. Peter.

Dipl. Theol. Erhard Josef Hindelang, Diakon (* 23. September 1944 in Limbach, ord. 11. August 2003 in Augsburg). Von 2003 an Diakon in Unterknöringen und Limbach, ab 2006 wurde er für die am 1. September errichtete Pfarreiengemeinschaft Burgau angewiesen. 2019 Versetzung in den Ruhestand.

Großanhausen

Konrad Rott, Priester und Conventual von Wettenhausen (* Großanhausen, ord. Primiz 1538). Am 10. Mai 1519 war er bei der Grundsteinlegung zum neuen Turm in Wettenhausen zugegen. Nach 50 Priesterjahren stiftete er für sich und seine Eltern am Aftermontag nach Jakobi einen Jahrtag.

Johann Kentner, Priester und Conventual von Wettenhausen (* Großanhausen, ord., † Fronleichnam 1537). 1505–1536 Vikar in Großanhausen.

Johann Pauler, Priester und Conventual von Wettenhausen (* Großanhausen, ord., † 27. Dezember 1554 in Großanhausen). Er war am 10. Mai 1519 bei der Grundsteinlegung zum neuen Turm in Wettenhausen zugegen. Ab 1536 Vikar von Großanhausen bis zu seinem Tod.

Johann Kötterle, Priester (* Kleinanhausen). Seit 1627 Pfarrer von Oberroth.

P. Firmin Megele, Capuziner in Höchstädt (* Großanhausen, ord., † 1801)

Grabplatte in Großanhausen im Turm
Reverendus et perdoctus Dominus Jakob Wirger, Dillinganus, Parochus in Anhausen. Aetatis suae XXXIII obiit in Christo. Anno 1608(?) vigesima secunda die Aprilis. Der Rest ist schwer zu lesen.
Der ehrwürdige und sehr gelehrte Herr Jakob Wirger, ein Dillinger, Pfarrer in Anhausen (starb) in Christus im Alter von 33 (Jahren) im Jahr 1608(?) am 22. April ...

Die Kirchenverwaltung

Die Kirchenmitarbeiter und -verwalter, wie wir sie heute kennen als Mesner und Kirchenverwalter oder Kirchenpfleger, wurden früher als *aedituus* (Tempelhüter, Mesner) oder *curatores* (Heiligenpfleger, Verwalter) bezeichnet. Sie werden hier angeführt nach ihrem Todesjahr:

1674	Adam Weber († 20. August 1674), HsNr. 2, *aedituus*
1675	Sebastian Gollmitzer († 4. Februar 1675), HsNr. 19½, *aedituus*, 4 J.
1687	Matheis Mündle († 19. September 1687), HsNr. 18, 1652–82
1696	Georg Weber († 24. Juli 1696), HsNr. 2, *aedituus*, 27 J. 6 Mt.
1701	Hans Georg Rohrmayer († 15. Februar 1701), *aedituus*, 22 Wo.
1716	Thomas Wiedemann († 13. April 1716), HsNr. 14, *curator*
1717	Bartholomäus Krambser († 5. Februar 1717), HsNr. 11, *aedituus*
1741	Hans Kaspar Brand († 10. April 1741), HsNr. 2, *aedituus*
1751	Johann Adam Schmidt (* 20. März 1682, † 5. Juli 1751), HsNr. 6, *curator*
1753	Johann Kindig (* 25. Mai 1695, † 31. Juli 1753), HsNr. 15, *curator*
1769	Andreas Schmid (* 25. April 1725, † 12. April 1769), HsNr. 6, *curator*
1772	Anton Mäusle († 10. Mai 1772), HsNr. 19½, *curator*
1774	Gregor Brand (* 10. März 1703, † 24. November 1774), HsNr. 2, *aedituus*, 33 J.
1896	Hugo Grayl (* 31. März 1828, † 28. Juni 1896), HsNr. 8, *curator*

Seit 1896 sind die Protokolle der Kirchenverwaltung vorhanden. Deshalb kann ab diesem Zeitpunkt eine ausführlichere Wiedergabe der Beteiligten zusammen mit einzelnen Ereignissen und Bauarbeiten während ihrer Zeit erfolgen:

1896	Leopold Böck, Pfarrer; Josef Mäusle, Kassierer; Georg Goßner; Anselm Berger
Mai 1904	Eckert, Pfarrvikar
August 1904	Johann Ev. Maisch, Pfarrer; Leonhard Konrad, Bürgermeister; Ludwig Hanger; Ulrich Geiler
1906	Johann Ev. Maisch, Pfarrer; Simplizius Danner, Pfleger; Anselm Berger
August 1912	Max Miller, Pfarrvikar
November	Josef Völk, Pfarrer; Simplizius Danner, Pfleger, ab Dezember 1919 Mesner; Leonhard Konrad; Anton Oßwald
1913	ovaler Stempel: *Katholische Kirchenstiftung Limbach*
April 1920	endgültige Trennung des Chor- und Mesnerdienstes vom Schuldienst
1920	Mission
1922	Josef Völk, Pfarrer; Simplizius Danner, Pfleger und Mesner; Anton Oßwald; Hugo Konrad; Stefan Kupfer
1929	Renovierungsarbeiten an der Kirche
April 1929	Josef Jehle, als Ersatz für Simplizius Danner († 17. März 1930); Friedrich Langenwalter, Pfleger und Mesner (cooptiert)
1934	Josef Völk, Pfarrer; Langenwalter, Friedrich, Pfleger und Mesner (cooptiert); Anton Oßwald; Stefan Kupfer; Hugo Konrad; Anton Mack
1939–1946	keine Eintragungen
1947	Josef Völk, Pfarrer; Friedrich Langenwalter, Pfleger und Mesner; Stefan Kupfer; Anselm Mack; Wilhelm Spitz
1954	Robert Franze, Pfarrvikar; Friedrich Langenwalter, Pfleger und Mesner († 20. Februar 1958); Josef Schmid; Josef Wagner
April 1958	Johann Schilling, Pfleger
1958	Mission
1959	Robert Franze, Pfarrvikar; Johann Schilling, Kirchenpfleger; Alois Hindelang; Josef Schmid; Josef Wagner
1965	Robert Franze, Pfarrvikar; Johann Schilling, Kirchenpfleger; Alois Hindelang; Josef Schmid; Josef Wagner
1968	Johannes Utz, Pfarrvikar
1968–1972	kein Eintrag
1971	Johannes Utz, Pfarrvikar; Johann Schilling, Kirchenpfleger; Alois Hindelang; Bartholomäus Rosenfelder; Franz Prawetschek
1977	Johannes Utz, Pfarrvikar; Johann Schilling, Kirchenpfleger; Helga Eisenlauer, Schriftführerin; Bartholomäus Rosenfelder; Franz Prawetschek
1978	Erhard Hindelang, PGR-Vertreter
1983	Johannes Utz, Pfarrvikar; Erhard Hindelang, Kirchenpfleger; Helga Eisenlauer, Schriftführerin; Franz Prawetschek; Ulrich Schmid II.
Sept. 1984	P. Josef Madathiparambil, Pfarradministrator

Sept. 1985	Karl Mayr, Pfarradministrator
1986	Karl Stephan Janosch, PGR-Vertreter
1988	Mission
1989	Karl Mayr, Pfarradministrator; Erhard Hindelang, Kirchenpfleger; Gerlinde Janosch, Schriftführerin; Manfred Schilling; Stefan Schwarz; Karl Stephan Janosch, PGR-Vertreter
1995	Karl Mayr, Pfarradministrator; Erhard Hindelang, Kirchenpfleger; Gerlinde Janosch, Schriftführerin; Manfred Schilling; Stefan Schwarz; Karl-Stephan Janosch, PGR-Vertreter
1. Sept. 1995	Johannes Kuen, Pfarrer von Wettenhausen, Temporalienverwalter; P. Joseph Reddy, MSFS, Pfarradministrator (Seelsorge)
Mai 1998	Visitation mit Domkapitular Prälat Dr. Dietmar Bernt
2001	Johannes Kuen, Pfarrer von Wettenhausen, Temporalienverwalter; Erhard Hindelang, Kirchenpfleger; Gerlinde Janosch, Schriftführerin; Stefan Schwarz; Manfred Schilling; Karl Stephan Janosch, PGR-Vertreter; P. Joseph Reddy, MSFS, Pfarradministrator (Seelsorge)
April 2002	Sonja Dezort, PGR-Vertreterin
1. Sept. 2002	P. Joseph Reddy, MSFS, auch Temporalienverwalter
Juli 2003	Einrichtung der Turmaußenbeleuchtung (Geld vom 80. Geburtstag von Rektor Karl Janosch)
5. Okt. 2003	500-Jahrfeier der Kirchweihe, gefeiert am 19. Oktober. Hauptzelebrant war Weihbischof Josef Grünwald aus Augsburg mit ihm feierten P. Joseph Reddy MSFS und die Diakone Upali Fernando, Günzburg, Gerhard Zwiefler, Kicklingen und Erhard Hindelang
März 2004	Rainer Frodl, PGR-Vertreter
1. Sept. 2006	Bernd Franz Schaller, Leiter der PG, Pfarradministrator. Errichtung der Pfarreiengemeinschaft Burgau mit Burgau, Mariä Himmelfahrt; Limbach St. Stephan mit Filialen Großanhausen Mariä Opferung und Kleinanhausen St. Gangolf; Unterknöringen, St. Martin
2007	Bernd Franz Schaller, Pfarradministrator; Mathilde Egenberger, Kirchenpflegerin; Dagmar Mack, Schriftführerin; Ulrike Merfeld; bis Oktober 2008 Manfred Schilling; ab Oktober 2008 Erhard Hindelang; Rainer Frodl, PGR-Vertreter
1. Sept. 2008	Daniel Maria Schmitt, Pfarradministrator
1. Sept. 2009	Martin Finkel, Pfarradministrator
2012	Feuchter Putz an der Südseite des Kirchenschiffes (hinter dem Turm) wurde abgeschlagen und erneuert.
2013	Martin Finkel, Pfarradministrator; Mathilde Egenberger, Kirchenpflegerin; Edeltraud Jehle; Ulrike Merfeld; Ulrich Schmid III. jun.; bis Februar 2018 Rainer Frodl, PGR-Vertreter; ab März 2018 Barbara Dirr, PGR-Vertreterin

2017	Der westliche Teil des Friedhofes wurde aufgelockert und mit Fundamenten für die Grabsteine versehen. In diesem Zusammenhang wurde das Pfarrgrab verlegt und als Gedenkort gestaltet. Der Pfarrhof ist seit März 2017 geschlossen. Es sollen Arbeiten am Gebälk ausgeführt werden.
1. Sept. 2018	Simon Stegmüller, Pfarradministrator
2019	Simon Stegmüller, Pfarradministrator; Mathilde Egenberger, Kirchenpflegerin; Edeltraud Jehle; Ulrike Merfeld

Der Pfarrgemeinderat (PGR)

Ein junges Gremium, das aber auch schon seinen 50. Geburtstag feiern konnte und nach den Vorgaben des Zweiten Vatikanischen Konzils eingerichtet wurde. Seine wichtigste Aufgabe ist es, den Pfarrer in seiner seelsorglichen Tätigkeit zu unterstützen und auch zu beraten. Pfarrer Franze, der die Neuerungen des Konzils auch in der Liturgie aufgegriffen hat, war einer der ersten, der sich dieses Gremium an die Seite geholt hat. Dem PGR gehörten Vertreter aus Unterknöringen und Limbach-Anhausen an. Hier werden nur die Vertreter aus Limbach berücksichtigt.

Gemeinsam mit Unterknöringen

1966	Robert Franze, Pfarrvikar; Franz Prawetschek; Helmut Mack
1968	Johannes Utz, Pfarrvikar
1970	Johannes Utz, Pfarrvikar; Franz Prawetschek; Marianne Gröger; Karl Janosch
1974	Johannes Utz, Pfarrvikar; Karl Janosch, stellv. Vorsitzender; Franz Prawetschek; Marianne Gröger
1978	Johannes Utz, Pfarrvikar; Erhard Hindelang, stellv. Vorsitzender; Franz Prawetschek; Marianne Gröger; Berta Schmid; Karl Stephan Janosch
1982	Johannes Utz, Pfarrvikar; Erhard Hindelang, stellv. Vorsitzender und Vertreter im Dek.rat; Franz Prawetschek; Marianne Gröger; Berta Schmid; Karl Stephan Janosch
1984	P. Josef Madathiparambil, Pfarradministrator
1985	Karl Mayr, Pfarradministrator

Trennung von Unterknöringen

1986	Karl Mayr, Pfarradministrator; Karl Stephan Janosch, Vorsitzender; Berta Schmid, stellv. Vorsitzende; Christine Rosenfelder Schriftführerin; Franz Prawetschek; Manfred Schilling; Stefan Kupfer; Karl Janosch; Erhard Hindelang, Kirchenpfleger und Vertreter im Dek.rat
1990	Karl Mayr, Pfarradministrator; Karl Stephan Janosch, Vorsit-

	zender; Waltraud Schilling, stellv. Vorsitzende, Erwachsenenbildung; Christine Rosenfelder, Schriftführerin; Irmgard Schwarz, Senioren; bis 1992 Irmgard Mäusle, Jugend; Erwin Hindelang, Männer; Karl Janosch, Senioren; Erhard Hindelang, Kirchenpfleger und Vertreter im Dek.rat, dort stellv. Vorsitzender; ab 1992 Sebastian Schuster
1994	Karl Mayr, Pfarradministrator; Karl Stephan Janosch, Vorsitzender; Waltraud Schilling, stellv. Vorsitzende, Erwachsenenbildung; Christine Rosenfelder, Senioren; Marion Rosenfelder, Jugend; Anja Schilling, Jugend; Ludwig Haugg, Familien; Maria Hindelang, Senioren, Caritas; Erwin Hindelang, Männer; Mathilde Egenberger, Schriftführerin; Erhard Hindelang, Kirchenpfleger, im Dekanatsrat stellv. Vorsitzender, Diöz.rat
ab 1995	P. Joseph Reddy, Pfarradministrator
1998	P. Joseph Reddy, Pfarradministrator; Karl Stephan Janosch, Vorsitzender; Waltraud Schilling, stellv. Vorsitzende, Erwachsenenbildung; Ludwig Haugg; Maria Hindelang, Senioren, Caritas; Mathilde Egenberger, Schriftführerin; Dieter Schachteli, Männer; Thomas Schilling, Jugend; bis 1999 Elisabeth Körösi, Jugend; ab 1999 Monika Schwarz, Jugend; Diöz.rat Erhard Hindelang, Kirchenpfleger, im Dekanatsrat stellv. Vorsitzender
2002	P. Joseph Reddy, Pfarradministrator; bis Februar 2004: Sonja Dezort, Vorsitzende; Rainer Frodl, stellv. Vorsitzender, ab Februar 2004 Vorsitzende; Dek.rat Ludwig Haugg, ab Februar 2004 stellv. Vorsitzender; Christine Eisenlauer, Erwachsenenbildung; Maria Hindelang, Senioren, Caritas; Dieter Schachteli, Schriftführer, Männer; Thomas Schilling, Jugend; bis September 2004 Monika Schwarz, Jugend; Erhard Hindelang, Kirchenpfleger, Mitglied im Diöz.rat, im Dekanatsrat stellv. Vorsitzender
2006	P. Joseph Reddy, Pfarradministrator; Erhard Hindelang, Diakon, Kirchenpfleger, Mitglied im Diöz.rat, im Dekanatsrat stellv. Vorsitzender; Rainer Frodl Vorsitzender; Tanja Wagner, stellv. Vorsitzende, Erwachsenenbildung; Maria Hindelang, Senioren, Caritas; Barbara Schilling, Schriftführerin, Erwachsenenbildung; Dek.rat Josef Wagner, Männer; Stefan Dotschkal, Kasse; Kerstin Haugg, Jugend, Musik
Sept. 2006	Bernd Franz Schaller, Pfarradministrator
Februar 2007	Mathilde Egenberger, Kirchenpflegerin
Sept. 2008	Daniel Maria Schmitt, Pfarradministrator; Tobias Gutensohn, Gemeindereferent
Sept. 2009	Martin Finkel, Pfarradministrator; Jörg Sauter, Kaplan; Iris Kast, Gemeindereferentin
2010	Martin Finkel, Pfarradministrator; Jörg Sauter, Kaplan (bis November 2011); Iris Kast, Gemeindereferentin (bis Februar 2012); Erhard Hindelang, Diakon; Rainer Frodl, Vorsitzender;

	Tanja Wagner, stellv. Vorsitzende, Schriftführerin; Leonhard Merfeld; Josef Wagner; Mathilde Egenberger, Kirchenpflegerin
2014	Martin Finkel, Pfarradministrator; Erhard, Hindelang, Diakon; Barbara Dirr; Rainer Frodl, Sprecher; Anna-Maria Hindelang; Monika Schilling; Karin Schmid; Josef Wagner; Mathilde Egenberger, Kirchenpflegerin
2018	Martin Finkel, Pfarradministrator; Erhard Hindelang, Diakon; Barbara Dirr, Sprecherin; Monika Kleiber; Monika Schilling; Hubert Wagner; Johannes Werdich; Mathilde Egenberger, Kirchenpflegerin
Sept. 2018	Simon Stegmüller, Pfarradministrator; Karin Lober, Gemeindereferentin

Gottesdienstordnung Limbach-Anhausen seit 1663 bis 1953

»Weil die Pfarrei Anhausen mit der Pfarrei Limbach und ihrer Filiale Kleinanhausen auf bischöfliches Geheiß vereinigt ist, deshalb werden die Gottesdienste an Sonn- und Festtagen im dauernden Wechsel gefeiert. Herausgenommen werden bestimmte Feste, die immer in Limbach und die immer in Großanhausen gefeiert werden müssen, wie es bisher immer befolgt worden ist.«[103]
Hintergrund für dieses Vorgehen war, dass der Pfarrer nur eine Messfeier am Tag abhalten durfte. Ausnahmen bilden nur Weihnachten und Allerseelen. An diesen Tagen darf der Priester dreimal die Messe feiern.

In Limbach

Weihnachten – erste und dritte Messe
St. Stephanus, Erzmartyrer, Patron
St. Sebastian, Martyrer, zweiter Patron
Aschermittwoch, Gründonnerstag, Karfreitag, Karsamstag, Ostern
Christi Himmelfahrt (Großanhausen) mit Prozession und Früchtesegnung, nach einem Frühstück die gleiche Prozession in Limbach
Pfingsten, Fronleichnam (ohne Prozession), Sonntag nach Fronleichnam mit Prozession
Mariae Aufnahme in den Himmel
Kirchweih
Allerseelen

103 Pfarrarchiv Limbach, Abt. II, PG 17: Pfarrliche Verrichtungen: *Quod Parochia Anhusana cum parochia Limbach et filia sua Kleinanhausen auctoritate episcopali unita sit, ideo officina divina aeternis vicibus diebus dominicis et festis celebranda. Excipiuntur quaedam festa, quae semper in Limbach et quae semper in majoranhausen celebrari debent, prout hactenus semper observatum fuit.*

In Kleinanhausen

St. Gangolf (11. Mai)

In Großanhausen

Weihnachten, zweite Messe, St. Johannes (mit Johanneswein), Erscheinung des Herrn, Darstellung des Herrn
Palmsonntag, Ostermontag
Christi Himmelfahrt mit Prozession und Früchtesegnung
Pfingstmontag, Dreifaltigkeit, Oktavtag von Fronleichnam mit Prozession
St. Michael
Allerheiligen

Während des Jahres waren folgende Prozessionen für die Angehörigen der Pfarreien Limbach und Anhausen vorgesehen:

Markustag: Rettenbach
1. Tag der Bittwoche: Großanhausen
2. Tag der Bittwoche: Leinheim
3. Tag der Bittwoche: Hammerstetten

Außerordentliche Prozessionen:
5. Tag der Bittwoche: Bubesheim
6. Tag der Bittwoche: Königliche Kapelle
Mariae Heimsuchung: Violau
St. Ulrich: Deubach

Die Bruderschaft zur Anbetung des Heiligsten Altarssakramentes

Das Deckengemälde im Chor der Limbacher Pfarrkirche (Abb. 36), das Johann Baptist Enderle 1755 gemalt hat, stellt eine Monstranz in die Mitte, vor der die Vertreter der Erdteile zur Anbetung niederfallen.
Im Bruderschaftsbuch[104] steht 1801 unter den Verstorbenen der Bruderschaft zur Anbetung des heiligsten Altarssakramentes in Limbach, die von 1678 bis 1803 bestand: Pfarrer Johann Georg Bausch hat sie gegründet.
Im Zuge der Säkularisation wurde sie aufgehoben. Ihre Intention war, die Verehrung des Heiligsten Altarssakramentes zu fördern. Dazu gehörten zu verschiedenen Anlässen längere Anbetungszeiten. Zu diesen Anbetungszeiten waren die Haushalte von Limbach und den beiden Anhausen fest eingeteilt, wie die folgenden Betstundenordnungen zeigen:

104 Pfarrarchiv Limbach, Abt. II, PG 13: Brüderschafts Buech In welchem alle einverleibtem Brüeder und Schwestern deren Nämen etc.

Das 10stündige Gebet am Sonntag in der Oktav von Fronleichnam[105]

Stunde	HsNr.
6–7	1–4, 29, 34, 35
7–8	5–8, 22, 25, 25½
8–9	Gottesdienst
9–10	Kleinanhausen
10–11	9, 10, 16½, 27, 27⅓, 27½, 32½, 33
11–12	11–15, 23, 24
12–1	Großanhausen
1–2	Andacht
2–3½	6½, 17–21, 24½, 28, 28½, 31
3½–4	Schlußandacht

Betstunden am Erntedankfest[106]

Stunde	HsNr.
6–7	1–4, 29, 34, 35
7–8	5–8, 22, 25, 25½
8–10	Gottesdienst
10–11	Kleinanhausen
11–12	9, 10, 16½, 27, 27⅓, 27½, 32½, 33
12–1	11–15, 23, 24
1–2	Betstunde für die Schul- und Christenlehrpflichtigen
2–3	Großanhausen
3–3½	6½, 17–21, 24½, 28, 28½, 31
3½–4	Schlußandacht mit Te deum

Betstunden am Karfreitag[107]

Stunde	HsNr.
10–11	Kleinanhausen
11–12	1–4, 29, 34, 35
12–1	5–8, 22, 25, 25½
1–2	9, 10, 16½, 27⅓, 27, 32½
2–½3	Andacht
½3–½4	Großanhausen
½4–½5	11–15, 33
½5–½6	6½, 17–21
½6–½7	23, 24, 24½, 28, 28½, 31
½7	Mette

105 Pfarrarachiv Limbach, Abt. II, PG 17: Pfarrliche Verrichtungen: Verkündtafel.
106 Ebenda.
107 Ebenda: Pfarrliche Verrichtungen: Verkündtafel. Die Liturgie, die heute am Nachmittag gefeiert wird, war bereits am Vormittag auf 9:00 Uhr angesetzt.

Betstunden am Karsamstag[108]

Stunde	HsNr.
9–10	Kleinanhausen
10–11	1–5, 29
11–12	6–8, 34, 35
12–1	9–11, 22, 25, 31
1–2	12–15, 16½, 28½
2–3	17–21
3–4	23, 24, 24½, 25½, 27
4–5	27⅓, 27½, 28, 32½, 33
5–½7	Großanhausen
½7	Auferstehungsfeier

Betstunden zur Anbetung des Allerheiligsten Altarsakramentes:

Am 23. Juni von 12–3 Uhr in Limbach[109]

12–1 Uhr: Pfarrhof; Schulhaus; Lorenz Mäusle und Josef Hindelang; Viktoria Hoser; Stefan Schuster; Ulrich Mayer; Theodor Eisenlauer; Leonhard Haugg und Viktoria Mäusle; Stefan Kupfer; Leonhard Konrad; Franz Mäusle; Josef Gaa

1–2 Uhr: Franz Josef Zinth; Christian Spitz; Ludwig Hanger; Anton Voggesser; Josef Bestler und Thomas Glöggle; Ulrich Schuster; Josef Schilling; Sigmund Hindelang und Josef Mäusle; Engelbert Mäusle; Josef Berchtold; Josef Hanger

2–3 Uhr: Krescentia Mack und Anna Mack; Simpliz Geiler; Josef Weichenmaier; Jakob Kiehbacher und Anna Schieferle; Xaver Wagner; Anselm Berger; Anton Mäusle; Anselm Bestler; Monika Birkner; Josef Mäusle; Viktoria Mäusle

Groß- und Kleinanhausen

Stunde	HsNr.
12–1	1, 2, 3, 4, 5, 6 7 Großanhausen und 1, 3, 4, 5, 6, 7 Kleinanhausen
1–2	8–18 Großanhausen
2–3	19–29 Großanhausen

108 Pfarrarchiv Limbach, Abt. II, PG 17: Pfarrliche Verrichtungen: Verkündtafel. Die Karsamstagsfeier war zweigeteilt. Der erste Teil (Lichtfeier, Lesungen, Taufwassersegnung) fand am Vormittag vor den Betstunden auf Latein statt, der zweite Teil wurde am Abend um 18:30 Uhr als Auferstehungsfeier gestaltet.

109 Ebenda: Pfarrliche Verrichtungen: Aushangblatt. Heute kennen wir dies als Ewige Anbetung.

Gebäude und Ausstattung

Der Pfarrhof

Unser jetziges Pfarrhofgebäude blickt auf eine 390jährige Geschichte zurück. Es ist nicht bekannt, wie alt sein Vorgänger war, von dem es 1626 heißt: »Pfarrhof – *domus miserrima*« (eine ganz elende Behausung) und über den am 16. März 1627 schließlich Bischof Heinrich von Knöringen selbst an den Prälaten schreibt: »daß der Pfarrhof dermalen zergangen und baufällig worden, daß sich anders nichts als sein täglich und gewisser Einfall zu versehen.«[110] Trotz dieses bischöflichen Schreibens währte es noch zwei Jahre, bis Abhilfe geschaffen wurde. 1630 wurde der bestehende Renaissancefachwerkbau aufgeführt. Dies geschah im zweiten Jahr der Regierung des Abtes Ulrich. Die Baukosten beliefen sich auf 300 fl.[111] »Massige Nagelfluhklötze bildeten auch hier, wie bei fast allen Bauten des Klosters um diese Zeit, das Fundament. Das erste Geschoß aus Stein, darüber ein luftiges, zweimal leicht vorgebautes Fachwerk, und der Pfarrhof war fertig.«[112] Aber nicht lange erfreuten sich M. Jakob Ketterle (1630–1632 Pfarrvikar) und M. Abraham Pfefferle (ab 16. September 1632 Pfarrer) der neuen Wohnung; denn 1632 brach der Schwedenkrieg über das Land herein, der den Pfarrhof über 30 Jahre verwaisen ließ. Er überstand diese Kriegswirren, kam aber sehr herunter. So sind 1674 nach dem Visitationsbericht Pfarrhaus und Stadel ohne Dach. 1713 wird er als »notdürftig instand gesetzt« bezeichnet. Über die nächsten 200 Jahre hin wurde das Haus in gutem Zustand gehalten. 1912 zum Einzug von Pfarrer Völk muss es gewesen sein, als in der neuen Schule der Hausgang mit Terrazzo betoniert wurde, hat auch der Pfarrhof einen Terrazzobelag im Hausgang erhalten. In dieser Zeit war das Fachwerk unter einer dicken Putzschicht verborgen, die 1930 zum Jubiläum wieder abgeschlagen wurde. Da war es natürlich nötig, das schmucke Fachwerk wieder neu mit roter Farbe zu fassen. Doch schon nach dem ersten Regenguss lief dem »Jubilar« die rote Brühe an der Fassade herunter. Schuld daran trugen die »Maurer«. Denn während sie sich mit einer »Dorfschönen« unterhielten, fraß das Hühnervolk aus der Nachbarschaft den Quark bis auf einen kläglichen Rest auf. Der Quark aber war das nötige Bindemittel für die Farbe. Quark wäre sicher wieder zu haben gewesen, doch es fehlten die Milliarden.[113]

Nach dem Tod von Pfarrer Völk, dem letzten ortsansässigen Pfarrer, wurde der Pfarrhof an Privatpersonen vermietet. Nur die Ostzimmer des Erdgeschosses blieben für die Pfarrei reserviert. 1958 wurde das Dach neu eingedeckt. Als die Mieter auszogen, wurde Anfang der 1980er Jahre die Wand zwischen Wohnzimmer und Küche entfernt, um einen großen Raum zu haben für Chorproben und Versammlungen.

110 StAA Klosterliteralien Wettenhausen MüB 38; Glenk, HONB Günzburg, S. 207.
111 StAA Genealogia Wettenhusana.
112 Völk, Pfarrhof-Jubiläum, in: Schwäbischer Heimatbote, Juli 1930, Nr. 7.
113 Ebenda.

29 Das Ensemble aus Pfarrkirche, Pfarrhof und Pfarrstadel von oben. Zwischen dem Pfarrhof und dem Pfarrstadel der liebevoll gepflegte Pfarrgarten

In den Jahren 1992 bis 1994 wurde eine gründliche Renovierung von Pfarrhaus und Nebengebäuden durchgeführt, um ein Pfarrheim für die verschiedenen Gruppen der Pfarrgemeinde zu haben. In diesem Zusammenhang wurde auch die staatliche Baulast abgelöst, so dass jetzt die Baulast ganz bei der Pfründestiftung liegt. Bei dieser aufwendigen Renovierung wurde ein Keller ausgehoben, um Platz zu haben für Öltanks und Zentralheizung. Die alte Treppe von der Küche in den Gewölbekeller wurde ersetzt durch die Treppe im Hausflur, die parallel zur Treppe in das obere Stockwerk angelegt wurde. Die Nordwand des heutigen Pfarrsaales brauchte eine Erneuerung, da sich hier der Hausschwamm breit gemacht hatte. Sie wurde mit alten Ziegeln wieder neu aufgeführt. An der Südwand brauchte das Fachwerk am Südwest-Zimmer neues Gebälk, da die alten Balken stark angegriffen waren. Der Terrazzoboden im Hausflur, der um 1912 eingebaut wurde, fiel den Umbauarbeiten zum Opfer und wurde durch Solnhofer Platten ersetzt. Im Nordost-Zimmer des Erdgeschoßes richtete man eine Küche ein. Die Stuckrahmen an den Decken, die durch viele Schichten Weißelkalk nur noch als gerundete Erhebungen zu erkennen waren, erhielten ihr altes Profil zurück.

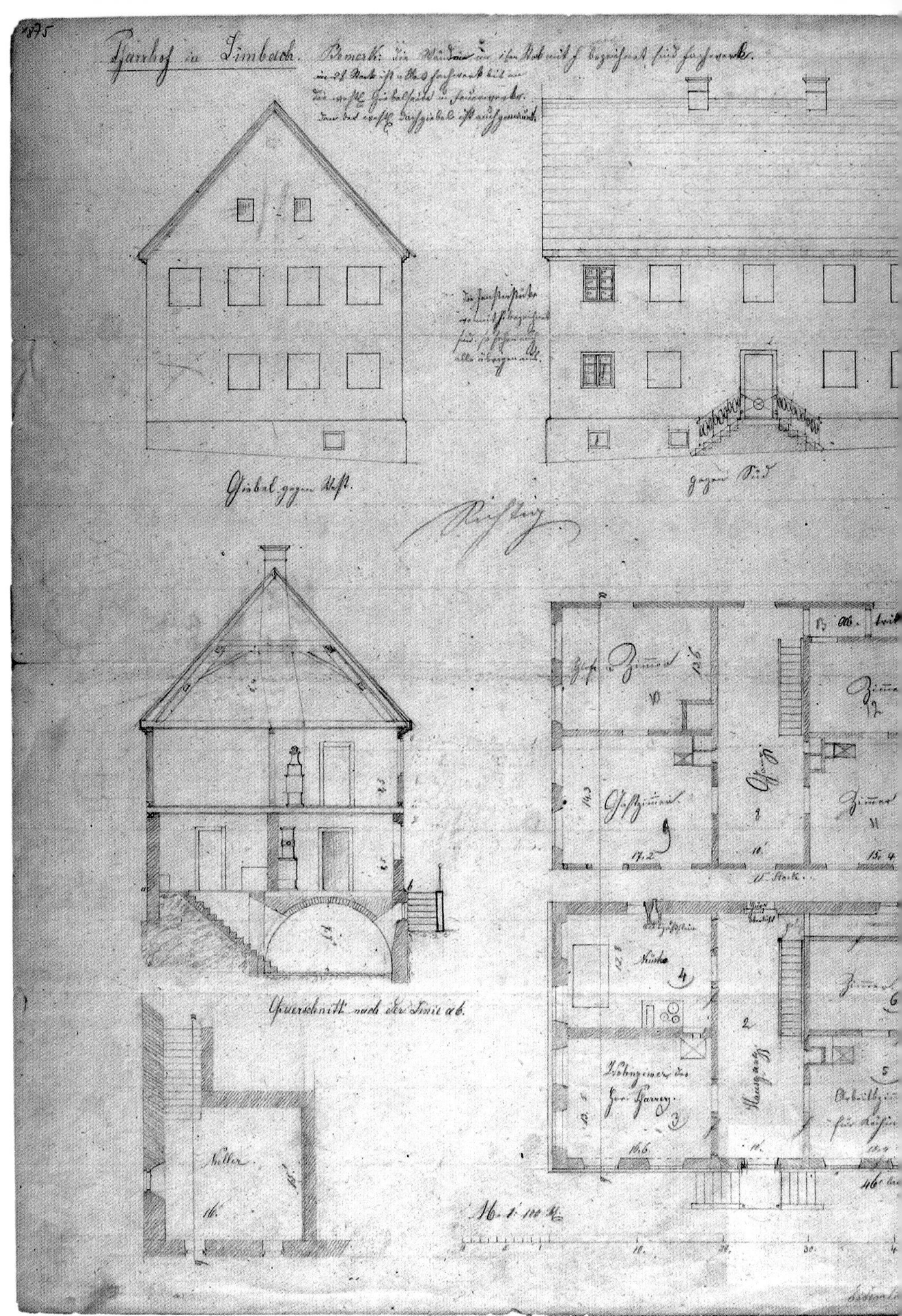

30 Grund- und Aufrisse des Pfarrhofs

Der Pfarrstadel wurde ausgehöhlt und mit einem neuen Dach versehen, so dass ein großer Saal entstand für Pfarrfeste und andere Feiern. Im Back- und Waschhäusle wurde der Backofen entfernt, der innen in einem recht desolaten Zustand war. Dabei kam – eingemauert – das Skelett eines Huhnes zum Vorschein.
Maurerarbeiten waren der Firma Erich Weber aus Günzburg übertragen, die Malerabeiten führte Konrad Bigelmayr aus Burgau aus. Zimmererarbeiten wurden der Firma Barner aus Günzburg übergeben und die Schreinerarbeiten besorgte die Firma Fritz aus Jettingen. Zahlreiche Helfer trugen in Eigenleistung dazu bei, dass die Kosten entsprechend verringert werden konnten.
Der Pfarrhof mit Nebengebäuden wurde in einer großen Feier 1994 von Msgr. Erich Lidel eingeweiht.
2020 stand die Überarbeitung des gesamten Fachwerkes an, da Witterungseinflüsse und der Holzwurm Risse und morsche Stellen an den Balken verursacht hatten. Die Firma Dirr aus Silheim übernahm die Holzarbeiten. Die Malerarbeiten lagen in der Hand der Firma Farbenhaus Mayer aus Burgau.

Unsere Pfarrkirche

Um 1500 scheint die alte Kirche, deren Ursprung und Alter völlig im Dunkel der Geschichte liegen, wohl ihrem Zweck nicht mehr ganz gerecht geworden zu sein. So wurde sie unter Propst Ludwig Frank (1417–1505), während Martin Beck Pfarrer war, abgerissen und die jetzige Kirche erbaut. Bei Arbeiten in der Kirche wurde 1605 eine Urkunde gefunden, die in der Kirchenwand eingeschlossen war und über die Einweihung am 5. Oktober 1503 Aufschluss gibt: *Allen Christgläubigen sei offen und kund, daß wir, Johann Weihbischof von Adramytum und unter Friedrich, Bischof von Augsburg, Generalvikar, anno 1503 den 5. Oktober diese Kirche zu Ehren des hl. Erzmartyrers Stephan geweiht haben, ebenso die Altäre und zwar den ersten auf der linken Seite zu Ehren der seligsten Jungfrau Maria, des Bekenners Leonhard und der hl. Ottilia, den zweiten zur Rechten zu Ehren der vierzehn Nothelfer, des Martyrers Sebastian und des Bekenners Silvester, den dritten* [Hochaltar] *zu Ehren des Erzmartyrers Stephanus, des Apostels Andreas und der hl. Jungfrau Agatha. Der Tag der Kirchweihe soll für ewige Zeiten gefeiert werden jedes Jahr am Sonntag vor dem Fest des Erzengels Michael.*[114] Dieser Kirchweihtermin wurde jedoch später dem allgemein gefeierten Kirchweihfest angeglichen.
Gleich hundert Jahre lang finden wir keine Nachricht mehr über die Kirche, da die Unterlagen über diese Zeit mit der Klosterbibliothek in Wettenhausen im Bauernkrieg vernichtet wurden. Als aber im 17. Jahrhundert Bischof Heinrich von Knöringen regelmäßige Visitationen einführte, vernehmen wir nur schlechte Nachrichten. Im Jahre 1600 schaffte die Gemeinde noch eine Glocke an.

114 Völk, St. Stefanskirche in Limbach, in: Schwäbische Heimat, Juli 1926 Nr. 19; der Aufsatz stützt sich auf die handschriftlichen Visitationsberichte, die im Pfarrarchiv Limbach lagern.

31 *Der Turm der 1503 geweihten Pfarrkirche St. Stephan erhielt zwischen 1680 und 1690 seine heute für ihn charkteristischen achteckigen Obergeschosse mit Zwiebelhaube. Der 1630 erbaute Pfarrhof gilt als einer der ältesten Pfarrhöfe Schwabens. Seit den 1990er Jahren erstrahlt auch er mit freigelegtem Fachwerk in neuem Glanze.*

Das nötige Geld erhielt sie aus dem Verkauf eines Ackers im *Weiherle.* Dieser trug fortan den Namen *Glokkenacker.*
1606 heißt es: *Die Kirche ist ruinös und wegen hohen Alters rauchgeschwärzt.*[115] Auch 1626 wird die Kirche als im schlimmsten Zustand befindlich beschrieben. Im folgenden Jahr wendet sich darum Bischof Heinrich selbst an den Prälaten, um hier Abhilfe zu schaffen. Einer Renovierung dürfte jedoch der Dreißigjährige Krieg zuvorgekommen sein.
Während dieses Krieges und der pfarrerlosen Zeit danach schritt der Niedergang fort. Die Inneneinrichtung war total zerstört oder zerfallen. Wie lange dieser Zustand währte, beweist die Tatsache, dass das Kloster und die Gemeinde erst ab 1674 an die Neuausstattung gehen konnten. In diesem Jahr wurde der jetzige Hochaltar durch Frater Daniel von Wettenhausen anfertigt. Jakob Schmid stiftete dazu 30 Gulden. 1680 folgten dann die beiden Seitenaltäre, erstellt vom Schreiner Melchior Weinberger aus Limbach.[116] Das Taufwasserbecken aus Juramarmor trägt die Jahreszahl 1692 als Entstehungsjahr. 1705 datierte eine Orgel, erstellt von Chrysostomus Bauer aus Ulm.
Auch das Äußere der Kirche erfuhr eine Veränderung. Der Turm wurde zwischen 1680 bis 1690 durch das achteckige Obergeschoß mit seiner Zwiebelhaube erhöht.[117] Trotzdem währen die Klagen des Dekans über den Zustand des Gotteshauses noch bis ins 18. Jahrhundert, da die Mittel für eine Renovierung nicht ausreichten und das Kloster tief in Schulden steckte. So geriet die Kirche gänzlich in Verfall.
1686 berichtet der Dekan: *Die Kirche ist so baufällig, dass die Instandsetzung nicht mehr länger verschoben werden kann; die Gottesackermauer ist höchst ruinös, ebenso der Turm und das Kirchendach.*[118]
1694 schreibt der Dekan: *Ich bekenne, daß in der ganzen Diözese keine so ruinöse und schlecht erhaltene Kirche gefunden wird; mit aller Kraft muß darauf gedrungen werden, daß sie instandgesetzt wird.*[119]
Anno 1712 wurde der Choraltar neu

32 Das Taufbecken aus dem Jahr 1692

115 Völk, St. Stefanskirche in Limbach, in: Schwäbische Heimat, Juli 1926, Nr. 19.
116 Ebenda.
117 Dewiel, Bayerisch Schwaben, S. 169.
118 Völk, St. Stefanskirche in Limbach, in: Schwäbische Heimat, Juli 1926, Nr. 19.
119 Ebenda.

gefasst. *Johann Abelin (Seeliger) hat diesen Altar fassen lassen 1712 von Joannes Riggenmann, Maler von Oberwaldstetten.*[120] Es müssen noch weitere Arbeiten in der Kirche vorgenommen worden sein, denn 1717 konnte der Dekan in seinem Bericht von einem guten Zustand der Kirche schreiben.[121]
Die schlechtesten Zeiten für das Gotteshaus waren wohl vorbei. Die Kunst aber hat derweilen Fortschritte gemacht. Die kräftigen Farben des Barock wurden hin zum Rokoko immer heller und freundlicher.
Als dann mit Propst Augustin Bauhof ein Förderer klostereigener Kirchen erstand, ließ dieser die Limbacher Kirche 1755/56 gründlich renovieren.[122] Unter der Bauleitung Joseph Dossenbergers wurde ihr Innenraum barock ausgestaltet. Anton Kederle aus Ichenhausen fertigte den feinen Stuck. Johann Baptist Enderle aus Donauwörth trug die Deckengemälde bei. Für seine Arbeit erhielt Enderle 100 Gulden. Abt Zesch und Pfarrer Lechner ersetzten 1782 die alte Orgel durch eine neue und bezahlten sie je zur Hälfte. Sie kostete 34 Gulden.
Nach gut 500 Jahren Leben unter dem Krummstab fielen am 1. März 1804 durch den Reichsdeputationshauptschluss Kirche und Pfründe dem bayerischen Staat zu, der seitdem die Baulast zu tragen hat. In der Nacht vom 30. auf 31. Juli 1823 wurde in die Kirche eingebrochen. Die Diebe raubten Monstranz, Ziborium, Messkännchen, Rauchfass und Schiffchen, Weihwasserkessel, Taufschüssel und -schale, sechs große hölzerne Leuchter, einen Chorrock, eine Albe und andere kleinere Wäschestücke im Gesamtwert von etwa 100 Gulden. Noch heute ist die Pfarrgemeinde dem damaligen Rentamt Wettenhausen für den baldigen Ersatz der entwendeten Stücke dankbar. Auch die jetzige Monstranz wurde 1824 für 84 Gulden angeschafft.
Eine erneute gründliche Restaurierung erfuhr die Kirche 1858/59. Bei dieser Renovierung kamen die Nazarenerbilder in die Altäre. Die drei großen Altarbilder und das Bild des hl. Stephanus sind von Johann Dollenbacher aus Unterbleichen gemalt worden. Die beiden Bilder, St. Rochus und St. Ulrich stammen vom Maler Franz Xaver Nusser aus Burgau. Das Hochaltarbild kostete 80 fl, das Bild am Seitenaltar Maria Verkündigung 33 fl, das Sebastianbild 40 fl. Das Sebastianbild hat Pfarrer Beck auf seine Kosten angeschafft und der Kirche geschenkt.
Vor der Restauration befand sich auf dem Marienaltar eine gekleidete Maria, auf dem Sebastianaltar eine Statue des hl. Sebastian und auf dem Hochaltar ein gemaltes Bild des hl. Stephanus. Eine Statue des hl. Stephanus, von hohem Altertumswert, an der Südseite des Langhauses angebracht, verschwand spurlos. Ebenso erging es den Schnitzwerken der Nebenaltäre.
Dem Zeitgeist entsprechend musste das Deckengemälde des Langhauses dem Dutzendbild eines Lammes weichen. Schadhafte Rokokoverzierungen wurden ersatzlos entfernt. Das prächtige Abtwappen über dem Chorbogen wurde abgehoben. Dieses kehrte nach 1912 wieder dorthin zurück.

120 Aufschrift auf der Rückseite des Hochaltars.
121 Völk, St. Stefanskirche in Limbach, in: Schwäbische Heimat Juli 1926, Nr. 19.
122 Ebenda und Pfarrarchiv Limbach, Abt. II, PG 36: Wahrheitsfreund 12/1886.

Lob und Dank sei ohne End Jesu Dir im Sakrament.

Lob und Dank sei ohne End Jesu Dir im Sakrament.

33 *Vorausgehende Doppelseite: Blick auf die Chorpartie der Pfarrkirche St. Stephan mit dem Hochaltar, der 1674 von Fr. Daniel aus Wettenhausen angefertigt wurde und den beiden Seitenaltären aus dem Jahr 1680 von Schreiner Melchior Weinberger aus Limbach*

34 *Vorausgehende Doppelseite (links): Der Hochaltar von Fr. Daniel aus Wettenhausen aus dem Jahr 1674. Die beiden Apostelfürsten, links Paulus und rechts Petrus, sind rund 175 Jahre älter und werden der Werkstatt des Ulmer Meisters Nikolaus Weckmann oder deren Umkreis zugeschrieben. Das Altarbild stammt von Johann Baptist Dollenbacher und wurde bei der grundlegenden Restaurierung der Kirche im Jahr 1859 eingebracht.*

35 *Vorausgehende Doppelseite (rechts): Hl. Petrus aus der Werkstatt oder dem Umkreis des Ulmer Meisters Nikolaus Weckmann, um 1500*

36 *Das Deckenfresko im Chor der Pfarrkirche St. Stephan zeigt die Verherrlichung der Eucharistie durch die vier Erdteile. Es wurde im Jahr 1755/56 von Johann Baptist Enderle geschaffen, ist aber leider durch unsachgemäße Restaurierung in Teilen verfälscht. So sind unter anderem die Figur Afrikas am linken Bildrand und der Page, der Marias Mantel hält, fast vollständig übermalt. In den kleinen Zwickelbildern sind die christlichen Tugenden – Glaube, Hoffnung, Liebe – personifiziert. Hier, am unteren Bildrand, der Glaube mit der Beischrift »Adoramus te«. Die Fresken werden von den feinen Rokko-Stuckaturen Anton Kederles umrahmt.*

Adoramus te

I·N·RI

Die Altäre erhielten 1912 eine rotbraun marmorierte Grundfassung. Bedeutende Schnitzwerke aus der gotischen Zeit um 1500 haben auch diese Renovierungen überlebt: Die Apostel Petrus und Paulus am Hochaltar, die hl. Genovefa vor dem blinden Fenster auf der Südseite und das große Kruzifix mit der Schmerzensmutter an der Nordwand.

Der Kreuzweg wurde 1874 nach Limbach um 143 fl von Max Berz in München geliefert. 1878 wurde das Deckengemälde, das »Altarssakrament« darstellend, von Josef Fröschle, Kunstmaler in Augsburg, restauriert.

Regelmäßige Renovierungen hielten das Gotteshaus fortan gut in Schuss. Eine Renovierung, die zur barocken Ausstattung der Kirche zurückblickte, wurde 1958 vorgenommen. Die Altäre erhielten dabei wieder ihre Urfassung in schwarz.

Eine gründliche Außenrenovierung erfuhr die Kirche im September/Oktober 1981. Beteiligt waren folgende Firmen: »Der Maurermeister Michael Jäger vom Landbauamt Augsburg, zusätzlich Maurer der Baufirma Weber, Günzburg. Als Dachdecker fungierte die Firma Rotter u. Zimmermann, Krumbach, die Zimmererarbeiten übernahm die Firma Feuerstein, Günzburg. Für die Malerarbeiten war die Firma Schedel, Balzhausen zuständig, für die Spenglerarbeiten die Firma Vogel, Günzburg. Das Gerüst wurde von der Firma Hopfenzitz, Augsburg aufgestellt. Putzausbesserungen wurden rundum vorgenommen, ganz erneuert wurde der Putz an der Westseite von Kirche und Turm. Die Zwiebel wurde neu eingedeckt. Die der Form angepassten Dachplatten stellte die Firma Girngruber, Markelkofen im Bayerischen Wald in Sonderanfertigung her.«[123]

1991/92 wurde der Turm innen ausgehöhlt. Ringanker verstärken jetzt das Mauerwerk. Den hölzernen Glockenstuhl trägt ein Metallunterbau, der über mehrere Stockwerke reicht und die Schwingungen vom Turmgemäuer abhält. In diesem Zusammenhang musste die alte Turmuhr weichen und wurde durch eine elektronisch gesteuerte Uhr ersetzt. 1997/98 war dann der Kirchenmaler Richard Rau aus Günzburg am Werk und vollendete mit der Rokoko-Farbgebung das freundliche Erscheinungsbild von St. Stephan.

1998 ließ die Kirchenverwaltung einen Altar mit dem dazu passenden Ambo aus Juramarmor aufstellen. Am 26. September 1998 weihte der 84jährige Weihbischof em. Rudolf Schmid aus Augsburg den neu errichteten Volksaltar und segnete den Ambo.

2003 am 3. Oktober jährte sich zum 500. Male die Weihe unserer St. Stephans-Kirche. Am 19. Oktober kam Weihbischof Josef Grünwald aus Augsburg, um dieses Jubiläum mit uns zu feiern.

37 Kruzifix an der nördlichen Langhauswand der Pfarrkirche. Es wird in die Zeit um 1520/30 datiert. Vor ihm eine Schmerzhafte Muttergottes aus der Zeit um 1500 mit jüngeren Überarbeitungen

123 Vgl. Pfarrachiv Limbach, Abt. II, PG 7: Renovierungen: Abschrift des Berichtes in der goldenen Kugel auf dem Kirchturm.

Vom Turm grüßen über dem Doppelkreuz Stern und Halbmond. Vielleicht hat mancher schon den Kopf geschüttelt über dies vermeintlich unchristliche Zeug. »Doch die Sache ist nicht so schlimm. Stern und Halbmond stellen nämlich nicht das Wappen der Kinder Muhammeds dar, sondern das Wappen eines Abtes von Wettenhausen; wahrscheinlich des Erbauers der Kirche, des Propstes Ludwig Frank oder des Bartholomäus Koppenhofer (um 1716), oder des Augustin Bauhof, der 1755/56 die Kirche restaurierte. Also ein recht harmlos, aber köstlich Ding – unsere Wetterfahne, für den, der ihre Sprache versteht!« schreibt Pfarrer Völk in seiner Veröffentlichung 1926.[124]

Ein Besuch in unserer Kirche

Der Blick des Eintretenden wird zuerst eingefangen von den drei in schwarz gehaltenen Altären aus den Jahren 1674 (Hauptaltar, von Fr. Daniel) und 1680 (Seitenaltäre von Melchior Weinberger). Heute zeigen uns die Altäre Bilder aus dem Jahre 1858/59 von Johann Dollenbacher aus Unterbleichen: Im Hauptaltar die Kreuzigung und den Kirchenpatron St. Stephanus, in den Seitenaltären Maria Verkündigung und St. Sebastian. Die Bilder in den Aufsätzen der Seitenaltäre, den Bistumspatron St. Ulrich und den Pestheiligen St. Rochus, fertigte im gleichen Jahr der Maler Franz X. Nusser aus Burgau. 1998 ließ die Kirchenverwaltung einen Altar mit dem dazu passenden Ambo aus Juramarmor aufstellen. Schwester Nicole Oblinger von den Dillinger Franziskanerinnen hat den Entwurf gestaltet. Die Steinmetzfirma Linder aus Dillingen führte den Entwurf aus. Die barocken Holzleuchter wurden vergoldet und schmücken jetzt die Altäre. Für den Hochaltar entwarf Richard Rau einen passenden Tabernakel mit einem Rennaisance-Engel, der im Allgäu geschnitzt wurde. Die Firma Fritz aus Jettingen übernahm die Ausführung. Es war in diesem Jahrhundert bereits die vierte Form des Tabernakels. Die ursprüngliche hatte in etwa das Aussehen des jetzigen, es folgte ein zweistöckiger Tabernakel, als weitere Option ein Panzerschrank und mit der letzten Renovierung 1998 die nun sichtbare Form.

Wertvolle Plastiken sind die Apostel Petrus und Paulus, die der Werkstatt von Nikolaus Weckmann oder deren Umkreis entstammen,[125] das Kreuz an der Nordwand des Langhauses (um 1529/30) und die Schmerzensmutter (um 1500). Aus der gleichen Zeit stammt die hl. Genovefa, die neben der Kanzel vor einem blinden Fenster ihren Platz hat.

Die Volksheiligen, Abt Leonhard (mit der Kette und dem Pferdekopf an der Konsole) und St. Donatus (Helfer bei Unwetter) stehen im Chorbogen. Erwähnenswert sind darüber hinaus die Darstellung des Auferstandenen, aus der

38 Eine der schönsten Figuren in der Pfarrkirche ist die hl. Genovefa vor dem Blindfenster an der südlichen Langhauswand. Sie stammt aus der Zeit um 1500.

124 Völk, St. Stefanskirche in Limbach, in: Schwäbische Heimat, August 1926, Nr. 20.
125 Meisterwerke Massenhaft, 486.

ersten Hälfte des 18. Jahrhunderts, die in der Osterzeit vom Heilsgeheimnis kündet und der 2008 neu geschaffene Elendsherrgott (geschnitzt von Josef Mayer aus Hafenhofen, gefasst vom Kirchenmaler Rau aus Günzburg und gestiftet von der Chorgemeinschaft). Zum Stephanusfest wird alljährlich das Stephanusaltärchen aufgestellt, das 1735 unter Pfarrer Welz angeschafft wurde (Abb. 43). Von der barocken Ausgestaltung der Kirche (1755/56) unter Propst Augustin, dessen Wappen seit der vorletzten Renovierung 1912 wieder vom Chorbogen grüßt, sind der Chorraum und sein Deckengemälde erhalten geblieben. Dazu ein Zitat aus dem Buch »Johann Baptist Enderle 1725–1798 – ein schwäbischer Maler des Rokoko«: »Der unter Propst Augustin Bauhof umgestaltete Chor der Kirche St. Stephan in Limbach [...] wurde von Enderle ausgemalt.«[126] Das zentrale Deckenfresko stellt die Verherrlichung des Altarssakramentes durch die damals bekannten vier Erdteile dar; Australien war noch nicht entdeckt. Die drei umgebenden Kartuschen mit den allegorischen Darstellungen von Glaube, Hoffnung und Liebe erinnern an die einleitenden Bitten des Rosenkranzgebetes: Jesus, der in uns den Glauben vermehre; Jesus, der in uns die Hoffnung stärke; Jesus, der in uns die Liebe entzünde. Jedem Bild ist ein Wort aus dem Gloria der heiligen Messe zugegeben: *adoramus te, laudamus te, benedicimus te.* Spaßhaft werden diese drei auch die geistlichen ›Teesorten‹ genannt. Glaube: Frauengestalt mit Buch, Kelch und Kreuz – ADORAMUS TE. Hoffnung: Frauengestalt mit Anker – LAUDAMUS TE. Liebe: Frauengestalt mit Kind und flammendem Herz – BENEDICIMUS TE.

Unsachgemäße Übermalungen in späterer Zeit brachten eher Schaden als Nutzen: Fast ganz neu wurde die Figur von »Afrika« und des darunter knienden Pagen gestaltet. Die Gewänder von »Europa« und »Asien« wurden übermalt. Bei den Engelsgruppen wurden die Konturen nachgezogen.

Die Kanzel präsentiert sich noch in ihrer ursprünglichen Gestalt. Mit ihrem prächtigen Stuck ist sie ein Werk des Stiftsbaumeisters Joseph Dossenberger. Sie trägt die Symbole der vier Evangelisten: Matthäus (Stier), Markus (Löwe), Lukas (Engel) und Johannes (Adler). Das Bildwort vom Guten Hirten ist in einem kleinen Fresko – auch von Enderle – dargestellt.

Beim Hinausgehen aus der Kirche lohnt sich ein Blick nach oben. Unter der Empore zeigt uns das Deckengemälde drei wichtige Heilige für das alltägliche Leben der Menschen. Der heilige Florian (mit Löscheimer) ist verantwortlich bei Feuergefahr und in Wassernot. Er wird angerufen als Beschützer von Haus und Hof und Hab und Gut (Gedenktag ist am 4. Mai). Der heilige Bischof Valentin (mit Schwert), der enthauptet wurde. Er ist zuständig für die Bienenzüchter, ist Schirmherr der Verlobten, Stifter guter Heiraten und Beschützer

39 Die Kanzel an der südlichen Langhauswand der Pfarrkirche trägt die vier Evangelistensymbole, Engel (auf dem Schalldeckel für Matthäus), Löwe (Markus), Stier (Lukas) und Adler (Johannes). In einem Rocaillerahmen ist das Bildmedaillon »Jesus als Guter Hirte« zu dargestellt.

126 Dasser, Johann Baptist Enderle, S. 24.

von Ehe und Familie (Valentinstag 14. Februar). Die heilige Apollonia (mit Zange), der beim Martyrium die Zähne ausgeschlagen wurden und die darum als Patronin der Zahnärzte und bei Zahnschmerzen angerufen wird, ist die Frau, die bei Schmerzen und Krankheit Fürbitte einlegen kann (Gedenktag ist am 9. Februar). Mit diesen drei Heiligen ist das Leben der Menschen ganz erfasst. Vom Hab und Gut, über die Gemeinschaft im Zusammenleben und die Gesundheit des Einzelnen ist das ganze Leben beschützt.

Kirchliche Gefäße

In unserer Kirche befinden sich eine Reihe wertvoller und kunstvoll gearbeiteter liturgische Geräte. In der Liturgie der katholische Kirche werden verschiedene liturgische Gefäße verwendet. Jeder kennt wohl den Kelch mit seiner Patene, die Hostienschale und die Monstranz. Darüber hinaus begegnen wir zwischen dem Markustag (25. April) und dem Fest Kreuzerhöhung (14. September) dem »Wettersegen«, einer kleinen Monstranz mit einem Kreuzpartikel, mit dem der Segen über die Früchte der Erde und um fruchtbare Witterung gespendet wird. Im Ziborium (Speisekelch) werden konsekrierte Hostien aufbewahrt.

Der barocke Kelch

Ein in Silber getriebener Kelch mit Patene und Löffelchen (Abb. 40). »1755 ist zu Augsburg ein feiner von Silber getriebener Arbeit und vergoldeter Kelch gemacht worden, hat samt dem Futteral kostet 72 fl. 25 kr., wozu M. Theresia Miller 20 fl. Johann Kindig und seine Ehefrau 40 fl. legieret, das Übrige hat Pfarrer Lechner beigelegt.«[127] Der Kelch trägt das Augsburger Beschauzeichen die Zirbelnuss, darunter den Buchstaben L, der für die Kalenderjahre 1753/55 als Entstehungszeit Verwendung fand. Das eingestanzte Meisterzeichen G I B, weist hin auf Georg Ignaz Baur (1727–1790), Goldschmied in Augsburg, der diesen Kelch geschaffen hat.[128] Alfred Schröder nennt ihn in einem Brief an mich (Pfarrer Joseph Völk), »einen sehr tüchtigen Meister«. Die Widmung, die am Kelchfuß eingraviert ist, verrät die Namen der Stifter und als Chronosticon das Jahr der Entstehung. Sie lautet: BeatI StephanI honorIbVs LegarVnt TheresIa MILLerIn, Iohannes KInDIg, VXor eIVs VVaLbVrga.[129]

Abbildungen rechts:
40 Barocker Kelch, Georg Ignaz Bauer, Augsburg 1755
41 Kreuzreliquiar, Georg Ignaz Bauer, Augsburg 1759/61
42 Stephanus-Reliquie, 18. Jahrhundert
43 Stephanus-Altärchen, 1735

127 Pfarrarchiv Limbach, Abt. III, Anh. 2: Salbuch Großanhausen 1692.

Das Kreuzreliquiar (Wettersegen)

Vom Meister Georg Ignaz Baur stammt auch das Kreuzreliquiar. Meisterzeichen: G I B, Beschauzeichen Zirbelnuss und darunter Entstehungsjahrzeichen O, also angefertigt in den Jahren 1759/61.

Das Stephanus-Reliquiar

Das Stephanus-Reliquiar ist eine barocke Arbeit ohne Bezeichnungen. Pfarrer Franze hat es aus Unterknöringen mitgebracht. Es hatte dort keine Verwendung und wurde in Limbach ein würdiges Gefäß für die Stephanusreliquie. Zuvor war die Reliquie am Fuße des Stephanusaltärchens eingefügt.

Der Silberkelch

Der Silberkelch, vergoldet, hat im Kelchfuß eingraviert die Ziffer 800 für den Silbergehalt. Zu seiner Ausstattung gehört eine Patene und ein Löffelchen, die beide ebenfalls den Stempel 800 tragen (beide nicht abgebildet).

Die Monstranz und das Ostensorium

Die Monstranz zeigt die heiligste Dreifaltigkeit (Abb. 44). Oben Gott Vater mit der Weltkugel und der segnenden Hand in einer Wolke. Das Herzfenster in der Mitte mit dem Strahlenkranz und den Flammen ist der Platz für Christus. Unten ist die Taube, das Zeichen für den Heiligen Geist. Zwei Engel links und rechts mahnen zur Anbetung. Ähren und Trauben bilden den Schmuck und weisen hin auf Brot und Wein, die Gaben der Eucharistie. Im Fuß ist die Zahl 36 und im Abstand dazu die 0 eingraviert.
Das Ostensorium trägt die Zahl 28 und ebenso die 0.

44 Die Monstranz der Limbacher Pfarrkirche St. Stefan, aus dem Schwäbischen Religionsfond 1824 nach Limbach gegeben

128 Vom Advent zum Advent, 3. Woche im Oktober: Georg Ignaz Baur war der namhafteste Schöpfer von Altären unter den Gold- und Silberschmieden Augsburgs. Schon 1755/56 war er betraut worden mit der Schaffung des Hochaltars für die Katholische Hofkirche in Dresden. Im Domschatz in Rottenburg befinden sich Leuchter, Kreuz und Kanontafeln aus der Stiftskirche Ellwangen, die zum dortigen silbernen Jubiläumsaltar aus dem Jahr 1764 gehörten und ebenfalls von Georg Ignaz Baur geschaffen worden sind. Seine Spätwerke reichen noch in die Zeit des Klassizismus hinein. Baur stammte aus der württembergischen Reichsstadt Biberach, genoss seine Ausbildung bei Franz Th. Lang, dessen Tochter er 1751 heiratete. Baur war in der Goldschmiedezunft wiederholt Inhaber von Ämtern, betätigte sich auch als Silberhändler und starb 1790 als kurtrierischer und fürstbischöflicher, augsburgischer Hofgoldschmied.

129 Zu Ehren des heiligen Stephanus stifteten Theresia Miller, Johannes Kindig und seine Frau Walburga. (M D LL LL X VV VV VV VIIIII IIIII = 1755).

Die Ziborien

Das große Ziborium mit der mit Steinen besetzten Krone auf dem Deckel steht im Tabernakel. Es trägt ähnlich wie Monstranz und Ostensorium die Zahl 60 mit der gesonderten 0. Ein kleines Ziborium mit einem kreuzgeschmückten Deckel diente für den Versehgang. Das dritte Ziborium ebenso mit einem Kreuz auf dem Deckel wird verwendet bei Gottesdiensten im Freien.

Die Hostienschalen

Eine größere Hostienschale ist gestaltet mit einem ausladenden Griff und mit Steinen geschmückten Deckel. Die kleinere Hostienschale 925 Silber vergoldet schmückt ein Lapislazulistein im Fuß. (Erworben im Oktober 2013 in der Goldschmiede Dochtermann in Augsburg um 980 €).

Die Heilig-Öl-Gefäße

Die Gefäße für die heiligen Öle stiftete Franz Jehle 1929 zum Dank nach der überstandenen Wundstarrkrampfinfektion. Es sind drei Gefäße: Für Katechumenenöl, das bei der Taufe verwendet wird, für den heiligen Chrisam mit dem Täuflinge, Firmlinge, Priester und Bischöfe bei der Weihe gesalbt werden, ebenso Kirchen, Ältäre und Glocken, um sie so in den Dienst für Gott zu nehmen und für das Krankenöl, das bei der Krankensalbung verwendet wird.

Die Orgel

1705 wurde die erste Orgel aufgestellt von Chrysostomus Bauer aus Ulm. Pfarrer war damals Johann Michael Aicher.
Am 3. Mai 1782 berichtete Lechner an das Ordinariat, dass um 34 fl eine Orgel gekauft worden sei, welche Reichsprälat Augustin zu Wettenhausen halb und der Pfarrer des Ortes halb von dem Ihrigen bezahlt haben. »Alle Sonn- und Feiertage von dem daselbstigen Mesmer zu Predigt, Amt und Vesper geschlagen.« Heute steht in unserer Pfarrkirche St. Stephan die dritte Orgel. Sie ist 1903 aufgestellt worden und stammt aus der Orgelbauanstalt März in München. Sie kostete 1965 M.[130] Das Gehäuse lehnt sich an den Renaissance-Stil an. Die Orgel ist pneumatisch betrieben, sie hat sechs Register und ein Manual.

130 Völk, St. Stefanskirche in Limbach, in: Schwäbische Heimat 1926, Nr 19. Ein alter Spruch hält dieses Orgel Schlagen durch den Lehrer fest, in dem es heißt: Er schlug die Orgel, Frau und Kind. Es kommt daher, weil die Tastatur der alten frühen Orgeln recht schwerfällig war. Man brauchte, um eine Taste niederzudrücken, die ganze Hand und gehörig Kraft. Daher also – die Orgel schlagen. Pfarrarchiv Limbach, Abt. II, PG 3: Orgelgeschichte.

Die Disposition weist auf:

Manual C–f''': Principal 8'
Gedeckt 8'
Salizional 8'
Oktav 4'
Traversflöte 4'
Pedal C–d': Subbaß 16'

Spielhilfen: Pedalkoppel, Superoktavkoppel und Tutti.

1959 erfolgte eine Generalüberholung durch die Firma G. F. Steinmeyer & Co aus Oettingen/Bayern, ebenso 1997/98 durch die Firma Offner, Kissing. Gleichzeitig wurde der Spieltisch gedreht.

Die Glocken

Im 20. Jahrhundert musste das Geläut zweimal abgegeben werden. Im Ersten Weltkrieg blieb im Turm nur noch die Glocke von 1734 (Anschlagton g'', 110 kg), die erzählt: *Mich hat gegossen Gottlieb Korn aus Ulm 1734.* Dazu ziert sie noch die Darstellung der Kreuzigungsgruppe. 1928 schaffte die Gemeinde drei neue Glocken an. 264 kg, 195 kg und 139 kg brachten sie auf die Waage. Die alte Glocke stand im Erdgeschoß des Turmes. Als dann im Zweiten Weltkrieg wieder die Glocken abgeholt wurden, kam die alte Glocke zurück in die Glockenstube. Sie bildet seit 1950 mit den zwei neuen Glocken (280 kg und 130 kg) unser dreistimmiges Geläute. Von ihnen sind die kleine Glocke der Gottesmutter Maria und die große Glocke dem heiligen Stephanus geweiht. Anschlagton der großen und der kleinen Glocke ist: h', e''.[131]

131 Bischoff – Thurm, Glockenatlas, S. 231 Nr. 525; Pfarrarchiv Limbach, Abt. II, PG 2: Glocken.

Die Wallfahrt Maria Königin Bild

Die Entstehung der Wallfahrt

Ein ruhmreiches Kapitel unserer Ortsgeschichte verbindet sich mit dem Begriff Maria Königin Bild. Der festgehaltene Plan (Vorsatz, Abb. 6 und Abb. 47) zeigt uns den Ort, wo die »berühmteste Wallfahrt im ganzen Schwabenlande«[132] ihren Standort hatte. Ganz nahe bei der Landstraße von Ulm nach Augsburg.

Auf diesem wichtigen Verkehrsweg war Maria Eleonora, Tochter von Kaiser Ferdinand III., gewesene Königin von Polen, Herzogin von Lothringen etc. mit ihrem Gemahl von Günzburg über Augsburg nach Innsbruck unterwegs. Es war am 20. Februar 1679. Da »fühlte sie sich an eben der Stelle, wo man heutzutage die Kirche sieht, zum ersten Male Mutter.«[133] So schrieb der Benefiziat Joseph Stahlhuth, der die »Chronik der Kirche und Wallfahrt zum Königin Bild«, die über die Jahre von 1679 bis 1765 berichtet, aus dem Lateinischen übertrug. Eleonora ließ den Pfarrer Johann Georg Bausch von Limbach holen und bezeichnete ihm den Platz, wo die Feldkapelle stehen sollte. Prälat Dionysius von Rehlingen gab dann das Einverständnis zum Bau einer Kapelle, die auf Wettenhauser Grund entstand.[134] Am 11. Mai wurde mit den Arbeiten begonnen. Pfarrer Bausch sang – in der Baugrube stehend – das Johannesevangelium. Bis zum 15. Juli 1679 ist an der Stelle, wo der Weg von der Landstraße nach Limbach abzweigte, dem Gelübde Maria Eleonoras entsprechend, eine Kapelle zu Ehren der jungfräulichen Gottesmutter entstanden. In dieser Kapelle, die 8 Schuh in Breite und Länge maß und 12 Schuh hoch war, wurde später das »kunstvoll gemalte heutige wundertätige Bild unter dem Namen ›Maria Hilf‹ aufgestellt und wegen der königlichen Stifterin allgemein ›Königin Bild‹ genannt.«[135] Der Maler des Bildes war Johannes Brandenberg (1661–1729) aus Zug in der Schweiz.

Der Grund für die Entstehung der Wallfahrt war kein übernatürliches Zeichen oder Wunder. Die Erfahrung, Mutter zu werden, war der Anlass, hier ein Zeichen der Dankbarkeit zu errichten. Das Werden menschlichen Lebens im Mutterleib ist heiliges Geschehen und immer wieder ein Wunder.

45 Das Gnadenbild von »Maria Königin Bild« mit den Stiftern Eleonora von Österreich und Leopold I. von Lothringen, Eleonoras Sohn, der ein eigenens Benefizium stiftete. Unten die Unterbrechung der Reise Eleonoras bei Limbach, in der Mitte die fertiggestellte Kirche und das Kaplan- bzw. Benefiziatenhaus.

---

132 Stahlhuth, Chronik, S. 196.
133 Ebenda, S. 3.
134 StAA Annales Wettenhusani, Pars IV, Tomus VI, S. 243, Kapitel IV.
135 Stahlhuth, Chronik, S. 3.

Regia et Thaumaturga Iesu, B. V. M. et Sancti Iosephi Imago
Sicut lætantium omniu. Ps. 86.
Ecce habitatio + Reg. 2.
diligenter vias. Deut. 19.
Offerimus
sibi viam per me. Job. 19.
Göz et Klauber Cathe. Sc. Aug. V.

Das Wachsen der Wallfahrt

Pfarrer Bausch förderte den Zulauf zu dieser Kapelle. Er führte die Jugend aus dem Dorf an Sonn- und Feiertagen zum Heiligtum hinaus und betete dort den Engel des Herrn und das Salve Regina. Ältere Leute schlossen sich an. »Dieses so schöne Exempel zoche nicht nur die erwachsene, und alte Leuth zu gleicher Andachts-Übung, sondern ware noch ein Antrieb, daß man Opffer brachte, und auf solche Weis der Zulauf zum Königin Bild (sonst wollte man keinen anderen Namen wissen) von Tag zu Tag größer wurde.«[136] Die Zahl der Wallfahrer wuchs sehr schnell, so dass diese Kapelle die Beter nicht mehr zu fassen vermochte. 1682 ließ die Stifterin eine größere Kapelle bauen, die im folgenden Jahr noch mit einem Vordach umgeben wurde. Auf das Ansuchen der Stifterin und auf Bitten des gläubigen Volkes »erteilte der Hochwürdigste und Durchlauchtigste Fürstbischof [Alexander Sigismund] von Augsburg sowohl zur größeren Ehre Gottes und seiner allerheiligsten Mutter [...] im Jahre 1684 die Erlaubnis«[137] in dieser Kapelle das heilige Messopfer zu feiern. Am 21. September 1684 wurde von Propst Dionysius von Rehlingen die erste Messe als Pontifikalamt gefeiert.[138] In den sechs Jahren bis 1690 folgten noch viele Messfeiern. Insgesamt wurden 2013 heilige Messen, 114 Hochämter, 100 Predigten und Wallfahrten gezählt.[139]

Ein Wallfahrergebet, das 1689 entstand, wurde in großer Auflage (5000 Exemplare) gedruckt: »Wunderbarliche Himmelskönigin, Jungfrau und Mutter Gottes Maria! Dir hat aus besonderer Liebe dein allerheiligster Sohn Jesus hier eine Wohnung bereitet, damit wir in den vielfältigen Trübsalen dieses elenden Lebens zu dir kommen und durch deine gnadenreichen Hände Trost und Hilfe von ihm erlangen können. Deswegen bitte ich dich mit Demut und vertrauenvollem Herzen, dass du heute und allezeit dich meiner annehmen wollest. Denn ich erkenne dich nach Gott, meinem Herrn, als meine gnädigste Frau; ich ehre dich als meine gebietende Königin; ja, ich darf dich mit Zuversicht meine liebreichste Mutter nennen. Allermildeste Helferin! wende deine barmherzigen Augen zu mir in den großen Gefahren, die mich bedrohen, in jenen schweren Armseligkeiten, die mich drücken; beschirme alles, was ich besitze; wende ab die Übel, welche ich befürchte; gewähre mir jenes, um was ich bitte, sofern dasselbe gottgefällig ist und zu deiner Ehre und meinem Heile gereicht. Vor allem erwirb mir die notwendige Gnade, dass ich die

46 Maria Eleonora, die Tochter Kaiser Ferdinands III., gewesene Königin von Polen und Großfürstin von Litauern, Ehrfrau von Herzog Karl V. Leopold von Lothringen, »fühlte sie sich an eben der Stelle, wo man heutzutage die Kirche sieht, zum ersten Male Mutter« und stiftete daraufhin eine Kapelle mit einem Marienbild, das aufgrund der königlichen Stifterin »Königin Bild« genannt wurde.

136 Scheffer, Außführlicher Bericht, S. 10.
137 Stahlhuth, Chronik, S. 5.
138 Schulz, Maria Königin Bild, S. 21.
139 Ebenda, S. 22.

vielen und großen Sünden meines bisherigen Lebens in Wahrheit erkenne, mit Ernst verabscheue, in der Bitterkeit meiner Seele bereue, dieselbe in Zukunft sorgfältig meide und durch eifrige Bußfertigkeit auslösche: erhalte mir, dass ich deinem Sohn, meinem Heiland, den ich als das in sich allerhöchste und gegen mich allerbeste Gut über alles schätze, verlange und liebe, ihm mit standhafter Treue anhange und durch Erfüllung seines heiligsten Willens verdiene, von dir als ein wahres Pflegekind angesehen zu werden im Leben, und deinen Schutz zu erfahren im Sterben. Amen.«[140]
Als 1690 der Gemahl Eleonores, Herzog Karl V., plötzlich starb, war es Anlass für Eleonora, eine Kirche erbauen zu lassen. Die Bauleitung musste die Kaiserliche Verwaltung in Günzburg übernehmen. Als Baumeister wurde Valerian Brenner aus Günzburg bestellt.[141]

Der Bau der Kirche

Schon im nächsten Jahr begannen die Bauarbeiten. Das Kirchenschiff wurde zügig aufgeführt. Der Chor fehlte noch, denn hier sollte der Grundstein gelegt werden. Am 26. August legte Johann Eustach Egolph, Freiherr von Westernach, Weihbischof von Augsburg, den Grundstein. Zu diesem Anlass war auch die königliche Stifterin gekommen. Pater Athanasius OSF hielt die Predigt mit dem Thema: *Regina Reginae* (Eine Königin der anderen Königin). Dieser kurze Titel will zeigen, was die himmlische Königin der irdischen und die irdische der himmlischen Königin an diesem Ort erwiesen hat.
Die lateinisch verfasste Urkunde zur Grundsteinlegung, die Joseph Stahlhuth ins Deutsche übertragen hat, erzählt: »Im Jahr unseres Erlösers Jesu Christi eintausendsechshunderteinundneunzig am 26. August, unter der Regierung des Papstes Innozenz XII., als regierte der Großmächtigste und Durchlauchtigste Römische Kaiser Leopold I. von Österreich, unter dem Hochwürdigsten und Durchlauchtigsten Bischof von Augsburg Alexander Sigismund, Pfalzgrafen bei Rhein etc., hat zu dieser Kirche, welche zur Ehre der allerseligsten Jungfrau Maria erbaut wurde, den ersten Grundstein gelegt der Hochwürdigste und Hochwohlgeborene Herr Herr Eustachius Egolphus Freiherr von Westernach, Bischof von Dioclea, Weihbischof von Augsburg und Kapitular des dortigen Domstiftes. Stifterin und Guttäterin war die Durchlauchtigste Frau Frau Maria Eleonora, verwitwete Königin von Polen, Herzogin von Lothringen und Baar, geborene Erzherzogin von Österreich etc. etc. Den Kirchenbau führten der Hochwohlgeborene Freiherr Franziskus Vollmarus von Vollmar, Kaiserlicher Rat und Landvogtei-Verwalter der Markgrafschaft Burgau etc. und der wohledle und gestrenge Herr Mathias Mezger, Markgrafschaftl. Offizial und Stadtamann zu Günzburg. Baumeister war Valerius Brenner, Bürger zu Günzburg.«[142]

140 Stahlhuth, Chronik, S. 36–38.
141 Gabor, Valerian Brenner.
142 Stahlhuth, Chronik, S. 48 f.

47 *Flurplan von Limbach, aufgenommen von Johann Caspar Klickh, 1743. Zu sehen ist die Situation der Wallfahrtskirche Maria Königin Bild mit (A) der 1679 errichteten alten Kapelle und (B), der 1692 erbauten Wallfahrtskirche. Rechter Hand vor der Kirche das (C) Kaplan- oder Benefiziatenhaus mit großem Garten, der Kirche im Westen gegenüber (D) das Mesnerhaus*

Im Anschluss an die Grundsteinlegung firmte der Weihbischof 1850 Kinder. 1692 ist der Bau bereits vollendet worden. Eine weiße Marmortafel hat – in Latein verfasst – dem Besucher von der Stifterin berichtet. Die Inschrift lautet, ins Deutsche übertragen: »Dem allerhöchsten Gott und der Gottesmutter und Himmelskönigin zu Ehren hat die Durchlauchtigste Maria Eleonora, Königin von Polen und Herzogin von Lothringen und Baar, geborene Erzherzogin von Österreich, weil sie von Gott mit einem Prinzen [...] ist gesegnet worden, diesen herrlichen Tempel erbauen lassen im Jahre 1691.«[143]
Die Ausstattung mit Paramenten ist durch die Stifterin um ein Pluviale, zwei Dalmatiken und drei Messgewänder bereichert worden. Das nächste große Fest war die Übertragung des Gnadenbildes 1692 in die neue Kirche. Am Fest Mariä Opferung (21. November) kam der Prälat Friedrich Vogel aus Wettenhausen. Mit einem Pontifikalamt und der Predigt eines Kapuzinerpaters wurde die Feier vollzogen.[144]

Die Weihe der Kirche

Mit dem 22. August 1694 war der Tag der Kirchweihe gekommen. Weihbischof Freiherr Eustach Egolph von Westernach, der am Weihetag und tags zuvor jeweils ca. 1000 Firmungen spendete, nahm die Weihe vor. Um 7 Uhr in der Frühe begannen die Weihezeremonien und die Weihe der drei Altäre. Die Feierlichkeiten zogen sich bis 1 Uhr hin. Der Stadtpfarrer von Günzburg Dr. Kuen hielt die Predigt, die Stadtprediger von Günzburg und Burgau dienten als Leviten. Das Mittagsmahl nahm man im Pfarrgarten bei Pfarrer Johann Georg Bausch ein.[145]
Die Urkunde über die Einweihung der Kirche lautet: »Wir Eustachius Egolphus Freiherr von Westernach, durch Gottes und des Apostolischen Stuhles Gnade Bischof von Dioclea, Weihbischof von Augsburg etc., geben allen und jedem Leser oder Hörer dieses bekannt, dass wir mit den bischöflichen Gewändern bekleidet zu Lob, Ruhm und Ehre des allerhöchsten, allmächtigen Gottes die Kirche gewöhnlich ›Zu der Königin Bild‹ genannt an der Staatsstraße bei Limpach unter dem Titel und der Anrufung der erhabensten Himmelskönigin und Gottesmutter am 22. August des Jahres 1694 unter den vorgeschriebenen Ceremonien, wie sie im Pontificale Romanum enthalten sind, durch Weihwasser, Incens und heilige Salbung zugleich mit drei Altären, den ersten und vornehmsten zu Ehren der Aufnahme der seligsten Jungfrau Maria, den zweiten auf der Evangelienseite [rechts] zu Ehren der hll. Joseph und Anna, den dritten auf der Epistelseite [links] zu Ehren des hl. Franziskus Xaverius und der hl. Theresia konsekriert und geweiht haben mit den nötigen

143 Stahlhuth, Chronik, S. 50 f.
144 Ebenda, S. 53.
145 Ebenda, S. 66.

48 *Die Wallfahrtskirche Maria Königin Bild, lavierte Federzeichnung, um 1800. Das Kaplan- oder Benefiziaten- und das Mesnerhaus sind hier irrtümlich östlich statt westlich der Kirche eingezeichnet.*

Feierlichkeiten und Riten gemäß der Vorschrift unserer hl. Kirche, und dass wir allen und jedem, welche die oben genannte Kirche am Jahrestage ihrer Einweihung, der alljährlich am Sonntage nach dem Feste Mariae Himmelfahrt gefeiert wird, andächtig besuchen und darin beten, einen Ablass von 40 Tagen gewähren und verleihen. Zur Bestätigung haben wir diese Urkunde mit unserem Siegel zu versehen befohlen zu Augsburg am 20. September 1694. Georgius Braun, SS. Theologiae Licentiatus, Dioec. Aug. consil. Custos. Sigillifer.«[146]

146 Stahlhuth, Chronik, S. 64–66.

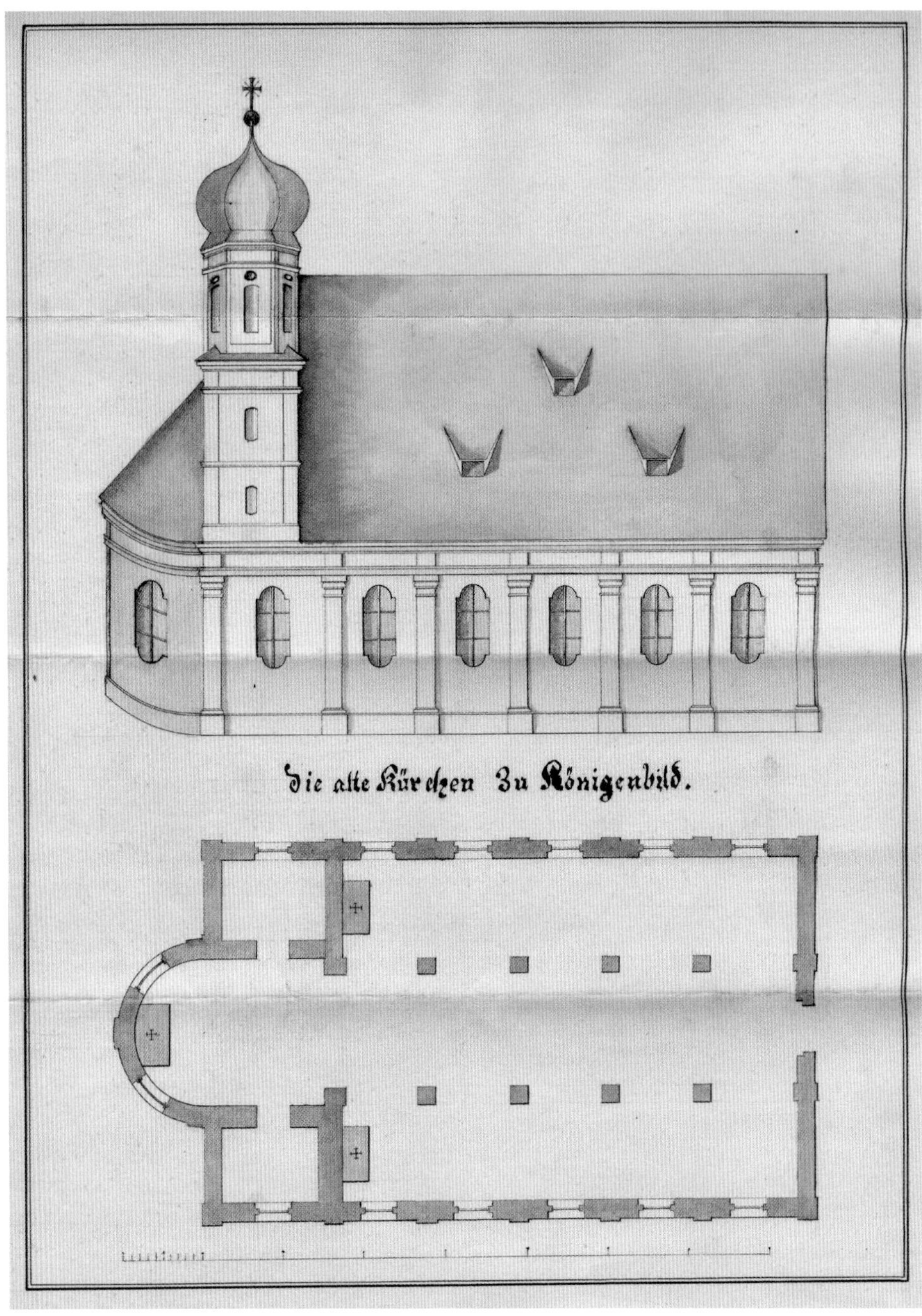

49 Grundriss und Aufriss der Nordseite der Wallfahrtskirche Maria Königin Bild

Die Ausstattung der Kirche

Ein Bild von der Ausstattung der Kirche kann man sich dank eines Berichts des Benefiziaten Johann Leonhard Ritter ans Ordinariat in Augsburg machen. Demnach hatte die Kirche fünf Altäre. Im Hauptaltar war das Gnadenbild unter einem Baldachin, begleitet von den Heiligen Franz Seraph (von Assisi) und Antonius von Padua (heute neben dem Taufaltar in Burgau). Die beiden größeren Seitenaltäre zeigten die Altarblätter mit der Aufnahme und der Krönung Mariens. Die Altarblätter flankierten auf dem einen Altar die Heiligen Josef und Anna und auf dem anderen Franz Xaver und Theresia. Auf der Evangelienseite [rechts] stand ein kleiner Altar zu Ehren der Schmerzen Mariä. Das Bild mit den Schwertern in der Brust Marias begleiteten Johann Evangelist und Maria Magdalena. Gegenüber auf der Epistelseite (links) zeigte das Bild eine Kopie des Gnadenbildes zu Kyritoni (Křtiny/Kiritein bei Brünn) in Mähren: Maria in königlichem Schmuck mit dem göttlichen Kind im Arm, das ihr die Krone aufsetzt. Diesen Altar schmückten die Heiligen Nepomuk und Aloisius. Der Chor war mit Tafelbildern ausgekleidet, die acht Szenen vom Gelübde der Eleonora, eine Feldkapelle zu errichten, über die erste Kapelle mit dem Gnadenbild, die Vergrößerung, das erste Messopfer, die Grundsteinlegung, die Übertragung des Gnadenbildes, die Einweihung der Kirche und die Stifter, die ihre Kirche hochhalten und darüber die österreichischen, polnischen und lothringischen Wappenschilder. Acht große Tafeln mit Porträts von Mitgliedern des lothringischen Hauses waren an den inneren Säulen aufgehängt. Unter dem Orgelchor hingen Bilder des hl. Karl Borromäus (Patron des Stifters) und des hl. Antonius von Padua (Eleonoras Lieblingsheiliger). Etwa 100 Votivtafeln blieben nach einer Säuberungsaktion noch übrig.[147]

Für das Geläut ließ die königliche Stifterin 1692 zwei Glocken von Wolfgang Neidhart in Augsburg gießen. Sie waren dem gekreuzigten Heiland und der seligsten Jungfrau Maria geweiht.[148]

1730 konnte dank freiwilliger Spenden eine Orgel aufgestellt werden.[149] Die maßgebliche Spende kam von der gnädigen Frau aus Heidenheim (50 fl). Um seinen Wunsch zu erfüllen, legte der Benefiziat selbst 25 fl dazu. So konnte die Orgel am 20. Juli aufgestellt werden.[150]

Die Kirche war reichlich ausgestattet mit gottesdienstlichen Gewändern und Geräten. Die Chronik berichtet davon, dass die Stifterin bereits im Jahr 1684 großzügig Messgewänder gestiftet hat. »Ein weißes, silberbrokatenes Messgewand, [...] zudem ein zweites aus prächtiger roter Seide, [...] ein grünes [...], ein zweifarbiges seidenes Messgewand mit allem, was zum Schmucke des Kelches und des Altares dient.«[151] So lesen wir immer wieder von Geschenken

147 Bericht vom 26.04.1784 an das Ordinariat von Benefiziat Johann Ritter, in: Völk, Benefiziaten von »Maria Königin Bild«, in: Schwäbische Heimat, Nr. 10, Oktober 1925.

148 Stahlhuth, Chronik, S. 55 f.

149 Schulz, Maria Königin Bild, S. 29.

150 Stahlhuth, Chronik, S. 161.

aus dem Hause Habsburg. Die letzten großen Geschenke kamen von Maria Antonia (Marie Antoinette) auf ihrem Weg zur Hochzeit in Versailles und der Kaiserin Maria Theresia. Maria Antonia brachte am 30. April 1770 die »silberne Ewiglicht-Ampel, die mit den Brustbildern der kaiserlichen Geschwister geschmückt war«.[152] Diese Ampel kann man heute im Freiburger Münster bewundern. Die Kaiserin schickte 1777 der königlichen Kapelle »6 sehr schöne Meßgewänder, einen von ihr selbst verfertigten kunstreichen Ornat, bestehend aus Meßgewand, 2 Leviten ›Röcken‹ und Pluviale; ferner einen vergoldeten Kelch«[153]. Der Ornat wird heute noch in Burgau in der Pfarrkirche verwendet. In Burgau befindet sich auch die von Herzog Franz III. von Lothringen und seiner Gemahlin Maria Theresia 1736 übersandte »vergoldete, mit Steinen besetzte Monstranz«[154]. Der Freiburger Münsterschatz verwahrt »einen silbernen, vergoldeten Kelch, der von einer kräftigen Louis-XV.-Ornamentik bestimmt ist«[155]. Eine weitere Kostbarkeit, die in Burgau in der Sakristei liegt, ist ein goldbrokatenes, mit Allianzwappen versehenes Messgewand, das aus dem gold- und silberreichen Brautkleid der Herzogin Franziska Sybilla Augusta von Baden, geborene Herzogin von Sachsen-Lauenburg, Engern und Westfalen etc. geschaffen und 1695 nach Königin Bild gestiftet worden war.[156]

50 Das Gnadenbild von Maria Königin Bild, von Johannes Brandenberg, 1680. Seit 1787 befindet es sich in der Pfarrkirche von Burgau.

51 Folgende Seite: Die Figur des hl. Franz von Assisi aus der Wallfahrtskirche Maria Königin Bild, ehem. am Hauptaltar der Wallfarhtskirche, seit 1787 in der Pfarrkirche von Burgau

52 Übernächste Seite: Die Figur des hl. Antonius von Padua aus Maria Königin Bild, ebenda

53–55 Messgewand (Kasel) aus dem Brautkleid der Herzogin Franziska Sybilla Augusta von Baden, geborene Herzogin von Sachsen-Lauenburg, mit dem Allianzwappen des Markgrafen Ludwig Wilhelm von Baden-Baden – genannt der Türkenlouis – und des Herzogtums Sachsen-Lauenburg. Die Kasel wurde 1695 nach Königin Bild gestiftet.

151 Ebenda, S. 26.
152 Schulz, Maria Königin Bild, S. 43.
153 Stahlhuth, Chronik, S. 368.
154 Schulz, Maria Königin Bild, S. 37.
155 Ebenda.
156 Stahlhuth, Chronik, S. 68.

Von Maria Theresia der Wallfahrt Maria Königin Bild gestiftete Liturgische Messgewänder (Paramente), heute in der Pfarrkirche Burgau

56/57 Vorausgehende Doppelseite: Rauchmantel/Pluviale

58/59 Dalmatik

60/61 Folgende Doppelseite Seite: Kasel

62 Stickerei mit den Initialen »MT« (Maria Theresia) und dem Stiftungsdatum 1777 auf der Vorseite abgebildeten Kasel

Liturgisches Gerät (Vasa sacra) aus Maria Königin Bild

63 Monstranz aus Maria Königin Bild, 1736 gestiftet von Maria Theresia und ihrem Gatten, Herzog Franz III. von Lothringen, heute in der Pfarrkirche von Burgau

64/65 Folgende Doppelseite: Silberne Ewiglicht-Ampel, 1770 gestiftet von Marie Antoinette, der Urenkelin der Stifterin Eleonora von Lothringen. Marie Antoinette machte auf ihrer Brautfahrt von Wien nach Versailles Station in Maria Königin Bild. Die Ewiglicht-Ampel befindet sich seit 1789 im Münsterschatz Freiburg im Breisgau

Wallfahrer und geistliches Leben

In der Chronik sind immer wieder die geistlichen Verrichtungen statistisch wiedergegeben. Diese Zahlen sind auch ein Gradmesser für die Lebendigkeit der Wallfahrt und den Seeleneifer der zuständigen Seelsorger. Wenn wir auf die Zahl der Kommunikanten schauen, dann müssen wir bedenken, dass in dieser Zeit die Gläubigen nur nach einer Beichte zur Kommunion gegangen sind. Man kann sich so vorstellen, wie viele Priester an den Wallfahrtstagen in den Beichtstühlen saßen. Gepredigt wurde damals noch nicht jeden Sonntag, sondern nur zu besonderen Anlässen.[157]

Jahr	Hl. Ämter	Hl. Messe	Kommunionen	Predigten	Prozessionen
1684	7	86	66	3	5
1685	17	307	293	12	10
1686	23	340	655	10	26
1687	20	320	646	5	6
1688	16	354	650	7	5
1689	24	380	653	9	5
1690	22	386	654	18	6
1691	34	600	1215	9	13
1692	24	609	2158	14	19
1693	21	101	2335	12	13
1694	21	901	33634	11	11
1695	21	853	3111	14	13
1696	20	800	2993	21	13
1697		809	1213	21	10
1698	10	712	1915	27	14
1699	12	811	2112	14	14
1700	12	900	2135	14	13
1701	12	314	1688	10	14
1702	11	316	1565	10	14
1703	21	205	998	7	14
1704	11	209	897	10	14
1705	11	284	896	10	14
1706	12	291	974	9	14
1707	10	296	1052	11	14
1708	11	305	1123	8	14

157 Diese statistischen Angaben sind der handschriftlichen Chronik von Joseph Stahlhuth entnommen. Sie stehen jeweils am Ende eines Jahresberichts. STAHLHUT, Chronik.

Jahr	Hl. Ämter	Hl. Messe	Kommunionen	Predigten	Prozessionen
1709	12	297	1203	11	14
1710	11	309	1276	10	14
1711	11	284	1294	11	13
1712	10	287	1182	11	14
1713					
1714					
1715	11	276	1138	11	13
1716	10		1096	10	12
1717	10	265	1027	10	12
1718	11	275	1127	11	12
1719	10	257	987	9	10
1720	9	234	932	8	9
1721	10	246	969	10	11
1722	9	241	952	9	11
1723		275	1027	9	9
1724		281	1078	9	10
1725		251	948	10	11
1726	8	414	837	6	9
1727	9	219	922	8	10
1728		407	2549	42	17
1729		416	2844	49	19
1730		633	3135	54	21
1731	41	440	3217	56	21
1732	44	449	3295	53	22
1733	48	484	3178	50	24
1734	24	488	3394	46	20
1735	131	356	3570	42	17
1736	156	553	5322	48	17
1737	123	460	4124	48	20
1738	131	570	6723	45	19
1739	139	628	12 000 !?	49	24
1740	138	629	5978	45	23
1741	123	602	6561	40	22
1742	134	468	6733	40	22
1743	187	440	6094	39	18

Jahr	Hl. Ämter	Hl. Messe	Kommunionen	Predigten	Prozessionen
1744	180	609	6460	42	19
1745	172	435	6286	34	19
1746	153	402	5623	38	18
1747	183	529	5680	44	20
1748	183	462	6814	42	25
1749	179	461	6465	45	25
1750		537	5526		45
1751	191	490	6258	45	20
1752	194	457	5739	42	23
1753	176	481	6626	40	20
1754	183	484	6469	40	22

Die Zahlenangaben über die Bittgänge und Wallfahrten nach Königin Bild sind über die Jahre recht konstant geblieben. Bittgänge und Wallfahrten kamen aus den umliegenden Orten und oft zu jährlich gleichbleibenden Terminen. Bittgänge und Wallfahrten sind z. B. im Jahr 1740 verzeichnet aus:[158]

Burgau, Limbach und Rettenbach am 25. April – Markustag
Reisensburg am Montag in der Bittwoche
Ober- und Unterknöringen am Dienstag in der Bittwoche
Leinheim am Mittwoch in der Bittwoche
Limbach am Donnerstag in der Bittwoche (nur alle drei Jahre, wenn der Flurumgang in diese Richtung führte)
freie Gruppen am Freitag in der Bittwoche
Röfingen, Roßhaupten und Haldenwang am Samstag in der Bittwoche
Oberstotzingen und Jettingen am Freitag vor Pfingsten
Scheppach und Bubesheim am 24. Juni (Johannes der Täufer)
Offingen, Gundremmingen, Hochwang und Oxenbronn am 2. Juli (Mariä Heimsuchung)
Günzburg am 25. Juli (Apostel Jakobus), später am 22. Juli (Maria Magdalena)
Rettenbach, Remshart und Harthausen am 8. September (Mariä Geburt)
Deffingen am 21. September (Apostel Matthäus)

Ein Beispiel einer großen Feier

Immer wieder fand der Benefiziat Schäffer einen Anlass, um große Feste zu feiern.[159] Solch ein Anlass war, den Kreuzpartikel, den der Benefiziat erhalten

158 Schulz, Maria Königin Bild, S. 35.
159 Stahlhuth, Chronik, S. 164–168.

hatte, aus der kleinen Kapelle in die Kirche zu übertragen, um dort die öffentliche Verehrung zu ermöglichen. Die gnädige Frau von Riedheim erfüllte ihm die Bitte, ein vergoldetes, reich mit farbigen Steinen verziertes Behältnis anfertigen zu lassen. Dazu bezahlte der Benefiziat einen Tabernakel, um dieses Kleinod würdig aufzubewahren.
Am Fest des hl. Jakobus d.Ä. (25. Juli 1730) wurde dann die Übertragung gefeiert. Bereits um 5 Uhr war die Feier der ersten hl. Messe, der sich noch weitere anschlossen. Um halb acht kam die Prozession aus Burgau, angeführt von Stadtpfarrer Loderer. Er hatte die Ehre den Kreuzpartikel zu übertragen. Begleitet von Diakon und Subdiakon, Geistlichen mit brennenden Kerzen und den edlen Familien Riedheim und Giel, führte die Prozession unter dem feierlichen Spiel von Pauken und Trompeten auf einem sehr großen Umweg zur Kirche. In der Kirche wurde das Te Deum vollständig vom Chor gesungen. Es folgte die Predigt des Jesuitenpaters Philipp Dietl, Universitätsprediger in Dillingen, und das musikalische Hochamt, das der Stadtpfarrer hielt. Am Nachmittag folgten noch die zweite Predigt und die Muttergottes-Litanei. Danach wurde die Reliquie dem Volke zum Kusse gereicht. Am nächsten Tag, dem Annatag verlief der Vormittag ab fünf Uhr mit Messfeiern; dem Hochamt ging um 8 Uhr die Predigt des Johann Georg Sartor voraus. Nachmittags predigte dann der Benefiziat Schäffer. Zu diesen Feiern waren zahlreiche Priester zugegen:

Stadtpfarrer Anton Loderer aus Burgau
Joseph Drexler, Pfarrer von Limbach
Franz Wieland, Pfarrer von Bubesheim
Joseph Braun, Pfarrer von Großkötz
Franz Ferdinand Schwarz, Pfarrer in Hochwang
Joseph Gris, Pfarrer in Rieden
Andreas Krez, Benefiziat von Remshart
Maximilian Gerstmayr, Benefiziat in Reisensburg
Johann Georg Sartor, Hofkaplan in Heinhofen, z.Z. Pfarrer in Autenried
Johann Georg Luz, Hofkaplan in Großkötz
Johann Georg Holzmüller und
Andreas Schäffer, Benefiziat, der die Kosten für diese Feiern aus eigener Tasche erlegte.

Bezeugung zahlreicher Hilfen

Der Zulauf zu Maria Königin Bild war immer mehr angewachsen. Vielerlei Gebetserhörungen wurden bekundet durch zahlreiche Votivtafeln, wie wir sie von bestehenden Wallfahrtsorten kennen. Zu jeder dieser Votivtafeln gab es natürlich auch eine Geschichte, die den Anlass erzählte, warum hier zu Maria um ihre Fürbitte gebetet wurde.
»Es wussten zwar vil, ja schier männiglich etwas, aber nicht alles. Und obwohlen das, so sich von Zeit zu Zeit zutruge, nicht liesse verbergen, so kunte

65 Von Maria Theresia 1777 gestifteter Kelch, seit 1789 im Münsterschatz Freiburg im Breisgau

doch viel in Vergessenheit fallen. Derohalben truge ich bishero die Merkwürdigkeiten so lange zusammen bis Hertz und Feder sich vereiniget und ihre Geburt an das Tag-Licht zu geben gewagt haben.«[160] So schreibt Benefiziat Schäffer in der Dedicatio seines Büchleins im Jahre 1740. Er will also festhalten, welche Arten von Erhörungen erzählt wurden. In 60 »Hilfen« teilt er ein: z. B. »von der Erlangung der Red eines kleinen Jungen, von schwären harten Geburten, von Brüchlein und Leibs-Schäden, von Unglücksfällen und anderen Sorgen mit Kindern, von allerlei körperlichen Gebrechen und auch von Nöthen mit dem Vieh«. Eine dieser Hilfen, bei denen es immer wieder geheißen hat, »Maria hat geholfen«, will ich hier wiedergeben: »Anno 1739, den 11. Martii, bezeuget mit eigener Hand und Pettschafft R. D. Josephus Merckle, p. t. Caplan bey der Marianischen Wallfahrt in Stetten, dass er von Geburt an siben Jahr Stumm und Sprachloß gewesen; Da aber seine Mutter zu der Wunderthätigen Himmels-Königin zu Königin Bild eine Wallfahrt sambt einen wenigen Opffer und wäxenen Zung verlobt und mit ihrem schon über sieben-jährigen Sohn verricht, hab er in dem zwischen Lempach und Deffingen ligenden Wäldlein am Zurück-Weeg deutlich angefangen zu reden, und das erste Wort ›Mutterle‹ klar ausgesprochen.«[161] Drei Gebetserhörungen sind festgehalten, die von Limbachern angezeigt wurden. Es handelt sich um den Reitunfall des »Petrus Götz, Würth und Gast-Geb zu Lempach, so sich Anno 1734 in so augenscheinlicher Lebens-Gefahr befunden, daß selbe nicht hät können Größer seyn«[162]. Dann handelt es sich um die Heilung zweier Kinder von der Mundfäule im Jahr 1736, die von der Mutter Maria Berger bezeugt wird.[163] Der dritte Fall berichtet von der Heilung des linken Auges des Kindes Waldburga. Angezeigt von der Mutter »Elisabetha Wiestin, von Lempach«.[164]

Hohe Besucher

Neben vielen Glanzpunkten, die mit großer Feierlichkeit begangen wurden, gab es auch Besuche bedeutender Persönlichkeiten. Zum Bespiel waren die Kardinäle von Rohan und Schönborn, der Kurfürst von Trier Karl Joseph, der Bischof von Augsburg Alexander Sigismund, Franz Stephan, Prinz von Lothringen, samt anderen Prälaten zugegen. Auch der Kurfürst von Bayern Maximilian Emanuel hat hier seine Andacht abgestattet, ehe er seine Herrschaft antrat. Ebenso war der Markgraf von Baden mit seiner Frau anwesend.[165]

Es können noch weitere Beispiele angeführt werden. 1731 kamen nach Königin Bild: Die Äbtissin von Edelstetten, die Hochwürdigste und Gnädigs-

160 Scheffer, Außführlicher Bericht, S. 4 f.
161 Ebenda, S. 86 f.
162 Ebenda, S. 139.
163 Ebenda, S. 104.
164 Ebenda, S. 174.
165 Ebenda, S. 53.

te Frau von Bubenhofen, begleitet von zwei Fräulein, die gnädigen Familien von Riedheim und Giel und P. Hildebrand Hartmann, der General der Kapuziner.[166] Am 8. Mai 1738 besuchte Abt Michael von Kloster Fultenbach die Wallfahrt.[167] Am 16. Oktober 1745 kam zum Gebet der Bischof von Eichstätt, Kardinal Baron von Rodt.[168] Am 24. Mai 1759 nahm seine Zuflucht zur Mutter Gottes der Eichstätter Fürstbischof. Er war auf der Flucht vor den Preußen.[169] 1770 stattete auf ihrer Brautreise nach Paris die 15jährige Maria Antonia (Marie Antoinette) bei der königlichen Kapelle einen Besuch ab.[170] Am 30. Juli 1777 war der Kurfürst Erzbischof Clemens Wenzeslaus, Bischof von Trier und Augsburg in Königin Bild, um die neu eingetroffenen Gewänder, die Kaiserin Maria Theresia gestiftet hatte, zu bewundern.[171]

Das Ende der Wallfahrt

Pfarrer Joseph Völk, der sich in mehreren Aufsätzen mit dem Thema Maria Königin Bild befasst hat, schreibt zu dem Hochamt mit Predigt und Te deum, das der Prälat Melchior von Wettenhausen am 9. April 1741 zum Dank für die Geburt des Erzherzogs Joseph gefeiert hat: »Hätte man geahnt, wie dieses Kind sich auswachsen würde, wäre das Te deum wohl unterblieben.«[172] Dieses Kind war der spätere Kaiser Joseph II., der am 16. Juli 1787 die Anordnung gab, diese Kirche, wie viele andere, zum 9. August zu sperren.[173]

Als der unumstößliche Befehl kam, die Kirche zu schließen und dem Erdboden gleich zu machen, und auch der Termin festgesetzt war, verharrten viele Beter in der Kirche, bis sie der Benefiziat gegen Mitternacht hinauskomplimentierte. Aber am Morgen standen schon wieder Leute vor der verschlossenen Kirche und weinten.[174] Am 13. September wurde die Kirche exsekriert (die Altarsteine entfernt, der Tabernakel entleert) und am 27. November 1787 auf Abbruch versteigert. Verschiedene Eingaben und Bittgesuche um den Erhalt der Kirche wurden rundweg abschlägig beschieden. Sie kamen vom Benefiziat Ritter, vom Pfarrer Peter Paul Lechner von Limbach und vom Kloster Wettenhausen. Prälat Ambros Zech klagte, nachdem das Kloster die Kirche ersteigern wollte und den Bescheid erhielt, »daß die Kapelle zu einem geistlichen Gebrauch absolute nicht mehr verkauft werden dürfe, so kann und muß ich in allweg geschehen lassen, wann der Würth Anton Bolkard in Limpach, der das meiste Angebot

166 Stahlhuth, Chronik, S. 185.
167 Ebenda, S. 298.
168 Ebenda, S. 336.
169 Ebenda, S. 361
170 Schulz, Maria Königin Bild, S. 43.
171 Stahlhuth, Chronik, S. 369.
172 Völk, »Maria Königin Bild« bei Limbach in: Schwäbische Heimat, Nr. 4, Mai 1925.
173 Schulz, Maria Königin Bild, S. 46.
174 vgl. Völk, »Maria Königin Bild« bei Limbach in: Schwäbische Heimat, Nr. 11, November 1925.

zu 615 fl geschlagen, die Kapelle demolieren wird.«[175] Das Abbruchmaterial des Benefiziatenhauses verkaufte – nach Pfarrer Völk – Bolkard dem ›Theissenbauer‹ Johann Michael Frick von Leinheim, der es zu seinem Hausbau (HsNr. 30) verwendete. Laut Protokoll vom 2. Dezember 1790 entschloss sich Bolkart aber wohl erst in diesem Jahr, das Benefiziatenhaus zum Abbruch zu verkaufen, da er es weder durch weiteren Verkauf oder durch eigenen Besitz für sich nutzbar machen könne. Also veräußerte er das Haus, so wie es dastand, nur mit Ausnahme der darin befindlichen zwei eisernen Kästen samt den eichenen Aufsätzen an Leonhard Weisenbach, burgauischer Maurermeister in Günzburg, und Leonhard Zimmermann, Baron Freybergischer Untertan und Söldner zu Knöringen, um 515 fl. Das Mesnerhaus (später Wagnerhaus) allein blieb bestehen.[176] Es war in Privatbesitz, weil es »bei der Hochzeit der Anna Schmid mit Ignaz Brand von Limbach vom Vogt von Burgau als Eigentum zuprotokolliert worden war«[177]. Dieser Rest aus der Wallfahrtszeit ist am 29. Dezember 1962 in der Nacht abgebrannt.[178] Da es in jenen Tagen frostig kalt war, konnte die Feuerwehr kaum Löschwasser beibringen, so dass nur noch eine Ruine blieb.

67 Glocke aus der Wallfahrtskirche Maria Königin Bild, heute in der Pfarrkirche von Straß

Das Gnadenbild, dazu die Monstranz und einen vergoldeten Kelch, wertvolle Paramente und die Statuen der Heiligen Franz von Assisi und Antonius von Padua, überführte der Dekan Franz Feichtmayr am 8. August 1787 in seiner vierspännigen Chaise nach Burgau. Er bestätigte, dass an den Gerüchten nichts dran ist, die von drei Versuchen erzählen das Gnadenbild nach Burgau zu führen. Es ging alles gut auf dem Weg nach Burgau, wo er mit seiner wertvollen Fracht ehrenhaft empfangen wurde. Feichtmayr berichtete aber dann vom Sturz eines seiner Pferde beim Transport der Pretiosen und Paramente nach Günzburg.[179]

175 Schulz, Maria Königin Bild, S. 48; Völk, »Maria Königin Bild« bei Limbach in: Schwäbische Heimat, Nr. 11, November 1925.
176 Völk, »Maria Königin Bild« bei Limbach in: Schwäbische Heimat, Nr. 11, November 1925.
177 Ebenda; StAA Reichsstift Wettenhausen Lit. 92 (Contractsprotokoll des Oberamtes Wettenhausen von 1790–92).
178 Chronik der FFW Limbach 1984; Günzburger Zeitung 02.01.1963.

Für viele Teile des wertvollen Inventars hat sich jede Spur verloren. Gesichert ist der Aufbewahrungsort für die Ewiglichtampel, die Marie Antoinette auf ihrer Reise zur Hochzeit in Paris hier gestiftet hat und für den wertvollen Kelch, einer Stiftung Maria Theresias, die sich im Freiburger Münster im nördlichen Seitenschiff bzw. im Münsterschatz befinden. Freiburg war die Hauptstadt von Vorderösterreich und hat wohl deshalb diese wertvollen Stücke dorthin geholt. Die Altäre der Wallfahrtskirche sind in der Pfarrkirche in Großkötz aufgestellt worden. Sie sind dort nicht lange verblieben und spurlos verschwunden.[180] In Straß ruft heute noch eine Glocke von Maria Königin Bild zum Gottesdienst.[181]

Die Benefiziaten und Seelsorger bei Maria Königin Bild

Bei der Entstehung der Wallfahrt zum königlichen Bild waren von Anfang an die Pfarrer von Limbach und Anhausen mit einbezogen. Pfarrer Bausch sang in der Baugrube das Evangelium. Er weihte die Feldkapelle und wurde damit der erste Förderer und Benefiziat der neuentstehenden Wallfahrt. Als Pfarrer von Limbach und Anhausen war Bausch zugleich der erste Wallfahrtspriester.

1679–1701 Johann Georg Bausch
3. Dez. 1668–29. April 1701 Pfarrer in Limbach und Anhausen
(* 1637 in Söflingen, † 29. April 1701 in Limbach)
In seiner Zeit entstand zuerst die Kapelle und ab 1691 die Kirche, die am 15. August 1694 durch Weihbischof Johann Eustach Egolph Freiherr von Westernach eingeweiht wurde.

1701–1730 Dr. Johann Baptist De Florian
von 7. Mai 1701 bis 8. Januar 1730 Benefiziat
(* in Fleunis [Tirol], † 8. Januar 1730 in Salzburg)
De Florian war Kanonikus am Kollegiatsstift *Maria ad nives* (Maria Schnee) in Salzburg. Er selbst war nicht am Ort seines Benefiziums, sondern hatte immer Substituten angestellt.

1701 Johann Georg Fischer
Er hat vom 29. April 1701 bis 25. Mai 1701 die Pfarrei Limbach vikariert und war gleichzeitig Kaplan von Königin Bild. Er versuchte die Kaplanstelle weiter zu behalten, nachdem für

179 Schulz, Maria Königin Bild, S. 46 f.: Schulz folgt hier der Chronik Feichtmayrs der den 8. Juli angibt, was aber nach der Zeitlogik nicht sein kann.

180 In einem Aufsatz von Pfarrer Christel aus Großkötz wird dies bestätigt. Sie verblieben dort vom Jahr 1788 bis 1867. Ein kleines Teil soll in einer Kapelle Richtung Oxenbronn eingebaut worden sein. Lt. den Aufzeichnungen Christels haben sich Zeichnungen der Altäre erhalten. (Aufsatz zur Verfügung gestellt von Ulrich Schmid sen.)

181 Auskunft Mathilde Wagner sen. Siehe dazu: Aubele, Straß, S. 192 mit Abb. 67.

Limbach ein neuer Pfarrer bestellt worden war, der die Stelle von de Florian zum 25. Mai 1701 erhielt. Fischer war zugleich Benefiziat in Günzburg.

1701–1713 Johann Michael Aicher
(* in Füssen, † 30. August 1733 in Weißenhorn)
Vom 25. Mai 1701 bis 1713 war Aicher Pfarrer in Limbach, vorher Frühmesser in Ettenbeuren. Im Mai 1710 unternahm Aicher eine Wallfahrt nach Maria Einsiedeln. Im Februar 1712 wallfahrte er nach Rom.

1713–1715 Franz Nenning
(* 1671, † 22. Mai 1730 in Limbach)
Er kam von Straß, wo er Kurat war, am 9. Januar 1713 als Pfarrer nach Limbach. Vom 2. Februar 1713 an war er zugleich Vikar von Königin Bild. Als Vikar verzichtete er am 18. Juni 1715. Pfarrer blieb er in Limbach bis 22. Mai 1730.

1715–1728 Berchtold Adolf Haunold
Er war gleichzeitig Benefiziat in Günzburg, danach Pfarrer in Deffingen und starb 1737 dort.

1728–1773 Dr. Franz Xaver Schäffer
Vom 17. Januar 1728 bis 12. Februar 1730 war er bereits Benefiziumsvikar und übernahm am 13. Februar 1730 das Benefizium, nachdem sein Vorgänger am 8. Januar 1730 in Salzburg verstorben war. 1742 ging er nach Holzheim. 1748 wurde er Canonikus in Augsburg. Das Benefizium behielt er jedoch. Jedes Jahr kam er nach Königin Bild, um bei festlichen Anlässen zu predigen und Gottesdienst zu feiern. »Am 20. April 1772 feierte er sein 50jähriges Priesterjubiläum und stiftete aus diesem Anlaß einen prächtigen Kelch (mit Schäffers Wappen und Widmung),«[182] der heute im Heimatmuseum Burgau ausgestellt ist. Er resignierte erst am 30. Oktober 1773 wegen schon vorgerückten Alters. Noch im gleichen Jahr starb in Augsburg als *Canonikus Collegiatae Ecclesiae ad St. Petrum et Gertrudem.*

An seiner Stelle wirkten Vikare in Maria Königin Bild:

1742 Wilhelm Ludwig Jerg
(* 1710 in Oberstotzingen)
Jerg ging im gleichen Jahr als Pfarrer nach Binswangen.
1742–1743 Johann Benedict Jehlin
(* 4. August 1714 in Donzdorf (Württ.), ord. 23. Mai 1739)

182 Völk, »Maria Königin Bild« bei Limbach in: Schwäbische Heimat, Nr. 10, Oktober 1925.

68 Benefiziat Franz Xaver Schäffer (1728–1773)

Am 30. Mai 1743 ging er nach Honsolgen und starb dort am 1. März 1777.

1743–1746 Johann Xaver Dietl
Von 1743 bis 23. Januar 1746 wirkte er als Vikar und ging 1746 nach Reggliswеiler.

1746 Zill

69 Epitaph für Benefiziat Johann Georg Demeter (1746–1760)

1746–1760 Johann Georg Demeter
(* 1723 in Gundremmingen, † 20. Juni 1760 in Limbach)
Er war recht lang Vikar und starb an seinem Wirkungsort. Die Grabinschrift an der Sakristei der Kirche in Limbach lautet: »Hic jacet A. R. & D. Dno Joannes Georgius Demeter SS. Th. & SS. Can. Cand Capellae Regiae Lotharingicae B.V.M. in Königen bild Vicarius obiit 20. Junij 1760, aet. 37.«[183]

1762/1765 Simon Joseph Sutor
(* 15. Oktober 1712)

1773–1790 Leonhard Ritter (an einer anderen Stelle Johann Georg!)
(* in Dillingen, † 26. April 1790 in Burgau)

---

183 Hier ruht der bewundernswerte fromme Herr Johannes Georg Demeter Kandidat der hl. Theologie und des hl. canonischen Rechts, Vikar bei der königlichen lothringischen Kapelle der seligen Jungfrau Maria in Königin Bild. Er ist am 20. Juni 1760 im 37. Lebensjahr gestorben.

Vom 30. Oktober 1773 bis 26. April 1790 war er Benefiziat. Er siedelte 1787 nach Burgau über, nachdem die Wallfahrtskirche durch Kaiser Joseph II. geschlossen, meistbietend verkauft und abgebrochen worden war. Das Benefizium wurde nach Burgau transferiert. Dazu erzählt eine handschriftliche Notiz in Betreff des Königinbild Benefiziums in Burgau aus dem Stadtarchiv Burgau: »Als im Jahr 1787 die Wallfahrtskirche ›Königin Bild‹ an der Landstraße bei Limbach baufällig war, so wurde von der österreichischen Regierung die Übersetzung dieses Benefiziums nach Burgau erwirkt. Benefiziat war damals Leonhard Ritter, der nach seiner Versetzung nach Burgau eine Miethwohnung bezog und am 26. April 1790 starb.«[184]

Die folgenden Benefiziaten lebten alle in Burgau und waren in die Seelsorge mit eingebunden. Sie unterstanden dem jeweiligen Pfarrer von Burgau.

1790–1797 Franz Xaver Bertele[185]
(* in Ingstetten)
Der Vikar von Gebenhofen bei Affing »wurde durch hohes Reskript der österreichischen Regierung vom 30. September als Benefiziat ernannt, mit der Verbindlichkeit, dass selber unter Dependenz des Stadtpfarrers von Burgau in der dortigen Pfarre in allen seelsorglichen Verrichtungen ohne Ausnahme alle nur immer mögliche Aushilfe zu leisten habe, wie es die Verordnung vom 1. Juli 1787, die Übersetzung des lotharingischen Königin Bildbenefiziums nach Burgau betr. mit sich bringe. Als Wohnung für die Benefiziaten wurde am 3. Juni 1791 vom schwäbischen Religionsfond, aus welcher Stiftung der Benefiziat auch seine Einkünfte bezog, das hinten am Rathhaus angebaute Haus des Bürgers Joh. Lutz um 1000 fl erkauft.«[186] Er wechselte am 16. Februar 1797 nach Landensberg.

1797–1798 Anton von Vikari
Zuvor war er Pfarrer von Landensberg und danach kam er als Stiftspfarrer nach St. Johann in Konstanz.

1798–1844 Joseph Grimminger
Er wurde am 23. August 1798 als Benefiziat präsentiert. Der gebürtige Burgauer war zuvor Kaplan in Rehling und starb in Burgau am 17. Januar 1844.

184 Notizen zum Königin Bild (gefunden von Hr. Schieferle), Kopie beim Autor.
185 Die Benefiziaten von Bertele bis Neumeir sind entnommen aus: Völk, Benefiziaten von »Maria Königin Bild«, in: Schwäbische Heimat, Nr. 10, Oktober 1925.
186 Notizen zum Königin Bild (gefunden von Hr. Schieferle), Kopie beim Autor.

1844–1845
Ludolf Miller
(* in Meßhofen)
Vom 12. März 1844 bis 8. April 1845 war er Benefiziat.

1845–1847
Johann Jakob Hörmann
(* in Druisheim)
Er war Benefiziat vom 21. April 1845 bis 26. November 1847 und wurde 1848 Pfarrer in Allmannshofen.

1847–1848
Joseph Fink
Vom 27. November 1847 bis zum 30. September 1848 wurde das Benefizium auf Fink, Stadtpfarrer von Burgau, übertragen.

1848
Peter Paul Zinder
(* in Pfaffenhausen)
Kurzes Gastspiel in Burgau vom 1. Oktober bis 31. Dezember 1848, ehe er Pfarrprovisor in Eresried bei Bruck wurde.

1849–1854
Franz Xaver Kopp
(* in Ellwangen)
1. Januar 1849 bis 6. Dezember 1854

1854–1855
Anton Joseph Rist
(* in Hellengerst)
Benefiziat vom 16. Dezember 1854 bis 30. September 1855

1855–1866
Joseph Wocher
(* in Dillingen)
Vom 17. Oktober 1855 an wirkte er als Vikar und ab 19. März 1858 als Benefiziat, ehe er am 23. April 1866 als Pfarrer nach Feldheim ging.

1866–1871
Franz Xaver Wengenmayer
(* in Donaualtheim)
Er kam von der Kaplanstelle in Breitenbronn am 26. April 1866 als Benefiziat nach Burgau und ging am 13. Dezember 1871 auf die Pfarrstelle in Offingen. Wengenmayer starb in Tapfheim.

1872–1874
Jakob Kranzfelder
(* in Gessertshausen)
Nach einer längeren Vakanz kam Kranzfelder am 1. November 1872 auf die Benefiziatenstelle. Von hier ging er nach Weiler bei Lindau, wo er am 11. Juni 1874 als Pfarrer instituiert wurde.

1874–1875 Emil De Crignis
(* in Neuburg)
Der Kaplan von Weilach kam als Stadtkaplan nach Burgau und versah vom 1. Juli 1874 bis 20. April 1875 das Benefizium von Königin Bild. Er bezog 1875 die Pfarrei Münster bei Rain und starb in Pobenhausen.

1877–1915 Joseph Stahlhuth
(* in Hildesheim)
Der Kaplan von Kirchheim übernahm am 3. Februar 1877 als Vikar das Benefizium, wurde dann am 6. Juni 1878 Benefiziat. Er starb in Burgau am 26. Juni 1915. In seiner Zeit wurde das neue Benefiziatenhaus aus Mitteln des Schwäbischen Religionsfonds errichtet. Aus seiner Feder stammt eine Chronik, die er aus dem Lateinischen übersetzt hat und von der Wallfahrt »Maria Königin Bild« ausführlich berichtet. Dieses handgeschriebene Buch liegt in Limbach im Pfarrarchiv. Im Therapiezentrum in Burgau wird ein Kelch benützt, der auf seinem Fuß die Gravur trägt: *Joseph Stahlhuth Sacerdos dei memento mei.*[187] Die Benefiziaten zum Königlichen Bild wurden angewiesen in Burgau in der Seelsorge dem jeweiligen Pfarrer zu helfen.

70 Kelch des Benefiziaten Joseph Stahlhuth in Burgau

187 Die Übersetzung der Inschrift lautet: Joseph Stahlhuth Priester Gottes, gedenke meiner.

1915–1926 Joseph Neumeir
(*in Ebenhofen)
Er kam von Schwabmünchen, wo er Kaplan war. Das Benefizium übernahm er als Vikar am 5. Juli 1915 und dann als Benefiziat vom 3. Februar 1916 an.

Die Reihe der Benefziaten, die noch bis ins Jahr 1979 reicht, habe ich aus den Taufmatrikeln der Pfarrei Burgau erhoben.

1928–1930 Alfred Spägele

1930–1936 Georg Gollinger

1936–1938 Heinrich Hingg

1938–1942 Albert Beck

1945–1951 Paul Stapff

1951–1955 Heinrich Zeller
(† 29. Januar 2001)

1955–1958 Josef Wintergerst
(† 22. September 2005)

1958–1963 Maximilian Beißer
(* 30. Dezember 1928 in Dürrwangen, ord. 22. Mai 1955 in Dillingen, † 20. Februar 2021 in Unterschneidheim)
Er ging als Pfarrer nach Aislingen, 1966 nach Schwabmünchen.

1963 Rudolf Kopold
(* 1933, ord. 1960)
Er wurde später Regens im Priesterseminar in Augsburg.

1963–1968 Konrad Schreiegg
(* 3. Dezember 1934 in Ursberg, † 12. April 2012 in Starnberg)

1968–1971 Georg Kapfer
(* 1935 in Amerdingen, † 23. August 2015 in Türkenfeld)

1971–1972 Hermann Danner
(* 1939, ord. 1966)

1974–1979 Richard Fischer
(* 16. Januar 1942 in Jedesheim, † 11. Sept. 2007 in Buch)
Fischer war der letzte Benefiziat in Burgau, er ging als Pfarrer nach Buch und wurde Dekan des Kapitels Illertissen. Seitdem vikariert das Benefizium von Königin Bild der jeweilige Pfarrer von Burgau.

71 Die neue Maria Königin Bild-Kapelle, erbaut 1964/65

Die Gedenkkapelle heute

An dem Ort, an dem soviel Gnade geflossen und Segen ausgegangen ist, stand lange Zeit als einzige Erinnerung ein Kreuz mit einer Kopie des Gnadenbildes auf Blech gemalt. 1964 kam dazu eine Kapelle mit einer alten Kopie des Gnadenbildes und einer barocken Kreuzigungsgruppe. Ihre Entstehung geht auf ein Versprechen zurück. »Sollte der Kinderwunsch erfüllt werden, baue ich eine Kapelle«, versprach Anton Mack aus Burgau. Das Mädchen wurde geboren und die Kapelle in Gemeinschaftsarbeit 1964 errichtet. Der Vater fand einige Mitstreiter, die Material bereitstellten und mit ihm diese Gedenkkapelle errichteten. Den Altar zimmerte Franz Prawetschek, die Kirchenbänke Josef Wagner. Der damalige Pfarrer Robert Franze stimmte der Segnung der Kapelle erst zu, als die Gemeinde Limbach Eigentümerin geworden war. Heute ist die Stadt Burgau für die Kapelle zuständig, nachdem die Gemeinde Limbach bei der Gebietsreform 1978 in die Stadt Burgau eingemeindet wurde. Am 12. September 1965 erhielt die Kapelle durch Pfarrer Robert Franze den kirchlichen Segen. Das Bildkreuz erneuerte die Stadt Burgau 1987. Der Kunstmaler Erwin Osterlehner aus Burgau malte dazu eine Kopie des Königin Bild. Den kirchlichen Segen spendete am 15. August 1987 Pfarrer Karl Mayr aus Unterknöringen. Seit dem 21. April 1987 hängt im Dachreiter eine Glocke, die aus der abgebrochenen Kapelle im Garten des Burgauer Krankenhauses stammt. Diese Glocke installierten Siegfried Schuster und Erhard Hindelang. Das Inventar der Kapelle (Altar und Bänke) gehört der Stadt. Das Bild ist eine Leihgabe der Kuratbenefiziumsstiftung »Königin Bild« in Burgau an die Pfarrkirchenstiftung »St. Stephan« Limbach. Die barocke Kreuzigungsgruppe kam vom Dachboden der Familie Müller in die Kapelle. Nach einem Einbruchsdiebstahl und der glücklichen Heimkehr wurde die Figurengruppe dem Besitz von Herrn Anton Mack zugesprochen. Nach dessen Tod kam sie durch Schenkung von Frau Betty Mack am 4. Juli 2000 in den Besitz der Pfarrkirchenstiftung »St. Stephan« Limbach. Die Schenkungsurkunde lautet:

Schenkungsurkunde

> Frau Betty Mack, Flurweg 21, 89331 Burgau, Witwe und Erbin des Herrn Anton Mack, schenkt in das Eigentum der Katholischen Pfarrkirchenstiftung »St. Stephan« in Limbach, 89331 Burgau, die barocke Kreuzigungsgruppe (Kruzifix, Maria und Johannes), die in der Kapelle »Maria Königin Bild« in Limbach aufgestellt ist, zum dauernden Besitz.
> Frau Mack macht dazu die Auflage, dass die Kreuzigungsgruppe in der Kapelle bleibt.
> Die Katholische Pfarrkirchenstiftung »St. Stephan« verpflichtet sich, für Herrn Anton Mack jährlich bei einer Messfeier bei der Kapelle die Intention zu stiften.

Zur Sicherung des Inventars der Kapelle stiftet Frau Mack 2000,– DM, die für den Einbau eines Gitters verwendet werden sollen.
Die beigefügte Aktennotiz ist Bestandteil dieser Urkunde.

Burgau, den 4. Juli 2000
gez. Betty Mack

gez. Johannes Kuen, Pfr.
Kirchenverwaltungsvorstand

Aktennotiz: Ursprung und Herkunft der barocken Kreuzigungsgruppe liegen im Dunkel der Geschichte. Die Vermutung, dass sie aus der damaligen Wallfahrtskirche Maria Königin Bild, die im Jahre 1778 abgebrochen wurde, stamme, kann leider nicht belegt werden. Über sehr lange Zeit stand sie auf dem Dachboden von Josef Müller, Bgm.-Hindelang-Straße 23, in Limbach. Josef Müller war der Hofnachfolger des früheren Kirchenpflegers Anselm Danner. Josef Müller gab im Jahre 1964 die Kreuzigungsgruppe frei für die Aufstellung in der Maria Königin Bild-Kapelle. Die Besitzverhältnisse wurden bei dieser Übergabe aber nicht genügend geregelt. Erst in einer klärenden Aussprache nach dem Einbruchsdiebstahl und dem Wiedererhalt im Jahre 1990 wurden von den Beteiligten – 1. Bürgermeister Wolfgang Schubaur, Burgau, Pfarrer Karl Mayr, Unterknöringen, Anton Mack, Burgau, und Josef Wagner, Limbach – die Besitzverhältnisse dergestalt geregelt, dass Herr Anton Mack der Besitzer sei. Seine Witwe übergibt nun laut vorliegender Schenkungsurkunde die wertvolle Figurengruppe in das Eigentum der Kath. Pfarrkirchenstiftung »St. Stephan« als deren dauernden Besitz.
Als ein Zeichen der Verbundenheit könnte man es werten, dass der Kaiserenkel Otto Habsburg am 16. Mai 1994 hier vorbei kam und bei der Kapelle zu einem Besuch weilte.[188]

188 Siehe das Bild mit der damaligen Landtagsabgeordneten Berta Schmid in der Kapelle.

72 *Die barocke Kreuzigungsgruppe in der Gedenkkapelle »Maria Königin Bild«*

Karl Kempter

Der Lebenslauf

Einen bleibenden Eindruck hinterließ die Feier zum 200. Geburtstag Karl Kempters, bei der die große Pastoralmesse im Hohen Dom zu Augsburg und in mehreren Kirchen der Diözese von versammelten Kirchenchören, besonders auch in Burgau, wo Pater Kling die Gedenkrede hielt, machtvoll erklang.

50 Jahre vorher feierte die Heimatgemeinde von Karl Kempter ihren großen Sohn am 12. Januar 1969. Nach der Kranzniederlegung am Grab der Eltern Mathias und Kreszentia Kempter durch die Jugend, wurde am Geburtshaus nach der Begrüßungsrede von Bürgermeister Alois Hindelang durch Landrat Dr. Georg Simnacher eine Gedenktafel enthüllt. Ihr schlichter Text berichtet: »Am 17. Januar 1819 wurde hier geboren der Kirchenmusiker, Organist und Kapellmeister am Dom zu Augsburg KARL KEMPTER. Als sein reifstes Werk schuf er die Pastoralmesse. Er starb am 12. März 1871 in Augsburg.«[189]

Der Höhepunkt des Tages war die Messfeier im Jehle-Saal, bei der die Pastoralmesse zum ersten Mal in Limbach gesungen wurde. Der Urgroßneffe Herr Prof. Dr. Hermann Lais aus Dillingen hielt dabei die Ansprache. Gesungen und gespielt haben der Kirchenchor Ichenhausen und das Kammerorchester aus Günzburg. Leitung hatte Herr Dipl. Ing. Georg Fackler aus Ichenhausen.

Mit berechtigtem Stolz schaut die Gemeinde Limbach auf Karl Kempter, diesen bedeutenden Musiker, der in ihren Grenzen geboren wurde. Eine Gedenktafel am Haus Karl-Kempter-Str. 2, das sein Geburtshaus ersetzt, der Straßenname, ein Hinweisschild, das bei der Kirche steht, und schließlich die Grabkreuze seiner Eltern am Chor der Kirche halten äußerlich die Erinnerung an diesen großen Sohn Limbachs wach. Ihnen, Mathias Kempter, Söldner und Schullehrer (* 23. Februar 1783, † 23. Mai 1859) und seiner am 13. Februar 1804 angetrauten Frau Kreszentia (* 18. September 1773, † 5. Juli 1851), wurde als siebtes und jüngstes Kind der Sohn Karl am 17. Januar 1819 geboren.[190] Der Vater, der als Lehrer natürlich an der Kirche in Limbach die Orgel schlug, begann schon früh mit der musikalischen Erziehung seiner Kinder. So genoss der kleine Karl bereits mit fünf Jahren, wie er es in seiner Bewerbung als Domkapellmeister festgehalten hat, Musikunterricht. 1831, am 1. Dezember nahm ihn Michael Keller, Organist und Chorregent bei St. Ulrich und Afra in Augsburg, unter seine Obhut. Sechs Jahre später saß der junge Karl

189 Gedenktafel am Haus Karl-Kempter-Straße 2.
190 ABA Pfarrmatrikeln L (Limbach) Bd. 4 (Filmrolle 1).

73 Karl Kempter, Lithographie von Michael Fröschle.

als Organist auf dem Orgelbock in dieser großen Basilika. Sein Lehrer Keller, der zum 1. Oktober 1839 zum Domkapellmeister ernannt wurde, holte seinen Meisterschüler Kempter, der die Organistenstelle in St. Ulrich und Afra nicht verliehen bekam, als Domorganist an den Augsburger Dom. Dazu verfasste er eine Bittschrift an das Domkapitel, die diesen Wechsel herbeiführte. Das Empfehlungsschreiben von Domkapellmeister Keller an das Domkapitel gerichtet sei hier angeführt:

> Die Wiederbesetzung der hiesigen Domorganistenstelle betreffend.
>
> Nachdem bei der Wiederbesetzung der erledigten Organistenstelle von St. Ulrich der von dem hochwürdigen Herrn Stadtpfarrer Abt und dem hochlöblichen Magistrat dahier in Empfehlung gebrachte Karl Kempter, bisheriger Organist bei St. Ulrich, ungeachtet der ausgezeichneten Qualifikation, die Bestätigung als Organist an genannter Kirche von Seite der hohen Königlichen Regierung wider all mein Vermuten und Erwarten und gewissen Zuschriften nicht erhalten hat, so erlaubt sich der gehorsamst Unterzeichnete hiermit an das Hochwürdige Bischöfliche Domkapitel die untertänigste Bitte, bei der bevorstehenden Wiederbesetzung der demnächst in Erledigung kommenden Domorganistenstelle auf seinen vortrefflichen Schüler Karl Kempter gnädigst Bedacht annehmen zu wollen, in der festen Überzeugung, dass derselbe wegen seines ausgezeichneten Musiktalents, seines der Kirche würdigen Orgelspiels, seiner sonstigen wichtigen musikalischen Bildung und seiner vorzüglichen Leistungen im Musikfach eben so sehr als wegen seines soliden Ehrenhaftens [Rechtschaffenheit], seines religiösen Sinnes und seiner Bescheidenheit vor jedem mit Kraft aller Empfehlung würdig ist, und sich Freunde und Kenner und Nichtkenner über diese Aquisition zu erfreuen Ursach haben würden.
>
> In der Hoffnung, dass diesem Vorschlag, und der freundlichsten von Seiten eines Hochwürdigen Bischöflichen Domkapitels der Begutachtung und Genehmigung zu Teil werden würden, geharret in tiefster Ehrfurcht
>
> Eines Hochwürdigsten Bischöflichen Domkapitels
> Untertänigster Michael Keller, Dom-Kapellmeister
> Augsburg, den 21. Okt. 1839[191]

191 ABA Pers. 3518 L (1839 X 30).

Aus der Personalakte Karl Kempter entnehmen wir auch das Anstellungsschreiben.

Augsburg, den 30. Okt. 1839

An den Musiker Karl Kempter dahier.

Ernennung zum Domorganisten betreffend.

Gemäß hoher Entschließung vom 27. d. Mts. haben S. Bischöfliche Gnaden dem Musiker Karl Kempter die Stelle eines Domorganisten in hier widerruflicher Eigenschaft verliehen.
Derselbe hat gegen den bisherigen jährlichen Funktionsgehalt zu 200 Gulden, welche quartalweise bei der Kathedralfond-Administration zu erheben sind und vom ersten Nov. d. Js. an je rate fließig werden, dann gegen die herkömmlichen Gebühren bei Casualdiensten die Domorgel nach Anweisung des Domkapellmeisters zu spielen, und nebenbei zur Zeit in der die Orgel seine Thätigkeit [...] nicht in Anspruch nimmt nach Anweisung obengedachten Kapellmeisters auf dem Orgelchore bei der ersten Violine mitzuwirken.
In allem, was seinen Dienst angeht hat derselbe dem Kapellmeister unbedingten Gehorsam zu leisten.
Indem man demselben dieses Dekret zu seiner Legitimation ausstellt wird er zugleich angewiesen, sich damit dem Domkapellmeister Michael Keller zur Dienstes-Instruktion zu stellen und mit dem ersten Nov. d. Js in seine Funktion auf dem Domchor einzutreten.[192]

Die Organistenstelle war aber nicht vakant, sondern musste erst durch die Enthebung des bisherigen Organisten für Kempter frei gemacht werden.

A. d. 30. Okt. 39

An den bisherigen Domorganisten Priester Herrn Andreas Schmid.

Dessen Enthebung von der Domorganisten-Stelle betreffend.

Auf die von dem Herrn Domorganisten Priester Andreas Schmid bei Sr. Bischöfl. Gnaden, dem Hochwürdigsten Herrn Ordinarius am 2. October d. J. [...] unmittelbar eingereichten Bitte [...] wird demselben erneut [mitgeteilt, dass] [...] mittels hoher Beschlußnahme vom 27. d. Monats einen neuen Domorganisten ernannt und wir denselben bereits angewiesen haben bis zum 1. Nov. d. Js. in seine Funktion und derselben entsprechenden Gebühren einzutreten.[193]

192 ABA Pers. 3518 L (1839 X 30).
193 Ebenda.

Mit der Anstellung als Organist war natürlich auch die Besoldung zu regeln, die über die Katheralfond-Administration abgewickelt wurde.

> Augs. d. 30. Oct. 39
>
> An die Kathedralfond-Administration dahier.
>
> Ernennung eines neuen Domorganisten betreffend.
>
> Die Bisch. Kathedralfond Administration wird hiermit angewiesen den Funktionsgehalt von 200 fl. [...] jeweiligen Domorganisten zum 1. Nov. d. Js. an den [...] vom 27. d. Mts neuernannten Domorganisten Karl Kempter [...] auszubezahlen und in Rechnung zu bringen.[194]

Vom 1. November 1839 an war also die Domorgel für 25 Jahre Karl Kempters Arbeitsplatz. Mit diesem festen Einkommen konnte er auch an eine eigene Familie denken. 1841 heiratete er Josefa von Cobres (* 1814, † 14. April 1869), die Tochter eines pensionierten österreichischen Offiziers. Bald hatte er für die drei Kinder Karl (* 17. Juli 1842, † 1873), Emma (* 7. Mai 1843, † 1873) und Karolina (* 28. Januar 1847, † 19. Oktober 1870) zu sorgen. Das vierte Kind Maria (* 3. Juli 1853 †) starb noch am Tag der Geburt.

Seinen Dienst als Domorganist erfüllte Kempter mit großem Eifer und Einsatz. Jetzt begann auch die Zeit seiner Kompositionen. Er war dabei bestrebt die Anweisung des Bischofs Peter von Richarz zu erfüllen, der verlangte, dass die Kirchenmusik »den Singstimmen ihr lange unterdrücktes Recht und den von der Kirche beabsichtigten Gebrauch zur Andacht zu wecken wieder gibt«.[195] Um das magere Gehalt aufzubessern erteilte Kempter neben seinem Organistendienst Musikunterricht für Privatpersonen und am Augsburger St. Stephanstift. Der Augsburger Liedertafel, die 1843 von Johann Rösle gegründet wurde, gehörte Kempter von 1843 bis 1867 an und sang im II. Tenor. Er bereicherte das Repertoire der Liedertafel durch eigene Kompositionen, z.B. mit einem Huldigungschor an Mendelsohn. Das Hauptaugenmerk richtete Kempter auf die Kirchenmusik. Die nachstehende Liste seiner Kompositionen weist Messen, Gradualien, Oratorien, Antiphonen und Kirchenlieder auf. Um den Volksgesang zu fördern, gab er auch ein Kirchengesangbuch heraus.

31 Jahre war er alt als er sein bekanntestes Werk vollendete. Die große Pastoralmesse in G-Dur op. 24 erklang im Hohen Dom an Weihnachten 1851 zum ersten Mal und fand in ganz Süddeutschland und nach Osten bis Ungarn Verbreitung. Obwohl Kempter Augsburg kaum verlassen hat, hatte er doch weithin Verbindungen. Bekannt sind Kontakte zum Chorherrenstift St. Florian in Kremsmünster in Österreich, zum Kloster Einsiedeln in der Schweiz, nach Prag und Budapest.

1865 starb sein Lehrer, Förderer und Freund Michael Keller. Karl Kempter strebte die Nachfolge seines Lehrers an und wandte sich mit einem umfangreichen Gesuch an den hochwürdigsten Herrn Bischof.

194 ABA Pers. 3518 L (1839 X 30).

Domkapellmeister – Bewerbung.

Augsburg, den 18. April 1865

Hochwürdigster Herr Bischof!
Gnädigster Herr!

Gehorsamste Bitte des Domorganisten Karl Kempter, die Verleihung der erledigten Domkapellmeisterstelle betreffend.

Der gehorsamst Unterzeichnete erlaubt sich an Euer Bischöfliche Gnaden die gehorsamste Bitte zu stellen, bei der jetzigen Vacatur der Domkapellmeisterstelle auf ihn gnädigst Rücksicht nehmen zu wollen.
Er erlaubt sich dieses Gesuch durch folgende Gründe zu unterstützen. Die Direktion des hiesigen Domchors bedarf anerkannt eines theoretischen, wie praktisch gebildeten und geübten Musikers vom Fach.
Ohne die Bescheidenheit verletzen oder irgend Jemand nahe treten zu wollen, glaubt der gehorsamst Unterzeichnete anführen zu dürfen:
Was 1.) seine praktische Befähigung betrifft, so genoß der gehorsamst Unterzeichnete vom 5. Jahre an Musikunterricht bei seinem nun verstorbenen Vater, von seinem 12. Jahre an war ihm der nun entschlafene Herr Kapellmeister Keller sein eifriger Lehrer im Generalbaße und Vorbild in diesem Fache. Späterhin hat der Umgang mit diesem seinem Lehrer, sowie eigenes Fortbilden, nicht minder auch Mitwirken bei Aufführungen der Werke großer Meister ihm den Generalbaß zu einem ganz und gar vertrauten Elemente gemacht. Der gehorsamst Unterzeichnete ertheilte auch schon in jungen Jahren Generalbaßunterricht an Schullehrlingen und Kandidatinnen für Frauenklöster, welche fast ohne Ausnahme mit Ehren bestanden haben. Ein Hauptpunkt bei der Frage nach der theoretischen Befähigung eines Dirigenten sind dessen Kompositionen, in diesem Falle, da es sich um die Leitung eines Kirchenchores handelt, nach dem produktiven Wirken des Petenten für kirchliche Tonkunst im Sinne und Geiste der Kirche.
Dieses Wirken hat sich der gehorsamst Unterzeichnete zu seiner Lieblingsbeschäftigung in seinen nicht zahlreichen Musestunden gemacht. Bald nach der Antritte der Domorganistenstelle von Seite des gehorsamst Unterzeichneten gab S[ein]e Bischöfliche Gnaden der höchstselige Bischof Peter von Richarz den Wunsch zu erkennen, daß wieder kirchliche Musik geschaffen würde, das heißt eine solche, welche den Kirchenchor nicht zur Produktion der Virtuosität auf den verschiedensten Streich- und Blasinstrumenten benützt, sondern welche den Singstimmen ihr lange unterdrücktes Recht und den von der Kirche beabsichtigten Gebrauch, zur Andacht zu wecken, wieder gibt, während die Instrumente in den Schranken der Begleitung zurückgehalten werden.

195 ABA Pers. 3518 L: Karl Kempter in seinem Bewerbungsschreiben zum Domkapellmeister vom 18. April 1865.

Dieser Wunsch einer in so vielen Fächern des Wissens und der Kunst bedeutenden Autorität war dem gehorsamst Unterzeichneten die Richtschnur bei Ausübung des von der Vorsehung in ihn gelegten Talentes. Während indessen für große Kirchenchöre unübertreffliche Tongebilde großer Meister wie Mozart, Haydn und anderen vorhanden waren, ward der Mangel an passender Kirchenmusik für kleinere Kirchenchöre um so fühlbarer empfunden. Es mußte demnach die zu schaffende Musik einfach sein, um auch den geringsten Kräften Rechnung zu tragen und so allgemein benützt werden zu können.
Des gehorsamst Unterzeichneten Schaffen in dieser Sphäre, welches mit der Herausgabe einzelner Werke im Jahre 1847 begann und bis zur Stunde fortgesetzt wurde, so daß bis jetzt 150 Werke im Drucke erschienen, hat ihm schon vielseitige Anerkennung von Freunden und Bekannten, von nahe und ferne verschafft.
Nicht nur, dass Zeitschriften dieser Compositionen rühmlichst erwähnten (A. Allg. Ztg; Leipz. Musikztg.; Wiener »Signale« für Musik; Oestreichsches Staatslexikon; Schubertsches Handlexikon, Leipzig und andere mehr), schon die Annahme der Dedikationen von Seiten höchster und hoher geistlicher Würdenträger, wie auch einer Militärmesse von Seite Sr. kgl. Hoheit des Prinzen Carl von Bayern. Alles dieses hat dem gehorsamst Unterzeichneten schon manche freudige Stunde verschafft, welche als Lichtblicke in seinem sonst angestrengten, mühevollen Leben bezeichnet werden dürfen.
Was 2.) die praktische Befähigung als Dirigent anlangt, so hatte der gehorsamst Unterzeichnete während seiner Amtsführung als Organist bei St. Ulrich und seit 1. November 1839 an der hohen Domkirche häufig Gelegenheit, bei Krankheitsfallen des Dirigenten größere Werke zu leiten, sowie auch die von ihm persönlich geleiteten Konzertaufführungen seiner Oratorien »Maria« und »Johannes der Täufer« von nicht ungünstigem Erfolge gekrönt waren.
In Hinsicht der Wahl aufzuführender Werke erlaubt sich der gehorsamst Unterzeichnete beizufügen, daß er seinen Vorbildern und Studien einerseits, andererseits seinen religiösen Ansichten gemäß, nur mit jenen Werken einverstanden ist, welche der Heiligkeit des Ortes sowohl, als auch dem guten Geschmacke zugleich entsprechen.

Indem der gehorsamst Unterzeichnete nochmals seine Bitte Euer Bischöflichen Gnaden zur gnädigsten Berücksichtigung und Würdigung vorlegt verharrt in tiefster Ehrfurcht

Hochwürdigster Herr Bischof!
Gnädigster Herr
untertänigster
Karl Kempter
Dom-Organist[196]

Kempter braucht nicht lange zu warten, bis ihn der Ruf auf die Domkapellmeister-Stelle erreichte. Sehr erfreulich für ihn war auch, dass sich die Besoldung erheblich verbesserte.

Augsburg, den 25. April 1865

An Herrn Karl Kempter, Domorganisten dahier.

Das Domkapitel des Bisthums Augsburg.

Wiederbesetzung der erledigten Kapellmeister-Stelle an der Domkirche dahier.

Unser hochwürdigster Herr Bischof Pankratius von Dinkel haben sich bewogen gefunden, den bisherigen Domorganisten Herrn Karl Kempter zum Kapellmeister an unserer Domkirche in widerruflicher Eigenschaft mit einem jährlichen Funktions-Gehalt per 650 fl., einer jährlichen Entschädigung für Wohnung per 100 fl. und mit dem Bezug von sämtlichen sonstigen Einnahmen und Accidentien aus den sowohl zur Kathedralkirche, als zur Dompfarrei gestifteten Jahrtagen, Bruderschafts- und Seelengottesdiensten gnädigst zu ernennen.
Indem wir dieses dem neuernannten Herrn Kapellmeister hiermit bekannt geben, beauftragen wir denselben, sich mit diesem Dekrete vor unserem Domscholastikus Herrn Domkapitular und Generalvikar Dr. Gratz persönlich zu stellen, und von Letztgenanntem in sein Amt eingewiesen, mit den Dienstleistungen näher bekannt gemacht, und hiefür verpflichtet zu werden.
Schließlich wird noch bemerkt, daß die Geldbezüge des neu ernannten Kapellmeisters vom 1. Mai 1865 anfangen.

Dr. Gratz, Dom-Scholastikus[197]

Die feierliche Verpflichtung mit Beschreibung der Aufgaben des Domkapellmeisters übernahm der Generalvikar Dr. Gratz.

Protokoll über die Verpflichtung des Herrn Domkapellmeisters Karl Kempter.

Augsburg, den 3. Mai 1865

Gegenwärtige: Generalvikar Dr. Gratz, als Domscholasticus, Kapellmeister Herr Karl Kempter, Benefiziat Joh. Nadler, gr. Akt

Dem Herrn Kapellmeister Karl Kempter wurde vorerst N. 3 des Domkapitel'schen Sitzungsbeschlusses vom 19. April 1865 bekannt gegeben,

196 ABA Pers. 3518 L (1865 IV 18).
197 ABA Pers. 3518 L (1865 IV 25).

worauf Herr Kapellmeister Kempter in alle Funktionen des verstorbenen Kapellmeisters Keller in herkömmlicher Weise zu treten hat, namentlich in den Unterricht der Kapell- beziehungsweise Sing-Knaben.
Der hochwürdigste Herr Bischof Pancratius verlangt insbesondere, daß auch dem Choralgesange gebührende Aufmerksamkeit zugewendet werde, daß sonach in Zukunft nicht blos während der hl. Advent- und Fastenzeit mehrstimmige Vokalmessen nach altkirchlichen Mustern, ebenso einstimmige Choralmessen gesungen werden, sondern auch in jedem Monate wenigstens zwei solche Vocalmessen womöglich auch ohne Orgelbegleitung zur Aufführung kommen.
Sofort wurde die Dienstes-Instruktion für den jeweiligen Domkapellmeister in 18 §§ vom Jahre 1839 bekannt gegeben. Schließlich wurde Herr Kapellmeister Kempter handgelübdlich verpflichtet.

Auf Verlesen unterzeichnet
Karl Kempter
Dom Kapellmeister
A.U.S. Dr. Gratz, als Dom-Scholasticus
J. Nadler
g. Akt[198]

Der freigewordene Posten des Domkapellmeisters wurde zum 1. Mai des Jahres Karl Kempter übertragen. Er bekleidete damit das höchste Amt im kirchenmusikalischen Bereich Augsburgs. Eine päpstliche Auszeichnung wurde ihm zuteil, als ihn Pius IX. zum Ehrenmitglied des römischen kirchenmusikalischen Zirkels der Academica Caecilia berief.
Privat hatte er schwere Zeiten durchzustehen. Während seines Unterrichts im Institut St. Stephan erlitt er einen Schlaganfall, der ein Nervenleiden und eine Lähmung verursachte. So behindert musste er bereits 1867 das Amt des Domkapellmeisters aufgeben. Sein Schüler Karl Kammerlander beerbte ihn in dieser Position.
Durch einen Unfall, bei dem er eine Gehirnerschütterung erlitt, verschlimmerte sich sein Gesundheitszustand. Als dann kurz hintereinander seine Frau (1869) und die jüngste Tochter (1870) starben, machten ihm diese Todesfälle schwer zu schaffen, auch finanziell. Das folgende in untertänigster Haltung verfasste Bittschreiben wirft einen Blick auf die bereits schon früher zu Tage tretende finanziell prekäre Lage Kempters:

Hochwürdigstes Dom-Kapitel!

Unterwürfigste Bitte des Dom-Organisten Karl Kempter um gnädige Bewilligung einer Theuerung-Zulage.

198 ABA Pers. 3518 L (1865 V 3).

Obschon der gehorsamst Unterzeichnete die lang anhaltende Theuerung hart fühlen musste, und eine Bitte um eine Zulage nie begründeter gewesen seyn dürfte, so hielt er doch, einem Hochwürdigsten Domkapitel ungern zur Last fallend, und in Hoffnung, es werden nach dem verflossenen Jahre die Preise bedeutend heruntergehen, mit der Bitte um gnädige Bewilligung einer Zulage zurück.
Da nun aber der gehorsamst Unterzeichnete nebst diesen bedrückenden Zeit-Verhältnissen auch noch (Anfang dieses Jahres) von einer schweren Krankheit heimgesucht wurde, von deren Folgen er sich leider noch nicht ganz erholt hat, so sieht sich der gehorsamst Unterzeichnete notgedrungen veranlasst, an das Hochwürdigste Domkapitel die untertänigste Bitte zu wagen, ihm wenigstens eine momentane Zulage bewilligen zu wollen und erlaubt sich außer den schon bemerkten Gründen noch folgendes zur gnädigen Kenntnisnahme anzuführen:
1.) Muss derselbe, um seinen kirchlichen Funktionen nachkommen zu können, seine Musiklektionen, die öfter mit seinem Dienst kollidieren, versäumen, wodurch seine Nebenbeschäftigung sehr verkürzt wird.
2.) Ermüdet denselben das länger anhaltende Orgelspiel so sehr, dass er nicht fähig ist, die darauf folgende Stunde ... des Unterrichts ... [halten] zu können ... so dass ein bedeutender Nachteil erwächst.
3.) Aus diesem Grund hat auch der Herr Domkapellmeister Keller diese Advents-Zeit hindurch das zur Begleitung der Rorate-Gesänge nötige Orgelspiel zu übernehmen die Güte gehabt, da es dem gehorsamst Unterzeichneten unmöglich gewesen wäre, dieser anstrengenden Funktion sich zu unterziehen, was er sich zum Befürworter des Gesagten hier anzuführen hiermit untertänigst erlaubt.
In der tröstenden Hoffnung, das Hochwürdigste Domkapitel werde in gnädiger Berücksichtigung obiger Punkte gegenwärtige untertänigste Bitten des gehorsamst Unterzeichneten nicht unbescheiden finden und dem Bittsteller gnädigst zu willfahren nicht abgeneigt sein geharret in tiefster Ehrfurcht

Des Hochwürdigsten Bischöfl. Dom-Kapitels
untertänigst gehorsamster
Karl Kempter
Dom-Organist[199]

Nach dem Protokoll vom 3. Jänner 1848 wurde der Bitte entsprochen und dem Domorganisten 25 fl aus dem Kathedralfond bewilligt.

199 ABA Pers. 3518 L (1847 XII 11).

Ein andermal kam es durch Gerichtsbeschluss zu einer Lohnpfändung, weil Kempter beim Platzwirt Lorenz Merklinger mit 895 fl in der Kreide stand.[200] Vereinsamt, körperlich und seelisch ausgezehrt und gebrochen starb er am 12. März 1871 in seiner letzten Wohnung am Stephansplatz 9. Auf dem Hermanfriedhof wurde er zwei Tage später durch Domvikar Theodor Kriener beerdigt. Dort erinnert an ihn eine Grabplatte, die in die Friedhofskirche eingelassen ist. Die schlichte Inschrift lautet: Dem Andenken des Herrn Karl Kempter Domkapellmeister gest. 12. März 1871.[201]

74 Epitaph für Karl Kempter an der Außenwand der Kapelle St. Michael auf dem Augsburger Friedhof an der Hermanstraße

200 ABA Pers. 3518 L (1862 IV 14).
201 Gedenktafel an der Friedhofskapelle im Hermanfriedhof.

Eine unvollständige Liste seiner Werke

Kempters kompositorisches Schaffen weist überwiegend kirchenmusikalische Werke auf. Aber auch wenige weltliche Kompositionen gingen aus seiner Feder hervor. Ein Beispiel ist der Festmarsch (op. 129) oder eine »Hymne an König Ludwig«. Großen Wert legte Kempter, wie aus den Beschreibungen zu seinen Kompositionen oft zu lesen ist, darauf, dass auch auf dem Land den Chören machbare Werke zur Verfügung stehen und nach der Fähigkeit der Chöre die Aufführung variiert werden kann. Damit kam er auch dem Auftrag von Bischof Peter von Richarz nach, worauf Kempter bei seiner Bewerbung um die Stelle als Domkapellmeister deutlich hinweist.
Auf sein bekanntestes Werk sei besonders verwiesen. Es ist die Pastoralmesse in G-Dur, op. 24. In der Christmette des Heiligen Abends 1851 war sie im Augsburger Dom zum ersten Mal zu hören. Die Instrumentalbesetzung besteht aus dem obligaten Streichquartett (2 Violinen, Viola und Violon) und Orgel, sowie Flöte, 2 Klarinetten, 2 Hörner, 2 Trompeten und Pauken ad libitum. Diese Instrumentierung ermöglicht bei den Aufführungen große Flexibilität. Der zusätzliche Einsatz von Bläsern und Pauken erzielt einen besonders festlichen Charakter. Ihre eingängige Melodik beförderte zudem die Verbreitung in Süddeutschland und bis in die Weite der ehedem Österreichisch-Ungarischen Monarchie.

Verzeichnis zur Kirchenmusik von Karl Kempter:

2 Deutsche Messen
34 lateinische Messen von ganz leichtem Style für die kleinsten Landchöre und kleine Stadtchöre
7 Vespern
4 Te deum, darunter eines im Auftrag des Domchores zu Erlau
12 Pange lingua
2 Stabat mater
2 Miserere
11 Hymnen auf das ganze Jahr für Landchöre
30 Gradualien (ungefähre Anzahl)
Adoro te
5 Litaneien
Deutsche Rorategesänge
2 Weihnachtsgesänge
Volksmelodien
4 Antiphonen für größere Kräfte
4 Antiphonen für kleinere Kräfte
Regina coeli, einzeln
Salve (regina), einzeln
2 Sebastianslieder
Marienlieder für weibliche Stimmen

Lieder religiösen Inhalts, theils für Klavier und Singstimme, teils für Männerstimmen
4 Deutsche Antiphonen
Deutsche Kreuzweglieder
Deutsche Stabat mater
Die ganze Charwoche für Orgel und Singstimme
10 Kirchengesänge
Asperges me
Vidi aquam
4 Gesänge für die Fronleichnamsprozession
4 Requiem
Responsorien zum Hochamte
Veni sancte spiritus

Op. 9 Lateinische Messe in D für 4 Singstimmen, 2 Violin, Viola, Violon und Orgel obligat, Flöte, 2 Clarinett, 2 Hörner, 2 Trompetten und Pauken nichtobligat (Alternativfassung: Messe in D für 4 Männerstimmen, 2 Violinen, Viola, Violon und Orgel obligat, Flöte, 2 Clarinetten, 2 Hörner, 2 Trompeten u. Pauken nicht obligat)

Op. 11 Festmesse Nr. 1 in B für Soli, Chor und Orchester

Op. 15 Lateinische Messe in G für Sopran, Alt, Tenor, Bass, 2 Violinen, Viola, Violon & Orgel obligat, Flöte, 2 Clarinetten, 2 Hörner, 2 Trompeten u. Pauken nicht oblig., zum Gebrauche gut besetzter Land- u. kleinerer Stadtchöre

Op. 24 Pastoralmesse in G für Soli, Chor und Orchester

Op. 25 Hodie Christus natus est Pastoral-Graduale für Sopran, Alt, Tenor, Bass, 2 Violinen, Viola, Violon oder Orgel obligat, 1 Flöte, 2 Clarinetten, 2 Hörner, 2 Trompeten, Pauken u. Violoncello nicht obligat

Op. 26 Pastoral-Offertorium für C oder A Clarinett-Solo, Sopran, Alt, Bass, 2 Violinen, Viola, Violon und Orgel obligat, 1 Flöte, 2 Clarinetten, 2 Hörner und Violoncello nicht obligat (ca. 1854)

Op. 29 Lobgesang zu Ehren des hl. Sebastian für Sopran, Alt u. Orgel obligat, dann Tenor, Bass u Violon nicht obligat

Op. 30 Deutsche Messgesänge für 1 Singstimme mit Orgelbegl. u. beliebig Gebrauche von Alt, Tenor & Bass-Stimme

Op. 35 Messe in A für Sopran, Alt, Tenor, Bass, 2 Violinen, Viola, Kontrabass u. Orgel obligat, Flöte, 2 Klarinetten, 2 Hörner, 2 Trompeten u. Pauken nicht obligat

Op. 40 Trauer-Marsch für d. Pianoforte zu 4 Hdn. (ca. 1853)

Op. 41 Messe in C (ca. 1860)

Op. 45 Messe in F (ca. 1860)

Op. 47 4 Antiphonae Marianae (ca. 1855)

Op. 56 Dies irae

Op. 60 Rondo pastorale

Op. 61 Messe in C für 1 Singstimme mit Orgel obligat, dann Alt, Bass, 2 Violinen, 2 Hörner ad libitum

Op. 64 Drei Hymni Mariani, brauchbar als Gradualien oder Offertorien

Op. 66 Vademecum, 112 kurze und leichte Orgelstücke; für angehende Organisten im 2-, 3- u. 4stg. Satz in allen Dur u. Moll Tonarten; mit e. Anh.: Modulationen, Cadenzen, Finger- u. Pedalübungen

Op. 72 Landmesse in C für Sopran, Alt, Bass, zwei Violinen und Partiturbass oder Violine obligat, Tenor, Viola, Flöte, zwei Clarinetten, zwei Hörner, zwei Trompeten und Pauken nicht obligat, oder auch nur für vier Singstimmen mit ausgesetzter Orgel

Op. 87 Messe in F/C (ca. 1865)

Op. 88 Vesperae de Beata in D/G (ca. 1880)?

Op. 90 Ave Maria für dreistimmig gemischten Chor

Op. 96 Messe in D/G (ca. 1865)

Op. 105 Missa pastoritia in F für vierstimmig gemischten Chor, 2 Hörner, Streicher und Orgel

Op. 129 Fest-Marsch

Oratorium Johannes der Täufer

Oratorium Maria

Oratorium Die Hirten von Betlehem

Oratorium Die Offenbarung

Sonntags-Vesper in G für 1 Singstimme mit Orgel obligat, dann Alt, Bass, 2 Violinen, 2 Hörner ad libitum

Requiem in c-Moll nebst Libera für vier Männerstimmen mit oder ohne Orgelbegleitung

Alle diese Kompositionen sind erschienen bei A. Böhm in Augsburg, Falter in München und Spinas in Wien.

Ausschnitt aus dem Stammbaum

Kempter, Mathias, Limbach, HsNr 1 Söldner und Schullehrer		* 23. Februar 1783, Limbach † 23. Mai 1859, Limbach ∞ 13. Februar 1804, Limbach
Mayer, Kreszenz Lehrerstochter		* 18. September 1773, Limbach † 5. Juli 1851, Limbach
Kinder:	Bernhard	* 24. Oktober 1805, Limbach † 28. Mai 1872, Griesstadt
	Friedrich	* 23. Januar 1807, Limbach † 8. Februar 1807, Limbach
	Sophia	* 2. April 1809, Limbach † 26. Juli 1809, Limbach
	Friedrich	* 17. Oktober 1810, Limbach † Lauingen
	Ambros	* 22. September 1811,Limbach † 14. Dezember 1811, Limbach
	Josef	* 5. Februar 1813, Limbach † 9. Januar 1814, Limbach
	Karl	* 17. Januar 1819, Limbach

Kempter, Karl Domorganist und Domkapellmeister		* 17. Januar 1819, Limbach † 12. März 1871, Augsburg ∞ 1841
von Cobres, Josefa Offizierstochter		* 1814 † 14. April 1869
Kinder:	Karl	* 17. Juli 1842 † 1873
	Emma	* 7. Mai 1843 † 1873
	Karolina	* 28. Januar 1847 † 19. Oktober 1870
	Maria	* 3. Juli 1853 † 3. Juli 1853

Wohnungen waren in Augsburg in der Frauentorstr. 22, in der Karolinenstraße 37, in der Jesuitengasse 17 und am Stephansplatz 9.
Bestattet ist Karl Kempter auf dem Hermanfriedhof. Sein Grab ist nicht erhalten. An der Friedhofkapelle ist eine Gedenktafel angebracht, die an ihn erinnert (Abb. 74).

Die Vereine

Die Freiwillige Feuerwehr

Zur Geschichte des Vereins

In der Zeit, in der überall Feuerwehrvereine als Träger des Feuerschutzes gegründet wurden, war für Limbach am 28. Dezember 1879 der Tag gekommen, an dem sich 28 engagierte Bürger im Gasthof »Schwarzer Adler« zusammensetzten und einen solchen Verein ins Leben riefen. Zur Vereinsgründung war der Bezirksvertreter Mayerhofer gekommen, der das Protokoll zur Vereinsgründung führte. Die Wahl zur Vereinsführung brachte an diesem Abend folgendes Ergebnis: Vorstand wurde Stefan Kupfer, Hauptmann Siegmund Hindelang, Signalist Franz Schieferle, Schriftführer und Adjutant Anselm Berger, Zugführer der Steiger Anselm Mäusle, Leiter der Spritzenabteilung Joseph Berchtold und Maschinenmeister Anton Mäusle jun.

Diese erste Führungsmannschaft erfuhr recht bald eine Veränderung. Die Stammrolle hat festgehalten, dass bereits am 20. Februar 1880 Joseph Berchtold den Posten des Hauptmanns übernahm. Diese Mannschaft bestand die zweijährigen Inspektionen stets mit der Note »gut«. Zu den Vereinsfeiern

75 *Die Freiwillige Feuerwehr Limbach. Mannschaftsfoto vor dem alten Feuerwehrhaus unter Kommandant Josef Wagner (1946–1957)*

76 *Die Feuerwehrübung am Hof der Familie Eisenlauer (HsNr. 5) in der Nachkriegszeit zog viele Schaulustige an. Tatsächlich waren die Stadel des Anwesens 1933 und 1945 ein Raub der Flammen geworden.*

stiftete Andreas Hopfenzitz ein Trinkhorn, das noch heute im Vereinsheim hängt. Gottlob gab es einen fleißigen Abschreiber, der die Einträge der verschollenen Stammliste bis zum Jahr 1914 festhielt. In diesem Jahr hatte die Wehr 40 Mitglieder, die alle mit Uniformjacken ausgestattet waren. Der Verein bezuschusste die Anschaffung der Jacken mit 5 Mark. Das Inventarverzeichnis von 1922 weist unter anderen Kleingeräten eine Löschmaschine aus dem Jahre 1879 auf. Neu hinzu zum Inventar kamen 1922 eine fahrbare mechanische Leiter der Firma Munk aus Reisensburg, welche die Tragleitern ersetzte und eine Schlauchhaspel. 1934 beschaffte der Verein ein neues Signalhorn, das heute noch im Vereinsheim hängt. Im Kriegsjahr 1942 wurde die erste Motorspritze mit Wagen eingekauft. Der Wagen ging 1945 verloren, als ihn die Amerikaner entführten. 1965 erwarb die Gemeinde eine TS 8. Für diese Motorspritze baute der Schmid Jakob Holder einen dem Zweck entsprechenden Anhänger.
Das »Dritte Reich« mit seiner vereinstötenden Gleichmacherei hatte auch bei uns dem Feuerwehrverein ein vorläufiges Ende gesetzt. Doch bereits am 19. März 1946 formierte sich die Feuerwehr unter Bürgermeister Alois Hindelang neu. 1953 wurde die 75-Jahr-Feier in kleinem Rahmen ausgerichtet. Etwas größer fiel 1979 die Feier zum 100jährigen Jubiläum aus, bei der immer mehr vom Wunsch gesprochen wurde, eine Vereinsfahne anzuschaffen. Fünf Jahre gingen noch vorbei, bis vom 22. bis 24. Juni 1984 die Fahnenwei-

77/78 Das 100jährige Jubliläum der Freiwillingen Feuerwehr Limbach wurde groß gefeiert. Oben: Umzug durchs Dorf, unten: Gottesdienst in Baumann's Garten

79/80 Die Fahnenweihe der Feuerwehr im Jahr 1984. Oben: Pfarrer Herbert Schild aus Deffingen vertrat Pfarrer Johannes Utz. Unten: Voll besetztes Bierzelt

he gefeiert werden konnte. Bei dieser Feier zeigten sich die jungen Damen, die sich bereits 1981 der Wehr angeschlossen und erste Qualifikationen bestanden hatten, als hübsche Fahnenbegleiterinnen. Erinnert sei in diesem Zusammenhang, dass bereits 1944 zehn Frauen zum Feuerwehrdienst eingeteilt worden waren. Damals zwang die Not, Frauen zu rekrutieren. 40 Jahre später machte sich die Gleichberechtigung beim Feuerwehrdienst bemerkbar.

81 Seit 1984 hat die Freiwillige Feuerwehr Limbach eine wunderschöne Fahne.

82 Die Freiwillige Feuerwehr Limbach, Mannschaftsfoto unter Kommandant Helmut Mack (1972–1984)

In den verschiedenen Positionen, die der Verein zu vergeben hat, haben gewirkt als

Vorstand	Stefan Kupfer	ab	28.12.1879
	Leonhard Haugg	ab	12.4.1896
	Leonhard Kupfer	ab	30.3.1898
	Hugo Konrad	ab	15.3.1919
	Anton Mack	ab	31.12.1940
	Alois Hindelang	ab	19.3.1946
	Hubert Rosenfelder	ab	20.1.1977
	Michael Kienle	ab	1.1.2002
	Martin Schwarz	ab	1.1.2015

Kommandant (Hauptmann)			Stellvertreter (Adjutant)		
Siegmund Hindelang	ab	28.12.1879	Anselm Bestler	ab	28.12.1879
Joseph Berchtold	ab	20.2.1880	Leonhard Konrad	ab	9.6.1887
Theodor Eisenlauer	ab	12.4.1896	Stefan Kupfer		3.3.1898–1919
Joseph Mäusle	ab	15.3.1919	Anton Mack		17.1.1930–1938
Theodor Eisenlauer	ab	24.4.1944	Otto Mayer	ab	19.8.1950

Josef Wagner	ab	19.3.1946	Johann Kiehbacher	ab	17.1.1954
Johann Kiehbacher	ab	10.2.1957	Ulrich Schmid	ab	10.2.1957
Helmut Mack	ab	4.3.1972	Theodor Eisenlauer	ab	16.1.1967
Anton Kienle	ab	1.1.1985	Robert Mäusle	ab	1.1.1994
Robert Mäusle	ab	1.1.1998	Martin Hindelang	ab	1.1.1998
Martin Hindelang	ab	1.1.2004	Michael Dotschkal	ab	1.1.2004
Michael Dotschkal	ab	14.1.2010	Michael Kienle	ab	1.1.2010
Müller, Thorsten	ab	1.1.2022	Markus Dirr	ab	15.1.2014

Schriftführer und Kassierer

Anselm Berger	ab	28.12.1879
Johann Naser	ab	6.3.1886
Leonhard Konrad	ab	7.6.1887
Anselm Bestler	ab	12.4.1896
Stefan Kupfer	ab	24.1.1901
Anton Mack	ab	15.3.1919
Alois Hindelang	ab	22.1.1939
Anselm Danner	ab	19.3.1946
Hubert Mäusle	ab	16.1.1949
Jakob Holder	ab	22.1.1950
Helmut Mack	ab	16.1.1967
Erwin Hindelang	ab	4.3.1972
Stefan Schwarz	ab	1.1.1988
Simone Werdich (geb. Kupfer)	ab	1.1.2006

Signalisten

Joseph Weichenmayr	1883–1913
Karl Haugg	1913–1933
Anton Oßwald	1933–1842
Franz Prawetschek	1947–1973
	1973 übernahm die Sirene den Signaldienst.

Fahnenträger

Mit der Fahnenweihe 1984 war der neue Dienst des Fahnenträgers notwendig. Erster Fahnenträger wurde ab der Fahnenweihe Stefan Kupfer. Er übergab 1999 die Fahne in die Hände von Josef Mayer.

Das Feuerwehrhaus

Über den Bau des Feuerwehrhauses ist in der Chronik keine Eintragung zu finden. Der Standort war ursprünglich östlich der Kirche, wo jetzt der kleine Parkplatz angelegt ist. Im Jahr 1938 wurde es an den heutigen Standort verlegt. Hier hatte die Gemeinde einen Obstgarten, in dem der Lehrer ernten durfte. In einer einmaligen Aktion wurde das Gerätehaus, das in Ständerbau-

83 Die Einweihung des neuen Feuerwehrhauses am 3. Juli 2005

weise errichtet war, an den neuen Standort transportiert. Die Steinfüllungen nahm man heraus und transportierte das Gerüst auf Leiterwagen. Am alten Standort war dann noch die »Heuwaage«. In einem Raum am westlichen Ende des Hauses war eine Viehwaage untergebracht, die mit dem Neubau des Gerätehauses verloren ging.

Ein neues Feuerwehrhaus, das den Anforderungen der veränderten Ausstattung der Feuerwehr gerecht werden konnte, war ein lang gehegter Wunsch, der seinen Ausdruck in einem Artikel über die Bürgerversammlung 1989 findet. Bürgermeister Seidler stellte in Aussicht, das schon länger leer stehende Raiffeisenlagerhaus zu erwerben und umzubauen als Haus für die Vereine.[202] Im Rahmen der Dienstversammlung 1989 der FFW gab der Bürgermeister bekannt, dass der Erwerb des Lagerhauses perfekt sei.[203] Diese Gedankenspiele mit dem Lagerhaus als Vereins- und Feuerwehrhaus führten nicht zum Erfolg. Das neue Haus sollte dann doch an der Stelle des alten erstehen. Als die 125-Jahrfeier 2004 begangen wurde, stand endlich der Rohbau.[204] Im Rahmen eines Dorffestes wurde das neue Gebäude am 3. Juli 2005 eingeweiht und seiner Bestimmung übergeben.[205] Im Feuerwehrhaus steht seitdem auch ein Fahrzeug zur Verfügung.

202 Günzburger Zeitung, 23.10.1989: Wunsch der Wehr scheint in Erfüllung zu gehen.
203 Günzburger Zeitung, 30.12.1989: Neues Domizil für Limbacher Wehr.
204 Günzburger Zeitung, 1.7.2004: Ein jahrhundertealter Wunsch geht in Erfüllung.
205 Günzburger Zeitung, 1.7.2005: Limbacher Floriansjünger beziehen Feuerwehrhaus.

Brände und Einsätze der Feuerwehr

Die Feuerwehrchronik hat folgende Brände und Einsätze festgehalten:

19.10.1887	Brand in der Malzdarre der Brauerei bei Andreas Endres
30./31.1.1892	Dachbrand bei Leonhard Konrad, Pfarrer-Völk-Str. 10
1./2.2.1892	Stockwerkbrände
16.2.1892	Stadelbrand
21.4.1893	Totalbrand der Scheune bei Stefan Kupfer
	Totalbrand des Wohnhauses bei Theodor Eisenlauer
9.2.1907	Zimmerbrand bei Anton Mäusle (selbst gelöscht), Bgm.-Hindelang-Str. 30
4.8.1911	Totalbrand der Scheune und des Wohnhauses bei Anton Oßwald
2.1.1926	Totalbrand bei Joseph Schilling
29./30.1.1932	Totalbrand bei Joseph Mäusle, Pfarrer-Völk-Str. 13
14./15.12.1933	Totalbrand bei Franz Schuster
26.7.1933	Totalbrand der Scheune bei Theodor Eisenlauer
7./8.3.1937	Totalbrand der Scheune bei Joseph Jehle
24.4.1945	Totalbrand der Scheune bei Joseph Mäusle, Pfarrer-Völk-Str. 13
	Totalbrand der Scheune bei Stefan Kupfer
	Totalbrand der Scheune bei Franz Schuster
	Totalbrand der Scheune bei Alois Hindelang
	Totalbrand der Scheune bei Joseph Schmid, Bgm.-Hindelang-Str. 9
	Totalbrand der Scheune bei Anna Schmid, Königin-Bild-Str. 3
25.4.1945	Totalbrand der Wohnhauses bei Joseph Mäusle, Pfarrer-Völk-Str. 13
	Totalbrand des Hauses bei Joseph Jehle, Pfarrer-Völk-Str. 15
	Totalbrand der Scheune bei Hugo Konrad
11.7.1947	Brand eines LKW-Anhängers auf der Autobahn
9.9.1955	Heustockbrand bei Hugo Konrad, Pfarrer-Völk-Str. 10
29.12.1962	Totalbrand des Hauses bei Anna Lenzer, Königin-Bild-Str. 3 Mit diesem Brand wurde das letzte Gebäude zerstört, das zur ehemaligen Wallfahrt Maria Königin Bild gehörte.
24.6.1965	Totalbrand der Scheune von Hermann Wiblishauser
26.7.1979	Brand der Scheune und Stadelüberdachung bei Franz Schwarz
6.4.1980	Zimmerbrand bei Helmut Jehle (Stubenweiher)
30.7.1980	Heustockbrandgefahr bei Ludwig Haugg
26.1.1980	Wohnwagenbrand

In den folgenden Jahren hat sich der Einsatz der Feuerwehr stark verändert. Nur noch ganz selten gab es einen Einsätz wegen eines Brandes. In der Zeit von 2012 bis 2020 waren dies nur drei Einsätze, ein Zimmerbrand, ein PKW-Brand und ein Kleinbrand im Freien. Die weit überwiegende Zahl der Einsätze waren technische Hilfen. Oft waren Bäume zu beseitigen, die an der

Strecke nach Hammerstetten vom Sturm auf die Fahrbahn geworfen worden waren. Einen zweiten Schwerpunkt bildeten die Verkehrsunfälle auf der B 10 und nach der Errichtung des Kreisverkehrs Unfälle auf der Staatsstraße 2510.

Der Schützenverein Limbach 1910 e. V.

Zur Geschichte der Schützen

Ein rühriger Verein in der Dorfgemeinschaft ist der Schützenverein. Ein altes Kassenbuch, das als einziger Rest aus der Zeit vor dem Zweiten Weltkrieg erhalten geblieben ist, berichtet über seine Gründung. Der erste Eintrag trägt das Datum 12. November 1910. »Aufnahmegebühr zwölf Mitglieder 12 Mark und Monatsbeitrag für 12 Mitglieder à 0,20 Mark«. Um den Schießsport betreiben zu können, wurde im ersten Jahr ein Zimmerstutzen im Wert von 65 Mark angeschafft. Dazu stellte Stefan Kupfer eine Anleihe zur Verfügung. Im Jahr 1913 wird von einer ersten Christbaumfeier berichtet. Der Erste Weltkrieg unterbracht die Aufzeichnungen.

Im Februar 1919 hält das Kassenbuch wieder in einem Eintrag die Einzahlung freiwilliger Beiträge in Höhe von 3 Mark fest. Einzahler waren: Pfarrer Völk, Theodor Eisenlauer, Stefan Kupfer, Mayer, Hugo Konrad, Bürgermeister Konrad, Bestler, Jehle und Kuhn. Am 19. Februar 1920 führte der Schützenverein sein erstes Theaterstück auf. In die Kasse flossen 190 Mark.

Ab 1921 sind dann bereits 22 zahlende Mitglieder aufgezeichnet. Der Kassenabschluss 1922 wies sagenhafte 40 316,00 Mark an Einnahmen auf, denen an Ausgaben 18 538, 45 Mark gegenüber standen. Diese hohe Summe ist der rasenden Inflation nach dem Ersten Weltkrieg geschuldet. An den Schützengau meldete der Verein 1925 zwölf Mitglieder zu einem Beitrag von 1,50 RM (Reichsmark). Am 6. Januar 1926 wurde ein zweiter Zimmerstutzen beschafft, der mit 177,35 RM zu Buche schlug. Am 11. Mai 1929 richtete der Schützenverein ein Gauschießen aus, das der zweite Gauschützenmeister Theodor Eisenlauer leitete. 1930 wurde das »Strohschießen« eingeführt. In diesem Jahr organisierte der Verein einen Schützenball und eine Weihnachtsfeier. Die geschichtliche Entwicklung veranlasste 1936 den Beschluss, den Verein stillzulegen und die Kasse auf Null zu stellen. Damit waren Joseph Mäusle und Hubert Seelos beauftragt. 1937 wurde dennoch am 25. September ein Wanderpreis-Schießen durchgeführt.

Teilnehmer waren:

Joseph Mäusle	* 13.4.1884	Anselm Mack	* 18.12.1894
Wilhelm Spitz	* 8.11.1897	Anton Mack	* 22.2.1982
Hubert Seelos	* 28.5.1902	Alois Hindelang	* 19.2.1908
Theodor Eisenlauer	* 14.11.1902	Ulrich Mayer	* 28.5.1882
Franz Schwarz	* 17.7.1888	Hugo Konrad	* 3.3.1888
Georg Mayer	* 17.2.1881	Karl Endres	* 29.10.1887
Stefan Kupfer	* 13.12.1909	Anton Oßwald	* 16.8.1909

Mit diesem Eintrag enden die Aufzeichnungen bis zur Wiedergründung.

Die Wiedergründung 1963

1963 kamen am 6. Februar 32 Männer im Gasthof Jehle zusammen und beschlossen, den Verein wiederaufleben zu lassen. Die Wahl zur Vorstandschaft brachte als Ergebnis:

1. Vorstand	Franz Schuster
2. Vorstand	Theodor Eisenlauer
Schriftführer und Kassier	Erwin Hindelang
Ausschussmitglieder wurden	Leo Mayer, Fritz Engelhart, Ludwig Haugg, Stefan Kupfer
Jugendvertreter	Karl Lenzer
Waffenwart	Karl Böck

Nach dem Eröffnungsschießen am 20. Februar 1963, an dem 23 Schützen teilgenommen hatten, gehörte von Anfang an die jährlich ausgeschossene Vereinsmeisterschaft in Luftgewehr und Luftpistole und das Königschießen zum Schießprogramm. Für den König brauchte man natürlich eine Königskette. Der Herbergsvater Jehle stiftete dazu eine größere Zahl alter Silbermünzen. In diesem Jahr wurde gleich auch das Strohschießen durchgeführt und die Teilnahme am Gauschießen mit zwei Mannschaften angegangen. Freundschaftsschießen mit Haldenwang, Harthausen, Leinheim und Wemding brachten durch die Zielsicherheit der Limbacher Schützen immer neue Erfolge.
Im dreijährigen Rhythmus wurden die Wahlen zur Vorstandschaft bzw. dem Schützenmeisteramt durchgeführt.
Veränderungen gab es, als 1978 Richard Hindelang 2. Vorstand wurde.
1984 übernahm Horst Hindelang die Kasse.
1989 wurde Erwin Hindelang 1. Vorstand und Martin Hindelang 2. Vorstand. Franz Schuster wurde zum Ehrenvorstand ernannt.
1992 übernahm Franz Mack den Posten des 2. Vorstandes und Martin Hindelang die Schriftführung.
2004 erfolgte ein größerer Wechsel: 1. Vorstand wurde Franz Mack, 2. Vorstand Martin Hindelang, Schriftführerin Andrea Kupfer. Erwin Hindelang wurde zum Ehrenvorsitzenden ernannt.
2011 übernahm Stefanie Hindelang die Schriftführung.

Gesellschaftliche Aktivitäten

Zu den gesellschaftlichen Aktivitäten des Vereins zählen die Weihnachtsfeiern, die von 1980 bis 1998 mit Theateraufführungen verbunden waren. Unter der Spielleitung von Erhard Hindelang, der 2020 zum Ehrenmitglied ernannt wurde, kamen folgende Stücke auf die Bühne:

Das starke Geschlecht	Die verdrehte Liebeserklärung
Der Wunderdoktor	Das Geständnis im Kartoffeldämpfer
A Maus im Haus	Das öffentliche Ärgernis oder Die dritten Zähn

84 Der Schützenverein Limbach, Gruppenfoto anlässlich der Fahnenweihe 1988

Die Ersatzbraut
Der Gesundheitsapostel
Der amtliche Besuch
Das starke Geschlecht
Der Familientyrann
Die dappige Verwandtschaft
Der neue Herr Nachbar
Aufs Altenteil
Der scheinheilige Jakob
A Säugling muss her
Dau kasch nix macha als Lacha
etc.

Die Ausflüge, die organisiert wurden, wurden sehr gerne angenommen. Ziele waren: Reith in Tirol, Rosenstein im Salzkammergut, Blaubeuren, Wemding, Eselsburg – Heidenheim – Neresheim – Pfannental, zum Schützenfest nach Langewiese im Hochsauerland, Achensee, Walensee – Vaduz, Seefeld etc.

Die Schützenkönige

Das jährliche Königschießen brachte oft eine große Überraschung. Könige waren:

1963 Siegfried Schuster
1964 Franz Jehle
1965 Manfred Mäusle
1966 Josef Mader
1967 Manfred Mäusle
1968 Manfred Mäusle
1969 Leo Merklein
1970 Hermann Storch
1971 Franz Schuster
1972 Eugen Weißmann
1973 Leo Merklein
1974 Dieter Gröger
1975 Josef Mader
1976 Herbert Stöhr

1977 Hans Engelhart
1978 Franz Schuster sen.
1979 Franz Jehle jun.
1980 Hans Engelhart
1981 Erwin Hindelang
1982 Stanislaus Mucha
1983 Erwin Hindelang
1984 Franz Schuster jun.
1985 Franz Schuster sen.
1986 Franz Mack
1987 Max Hieber
1988 Georg Hindelang
1989 Belinda Gröger
1990 Marion Jehle
1991 Monika Hindelang
1992 Gerd Volk
1993 Winfried Schuster
1994 Erwin Hindelang
1995 Max Schmid
1996 Manuela Alexander
1997 Belinda Schmid geb. Gröger
1998 Peter Alexander
1999 Max Schmid
2000 Gerd Volk
2001 Andrea Kupfer
2002 Johann Kupfer
2003 Gerd Volk
2004 Horst Hindelang
2005 Michael Kienle
2006 Manuela Mayer geb. Alexander
2007 Martin Hindelang
2008 Martin Hindelang
2009 Martin Hindelang
2010 Markus Lenzer
2011 Martin Hindelang
2012 Simone Kupfer
2013 Sabrina Baur
2014 Simone Kupfer
2015 Sabrina Baur
2016 Luca Wagner
2017 Thomas Hindelang
2018 Gerhard Haugg
2019 Stefanie Hindelang
2020 Sebastian Schuster
2021 ausgefallen wegen Corona
2022 Martin Hindelang

Fahnenweihe und Ehrungen

Seit der Generalversammlung 1987 führt der Verein ein neues Siegel, in dem das Gründungsjahr in den Vereinsnamen aufgenommen ist (Schützenverein 1910 Limbach e. V.). 1988 war dann die Zeit gekommen, eine Vereinsfahne anzuschaffen. Zu diesem Ereignis veranstaltete der Schützenverein am 9. und 10. Juli 1988 ein großes Fest, an dem 59 Vereine aus der Umgebung und aus Limbach im Odenwald teilnahmen.

Verdiente Mitglieder wurden zu Ehrenmitgliedern ernannt:

1968 Karl Endres[206]
1972 Theodor Eisenlauer[207]
1973 Stanislaus Mucha
1977 Mathilde und Franz Jehle, Wilhelm Spitz, Josef Wagner sen.
1978 Alois Hindelang
1988 Karl Janosch (Er hat zur Fahnenweihe Zeichnungen für Gastgeschenke angefertigt und besorgt.)
1989 Fritz Engelhart, Stefan Kupfer, Siegfried Schuster und Franz Schwarz

206 Protokollbuch des Schüztenvereins Limbach, Bd. 1, S. 84.
207 Liste des Schützenmeisteramtes.

2000 Max Hieber, Helmut Gröger, Leo Mayer, Leo Merklein, Franz Prawetschek und Josef Spengler
2010 Theodor Eisenlauer, Georg Hindelang, Erich Schilling
2014 Josef Jehle
2020 Erhard Hindelang

Mit dem Titel Ehrenschützenmeister wurden geehrt:
1989 Franz Schuster
2004 Erwin Hindelang

Die Schießabende werden alljährlich durch besondere Schießen aufgelockert. Dazu gehören inzwischen das Ausschießen der Neujahrsscheibe, die Vereinsmeisterschaft, das Glücksschießen, die 50-teiler Kombischeibe, das Königschießen und Wanderscheibe, das Geflügelschießen, Vereinspokal- und Herbstpokalschießen, das Er-und-Sie-Schießen und das Nussschießen. Der Verein nimmt auch erfolgreich teil am Rundenwettkampf und an der Stadt- und der Kreismeisterschaft.

85/86 Die Fahne des Schützenvereins Limbach 1910 e.V.

Der Krieger- und Soldatenverein

Der jüngste der Traditionsvereine in Limbach ist der Krieger- und Soldatenverein, der am 26. März 1922 von 28 Mitgliedern gegründet wurde.[208] Nach den grausamen Erfahrungen und großen personalen Verlusten des Ersten Weltkriegs erwachte in den Veteranen die Idee, das Andenken an die gefallenen und vermissten Kameraden wach zu halten und dem Gedanken des Friedens Raum zu geben. Als ersten Vorstand wählten die Anwesenden Joseph Mäusle. Alle, die Soldaten waren, erinnerten sich, dass sie vor der Fahne vereidigt wurden und jedes Regiment eine eigene Fahne hat. Ein guter Grund, auch für den jungen Verein eine Fahne zu beschaffen. Schon am 27. Mai 1923 war das Fest der Fahnenweihe. Fahnenbraut war Mathilde Kupfer. Zum ersten Fahnenjunker wurde Joseph Wagner bestellt. Ihm standen Karl Endres und Lorenz Mäusle als Fahnenbegleiter zur Seite. Das Bild vom Tag der Fahnenweihe liegt der Vereinschronik bei und ist auch im Pfarrhof zu sehen. Eine beiliegende Liste hilft die Personen auf dem Bild zu erkennen.

Im Zweiten Weltkrieg (1939–1945) kam die Vereinsarbeit wie bei allen Vereinen durch die Gleichschaltung zum Erliegen. Die Erinnerung an den früher bestehenden Verein lebte jedoch fort. So kamen 32 ehemalige Soldaten am 29. Oktober 1950 zusammen und ließen den Verein neu aufleben. Die Wahlen für die Vorstandschaft bestimmten Stefan Kupfer als ersten Vorstand. Sein Stellvertreter wurde Franz Jehle. Zum Kassierer wurde Otto Mayer bestellt. Ihn löste vier Jahre später Franz Schwarz ab. Die Fahne übernahm und verwahrte Josef Schmid.

Bald vermehrte sich die Zahl der Mitglieder, so dass sich vier Jahre später 61 Männer zum Krieger- und Soldatenverein zählten. Regelmäßig fanden sich die Mitglieder zu Vereinsversammlungen zusammen. Am 5. März 1972 legte Stefan Kupfer aus gesundheitlichen Gründen sein Amt nieder. Als neuer erster Vorstand ging Franz Schwarz aus der Wahl hervor. Als sein Stellvertreter wurde Leo Mayer gewählt und Anton Berger übernahm die Vereinskasse und war auch Schriftführer.

Die Vereinsfahne von 1923 brauchte nach 58 Jahren eine Schönheitskur. 1981 wurde nach der Reparatur die Segnung am 15. August erneuert. Am Festtag kamen viele zusammen, um beim Gottesdienst mit Fahnensegnung an der Maria Königin Bild-Kapelle dabei zu sein. Zur gesellschaftlichen Feier waren alle eingeladen, auf dem Hof der Gastwirtschaft Jehle mitzufeiern. Dabei erinnere ich an die beiden Ebersbacher Festteilnehmer Josef Linzer und Anton Dirr, die auf der Heimfahrt tödlich verunglückten.

Bei der Generalversammlung 1981 stellte Anton Berger aus Altersgründen seine Ämter zur Verfügung. Sein Nachfolger als Schriftführer und Kassierer wurde Karl Janosch. Er machte sich daran, in vorbildlicher Manier eine

---

208 Chronik des Krieger- und Soldatenvereins; als Quellenmaterial stand die Vereinschronik zur Verfügung sowie die Auskunft des Vorsitzenden Claus-Peter Dezort.

Chronik anzulegen. Doch bereits ein Jahr später, am 28. Dezember 1982 fand er in Stefan Schwarz einen Nachfolger.
Die Generalversammlung am 27. Dezember 1984 war mit Neuwahlen verbunden. Zum ersten Vorstand wurde Ulrich Schmid II. gewählt. Sein Stellvertreter wurde Manfred Schilling. Kassier und Schriftführer blieb Stefan Schwarz. In dieser Versammlung wurde auch der Fahnenträger mit Franz Schuster neu bestimmt. Fahnenbegleiter blieben Josef Spengler und Leo Mayer. Im Jahr 1992, die Sitzung fand am 22. März statt, übernahm Ludwig Haugg das Amt des ersten Vorstands. Zu einem weiteren Fahnenbegleiter wurde Hans Kupfer bestellt. 1993 gab sich der Verein eine Satzung. 1996 kam Georg Mayer zur Runde der Fahnenbegleiter dazu.
Die 75-Jahr Feier beging der Verein beim Weiherfest am 6. Juli 1997. In der Versammlung ein Jahr später war ein neuer Fahnenbegleiter zu bestimmen. Fortan begleitete Michael Kienle an Stelle von Georg Mayer die Fahne.
In der Versammlung vom 25. März 2002 übernahm Anton Kienle die Fahnenbegleitung von Michael Kienle.
Bei der Gefallenenehrung, die seit 50 Jahren der Männerchor jeweils mit dem Lied »Der gute Kamerad« abgeschlossen hatte, wurde 2005 zum letzten Mal dieses Lied chorisch intoniert. Seitdem übernimmt eine Bläsergruppe der Handschuhmacherkapelle diese Aufgabe.
In der Mitgliederversammlung am 9. April 2006 übernahm Ulrich Schmid III. jun. Kasse und Schriftführung von Stefan Schwarz. Am 28. Februar 2010 verstarb der Vorstand Ludwig Haugg an einem Krebsleiden. Bei der Mitgliederversammlung am 18. April wurde Manfred Schilling erster Vorstand. Ihm zur Seite stand Hubert Rosenfelder als zweiter Vorstand. Am 20. März 2011 wurde eine neue Satzung verabschiedet, welche die erste Satzung von 1993 ablöste. 2016 verstarb der letzte Kriegsteilnehmer aus Limbach, Ehrenmitglied Leo Mayer.
Einen kulturellen Akzent setzte der Verein mit der Erneuerung des »Schulkreuzes«, das am früheren Schulweg der Anhauser steht. Dieses Kreuz hatte Josef Spengler lange Zeit gepflegt. 2018 war wieder ein Wahltermin. Die bisherigen Vorstände Manfred Schilling und Hubert Rosenfelder traten nicht mehr zur Wahl an. Mit großer Mehrheit wurden Claus-Peter Dezort zum ersten Vorsitzenden und Franz Schuster als sein Stellvertreter gewählt. Ulrich Schmid jun. blieb Kassier und Schriftführer. Die Fahnenabordnung besteht aus dem Fähnrich Hans Kupfer und den Fahnenbegleitern Anton Kienle und Gerhard Haugg.

Die Liste der Ehrenmitglieder des Krieger- und Soldatenvereins Limbach:
1977 Karl Endres, Wilhelm Spitz
1979 Franz Jehle, Stefan Kupfer, Georg Walz
1980 Josef Riesemann, Josef Müller, Josef Lorenz, Johann Schilling, Karl Lenzer, Anton Berger
1986 Bartholomäus Rosenfelder
1989 Franz Schwarz, Ehrenvorstand

1990 Josef Spengler
1992 Karl Janosch
1993 Karl Baumann, Johann Kiehbacher
1995 Josef Schmid, Josef Kuhn
1997 Jakob Holder, Franz Schuster, Siegfried Schuster
1998 Leo Mayer
2001 Franz Prawetschek
2002 Oskar Gröger
2005 Helmuth Gröger, Alfons Sommerer
2009 Josef Wagner
2019 Manfred Schilling, Ehrenvorstand

Der Chor

Der Chorgesang hat in Limbach eine lange Tradition. Vielleicht ist schon Karl Kempter damit in Berührung gekommen. Denn von ihm wissen wir, dass er verschiedene Werke in seinem Schaffen einfach gehalten hat, dass auch kleinere Landchöre zu den Kirchenfesten ihren musikalischen Beitrag leisten konnten. So bestand ein gemischter Chor unter Lehrer Gerber (1922–1932). Der Chor hat sein Wirken wieder eingestellt, als Lehrer Gerber seinen Schuldienst in Limbach beendete. Einen neuen Anfang hat 1953 Karl Janosch unternommen, als er Leiter der Volksschule Limbach wurde. Er sammelte um sich

87 Der Limbacher Chor bei einem Auftritt am 13. Juni 1954

eine Schar von Sängern und gründete den Männerchor. Von einem gemischten Chor hat Pfarrer Joseph Völk nach einer mündlichen Überlieferung abgeraten: »Herr Lehrer, mit de Fraua dau gibt's bloß Schwierigkeiten.«
Chorleiter war Karl Janosch, Kassenwart Johann Schilling. 1958 löste diesen Franz Prawetschek ab. Als 1978 Frauen hinzukamen und zum gemischten Chor erweitert wurde, sangen im Sopran: Marianne Gröger, Gerlinde Janosch, Irmgard Mäusle, Christine Rosenfelder, Gisela Schilling, Maria Schwarz. Den Alt bildeten: Ingrid Hindelang, Theresia Janosch, Waltraud Schilling, Berta Schmid, Ottilie Schuster, Irmgard Schwarz und Mathilde Wagner jun.
Im Jahr 1988 ging der langjährige Chorleiter Karl Janosch in den Ruhestand und übergab die Leitung des Chores an seinen Sohn Karl Stephan Janosch. Mit dieser Übergabe wählte der Chor eine Vorstandschaft. Dazu gehörten Erhard Hindelang als Vorstand, Karl Stephan Janosch als Chorleiter, Erwin Hindelang als Kassier, Irmgard Mäusle als Schriftführerin und Gerlinde Janosch als Einkäuferin. Am 20. November 1992 gab sich die Chorgemeinschaft eine Satzung. Als Verein der Stadt Burgau erhielt er von da an einen jährlichen kleinen Zuschuss. Bei der ersten Wahl nach der neuen Satzung wurde die bestehende Vorstandschaft bestätigt. Sie führte den Chor bis 2007. Als der Chor am 7. Juni 2007, dem Fronleichnamsfest, den Gesang einstellte, waren noch zwei Gründungsmitglieder dabei.
Nachdem der Chorleiter seinen Dienst aufgegeben hatte, ließ die Chorgemeinschaft den Gesang ruhen. Der Verein spendete aus seinem Vermögen das »Elendsherrgöttle« und lässt in einer jährlichen Messintention der Toten gedenken. Zum Gedenken eines neu verstorbenen Mitglieds dankt die Chorgemeinschaft mit drei Messintentionen, aufgeteilt auf drei Jahre. Als ihre Aufgabe sah die Sängergemeinschaft die Mitgestaltung weltlicher und religiöser Feiern. Zum Jahresprogramm gehörte auch, die Erinnerung an Karl Kempter wach zu halten und zu pflegen, indem immer wieder kleinere Werke von Kempter gesungen wurden.

Die Seniorengemeinschaft

Aus einer Initiative des Pfarrgemeinderates entstand Anfang der 1980er Jahre die Seniorengemeinschaft, die alle zu ihren Mitgliedern zählt, die das 60. Lebensjahr vollendet haben. Das Pfarrhaus stand nach dem Auszug der Familie Melcher seit 1978 leer. Es bot sich an, im Pfarrhof einen Versammlungsraum zu schaffen. In Eigenarbeit entfernte man die Wand zwischen Wohnzimmer und Küche. Ein Stahlträger übernahm die Stützfunktion dieser entfernten Wand. Ein schöner großer Raum war das Ergebnis. Hier traf sich der Chor regelmäßig, hier war aber auch Platz für Treffen der Senioren, zu denen der Pfarrgemeinderat einlud. Als dann die Verantwortlichen, die die Veranstaltungen organisierten, nicht mehr im Pfarrgemeinderat waren, setzten sie ihre Arbeit trotzdem fort, und luden die Senioren ein. Die Verantwortung für die Fortführung der Arbeit übernahm Rektor Karl Janosch. Ihn unterstützten seine Frau Therese, Frau Christine Rosenfelder und Frau Maria Hindelang. Nach seinem Tod 2009 wurde die Arbeit von den beiden Helferinnen weitergeführt. Um eine Basis für die künftige Arbeit zu haben, gab sich die Gemeinschaft der Senioren am 6. Dezember 2015 eine Vereinssatzung und firmiert jetzt als »Seniorengemeinschaft Limbach«. Von Anfang an unterstützte die Stadt Burgau die Seniorenrbeit mit einem jährlich zu beantragenden Zuschuss.

Den Vorstand der Seniorengemeinschaft bilden: Maria Hindelang, Vorständin; Christine Rosenfelder, Schriftführerin; Gisela Schilling; Hedwig Sprenger; Erhard Hindelang, Kassierer.

Neu in den Vorstand kam 2017 nach dem Ausscheiden von Hedwig Sprenger Waltraud Schilling.

Volkskunde

Sagen und Erzählungen

Die Sage vom versunkenen Schloss

Westlich von Limbach, wo wir heute nur noch Reste von einst mächtigen Grabhügeln ausmachen können, bestand auch eine Viereckschanze (siehe oben mit Abb. 2, 3). Um 1830 beschreibt Johann Nepomuk Raiser den Wall der Viereckschanze mit 600 Fuß Umfang noch 12 bis 13 Fuß hoch. Der größte Grabhügel wird mit 100 Fuß Umfang und 15 Fuß Höhe angegeben (Umrechnung 3 Fuß ergeben 1 m).

Wall und Graben waren bekannt als Schlossgraben. Damit war die Sage verknüpft, dass an dieser Stelle einmal ein Schloss gestanden hätte. In diesem Schloss herrschte ein »reicher, mächtiger, aber ruchloser Ritter, der zur Strafe für seine Übeltaten mitsamt dem Schloss und seinen geraubten Schätzen eines Tages in die Erde versank«[209]. Lebendig blieb die Erinnerung an geheimnisvolle Schätze, die hier in der Erde schlummern.

Diese Sage veranlasste vor mehr als einem Menschenalter zwei Limbacher, diesen sagenhaften Schatz zu heben nach dem Spruch: »Wenn's Glück will, Geit der Bock d'Mill, Hasch da Unsteara, Geit's Goiß it geara! So wanderten unsere zwei Schatzgräber, nachdem sie sich nochmals gegenseitig peinlichst eingeschärft hatten, ja kein Sterbenswörtchen zu reden, eh der Schatz gehoben wäre, in sternenheller Nacht den Buschelweg hinaus zum versunkenen Schloss und Schatz. Die aussichtsreichste Stelle zum Graben ist bald gefunden und nun bohren sich in einem schweißtreibenden Tempo die Beiden hinunter in die Tiefe. Es hat aber auch Eile, denn bis Schlag Mitternacht muss der Schatz gehoben sein, sonst haben sie umsonst die Nacht geopfert. Fast will ihnen der Mut entsinken, es geht schon weit in die 12. Stunde und immer noch Lehm, nichts als Lehm. Da auf einmal fährt der Spaten auf etwas Hartes, noch einmal, es klingt wie Eisen und wirklich, eine schwere, eiserne Truhe kommt zum Vorschein. Was kann sie anderes enthalten, als des reichen Schlossherrn sorgsam gehüteten Schatz? In fieberhafter Eile wird die Truhe freigelegt. Endlich ist's geschafft, sie können die Kiste heben. Schon greifen sie darnach, da entfährt dem Einen vor lauter Seligkeit das Wort: ›So jetzt hätt' mr's‹ und im selben Augenblick fährt die Kiste in die Tiefe und ihre Hände griffen in Lehm. Auf Nimmerwiedersehen war der Schatz verschwunden, weil der Eine den Schnabel nicht halten konnte.«[210]

88 Blick von der Ebersbacher Straße Richtung Pfarrkirche, Sommer 2023

---

209 Ganzenmüller, Sagen und Geschichten, S. 33.
210 Völk, Ein versunkenes Schloss, in: Schwäbische Heimat 1926, Nr. 14.

Noch ein Wort zum Buschelweg: Ursprünglich ist dieser Weg schon 1578 ganz offiziell im Gülte- und Zinsbuch des Klosters Wettenhausen als Burgstallweg verzeichnet. Als abgeschliffene Form blieb im Volksmund dann der Buschelweg übrig.[211]

Das Hexenstühlchen

»Zweihundert Jahre wüteten die Hexenverfolgungen mit Folter und Feuertod. Erst das 18. Jahrhundert verbot Hexengerichte und brandmarkte den Hexenglauben als bösen Argwohn und schlimmen Aberglauben. Der Hexenname lebte weiter: An den Birken wuchsen die Hexenbesen, die Stinkmorchel im Walde hieß Hexenei, der Bärlapp trug in seinen Sporen das Hexenmehl, Pilze wuchsen im Hexenring und auf dem Acker schmarotzte der Hexenzwirn an der Leinpflanze. Der Hexenschuss beugt kraftstrotzende Menschen. Aber nicht nur der Hexenname lebte weiter. Im geheimen glomm auch die Furcht vor den Hexen und ganz im Verborgenen hält sich der Hexenglaube noch immer. In Burtenbach klagte kurz vor dem Ersten Weltkrieg der Pfarrherr, dass einige seiner Pfarrangehörigen an Hexen glaubten wie ans Evangelium.
In Limbach und Anhausen gab's Hexen ein Menschenalter vorher. Man konnte sie erkennen. Die Alten flüsterten es den Jungen, und die wieder weiter. Man muss einen kleinen Schemel basteln aus neun verschiedenen Hölzern; Deckbrett, jede Zarge und jeden Fuß aus einem anderen Holz, alles geleimt, kein Nagel, keine Klammer, kein Blech, kein Eisen und ›viereckig‹, also quadratisch. Darauf muss während der Christmette ein Mann knien, dann sieht er während der Heiligen Wandlung die Hexen. Bis zum letzten Segen muss er aber im Hause sein und der Schemel im Ofenfeuer brennen, sonst bekommen die Hexen Gewalt über den Frivolen.
Einer aus Anhausen bastelte sich in aller Heimlichkeit den Schemel und kniete sich, wie ihm geraten, darauf. Während der Heiligen Wandlung streckten ihm alle Hexen im Dorf mit verdrehten Köpfen die Gesichter zu. Aber nachher redete er über sein Wissen, und bald redeten noch mehr darüber. Das letzte Wort sprach der königlich bayerische Landrichter in Burgau. Der steckte den Siebengescheiten wegen übler Nachrede ins Gefängnis.«[212]

Die Übersetzung des Königin-Bildes nach Burgau

Unter Kaiser Joseph II. wurde die Wallfahrtskirche zum königlichen Bild, zu der die Menschen zahlreich wallfahrten, geschlossen. Das Benefizium wurde in die noch junge Pfarrei Burgau verlegt. Da dies gegen den Willen der Ortsherrschaft, dem Kloster Wettenhausen, und der Limbacher Bevölkerung geschah, entstanden bald Gerüchte. »Als man das Bild abnehmen wollte, füllte sich die Kirche mit Gläubigen, die bis Mitternacht laut beteten. Am ande-

211 GLENK, HONB Günzburg, 208; StAA Reichsstift Wettenhausen Lit. 8, fol. 98.
212 GANZENMÜLLER, Sagen und Geschichten, S. 34.

ren Morgen blieb die Kirche verschlossen. Die Limbacher erzählten darüber weiter: Ein Limbacher Bauer, der nach Burgau zur Schranne fuhr, sollte das abgenommene Bild mitnehmen. Aber am Eichberg brach ihm ein Wagenrad. Das Bild wurde auf einen nachfolgenden Wagen umgeladen. Jetzt scheuten die Pferde aus einem nicht erklärbaren Grunde. Ein Pferd stürzte, wurde eine Strecke auf der Straße geschleift und blieb mit gebrochenem Fuß liegen. ›Geht das mit rechten Dingen zu? Ist das nicht ein deutlicher Fingerzeig Gottes!‹ So sagten die Limbacher, und das Königin Bild blieb in Limbach und konnte nur in einer feierlichen Prozession nach Burgau übergeführt werden. Eine unübersehbare Schar von Pilgern, voraus eine Musikkapelle mit 24 Trompetern, die Bürgerwehren von Günzburg und Burgau säumten die Straße.«[213]

Die Elendheiligen

Der Elendherrgott aus dem Jahr 1753 kam der Überlieferung nach aus seinem Standort in einer hohlen alten Eiche im Elend (Grenzland zur Harthauser Flur) in die Kreuzkapelle in Reisensburg. Pfarrer Völk schreibt darüber: »In diesem Elend am Harthauser Sträßchen stand vor ca. 200 Jahren eine mächtige Eiche, in deren hohlem Stamm ein Herrgottsruh-Holzfigürchen aufgestellt war, das im Volksmund ›das Elendherrgöttle‹ hieß. Wohlgeschützt vor Wind und Wetter ruhte es dort über 100 Jahre. Mitte des vorigen Jahrhunderts jedoch musste die Eiche entfernt und für das Figürchen ein anderer Platz gesucht werden. Merkwürdigerweise kam es wieder auf ein Elendfleckchen. In der Kreuzkapelle auf dem Kalvarienberg in Reisensburg fand es ausgerechnet neben den 3 Elendheiligen Archäus, Herenäus und Quartanus Aufstellung.«[214]
Diese drei Heiligen – genannt die Marzeller – wurden früher viel verehrt. Besonders Mütter kranker Kinder wandten sich an sie. Dabei vermischten sich fromme Sitte und Aberglaube. Man brachte drei gleich lange und sonst auch gleiche Kerzen, zündete sie an und steckte sie vor den Bildern dieser Heiligen auf. So wollte man den Ausgang der Krankheit erfahren. Brannte als erste die vor Archäus aufgestellte Kerze herab, dann »grautet« das Kind. Archäus führt darum den Beinamen »Grauter«. Erlosch jedoch das Kerzchen vor Herenäus zuerst, dann stirbt das Kind. Er wird nämlich als der »Sterber« bezeichnet. Hat sich das Kerzlein vor Quartanus als erstes verzehrt, dann bleibt das Kind schwächlich und siech. Quartanus ist nämlich der »Zöhrer«. Natürlich gehört die Vorhersage in den Bereich des Aberglaubens, auch wenn dabei gebetet wurde (drei Vaterunser mit Ave Maria und Salve Regina). Auch ein Geldopfer gehörte dazu. Aber auch hier zeigt sich wieder der Aberglaube. Es musste eine ungerade Zahl sein, etwa nicht 20 Pfg. sondern 19 oder 21 Pfg.

---

213 Ganzenmüller, Sagen und Geschichten, S. 34; Schulz, Maria Königin Bild, S. 46 f. – Eine andere Version zu diesem Geschehen ist oben festgehalten im Abschnitt: Die Wallfahrt Maria Königin Bild – Das Ende der Wallfahrt.

214 Völk, Der Elendherrgott von Limbach, in: Schwäbischer Heimatbote, 1930, Ausgabe 12.

Alte Bräuche und ihre Ursprünge

Die Einwohner des Alpenvorlandes waren in der Zeit seit etwa 600 v. Chr. die Kelten. Sie hatten eine kulturell hochstehende Gemeinschaft aufgebaut mit Städten, Straßennetz, Sprache, Festen und Gebräuchen. Mit dem Einfall der Römer 15 v. Chr. im Bodenseeraum endete der zivilisatorische Ausbau abrupt. Da die Bevölkerung aber nach wie vor ansässig war, endeten weder die Weitergabe der Sprache noch der Glaube und die Gebräuche. Diese wurden vielmehr in die römischen und dann alamannischen Sitten, oft abgewandelt, integriert und fanden auch neu gedeutet in den christlichen Glauben hinein. Damit kam man den klugen Anweisungen, die Papst Gregor der Große im Jahr 601 zur Bekehrung der Angelsachsen gab, nach: »Den rohen Gemütern auf einmal alles abzuschneiden, ist ohne Zweifel unmöglich, [...]. Man soll die Götzenkirchen bei jedem Volk nicht zerstören, sondern nur die Götzenbilder darin vernichten. Man gebrauche Weihwasser und besprenge damit die Tempel, man errichte Altäre und lege Reliquien hinein, damit das Volk, wenn es seine Kirche nicht zerstört sieht, sich um so lieber an den Stätten versammle, an die es gewöhnt ist. Und weil die Angelsachsen bei ihren Götzenopfern viele Tiere zu schlachten pflegen, so muß auch diese Sitte zu einer christlichen Feierlichkeit für sie umgewandelt werden. Sie sollen sich am Tage der Kirchweih oder dem Gedächtnistag der heiligen Märtyrer [...] aus Baumzweigen Hütten um die ehemalige Götzenkirche machen [...], sie sollen zum Lobe Gottes die Tiere zum Essen schlachten und dem Geber aller guten Gaben für ihre Sättigung danken; denn wenn ihnen äußerliche Freuden bleiben, werden sie um so geneigter zu den innerlichen Freuden werden.« Aus Götzenopferfeiern wurden so Patroziniums- und Kirchweihfeste.[215] Kirchweih ist seit dem Jahr 1866 auf den dritten Sonntag im Oktober verlegt und damit dem eigentlichen, individuellen Fest der Glanz genommen worden. Es wird aber nach wie vor mit großem Geläut um 12 Uhr mittags am Vortag und dem Aushängen des »Zachäus«, einer rot-weißen Fahne, für eine Woche am Turm zelebriert.

Der Sonnengott Lug war der Hauptgott der Kelten. Er trat im Laufe der Zeit immer mehr in den Hintergrund und machte einer Göttertrias Platz in den Gottheiten Taranis (Donnergott), Teutates (Stammesgott oder Gott des Handels und Wohlstands) und Hesus (Kriegsgott). Das Gebaren des Donnergottes Taranis übernahm die Gestalt des Petrus als Hüter der Schlüssel des Himmels. Er trat an dessen Stelle. Petrus, so sagt man oft noch heute, kegelt, wenn es donnert. Er ist auch im Sprachgebrauch für das Wetter zuständig, wenn nicht gleich ein Wettergott bemüht wird. Die christliche Lehre von der Dreifaltigkeit Gottes hat längst diese Göttertrias verdrängt oder ersetzt.

Die Kelten kannten auch eine Dreiheit von Muttergottheiten, die sitzend auf einer Bank mit Früchten, Tieren und einem Kind im Schoß dargestellt wurden. Diese Gottheiten waren für die Fruchtbarkeit zuständig, welche die keltischen Bauern immer wieder erbaten. Die Muttergottheiten wurden durch die eine Gottesmutter Maria ersetzt. Sie wird sehr häufig mit dem Jesuskind

---

215 Weitnauer, Keltisches Erbe, S. 88.

im Arm dargestellt. Ihr zur Seite haben sich im Volksglauben die heiligen drei Madl eingefunden. Der Volksmund reimte über sie: »Barbara mit dem Turm, Margarethe mit dem Wurm, Katharina mit dem Radl, das sind die heiligen drei Madl.«
Das meist dargestellte Tier der Muttergottheiten war der Hase, der in die christliche Welt als Osterhase Einzug fand. Überlebt haben die keltischen und dann alamannischen Götter in den Gestalten der Wichtel und Zwerge (Goggolores). Sie wurden verniedlicht, um dem christlichen Glauben Platz zu schaffen.
Die Verehrung und dann die Personifizierung der Elemente und der Gestirne in Gottheiten waren für die Kelten von großer Bedeutung. So leben die Götternamen in den Namen einiger Wochentage fort wie Sonntag (als Hinweis auf den Sonnengott Lug), Mon(d)tag, Dienstag (Gott Ziu = höchster Gott im schwäbischen Raum um Augsburg), Donnerstag (als Hinweis auf Taranis, den Donnergott). Diese Heroen- bzw. Götterverehrung wurde in der christlichen Welt durch die Heiligenverehrung ersetzt. Die Heiligen wurden als die Heroen in kostbaren Schreinen in den Kirchen zur Schau gestellt und werden bis heute verehrt. Oft sind es nur kleine Reliquien, die in Reliquiaren gezeigt werden. Allgemein bekannt ist das Kreuzreliquiar, mit dem der Wettersegen gespendet wird. Ihnen wird nach alter Sitte eine besondere Wirkung nachgesagt.
Das Fest Allerheiligen, an dem der Vorfahren und Ahnen gedacht wird, hat seinen Ursprung im keltischen Festkreis (dort bekannt als Samhain, der letzte Tag des Jahres [31. Oktober]). Es war dort das Fest des Jahresendes bzw. -beginns, an dem die Ahnen aus der jenseitigen Welt in die diesseitige Welt kommen konnten. Jetzt ist dieser Gedanke wieder aufgelebt in den schaurigen Gestalten von Halloween. Dazu gehört auch der Brauch, Rüben auszuhöhlen und ein Licht hineinzustellen, um den Geistern der Toten den Weg zu zeigen oder sie zu erschrecken, dass sie keinen Schaden anrichten. Der tiefere Sinn ging verloren, aber der Brauch wird nach wie vor gepflegt.
Eines dieser alten Feste, die mit neuem Inhalt erfüllt wurden, war das Julfest, das mit Pferdewettspielen begangen wurde. Besonders der Schimmel war den Kelten und Germanen heilig. Das Julfest, das am 26. Dezember begann, wurde abgelöst vom Weihnachtsfest (25. Dezember) und dem Heiligen des Tages, St. Stephanus, der zum ältesten Pferdepatron wurde. So fand etwa der heilige Korbinian schon im Jahre 717 auf dem Berg »Weihenstephan« eine dem heiligen Stephan geweihte Kirche vor. Auch in einem alten niederdeutschen Zauberspruch des 10. Jahrhunderts ist St. Stephan als Pferdepatron bezeugt. Stephanusumritte werden heute kaum noch durchgeführt. Bis nach dem Zweiten Weltkrieg gab es bei uns noch am Stephanstag Pferde- und Hafersegnung. Der Umritt, der an diesem Tag gehalten wurde, ist in der Folge des Mangels an Pferden und durch den Fortschritt der Technik, die immer mehr Traktoren zum Einsatz brachte, untergegangen. Stephanus wird neben Maria und Peter und Paul zu den ältesten Patrozinien überhaupt gezählt, da die erste Christianisierungswelle mit den Franken zu den Alamannen kam und iro-schottische

Mönche den Glauben verbreiteten. Stephanus wird neben dem hl. Martin als einer der ältesten frühmittelalterlichen Kirchenpatrone angesehen.
Das Schwein war für die Kelten ebenfalls ein heiliges Tier. Es war ein Glückssymbol, denn wenn man das Schwein aß, gingen seine Kräfte auf den Essenden über. Letzte Überbleibsel dieses Glaubens sind ein festlicher Schweinebraten an Weihnachten oder das Marzipanschwein, das zu Silvester und Neujahr verschenkt wird.
Die jungen Männer, auch in Limbach, ließen es sich bis heute nicht nehmen, den alten Brauch des Scheibenfeuers am ersten Fastensonntag weiterzutragen. Es soll sinnbildlich für das Vertreiben des Winters stehen, um dem Frühling und der warmen Jahreszeit den Weg zu bereiten. Das Funkenfeuer war ursprünglich ein Brandopfer, bei dem anfangs sicher Menschen, dann aber Tiere geopfert wurden, um die Fruchtbarkeit der Felder zu erbitten. Noch heute wird vielerorts eine menschliche Gestalt (»d'Hex«) im Reisighaufen aufgestellt und Scheiben geschlagen. Das Scheibenschlagen war eine Verehrung des Sonnen- und Gewittergottes Taranis. Die Scheiben sollten Sonnenräder symbolisieren, welche die Saat durch das Licht wecken. Manchmal steckte auch der Gedanke an Nachwuchs dahinter, wenn die Scheibe einer jungen Frau geschlagen wurde. Auch die Funkenküchlein oder Funkenringe gehören zum Scheibenfeuer, sie stellen das »Opfermahl« dar. Durch das Abgeben des Christbaumes oder einer anderweitigen Holzspende leistet jeder einen Beitrag für diese »Opferzeremonie«. Verbunden waren mit dem Feuer auch Weissagungen: »Der Zug des Feuers zeigt die Richtung an, aus der im Sommer die Wetter kommen werden. In der Richtung in der die Hexe fällt, sollen im kommenden Jahr die Gewitter ihren Zug nehmen, aber nicht schlagen.«[216] Die »Hexe« war sozusagen eine Opfergabe, um Gewitter abzuhalten. Sie musste aber fallen, sonst war der Weissagungscharakter nicht gegeben.
Das keltische Fest Beltane wurde am 1. Mai gefeiert als Fruchtbarkeitsfest mit erstem Grün. Verwendet werden Birkenzweige und junge Bäume (Phallussymbole). Noch heute wird jedes Jahr der Maibaum aufgestellt. Im Mai finden auch die Bittgänge und Flurumgänge statt. Heute noch werden dazu anstatt der Götzenbilder Reliquien oder Kreuzpartikel zur Feldersegnung mitgetragen.
Weitere keltische Feste, die in den christlichen Kalender Einzug gefunden haben, sind Imbolc (gefeiert am 1./2. Februar) als Reinigungsfest oder Lichterfest. Es wurden an diesem Tag Kerzen angezündet und der kommende Frühling angekündigt. Noch heute werden Kerzen gesegnet, die ein Zeichen sind für Jesus, das Licht der Welt, der im Tempel dargestellt wurde. Ostara (=Ostern) wurde am Tag der Tag- und Nachtgleiche im Frühling gefeiert. Es war ein Fruchtbarkeitfest. Der Hase war Attribut der Göttin. Mit dem Hasen verbinden sich die Eier als Zeichen der Fruchtbarkeit und des neuen Lebens. Wir

89 Zum Austreiben des Winters wird in Limbach bis heute »d'Hex« verbrannt

216 Weitnauer, Keltisches Erbe, S. 63.

90 Der Maibaum wird pünktlich zum 1. Mai aufgestellt. Er ist geziert mit einem Spruch des Krumbacher Heimatdichters Martin Egg (1915–2007).

feiern Ostern und verkünden Christus den Auferstandenen. Bis zum Zweiten Vatikanischen Konzil wurde das Osterfeuer bereits am Vormittag angezündet und die Ministranten schwenkten auf der Friedhofsmauer die Scheite. Heute werden die Feuer vor der Liturgie der Osternacht entzündet. Litha wurde zur Sommersonnenwende gefeiert. Dies ist vergleichbar mit den heute vielerorts angezündeten Johannisfeuern. Am Fest Lugnasad (1. August) wurden die ersten Ähren als Ernteopfer dargebracht. Heute noch werden am 15. August die Käuterbuschen in der Kirche gesegnet. Ein Teil davon soll bei starken Unwettern ins Feuer geworfen werden, um die Häuser vor Blitz und Hagelschlag zu schützen. Marbon war das Fest zur Herbst-Tag- und Nachtgleiche und ein Erntefest. Auch heute feiern wir noch Erntedank oder die Sichelhenke, die mit der heiligen Magd Notburga von Rattenberg zusammenhängt.
Bevorzugte Zeit war für die Kelten die Nacht, die als heilig oder magisch galt. Dies hat sich erhalten in der Weihnacht (heute noch verbreitet der Glaube, dass Tiere in dieser Nacht reden können), der Fastnacht (eigentlich als letzte Nacht mit Ausschweifungen vor der Fastenzeit), der Mainacht (ursprünglich wohl gedacht, dass die Ahnen die jungen Leute in dieser Nacht besonders mit Fruchtbarkeit segnen). Auch der Klausenabend am 5. Dezember wurde mit Vermummung und Lärm begangen. Die Klausen waren ebenfalls Wachstumsdämonen,

91 Beim Flurumgang an Christi Himmelfahrt, 40 Tage nach Ostern, wird der Kreuzpartikel um die Felder getragen.

welche die Erde mit ihren Ruten schlugen, um die Fruchtbarkeit zu wecken. Sie brachten Äpfel und Nüsse und erhielten dafür Most, Wein, Käse und Brot.
»Bei aller Hinneigung zu den Freuden, Annehmlichkeiten und Genüssen des Lebens war das Denken der Kelten dem Tode zugewandt. Sie haben aus der Metaphysik des Todes geradezu einen Kult gemacht. Der Tod war für sie nichts Schreckliches; sie hielten ihn nur für eine vorübergehende Ortsveränderung, wobei nach ihrer Überzeugung das diesseitige Leben am jenseitigen Ort sich fortsetzte. Die Kelten glaubten an die Unsterblichkeit der Seele, sie glaubten auch an deren Wiederkehr aus dem Jenseits, und zwar in neuer Gestalt. Die Welt der Lebendigen dachte man sich vom Jenseits durch ein großes Wasser getrennt.«[217]
Dem Wasser (Quellen, Seen, Flüsse etc.) kam eine große, magische Bedeutung zu. Flüsse wurden personifiziert. Deren Namen sind uns heute noch bekannt wie in den Flussnamen Iller, Lech, Günz, Mindel, Kammlach, Schmutter, Brenz, Glött, Kötz, Main, Donau, und Rhein. Außerdem wurden Bäume und große Steine verehrt.

217 Weitnauer, Keltisches Erbe, S. 33.

Wie diese oben beschriebenen Bräuche und Feste hat auch manche religiöse Tradition (Kreuze an Weggabelungen, Heiligenfiguren auf Brunnen, der Flurumgang, Kerzen anzünden bei Gewitter, Wetterläuten, ein Heiligtum auf einem Berg oder bei einer Quelle, Gnadenbilder in Bäumen, der Leichenschmaus etc.) ihre Wurzel im heidnischen Brauchtum der Kelten. Das Elendherrgöttle, das ursprünglich in einer hohlen Eiche aufgestellt war, das Abgeben von Gliedmaßen, die geheilt wurden, und Votivtafeln in der Wallfahrtskirche Maria Königin Bild, die Martinsmännlein (Abbildungen von Göttern, nun in Form eines Heiligen), die Beigabe oder Gaben des hl. Nikolaus (alte Fruchtbarkeitssymbole; Rute, Nüsse, Lebkuchen). Mancherorts wird noch die Märtesnacht gefeiert oder es kommt der Nussmärtel. Dieser bringt Äpfel und Nüsse mit, vergleichbar mit dem hl. Nikolaus.
Am 12. Januar 1932 hatte das Bischöfliche Ordinariat Augsburg ein Schreiben an die Pfarrer herausgegeben, in dem diese aufgefordert wurden, »daß jeder Pfarrer in seiner Gemeinde 1. Die noch bestehenden, 2. die bereits erloschenen und nicht mehr geübten religiösen Bräuche sammeln soll.«[218] Pfarrer Völk hatte sich an diese Aufgabe gemacht. So kommen zu den bereits vorher aufgezählten Bräuchen noch die folgenden:
Der Klopferstag wurde immer am Donnerstag nach dem ersten Adventssonntag begangen. Ursprünglich verkleideten sich die Beteiligten und machten Lärm, um die Fruchtbarkeitsgeister zu wecken. Es wurde mit Erbsen geworfen, mit Ruten auf den Boden geschlagen und Tänze und Sprünge vollführt. Erst viel später waren am Klopferstag nur noch Kinder beteiligt.
Sprüche, die heute noch (teilweise etwas verändert) in Gebrauch sind, waren:

Hoila, hoila, klopf i an,
Was man gibt, dös nimm I an.
Äpfele, Biara, Nuss,
d'Klopfer standet duss.

oder

I klopf, i klopf an Lada na,
geant mer was i traga ka.
Geant mir's glei beim Kreuzstock raus
dass i komm in a anders Haus.

Die Barbarazweige, die am 4. Dezember geschnitten wurden, benutzte man als Weihnachtszweige. Man behängte sie mit Nüssen und Gebäck, es wurden aber keine Kerzen und Lichter aufgesteckt. Am Dreikönigstag wurde zum Ende der Rauhnächte das Haus ausgeräuchert, um Segen auf und in die Häuser zu bringen.

218 Pfarrarchiv Limbach, Abt. IV, PfV 19: Brauchtum, Sammlung und Beilage.

Fasching war auf die Tage »Gumpiger Donnerstag, Rußiger (Pflaumiger) Freitag, Schmalziger Samstag und Fasnacht« begrenzt, war aber immer Anlass zu ausgelassenem Treiben. Die Palmbrezen werden an die Patenkinder verteilt und Palmzweige werden gesegnet und aufgehängt, um Unglück von Leib und Leben abzuwehren. Am Karfreitag dürfen die Ministranten ihr Rätschgeld und Eier einsammeln.
An Fronleichnam wurden grüne Zweige von den Bäumen am Weg abgerissen und in die Stuben und die Ställe gehängt, um Glück und Segen ins Haus zu bringen. Der St. Gallustag (16. Oktober) war ein Lostag, ab dem übriggebliebenes Obst in den Feldbäumen für jedermann frei aberntbar war. Jedoch mussten immer noch einige Früchte dort verbleiben, um die Fruchtbarkeitsgeister gnädig zu stimmen.

Leben auf dem Bauernhof am Anfang des 20. Jahrhunderts

92 Maria Eisenlauer, geb. Endres, um 1955

Die folgende Schilderung ist niedergeschrieben von Oberlehrer Franz Lang (* 19.7.1880, † 21.5.1968) nach der Erzählung der Altbäuerin Maria Eisenlauer (* 13.8.1869, † 8.3.1961) im Jahre 1960. Oberlehrer Lang lebte in seinem Ruhestand bei seiner Nichte Therese Janosch und hat mit dieser Aufzeichnung Heimatgeschichtsschreibung gefördert.

Ich wurde am 13. August 1869 in Harthausen geboren, wo mein Vater die dortige Herrschaftsbrauerei gepachtet hatte. Zu dieser Zeit war in Limbach der Brauer Bader im Abwirtschaften; die Schuld daran trugen die zerrütteten Familienverhältnisse. Seine Kinder waren zum Teil geistig beschränkt und zum Teil dem Trunke ergeben. Die Folgen konnten nicht ausbleiben, der Besitz geriet in Konkurs. Mein Vater, dessen Wunsch es seit jeher war, ein Eigentum zu erwerben, war Käufer der Brauerei und der gesamten Landwirtschaft. So kamen wir nach Limbach.
Mit 23 Jahren heiratete ich den Bauern Theodor Eisenlauer, der um zwei Jahre älter war als ich. Zu Jakobi 1892 fand unsere Hochzeit statt – und ich war nun Bäuerin auf dem »Bläsbauernhofe«.
Die Schwiegermutter ging ins Ausgedinge, zwei jüngere Brüder meines Mannes arbeiteten noch einige Zeit bei uns als Knechte.
Die Honigwochen der jungen Ehe dauerten nicht lange, bald waren Kummer und Sorge bei uns zu Gaste. Schon im März des darauffolgenden Jahres brannten unser Wohngebäude und die Stallungen ab, die Scheune konnte zum Glück gerettet werden. Der Brand entstand in der Scheuer unseres Nachbars Kupfer, wo ein Knecht während der Arbeit geraucht hatte. Da diese nur durch einen schmalen Gang von unserem Haus getrennt war, wurden wir in Mitleidenschaft gezogen.

Zu allem Unglück erhielten wir von der Brandversicherung nur 1500 Mark! Die Schwiegereltern waren einst aus Sparsamkeit eine viel zu niedrige Versicherung eingegangen, geleitet von dem Gedanken, dass es ja, so lange sie zurückdenken konnten, noch nie im Dorfe gebrannt habe. – Und uns Jungen gingen in der kurzen Zeit unserer Ehe so viele Pläne um Neuanschaffungen im Kopfe herum, dass wir an eine Erhöhung derselben gar nicht dachten. Durch den Aufbau kamen wir in Schulden, die uns bei den schlechten Wirtschaftsverhältnissen der damaligen Zeit lange drückten.
Nun will ich von meiner Arbeit als junger Bäuerin und vom Leben auf unserem Hofe erzählen: Ja, das war damals eine andere Zeit als heute! Die jetzige Jugend würde sich in den damaligen Betrieb nicht mehr hineinschicken wollen. Was nun die Maschinen verrichten, das mussten einst in einer langen täglichen Arbeitszeit unsere Hände schaffen, nur bei der Feldarbeit konnten wir auf die Leistung unserer Zugtiere, der Pferde, rechnen. Deshalb waren damals viel mehr Hände nötig als heutzutage und während der Ernte fanden zur Essenszeit oft die vielen Leute, die in Hof und Feld beschäftigt waren, an unserem langen Tische keinen Platz. Wir hatten als Dienstboten einen ersten und einen zweiten Knecht, eine erste und eine zweite Magd und noch einen Schweizer. Während der Erntezeit mussten stets noch einige Taglöhner helfen.
In den Stallungen waren 14 Kühe, ein Zuchtstier, acht bis neun Jungrinder, sechs Pferde, zwei Fohlen, vier bis fünf Schweine, 40 bis 50 Schafe, etwa 40 Hühner und acht bis zehn Gänse zu versorgen. Der Vollständigkeit halber mag noch erwähnt werden, dass sich am Futterplatz auch noch eine ungezählte Schar von Tauben einfand. Die Stallarbeit war Angelegenheit der Dienstboten. Nach dem Melken der vielen Kühe hatten die Mägde oft keine Empfindung mehr in ihren ermatteten Händen.
Wenn die Sorgen des Bauern in dieser fernen Zeit bei dem schlechten Absatz von Vieh und Erzeugnissen und den dafür erhaltenen Preisen viel größer waren als heute, so hatten diese Jahre doch auch ihr Gutes, man brauchte nicht über einen Mangel an Arbeitskräften zu klagen: An Knechten, Mägden und Taglöhnern war keine Not, sie trugen ihre Dienste selber an und die Stellenvermittlung eines Arbeitsamtes, die heute der Bauer recht oft unverrichteter Weise aufsucht, war nicht notwendig. Not war nur öfter an Geld, um die vielen Leute, die man zur Bewältigung der Arbeit brauchte, zu bezahlen – obwohl die Löhne, verglichen mit heute, äußerst niedrig waren. Ich erinnere mich noch der Zeit, wo eine Magd 60 Mark Jahreslohn und zu Lichtmess zwei Hemden, zwei Schürzen und ein Arbeitskleid erhielt; später kam zu dieser Entlohnung noch ein Paar Schuhe hinzu.
Wir erlebten an unseren Dienstboten stets mehr Freude als Ärger. Sie waren fast durchwegs verlässlich, ehrlich, treu und arbeitswillig und es gab selten größere Auseinandersetzungen mit ihnen. Unter zwei, drei Jahren kündigte keiner den Dienst. Von den Knechten war einer sogar 15 Jahre, ein anderer sieben Jahre in unserem Hause. Die Mägde kündigten früher, da sie zum Heiraten kamen. Auch auf die Taglöhner, die wir zusätzlich während des Sommers

93 Die Milch wurde in Kannen auf dem Fuhrwerk transportiert, um 1918

beschäftigten, konnten wir uns verlassen, sie kamen gern, wenn sie gebraucht wurden.

In den Sommermonaten stand ich um vier Uhr früh auf, im Winter etwas später. Ich heizte ein, kochte das Frühstück und fütterte die Hühner. Die Knechte und Mägde standen gewöhnlich zur gleichen Zeit auf wie ich, in den Erntemonaten waren sie jedoch schon um ½ drei Uhr auf den Beinen. Ihr Tagwerk begann im Stall mit der Fütterung des Viehes; zuerst wurden von den Mägden die Schweine versorgt. Im Sommer mussten sie vorerst noch aufs Feld fahren, wo die Knechte den Klee mähten und die Mägde ihn zusammenrechten.

Erst wenn die gesamte Stallarbeit verrichtet war, setzte man sich zum Frühstück. An den Wochentagen kam morgens Schwarzbrotsuppe mit Kartoffeln auf den Tisch. Nur sonntags und an Feiertagen aßen wir Kaffee, in den selbstgebackenes Weißbrot gebrockt wurde. Alle Tischgenossen aßen die Suppe gemeinsam aus einer großen Schüssel; sie wurde besinnlich und ohne Hast gelöffelt. Nachher wurde jedem Dienstboten seine weitere Arbeit in Haus und Scheune, auf Feld und Wiese zugewiesen.

Ich aber blieb weiter an die Küche gebunden. Nach dem Geschirrspülen musste ich wieder an das Kochen des Mittagsmahles denken. An den Wochentagen gab es stets Mehlspeisen. Ich kochte Grießsuppe, Gerstlsuppe, Suppe mit Leber- oder Fleischknödeln als Einlage, saure Brühe mit Einbrenne und Essig. Als Hauptgericht aß man geschnittene Nudeln, Spatzen, Bauza (Schupfnudeln), Dampfnudeln, Apfel- und Hutzlnudeln, Eierhaber, Küchla, Holderküchla, Krapfen, Hutzlkrapfen und Grieß- und Reismus. Nur an Sonn- und Feier-

tagen kam Fleisch auf den Tisch, in der Regel Geräuchertes mit Kartoffelsalat oder Sauerkraut, selten Geflügel.
Zur vormittägigen Brotzeit um 11 Uhr wurde süße Milch mit Brot oder Kartoffeln, zur nachmittägigen zwischen 5 und 6 Uhr Brot mit Schwarzwurst, oder Brot mit Butter, Milch oder Rettich gereicht. Im Sommer trank man mittags, zur nachmittägigen Brotzeit und abends Dünnbier; vorher nahm man jedoch sehr oft einen Schluck Anis-, Obst- oder Kartoffelschnaps zu sich.
Abends aß man Milchsuppe oder Grießmus. Auch der Sonntagabend machte keine Ausnahme. Während der Erntezeit aber war das Abendessen von der gleichen Art und ebenso reichlich wie das Mittagsmahl. Gemüse, das zur Zubereitung viel Zeit in Anspruch nimmt, wurde verhältnismäßig weniger gegessen als heute. Kopfsalat, Gurken, Rettiche, Weißkraut und Wirsing waren die hauptsächlichsten Gartengewächse, die Verwendung fanden. Stöcklmilch (saure Milch) wurde bei uns ganz selten gegessen, in anderen Häusern jedoch häufiger.
Während des Sommers hatte ich die ganze Gartenarbeit zu besorgen; blieben mir nachmittags noch einige freie Stunden, dann half ich am Feld oder auf der Wiese. Die Winternachmittage waren geruhsamer; da fand ich auch manchmal Zeit, mich zum Spinnrocken zu setzen, welche Arbeit sonst die Mägde, in späteren Jahren auch meine Töchter zu verrichten hatten. Letztere mussten nach dem Feierabend täglich einen »Schnelln« [1 Schneller = 1289,89 m] Flachs spinnen und erst nachher durften sie für ihre Aussteuer häkeln oder stricken.
An manchen Winterabenden kamen mehrere Spinnerinnen in einem Hause zusammen. Bei diesen »Gunkelstuben« – auch »Hoimgarten« wurden sie genannt – fehlten dann auch die Burschen nicht und Neckerei und Lustbarkeit, Gesang und Tanz endeten oft erst tief in der Nacht. Zur Beleuchtung der Stube diente eine Petroleum- oder eine Karbidlampe. Die abendliche Arbeit in Stall und Scheune verrichtete man bei Laternenlicht. Die Schwiegermutter hatte noch kurz vor meiner Verheiratung Kerzen aus Unschlitt [Schlachtabfälle, Fett] gegossen.
Nun wieder zurück zur weiteren Flachsbearbeitung. Nachdem der Faden über Spinnrad und Haspel gelaufen war, wurde er in Burtenbach beim »Kindesvater« oder in Leipheim in Holzlauge gesotten und nachher zum Weber gebracht. In unserem Dorf waren damals zwei Weber, der Bestler und der Berger. Die Nachkommen des ersteren schämten sich dann für den Hausnamen »Beim Weber« und fühlten sich beleidigt, wenn sie als Weber angesprochen wurden. Jedes gewebte Stück Leinwand hatte eine Länge von 32 »Ellen« [Bayerische Elle = 0,833 m]. Kam dann der Frühling mit seinem kräftigeren Sonnenschein, dann wurden die Leinenstücke auf dem Anger hinter dem Hause gebleicht, wobei sie immer wieder mit Wasser begossen werden mussten, bis sich ihre graue Farbe in reines Weiß verwandelte. Aus dem Faden des »Wergs«, des Abfallflachses, der sich nach dem »Hecheln« absonderte, webte man Sackleinwand oder Hosenleinen. Letzteres wurde in einer Günzburger oder Burgauer Färberei meistens blau gefärbt. Für die Männer wurden daraus Werktagshosen oder Schürzen genäht. Von der aus dem gehechelten Flachs geweb-

ten Leinwand fertigte man sämtliche Bett- und Leibwäsche an. Für erstere wurde beim Weben rot- oder blaugefärbtes Baumwollgarn als Einschlag verwendet. Es war der Stolz jeder Braut und jeder jungen Bäuerin, wenn sie als Aussteuer im Wäscheschranke viele Stücke Leinwand liegen hatte und sie versäumte nie, diesen Schatz bei jeder passenden Gelegenheit zu zeigen.
Die Schafwolle wurde nicht daheim gesponnen, man brachte sie im rohen Zustande zur Wollverwertung nach Neu-Ulm und holte von dort die fertigen Stoffe und die Strickwolle für Socken und Strümpfe.
Alle acht Tage war große Wäsche. Dieses Geschäft besorgte ich im Verein mit den Mägden. Waschmaschine und Wäscheschleuder waren noch unbekannt, jedes Wäschestück musste »gebürstelt« und mit den Händen ausgewrungen werden. Die Bett- und Leibwäsche wurde anschließend auf dem Rasen gebleicht und nachher in der Wäschemangel geglättet. Heute steht diese Mangel unbenützt und verstaubt in einer Ecke des Dachbodens und die jungen Leute können sich nicht denken, wozu dieses Ungetüm einst gedient hatte. Die Flick- und Stopfarbeit besorgten ältere Frauen, die auch als Weißnäherinnen von Zeit zu Zeit ins Haus kamen. Alles wurde mit der Hand genäht, eine Nähmaschine fand sich noch in keinem bäuerlichen Haushalt.
Heutzutage versorgt der Bäcker allwöchentlich fast jedes Haus dreimal mit Brot und anderem Gebäck: damals musste jede Bäuerin und auch jeder übrige Dorfhaushalt das Backen selbst besorgen. Alle 14 Tage war bei mir dieses Geschäft fällig. Das Kneten des Teiges im großen Backtrog war eine anstrengende Arbeit. Das Knetholz wurde daher abwechselnd von meinem Manne und mir bedient. Jedesmal wurden 20 große Laibe Schwarzbrot und 4 Laibe Weißbrot gebacken.
In den Wintermonaten kamen abwechselnd die »Sterhandwerker« [Ster – Lohn] ins Haus: Der Schneider brachte auf einem Karren seine Nähmaschine mit; er hatte für sämtliche Hausbewohner, Männer, Frauen und Kinder, die Kleidung zu sticheln und auch größere Flickarbeiten auszuführen. – Der Sattler setzte die Pferdegeschirre und das Riemenzeug in Stand – und der Schuster versorgte das Haus mit neuen Schuhen und reparierte die alten.
Bei unserem großen Viehbestand musste alljährlich das eine oder andere Rind notgeschlachtet werden. Die Rinderhäute wurden nicht verkauft, man brachte sie zum Gerber zur Aufarbeitung und war dann ständig mit Leder eingesorgt, das nun Schuster und Sattler für den Hausbedarf verarbeiteten.
Diese Sterarbeiter brachten nacheinander mehrere Wochen im Hause zu. Man war sehr darauf bedacht, sie besonders gut zu verköstigen, dass man durch sie nicht in üble Nachrede kam.
Die Milch wurde auch schon damals in die Molkerei geliefert. Durch 10 Jahre hatte unser Dorf selber eine Molkerei. Als diese des schlechten Geschäftsganges halber einging, wurde die Milchabfuhr nach Günzburg durch 24 Jahre von unserem Fuhrwerke besorgt. Das Getreide verkaufte man in die »Schranne«; als Maß diente der »Metzen« [1 bayerischer Metzen = 37,6 Liter].
Wie heute wurde auch schon früher der Wochenmarkt in Günzburg besucht. Wenn nicht gerade der Bauer mit dem Gespann zur Stadt fuhr, musste man –

den Eierkorb und das zum Verkauf anzubietende Geflügel am Arm – den Weg dorthin zu Fuß zurücklegen.
Unglücksfälle aller Art haben uns in den langen Jahren unserer Wirtschaftsführung öfter betroffen. Gleich im ersten Jahr unserer Ehe standen zwei Gäule um; im Ganzen haben wir deren 28 verloren. Der Klauenseuche erlagen einmal in einer einzigen Woche sieben Rinder. Auch im Schweine- und Schafbestand erlitten wir größere Verluste, von dem Ausfall im Hühner- und Gänsestall gar nicht zu reden. Vor etwa 65 Jahren wurde am Himmelfahrtstage unsere ganze Ernte durch Wetterschlag vernichtet; in kleinerem Ausmaße hat uns das Unwetter noch öfter heimgesucht.
An Festen wurde gefeiert: das Stephansfest als Patrozinium, der Johannestag, die Kirchweih und »Martini«, auch der Kirchweihmontag galt als Bauernfeiertag. Zu den Hauptfesten kamen die Verwandten, drei Schwestern und drei Brüder meines Mannes zu Besuch; sie langten mit der »Chaise« an. Bei den Festmahlzeiten gab es außer reichlichem Backwerk dreierlei Fleischspeisen. Nachmittags besuchte man gemeinsam die Gastwirtschaft.
In guten wie in schlimmen Tagen haben wir niemals auf das Beten vergessen. Der Herrgott war uns stets der gute Vater, zu dem wir vertrauensvoll aufblickten und dessen Schutz wir nicht nur in Nöten und Heimsuchungen, sondern jederzeit erbaten. Unsere Gebete verrichteten wir gemeinsam: der Altknecht betete uns vor, und zwar mittags und abends, immer vor und nach dem Essen. Mittags betete man vor der Mahlzeit ein kurzes Gebet, nach dem Essen den »Glauben« und ein Vaterunser. Abends geschah es in gleicher Weise, nur dass man nach dem Glauben ein »Salve Regina« und drei »Gegrüßt seist du, Maria« betete. Statt des »Salve« wurde auch hie und da das lange Gebet »Liebreichster Jesu« eingeschaltet, das bei den jungen Leuten wenig Anklang fand. Während der Fastenzeit wurde jeden Samstagabend der »Schmerzhafte Rosenkranz« gebetet.
Das wäre in kurzem das Wichtigste aus den frühen Jahren meiner Bäuerinnenarbeit.

Erntearbeit am Anfang des 20. Jahrhunderts

Erinnerungen der 90jährigen Altbäuerin Frau Maria Eisenlauer im Februar 1960 festgehalten von Oberlehrer Franz Lang:

Die Ernte verlangt vom Bauern die größte Anstrengung und die größte Eile, um den Segen von Feld und Wiese trocken und unbeschädigt unter Dach und Fach zu bringen.
Die arbeitsreiche Zeit begann mit der Heuernte. Erst vor 60 Jahren kaufte mein Mann eine Mähmaschine, sie war eine der ersten in der ganzen Gegend. Am Vorabend vor dem Grasschnitt wurden die Sensen gedengelt. Der nächste Tag sah unsere Leute schon recht früh auf den Beinen. Um ½ 3 Uhr morgens, beim ersten spärlichen Dämmerlicht, ehe noch die Vögel munter waren, zogen 5 bis 7 Mäher hinaus auf die Wiese. Man nützte die Morgenfrühe aus,

94 Familie Hindelang bei der Haferernte, um 1930. Von links nach rechts: Alois, Anna, Josef und eine Erntehelferin

95 Familie Eisenlauer bei der Gerstenernte, um 1920. Von links nach rechts: Maria Eisenlauer, ein Knecht, Luise, Dietrich, Maria Eisenlauer, Josepha Glöggle, ein Taglöhner, der Schweizer. Kinder vorn: Berta und Armella Mock

96 Theodor Eisenlauer mit einer frühen Erntemaschine, dem »Ableger«, 1929

weil das noch taufeuchte Gras von den Sensen viel leichter und glatter umgelegt wurde als das trockene.
Das Frühstück wurde auf der Wiese eingenommen. Man aß Einbrennsuppe mit Brot und stark geschmälztes Grieß- oder Reismus mit Eiern darauf. Hernach wurde ein Krüglein mit Schnaps herumgereicht, den wir vorsorglich alljährlich vor der Ernte aus München bestellten. Danach trank noch jeder Arbeiter 1 Liter Dünnbier.
Je höher die Sonne stieg und je trockener das Gras wurde, desto nässer von Schweiß wurden die Mäher. Die Sensen mussten immer wieder gewetzt werden, bis schließlich auch der Wetzstein nicht mehr die Schärfe hervorbringen konnte, die nötig war, um das trockene Gras zu packen.
Wer imstande war, sich durch fachgemäßes Dengeln und Wetzen eine gute und anhaltende »Schneid« zu machen, der war erst gegen 11 Uhr vormittags genötigt abermals zu dengeln. Zu diesem Zwecke wurde der mitgebrachte Dengelstutzen auf einem Eichenpfahl der Wiesenumzäunung eingeschlagen.
Wir besaßen weit entlegene Wiesen im Ausmaße von 13 Tagwerk in den Gemeinden Remshart und Unterknöringen. Sie waren unsere Sorgenkinder! Einmal waren sie wegen des sandigen Bodens schwer zu mähen, weil die Sense beim Berühren eines Maulwurfshaufens ihre Schärfe verlor, und außerdem machte uns die große Entfernung bei einem unsicheren, zwischen Sonnenschein und Regen wechselnden Erntewetter schwer zu schaffen.

Während die Männer mähten, mussten die Mägde und die übrigen Helferinnen die Mahden auseinander streuen. Um 10 oder 11 Uhr wurde Brotzeit gehalten. Man aß Brot mit Butter oder Käse und trank wieder Bier dazu. Auch hierbei wurde nicht einen Schluck Schnaps vergessen.
Das Mittagessen wurde um ½ 1 Uhr mit dem Pferdegespann nachgefahren. War in der Nähe der Wiese ein Baum, dann lagerte man sich in dessen Schatten, um nicht während dieser längeren Ruhepause der prallen Sonne ausgesetzt zu sein. Wie nun nach den vielen in der Sonnenglut zugebrachten Arbeitsstunden das Essen schmeckte! Es bestand aus Suppe, Rauchfleisch und Kartoffelsalat, gefüllten Nudeln oder Kücheln. Auch reichlich geschmälztes Mus wurde öfter aufgetischt. Mit Schnaps und Bier wurde abermals die Mahlzeit beendet.
Es störte die Esser nicht, wenn eine aufdringliche Fliege oder ein vorwitziger Grashüpfer in Suppe oder Mus hineinpatschte; auch nahm man es nicht übel, wenn ein ärmlicher Taglöhner, bei dem daheim der Schmalhans Küchenmeister war, oder ein listiges Knechtlein es einzurichten wussten, dass sie in vorsichtiger und unauffälliger Weise vom Mus ein Schmalzbächlein in ihren Schüsselabschnitt leiteten.
Während die Mäher wieder ihre anstrengende Arbeit fortsetzten, wurde das Gras von den Frauen mit der Gabel umgewendet, »geworbet«. Am späten Nachmittage hat man es dann in halbtrockenem Zustande »aufgeschauert« und hernach »Birlinge« gesetzt. Damit war das Tagwerk der weiblichen Arbeiter beendet; die Männer aber mähten noch bis zum Untergange der Sonne weiter. Das Abendessen, das ebenso reichhaltig war wie das Mittagsmahl, wurde daheim in der Stube eingenommen.
Der weitere Arbeitsgang auf der Wiese war dem jetzigen gleich. Am halben Vormittage des nächsten Tages streute man das Heu in bereits dichter liegenden »Britten« auseinander, es wurde im Laufe des Tages noch zweimal mit der Gabel gewendet und schließlich zu »Schochen« (Haufen) zusammengeschoben. Während man die Wiese noch sauber überrechte, wurde das Futter auf den »Leiterwagen« aufgeladen. Dem Bauern fiel die Arbeit des Aufgabelns zu, die Knechte hatten das Heu auf dem Wagen zu legen.
Die ersten Fuhren wurden in den Heustock abgeladen, es war dies noch eine leichtere Arbeit. Die Plage begann erst, wenn die weiteren Fuder auf den »Oberling« gegabelt werden mussten. Die Mägde hatten das Heu wegzuräumen und niederzutreten oder unter das Dach zu schoppen.
Wenn der Himmel es gut meinte und viel und ausdauernden Sonnenschein schenkte, dann war die Heuernte in 3 bis 4 Wochen beendet.
Der Heuertrag war geringer als heutzutage: Die Kunstdünger fanden in unserer Gegend noch keine Anwendung und deshalb wurde den Wiesen der Stalldung meistens vorenthalten, weil man ihn für die Äcker brauchte.
Inzwischen war der Räps (Raps) reif geworden. Er wurde etwa eine Woche nach der Heuernte mit der Sichel geschnitten. Diese Arbeit begann man in noch früherer Morgenstunde als das Heumähen; man war bereits um 2 Uhr nachts auf dem Felde. Durch diesen frühen Arbeitsbeginn sollte das Ausfallen

des bereits ausgereiften Samens vermieden werden; das konnte nur geschehen, wenn die Nachtfeuchtigkeit dies noch verhinderte.
Die Rapsstengel wurden mit Roggenstroh in kleine Bündel gebunden und in Mandeln aufgestellt. Diese mussten der Vögel und der Hühner wegen während der Zeit des Trocknens gehütet werden.
Ehe die Mandeln zur Heimfahrt aufgeladen wurden, breitete man über den Wagen ein großes »Bollentuch«, um auch jetzt wieder Verluste durch Ausfallen des Samens zu vermeiden. Der Raps wurde sogleich vom Wagen weg gedroschen, ehe er noch Feuchtigkeit angezogen hatte. Zur vollständigen Trocknung wurde er bei sonnigem Wetter im Hofraum auf großen Tüchern ausgebreitet.
Wir ernteten von den 4 bis 5 Tagwerk angebauten Rapses durchschnittlich 40 bis 60 Zentner. Diese Frucht wurde nur von den 5 größten Bauern des Dorfes angebaut. Es war für die Besitzer und die Knechte stets ein großes Fest, wenn sie den Raps mit den Pferdefuhrwerken zum Verkauf nach Ulm lieferten!
Die Hauptarbeit machte die Getreideernte. Wir ernteten Sommergerste, Winterroggen, Fesen (Spelz oder Dinkel) und Hafer. Weizen wurde damals in unserer Gegend nicht gebaut, seine Stelle vertrat der Fesen, der auch heute noch außer in Norddeutschland im Württembergischen, namentlich auf der Schwäbischen Alb häufiger als Weizen anzutreffen ist. Wir ernteten von dieser Frucht pro Tagwerk 2 bis 3 Fuhren. Winterroggen und Hafer wurden soviel angebaut, als man für den eigenen Bedarf benötigte. Auch von Gerste verkaufte man nur einen kleineren Teil als Braugerste. Die Hauptfrucht war der Fesen, durch dessen Verkauf in der Schranne eine der größten Jahreseinnahmen des Bauers erzielt werden musste.
Zur Bewältigung der Arbeit wurden alljährlich zusätzlich von jedem Landwirt sogenannte Erntegänger aus dem Württembergischen gedungen. Wir beschäftigten stets ein oder zwei Paar dieser Leute, je einen Mann und eine Frau. Ihnen wurde der Schnitt im Akkordlohn vergeben. Sie blieben den ganzen Tag über am Felde und kamen nur zur Übernachtung ins Haus.
Man ging um 6 Uhr früh aufs Feld. Das Getreide wurde ausnahmslos mit der Sense gemäht. An ihr wurde die »Gaugel«, ein Rutenbogen, der mit einem Tuch überspannt war, befestigt. Durch diese Vorrichtung wurde verhindert, dass die gemähten Halme kreuz und quer auseinander fielen; sie lagerten sich gleichmäßiger, wodurch die Arbeit des Aufhebens erleichtert wurde.
Die Männer mähten und die weiblichen Arbeiter fassten unter Zuhilfenahme einer Sichel die Halme zu einem Armvoll zusammen, der bei Roggen sogleich auf ein Strohband gelegt und im Laufe des Tages zu einer Garbe zusammengebunden wurde. Die Roggengarben stellte man in Mandeln auf; je 9 Garben ergaben ein Mandel.
Die Halme von Gerste, Fesen und Hafer band man nicht gleich zu Garben, man breitete sie in Reihen am Acker aus und erst am Tag der Heimfahrt wurden sie zu Garben vereinigt. Diese Arbeitsweise ist ja auch heute noch größtenteils üblich. Die unzähligen Strohbänder, die für die tausende von Garben des ganzen Getreides gebraucht wurden, band man bereits in der arbeitsärme-

97 Der erste Mähdrescher, begrüßt von der Familie Hindelang, 1958

ren Winterzeit, wo man wochenlang damit beschäftigt war. Je 60 Bänder, ein »Schober«, wurden immer zu einem Bündel zusammengefasst. Bei schönem Erntewetter wurden an manchen Tagen 12 bis 14 Fuhren an Getreide eingefahren. Das Feld wimmelte dann von geschäftigen Leuten.

Die Arbeits- und Rastzeiten wurden während der Ernte wie ein ungeschriebenes Gesetz eingehalten. Bei Wintergetreide dauerte jede Brotzeit und auch die Mittagsruhe je eine Stunde, bei Sommergetreide währte nur die Mittagsrast eine Stunde, die Brotzeiten dagegen nur eine halbe Stunde. Die Verköstigung war täglich besonders reichlich. Gearbeitet wurde bis zum Gebetläuten um 8 Uhr abends. Dann zog man heim zu. Die Arbeiter der umliegenden Felder vereinigten sich zu größeren Scharen und Gesang und Jauchzen belebten wieder die von der langen Arbeit ermatteten Glieder.

Das Dreschen erfolgte durch Göpelantrieb. Nur das Bundstroh, dessen Halme nicht zerzaust werden durften, wurde noch mit der Drischel gedroschen. Zu Weihnachten war meistens der gesamte Drusch beendet.

An trüben Tagen wurde zwischen der Arbeit am Getreide der Flachs gerauft. Zur Gewinnung des Leinsamens wurde er nach dem Raufen gedroschen und hernach einige Wochen auf der Wiese ausgebreitet, »gewiesent«. Hierbei wurden die Stengel brüchig, so dass sie sich bei der späteren Brechelarbeit leicht von den Fasern trennen ließen.

Bei trockenem Frühlingswetter stellte man die Flachsstengel an der Umzäunung des Hofraumes zum Dörren auf. Nachher wurden sie gebrechelt

und nachdem durch Schwingen die zerbröckelten Stengel abgefallen waren, kämmte man die so erhaltenen Fasern mit der »Hechla«. Man drehte sie dann zu »Reischta« zusammen und diese waren nun spinnfertig.
Auch an Flachs baute man nur soviel, als man für den Hausbedarf benötigte. Dankbaren Herzens erfreuten wir uns einer reichen Ernte, die Schweiß und Mühe unserer Arbeit lohnte. – Leider war sie uns, wie es das Los des Bauern nun einmal ist, nicht jedes Jahr beschieden!

Religiöse Zeichen im Freien

Königin Bild-Kapelle

Die jetztige Kapelle zu Maria Königin Bild erinnert an die große Wallfahrt, die dort bestand. Sie wurde 1964 von Anton Mack aus Burgau nach einem Versprechen in Gemeinschaftsarbeit mit Handwerkern aus dem Dorf errichtet. Der damalige Pfarrer Robert Franze segnete die Kapelle. Heute ist die Stadt Burgau für die Kapelle zuständig. Das Bild ist eine Leihgabe der Kuratbenefiziumsstiftung »Königin-Bild« in Burgau an die Pfarrkirchenstiftung »St. Stephan« Limbach.[219]

Bildstock und Feldkreuze

An der Bgm.-Hindelang-Straße, gegenüber der Abzweigung Raunsetstraße, steht ein Bildstock mit Marienbildnis.[220] Genau in der Mitte vor ihm ist der Grenzstein. So gehört er je zur Hälfte zum Grundstück Schmid-Merfeld und Kiehbacher-Dotschkal.
An der Frühlingstraße (gegenüber dem Hof Stahl an der Abzweigung des Feldwegs nach Westen, Merfeld) steht ein hohes Holzkreuz mit Corpus, Aufschrift M(aria). J(osef) Schmid. 1983 bezeichnet das Jahr der Erneuerung.
An der Ebersbacher Straße (linke Seite, nach der Abzweigung zum Stubenweiher, Mayer) erhebt sich ein hohes Holzkreuz mit auf Blech gemaltem Christus. Erneuert hat es Leo Mayer (LM 1987).
An der Straße zum Stubenweiher (beim Flurgraben rechts) hat die Jagdgenossenschaft auf dem Grundstück Mäusle 1997 ein Steindenkmal aus dem alten Grabstein von Ketterle (die Kleinanhauser hatten bis in die 1950er-Jahre ihre Grabstätten in Limbach) aufgestellt. Das Metallkreuz stiftete Siegfried Schuster. Die Inschrift ist dem Ps 90,17 nachempfunden: »Herr, lass das Werk unserer Hände gedeihen.«

219 Siehe dazu auch oben: Die Wallfahrt Maria Königin Bild.
220 Weitere Informationen finden sich in: Helmut FINDLER, Pilgern in Burgau. Kreuze erzählen Geschichte, Burgau 2020.

An der Pfarrer-Völk-Straße Richtung Hammerstetten steht auf der rechten Seite auf öffentlichem Grund ein kleines Holzkreuz mit Dach und Rückwand und einem Kunstharzcorpus. Es wurde errichtet von Georgine Hindelang.

An der Karl-Kempter-Straße (auf dem Grundstück Kupfer): Ein hohes Holzkreuz mit einem geschnitzten Corpus wurde durch die Gemeinde Limbach bereits um 1970 erneuert und mit einem Bronzecorpus ausgestattet (siehe Abb. 19). Der geschnitzte Corpus, der mit einem neuen Kreuz versehen wurde, hing danach im alten Leichenhaus und kam nach dessen Abbruch in den renovierten Pfarrstadel. Durch ein etwas niedrigeres neues Holzkreuz mit Dach und Rückwand verkleidet und dem vorhandenen Bronzekorpus wurde es 2017 durch den Krieger- und Soldatenverein in Zusammenarbeit mit der Stadt Burgau ersetzt und am Fest Christi Himmelfahrt während des Flurumganges durch Pfarrer Martin Finkel eingeweiht.

An der Pfarrer-Völk-Straße – Abzweigung Königin-Bild-Straße steht das Königin-Bild-Kreuz (Stadt). Ein hohes Holzkreuz mit einer Bildtafel (Kopie des Gnadenbildes Maria Königin Bild von Kunstmaler Erwin Osterlehner aus Burgau) wurde 1986/87 erneuert und am 19. März 1987 durch Pfarrer Karl Mayr eingeweiht.

An der Staatsstraße 2510 am Radweg Richtung Burgau (Abb. 98): Das Feldkreuz aus Buntsandstein mit aufgesetztem schmiedeeisernem Kreuz, genannt »Stephaneskreuz« (Gemeinde) trägt die dreifache Aufschrift:

Christus starb
einmal für unsere
Sünden, damit
er uns zu Gott
führte. 1 Petr 3,18

Christus trug unsere
Sünden an seinem Leibe
auf dem Kreuzesholze.
Durch seine Wunden
seid ihr geheilt. 1 Petr 2,24

Alle eure Sorgen
werfet auf ihn,
denn er sorgt
für euch. 1 Petr 5,7

(Sockel)
Zur Ehre des Herrn
errichtet von der Gemeinde
Limbach 1880
Renoviert 1929
Renoviert 1999

Früher stand dieses Wegkreuz an der B10 auf halbem Weg nach Leinheim. Im ursprünglichen Zustand krönte das Denkmal ein gusseisernes Kreuz, das bei der Renovierung 1929 durch ein Steinkreuz mit Porzellankorpus ersetzt wurde. 1999 wurde dieses Kreuz durch Unbekannte heruntergerissen und der Korpus aus Porzellan ganz zerschlagen. 1999/2000 wurde es von der Stadt Burgau renoviert. Angeregt durch Bezirkstagspräsident Dr. Georg Simnacher sorgte Bürgermeister Wolfgang Schubaur mit Ortssprecher Erhard Hindelang für die Erneuerung. Die Ausführung übernahmen die beiden Burgauer Firmen Eiband (Steinmetz), der den Stein reinigte, die Inschrift erneuerte und

Christus trug unsere
Sünden an ſeinem Leibe
auf dem Kreuzesholze.
Durch seine Wunden
seid ihr geheilet
I. Petr. 2. 24.
Zur Ehre des Herrn
errichtet von der Gemeinde
Limbach 1880
Renoviert 1929.
1999

Neumaier (Schmied), der dazu ein schmiedeeisernen Kreuz lieferte. Am 6. Juni 2000 wieder aufgerichtet, segnete Pfarrer P. Joseph Reddy das Feldkreuz am 3. September 2000. Im Herbst 2016 musste dieses Kreuzdenkmal dem Ausbau der Staatsstraße 2510 (früher B 10) weichen. Dass dieses Kreuz wieder aufgestellt wurde, bevor die Bauarbeiten abgeschlossen waren, dafür setzte sich Diakon Erhard Hindelang mit dem Bauamt in Verbindung. Er sorgte auch dafür, dass die Stadt Burgau für die Reinigung und Erneuerung der Schrift aufkam. Auf Vorschlag des Bauamtes wurde das Kreuz im September 2017 am Radweg Richtung Burgau von der Straßenbaufirma und Steinmetz Wiedemann aus Ichenhausen, der den Stein reinigte, die Beschädigungen ausbesserte und die Schrift in Blattgold erneuerte, wieder aufgestellt. Die Kosten für die Reparatur und das Aufstellen übernahm das Hochbauamt Krumbach. Die Erneuerung der Schrift (ca. 650 €) bezahlte die Stadt Burgau. Durch diese Umsetzung auf ein Grundstück, das zur Straße gehört, kam das Kreuz auf Harthauser Flur. Die Stadt Burgau hält aber auch zukünftig die Hand darüber.
Am »Alten Postweg« ist das Holzkreuz mit Korpus von Kupfer seit 1987 abgängig. Sein Platz, ca. 200 m östlich vom Kreisel wurde durch die neu angelegte Staatsstraße 2510 überbaut. Keine 100 Meter von dieser Stelle nach Osten steht jetzt das »Stephaneskreuz«.
Kreuze und Bildstöcke im privaten Bereich stehen im Vorgarten bei Franz Schwarz (Pfr.-Völk-Str. 32), im Garten der Familie Kienle (Bgm.-Hindelang-Str. 29), bei Familie Merfeld (Bgm.-Hindelang-Str. 9 und 11), bei Familie Mack (Raunsetstr. 3) und in der Anlage beim Ferienhotel Zehl (Pfr.-Völk-Str. 8).

Das Elendsherrgöttle von Limbach

Ein Bildstock mit dem »Elendsherrgöttle«. stand früher im Feld mit dem Flurnamen »Elend«, am Weg nach Harthausen (siehe oben S. 191). Festgehalten ist die Figur auf einem Beichtbild von 1931. Eine Nachbildung des Elendsherrgöttle steht in der Fastenzeit auf dem Tabernakel der Kirche. Diese Figur stiftete die Chorgemeinschaft Limbach zur Fastenzeit 2008. Sie stammt aus der Werkstatt von Josef Mayer von Hafenhofen. Die farbliche Fassung führte Kirchenmaler und Restaurator Richard Rau aus Günzburg aus. Kosten der Schnitzarbeit 400 €, der farblichen Fassung 599,76 €.

98 Das »Stephaneskreuz« am Radweg Richtung Burgau

99 Das heute verschwundene Elends-Herrgöttle von Limbach

Texte von und über Pfarrer Joseph Völk

Herr Pfarrer Joseph Völk hat seine Predigten und Ansprachen schriftlich festgehalten. Sie sind im Pfarrarchiv aufbewahrt worden. In Gabelsberger Stenografie, die heute nicht mehr gebräuchlich ist, hat er sie niedergeschrieben. Im Kreis der Chorgemeinschaft erwachte das Interesse, wenigstens einige dieser Predigten lesbar zu machen. Herr Rektor Janosch machte sich an die Arbeit, er hatte noch die Gabelsberger Stenografie erlernt. Mit viel Mühe kämpfte er sich durch einige Predigten. Erschwerend kam hinzu, dass Pfarrer Völk eigene Kürzel verwendete. Drei von diesen Ausarbeitungen möchte ich dem interessierten Leser zugänglich machen.

Predigt zum Fest der Heiligsten Dreifaltigkeit 1918[221]

Das erste Beispiel ist schwere Kost, denn es handelt sich um das Geheimnis unseres Glaubens, das zu ergründen nicht möglich ist. Mit vielen Beispielen versucht darum der Prediger auf das Wesen des Dreifaltigen Gottes hinzuweisen.

Gratia Domini nostri Jesu Christi et caritas Dei et Communicatio Sancti Spiritus sit cum omnibus vobis. 2 Kor 13,13
Die Gnade unseres Herrn Jesus Christus und die Liebe Gottes des Vaters und die Gemeinschaft des Heiligen Geistes sei mit euch allen.

Als der König von Syrakus eines Tages den weltweisen Simonides fragte, was Gott sei, bat sich dieser einen Tag Bedenkzeit aus; und dann zwei Tage und danach drei Tage; so immer längere Fristen, bis endlich dem König die Geduld ausging und er ihn nach diesem sonderbaren Verhalten fragte: »Je länger ich über Gott nachdenke, desto weniger begreife ich ihn.«
Der heidnische Philosoph Epiktet einst befragt, was Gott sei, sagte: »Wenn ich sagen könnte, was Gott sei, wäre Gott entweder nicht Gott oder ich selbst wäre Gott. Ein Gott, den sich ein Mensch denken kann, ist kein Gott, sondern ein Geschöpf, ein Erzeugnis des denkenden Menschengeistes.«
Können wir eine volle Antwort geben auf die Frage: »Was ist Gott?«
Der schönste Teil des Kirchenjahres ist vorüber. Wir haben die Hochfeste des Sohnes: Weihnachten, Ostern, Fronleichnam – das Pfingstfest zur Feier des Heiligen Geistes – das Dreifaltigkeitsfest, an dem Vater, Sohn und Heiliger Geist zugleich verehrt werden, hinter uns; haben uns viel in Gebet, Betrachtung und Predigt mit Gott beschäftigt, und doch sind wir der Frage »Was ist Gott« um vieles näher gekommen? Wir müssen mit dem heiligen Augustinus antworten: »Wenn du mich fragst nach der Größe Gottes, so ist er größer; nach der Süßigkeit, so ist er süßer; nach der Schönheit, so ist er schöner!«

221 Pfarrarchiv Limbach, Abt. IV, PfV 25: Sieben fertige Übertragungen aus dem Stenogramm (von Karl Janosch).

Einst in Hippo, der herrlichen Seestadt, im Angesicht des wogenden Meeres auf der einen Seite, einer bezaubernd schönen Landschaft auf der anderen, rief der hl. Augustinus begeistert aus: »Wer ist mein Gott? Ich habe die Erde gefragt und sie antwortete: Ich bin es nicht. Und alles, was die Erde enthält, gab mir dieselbe Antwort. Ich habe das Meer gefragt, die Abgründe und alle Wesen, die darin wohnen, und sie antworteten: Suche Gott über uns. Ich habe den Hauch der Winde gefragt und alle Bewohner der Lüfte, und sie sprachen: Wir sind nicht dein Gott. Ich habe den Himmel, die Sonne, den Mond und die Sterne gefragt, und sie erwiderten: Wir sind nicht dein Gott, den du suchst. Dann sprach ich zu allen Wesen, die mich umgaben: Ihr habt mir gesagt, dass ihr nicht mein Gott seid; so sagt mir etwas von ihm. Und sie riefen wie aus einem Munde zu mir: Dein Gott ist der, der uns gemacht hat!«
Aus den Geschöpfen müssen wir darum herausfühlen können, was Gott ist; denn auch Paulus sagt: »Das Unsichtbare an Gott ist seit Erschaffung der Welt in den erschaffenen Dingen erkennbar und sichtbar.« (Röm 1,20)
Aber wie sollen wir aus der sichtbaren Welt auf den unsichtbaren Schöpfer schließen? Denn alle Vollkommenheit, die er der Welt mitteilt, muss er in noch vollkommenerem Maße besitzen. Dünkt der Raum, in den unsere Welt hineingestellt ist, unermesslich, so muss Gottes Gegenwart sich noch über diesen hinaus erstrecken; dünkt die Welt schön, so muss Gott ungleich schöner sein; kann der Mensch denken und wollen, so muss Gott in noch viel höherem Maße des Denkens und Wollens fähig sein; besitzt der Mensch Tugenden, so muss Gott noch viel mehr besitzen.
Gehen wir noch einen Schritt weiter: Er muss nicht bloß in sehr hohem Grade alle Vollkommenheit besitzen, sondern buchstäblich in unendlichem Grade. So muss Gott ewig sein. Er muss alles in der Welt an Alter weit überragen, denn er hat ja alles gemacht. Er kann durch nichts hervorgebracht sein; er ist unerschaffen, denn es gibt nichts, das vor ihm gewesen wäre.
Und was von seiner ewigen Existenz gilt, gilt auch von all seinen Eigenschaften; hätte er nicht eine unendliche Macht, eine unendliche Wahrhaftigkeit, dann müssten ja Gottes Eigenschaften noch einen Zuwachs erfahren; denn was er nicht weiß kann er noch lernen. Von wem aber sollte Gott lernen, da außer ihm nichts ist, als das was er erschaffen?
Doch gehen wir weiter: Schauen wir hinauf zur Sonne! Ein ungeheurer Feuerball! Um sie kreisen viele Sterne – einer davon ist unsere Erde. Ein Jahr braucht sie, und der entfernteste Stern 165 Jahre[222], um sie zu umkreisen. Alles Licht, alles Leben, alle Farbe kommt von der Sonne – etwas ganz Herrliches – aber der sie gemacht hat muss noch herrlicher sein.
Unsere Sonne ist nicht die einzige; man schließt auf die Zahl von 500 000 Millionen Sonnen. Wie ungeheuer groß und mächtig muss Gott sein, der sie geschaffen!
Die Milchstraße am Himmel kennt ihr alle. Wie ein Wasserfall von Sonnen fließt sie durch die Täler und Abgründe des Himmels. Über 12 000 Jahre soll

222 Gemeint ist damit der damals bereits seit 1846 bekannte Planet Neptun.

das Licht brauchen, bis es zu uns dringt. Ungeheuere Räume, und dazu sind diese Sterne der Milchstraße noch 600 Billionen Meilen vom Mittelpunkt des Fixsternhimmels entfernt, und wieder 600 Billionen Meilen weiter kommen wir zum letzten bekannten Fixstern, und weiter hinaus gilt als sicher, dass hier nicht bloß leere Welten kommen, sondern auch wieder Sonnen und Sonnen. Und so weit wir gehen: kein Ende, kein Ende! Gott, der Herr, hat dies alles erschaffen – die Millionen Herrlichkeiten. Und er muss noch viel größer und herrlicher sein.

In einem Augenblick könnte Gott eine Welt erschaffen, die noch viel größer und vollkommener ist als die wir jetzt bewohnen; und eine dritte, die die ersten zwei wieder übertrifft; und in jedem Augenblick eine andere, davon jede folgende die vorhergehende an Größe und Vollkommenheit übertrifft. Und er könnte fortfahren Millionen von Jahren, und Gottes Allmacht wäre noch nicht erschöpft. Und in einem Augenblick könnte er wieder alles ins Nichts stoßen, ohne – um mich so auszudrücken – einen Finger zu ermüden. Und so herrlich ist Gott? Schwindelüberkommen müsste ich sagen, das ist noch immer nicht unser Gott: Er ist unendlich größer, herrlicher und liebenswürdiger; er muss über alles, was Menschengeist sich denken kann, hinausgehen.

Aber nicht nur in der räumlichen Größe, in den Sternenwelten und Himmelweiten können wir Gottes Willen ahnen, auch im ganz Kleinen zeigt sich Gottes Unendlichkeit. Das kleinste, winzigste Samenkorn ist etwas ungleich Wunderbareres als der schönste, hellste Komet am Himmel. In so einem winzigen Samenkorn liegt alles schon verpackt drin, woraus später der prächtigste Baum wird. Und gerade der Baum muss es werden und kein anderer; die ganz bestimmte Rinde, der ganz bestimmte Stamm, diese bestimmten Früchte, dieses Laub oder diese Nadeln und keine anderen. Das alles kann der Mensch im Voraus sagen, ehe du nun den Samen in sein belebendes Element, die Erde, legst. Und gib so ein Samenkorn dem berühmtesten Chemiker; er wird dir sagen woraus es besteht – er wird dir angeben in wie vielen tausendsteln Gramm die einzelnen Bestandteile bis ins Kleinste. Aber machen kann er auch nicht das kleinste Körnchen.

Wie groß – wie fürs Kleinste besorgt ist Gott. Es ist wahr: »Gott ist am größten und wunderbarsten in den kleinsten Dingen!« Zwei Augen tragen wir in unserem Kopf. Was sind das doch für Wunderwerke! Es ist so klein und sieht doch die weite große Landschaft, Himmel und Erde. Was ermöglicht das Sehen? Die Netzhaut; was ist die Netzhaut? Ein ganz feines, zartes Häutchen, zusammengesetzt aus Millionen und Millionen Zäpfchen und Stäbchen, die wie die Platte eines Fotographenapparates wirken. Auf den Quadratmillimeter kommen ca. eine Viertelmillion dieser Stäbchen; und für jedes muss Gott sorgen, sonst treten Krankheiten – Blindheit des Auges – ein. Wie groß, wie lieb muss Gott sein!

Unsere Lungen bestehen aus ungefähr 1800 Millionen Bläschen; wer kann sie zählen? Gott hat sie gezählt, er hat sie erschaffen, muss jedes kennen und für jedes sorgen.

Aber noch etwas viel Wundervolleres tragen wir in uns, das ist die Seele. Wer begreift dieses Wunderwerk, durch das wir erst sehen, hören, fühlen und denken. Was ist unsere Seele? Etwas unendlich Kostbares; kostbarer als der ganze Sternenhimmel und die ganze Erde; etwas so unbegreiflich Schönes, dass der Heiland sagte: » Was hilft es dem Menschen, wenn er die ganze Welt gewinnt, an seiner Seele aber Schaden leidet.«
Etwas so unbegreiflich Schönes, dass der Sohn Gottes des Himmels Herrlichkeit verließ, um diese verlorene Seele, dieses Gottes-Ebenbild wieder für sich zu gewinnen. Wenn nun die Seele schon so etwas Herrliches ist, was muss Gott, der unsere Millionen und Millionen Seelen geschaffen hat herrlich sein!
Was finden wir denn in den Menschenseelen, das uns besonders rührt? Da ist die Güte. Es gibt ja viel Böses und Schlechtes auf der Welt. Aber hat nicht jeder Mensch auch seine guten Seiten? Und die Menschlichkeit äußert sich bei allen Menschen auf die gleiche Weise, dieselbe Treue, dieselbe Liebe, dieselbe Wahrhaftigkeit, dieselbe Warmherzigkeit. Und all dies kommt wieder von Gott, das sagt uns schon die Vernunft; denn wenn wir all die Millionen Tropfen eines Regenschauers sehen, so werden wir sagen, dass ein Meer da sein muss, aus dem all dieses Wasser kommt; wenn wir die zahllosen Lichtstrahlen sehen, so werden wir mit Recht sagen, dass eine zentrale Sonne da sein muss von der dieses Licht ausstrahlt; und wenn wir die unzähligen Tropfen und Strahlen, das Menschliche in den Menschenherzen sehen, wo sollen sie herkommen? Wo anders, als von einer Sonne – Gott selbst.
Wie gut muss doch der sein, von dem alle Güte kommt! Nimm alle Güte aller Menschenseelen zusammen; du hast noch nicht die Güte des Gottesherzens – erst ein Tröpflein der unendlichen Güte.
Nimm laues Wasser und schütt laues Wasser hinzu – in Ewigkeit wirst du kein heißes bekommen. Zu diesem unendlich gütigen, unendlich vornehmen Wesen Gottes zieht es unsere Seele mit aller Gewalt, und sie kennt keinen Frieden bis sie ruht in Gott. Mit allen Mitteln müssen wir darum streben, dieses Sehnen zu stillen und koste es was es wolle. Wenn die Seele nämlich vom Leben getrennt in unbekannte Fernen zieht und zurückblickt auf diese Erde, so erscheint sie nur noch als kleiner Punkt und vielleicht noch viele kleinere Punkte, um derentwillen sie vielleicht den Himmel verloren, unrechtes Gut, schlimme Lust – alles dieses schrumpft beim Tode zusammen zu einem kleinen Fluchtpunkt. Schaut hinein in eure Seele, ob nicht darin auch so ein kleines Pünktchen sich befindet, um dessentwillen ihr in Gefahr seid, Gott, den ganzen Himmel, die ganze selige Ewigkeit zu verlieren. Ist ein solcher Punkt darin, eine Todsünde – hinaus mit ihr aus der Seele!
Das Leben ist ja nur eine kleine flüchtige Reise. Da heißt es eilen, denn so rasch geht die Flucht der Jahre. Man tröstet sich indes; von Zeit zu Zeit begegnet man Gegenständen, die einen erheitern – vorüberrauschende Bächlein, entfaltende Blumen. Man möchte Halt machen, aber immer voran, voran! Unterdessen sinkt hinter uns alles zurück, woran wir vorübergegangen – unaufhaltsame Verwüstung.

Man tröstet sich wieder; denn man trägt einige Blumen, die man im Vorübergehen gepflückt und in der Hand noch welken. Einige Früchte, die man noch im Genuss verliert.
Oh, dass doch keiner es vergesse, dass hinter dem Tode etwas Unendliches auf uns wartet – unendliche Freude oder unendliches Leid. Es wartet auf uns der unendliche Gott, als unendliches Leid für die, die ihn nicht ehren und sich von ihm abwenden, oder als unendliche Freude. Und so wollen wir Gott einmal gegenüber treten als unendliche Freude für die, die ihn lieben. Amen.

Predigt zur Weihnacht 1922[223]

Das zweite Beispiel ist eine Predigt zu Weihnachten, für die Christmette. Schön erzählend breitet der Prediger die Geschichte von Weihnachten vor seinen Zuhörern aus.

Transeamus usque Bethlehem et videamus hoc verbum! Luk 2,15
Lasst uns nach Bethlehem gehen und sehen, was der Herr uns verkündet hat.

Ein deutscher Maler mit einem sonnigen Kindergemüt hat ein Bild gemalt von der Heiligen Nacht. Tiefes Dunkel ringsum, nur die Sternlein schauen herab in das Erdental. Da tut sich plötzlich am Himmel droben der Wolkenvorhang auf und aus dem geöffneten Himmel tritt ein feierlicher Zug hervor. Eine Schar von heiligen Engeln schwebt hernieder, und auf sanften Armen tragen sie ein wunderliebes Kind im Strahlenkranz.
Hinter dem Kind drein kommen zwei Engel mit einem mächtigen Christbaum am Arm, und an dem Christbaum hängen viele goldene Früchte und schimmernde Sterne. So ordnet sich die liebliche Prozession in den Wolken droben zu ihrem Zug vom Himmel herunter auf die Erde. Tief drunten aber liegt das schneeweiße Land und ein nachtschlafendes Städtchen. In den Häusern ist noch Licht und heller Kerzenschein dringt hinaus aus den verhängten Fenstern; und wenn du genau zuhörst, so meinst du das alte Weihnachtslied zu hören: »Stille Nacht, heilige Nacht.«
Was der Maler dort mit sonnigem Gemüt geschaut, es ist heute wieder einmal Wirklichkeit geworden; wieder haben wir Weihnachten. Wieder zieht der Weihnachtsengel von Haus zu Haus und bringt die alte und doch ewig neue Botschaft: »Ich verkünde euch eine große Freude, heute ist euch der Heiland geboren worden.«
Wie haben sich unsere Kinder gefreut auf den heiligen Christtag! Aber an Weihnachten, da der Sohn Gottes ein Kind geworden, sind wir ja alle wieder Kinder; wie Kinder sind wir alle dem Heiligen Abend entgegengeeilt, wie Kinder sind wir alle, alle, alle freudig heute Nacht hierher geeilt, um das Christkind zu grüßen. Und ihr alle, die ihr heute unter der Kanzel sitzt – ich weiß –

223 Pfarrarchiv Limbach, Abt. IV, PfV 25: Sieben fertige Übertragungen aus dem Stenogramm (von Karl Janosch).

ihr wollt heute keine großen Worte hören vom Prediger, sondern er soll euch heute wie Kindern erzählen von der Friedensbotschaft, von dem Knaben im lockigen Haar und von dem trauten hochheiligen Paar.
Das wollen wir auch heute tun. Eben habt ihr das weihnachtliche Evangelium von Lukas vernommen. Es führt uns kreuz und quer weit herum im Himmel und auf Erden. Wir wollen mit unseren Gedanken ihm nachgehen. Ja: »Lasst uns nach Bethlehem gehen und sehen, was der Herr uns verkündet hat.«
»In jener Zeit ließ der Kaiser Augustus den Befehl ausgehen, alle Untertanen seines Reiches aufzuschreiben.« So beginnt der Evangelist sein Weihnachtsevangelium. Er führt uns also nicht geradewegs nach Bethlehem, sondern macht einen weiten Umweg. Er geht zuerst mit uns in die alte Kaiserstadt Rom. Dort lebte und regierte damals der Kaiser Augustus, einer der mächtigsten Herrscher, der je auf dem Kaiserthron gesessen. Er wohnte in einem Palast, der wegen seiner Pracht »der goldene« genannt wurde. Er verfügte über eine ungeheuere Macht. Die damals bekannte Welt lag ihm zu Füßen. Er wusste kaum über wie viel Millionen Menschen er gebot.
Der sitzt eines Tages in seinem Schreibzimmer und unterzeichnet die Schriftstücke, die sein erster Minister ihm vorlegt. Unter anderen Erlässen setzt er seinen Namen auch unter den Befehl, dass alle Untertanen seines Reiches sich aufschreiben lassen sollten »ein jeder in seiner Stadt«. Und dieses Blatt, das des Kaisers Namen trug, flog hinaus in alle Provinzen des Römerreiches. Es kam auch hinunter nach Syrien, wo damals Cyrenus Landpfleger war. Es wurde verkündet und in allen Dörfern und Städten des Morgenlandes angeschlagen; auch in Nazareth, dem weltabgeschiedenen Städtchen.
Es las ihn auch ein armer Zimmermann dort und war sehr erschrocken über den ungelegenen Befehl, denn daheim harrte eine junge Mutter ihrer Stunde. Aber es blieb nichts anderes übrig, als dem strengen Befehl zu gehorchen. Darum machte sich Josef auf aus Galiläa, aus der Stadt Nazareth, und ging nach Judäa zur Stadt Davids, welche Bethlehem hieß, um sich aufschreiben zu lassen, mit seinem Weibe, das gesegnet war. Und als sie in Bethlehem waren, gebar Maria ihren Sohn.
Kaiser Augustus hat wohl nicht geahnt, dass ein Höherer ihm die Hand führte, als er den Befehl zur Volkszählung unterschrieb; dass er das kleine Bethlehem, das er nicht einmal dem Namen nach kannte, durch seinen Erlass in den Mittelpunkt der Welt stellte; dass durch die höchste staatliche Behörde das Prophetenwort bestätigt wurde: »Du Bethlehem, im Stamme Juda, bist keineswegs die geringste unter den Fürstenstädten Judas, denn aus dir ging hervor der Fürst, der mein Volk regieren soll.«
Er hat wohl auch nicht geahnt, dass er mit dieser Unterschrift auch das Todesurteil seiner eigenen Herrlichkeit unterschrieb; dass auf seinem Thron das Kind von Bethlehem sich niederlassen wird. Längst hält kein römischer Kaiser Volkszählung auf dem ganzen Erdkreis; aber das Kind von Bethlehem zählt jedes Jahr seine Untertanen auf dem ganzen Erdkreis, die zur Huldigung an seine Krippe kommen. Längst ist der goldene Palast des Augustus zerfallen, und über dem Palatinischen Hügel, auf dem er einst stand, liegen die Schatten der Ver-

gessenheit. Aber neben dem Palast von einst erhebt sich eine prächtige Kirche »Ara Coeli«, und in diese Kirche strömt in den Tagen von Weihnachten groß und klein zum Kripplein, um dort das wundertätige Bild des Kindes von Bethlehem zu verehren. O anbetungswürdige Weisheit Gottes!

Alles muss ihm dienen zur Ausführung seiner Ratschlüsse. Und wenn Gott im Himmel daran denkt, seinem Sohn den Weg auf Erden zu bahnen, da muss ihm der mächtigste Kaiser der Welt seine Dienste tun, so gut, wie der arme Zimmermann von Nazareth. Das ist das erste Wunder, das uns auf unserer Weihnachtsreise begegnet.

Doch noch ein größeres Wunder werden wir schauen: Verlasst die Weltstadt Rom, tretet ein in das kleine, unscheinbare Städtchen Bethlehem. »Lasst uns nach Bethlehem gehen und sehen, was der Herr uns verkündet hat.« Da sehen wir einen niedrigen Stall, der sonst nur als Zufluchtstätte dient für die Tiere, um sich vor den Unbilden des Wetters zu schützen. Und drinnen im Stall, eine armselige Krippe, darin sonst das Futter liegt für die Schafe der Weide; und darin in der Krippe ein kleines, hilfloses Kind, von sorglicher Mutterhand in Windeln gewickelt und auf Heu und Stroh gebettet. Aber aus den Augen dieses Kindes schaut der ewige Gott in die Welt hinein; in seiner Hand trägt er die Weltkugel als Spielzeug. In diesem Kind ist »das Wort Fleisch geworden und hat unter uns gewohnt«.

Von ihm hat der Seher geweissagt: »Gott selbst kommt und erlöst euch, in ihm wohnt die Fülle der Gottheit leibhaftig.« Himmel und Erde fassen Gott nicht, und er hat Raum in einer Krippe. Alles im Himmel und auf Erden ist sein Eigentum und er liegt auf Heu und Stroh. Himmel und Erde staunen über das Wunder, dass der alle Begriffe übersteigende Hohe und Mächtige, sich so klein und hilflos gemacht; und Himmel und Erde kommen in heilige Bewegung. Des Himmels selige Geister drängt's zu den ewigen Toren hinaus. Sie sollen hinunter fliegen nach Bethlehem, sie sollen hineinschauen in das wunderbare Geheimnis der Erlösung des Menschen, da sie ihren Anfang genommen, da Gott ein Kind geworden.

Lauter Jubel und Friede dringt aus Himmelshöhen auf die Erde herab, und plötzlich steht in seiner ganzen Himmelsherrlichkeit ein Engel vor den zitternden Hirten und spricht: »Heute ist euch in der Stadt Davids der Heiland geboren, welcher Christus ist, der Herr.« Und ein tausendfacher Chor der Engel hebt an zu singen in heiliger Nacht: »Ehre sei Gott in der Höhe und Friede den Menschen auf Erden.«

Was mag das für ein wunderbares Schauspiel gewesen sein! Hab Dank du guter Engel für deine Friedensbotschaft. Habt Dank ihr lieben Engel alle für euren herzlichen Glückwunsch! Den Hirten wollen wir nun folgen: »Eilends machten sie sich auf« heißt es! »und fanden Josef und Maria und das Kind, das in der Krippe lag«. Und als sie es gefunden hatten, knieten sie nieder und beteten es an. Ja, knie nieder neben den guten Hirten und lass alle anderen Stimmen schweigen. Geh selbst ein in die Stille der Heiligen Nacht!

Oh, wir haben in diesem Jahr soviel auf dem Herzen, das wir dem Christuskind erzählen müssen. So viel ist an uns vorübergegangen, das wir nicht ver-

100 *Vierzig Jahre nach dem Deckenfresko in der Limbacher Pfarrkirche hat Johann Baptist Enderle als letztes Werk im Jahr 1796 in der Kirche von Großanhausen gleich zwei Weihnachsszenen gemalt. Hier die Anbetung der Könige im Kirchenschiff*

stehen können, und so unsicher sind unsere Schritte schon in die nächste Zukunft hinein. Da sind wir umso lieber zur Krippe, zum neugeborenen Heiland gekommen.

Der Glaube an das Kind in Bethlehem hat einst die Welt errettet aus tiefer Nacht und großer Not. Der Glaube an das Kind von Bethlehem kann auch heute wieder unser armes krankes Volk genesen lassen. Lass dir darum, christliches Volk, deine Weihnachten nicht verekeln! Lass dir dein Christuskind nicht rauben! In den Wiegen liegt die Zukunft, und in diese Wiege lege deine Zukunft! Darum freuen wir uns heute inniger als ein Kind sich freuen kann. Darum ist uns Weihnachten und Krippe kein Spielzeug, sondern tiefstes Herzensbedürfnis.

Ja, bringt alles vor, was ihr auf dem Herzen habt. Ich will alle eure Anliegen und eure Bitten einsammeln und sie dem Christkind hintragen, wenn es nachher in Brotsgestalt verhüllt vor mir auf dem Altar liegt. Ich will ihm sagen in eurem Namen:

»Komm, o komm Emanuel
mach frei dein armes Israel.
O liebes Kindlein, bloß und arm
Dich unser aller heut erbarm!«
Amen.

Predigt zur Weihnacht im Kriegsjahr 1944[224]

Das dritte Beispiel ist 22 Jahre später entstanden. Schon fünf Jahre hat der Zweite Weltkrieg das Leben der Menschen im Griff. Auch in der Weihnachtspredigt ist deutlich die Kriegszeit zu spüren.
Dass hier noch eine zweite Weihnachtsansprache angeführt ist, liegt auch am Bearbeiter der stenografisch niedergelegten Predigten. Herr Rektor Janosch war begeistert von unserer Kirche, wie sie zur Weihnachtszeit als unser großes Wohnzimmer die Pfarrfamilie beherbergte. Noch dazu hatte er am 23. Dezember Geburtstag.

Haec est dies, quam fecit Dominus (Ps 118,24) – das ist der Tag, den der Herr gemacht hat, lasst uns fröhlich sein und frohlocken in ihm.

»Kommt, lasst uns nach Bethlehem gehen und sehen, was sich dort zugetragen hat.« So haben einst vor 1944 Jahren ein paar Hirten zueinander gesprochen. »Kommt, lasst uns nach Bethlehem gehen!«, so sprechen es ihnen heute über 300 Millionen Menschen nach; die Gedanken der Christen der ganzen Erde wallen heute nach Bethlehem, und von dort geht wieder ein Strom von Friede und Segen aus, der sich in Millionen Kanälen verteilt über die ganze Erde. In dieser Kriegsweihnacht wird der Friede in manchem Haus im Land verschlossene Türen finden. In manchem Haus, in dem sonst am heiligen Abend der Christbaum angezündet wurde, wird es dunkel bleiben. Trauer und Sorge haben die Lichter ausgeblasen, aber die Kerzen, die daheim nicht brennen wollten, haben die heiligen Engel gesammelt und getragen nach allen Himmelsrichtungen. Überall, wo die Unsrigen heute Nacht unter freiem Himmelszelt liegen, wie einstmals die Hirten, die Nachtwache hielten bei der Herde, haben sie diese Kerze angezündet und das alte liebe Weihnachtslied angestimmt: Stille Nacht, heilige Nacht, Gottes Sohn, o wie lacht Lieb aus deinem göttlichen Mund, da uns schlägt die rettende Stund Christ in deiner Geburt. Nie sonst in den langen Jahren, seitdem sie hinausgezogen sind, sind wir einander so nah gewesen, die draußen und die daheim, als an des Heilands Geburtstag [?, Anm. des Bearbei-

224 Pfarrarchiv Limbach, Abt. IV, PfV 25: Sieben fertige Übertragungen aus dem Stenogramm (von Karl Janosch).

ters]. In Bethlehem da fanden wir uns zusammen, da ist die Stelle für die ganze Welt, für die Menschen aller Länder und Zeiten, aus der Heimat und der Front [?, Anm. des Bearbeiters]. Nach dem armen Stalle in Bethlehem sind alle Augen gerichtet, denn dort hält Gott selbst Christbescherung und diese wollen wir heute noch einmal miteinander erleben. Die himmlische Christbescherung sei der Gegenstand der heutigen Betrachtung. Wenn man die Prophezeiung des Isaias liest, so kommt es einem vor, als ob dieser Prophet schon vor Jahrtausenden die erste Weihnacht geschaut hätte. Er sah das erste Kripplein in der Welt, ein Kind liegt darin, die Jungfrau steht daneben und selbst von Ochs und Eseln an der Krippe spricht er. Ja es ist fast so, als ob der Prophet auch schon den ersten Stall zum Weihnachtstag geschaut hätte, wenn man ihn reden hört: »Die Herrlichkeit des Waldes kommt, Tannen und Fichten kommen zu zieren den Ort deines Heiligtums; darum ruht die ganze Erde und ist stille, und selbst die Tannen freuen sich.« Was den Propheten aber am meisten freute, das ist das Kindlein in der Krippe und fröhlich ruft er es in die Welt hinein: »Ein Kind ist uns geboren, ein Sohn ist uns geschenkt, auf dessen Schulter die Herrschaft ruht.« »Ein Kind«, so wiederholt es der Engel auf Bethlehems Fluren: »Ihr werdet ein Kindlein finden, das in Windeln eingewickelt ist und in einer Krippe liegt.« »Ein Kind« – ist das alles, was der liebe Gott uns an Weihnachten schenken kann? Was ist denn ärmer und hilfloser als ein Kind? Ja, wenn wir unserem Herrgott einen Rat hätten geben dürfen, dann wäre das erste Weihnachtsfest bestimmt anders ausgefallen. Wenn man auszieht, um eine Welt zu erobern, dann darf man nicht als hilfloses Kind kommen, nicht in der Nacht, in der Stille, vor allem nicht arm und als Kind eines einfachen Handwerkers. Aber dieses Kind in der Krippe ist anderer Art. Es spielt in der Wiege schon mit Zepter und Krone. Wartet nur ein wenig; lasst es erst wachsen und gedeihen, dann wirst du sehen, wer es ist. In diesen schwachen Kinderhänden, die jetzt noch mit Windeln umwickelt sind, liegt die Weltkugel. Diese Kinderhände werden einmal der erstaunten Welt verkünden: »Ihr nennt mich Herr und Meister, und ihr habt recht, ich bin es.« Zwei zarte Kinderhände und -füße werden einmal mit Nägeln durchbohrt werden. Dieses rote Blut, das unter seinen Wangen hervorschimmert, wird einst am Kreuzesstamm herabfließen als Lösegeld für unsere Sünde. Dieses Kind wird einmal die ganze Welt auf die Knie zwingen, wenn es wiederkommt mit Macht und Herrlichkeit, um den Erdkreis zu richten. Solcher Art ist das Christgeschenk, das uns der himmlische Vater auf den Gabentisch gelegt hat. »Kommt, lasst uns anbeten!« Ja, kommt alle, nehmt alle mit Freuden euer Christuskind entgegen. Allen, die guten Willens sind, gehört es. Niemand ist ausgenommen. Kommt oft an den Tisch des Lebens, auch die Armen und zu kurz Gekommenen. Am Gabentisch des lieben Gottes wird keiner übergangen. Nicht im Palast des Kaisers Augustus, nicht im Palast des Herodes hat Gott seinen Gabentisch aufgestellt, sondern im Stall der armen Hirten. Nicht bloß die Heiligen dürfen sich heute freuen. Allen, auch die mühselig und beladen sind, leuchtet heute ein Strahl des himmlischen Weihnachtsfriedens ins Herz hinein. Von den Engeln auf Bethlehems Fluren hat man gesagt: Als sie wieder in den Himmel zurückkehrten, vergaßen sie vor Freude die Tür zu schließen. So steht die Himmelstür stets offen und sooft sich Weihnachten jährt, kommt zum Himmelstor heraus der liebe Gott zu seiner gnadenvollen Christbescherung. Darum die Herzen auf, damit einziehe das Gotteskind. Des Christkindes Gnade komme über die Pfarrgemeinde, über unsere Familien, über Eltern und Kinder; des Christkindes Kraft über unsere Krieger draußen im Feld und die vielen Leidgebeugten der Heimat; des Christkindes Trost und Hilfe über alle Kranken und [die] in den Sterbebetten. Des Christkindes Licht über unsere Toten und Gefallenen! Euch allen aber, liebe Pfarrangehörigen, glückselige Weihnacht und das Christkind ins Herz hinein. Amen.

Ein Gedicht über Pfarrer Völk[225]

Herr Pfarrer Völk ging in jungen Jahren gern auf die Jagd, das zeigten auch die vielen Geweihe in seine Stube.

Es war einmal ein Jägersmann,
so fängt mein Gedichtchen an.
Ein Jägersmann, das sag ich euch,
nein, solchen gibt's nicht wieder gleich!

Der fuhr an einem schönen Tag,
weil er das sehr, sehr gerne mag,
per Auto und mit Jagdgewehr
in Wald hinaus, und freut sich sehr.
Denn jagen tut er halt so gern!
's ist ein Genuss für diesen Herrn!

Kaum parkte er am Waldesrand,
er sofort seine Büchse spannt.
Es rennt daher ein Häselein –
das soll auch gleich geschossen sein!
Das kluge Häschen merket gleich:
Der Mann ist nicht vom Himmelreich!
Der sinnet böses sicherlich,
er ziehlet schnurgerad auf mich.
Wart nur mein Herrchen, pass nur auf,
wie schnell ich spring, wie schnell ich lauf.

Der Jäger zielt, die Büchse kracht,
das Häschen rennt davon und lacht.
Du zieltest gut, du Bösewicht,
getroffen aber hast du nicht!

225 Verfasser nicht bekannt, Original im Pfarrarchiv Limbach.

101 *Theatergruppe in Limbach, um 1920. Von links nach rechts: Franz Schuster, Karl Endres, unbekannte Person, Pfarrer Völk, unbekannte Person, Ursula Danner, Otto Spleiß Georg Mäusle. Vordere Reihe: Walburga Mäusle, Hubert Mäusle, Justina Jehle, Joseph Bestler*

Dem Jäger macht 'ne lange Nas'
der frohe nicht getroffene Has'.
Am Auto war die Tür nicht zu,
und wenn es wollte, könnt im Nu
ans Steuer, in das Auto rein,
als ein Schauffeur das Häselein.

Das tat er aber nicht der Has',
er macht ein Männlein in dem Gras
und freut sich, dass ihm dies gelungen:
dem Jäger durch die Bein gesprungen!
Und kennt ihr nicht den Jägersmann,
der zielen, doch nicht treffen kann?
Ihr dürft bloß den Herrn Pfarrer fragen,
der weiß Bescheid und kanns euch sagen.

Der zweite Teil des Gedichts gibt einen Einblick in den Schulunterricht. Der Autor dieses Buches hat selbst noch Erfahrung gemacht.

Spitzt alle aufmerksam das Ohr!
I sag ui jetz a Sprüchle vor.

Ihr kennats guat, i mach a Wett'.
D'r Spruch alloi, der wär ganz nett.
Jedoch d'r Zubehör, du mei',
der dürft' wohl it vom Besta sei.
Ja, ja, was hinterm Sprüchle steckt
Bei manchem bös Erinnern weckt:
»O Haselnuss, o welch Genuss!
Siehsch du, mei' Büeble, siehsch, ma mueß
Bloß klopfa an dia Schädl na,
nau kommt scho' raus, was jeder ka.
Und klopft, und lat gar nemme luck,
mit Grusla denkt ma an des z'ruck.
Er klopft und klopft deam arma Tropf
Mit seiner Ruat' auf deam sein Kopf.
Des hat fei weahdoa, des hat gschmerzt,
denn ihm war's ernst, er hat no' gscherzt.
De ältre Jahrgäng all, oho,
dia wissat des viel besser no,
denn früher hat er's besser gschafft,
je jünger desto meaner Kraft.
's isch klar, dass des heut nemme gat,
denn ma wird älter und malat.
Weils Fuaßwerk au sein Dienst versagt
Und weil dia Buaba, wenn er fragt,
und au dia Mädla grad so dumm,
koi Antwort geabat und bleibat stumm,
schafft er sich an a langa Ruat,
i glaub, vier Meter war se guat,
dia schwingt er mit gestrenger Hand
im ganza Schuelsaal umanand.
Vom Pult, von seim Regierungssitz,
schickt er sein Donner und sein Blitz
strafend über d' Schäfla nei.
Er könnt beinah a Cäsar sei!
Au no de letzte ganz dau hint
er mit seim Ruetle suacht und findt.
Und schuld dra sind d' A'hauser halt –
dia hand se braucht, dia Ruat, vom Wald.
Für riegeldumm hau i koin Alta
und au koin Jonga von ui g'halta.
Doch an der Tat ka' ma ermessa:
Hant d' Weisheit it mit Löffel g'fressa!

Im Pfarrhof hat die Motorisierung schon früh begonnen. Die Wege nach Anhausen und zum Dies in Günzburg waren wohl zu Fuß zu beschwerlich.

In unserm kloina Lempa,
A bissle hinterm Mond,
Hochwürden isch a Spötter,
der koin mit Spott verschont.

Ma derf nix schuldig bleiba,
des derf ma it, noi, noi,
hat unser Pfarrer oft scho' g'sait,
drum zahl i 's ihm jetz' hoi.

Vor soundsoviel Jährla,
wia wärs denn hat er denkt,
wenn ma statt immer laufa
a guats Motorrad lenkt?

Gedacht und auch gehandelt
Hat unser Herr ganz schnell,
und eh' der Tag verganga
wars Rädle scho' zur Stell.

Er saust drmit du'rs Dörfle,
er saust drmit zur Stadt,
isch stolz, weil er als Erster
im Dorf a Stahlross hat.

Des Kilometer fressa
deam Rädle wird's bald z' dumm,
und halben Wegs kehrt schiebend,
d'r Fahrer oft mea um.

»So hat des keine Zukunft,
so geht das nicht nein, nein!
Es wird in diesem Falle
ein Auto besser sein.«

Und also ward gehandelt.
's Motorrad, des muaß fort!
Er kauft drfür a Auto,
's erst Auto hier im Ort.

»Ist des a prächtigs Fahra!
Ma sitzt dau drinn so guat!

Ma fühlt sich wia a König
und jeder lupft da Huat!«

Doch eines schönen Tages
au 's Auto bockt und streikt
und gar koi Lust zum Fahra
des bös Vehikel zoigt.

Es hilft koi Ziah, koi Schiaba.
Was isch bloß schuldig dra?
Ob Hochwürden Herr Pfarrer
it richtig schalta ka?

Noi, noi, dia Sach isch oifach,
was ratet ihr denn noch?
Zu leicht war dieser Wagen,
zu schwer der Fahrer doch!

Versöhnliche Worte und Lob beenden das Gedicht.

Im Bauradorf, wia hia,
isch wichtig, und des wia:
A Pfarrer der schöa singt,
dass 's Stimm wia Orgel klingt,
und predigt Gottes Wort
mit Wucht am heiliga Ort,
der predigt schea, net lang,
sonscht wird's de Baura bang,
der in d'r Schual d'e Kind
beibringt, was bös und Sünd,
was guat isch und was recht –
a sotter isch it schlecht.

A Pfarrer mit Humor,
i sag ui, 's isch fei wohr,
der isch sympatisch mir
und ganz bestimmt au dir.
A Pfarrer, der Freud dra hat,
und au ins Wirtshaus gat,
deam ma 'en Wei' auftischt,
und wenn's im Stoikrug ischt,
der plaudert und der lacht
und au a Späßle macht –
en sotta geistlicha Herrn
en sotta mag i gern!

102 *Pfarrer Joseph Völk (1880–1955) war bis zu seinem Tod 41 Jahre lang der Seelsorger von Limbach*

So isch d'r unser gwea,
drum war er geara g'seah.
Jetz ischt'r müad und alt,
wird ja scho achtzga bald.
Weil er scho gschafft g'nua hot
Sagt er uns jetz: Bhuet Gott!
A wohlverdienta Rua,
viel Gsundheit au d'rzua,
wünsch ihm von Herza i.
Mein Dank für alle Müh!
Dr Herrgott spendet schon
Für alles seinen Lohn!

Flurnamen

Flurnamen sind immer schon eine Hilfestellung zur Orientierung innerhalb der Gemarkung. Die Landwirte, die natürlich mit ihren Feldern immer wieder zu tun haben, gebrauchen diese ganz selbstverständlich. Es wäre jetzt interessant, Herkunft und Bedeutung zu kennen. Die Namen sind nicht immer leicht zu deuten und es kann darum keine Gewähr für Richtigkeit übernommen werden.
Vorweg die Erklärung einiger immer wieder gebräuchlicher Begriffe, deren Bedeutung heute häufig nicht mehr klar ist:

Brühl/Priel[226]	feuchte Wiese
Eichet/Eichenteile	Eichenwäldchen
Egart/Egerten[227]	Wiesen oder Brachland (manchmal umzäunt), drei Jahre als Acker und dann die doppelte Zeit als Wiese genutzt.
Ewigkeit	Grundstücke, die »ewig« im Besitz bleiben und nicht an die »tote Hand« (Kirche oder Kloster) veräußert werden dürfen
Gehau/G'hau/Kau[228]	Wald auf feuchtem Gelände, in dem das Holz vor kurzer Zeit erst geschlagen wurde und in dem neues, junges Holz nachgewachsen ist
Glucke	eventuell eine Wiese, auf der die Rebhühner und Auerhähne aus dem Wald kamen
Hart[229]	feuchte Wiesen

226 Stichwort Brühl, in: Grimmsches Wörterbuch 2, Sp. 426.
227 Stichwort Egert, in: Grimmsches Wörterbuch 3, Sp. 34.
228 Stichwort Gehau, in: Grimmsches Wörterbuch 5, Sp. 2328.
229 Stichwort Hart, in: Grimmsches Wörterbuch 10, Sp. 509.

Kron/Gron[230]	Der Begriff Gronne bezeichnet eine Hirschfährte.
Lange Gewand/ Gewende[231]	Gewanne bezeichnet eine größere Ackerfläche, die in mehrere lange Streifen aufgeteilt war. Diese wurden mit Pferde- oder Ochsengespannen beackert. Am Ende des Ackerstreifens musste das Gespann wenden, um wieder auf den zu beackernden Streifen zurückzukommen. Der Streifen auf dem das Gespann wendete war der Anwandweg.
Lach	flaches Gewässer
Loch/Loh[232]	sumpfiges Gebiet, lichter Wald
Reis[233]	Bezeichnung eines Laubwaldes oder einer Fläche, die von Laubgebüsch aller Art bewachsen ist.
Schlacht/G'schlat(t)[234]	Schlacht bezeichnet eine Uferverbauung mit einem künstlichen Damm, hier fällt das Gelände relativ steil ab und wurde am Fuß mit dem Bach entwässert.

Alte Flurbezeichnungen, wie sie bei den Hofbeschreibungen vorgekommen sind und in der Flur die drei wichtigsten Ackerareale benennen:

Beim Eisenbrunnen (auch: Kötzer Feld)	westlich vom Ort, Richtung Kötz. Der Wald bei Kötz heißt heute noch Eisenbühl.
Deffinger Feld	westlich vom Ort, an den Feldern entlang verläuft der Weg Richtung Deffingen
Strassäcker	nördlich vom Ort, bei der Landstraße

Im Repertorium von 1850 (Darstellung der Grundbesitzungen mit Hausnummern und Plannummern sowie Angaben der Flächeninhalte), das Pfarrer Völk vom Repertorium der Flurmarkung Limbach beim königlichen Rentamt in Wettenhausen abgeschrieben hat, wird die Feldflur Limbachs in vier Abteilungen angegeben.

I. Das kleine Feld

Hartgehau wurde am 16. Mai 1829 aufgeteilt und unter die Gemeindeglieder verteilt.

Hartplätze	
Hartwiesen	
Hopfengarten	Platz an dem Hopfen zum Bierbrauen angebaut wurde

230 Stichwort Gronne, in: Grimmsches Wörterbuch 9, Sp. 444.
231 Stichwort Gewanne, in: Grimmsches Wörterbuch 6, Sp. 5320.
232 Stichwort Loh, in: Grimmsches Wörterbuch 12, Sp. 1127.
233 Stichwort Reis, in: Grimmsches Wörterbuch 14, Sp. 713.
234 Stichwort Schlacht, in: Grimmsches Wörterbuch 15, Sp. 236.

Kammergehau	eventuell ein der Kammer der Markgrafschaft Burgau gehöriges Stück Wald (Die ehemalige bis 1829 unverteilt gewesene Gemeindewaldung wurde in diesem Jahr in 7½ Teil aufgeteilt und unter die Gemeindeglieder verlost.)
Kreuzäcker	hier stand schon vor langer Zeit immer ein Kreuz
Kronbach	eventuell der Bach, an dem das Damwild zur Tränke kam
Marängerle	Angerwiese, Feldstück im moorigen Gebiet, das zum Meierhof gehört
Weiherberg	der Hang südöstlich vom Weiher
Weiherwiesen	die feuchten Wiesen südlich vom Weiher, durch den Bach getrennt vom Weiherberg

II. Das Kötzerfeld

Beim Kreuz	(gemeint ist wohl Mayers Kreuz)
Birkengehau-Äcker	
Birkengehau	Der Birkengehau war ehemals klostereigen und wurde seit 1825 ausgestockt. 1835 kauften die Handelsjuden Seligmann in Ichenhausen und Raphael Landauer aus Hürben den Wald. Er war zwischenzeitlich königliche Staatswaldparzelle.
Bogenäcker	westlich der Biegung der Straße nach Ebersbach
Eg(g)erten	Am 15. November 1828 wurde die gemeindliche Waldparzelle aufgeteilt in 29 Parzellen und verlost.
Eichenteile	
Gluckenberg	
Grabengehau	
Kötzer Feld	Felder an der Straße nach Kötz
Langes Gewende	
Noarnamer (Nornheimer)	1817 tauschten Leonhard Rank und Viktoria Seitz von Nornheim das ehemalige Nornheimer Holz gegen das ehemalige Gemeindeholz im Reiset. Am 16. Mai 1829 wurde das eingetauschte Nornheimer in 25 Teile aufgeteilt und unter die Gemeinderer verteilt. Am gleichen Tag war auch die Verteilung der Waldteile vom Stubengehau, einem Teil der Platten (flache Wiesen) und der Seelach (Seehölzer). Stuben ist eine abgegangene Siedlung.[235]

103 Die Limbacher Flur in der Uraufnahme von 1823

235 Glenk, HONB, S. 301 f. Nr. 201.

Straß- Feld
im Eichet
Schwarzenberg Aecker
Bach Aecker
Krautgartenaecker
Spitalholz
beim Zehentstadel
Kreuz-Aecker
Kleine Feld
Defiinger Feld
Tiefe
Buchelweg
Kronbachholz
Abanangerl Aecker
Hart
Fünflauchen
Birkenghau
Waherle
Das Holz
die Eggerten
Die Eggersten
Eggersten
Grabenghau
Harthauser holz
Herrn von Riedheim
Hartghau
unter Nusslacherholz
ober Nusslacherholz
Teichacker
der Gemeinde
Stubenghau
Hirnberg

Weiheräcker
Weiherle

Südlich vom Weg beim Kreuz findet sich der Glockenacker mit der PlNr. 250, der anno 1600 an HsNr. 22 verkauft wurde, um eine Turmglocke finanzieren zu können.

III. Deffinger Feld

Am G'schlat	
Bachhalden	
Bachäcker	südlich vom Bach ansteigendes fruchtbares Ackerfeld
Bachwiesen	nördlich vom Bach, ziemlich feuchte Wiesen
Am Buschelweg	in alten Dokumenten als Burgstallweg (Weg zur Stelle, wo eine Burg steht oder bestand), später verschliffen zu Buschelweg. Der Begriff Burgstall bezieht sich auf die Viereckschanze. Diese war noch 1850 mit einem normalen Holzgebüsch bewachsen und damals bereits größtenteils abgegraben und eingeebnet.
Ewigkeit	das Reisensburger Holz, auch Reichsgarten genannt, mit 33 Tagwerk (Tgw) und 42 Dezimal (Dez) von Sebastian Rösch »beim Jaklabauer« von Reisensburg herrührend, wurde beim Hofgutverkauf durch den Güterhändler Friedrich Fürnhaber von Ulm dem Bauern Alois Bozenhard in Kleinkötz um 2750 fl verkauft. Diese Waldparzelle wurde sonach von Alois Bozenhard abgehauen, dann ausgestockt und in den Jahren 1838 bis 1846 durch seinen Sohn Georg an Leonhard Berchtold, 9 Tgw Leonhard Birkner, 12 Tgw Michl Deger, 3 Tgw Thomas Hanger, 2 Tgw 16 Dez Georg Senser, 3 Tgw 63 Dez und Georg Hindelang 3 Tgw 63 Dez veräußert.
Heininger (Heiminger)	Äcker (von HsNr. 5)
Langes Gewende	
Prielwiesen	
Raunsetle (auch Reiset)	Möglicherweise stand auf dieser Flur ein Laubgebüsch, in den man die Schweine zur Mast trieb. Rauns oder Rans bezeichnet den Schweinerüssel.[236] Wahrscheinlicher aber wurde aus diesem Gebüsch (Reis) das Bindereis für Besen etc. gewonnen. Das Reiset war bis 1817 Limbacher Gemeindewaldung (siehe oben bei Noarnamer).

236 Stichwort Rans, in: Grimmsches Wörterbuch 14, Sp. 108.

Spitaläcker	
Tiefe/In der Tiefe	tiefliegende Wiesen, die durch den künstlich tiefer gegrabenen Bach entwässert wurden

IV. Straßfeld

Am Eichet	
Am Krautgarten	
Am Zehentstadel	östlich vom Zehentstadel gelegen, der bei der heutigen Hausnummer Pfarrer-Völk-Straße 15 stand.
Bachäcker	südlich vom Bach ansteigendes fruchtbares Ackerfeld
Bachwiesen	nördlich vom Bach, ziemlich feuchte Wiesen
Beim Stefanuskreuz	
Elend	nach dem Standort des »Elendherrgöttle«
Eichet	
Fuchsberg	
Hirtenmahd	
Käppelisberg (auch Bild-Äcker/ Kapellenäcker)	
Kiesgrube	Maria Anna Mayer verkaufte mit herrschaftlicher Bewilligung an das K. K. Viarium zur Bekiesung der Heer- und Landstrasse drei Jcht. Ackerland im unteren Strassfeld (Limpachisches Salbuch fol. 242) an der Halden gelegen
Krähennest	vermutlich eine Verballhornung von Kren (Meerrettich)
Krautgärten	kleine Parzellen, auf denen Gemüse/Kraut angebaut wurde; die Krautgartenholzparzelle wurde 1828 in 25 Teile geteilt, ausgestockt und zu Ackerland umgeschaffen.
Kronbachwiesen	
Langes Gewende/ Gewanden	
Loch(feld)	
Postweg (auch Am Poststeig)	Dabei handelt es sich um eine Abkürzung für Postreiter. Dies waren oft berittene Eilboten, die den Kurierdienst zwischen den Fürstenhöfen erfüllten. Früher führte diese Abkürzung vorbei am »Postkreuz«, (es stand etwa an der Stelle, wo heute das »Stephaneskreuz« steht und endete im Westen beim damaligen Standort des »Stephaneskreuzes«. Heute ist diese Strecke überbaut mit der neuen Trasse

	der Landstraße (Staatsstraße 2510). Die alte Landstraße, die in der Zeit Maria Theresias und auf ihre Veranlassung als neuer Verbindungsweg von Augsburg nach Günzburg hergerichtet worden war, bildete einen großen Bogen, so dass diese alte Straße an »Königin-Bild« vorbeiführte und so Limbach recht nahe kam.
Schwarzberg	bis 1792 Wald
Teufelseck	
Baron Riedheimische Waldungen	Kronbachkopf, Sulzkopf, Grabengehau und Herrenberg

Ortsspitznamen

In unseren Dörfern hatte jedes Haus einen Hausnamen, da es ursprünglich keine Hausnummern gab. Ähnlich kannte man die Orte in der näheren und weiteren Umgebung mit Spitznamen, die aus überlieferten Vorkommnissen und geographischen Besonderheiten herrührten. Die folgende Liste, teilweise mit erklärenden Bemerkungen versehen, hat Pfarrer Völk gesammelt.

Anhofen	Rührmilchpumpeler
Attenhofen	fuirige Bauntzen
Behlingen	Sonnenfänger, Nadelsäer, Nebel- und Kirchenschieber, Blonzensieder
Beuren	Krauthäfen
Bühl	isch' net viel
Bubesheim	d' Fleck (Die Bubesheimer sollen einmal mit geflickten Kirchenfahnen ums Feld gegangen sein. Obendrein sollen die Flecke noch von anderer Farbe gewesen sein.)
Burgau	Troidsäck, Eierausbrüter, Schnäuzel, Faulheit
Burtenbach	Dreckvenedig, Lachenpantscher, Leutauslacher, Heckel
Deffingen	Kehleade (dreckfade)
Deubach	Tempersleut (kleine, arme Leute), Leimstückl
Ebersbach	Leberzwacker (ein Reimscherz = Leberhacker)
Echlishausen	Lehmtrapper, »Z' Echlishausa tuats oim grausa«
Ellzee	aell zeh (alle zehn)
Ettenbeuren	Scherbenscheißer
Freihalden	Waldler, Schachteln, Polacken. (Starke Fetzenleut trugen früher lange, ungepflegte Bärte und gingen im Sommer meist barhaupt und barfuß.)

Gannertshofen	Gannershofer Narren schiebet einander im Karren schiebet einander ins Glockenhaus stechet einander d' Augen raus.
Grafertshofen	Bettelsack
Großanhausen	Krautlöcher (Die Großanhauser Kinder brachten in die Schule nach Limbach für die Mittagszeit bachene Nudeln und kleine Häfen mit. In diese füllten sie das Kraut, das sie zu den Nudeln bei den Limbachern bettelten.)
Großkissendorf	Loimtrapper (Früher gab es dort eine Ziegelei, wo der Lehm eingetreten wurde.)
Großkötz	Nachteulen (Sie gehen vielfach spät heim, streunen mitunter nachts herum.)
Günzburg	Gänskräga (Schreihälse, sie sollen vielfach lange Hälse haben und gelten als etwas übersparsam – Geizkräga)
Hafenhofen	Hafendeckel
Hammerstetten	Kaminseicher (Ein Maurer soll sich bei Dacharbeiten nicht die Zeit genommen haben, jenen Ort aufzusuchen, den auch der Kaiser zu Fuß besucht und gleich den Kamin auf Wasserdichtigkeit getestet haben.)
Harthausen	Spüllumpentrapper (ein Liebhaber suchte sein Mädchen in der Küche auf. Die Verehrte suchte in der ganzen Küche nach dem Spüllumpen, fand ihn aber nicht, weil der Liebhaber darauf herum trappte.)
Hochwang	Flohfanger
Ichenhausen	Sackausmauser
Jettingen	Gockelrupfer, Biberstehler
Kemnat	Mueswampa
Kleinkötz	Messerwetzer, Krottenmetzger
Konzenberg	Leutverderber (Anspielung auf den Konzenberger Raubritter Kunz von Kunzenberg)
Leibi	Kropfete (Das Flußwasser soll Kröpfe erzeugen.)
Leipheim	Scherhämmer, Gischpel
Limbach	Luftschnapper (Georg Fischer, HsNr. 8, von Limbach war zu Gast bei einer Hochzeit in Ebersbach. Sei es, dass er zuviel gegessen hatte oder aus sonst einer Ursache es ihm im Saale zu schwül wurde, entfernte sich mit der Bemerkung: I muaß Luft schnappa.)
Leinheim	Zwersäckler (wegen der Zwersackform ihres Dorfes), »Z Leina könnt ma heina.«
Münsterhausen	Strempfauslauser
Niederhausen	Strumpfauslauser
Nornheim	Ähretsäckler

Oberhausen	Schubladlauser
Oberknöringen	Bändelbuaba, Bändelwirker
Oberwaldbach	Spaunäsa (Die Gemeinde besitzt 1500 Tagwerk Wald. Die 75 nutzberechtigten Bürger stecken in Forstsachen ihre Nase in jeden Spahn.)
Ochsenbronn	Kühdrecksonner
Offingen	Musgutter (Es sollen die Frauen dort das Mus für ihre Kinder in Steinflaschen gekocht haben. Als es jedoch fertig war, brachten sie die Masse aus der Flasche nicht mehr heraus, weshalb sie Musgutter genannt werden (Gutter = lat. guttus = enghalsiger Krug).
Reisensburg	Ratzenrammler, Moosschnepfen
Remshart	Katzenklupper
Rettenbach	Pudelmelker (Die Lache am Westeingang des Ortes hieß Pudellach.)
Ried	Sausäckla
Ried bei Behlingen	Binsger
Ried bei Jettingen	Ölbautza (Die Rieder sollen vor ihrem Patroziniumsfest mit ihren Ölhäfen in die Dinkelscherber Ölmühle gegangen sein, um Rapsöl statt Schmalz zum Küchlebacken zu bekommen.)
Rieden	Gecken
Roßhaupten	Klausa
Scheppach	Klepper
Schönenberg	Vidlafärber (Ein Schönenberger ging von seinem Ort nach Jettingen. Er hatte eine zerrissene Hose und weil er keine andere mehr anziehen konnte, färbte er sich das Vidle schwarz.)
Straß	Neilanger, Bröselpicker
Unterknöringen	Bettelbuben, Musikanten
Waldstetten	Heukorbprediger (Die Kanzel dort soll früher einem Heukorb ähnlich gewesen sein.)
Wasserburg	Filzkarren (Die sollen einmal die Karrenräder mit Filz eingebunden haben, damit man sie nicht hörte, als sie nachts auf heimlichen Verdienst ausgingen.)
Wettenhausen	Suppahäfa
Weißenhorn	reiche Stadt, Stoffel

Die Anwesen und ihre Besitzer

In diesem Kapitel sind in einzelnen Absätzen Nummern in Klammern angegeben. Diese bezeichnen die verwendeten Akten und geben damit den archivalischen Nachweis mit Signatur und den Standort an. Ein Verzeichnis dieser Akten findet sich im Anhang des Buches »Im Häuserverzeichnis benützte Akten«.

HsNr. 1 Karl-Kempter-Straße 2

Hausname: 1837 Schullehr
1860 Hindelang
1883 Schuljoseph
1900 Hanselenz

1489 Diese Söld ist anno 1489 vom Heiligen von Großanhausen erkauft worden und soll »laut Kaufbrief Auf- und Abfahrt geben 6 Pfg 3 kr«. (14) 1699 war die Söld noch im Besitz der Stiftung Großanhausen. Später kam sie als erbgitige Erbsöld zum Kloster Wettenhausen mit 8 fl 3 kr Auf- und Abfahrtgeld.

1570 Hans Prolier (53)
Prolier veräußerte sein Anwesen am 1. Mai 1570 an Hans Hann. Dabei werden die Lage und die Verpflichtungen beschrieben. »Haus, Stadel und Garten zwischen Anna Rueffen und dem Veldt stoßend unten auf das Meyrängerle. Zinst dem Lieben Heiligen Unser Lieben Frauen zu Anhausen mit 10 kr jährlich und 1 fl Auf- und Abfahrt. Er bezahlt 190 fl, davon bar 110 fl, den Rest jährlich auf Johannis ab 1571 mit erstmals 8 fl bis alles bezahlt ist.« (52)

1570–1596 Hans Hann, »hat ein Söld mit Haus, Hofraithin, Stadel und Garten. Zinst dem Heiligen zu Anhausen«. (7, 52)
1618 Georg Hann (9, 88)

1628 Jakob Endriß (7, 15)

1662–1688 Georg Schlinkher, († 16. Juni 1688, alt 50 Jahr)
∞ Anna († 21. Dez. 1697)
1662 bezahlte die »Söld zur Auffahrt 4 fl zur Abfahrt 8 fl. Hat ein Söld neuerbaut, mit Hofraithin, Stadelblaz und Gar-

ten, zinst dem Heiligen zu Anhausen.« Das Kloster hatte sich vorbehalten: »Falls solches Erblehen verkäuflichen in andere Händ kommen sollte, so hätte allhiesiges Gotteshaus *iuxta reservales de annis* [neben den Vorbehalten aus den Jahren] 1569 und 1623 das *ius reluendi* [Wiederkaufsrecht].« (9) Die Witwe hatte Geld verliehen an Melchior Weinberger und Conrad Schwarz. Diese Außenstände verwendet sie für das Seelenheil der Familie und für Vermächtnisse.
Anna stiftete drei Jahrtagsmessen: Für ihren Mann, ihre Tochter Katharina († 24. März 1692) und sich selbst. Sie starb bei ihrem Vetter Hans Conrad Schwarz (HsNr. 4). Anna war noch 1697 gestorben. Am 9. Juni 1698 wurde ihre Verlassenschaft ordentlich beschrieben und nach ihrem letzten Willen verteilt.

Es waren noch Restschulden offen von Melchior Weinberger	135 fl
dem Conrad Schwarz geliehenes Geld	117 fl
Hievon wurden für die Tochter Catharina ein Jahrtag	20 fl
und zwei weitere Jahrtage für Anna und ihren Mann	40 fl
weiter für 25 heilige Messen	10 fl
an St. Stefan in Limbach	5 fl
an Conrad Schwarz zum Voraus und ansonsten mit der Obligation für ein ordentliches Begräbnis und einen Jahrtag	87 fl
an die königliche Capell	5 fl
an Paul Hörgers Kinder zu Rettenbach	20 fl
an Hans Schusters, selig, Kinder aus erster Ehe	20 fl
an Michael Mayrs Kinder zu Rettenbach	20 fl
Konrad Schwarzens Kinder Ignaz und Elisabeth je 5 fl	10 fl
mehr der Agnes auserordentlich	15 fl

Alle diese Ausgaben und Legate sollen aus den Restschulden von Melchior Weinberger beglichen werden. Zuletzt soll auch noch Schwarz seine 45 fl erhalten.

1688–1699 Melchior Weinberger, Schreiner von Leinheim
(† 12. Juli 1699, alt 63 Jahr)
I. ∞ 5. Nov. 1675 Katharina Schlinkher
(† 24. März 1692, alt 35 Jahr)
II. ∞ 2. Juni 1692 Witwe Elisabeth Schlinder, geb. Ansorgin, aus der Kirchheimer Herrschaft, aus dem Dorf Derndorf († 28. Feb. 1744)
Dieser Dorfschreiner war es auch, der 1680 die beiden Seitenaltäre für die Limbacher Kirche anfertigte. Am 6. März 1694

gab Michael Weinberger sein Lehengütle (HsNr. 17) an Mathes Maurer von Wiesensteig ab. Es gehörten dazu »Haus, Garten, Krautgarten, Gemeindsgerechtigkeit, ½ Jcht Ackers. Der Kaufschilling betrug 400 fl. Der Betrag war in Raten bis Ostern 150 fl, auf Jakobi 50 fl, vom Rest 1695 auf Georgi 120 fl und weiter jährlich auf Georgi 10 fl.« (54)
Am 3. August 1699 wurde ein Vermächtnis, das Weinberger für seine »negsten Befreinden« im Protokoll vom 28. April 1692 ausgesetzt hatte und »50 fl nebst der Truhen und Leibhöß ausmachte«, durch seinen letzten Willen, den er vor dem Pfarrvikar und zwei Zeugen kundgetan hatte, abgeändert. Er gab jetzt »25 fl für heilige Messen und 15 fl dem heiligen Stefanus. Die restlichen 10 fl erhielt Ruprecht Colmar von Leinheim, der dieses Geld an die beiden Nichten Weinbergers auf Martini 1700 bar erlegte.« (25)

1700–1740 Zacharias Langegger (* 6. Feb. 1677, † 19. Dez. 1740)
∞ 25. Jan. 1700 Witwe Elisabeth Weinberger († 28. Feb. 1744) (12)
Am 11. Januar 1700 bat Zacharias Langegger, der Sohn aus der Ehe von Ulrich Langegger und Maria Heim um die Zustimmung, sich mit Elisabeth Ansorgin, der Witwe des Melchior Weinberger, verheiraten zu dürfen. Er brachte 200 fl mit in die Ehe. 100 fl in bar, den Rest zu gleichen Teilen am dies- und nächstjährigen Michaeli. Er bat auch, ihm die angeheiratete Sölde und die Lehen zu übertragen. Er hatte die Lasten zu übernehmen: »Das waren 10 fl zusammen für Auf- und Abfahrt, dann das jährliche Rechnungsgeld von 16 kr, zwölf Viertl Roggen, vier Viertl Haber, eine Henne. Für die Gestattung der Nutznießung der leibfälligen Stücke musste er die Anerkennungsgebühr von 20 fl erlegen.« (25) Anfang 1743 wollte die Witwe ihr Erblehenhaus an Joseph Bantele um 950 fl verkaufen. Johann Kempter und Peter Göz von Limpach erheben Einstandsrecht. Der Kauf durch Joseph Bantele wird unwirksam, weil Peter Göz als Gemeindsmann das Einstandsrecht wahrgenommen und das Geld bar erlegt hatte. So wurde ihm das Haus zugesprochen. (41)

1743–1747 Peter Göz
»Den 28. April 1747. Nachdem Peter Göz, burgauischer Wirt in Limpach, vor etwas Zeit das Zeitliche mit dem Ewigen verwexlet, unter anderen seiner Güter aber auch eine wettenhausische Erblehensöld besessen hat, haben die zurückgelassenen 2 Söhne Bernhard und Joseph die Bolkarden ihrer Schwester Victoria Bolkard oder vielmehr ihrem Beistand Hans Michl Fritz, jetztmaliger Wirt alda cediert.« (45)

1747–1748	Hans Michl Fritz Dieser trat das Anwesen 1748 ab an:
1748–1758	Michael Kempter (* 23. Sept. 1717, † 9. Dez. 1758)[237] (Seine Eltern: Leonhard und Justina Kempter, HsNr. 4) ∞ 11. Oktober 1746 Franziska Guem von Unterknöringen († 8. März 1780) (12) Die Trauung ist in den hiesigen Matrikel nicht eingetragen, sie war wohl in Unterknöringen, dagegen findet sich dort die erste Taufe aus dem Jahr 1748. Das Paar zog demnach von auswärts hierher. Am 10. Januar 1759 erbat die Witwe Franziska die Erlaubnis, sich mit Leonhard Bott von Deubach, der 100 fl in die Ehe brachte, verheiraten zu dürfen. Den Kindern aus erster Ehe (Ursula im 11., Hans Michl im 9. und Franz im 3. Jahr) werden 200 fl väterliches »Ausgemächt« gutgeschrieben. (65)
1759–1764	Leonhard Bott von Deubach († 15. Aug. 1764 an Erbrechen) (12) ∞ 2. Jan. 1759 Witwe Franziska Kempter Am 25. April 1765 bat die Witwe Franziska wiederum um die Heiratserlaubnis mit Hans Michael Gassner aus Ettenbeuren. Dem Kind Hans Ulrich Bott aus der zweiten Ehe wurde das väterliche Einbringen (80 fl) gutgeschrieben. Leonhard Bott brachte in die Ehe 300 fl Bargeld und noch weitere 200 fl in Ziehlern. Mit 200 fl wurden die Anleihen bei der Waisenkasse getilgt. (73)
1765–1776	Johann Michael Gaßner von Ettenbeuren (* 4. Sept. 1735) (10) ∞ 6. Mai 1765 Witwe Franziska Kempter Er hatte »die Gerechtigkeit zu bachen und Branntwein zu brennen, jedoch nur *revocabiliter et sub certis conditionibus* [auf Wiederruf und unter besonderen Bedingungen]«. Diese Bedingungen besagen, dass er die gewöhnliche Gebühr bis zum Widerruf entrichte, den Branntwein nur »unter dem Reiff verkaufen, mithin keine Gäste setzen oder solchen über die Gassen schenken befuegt sein solle.« (73) Er bezahlte wie HsNr. 2 dem Heiligen zu Großanhausen 17 kr 1 hl. (12) Trotz seiner zwei Berufe hatte Gassner immer wieder Schwierigkeiten, seine Schulden zu bezahlen oder schwierige Zeiten zu überbrücken.[238]

237 (45) 1748: Leihe von 100 fl zum Kauf des Haues vom Schwager Anton; (48) 1752: Leihe von 25 fl vom Heiligen St. Nikolaus in Hammerstetten; (49) 1753 Leihe von 25 fl vom Heiligen in Hammerstetten; (66) 1755 abermalige Leihe von 25 fl, um ausstehende Schulden begleichen zu können, vom Großanhauser Heiligen; (65) 1758: Anleihe von 15 fl zum Kauf eines Rosses von der Heiligen Cassa.

1776–1804 Lorenz Mayer von Altenmünster, Schullehrer und Metzger (* 11. Mai 1735, † 16. März 1806 an Faulfieber) (12) ∞ 7. Nov. 1757 Witwe Elisabeth Sailer († 21. Nov. 1795), welche die letzten Lebensjahre blind war
Am 26. April 1776 tauschte Mayer seine bis dahin innegehabte Söld (HsNr. 15) »um besserer Bequemlichkeit halber« mit Michel Gassner (HsNr. 1). Sie tauschten nur das Haus und behielten die Gemeindsgerechtigkeit und das Lehen bei. (13) Am 31. Januar 1804 übergab er um 1800 fl an seine Tochter Kreszenz. Diese heiratete

1804–1859 Mathias Kempter, Ludimagister (* 23. Feb. 1783, † 23. Mai 1859 an Altersschwäche) ∞ 13. Feb. 1804 Krescenz Mayer (* 18. Sept. 1773, † 5. Juli 1851 an Altersschwäche)
Am 9. Juli 1859 verkauften die Erben das Anwesen an Ulrich Mayer von hier und Anton Vogler, Müller in Unterknöringen, um 6440 fl. Von diesen erwarb am 7. Dezember 1859 das Anwesen Georg Hindelang von hier um 1850 fl, der es wiederum am 1. Dezember 1860 um 1600 fl an seinen Sohn Joseph abtrat.

1860–1896 Joseph Hindelang (* 8. Aug. 1832, † 25. Feb. 1910 an Altersschwäche, und doch so schnell, dass er die heiligen Sterbesakramente nicht mehr empfangen konnte) ∞ 17. Juli 1860 Josepha Hanger (* 26. Jan. 1835, † 12. Sept. 1910 an Altersschwäche)
Letztere konnte nur mehr die hl. Ölung empfangen, da sie das letzte ½ Jahr ganz kindisch geworden war. Weil er der Tochter Barbara den Hof machte, übernahm am 20. Februar 1896

1896–1931 Lorenz Mäusle (* 7. Aug. 1863, † 7. Feb. 1931) ∞ 4. Mai 1896 Barbara Hindelang (* 4. Dez. 1871, † 19. Juni 1945)
1911 hatte er das Haus abbrechen lassen und wieder neu aufgebaut. Lorenz wurde auf dem Weg von Großanhausen nach Limbach von einem Gehirnschlag getroffen und bei der Frauenwiese im Schnee liegend tot aufgefunden. Obwohl halb krank, war er doch nach Großanhausen gegangen, um sich dort rasieren zu lassen.

238 (70) April 1768: Leihe von 70 fl zur Bezahlung des Johann Luz in Wettenhausen; (70) Februar 1769: Leihe von 40 fl duch seine Frau Franziska aus der Waisenkasse; (70) 12. Juli 1769: Verkauf von ½ Tg Mahd im Kronbach für 40 fl an Bartl Kupfer; (70) November 1769: Leihe von 100 fl durch seine Frau Franziska; (69) 16. Januar 1771: Verkauf eines ½ Jcht Erblehenacker im Kötzer Feld an Lorenz Mayr um 80 fl.

1931–1963 Josef Mäusle, Wagner (* 21. Nov. 1906, † 14. Sept. 1963)
∞ 27. Nov. 1933 mit Barbara Bestler
(* 18. März 1902, † 17. Feb. 1965)
Er betrieb eine Wagnerei neben der Landwirtschaft.

1963–2011 Josef Mäusle (* 15. Sept. 1934, † 1. Jan. 2005)
∞ 10. Mai 1969 Irma Hausmann von Ried bei Behlingen
(* 25. Sept. 1940, † 23. Aug. 2011)
Mit Josef Mäusle endete die Wagnerei, ein Opfer des technischen Fortschritts. Gummibereifung und Traktoren ersetzten die Leiterwagen und die Pferde. Auch die Nebenerwerbslandwirtschaft wurde aufgegeben und die Felder verpachtet. Der Besitz ging auf die Frau Irma über. Erst nach ihrem Tod trat der Sohn Georg die Nachfolge an.

seit 2011 Georg Mäusle
∞ 2009 Hedwig Wolf von Ettlishofen

HsNr. 2 Pfarrer-Völk-Straße 21

Hausname: 1837 Hoser

1489 »1489 kaufte der Heilige von Großanhausen diese Söld und es gab dieselbe in Erkaufung Auf- und Abfahrtsgeld 6 Pfg 3 kr« (14) Noch 1699 stand sie im Besitz der Kirchenstiftung Großanhausen. Später kam sie als Erbsölde erbgitig zum Kloster Wettenhausen mit 8 fl 3 kr Auf- und Abfahrtgeld.

1535 »Hans Gainlin hat ein Jcht Ackers.« (5)
1551 »Hans Gainlins Witib Anna, hat ein Jcht Ackers.« (6)

1570 Anna Rueff (52)

1578/1596 Leonhard Baumeister, »vor Anna, Hans Gainlins Wittib, hat ein Söld mit Haus, Hofraithin, Stadel und Garten zwischen Hans Kötterlin und Hans Hann, zinst dem Heiligen zu Anhausen«. (7) 1596 »Leonhard Baumeister, zuvor Hans Gainlin hat ein Söld mit Haus Hofraithin Stadel und Garten zwischen Jerg Scheuch und Hans Hann, zinst dem Heiligen zu Anhausen jährl. 17 kr 1 hl, zinst die Söld dem Heiligen von Limpach an St. Agatha Kerzen 1 Pfd Wax und zur Auf- und Abfahrt 6 Pfg«. (8)

	Georg Wiedemann (8)
1618	Peter Wiedemann (7, 88)
1639	Georg Morekh, Jäger von Rembshart ist den 13. Dezember anno 1639 behaust. (8)
1662–1674	Adam Weber, olim Mesner, († 20. Juli 1674) ∞ Anna († 8. April 1681) (12) Er versah bis 1666 das Mesneramt. »Adam Weber vor Lienhard Baumeister vor deme Hans Gainlin hat ein neuerbaut Haus, Hofraithin und Stadlblaz und Garten zwischen Georg Schlenker und Jakob Schmids Hofgarten, stoßt vorn auf die Gemeind, hinten auf das Mayrängerle. Zinst zu dem Heiligen zu Anhausen 17 kr 1 hl zahlt zum Heiligen von Limpach an St. Agatha Kerzen Wax 1 Pfund.« (9)
(1669)–1698	Jerg Weber, Mesner († 24. Juli 1696) ∞ Maria Waiger († 3. Dez. 1721, 80 Jahre alt) Jerg versah 27½ Jahr das Mesneramt. Er »zinst dem Heiligen zu Limpach von der Söld an St. Agatha Kerzen, lt. dessen Salbuch 1 Pfund Wax, zu Unser Lieben Frauen Pfarrkirchen zu Anhausen vermög Salbuchs jährlich 17 kr und 1 hl und gibt Auf- und Abfahrtsgeld je 6 Pfg anno 1662«. (9) Am 20. März 1681 lieh »Andreas Schmid zu Limpach« dem Mesner Jörg Weber »40 fl zur Erbauung seines abgebrannten Hauses. Weber überließ anstatt einer Zinszahlung 6/4 Ackers für 6 Jahre zur Nutzung. Die Abgaben aus dieser Fläche bezahlte Schmid. Weber hatte das Recht diese 6/4 oder Teilflächen mit Geld wieder auszulösen.« Am 4. September 1698 überließ Maria Waigerin, die Witwe des Jerg Weber ihrer Tochter Barbara ihr »Erblehenhaus samt 4½ Viertl Acker und anderer Zubehör wie im Salbuch fol. 323 festgehalten samt einer Kuh und einem Würkstuhl einschließlich 200 fl«. Das Geld wird folgendermaßen ausbezahlt: »30 fl in bar, der Rest in Nachzielern auf Georgi jeweils 10 fl. Sie erhält lebenslangen Unterschluff und 2 Mitlen Roggen jährlich.« Das Protokoll beschreibt auch den Ehevertrag. (25) Somit ging das Erblehenhaus an
1698–1701	Hans Jörg Rohrmayer, Weber, *äditus novus* (neuer Mesner) von Landshausen, Pfarrei Bachhagel († 15. Feb. 1701) ∞ 6. Okt. 1698 Anna Maria Barbara Weber (* 2. Dez. 1671) (12) Am 25. Juni 1701 wurde die Heirat zwischen der Witwe Barbara Rohrmaier und Hans Kaspar Brand von Münsterhausen genehmigt. Der eheleibliche Sohn von Hans und Barbara Bran-

den brachte zu seinem erlernten Weberhandwerk 60 fl in bar mit. »Er musste jedoch 8 fl Ehrschatz zahlen. Das jährliche Rechnungsgeld betrug 16 kr, eine Henne. Dem lieben Heiligen zu Limpach giltete es weiterhin jährlich 1 Pfund Wax und hatte U. L. Frauen zu Großanhausen 17 kr 1 hl zu bezahlen.« (26) Rohrmayer starb 25 Jahre alt und hatte 2 Jahre 22 Wochen das Mesneramt versehen. Als Beisitz hatte er im Hause: Vitus Katzler, Schmid von Billenhausen, und Anna Maria Katzler, geb. Weber, Mesnerstochter. Am 26. Januar 1699 wurde den Katzlers das erste Kind getauft. Katzler scheint demnach zuvor als lediger Schmiedsgesell im Haus gewohnt zu haben, da in der Schmiede kein Platz für ihn war.

1701–1741 Hans Kaspar Brand, Weber, Mesner und der erste nachweisbare Schullehrer in Limbach († 10. April 1741)
I. ∞ 5. Juli 1701 Witwe Barbara Rohrmayer († 25. Feb. 1714)
II. ∞ 16. Sept. 1715 Veronika Gruber von Großanhausen (* 4. Feb. 1686, † 19. Jan. 1739)
Am 28. August 1715 ist festgehalten, dass der »Witiber Hans Kaspar Brand sich verlobte mit Veronika Gruber, der Tochter von Michael Gruber und Veronika Büßelsath. Sie brachte ihm 78 fl 25½ kr., ehrliche Ausfertigung und ein einjähriges Kalb mit in die Ehe«. (30)
Am 8. Oktober 1712 wird davon berichtet, dass die Gemeinde forderte, die Vergütung des Mesners, wie sie 1661 festgelegt worden war, abzuändern. Die Fruchtabgaben sollten in Geldbeträge umgewandelt werden. »Es gab damals 6 Bauern, den Kayserheimischen eingeschlossen, die 2 Mezen, und 17 Söldner, die 1 Mezen Roggen Ginger Meß« zu löhnen hatten. Der Mesner wollte vom hergebrachten Modus nicht abweichen. (28) Am 11. Dezember 1715 brachte Brand sein Anliegen wieder vor, zur alten Entlohnung zurückzukehren. Der endgültige Bescheid aus Wettenhausen brachte eine Mischfinanzierung aus Natural- und Geldabgaben ([30] und oben »Die Schule, Lehrer und Mesner«).
Nach Hans Kaspar Brands Tod am 10. April 1741 wurde am 9. Mai 1741 dessen »Inventarien« untersucht. Die Erben haben sich daraufhin verstanden Haus, Garten und Gemeindsgerechtigkeit mit allen Lasten dem Bruder Gregor Brand für 800 fl zu verkaufen. Gregor Brand hat sich daraufhin am 19. November 1741 mit Rosina Ruisenauerin von Glött verlobt, deren Einbringen 200 fl betrug. (12, 39)

1741–1764 Gregor Brand (* 10. März 1703, † 24. Nov. 1774)
Mesner und Schullehrer
I. ∞ 27. Nov. 1741 Rosina Rickenauer (oder Ruisenauer) von Glött († 3. März 1751 im Wochenbett)
II. ∞ 10. Mai 1751 Maria Pfäffle von Offingen († 31. Okt. 1751)
III. ∞ 11. Jan. 1752 Maria Theres Wolf von Wattenweiler, († 10. Nov. 1763)
Maria Pfäffle brachte neben den 150 fl noch eine gehörige Ausstattung mit. (47) Theres Wolf brachte ihm ebenfalls 150 fl eine Kuh und ehrliche Ausfertigung. (48) Nach ihrem Tod lieh er aus der hiesigen Waisenkasse 65 fl um die abgemachten Rückfälle abführen zu können. (72)
Am 28. Juli 1764 – im Vorjahr war ihm seine dritte Frau verstorben – übergab Gregor Brand sein Haus, Garten und Gemeindsgerechtigkeit nebst dem im Urbar fol. 323 beschriebenen Lehen mit allen Rechten und Pflichten an seine Tochter. Sie erhielt auch die eigenen Grundstücke fol. 331 und fol. 259. Er behielt sich einen Webstuhl. Das ganze verkaufte er um 700 fl. Davon wurden 200 fl als Heiratsgut angewiesen, dann erhielt der Vater 150 fl und die beiden ledigen Schwestern je 50 fl. Die restlichen 250 fl erhielten der Vater und die beiden Töchter in jährlichen Zielern zu 15 fl ab Martini 1765. Er blieb im Hause wohnen und trug mit seinen Einnahmen als Mesner zum Unterhalt bei. Sollten sie sich nicht vertragen können oder der Mesnerdienst abkommen, sollte er Unterhalt in Naturalien erhalten. Tochter Viktoria Brandin verlobte sich »mit hochherrschaftl. Consens mit Jakob Hoser, Martin Hosers von Ettenbeuren († 31. März 1785 in Ettenbeuren) und Ursula Hosers († 24. Juli 1781 in Ettenbeuren) ehelich erzeigten Sohn«. Sie brachte 200 fl und er 150 fl in die Ehe. (72)

1764–1804 Johann Jakob Hoser, Weber von Ettenbeuren
(* 14. Juli 1739, † 16. April 1807 an Herzwassersucht)
I. ∞ 9. Okt. 1764 Maria Viktoria Brand
(* 22. Okt. 1742, † 29. Okt. 1777)
II. ∞ 23. Feb. 1778 Maria Magdalena Holzinger von Wettenhausen, Hebamme (* 11. Nov. 1760, † 5. Jan. 1831 an Nervenschlag)
Die erste Trauung hielt der Wettenhauser Neupriester Johann Georg Lechner, der Neffe von Pfarrer Peter Paul Lechner, der in Limbach drei Jahre beim Onkel als Kaplan gewirkt hatte.
»Am 6. Februar 1778 wird vertraglich festgelegt, dass Jakob Hoser, der nach dem Tod seiner ersten Frau wieder heiraten möchte, sein sämtliches Vermögen mit Schulden und Bürden in Händen bleibt. Für seinen Sohn Martin, der erst acht Jahre alt war, wurden von Amts wegen Vormünder bestellt. Es wa-

ren dies Johannes Faißt und Johann Michl Schmid, der im Ort Amman war. Sie hatten die Interessen des Kindes zu wahren. Dem Kind wurde das mütterliche Einbringen, 200 fl, gutgeschrieben. Dieser Betrag, der nicht verzinst wird, wird dem Sohn bei Standsveränderung ausbezahlt oder, wenn der Vater vorher sterben sollte, sogleich verinteressiert. Bei Standsveränderung erhält Martin eine großzügige Aussteuer. Ihm stehen auch 20 fl zu, der Erlös aus dem Verkauf der mütterlichen Kleidung. Auch an seine Berufsausbildung war gedacht. Entweder er erlernt das Leinweberhandwerk vom Vater oder er erhält für die Ausbildung in einem anderen Beruf 20 fl. Am 30. April 1800, Martin Hoser war inzwischen 30 Jahre alt und Lehrer in Osterberg, erklären Peter Lipp von Hammerstetten und seine Schwägerin Magdalena Hoserin, dass Martin Hoser gänzlich aus der Heimat weggelöst sei. Er habe die 200 fl mütterliches und weiter 100 fl erhalten. Auch die Nachsteuer von 30 fl hat der Vater entrichtet.« (76)
Der Witiber Jakob Hoser »verheiratet sich zu der ehrbaren Magdalena Holzingerin, des Josephen Holzingers, Untertan und Erbsöldners zu Wettenhausen, und Eva dessen Eheweibs seelig, ehelich erzeigten Tochter, ledig jedoch vogtbaren Stands.« Sie brachte ihm eine standesmäßige Ausfertigung und 200 fl ein. (76)

1804–1850 Joseph Hoser, Weber
(* 11. Feb. 1779, † 21. Feb. 1842 an Magenverhärtung)
∞ 9. Okt. 1804 Maria Anna Röthle, Weberstochter von Harthausen (* 20. Aug. 1784, † 16. Mai 1850 an Wassersucht und Brand).
Joseph Hoser hatte um 1800 fl übernommen. (12)

1850–1854 die Hoser'schen Kinder

1854–1904 Konrad Hoser (* 21. März 1819, † 19. Dez. 1883 an Wassersucht)
∞ 7. Feb. 1854 Victoria Voggesser von Rohr, Pfarrei Ichenhausen
(* 24. Dez. 1827, † 15. Juni 1904 an Altersschwäche)
Wohnhaus und Stall (ohne Stadel) neu gebaut 1885.

1904–1934 Lorenz Hoser, (* 28. Juli 1859, † 13. April 1925
an Lungenemphysem und Herzmuskelerkrankung)
∞ 7. Aug. 1905 Afra Spitz (* 13. Juni 1868, † 23. Nov. 1945)
Stadel und Stall 1933 neu gebaut.

1934–1971 Lorenz Hoser (* 7. Nov. 1906, † 23. Feb. 1972)
∞ 15. Dez. 1934 Barbara Schuster von Ebersbach
(* 7. Juli 1906, † 8. Mai 1988)
Das Wohnhaus wurde in den 50er Jahren neu erbaut.

seit 1971 Hermann Hoser
∞ 1965 Elisabeth Fink von Reisensburg
Die Landwirtschaft, die zuletzt als Nebenerwerbsbetrieb bewirtschaftet worden war, wurde verpachtet. An den Stadel am Südende wurde ein Wohnhaus angebaut.

HsNr. 3 Pfarrer-Völk-Straße 23

Hausname: 1800 beim Röschen

1294 Ein Hofgut, erbgitig zum Kloster Wettenhausen mit 36 fl 50 kr Auf- und Abfahrtgeld. Den Kirchensatz schenkte der Bochesloher Kirchherr zu Altheim dem Kloster u. Heinrich der Münsterer bestätigte am 21. Juni 1294 dem Kloster seinen ungestörten Besitz.[239] Als Ergänzung zur Urkunde wurde vermerkt: »Annotatio: *Mansus iste, hic nominatus, est illud ipsum praedium, quod de praesenti colit* [Jene Hufe, die hier genannt ist, ist jener Grundbesitz, den gegenwärtig bebaut] Christof Schmidt. Ein erbgüetiger Hof, daraus gibt er jährlich laut Saalbuch an Gelt 4 fl 30 kr, 1 Hennen, 100 Ayr, 7 Malter Roggen, 4 Haber. Auf- u. Abfahrt jedes 30 fl.« (59)

1535 Paul Burlafinger, »hat einen Hof, der allein von allen Höfen in Limbach nicht leibfällig war und bezahlte auch keine Mayensteuer«. (5)

1551/78 Hans Kötterle »hat ein Hof«. (6)
»Hans Kötterlin, vor Paulin Burlafing, hat ein Hof mit Haus, Hofraithin, Stadel u. Garten zwischen der Gemeind und Anna Heneler«. (7)

1596 Jörg Scheuch (8), »gibt 1596 zu Auffahrt und soviel zu Abfahrt 9 Sch« (12)

1618 Kaspar Scheuch (88)

27. Feb. 1644 Jerg Beringer (8)

239 StAA Kloster Wettenhausen Urk. 7 (1294 VI 21); RB IV, 565 (1294 VI 21); Glenk, HONB Günzburg, 206.

bis 1667 Jakob Schmid († 14. Juni 1670)
∞ Maria († 29. April 1667)
»Jakob Schmid, sonst genannt ›Sandtmann der alte‹ so nach seinem Absterben 2 Jahrtag für ihn u. seine Hausfrau und 30 fl für einen Kohraltar in St. Stefanus Kirchen nacher Limpach, denselben von neuem zu machen, verschaffen u. alsdann von einem Fratri mit Namen Daniel des Convents Wettenhausen ist von neuem gemacht worden in dem Jahr 1674. (51)«
Anno 1662 war sein von den Schweden niedergebranntes Haus noch nicht aufgebaut; er bewohnte Anwesen HsNr. 14 und bebaute dazu die Grundstücke von HsNr. 22, das ebenfalls niedergebrannt war. (12)

1667–1706 Stoffel Schmid († 19. Sept. 1707, *exantlata triennali corporis imbecillitate et pedum contractura* [geschwächt durch drei Jahre Kränklichkeit und Lähmung der Füße])
I. ∞ 15. Nov. 1667 zu Wettenhausen Maria Bellatzer von Hammerstetten († 20. März 1683)
II. ∞ 31. Mai 1683 mit Anna Khuen von Oxenbrunn (12)
(† 21. Feb. 1734 *post exantlatos diutinos dolores ob fractum pedem* [nach schwächenden andauernden Schmerzen wegen gebrochenem Bein])
»Es ist dieses Gut um willen solches *bonum vacans* u. Caduc Jakoben Schmids Sohn erbgütig überlassen worden u. zahlt 30 fl zu Auf- u. Abfahrt.« (9) Christoph Schmid hat durch diverse Einkäufe sein Hofgut vermehrt.[240] Bei allen diesen vielen Geschäften ist ihm auch das eine oder andere untergekommen, das ihm Strafe eingebracht hat. Darunter auch, dass sein Sohn und der Dienstbub schon verkaufte Birnen geschüttelt

240 (24) 22. Mai 1679: Stoffel Schmid von Limbach kaufte von Leonhart Leübel zu Großanhausen zwei Tgw Eigenmahd, der Winkl genannt, um 50 fl Bargeld; (24) Christoph Schmid von Limbach kaufte von Leonhard Gering alda ½ Jcht Eigenacker für 30 fl; (24) 29. Mai 1679: Christoph Schmid von Limpach kaufte von Leonhart Crambseren alda ein Tgw Riedmahd für 20 fl 24 kr; (24) 13. Dezember 1679: Christoph Schmid von Limpach kaufte von Hans Kißling von Großanhausen ein Jcht Eigenholz für 21 fl; (24) 20. März 1681: Thomas Wiedemann von Limbach und Christoph Schmid kauften von Jerg Sailer zu Ebersbach ein Jcht Ackers im Kleinkötzer Feld für 80 fl; (24) 13. Juli 1681: Christoph Schmid von Limpach kaufte von Jakob Langeckeren alda ½ Jcht Eigenacker im Kötzer Feld für 44 fl; (24) 7. August 1683: Stoffl Schmid von Limpach kaufte von Benedict Heininger seine drei Jcht erbeigenen Giltackers samt daran gelegenen Wiesenfleckchen lt. Salbuch fol. 124; (25) 23. April 1696: Andre Schmid kaufte von seinem Bruder 1½ Viertl grundeignen Ackers, wovon dem Heiligen Stefano zu Limpach Inhalt Heiligenbuchs fol. 9, 4 kr 6 hl jährlich zugehen, im Deffinger Feld gelegen für 50 fl; (25) 18. November 1699: Andre Schmid von Limpach kaufte von seinem Bruder Christoph Schmid allda zwei Jcht grundeigenen Ackers hinter den Tannen Salbuch fol. 331. Dabei bewilligte der Käufer seinem Bruder und der Familie ein halbjähriges Wiederlösungsrecht.

und mitgenommen und den Führer ausgelacht haben. Strafe 3 fl. (24) Er selber hatte gegen die Ausführungen in der Polizeiordnung eine große Menge Holz gefällt. Strafe 30 fl. (54) Einen Ackerverkauf an einen Deffinger hatte er unrechtmäßig in Günzburg protokollieren lassen. Strafe 1 Pfd Heller (25) und die Tochter Sabina hatte sich vom Schweinehirtenbuben schwängern lassen. Strafe 20 fl. (26) Auch eine wichtige Angelegenheit war es, das Erbe unter den Berechtigten ordnungsgemäß zu verteilen. Dabei musste natürlich auch das nötige Kapital bereitgestellt werden. Dass dies oft nicht in einer Summe zur Verfügung stand zeigt die Abrechnung unten auf.[241]

---

241 (25) »Den 23. April 1699. Martin Lauter zu Limpach erstattet wegen Christoph Schmids anderten Eheweibs Anna Khuenen von ihrer Mutter Schwester zugefallen und durch ihne Lauter besorgte Erbs folgende Rechnung:

Erbschaftsvermögen
An denen ausliegenden und fahrenden Vermögen zusammen erlesten 1525 fl seind über die ihren Ehemannen zugestellte 1250 fl annoch übrigen, so Sye Ihren mit ihme Schmids erzogenen und etwann weiters anfallende Kinder zu einem Voraus aufhaltet 350 fl. Hiervon hat auf 1 Jcht grundeigenen Ackers und 2 Tgw. dergleichen Mahds dato 26. April 1697 per Ettenbeur[ischen] Prot. 6. Oct. 1696 verzinslich in Handen ersagter Christoph Schmid.

wovon aber der Zins erst heut angehen und verfallen solle	100 fl
Thoma Lang zu Burgau, worum ein Schuldbrief, dato 23. Januar 1683 vorhanden	50 fl
Andreas Lang vermög Obligation, dato 22. April 1691 daselbst	50 fl
Bartle Jörg alda innhalt Zinsverschreibung, dato 4. Mai 1691	50 fl
Hans Stehle daselbat *juxta instrumentum crediti*, dato 4. Mai 1691	100 fl
	350 fl

Einnahmb.

Von Christoph Schmid Zins auf heut verfallen	5 fl
Bei Thomas Lang per 3 Jahr bis und mit Einschluß 1699. Die übrigen will die Khuenin ihrem Manne, der solliche eingenommen, nachgesechen haben	7 fl 30 kr
Von Andres Lang	7 fl 30 kr
Bartl Jörg	7 fl 30 kr
Von Hans Stehle	15 fl
	42 fl 30 kr

Ausgab.

Mehrgedachter Khuenin geben	30 kr
Für Zöhrung ausgelegt	32 kr
	1 fl 2 kr
Abgezogen bleiben im Rest	41 fl 28 kr

Liquidation

Christoph Schmid solle	21 fl 30 kr
Thomas Lang	1 fl
Andreas Lang	2 fl 30 kr
Bartl Jörg	2 fl 30 kr
Hans Stehle	5 fl
Par Gelt in Handen	8 fl 58 kr
	41 fl 28 kr«

Die eine oder andere Schuld konnte er nur durch Verkauf oder Überlassung eines Grundstückes befriedigen.[242]

1706–1742 Balthasar Schwarz († 3. April 1744) von Balzhausen
∞ 23. Nov. 1706 Anna Maria Schmid
(* 15. Jan. 1685, † 3. März 1747) (12)
Laut Protokoll vom 3. November 1706 »will Baltassar Schwarz von Balletshausen, Michl u. Katharina Schwarzen ehelich erzaigeter Sohn sich verheiraten mit Anna Maria Schmidin, Christof u. Anna Schmidin von Limpach eheliche Tochter; der Hochzeiter bringt mit 500 fl bar Geld, item 50 fl für 1 Roß u. übrige Fahrnuß, die Hochzeiterin ehrliche Ausfertigung u. den vom Vater erkauften Hof. Der Hochzeiterin Ruckfall beträgt 150 fl, des Hochzeiters 200 fl.« (27)
In seiner Zeit als Bauer auf dem Hof gab es noch ein paar Geschwister seiner Frau, die verheiratet wurden und Gott sei Dank kaum finanzielle Forderungen hatten. Den Hof hatte er immerhin 36 Jahre bewirtschaftet, ehe er in einem ausführlichen Übergabevertrag mit seinem Nachfolger Johann Jakob Rösch aus Denzingen, der seine Tochter Agatha ehelichte, seine Zukunft absichern musste.[243]

242 (25) 26. April 1697: Christoph Schmid zu Limpach verkaufte seinem Bruder Andreas Schmid. burgauischem Untertan zwei halbe grundeigene Jcht Ackers im Strassfeld, fol. Salbuch 333, außerdem 1½ Viertl lt. Prot. vom 18. Aug. 1693 hinter den Tannen mit dem verabredten Vorbehalt, dass der Verkäufer innerhalb eines Jahres die Güter wieder rücklösen kann; (25) 26. April 1697: Christoph Schmid versetzte anstatt erst verkaufter 2 halber Jcht Ackers seinem Eheweib zur Versicherung diejenigen 100 fl, welche sie ihm lt. Ettenbeurenschen Ambtsprotocoll vom 6. Oktober 1696 vorgeliehen hatte, die anderen zwei halben Jcht auch grundeigenen Acker im Feld hinter der Tannen, fol. Salbuch 331; (25) 18. November 1699: Christoph Schmid zu Limpach war seinem Weib und Kindern aus seiner früheren Ehe lt. Ettenbeurischem Prot. v. 6. Oktober 1696 und wettenhausischem dato 26. April 1699 100 fl fürgelichenes Capital schuldig. Zu deren Abzahlung verkaufte er im Beisein Martin Lauters als verordnetem Pfleger an Andreas Schmid, Thoma Wiedemanns und Friedrich Gossner die verschrieben zwei Tgw grundeigne Mahd Salbuch fol. 123 im Hammerstetter Ried. Die hinterstellige Zins aber solle er noch absonderlich zu entrichten schuldig sein.

243 (40) »Den 30. Juli 1742. Baltassar Schwarz ist seiner Unkräften baufälligen Leibskonstitution bemüssiget seinen erbgütigen Hof, bestehend in circa 27 Jcht Ackers, dann 1½ Ohmetmahd und 10 Tgw Riedmahd, woraus jährlich Rechnungsgeld 4 fl, aus einem Riedmahd 15 kr, 1 Henne, 100 Ayr, Gilt: Roggen, 7 Malter Haber, 4 Schaaf, Auf- und Abfahrt jedesmal 30 fl, ist erbgütig. Neben 4 Roß, 3 Kühe, 4 Kälber, 2 Wägen, 2 Pflüg, 2 Egden auch all übrige Hausfahrnuß und zum Baurenwerk gehörigen Zeug allein ausgenommen vor sich oder die 2 Töchteren 2 Schäfflein, 2 Pfannen, 1 Meelkasten, den kleineren, 2 Kornsäck, 1 Truchen und was darinnen verschlagen, 1 Sidel, 8 Better, ihr Ehebettstatt, dann vor jede ledige Tochter 3 Überzüg, ferners den jährlichen Unterhalt mit Kalt und Warm, dann an Frucht Kerneren, Roggen, Gersten je 6 Mitle, ½ Viertl von jedem schlachtenden Rind oder Schwein, Schmalz 20 Pfd, 50 Ayr, Milch von Georgi bis Martini 2 halbe, 2 Mitle Leinansäen, wozu der Baltes den Lein herzugeben hat, den heurigen Flax aber teilen sie in 2 Teil. Kraut den 3. Teil, Obst, wann es geratet den 4. Teil. Wann eines der Alten absterben sollte; so fallet die halbe Pfründ zurück. Behaltet weiter bevor das in Hammerstetter Ried

1742–1779 Johann Jakob Rösch von Denzingen († 18. Sept. 1790, nachdem er am 14. Sept. am Fest Kreuzerhöhung in der Kirche auf dem Rücken liegend die hl. Sterbsakramente empfangen hatte) ∞ 13. Aug. 1742 Agatha Schwarz (* 5. Feb. 1716, † 16. April 1780) (12)
Johann Jakob Rösch war öfter in der Amtsstube in Wettenhausen, um Landaufkauf, Geldanleihen und Pferdehandel mit Ichenhauser Juden protokollieren zu lassen. Meistens gab es Schwierigkeiten mit der Bezahlung durch Jakob Rösch, der in Geld und Naturalien nachzukommen war. Ganz wichtig war die Garantie, dass die Pferde nicht unter einem der vier Hauptmängel litten. Diese Garantie musste immer der Jude übernehmen, nicht aber der Christ. Diese Handelschaften bewegten sich in Verbindung mit verschiedenen jüdischen Partnern. Einige Namen hierzu will ich anführen: Rubin Gerstle, Hähnle Weill, Salomon Bernheim, Simon Levi und Hänl Baruch. (20) Es gab in dieser Zeit auch eine Klage gegen ihn. Kläger war am 26. Oktober 1750 Joseph Berchtold, Bürgermeister in Limbach. Er beschuldigte ihn, »auf beschehenes Bieten, ihn zum Pfarrstadel zu fahren schimpflich gescholten und geschlagen« zu haben. »Rösch bekennt die Scheltung, die Schläg aber keineswegs. Rösch sollte darum zu wohlverdienter Straf 1 Pfd Pfg bezahlen und in Zukunft sich hüten derlei Scheltungen gegen den Bürgermeister auszugießen«. (47) Mit anderen führte er 1755 eine Klage gegen den Müller zu Hammerstetten um den passierbaren Zugang zur Viehweide. (50) 1758 und 1769 erwarb er um 70 fl ein Riedmahd zum alleinigen Besitz

gelegene Tgw Mahd, woraus jährlich 15 kr gehet. Und überlasset das 1 Tgw Mahd, auch eigen, wechslet mit Stefan Kempter, item 1 Tgw eigen Riedmahd in Kleinanhauser Ried. Und zwar all und jedes umb und für 1300 fl ihrer älteren Tochter Agatha Schwarz oder ihrem künftig nemmenden Beistand Hans Jakob Rösch solchergestalten, daß Baltas die übrigen kleinen Schulden, auch den Knecht zum halben Teil, dann dem Schmid, wozu die neue angehende Eheleut 6 fl übernemmen, von dem Seinigen bezahlen und abführen solle. Wann allenfalls die älteren mit denen jungen Leuten nicht auskommen sollte, so stellen sie solches zu herrschaftlicher Ermessigung des etwa anderstwohin zu nemmenden Unterschlauffs. Solle bar erlegen 450 fl. dann in nachfolgenden Zihlern auf Weihnachten 1743 anfangend mit 25 fl, den Rest mit 850 fl Sa. 1300 fl. Überdies will die Agatha Schwarzin anheiraten obbemelten Hans Jakob Röschen von Dentzingen, hochteutschherrlichen Untertanen, dessen Einbringen bestehet in 450 fl Bargeld, welches Einbringen die Hochzeiterin mit ihrem oben erhandleten Erbgut und Zugehör, worauf ihro das Heiratsgut innbelassen und solches dahero nicht höcher angeschlagen worden, widerleget. Und weilen annoch 2 Schwestern Elisabeth und Gertraud die Schwarzin vorhanden, als solle diesen neben obigen von denen Elteren vor sich und ihre Töchteren Vorhaltnussen jeder ein gehimmlete Bettstatt oder jeder 3 fl, dann 1 Kuhe die anderte Wahl oder 10 fl dafür abgegeben, auch bei deren Standesveränderung mit etwas barem Geld geholfen, hierzu aber zuerst das Mahd angegriffen werden solle, machen übrigens ein eingeworfenes Gut alles jezig oder künftigen Vermögens und bedingen des Ruckfalls halber auf jede Seiten nebst denen hochzeitlichen oder besten Halskleidern 150 fl jeder nächsten Freindschaft.«

und ein Wäldchen um 66 fl, die er jeweils bar bezahlte. 1777 nahm er ohne Angabe eines Grundes zusammen mit seiner Frau Agatha noch ein Anlehen über 700 fl auf. (67, 71, 76) Am 8. Januar 1779 übernahm Jakob Rösch mit 3000 fl.

1779–1803 Jakob Rösch (* 5. April 1755, † 2. Sept. 1823 an Wassersucht)
∞ 25. Jan. 1779 Maria Anastasia Probst von Kleinkötz
(* 5. April 1752, † 30. Jan. 1814 an Nervenfieber) (12)
Auch beim Übergang vom Vater Johann Jakob Rösch an seinen Sohn Jakob steht ein ausführlicher Übergabevertrag, der die finanzielle Absicherung des Übergebers und seiner Frau gewähren sollte. Wieder werden die Lage des Hofes und der Umfang des Besitzes beschrieben und die Lasten festgehalten. (76)
Es war eine schwierige Zeit, in der Jakob Rösch den Hof bewirtschaftet hat. Das führte zu immer neuen Darlehensaufnahmen, die für die notwendigsten Dinge gebraucht wurden. Da ging es 1780 um den Kauf von zwei Pferden. Er entlieh dazu aus der Waisenkasse 100 fl zum Zins von 5 %. (76) Ein Jahr später brauchte er zur Schuldentilgung – besser zur Umschuldung – wieder 50 fl aus der Heiligenkasse. (55, 78) Ein Hagelschlag, der 1790 die Ernte vernichtete, war der Anlass, dass er im folgenden Jahr 100 fl für Saatgetreide und Hafer für die Pferde aus der Heiligenkasse leihen musste. (82) Dann wieder war es 1794 der Kauf eines Pferdes, zu dem er 100 fl aus der Waisenkasse entlehnte. (84) Im Jahr 1800 brauchte er wieder 200 fl, um fällige Schulden zurückzahlen zu können. (86) Er übergab an seinen Schwiegersohn um 5500 fl.

1803–1851 Kaspar Schuster von Schönenberg
(* 3. Jan. 1779, † 14. Aug. 1860 an Altersschwäche und Brand)
∞ 25. Juli 1803 Maria Rösch
(* 5. Dez. 1779, † 30. Dez. 1851 an Abzehrung)
Gemäß Reg. Genehmigung vom 24. Februar 1818 wurde dieses Hofgut dismembriert [zerstückelt]. (12) Ihr Sohn übernahm am 6. Februar 1851 per 6500 fl.

1851–1877 Johann Nep. Schuster
(* 26. April 1818, † 15. Juni 1885 an Lungenlähmung)
∞ 5. Feb. 1851 Josepha Kämpfle von Anhofen
(* 13. April 1823 zu Rohr, † 14. Juli 1876 an Halskrebs)
Durch die Gültsübernahme des Johann Nep. Schuster wurde die Auf- und Abfahrt am 31. Januar 1851 mit dem 1½-fachen Betrag von 55 fl 15 kr abgelöst.

104 Die Pfarrer-Völk-Straße (Kreisstraße) bekam 1960 Bürgersteige und eine Teerdecke. Rechts der Hof der Familie Schuster (HsNr. 3)

1877–1919 Stefan Schuster (* 21. Dez. 1852, † 17. Okt. 1919 an Leberverhärtung)
I. ∞ 10. Juli 1877 Maria Mayr von Limbach
(* 25. Nov. 1849, † 7. Okt. 1902 an Herzschlag)
II. ∞ 25. Mai 1903 Theresia Miller von Ichenhausen
(* 4. Okt. 1875 zu Autenried † 16. März 1912 an Gebärmutter- u. Bauchfellentzündung)

1919–1952 Franz Schuster I. (* 20. Feb. 1879, † 18. Juli 1958)
∞ 24. Mai 1919 Walburga Imbihl von Deffingen
(* 9. Dez. 1883, † 3. März 1959)
Am Ende des Zweiten Weltkrieges, am 24./25. April 1945 ist der Hof durch Kriegseinwirkung gänzlich abgebrannt und wurde neu errichtet.

1952–1987 Franz Schuster II. (* 23. Juli 1922, † 9. Jan. 2004)
∞ 26. Juli 1952 Anna Körle von Schnuttenbach
(* 23. Jan. 1927, † 3. Mai 2018)
Franz war ein begabter Schnitzer, der seine Spuren hinterlassen hat: An mehreren Krippenschäfchen in der Kirche, an den

Statuen in der Kapelle Maria Königin Bild und in vielen Schützenscheiben.

seit 1987 Franz Schuster III.
∞ 1992 Margita Just von Bubesheim
Sie richteten sich das Haus durch einen internen Umbau her und führten die Landwirtschaft weiter. Der Sohn Stefan hat den Meister in Landmaschinentechnik erworben. Eine Gewerbehalle entstand auf dem Hofgelände. Die Milcherzeugung wurde 2021 eingestellt. Die Felder werden weiterhin eigen bestellt.

HsNr. 4 Pfarrer-Völk-Straße 20

Hausname: 1800 Ulibaur
1837 Uresbaur

1293 »Am 26. Juni 1293 schenkt Graf Ulrich von Helfenstein all seine Eigengüter in Limpach, die der Ritter Heinrich von Münsteren von ihm zu Lehen trägt dem Kloster Wettenhausen und zwar 3 Bauernhöfe, so dermahlen anno 1686 Friedrich Gossner, Hans Conradt Schwarz und Martin Lauter für leibfällig innehaben.« (59) Ein Hofgut ehrschätzig zum Kloster Wettenhausen mit dem Handlohn zu 10% in Kauf, Tausch und Übernahmefällen. (13)

1535 Lipp Hosser hat ein Hof. (5) Sein Hof bezahlt keine Mayensteuer.

1551 Hans Liebmann hat ein Hof. (5)
Lienhard Schmid (6, 9)

1578 Lienhard Eyselin, (zu)vor Hans Liebmann, vor Lienhard Schmid, hat ein Hof mit Haus, Hofraithin, Stadel und Garten zwischen der Gemeind und Hans Scheuch. (7)

1596 Hans Wiedemann, zuvor Lienhart Schmid hat ein Hof mit Haus, Hofraithin, Stadel und Garten zwischen der Gemeind und Hans Scheuch. Rührt von der Markgrafschaft Burgau zu Lehen. (8)

1604 Georg Wiedemann »der Capaunen Mündlin« genannt. (9)

1634 Ulrich Wiedemann (9)

1662–1675 Jakob Schwarz († 20. März 1675)
∞ Ursula († 12. Feb. 1690, alt 70 Jahr)
»vor Georg Wiedemann, hernach Hans Wiedemann, vor denen Leonhard Schmid, hat ein Hof mit noch unerbautem Haus und leerer Hofstatt, Hofraithin, Stadelblaz und Garten zwischen der Gemeind und Hans Feyrer.« (9) Sie wohnten in HsNr. 21.

1676–1699 Johann Conrad Schwarz († 17. Aug. 1699, alt 45 Jahr)
∞ 20. Juli 1676 Barbara Miller von Eberspach
Den Protokollen nach hatte das Kloster in dieser Zeit die täglichen Abläufe wieder im Griff, d.h. der Grunderwerb wurde protokolliert. Schwarz hatte im Februar 1680 1 Tgw Riedmahd und 1 Tgw Heiligenmahd zu Hammerstetten um 49 fl und 30 kr gekauft. (24) Im November des Jahres 1693 hatte er 2 Tgw Eigenmahd von Georg Brunnhuber zu Kleinanhausen um 80 fl erworben. (54) Auch die beiden Rosskäufe fanden Eingang in Protokolle. Der eine am 21. November 1680, weil die Bestrafung wegen Nichtprotokollierens aufgenommen wurde (24), der andere am 9. Juni 1698, um einfach die Schulden festzuhalten. (25)

1700–1736 Leonhard Kempter von Ebersbach († 8. Mai 1736, er wurde beerdigt unter *magno populi concursu* [großem Zulauf des Volkes])
I. ∞ 26. Jan. 1700 Witwe Barbara Schwarz († 10. Sept. 1711)
II. ∞ 17. Nov. 1711 Justina Volk († 4. Mai 1739)
Leonhard Kempter heiratete die Witwe und wurde mit Erlaubnis des Klosters Hofgutinhaber.[244] Das eheliche Glück währte elf Jahre. Mit dem Tod der Barbara wurde das mütterliche Erbe festgestellt, es waren sieben Kinder zu berücksichtigen. (28) Fünf Wochen nach dem Tod der Bäuerin führte der Witwer bereits eine neue Frau ins Haus. (1, 12, 28) Als dann 1736 der Bauer starb, führte die Witwe den Hof, den sie am 19. Juni 1737 übertragen bekam, über ein Jahr weiter. Sie übergab diesen am 30. Januar 1738 für 1500 fl ihrem Sohn Stefan. Hierauf wollte sich Stefan Kempter mit Franziska Schneider von Remshart,

244 »Heiratsprot. vom 11. Januar 1700. Leonhart Kempter von Ebersbach will zu Barbara Millerin, Hans Conrad Schwarzen selig, hinterlassene Witib, sich verheiraten. Er bringt ihr an Heiratsgut zu neben 1 Khue 300 fl und daran bar 200 fl. Übriges mit jährlichen 25 fl allwegen auf Lichtmeß in 4 Nachzihlern, sie ihme den leibföllligen Hof mit seiner Ein- und Zugehör.« (25) »Das leibfällige Hofgut wird dem Supplicanten auf sein Leib und Leben lang dergestalten verliehen, dass er zu Handlohn 150 fl, dann jährliches Rechnungsgeld 4 fl 4 kr 3 hl, Roggen 7 Mltr 4 Vrtl, Haber 7 Schl oder 14 Jmmi 1 Mitle, 1 Hennen, 4 Hüener, 100 Ayr bezahlen und liefern auch sonsten all dasjenige verrichten, was die herrschaftl. Salbücher ihme mit mehreren anweisen werden.« (25)

Michel Schneider und Eva Vollmännin eheliche Tochter, verloben, die ihm 1 Kuh und 650 fl mitbrachte. (36)

1738–1744 Stefan Kempter (* 7. Dez. 1713, † 16. Mai 1744)
∞ 17. Feb. 1738 Franziska Schneider von Remshart (12)

1745–1758 Felix Schmid
∞ 9. Feb. 1745 Witwe Franziska Kempter (12)
Laut Protokoll vom 23. Januar 1745 hatte Stefan Kempter vor einem halben Jahr das Zeitliche gesegnet und dessen schwangere Witwe war willens sich mit Felix Schmid von Limpach zu verheiraten. Dessen Einbringen in Geld waren 300 fl, zu denen der Vater noch Äcker im Wert von 250 fl dazugab. Bestandsgeld 300 fl. (43)
Aus allem, was über Felix Schmid festgehalten ist, kann man sagen – wie es Pfarrer Völk ausgedrückt hat: Er war ein Trunkenbold und hat wacker befolgt, was über dem Garteneingang der Konviktbrauerei in Dillingen stand: *Si qua sede sedes, et est tibi commoda sedis, illa sede sede, nec ab illa sede recede!* (Wenn du auf einem Stuhl sitzt, und du fühlst dich wohl auf ihm, bleib darauf sitzen und verlasse ihn nicht.)
Im Nachhinein kann man sagen, es war keine glückliche Wahl, die die Witwe Franziska hier traf. Felix war häufig in Raufhändel verwickelt und stand darum oft vor Gericht. Er war Wiederholungstäter, denn bereits zehn Jahre vor der Hochzeit, also am 7. Juli 1735 urteilte das Gericht über die Raufhändel mit Johann Schmid und Bartl Konrad, den er mit einem Prügel bis in die Wirtschaft verfolgt hatte. Felix kam in den Turm, die beiden anderen wurden in die Casarmen [= Unterkunft der Soldaten] verhaftet. (35) 1745 steht über die Rauferei mit Karl Schwarz der Bescheid: »1 Species Duggaten pro satisfactione und recompensatione seiner Kosten und zur Strafe 2 Pfd Pfg musste er an Schwarz bezahlen.« (43) Weitere Raufhändel sind belegt. Bei der Nachkirchweih im Oktober 1750 hatte er Joseph Schäffler aus Burgau ohne Grund »erbärmlich« geschlagen. Dafür wird er vom Magistrat Burgau mit 10 Reichstalern und von Wettenhausen »mit dem spanischen Mantel auf zwei Stunden« bestraft. (47) Am 28. Februar 1755 folgte die Auseinandersetzung mit Pfarrer Höchtenberger von Langweid. Dieser klagte gegen Felix Schmid, Bauer zu Limbach, der fällige Zinsen in Höhe von 2 fl 30 kr nicht entrichtet hatte. Höchtenberger war auf dem Weg nach Limbach, als er auf Schmid traf und diesen an die Begleichung erinnerte. Schmid widersprach dem und beschmipfte den Pfarrer als »Sakraments Saupfaff«. Daraufhin versetzte der Pfarrer Schmid einen Streich mit

einem Stock. Dieser riss ihm den Stock aus der Hand, woraufhin der Pfarrer sein Heil in der Flucht suchte und im Pfarrhof unterkommen wollte. Schmid folgte ihm unter weiteren Beschimpfungen, brach den Stock entzwei und wollte ihm den Zutritt zum Pfarrhof verwehren, während er die »*injurias toties quoties repetieret* [Beschimpfungen immer wieder wiederholte]«. Der Pfarrer bat um »Erstattung des Zinsruckstands, dann umb vergnügliche Abbitt der Beschimpfung und zu Ersatz des abgebrochenen Stocks per 5 fl fällig zu erkennen«. Der Beklagte Schmid gestand »die eingeklagte 2 fl 30 kr schuldig zu sein und will selbe paar entrichten, zu denen erzöhlten Inconvenientien vermeldet er, dass klagender H. Pfarrer Ursach mit deme gegeben, da selber ihne allvorderist einen Spitzbuben und verdorbenen Mann gescholten habe, hierüber er nicht unbillig entrüstet seie: nit geschwiegen, doch hätte H. Pfarrer nit Ursach gehabt ihme so empfindlich zu schlagen, dahero aus Forcht nit mehrere Streiche zu empfangen, selbem den Stock aus der Hand gerissen und weilen selber ohnehin schon verschlagen ware, gleichwohlen vollends abgebrochen habe, glaube also dass vielmehr er als H. Pfarrer zu klagen Ursach hätte.« Der Bescheid lautete: Der Beklagte Felix Schmid sollte zuerst die schuldigen 2 fl 30 kr bar bezahlen, die übermäßigen Beschimpfungen zurücknehmen und »öffentlich Abbitte thun«. Er musste eine Strafe im Turm abbüßen. Der Stock wurde unter den Tisch fallen gelassen. (66)
Beim Juden Hizig Burgauer hatte er 1749 wegen eines Pferdehandels Schulden und wollte nicht bezahlen. Im selben Jahr musste der Jude Anschel Gerstle die Schulden Schmids über 11 fl 40 kr bei Gericht einklagen. Im April 1750 klagte wieder Hizig Burgauer verschiedene Schulden ein. Die Abrechnung belief sich inzwischen auf 134 fl, 2 Schaff Roggen, 12 Schaff Korn, 8 Klafter Holz und 4 Schober Bischel und 1 Mitle Erbsen. Er sollte ihn in 4 Jahren damit bezahlen. Der Fall zog sich noch bis Dezember 1756, als sich beide Kontrahenten Burgauer und Schmid wieder gegenüber standen. Schmid musste nun 13 fl bis Lichtmeß und 13 fl 8 kr bis Jakobi bezahlen. Die Frucht bis Fasnacht, Holz und Bischel auf den Herbst in Ichenhausen anliefern. (20)
Eine wahre Schnapsidee war, was er sich im Juli 1747 leistete, als er sein leibfälliges Gut an Joseph Berchtold verkaufte. Ein Handel, der ihn später reute. Weil er ohne vorherige Zustimmung der Herrschaft diesen Handel vollzog, wurde er mit 100 fl bestraft. Das Hofgut wäre nämlich nach den Statuten an die Herrschaft heimgefallen. Die Ausrede, in Trunkenheit gehandelt zu haben, wurde nicht gelten gelassen. (45, 46)

1755 im Mai brachte Felix Schmid zur Anzeige, dass seine ehemalige Dienstmagd Barbara Zimmer von Bubesheim in seinem Hause geschwängert worden sei. Er hatte als Verursacher den Dienstknecht Johann Kremminger von Rettenbach angegeben, weil er ihn bei der Magd unter der Bettstatt ohne Hemd angetroffen habe. Der angezeigte Knecht leugnete den Verkehr. (66) Bei einer weiteren Verhandlung im Juli gab die Magd den gehabten Verkehr zu. Obwohl der Knecht weiter leugnete, wurde er mit der statutenmäßigen Strafe zu 50 Karbatschen bestraft. (50) Sein Hinweis, dass Felix Schmid mit zwei Schnitterinnen im vorigen Sommer in seiner Wohnstube gesündigt hatte, wurde nicht weiter verfolgt. (66) 1 Pfd Pfg Strafe hatte sich Schmid am 8. August 1755 eingehandelt, als er mit vier anderen die »Panmühle« in Hammerstetten gemieden hatte und anderweitig mahlen ließ. (50, 66) Im April 1756 wurde er wegen »schädlich Holz fällen« in seinem Lehenholz mit 4 fl bestraft. (16) Die Anzeige der Holzwarte Matheis Ziegler von Wattenweiler und Basili Ziegler von hier, von Schmid als Diebe ausgeschrieen worden zu sein, brachte ihm als einem Wiederholungstäter die statutenmäßige Strafe des spanischen Mantels ein. (16) Es half nicht, dass Felix Schmid immer wieder durch Verkauf von Grundstücken, durch Geldanleihen von verschiedenen gutgläubigen Gebern versuchte Löcher zu stopfen. Zu diesen gutgläubigen Gebern zählte der Gastwirt Maisen von Wettenhausen (49), der Herr Secretarius, die Magdalen Blösch von Goldbach, der Pfarrer Peter Paul Lechner (66) und auch die Waisenkasse. (65) Er geriet durch sein Verhalten immer tiefer in Schulden.

Zwei Fälle, die einen Bruder von Felix betreffen, werfen ein Bild auf diesen, der ebenfalls recht rabiat gewesen sein muss. Dazu sei der Fall der Candida Angerin von Großanhausen, die er im Wald geschwängert hat, genannt. Er selbst bezahlt die Strafe von 10 fl, das Mädel, musste mangels Geld »3 Sonn- und Feiertäg vor der Kirch stehen, nachhin aber die Herrschaft auf 3 Jahr meiden«. (43) Der andere Fall ging für ihn schlecht aus. Die Sterbematrikel Limbach hat festgehalten: »Den 3. Sept. 1758 um ½8 Uhr wurde Zacharias Schmid von Limpach von einem gemeinen österreichischen Soldaten Günzburgs mit einem Schwert/vulgo Baionet/mit 3 Stich Herz und Leber tödlich durchstochen und starb *sine crux et lux* [ohne Kreuz und Licht, gemeint ist hier göttlicher Beistand] und wurde am 4. Sept. auf dem Limpacher Friedhof beerdigt.« Wie kam es dazu? In der Wirtschaft waren zwei Soldaten mit einem Rekruten eingekehrt. Zacharias Schmid hatte mit ihnen einen Wortwechsel angefangen. Es wäre zu Schlaghändeln gekommen, wenn nicht der Wirt Bolkart und der Bruder Felix Schmid die beiden »unruhigen Parteien von einander gerissen hätten«. Als die Soldaten ihre Zeche bezahlt hatten und sich abends um 7 Uhr auf den Heimweg machten, eilte Zacharias ihnen nach. Er traf sie auf der Straße an und griff sie an. Bei der kurzen Rauferei trafen den Zacharias drei Stiche, einen in die Brust und zwei Stiche in den Rücken. Sie waren tödlich. Als die Soldaten Felix Schmid kommen sahen, liefen sie davon. Felix hat einen von ihnen erwischt, in den Hof geführt und von einigen Männern bewachen lassen. Die Bewachung übernahmen dann die beiden Soldaten Johann Georg Schmahl und Leonhard Rott. Anderntags bereits früh um 6 Uhr ist der Wirt Bolkart nach Günzburg geritten und hat die Anzeige erstattet. Schon um 9 Uhr ist dann Kanzleiverwalter Ferd. Keckh schon in Limbach gewesen. Es kamen »der junge Herr von Rambschwag, dann Herr Landrichters Amtsverweser Georg Jakob Korb wie auch ein Herr Officier nebst H. Vogt in Burgau und H. Doctor in Günzburg auch zweien Chyrurgis und einigen Wächteren in Limpach an und da beedseits die Curalien abgelögt worden, so ware der tode Leichnam in den Stadel getragen, geöffnet und die 3 Stich wie schon gemeldet gefunden worden«. Währenddessen kamen ein Korporal und sechs Gemeine zur »Abholung des Arrestanten«. Sie übernahmen ihn von den wettenhausichen Soldaten und führten ihn nach Günzburg. (16)

Nach 13-jähriger Schuldenwirtschaft war Schmid eines Verbrechens halber geflohen. Daraufhin hatten sich dessen Gläubiger bei allhiesigem Oberamt sofort angemeldet und ihre Satisfaktion eingeklagt. Sie waren darüber aufgeklärt worden, dass die verlassenen Habseligkeiten des flüchtigen Schuldners zur Zufriedenstellung nicht ausreichend seien. Folglich veranlasste man von Herrschafts wegen in Sachen *per concursum formalem* anzustellen. Das Hofgut wurde an einen anständigen Bestandsmann verliehen. Johann Ulrich Mayer hatte sich darum beworben. »Seine Hochwürden und Gnaden unser allerseits gdgl. Hochgebüethender Reichsprälat und Herr diesem ihres Untertanens Ulrich Mayer, so devotist angebrachten petito in besonderer hohen Gnaden deferrieret.« Es folgt eine ausführliche Aufstellung des Besitzes an Grundstücken und fahrenden Gütern ebenso der Abgaben und Fälligkeiten. (65) Felix Schmid musste also 1758 den Hof abgeben und zog nach HsNr. 21. Sein Hof »ehedem leibfällig, wurde lt. Verkaufsprotokoll vom 31. Juli 1758 gegen 1000 fl Recognition ehrschätzig und kaufsrechtig gemacht«. Das Gut kaufte der bisherige Besitzer von HsNr. 21.

1758–1810 Johann Ulrich Mayer († 30. Sept. 1788)
I. ∞ 22. Sept. 1751 Franziska Abele
(* 17. Sept. 1728, † 18. März 1772)
II. ∞ 19. Mai 1772 Theres Haugg von Nornheim
(† 29. März 1778)
III. ∞ 1. Juni 1778 Maria Anna Mäusle
(* 4. Okt. 1752, † 5. Nov. 1821 an Auszehrung). Sie war eine Tochter von Anton und Franziska Mäusle aus HsNr. 19.

Mayer hat damit einen »ehrschätzigen Hof mit Haus, Hofraithin, Stadel, Wurz- und Grasgarten, auch ganze Gemeindsgerechtigkeit, muss dem Gregori Brand [HsNr. 2] auf seinem Bronnen gegen einen gewissen Betrag die Wasserschöpf gestatten, hat 4¾ Jcht 10¾ Ruten im See zwischen Jakob Rösch und Johann Georg Stuehlmüller, Mittag auf Riedheimisches Holz oder Graben, Mitternacht auf Gemeindeholz stoßend, gegen Mittag ist ein Triebsaul zwischen Limbach und Hammerstetten gesetzt«. (12)

»Limpach, den 29. April 1772. Johann Ulrich Mayr will auf Absterben seiner ersten Eheconsortin Franziska mit unterthänig Erbetten hochherrschaftl. Consens ad secunda vota schreiten, forthin sich abermalen in ein eheliches Versprechen einlassen an und gegen Theresia Haugin des Antoni Haug, hochfreiherrl. von Eyb Untertanen und Bauren zu Nornheim selig ehelich erzaigten Tochter, welche ihme lt. beigebrachtem Attestati dato Reisenspurg den 28. April a.c. bis nächtskünftige hl. Martini 1700 fl nebst standesmäßiger Ausfertigung in dotem einzubringen verspricht.« Es folgen noch die Festlegung für den Todesfall eines der beiden Brautleute und die Versorgung des angenommenen Kindes Joseph Steck aus seiner außerehelichen Verbindung mit Ursula Winkin von Ettenbeuren. (69)

Nachdem dies geregelt war, will sich Ulrich Mayer »mit unterthänig erbeten hochherrschaftl. Consens in ein eheliches Versprechen einlassen an und gegen Maria Anna Meislin, des Anton Meisle, gewesten Erbsöldners zu Limpach seelig, und Franziska dessen annoch lebender Eheconsortin ehelich erzeugte Tochter. Sie bringt ihm 600 fl, eine rvdo Kuh und standesmäßige Ausstattung.« (76)

Ulrich Mayer hat häufig mit den Juden aus Ichenhausen im Pferdehandel zu tun gehabt. Im Oberamt sind dazu Einträge aus den Jahren 1754, 1758, 1761 (2x), 1762, 1764, 1765, 1768, 1769, 1770, 1774, 1779, 1782 und 1783. Als Händler begegneten verschiedene Namen: Henle Weil, Mayr Weil, Joseph Mändle, Simon Einstein, Moyses Harburger, Salomon Bernheim, Samson Jakob, Borichs Henle, Joseph Isaak und Abraham

Levi. Bei fast allen diesen Tauschhandeln zahlte Ulrich Mayer einige Gulden dazu und lieferte meist auch noch Brennholz und Getreide, manchmal auch noch einen Hammel. Dies hatte wohl mit dem Fleischgenuss der Juden zu tun, die kein Schweinefleisch essen. In allen protokollierten Fällen steht der Jude für die vier Hauptmängel gut. Zu den vier Hauptmängeln zählen Dämpfigkeit, Koppen, Pfeifen und Rotz (Augenentzündung und Dummkoller). Beim Auftreten einer dieser Krankheiten muss der Verkäufer das Tier wieder zurücknehmen. (20)
1771 erstattete Hans Jerg Müller von Anhofen im Namen seiner Tochter Barbara Müllerin Anzeige und klagte. Seine Tochter war mit Anfang dieses Jahres bei Ulrich Mayr als Magd in Diensten. Von Ulrich Mayer sei sie geschwächt und geschwängert worden. Mayer stellte die Tat nicht in Abrede und war bereit für die Unkosten und den Unterhalt aufzukommen. Er musste »zu wohlverdienter Straf hingegen 100 fl für sich und die ehebrecherische Beyhalterin erlegen und anderweitige Gebürnisse als nämlich zur Almosenkasse 25 fl dann zur Canzlei und dem Amtsknecht die consueta entrichten.« (18)
Am 21. Mai 1778 protokollierte das Oberamt, dass Ulrich Mayer nach dem Tod seiner zweiten Frau Theresia, die ihm den Sohn Xaver geboren hatte, das ganze Vermögen behalten durfte. Diesem Vorgehen hatte der amtlich bestellte Beistand des 1½ jährigen Xaver, Jakob Resch, seine Zustimmung gegeben. Ulrich Mayer hatte zudem versprochen, das Söhnlein nach »Christkatholischem Gebrauch« zu erziehen und »mit allen Notwendigkeiten zu versehen und zu verpflegen«. Desweiteren wird dem Kind aus dem mütterlichen Erbe ein Betrag von 1200 fl festgeschrieben, die bei Standsveränderung oder mit Erreichen des 20. Lebensjahres fällig wurden. Dazu gehörte noch eine übliche Aussteuer für Kleidung 30 fl, 1 Ross und reichlich ausgestattetes Bettzeug. Sollte aber der Vater sterben, stand dem Sohn ein Heimatrecht zu bis zum 15. Lebensjahr. Die 1200 fl mussten ihm zum 12. Lebensjahr »baar ausbezahlt oder verinteressiert« werden. Bei Erkrankung oder Dienstuntauglichkeit blieb ihm auf der Heimat jederzeit der bloße Unterschlupf gewährt. (75)
Johann Ulrich Mayer wurde am 11. Juni 1773 neben Anton Mayer als Bürgermeister genannt. Sie verhandelten mit dem Frei Reichshochwohlgeborenen H. Baron von Riedheim um »drei Jcht Wald im Aichat«, die die Gemeinde roden möchte, um einen Acker zu gewinnen. Dabei sollte der Mittrieb dem Baron bis zum Cronbachweg gewährt bleiben. (74)

Mayer wurde zweimal bei einem Verkauf genannt. Einmal verkaufte er am 10. Oktober 1758 um 50 fl ein Riedmahd an Bartl Kupfer (65), dann am 27. Juli 1776 ein Tgw Eigenmahd im oberen Hammerstetter Ried um 120 fl. (75)
Nachdem Ulrich Mayer am 30. September 1788 verstorben war, führte seine Witwe das Anwesen weiter. Sie verkaufte mit herrschaftlicher Bewilligung an das K. K. Viarium [kaiserlich-königliche Wegebaugesellschaft] zur Bekiesung der Heer- und Landstrasse drei Jcht Ackerland im unteren Strassfeld (Limpachisches Salbuch fol. 242) an der Halden gelegen um 55 fl. Nach Erschöpfung des Kiesvorrates sollte dieser Grund unentgeldlich dem Hofgut heimfallen. (87)
Am 15. Februar 1790 erhielt der Stiefsohn pünktlich zum 12. Geburtstag die abgemachte Summe von 1200 fl. Das nötige Kapital hatte die Witwe Maria Anna bei der Waisenkasse zu 5 % Zins ausgeliehen. Dafür hatte sie bekannt, »sub hypotheka omnium bonorum in genere et specie« schuldig geworden zu sein. (82)
Am 5. Dezember 1810 übergab die Witwe M. Anna Mayer um 5000 fl.

1810–1848 Franz Joseph Mayer (* 19. April 1780, † 6. Dez. 1864 an Altersschwäche)
I. ∞ 8. Jan. 1811 Theres Hörmann von Rettenbach
(* 10. Okt. 1786, † 15. März 1814 Nervenkrankheit)
II. ∞ 5. Juli 1814 Maria Anna Kupfer
(* 25. Dez. 1790, † 25. Okt. 1869 Wassersucht)
Der letzteren Sohn (* 4. Okt. 1827) verunglückte bei der Heimfahrt von Günzburg nach Bubesheim. Er wurde am 21. Dezember 1897 an die Spitalkirche geschleudert. Das Schädeldach wurde ihm eingeschlagen und er starb sofort. Den Hof übergaben am 28. Dezember 1848 um 8000 fl Franz und Maria an den Sohn

1848–1879 Ulrich Mayer (* 30. Dez. 1818, † 17. Juli 1873 an Gicht und Leberleiden)
∞ 16. Jan. 1849 Theres Miller von Leinheim
(* 9. Dez. 1821, † 12. Juli 1879 an Herzwassersucht)

1879–1919 Ulrich Mayer (* 13. Okt. 1852, † 24. Nov. 1919 an Herzschlag)
∞ 25. Nov. 1879 Josepha Grail
(* 12. März 1857, † 5. Feb. 1924 an Bronchialkatharrh)
1891 hatte er das Wohnhaus und 1919 das Pfründehäuschen abbrechen und neu erbauen lassen. Ihrem Sohn Ulrich erbauten sie 1910 HsNr. 34 und gaben auch die Grundstücke dazu.

105 *Blick in die heutige Pfarrer-Völk-Straße (Kreisstraße) vor ihrem Ausbau im Jahr 1960. Linker Hand das Austragshäuschen des Anwesens HsNr. 4, in der Bildmitte die ehem. Handlung Kuhn (HsNr. 31) vor dem Schulgebäude, rechts das Wohnhaus des Anwesens HsNr. 2*

1919–1946 Georg Mayer (* 17. Feb. 1881, † 5. März 1946)
∞ 29. Nov. 1919 Theres Schlosser von Ellzee
(* 12. Juni 1893, † 30. März 1976)

seit 1946 Leo Mayer (* 20. Jan. 1928, † 9. Feb. 2016)
∞ 13. Nov. 1954 Theresia Felber von Schrobenhausen
Der Sohn Georg Mayer bewirtschaftet das Anwesen, das noch seiner Mutter gehört, mit Ackerbau und Viehzucht.

HsNr. 5 Bürgermeister-Hindelang-Straße 8

Hausname: seit 1704 Bläsbaur

Jörg Müller (5)
1514 Jörg Pauer (5)
Der Hof beim Bläsbauer (benannt nach einem seiner Besitzer Blasius Langegger) findet sich zum ersten Mal urkundlich

bezeugt anno 1514. »Auf Freitag nach dem (Weißen) Sonntag Quasi modo geniti« siegelte nämlich Heinrich, Bischof von Augsburg, als Inhaber der Markgrafschaft Burgau einen Lehensbrief, wonach dieser dem »Lieben u. getreuen Heinrich Günzburger, Bürger zu Ulm, einen Hof, den Jörg Müller bauet, [...] zu Limpach gelegen vorgedachter Markgrafschaft zu Lehen rührend auf sein untertänig Bitt zu rechtem Lehen gnädiglich geliehen.« (61) Das Salbuch von 1535 nennt auch noch den Namen des Bauern, der vor Jörg Müller den Hof bewirtschaftete, nämlich Jörg Pauer. (5)

1517–(1535) Christian Algöirer hat einen Hof. (5)
Der bisherige Lehenträger Heinrich Günzburger verkaufte »an Herrn Ulrichen, Propsten in Wettenhausen, auf Montag nach St. Jakobs des meren [älteren] Heiligen Zwölfbottentag anno 1517 seinen Hof so Christian Algöirer innehat u. jährlich zur Gült geit 12 Ymin Roggen, aylfthalb Ymin Haber, 1 Pfund 3 Sch Hallers zu Heugeld und 1 Hennen u. soll jährlichen 2 Mitlen Leins ansäen oder 16 Sch Hallers dafür geben, ist ihm allein sein lebenlang gelühen u. geit 1 Pfund 3 Sch Hallers zu Weglösin [= bei Abfahrt].« (61) Mayensteuer hatte dieser Hof nicht zu bezahlen. (5)

1544 Jörg Maier
»Den 25. Jan. 1544. Wir, Otto, Bischof von Augsburg, bekennen als Inhaber der Markgrafschaft Burgau, dass wir dem lieben Johann Wölflin, Schreiber zu Wettenhausen, einen Hof, den Jörg Maier baut und ein Lehen, so Silvester Merklin innehat, auch sechs Sölden daselbst, alles zu Limpach gelegen, zu rechtem Lehen gegeben.« (61)

(1551) Andres Algäuer hat ein Hof. (6)
»Hat mehr des Pfeifers Holz, liegt am Herrenbergli.« (5) Die Bezeichnung Pfeifers Holz lässt vermuten, dass dieses Holz vordem der Familie Pfeifer in Hammerstetten gehörte. 1667 (?) ist eine Ursula Pfeifferin von Hammerstetten als Taufzeugin dahier genannt.

(1558) Ulrich Scheppacher
»Wir, Otto, Kardinal und Bischof von Augsburg, bekennen als Inhaber der Markgrafschaft Burgau, dass wir unserem lieben Zimbrecht Pentelin, Aman zu Wettenhausen, einen Hof, den Ulrich Scheppacher baut [...] zu Limpach gelegen u. hievor Johann Wölflin, Schreiber zu Wettenhausen, zu Lehen getragen hat, zu rechtem Lehen geliehen. Dillingen, 23. Dez. 1558.« (61)

(1578) Karl Beringer vor Ulrich Scheppacher
»hat einen Hof mit Haus, Hofraithin, Stadel u. Garten zwischen Caspar Prolier u. der Gemeind«. (6) »Den 27. Juli 1570. Carl Beringer von Limpach soll Theis Schazen u. Narziß Kentner von Eberspach als Pflegern weiland Caspar Frizlens selbst eheliche verlassne Khinderen 20 fl die soll er ihnen jehrlich bei Verpfändung seiner Guetter auf Jakobi mit 1 fl verzünsen.« (12, 52)

(1596)–1634 Georg Beringer
»hat ein Hof, Haus, Hofraithin, Stadel und Garten zwischen Hans Prolier u. der Gemeind.« (6) Er verlor im Schwedenkrieg all sein Hab und Gut, musste wehrlos zusehen, wie die Marodeure seinen Hof und Stadel in Brand steckten und konnte noch von Glück sprechen, dass er zu den wenigen zählte, die mit dem Leben davonkamen. Beringer erhielt vom Kloster Wettenhausen das Anwesen HsNr. 12 zugewiesen, das er bis zum 27. Februar 1644 innehatte, während die zum ehemaligen Hof gehörigen Grundstücke mitsamt dem Pfeiferholz am Herrenberglin. (12)

(1662) Matheis Mündl u. Matheis Heim miteinander bemeierten.
»Matheis Mündl u. Matheis Heimb haben miteinander ein Hof mit noch leerer Hofstadt, Hofraithin, Stadelblaz u. Garten zwischen Jakob Schmid und der Gassen, stoßt oben auf die Gassen und unten auf Jakob Schwarz Brüelin, ist Lehen der Markgrafschaft Burgau.« (9, 12)
Matheis Mündl saß mit seiner Frau Barbara († 18. Nov. 1681) auf HsNr. 18 und Matheis Heim (* 24. Juli 1669) auf HsNr. 9. Matheis Heim scheint auch unter der Not der Zeit schwer gelitten zu haben. Das zeigt ein seltener Fall, der ihm untergekommen ist. Das Protokoll vom 14. Dezember 1684 berichtet, dass Cäcilia Rauten die 70 fl einklagte, die ihr vor drei Jahren versprochen worden waren, als sie sich mit Georg Heim in ein eheliches Versprechen eingelassen hatte. Matheis gestand den Heiratskontrakt und die versprochenen 70 fl. Er rechnete dann aber auf, dass er für die beiden Verlobten 20 fl Strafe und 19 fl 52 kr andere Unkosten in der Krankheit und dem Tod des Sohnes aufgewendet habe. Im Übrigen habe er seinem Tochtermann Mathes Berger sein Gut übergeben. Die 10 fl Hausziehler aber habe er für seinen Unterhalt nötig. Der Bescheid besagte, dass Matheis von den 70 fl tatsächlich 20 fl Straf und für die anderen Auslagen 10 fl abziehen darf und somit noch 40 fl zu bezahlen hatte. (24)
Mündl bekleidete 30 Jahre lang das Ehrenamt eines Heiligenpflegers, war 35 Jahre lang Gerichtsmann der Herrschaft Wet-

tenhausen und starb 75 Jahre alt am 19. September 1687. Seinen Anteil am Hof Nr. 5 hatte er schon vor 1670 an Matheis Heim abgetreten. Sein Erblehen (HsNr. 18) übergab er seiner Tochter Anna am 3. Januar 1682, die Matheis Berger (HsNr. 18) heiratete. Matheis Heim war bereits am 24. Juli 1669 gestorben; seine Witwe übergab anno 1677 ihr eigenes Erblehengut (HsNr. 9) ihrem Sohn Heinrich und dessen Ehefrau Helena Schaidnagel von Limbach. Den neuerbauten Hof (HsNr. 5) trat sie an ihre Tochter Maria ab.

1670–1704 Ulrich Langegger († 13. Feb. 1704, alt 71 Jahre) von Ettenbeuren
∞ 16. Jan. 1670 Maria Heim († 27. März 1702, alt 50 Jahre)
Mit seinen Mitbürgern schien er sich gut verstanden zu haben, denn schon 1675 wurde er als Vierer (Gemeindevorsteher) genannt. Von den zehn Kindern heiratete der älteste Sohn Zacharias (* 6. Feb. 1677) Elisabeth Weinberger, die Witwe des Kunstschreiners Melchior Weinberger (HsNr. 17, dann HsNr. 1).
»Den 18. März 1704. Nach zeitlichem Hintritt Ulrich Langeggers selig zu Limpach überlasset gdg. Herrschaft allhier in Ansehung vieler hinterlassenen Erben und dermaligen schweren Kriegszeiten auch vielfältiges Bitte seinem hinterlassenen Sohn Blasius Langegger sein leibfälliges Hofgut mit Haus Hofraithin Garten und Gemeindsgerechtigkeit in dieser Conformität, wie es sein Vater selig bishero inngehabt. Handlohn 250 fl bar, weilen das Gut völlig selbem anheimgefallen. Beiständ: Jakob Volk und Mathes Lauter zu Anhausen, Zacharias Langegger und Friedrich Gossner von Limpach. Bescheid: Es wird ihm auf sein Leib und Leben lang geliehen und Rechnungsgeld jährlich 4 fl 9 kr. 3 hl, 1 Hennen, 100 Ayr 5 Schaff Roggen und 4 Schaff Haber.« (12, 26)

1704–1724 Blasius Langegger (* 2. Feb. 1683, † 3. Feb. 1724)
Er übernahm den Hof am 18. März 1704. Heute noch wird dieser Hof nach ihm »Beim Bläsbauer« genannt. (12)
∞ 15. April 1704 Agnes Volk von Großanhausen
(* 24. Jan. 1684, † 23. Nov. 1743)
»Blasius Langegger, ehelich erzeugter Sohn von Ulrich Langegger und Maria Heimbin, will sich verheiraten zu Agnes Volkin, Jakob Volk und Maria Müllerin zu Großanhausen eheliche Tochter. Sie bringt ihm neben 1 Khue, 1 Kalb und ehrlicher Ausfertigung an Heürathguet zue 800 fl, daran bar 350 fl den Überrest aber alljährlich auf Lichtmeß mit 50 fl. Er bringt Ihro zu sein von gdg. Herrschaft überlassenen leibfälligen Hof mit aller Ein- und Zugehör, liegend und fahrend, Roß und Vich, Schüff und Geschirr, daran gibt er seinen anoch

habenden 4 Geschwistrigen zurück 1200 fl. Von diesen herausgebenden 1200 fl aber denen anoch lödigen Schwösteren Brigittae und Annä Mariä, jeder bei ihrer Standsveränderung neben ehrlicher Ausförtigung 1 Khue und 1 Kälble, 350 fl. Dem Bruder Zacharias aber gleichfalls 350 fl, 1 Roß und ein halben Wagen, dann der zu Weißenhorn hausenden Tochter Theresia an ihrem Heiratguet 70 fl anoch, übriges (bis er die 1200 fl völlig hintanbezahlet), denen jetztmaligen dastehenden Schulden zugehen solle mit diesem ausdrücklichen Reservat, dass sofern unter den 2 lödigen Schwestern etwann die eine oder andere erkranken möchte, er Blasius in selbiger Krankheit aufzuhöben, auch ihnen solange sye bei ihme im Diensten stehen, den billichen Lohn zu reichen schuldig sein solle. Weiters machen die beede neuangehende Eheleut mit ihrem Zusammenbringenden auch in währender Ehe mit einander erringenden Vermögen ein recht eingeworfenes Guet, außer wann eines vor dem andern ohne Hinterlassung ehelicher Leibserben des zeitlichen Todts versterben sollte, der überlebende Thail des Verstorbenen negster Freindschaft 200 fl, wovon jährlich 50 fl nebst des jeden Truchen und Halßkleidern zum Ruckfall hinauszugeben schuldig sein solle, bitten mit oballegierten Zeugen unterthänig den Heirat in Gnaden zu bewilligen.« (26)
Blasius hatte das väterliche Erbe während des Spanischen Erbfolgekrieges angetreten. Besonders hart trafen solche Kriegszeiten immer wieder die schutz- und wehrlose Landbevölkerung. Auch der Bläsbauer konnte davon erzählen. So wird in zwei Protokollen deutlich, dass auch bei ihm die Kasse sehr knapp war. Der junge Bauer sah sich so einigen Ausgaben seinen Geschwistern gegenüber, die er momentan wohl nicht befriedigen konnte. Auf das Aufbegehren einer Schwester hin ist er darum handgreiflich geworden und wurde nach Wettenhausen zitiert. (27) Ähnlich ging es mit einem Knecht, der sich beschwerte, dass er ihm den Feierabend gegeben, weil der Winter gekommen sei. Mit ihm musste er entsprechend abrechnen. (27) Ein Verkauf von Schafen ohne die eingeholte Erlaubnis brachte ihm im Jahr 1710 ½ Pfd hl Strafe. (27) Ganze neun Jahre mussten die Geschwister schließlich warten, bis das Protokoll von 1704 erfüllt wurde. Demnach erhielten Brigitta, Anna Maria und Zacharias je 350 fl, Theresia bekam ihre 70 fl. Diese Ausgaben waren ohne die bedingte Ausfertigung, die in einem Roß und einem halben Wagen bestand. (29) Gleich im Jahr darauf erwarb er dann von Maria Neumiller in Hammerstetten ihre halbteilige Erblehenbehausung mit Zubehör um 221 fl. (29) Am 27. Juli 1721 hatte »Joseph Mayr von Harthausen, gewester Dienstbot bei Blasius Langegger in Limpach seinen Dienst«, den er an Lichtmeß be-

gonnen hatte, »ohne Ursache schon zu Johanni verlassen und dem Bauer nichts davon gesagt, sondern war einfach davongegangen und hatte sich anderwärts verdingt«. Der Bauer glaubte ihm deswegen keinen Lohn schuldig zu sein. Die Verhandlung ergab, »dass er ihm doch ein Viertel Jahr aus gutem Willen auszahlen wolle.

Treffen somit von 19 fl auf das Viertl Jahr	4 fl 45 kr
3 Ellen Zwilch à 8 kr	6 kr
1 flexen Hemd à 1 fl	15 kr
4 Maderitten nach Johanni	40 kr
	5 fl 56 kr

davon empfangen 3 fl, der Rest ist bis Lichtmeß zu bezahlen.« (32)
Blasius Langegger konnte 1714 die Hälfte des Erblehenshauses »Beim Weber« (HsNr. 20a) kaufen und hinterließ seinen 3 lebenden Kindern (8 waren bereits verstorben) ein ansehnliches Erbe.

»Den 5. Mai 1724. Blasius Langegger in Limbach ist vor einem Viertl Jahr zeitlichen Tods gestorben und neben dem ingehabten, aber einer gdg. Herrschaft heimgefallenen leibfälligen Hofguett ein Witib Agnes Volkin auch 3 Kinder Namens Jakob, Stephan, Joseph die Langegger hinterlassen, welche namentlich unter Beistand Zacharias Langeggers, Leonhard Kempter, Jakoben des Volken in Fortführung des zu bemaiern überlassenen Hofguetts gehorsamblich angesuechet, welcher beschechener Bitt gdg. Herrschaft aus sonderen Gnaden und sonderheitlichen wegen allmahlig gezeigte Treu, Willfährigkeit und sonstigen gueten Aufführen mittelst vorstellenden taugsamben Anstands in Gnaden deferrieret; worauf seine Ehewirtin Agnes Volk sich abermalen verlobet mit Joseph Berchtold von Gunder-Rimmingen, Hochfürstl. Augsburgl. Pfleeg Ayslingen zugewandtem Dorf. Bringet selber herein als Heiratsgut 700 fl wovon bar 400 fl in Zihlern auf Georgi 1725 anzufangen à 50 fl allzeit weitere 300 fl, alles ohne Abzug, weiters 1 Roß, 1 Khue 1 angerichte Ehehalten Bettstatt. Sie dagegen heiratet ihm an ihren verliehenen leibfälligen Hof mit Haus, Stadel, Garten, Gemeindsgerechtigkeit mit dazugehörigen 40¼ Acker 18½ Tgw Mahd, 1 Acker und 1 Mahd, 1 Holz zue Stuben, mehr ein besonders nit zum Hof gehöriges Hölzl, dann die Hälfte der mit Sebastian Bestl innehabenden Erblehensöld [HsNr. 20a] mit Garten und Gemeindsgerechtigkeit, Rechten auch Beschwärden, weiters alle vorhandene Hausfahrnuß, Roß, Vich, Geschiff, Geschirr, nichts davon ausgenommen, sondern wie alles gegenwärtig vorhanden mit dem verabredeten Austrag, dass den 3 vorhandenen Langeggerschen Kindern als Jakob, Stephan, Joseph, zum väterl. Ausgemächt 300 fl also zusammen 900 fl. Item für 1 Roß und Wagen jedem 20 fl tut 60 fl hinausgegeben werden sollen, wovon sie einander allenfalls zu erben und das Betreffende bei ihrer Standsveränderung bar solle bezahlet, auch ein Hochzeitskleidung ohnentgeldlich mitgegeben werden; machen mithin beide Neuverlobte von solchem Vermögen des Ruckfalls halber, dass auf sein des Hochzeiters Joseph Berchtold ohne aus dieser Ehe hinterlassende Leibserben, erfolgendes Absterben, dessen nägsten Befreinden 150 fl, item die Truchen und der hochzeitliche oder beste Einschlauff zurückgeben; auf ihre der Hochzeiterin mit oder ohne neuerliche aus künftiger Ehe folgende Leibserben vorheriges Absterben aber sein Berchtolden eingelegtes Heiratsgut, aber mit Zulag 100 fl also 800 fl nach hingelesten Kinderen zum Voraus gehören, übriges Vermögen anheim, insoviel Mund als Pfund, verteilt werden solle. Bitten mit und neben allerseits Beiständen, als auf Seite des Hochzeiters Leonhard Berchtold von Reitteren, Melchior Stehle, Jörg Berchtold von Gunder-Rimmingen, Michl Schneider von Rembshardt, auf Seiten der Hochzeiterin dero Vatteren Jakob Volk, item Jakob Volk, jung als Bruder, beede zu Anhausen, Zacharias Langegger, Leonhard Kempter, beede in Limpach, um deren Ratification. Worauf Joseph Berchtold das leibfällige Hofgut auf dessen Leib und Leben lang nit länger noch fürbaß in Gnaden verliehen erhält, doch dass er zu Bestand 300 fl gleich erlege, dann zu jährlichem Rechnungsgeld 4 fl 9 kr 3 hl, 1 Faßnachthennen, 100 Ayr, zur beständigen Gült in guetter schrannenmäßiger Frucht 10 Immi Roggen und 8 Immi 2 Mitlen Haaber liefere.« (33)

1724–1770 Joseph Berchtold von Gundremmingen († 31. März 1772)
I. ∞ 30. Mai 1724 Witwe Agnes Langegger
(* 24. Jan. 1684, † 23. Nov. 1743)
II. ∞ 7. Jan. 1744 Apollonia Mägele von Hammerstetten
(* 23. Jan. 1714, † 15. Juni 1770)
Joseph Berchtold hat mit seiner ersten Heirat drei Langegger Kinder angeheiratet und nach dem Protokoll vom 5. Mai 1724 die Kosten von 960 fl mit übernommen. Im Protokoll vom 10. April 1737 wird dazu eine Abrechnung gegeben. Jakob ist in den Kayserl. Kriegsdienst getreten und erhielt 20 fl für Ross und Wagen. Zur Auslösung aus dem Kriegsdienst erhielt er 26 fl 16 kr, für Kleider 4 fl und für die Einkehr beim Wirt von Limbach 3 fl. Am 23. Mai 1725 trat er zum zweiten Mal in den Kriegsdienst und erhielt auf sein Bitten hin 2 Dublons – 15 fl.

Am 8. Oktober 1731 trat er wieder den Dienst nach einem überstandenen Fieber beim Regiment an und erhielt erneut 21 fl, zusammen also 69 fl 43 kr. Stephan heiratete 1734 nach Rettenbach. Joseph erlernte das Metzgerhandwerk. (36) Den Stiefsohn wollte Berchtold nach Gundremmingen verheiraten. Er »solle daher bares Geld haben«, und hat darum »um 100 fl Anleihen gebeten«. Er wolle es »in Bälde wiederum anheimbezahlen«. Das Geld war ihm von dem heiligen Nicolaus in Hammerstetten vorgezählt und ausgehändigt worden. »Er gibt seinem Sohn Joseph Langegger 600 fl zum Heiratgut, als bar 300 fl und alsdann die übrige 300 fl in jährlichen Zihlern anno 1740 auf Martini erstmals 50 fl«. (38) »Im Dezember 1764 leiht Berchtold wieder 150 fl aus der Waisenkasse, um das Kapital aus der Waisenpfleg in Eyslingen zurückzahlen zu können.« (73)
Die erste Frau von Joseph Berchtold, mit der er ein Kind hatte, starb an einem Schlaganfall. Sie »hatte aber noch die Gnade«, berichtet die Sterbematrikel, »versehen mit allen hl. Sterbesakramenten den letzten Tag ihres Lebens zu beschließen.«
»Den 20. Dez. 1743. Joseph Berchtold von Limpach will auf Absterben seiner ersten Hauserin sich abermalen verehelichen mit Apollonia Megele von Hammerstetten, die 800 fl einbringt, als bar 700 fl weiter 100 fl über das Jahr, worvon Bonaventura Megele Bürg und Zahler ist, dann 1 Khue und standsmäßige Ausfertigung und ist dabei eine Erbin an der mütterlichen Verlassenschaft wie andere Kinder. Dieses Einbringen widerlegt vorgedachter Joseph Berchtold mit seinem von gdg. Herrschaft leibfälligen Hof, vorhandenen Fahrnuß, Roß, Geschüff, Geschirr, activ und passiv Schulden, nichts ausgenommen und machen damit ein eingeworfenes beiderseitiges allgemeines Gut mit dem Beding, dass wann eines vor dem andern ohne hinterlassende ehelichen Leibserben absterben sollte, das Überlebende des nächste Freindschaft den 3. Teil des erweislich eingelegten Guts und zwar seinerseits 400 fl ihrerseits 250 fl nebst denen besten und hochzeitlichen Kleidern und leeren Truchen zum Ruckfall hinaus und zwar in Zeit eines halben Jahrs, gegeben werden solle. Zeugen seinerseits Carle Schwarz, ihrerseits der Schwager Bonaventura Megele und Niclas Stricker bitten sämtlich um Ratification des Heirat. Beschaid: Der Heirat ist bewilliget.« (42)
Berchtold war auch in eine brenzlige Sache verwickelt, die von österreichischen Husaren ausging. In den Akten liest man: »Beede Burgermeister von Limpach zeigen am 31. Mai 1745 beim Oberamt in Wettenhausen an, wie dass die kurbayrischen Husaren in Limpach einquartiert gewesen, und dabei sich der Herr Oberist Franchipani [Frangipani] befunden, wel-

chem die österreichischen Husaren einen Bagagewagen geplündert und teils mit sich genommen, teils aber ausgeworfen. Weilen nun einige Vergurgerte [Verärgerte] zu gedachtem Limpach sich unterfangen haben von diesen ausgeworfenen Waren, worunter des Wirts Sohn, Joseph Göz der Hauptsächliche gewesen, auch participiert, aufgeklaubt und nach Haus getragen, so hätte der Herr Obrist Franchipani die Satisfaction an die Gemeind gesucht und 150 fl gefordert. Ob nun der Herr Pfarrer und Benefiziat (von Maria Königin Bild) zu gedachtem Limpach interponieret und ihr Möglichstes angewandt, so habe nichtsdestoweniger Herr Oberst sich keineswegs erweichen lassen, sondern ihme gedachte 150 fl, welche sie, als 100 fl in der Canzlei (zu Wettenhausen) und 50 fl von dem Herrn Benefiziat in Limbach auf die Gemeind entlehnen und auszahlen müssen. Bitten dahero zu Abführung ihrer Schulden jene, so Ursache an dieser Ungelegenheiten seien, von Obrigkeitswegen anzuhalten und die Gemeinde, weilen selbe unschuldig loszusprechen, wie dann des Wirts Sohn und die andern, so mitgeholfen, oder auch was entfremdet, am besten wissen werden. Joseph Göz bekennt unterschiedliche Sachen entfremdet oder geglaubt habe, dass es erlaubt sei, sonst er es nicht getan hätte, sei er aber nicht allein, sondern auch der Stuhlmiller (HsNr. 7) und dessen Knecht gewesen, welche auch unterschiedliche Sachen entfremdet und mit nach Haus genommen. Stuhlmiller sagt, ein österreichischer Husar habe Paar Stiefel, Spiegel, ein Hemd und ein Stückel Brot gegeben, dann haben die Husaren ein Trichel [Truhe] in seinem Stadel aufgehackt, worinnen aber nichts als Fläschlin oder Apothekersachen gewesen. Die Stiefel habe der gleiche Husar wieder von ihme und mitgenommen, hätte der Rösch (HsNr. 3) auch ein Fässel oder Wasserlegel nach Haus getragen. Item des Conrads (HsNr. 8) sein Knecht und seien bei Herrn Pfarrer viele Sachen, als ein Kessel und Pfannen eingekommen, welche man dem Herrn Obristen wieder zurückgestellt habe. Johann Jakob Rösch sagt, es hätte ihm ein Husar ein Legel gegeben, seie nichts wert gewesen, habe diesen wieder zurückgegeben, des Conrads Knecht habe dem Husar das Pferd gehalten, wie er sodann wieder aufgesessen seie, habe er ihm ein paar Strümpf hingeworfen und er mit sich genommen; es soll des Stuhlmillers Knecht auch einen Sack voll mit sich genommen haben. Joseph Göz zeigt ex post an, da der Bleesbaur Joseph Berchtold diesen Bagagewagen nach Günzburg führen müssen, hätte er die Wagen-Winden davon entfremdet, sodann aber wieder zurückgeben müssen mit Vermelden, sie seie über den Wagen heruntergefallen, habe solche sodann in seinem Haus verwahrt.«

Der vorläufige Richterspruch lautete: »Es solle bis auf weitere 14 Tag eine weitere Prob gemacht werden, dass mehrere dabei gewesen oder untersuchen, wer dem Herrn Pfarrer einige Sachen gebracht und dann solle geschehen, was rechtens ist.«
Am 15. Juni wurde die Sache neuerdings verhandelt, mit dem Ergebnis: »In causa Graf Franchipani wird weiters erhebt, dass der Anton Grüner, des Stuhlmillers Knecht, ebenfalls einen Sack als wie ein Zwersack, Rossdecke, altes paar Hosen, ein altes Hemd, ein Castrol oder Feldkessel, welch alles er wieder zurückgegeben; Hans Georg Grüner, Knecht bei Andreas Conrad bekennt auch, dass die kaiserlichen Husaren ihme Kerzen im Stadel gegeben, solle diese in die Kirchen tragen(!), sonst habe er nichts getan. Bringen benebst die Bürgermeister an, dass des Wirts Sohn der Anfänger und größer Täter gewesen seie, denn wann sie dieses nit gesehen hätten, so wären sie ihme nit nachgefolgt.« Das Urteil lautete: »Joseph Göz, weilen dieser der Anfänger und Ursachen, auch die Sachen möglichst versteckt und vertuschet, auch sogar auf die Execution ankommen lassen, solle denen aufgeborgten 150 fl, selber 90 fl, Stuhlmiller 36 fl, Rösch 10 fl, Conrads Knecht 7 fl, Antoni Grüner 7 fl, in Sa. 150 fl bezahlen und erstatten.« (43)
Berchtold ging in diesem Fall straffrei aus. Sein Vermelden »die Wagenwinde sei vom Wagen heruntergefallen«, scheint glaubhaft gewesen zu sein.
Aus den Hundstagen 1747 wird folgende kuriose Geschichte berichtet: Der Bläsbauer kaufte am 21. Juli 1747 seinem Nachbar Felix Schmid (HsNr. 4) seinen leibfälligen Hof ab. Den Verkäufer reute der Handel. Berchtold wurde dafür mit 100 fl bestraft. (45)
In seiner Zeit als Hofbesitzer hatte er anscheinend immer wieder Mangel an Bargeld und wurde an verschiedenen Stellen vorstellig, um zu leihen. 1742 hatte er von den Kempterischen Kindern 50 fl entlehnt. Er wurde ermahnt, den Betrag richtig zu verzinsen. (40) Im gleichen Jahr lieh er auch noch 37 fl dazu. (40) Im November 1744 wollten seine Stiefsöhne ihr Heiratsgut ausbezahlt bekommen. Er lieh dazu von den Volkschen Waisen in Großanhausen insgesamt 180 fl. (42) 1746 erhöhte er das schuldige Kapital von 66 fl 42 kr bei der Heiligenrechnung in Hammerstetten um 13 fl 18 kr. (43) 1747 entlehnte er 25 fl aus der Agnes Schwarzschen Pfleg. (45) 1751 hatte Joseph Berchtold Schulden abzuzahlen und entlehnte vom Heiligenpfleger Johannes Hintermaier in Ichenhausen 300 fl. (47) 1753 wollte Berchtold dem Senser 40 fl bezahlen und bat, ihm von den Volkschen Kindern 43 fl vorzuleihen. (49) 1754 wurden Joseph Berchtold, zur Abführung seiner nach Ichenhausen schuldi-

gen Zinsen aus der Heiligenkassa, vom lieben Heiligen in Limpach 15 fl vorgelehnt. (49) 1754 empfing Berchtold von den fünf Kindern des verstorbenen Bonaventura Megelin zu den schon schuldigen 43 fl zum Kauf der benötigten Säfrucht noch 57 fl. (49) Im Dezember 1764 lieh Berchtold wieder 150 fl aus der Waisenkasse, um das Kapital aus der Waisenpflege in Aislingen zurückzahlen zu können. (73)
Für den Hof brauchte er immer wieder neue Pferde, die als Zugtiere eingesetzt werden konnten und darum gesund sein mussten. Peinlich hat er auf die vier Hauptmängel geachtet, für die jeweils der Jude einstehen musste. Zu diesen Handelschaften kamen zu ihm David Einstein 1741, Ruben Gerstle 1742, Mendle Einstein 1750, Mayr Weil 1762. Bei einem Handel mit Joseph Mändle 1758 steht keiner von beiden für die Haupmängel gut. (20)
Zusammen mit einigen anderen aus Limbach, Anhausen und Hammerstetten handelte er gegen die Polizeiordnung. Für Waldarbeiten in Hof- und Lehenshölzern brauchte man einen Auftrag oder eine Erlaubnis. Joseph Berchtold, Hans Jerg Stuhlmiller, Felix Schmid und Jakob Rösch mussten 4 fl, Joseph Sailer und die sechs anderen aus Anhausen und Hammerstetten je 1 fl bezahlen. (16) Ein Fall für Lohnforderung wurde an ihn herangetragen, von dem er überzeugt war, dass er nichts schuldig sei. Ursula Berger von Leinheim forderte 1763 den rückständigen Lidlohn ein. Berchtold glaubte, ihr nichts schuldig zu sein, da sie ohne Ursach aus dem Dienst gegangen sei. Von den eingeforderten 1 fl 30 kr und »je 6 Ellen flexen und ehewürkenem Tuch« erhält sie 45 kr und je 1½ Ellen Tuch. (17)
»Den 5. Juli 1770. Joseph Berchtold will mit sonderheitl. Hochgdg. Consens seiner Tochter Maria Anna und ihrem künftigen Ehemanne Johann Michel Schmid abtretten und überlassen das bishero innegehabte Urb. fol. 309 weitwendig beschriebene leibfällige Hofgut mit aller Ein- und Zugehör mit samtl. vorhandenen Vich, Geschiff und Geschirr, auch Früchten zu Haus und Feld nebst alligl. Mobilien außer einer angerichten Bettstatt, der Hälfte Leinwand und 3 Schaafen, dann fol. 313 3 Jcht 2½ Viertl Holz bei Hammerstetten, so Erblehen und bei Veränderung 2 Schg zur Auf- und so viel zur Abfahrt gibt. Dahingegen von dem leibfälligen Hofgut jährlichen Rechnung Geld 4 fl 9 kr.3 hl, 1 Hennen, 100 Ayr 10 Immi Roggen, 8 Immi 2 Mitlen Haaber und bei Veränderung der Bestand nach Hochherrschaftl. Willkür dermalen aber zu Concession und Bestand nach der gdg. bewilligten Taxation ad 600 fl zu respective 5 et 10 pro Cto 400 fl gereichet werden, sodaß also mit Einschluß der Farnüssen

und anhoffenden Schnitte, auch erlehenbaren Holzes der eigentliche Anschlag auf 3200 fl verglichen worden, woran der übernehmenden Tochter 800 fl zum Heiratgut angewiesen, 2200 fl paar bezahlt oder verinteressiert und die weitere 200 fl in jährlichen Fristen mit 50 fl Georgi 1771 anfangend, reservata interim hypotheca vollendts nachgetragen werden sollen. Wobei der übergebende Vater zu seinem lebenslänglichen Unterhalt sich bedinget in dem eingebauten oberen Stüble die freie Wohnung, worzu Guts Innsizere 2 Clafter Holz ind 6 Schober Bischel beyzuschaffen, nicht weniger wann der Vater mit denen jungen Leuten und deren gemeinsamen Kost sich nicht betragen könnte, jährlich 14 Mitlen Roggen, 10 Mitlen Kern, 20 Pfd Rindsschmalz, 20 Pfd Schweines Fleisch, 4 Pfd Würst, 10 Pfd Rindfleisch oder statt dessen, so kein Rind geschlachtet würde, von einem Schwein, 50 Ayr, 50 Krautköpf, von Georgi bis Micheli wochentlich 1½ Maß Milch; von gerathenden Obst 3 Mitle Äpfel, ½ Mitle Wein Biren, ½ Mitlen Schmalzbiren und ½ Mitlen gedörrte Wasserbiren nebst Gebrauch des benötigten Kuchelgeschirrs abzugeben, auch Bachen und Waschen zu gestatten, ansonsten aber alljährlich außer der Kost oder vorbeschriebenen Frucht 30 Pfd gehächleten Flax abzuliefern schuldig und gehalten sein, endlich auch dem Sohn Andres Berchtold bey Verheirathung 50 fl für 1 Roß und ½ Wagen bezahlen solle.

Hierauf ist Anna Maria Berchtoldin mit fern weitheren Hochherrschaftl. Consens und freundschaftl. Beyrath entschlossen sich mit Johann Michel Schmid, Andres Schmid zu Limpach selig ehelich erzeigten Sohn, deme sie zu einem wahren Heiratsgut die auf dem Hof angewiesene 800 fl nebst einer standsmäßigen Ausfertigung zubringet, welches der Hochzeiter mit 1900 fl Bargeld und 300 fl an Zihlern, innhaltl. Waysen Buchs fol. 141 widerleget und betreuet. Der Sterbfällen halber entgegen ist auf des eint oder anderen ohne ehel. Leibserben erfolgendes Ableben der 3. Thail alligl. Einbringens nebst Truchen und doppelten oder zweifachen besten Kleidernanzug zum erblichen Ruckfall vorbehalten. Protokolliert in präsentia sponsorum, dann auf Seiten des Hochzeiters dessen Pflegevater Felix Schmid und Mathes Wieland, auch Johann Sailer. Auf Seiten der Hochzeiterin aber dero Vater Joseph Berchtold und Zacharias Aubele, alle von Limpach. Betten anbei um gdg. Ratification, Cession und Heürath, wird in Gnaden ratificiert auch das leibfällige Hofgut dem supplicierenden Johann Michel Schmid ad dies vitae in Gnaden verlyhen, worgegen er die vorbemelte Concession und Bestandsgebühr mit 400 fl entrichten, sonsten aber das Hofgut in paulichen Wesen ohn-

getrennt nuzen und die herkömml. prästationes, Steuern, Gilt, Dienst auf Zihl und Zeit ohngesaumt abliefern und verrichten solle.« (48)
Aus einem Verhörsprotokoll vom 26. Oktober 1750 erfahren wir, dass Berchtold in dieser Zeit Bürgermeister war. (47)

1770–1811 Johann Michael Schmid (* 31. März 1750, † 9. Okt. 1811) von HsNr. 6
I. ∞ 23. Juli 1770 die Hoferbin Maria Anna Berchtold (* 8. Mai 1750, † 23. Juli 1777 nach der Geburt der Tochter Maria Anna [* 10. Juli 1777], in der Früh ½7 überraschend gestorben)
II. ∞ 15. Sept. 1777 Franziska Eisele von Remshart (* 12. April 1755, † 29. März 1814)
Schmid hatte einen großen Hof und auch viel Geld mitgebracht. Er war aus dieser Position heraus manchmal dann eigenmächtig und wurde darum am 11. September 1772 auf die oberamtliche Canzlei zitiert. Im Protokoll steht: »[...] solle wegen seiner in Leistung der herrschaftl. Frondienste bezeugten wiederholten Hartnäckigkeit und sträfl. Ungehorsam per 3 Stund eingeturmet werden in Hinkunft aber zu besserer Befolgung deren Hochherrschaftl. Verordnungen und Schuldigkeiten angewiesen sein.« (18)
Diese Turmluftkur hat bei ihm nicht viel bewirkt! Immer wieder stand er vor Gericht und kassierte so manche Strafe. Auch sein Status als Ammann (von 1776–1795) hat ihm dabei nichts genützt. Jakob Bitzner von Goldbach hat 1776 seinen Fuhrlohn eingeklagt. 30 Fuhren Holz hat er für Schmid schon 1771 gefahren und 14 fl verdient. Dieses Geld hatte er aber fünf Jahre später noch nicht erhalten. Mit den »Prokurator Holz-Zetteln« belegte er seinen Anspruch. Schmid musste innerhalb eines Vierteljahres 7 fl bezahlen, den Rest in einem Vierteljahr danach. (18) Im Juli 1778 bei einer Einkehr im Sternwirtshaus in Wettenhausen hat er sich unterstanden, den herrschaftlichen Dienstknecht auf dem Nusslachhof und den Baumeister mit »vöppischen« und »injuriosen Reden« zu überfallen und darüber hinaus als Ammann despektierlich über die Hohe Herrschaft zu schimpfen. Nur der Entschuldigung wegen gehabten Rausches hatte er es zu verdanken, dass man Gnade walten ließ und die Strafe mit zwei Reichstalern abgetan war. (18) 1779 stand er wieder vor Gericht, weil er mit Peter Schieferle und Consorten von Limbach im herrschaftlichen Birkengehau »11 Pferde strafbarer Weis eingehütet« hatte. Die Strafe von 2 fl war an den Holzwart abzuführen. (18) Auch teures Kartenspiel – es war nur erlaubt um 1 Pfennig zu spielen – brachte

ihn vor Gericht. Es war am 19. November 1791. Am »Limpachischen Gülttag« – wenige Tage vorher waren die Polizei-Artikeln verlesen worden – saß er mit einem Bauern aus Remshart zur Nachtzeit im Wirtshaus. Das Spiel begann mit 48 kr und steigerte sich bis zur Summe von 100 Thalern. Es half nichts, als er davon redete, gleichsam gebeten worden zu sein. Einen ernstlichen Verweis und 10 Reichsthaler Strafe brachte ihm diese Nacht ein. (19) Ein andermal ging es in der Wirtschaft in Großanhausen gegen Joseph Lacher, den Schuster von Remshart. Beteiligt waren Johann Michael Schmid, herrschaftlicher Bürgermeister, Johann Sailer und Joseph Zimmermann aus Kleinanhausen. Sie hatten ihn bedrängt, Stöße versetzt und beschimpft. Die Zeugen bestätigten dieses Vorgehen. Darum wurde Schmid neben der Erstattung des französichen Thalers an Lacher, wegen getriebenen Unfugs und Überschreitens der Sperrstunde zu 3 fl Strafe verurteilt, Sailer mit 1 fl 30 kr und Zimmermann für eine »Stunde mit dem Stock gebüßt«. Die Zeugen Rösch und Buhl wurden mit 30 kr und der Wirt mit 45 kr bestraft. (22)
Als Bauer hatte er seinen Besitz in die Höhe gebracht. Sein Stolz waren die Pferde, bei denen er nur erstklassige Tiere im Stall duldete. Da es beim Pferdehandel manchmal auch Probleme gab, wurde der Handel in der Amtsstube beurkundet. Unter dem Beleg (20) handelte er 1773 zweimal noch mit den Juden Isaak von Ichenhausen. 1779 gehen bei ihm die Juden aus Hürben aus und ein. Zur Bezahlung wurde nicht nur Geld angenommen, sondern auch Naturalien, die der Bauer nach Hürben anliefern musste. Bei allen Geschäften ist der Verweis auf die Gesundheit des Pferdes wichtig. Auf die vier Hauptmängel (herzschlächtig, hirnritzig, lungenfaul und wurmig), dann Koppen und Kolderen hat Schmid ganz besonders geachtet. Für diese Mängel, die eine Rücknahme des Pferdes bedingte, stand jeweils der Jude gut. (20, 21) Noch 1804 kam es zu einer Vergleichsverhandlung zwischen Samuel Löb Gerstle und Michael Schmid. Sie ist als das letzte Judenprotokoll verzeichnet. (21) Die Säkularisierung der Klöster hatte diese wohl wichtige Einrichtung beendet. Ausgerechnet Schmid war der letzte, der sich noch schnell unter den Schutz dieses als lästig empfundenen Klostergesetzes stellte. Ansonsten sympathisierte er nie mit dem Kloster.
1770 war ein Teuerungsjahr mit großer Not. Um über die Runden zu kommen, half nur Geld auszuleihen oder Grundstücke zu veräußern. Es gab auch die Möglichkeit, ein Grundstück für eine gewisse Zeit dem Geldgeber zur Nutzung zu überlassen. (75) Die Waisenkasse konnte auch immer wieder aushelfen. (48, 70)

»Limpach, den 2. September 1777. Auf zeitliches Absterben weyl. Marianna Schmidin, geborene Bertoldin, gewesten Bäurin und Ammänin zu Limpach hat sich der hinterbliebene Witiber Johann Michl Schmid, Baur und Amman daselbst mit seinen im Stand dieser Ehe erworbenen 2 Kindern als namentlich Barbara 3 jährig, Theresia 6 wöchigen Alters der Minderjährigkeit halber aber mit denen in Abgang einiger Befreunden von obrigkeitswegen hiezu berufenen allhiesigen 2 Gerichts Verwandten Antoni Schellhammer und Joseph Reschle des ihnen 2 Kindern anerstorbenen mütterl. Erbs halber folgendergestalten in der Güte vereint und vertragen, als erstlich verbleibt ihme vertragenden Vater das samentl. Vermögen liegend und fahrendes samt Schulden und Burden noch ferners unzerteilt beisammen und in Handen dahingegen und anderten: derselbe schuldig und gehalten sein solle bemelt seine 2 Kinder christlich in katholischem Gebrauch aufzuerziechen und wenn eins nach dem andern sein Brot selbsten gewinnen kann mit aller Notwendigkeit und ohne Ausnahme zu verpflegen, wie er dann drittens: beeden diesen 2 Kinderen jedem 400 fl zusammen also 800 fl zu einem mütterl. Erb bei ihrer einsmaligen Standsveränderung oder in dessen Unterbleibungsfall bei jeder Erreichung eines 24. jährigen Alters dergestalten baar zu bezahlen oder zu verzinsen, sich anheischig gemacht, dass falls eins aus beeden Kindern in lödigem Stand verabsterbet, das Überlebende daselbe in diesem mütterl. Geldausgemächt mit Ausschluß des Vaters zu ererben hätte. Viertens müssen jeder dieser 2 Mägdlen bei ihrer einsmaligen Standsveränderung zu denen schon vorhandenen 4 schlechten Bötteren jeder noch 1 angerichte Böttstatt mit weiteren 3 Bötteren, 1 Pfulgen und 2 Kissen mit 3 malig und zwar 2 flexenen und 1 würkenen Überzügen, auch jeder 6 neue Hembder, auch 2 Tischtücher und 2 Handtücher, dann 1 Hochzeitskleid oder 20 fl dafür nebst 1 rdo Kuhe verabfolget, auch da 1 Kasten bereits vorhanden, für die 2. Tochter ein neuer beygeschafft werden. Sollte nun der vertragende Vater frühzeitig verabsterben, so wären diese beede Kind auf dem Gut mit aller Notwendigkeit, ebenso als wenn der Vater noch lebte, bis zur Erreichung eines 15 jährigen Alters in allem zu verpflegen und zu unterhalten und ebendarum bis dahin ihr mütterl. und allenfalls vätterl. Erb nicht verzinset werden. Schlüßlich und wann eins oder das andere von diesen Kindern in der Dienerschaft krank, liegerhaft oder gar krippelhaft würde, hätte solches beym Heimath den lebenslänglichen bloßen Unterschlauf zu suchen. Wormit also dieser Kindsvertrag beschlossen und deme in allem nachzukommen obrigkeitl. angelobt worden. Zeugen:

106 Das Anwesen HsNr. 5, »Bläsbauerhof«, um 1940

Johannes Sailer und Jakob Heim von Limpach, dann Antoni Eisele und Joseph Wieser, beede von Limpach.
Hierauf verheiratet sich aus sonderbarer Schickung Gottes und mit erlangt. hochherrschaftl. gdg. Consens vorstehend vertragender Witiber Johann Michl Schmid, Baur und Amman zu Limpach zu der ehrbaren Franziska Eisele, des Anton Eisele, Hochfreiherrl. von Riedheim Untertanen und Bauerns zu Rembshart, dann Barbara dessen Eheweibs beede annoch bei Leben, ehelich erzeigten Tochter, welche oder vielmehr ihr selbst gegenwärtiger Vater ihme Hochzeiter nebst einer standesmäßigen Ausfertigung und 1 rdo Kuhe zu einem wahren Heiratgut 1000 fl nachsteuerfrei bis kommende Maria Lichtmessen bar zuzubringen versprochen, welches der Hochzeiter mit 200 fl widerlegt und ihr sein samentl. Vermögen zu Dorf und zu Feld, samt Schulden und Burden, wowie er alles mit seinem verstorbenen Eheweib in Besitz gehabt, nichts davon besondert noch ausgenommen veranheiratet. Der ohnausbleiblichen Todfällen halber ist bedungen worden, dass falls die Hochzeiterin ohne hinterlassende eheliche Leibserben vor ihm verabsterbete, der überlebende Witiber (bei Entstehung einer andern Disposition) den verstorbenen nächsten Befreundten nebst dem bösten Kleideranzug den 3. Teil hinauszugeben hätte. Sollte dahingegen der Tod auf seiner seiten vorher erfol-

gen, so müsste das sämtliche Vermögen gerichtlich inventiert und abgeschätzt sofort in dessen Anschlag der Witib dergestalten überlassen werden, dass sie ihro Eingebrachtes und die 200 fl. Widerlag zum Voraus, im übrigen aber nach Hindanrichtung der Schulden, mit denen Kinderen 1. und allenfalls 2. Ehe einen gleichen Kindsteil zu beziehen hätte, und ist übrigens der Hochzeiterin und ihr Vater derenjenigen allhiesigen Observanz und Statuten, kraft deren die Weiber gegen die Heiligen und Waisenkassa einiges Vorzugsrecht nicht zu geniessen haben, expresse erinnert werden. Wormit also dieser Heirat ebenfalls beschlossen und obrigkeitlich hierüber angelobt worden. Zeugen: ab seiten des Hochzeiters Johann Sailer und Jakob Heim von Limpach. Ab seiten der Hochzeiterin Joseph Wiser von Rembshart.« (75)

1780 war wieder ein schwieriges Jahr für den Bauern. Immer wieder liest man von Anleihen. Es spricht für sich, wenn Schmid, Bauer und Ammann, 50 fl aus der Waisenkasse entleihen musste, um das notdürftigste an Stroh und Hafer kaufen zu können. (77) Noch im gleichen Jahr entlieh er wiederum 50 fl, weil er von seinem Schwager Andreas Berchtold ein Pferd und einen halben Wagen kauft. (77) Im Jahr 1786 ist es wieder so weit, dass er 25 fl leihen musste, um Hafer zu kaufen. (79) Ein Jahr später findet sich wieder ein Eintrag, dass Schmid 50 fl Schuldverschreibung aufgenommen hatte. (80) Auch in den Jahren 1791 und 1794 sind Kapitalaufnahmen von jeweils 50 fl verzeichnet. (82, 84) Dann kam noch 1796 die »Franzosennot« und die Viehseuche, die bis in den Winter 1797 dauerte und in Limbach 100 Stück Nutzvieh wegraffte.

1811–1814 Johann Michael Schmid
(* 15. Aug. 1780, † 30. Jan. 1814 an einem tückischen Nerverfieber)
∞ 8. Juli 1811 Maria Ursula Mannes von Deubach
(* 28. April 1784, † 11. Juni 1866)

Die Witwe führte den Hof weiter. Schließlich war sie doch gezwungen, an eine erneute Heirat zu denken. Die Übereignung des Hofes vom Kloster- bzw. Staatsbesitz brachte unangenehme Kosten mit sich.

Durch Reluitionsurkunde vom 23. Januar 1819 und Rescript vom 25. April 1819 wurde der leibfällige Hof gegen Entrichtung der auf ihm lastenden Dominikalabgaben der Witwe um einen Reluitionsschilling von 4000 fl als zinsbares Eigentum überlassen. Vielleicht hatte damals die Bäuerin »das innegehabte Holz zu Hammerstetten, genannt das ›Pfeiferholz am Herrenberglin‹ dem Staat überlassen müssen, um die Schulden des Bläsbauers an den Staat zu begleichen«. So habe er gehört, erzählte später der alte Anselm Bestler.

1819–1849 Leonhard Berchtold von Silheim
(* 17. Okt. 1795, † 10. Sept. 1872 Wassersucht)
∞ 5. Okt. 1819 die Witwe Maria Ursula Schmid
(* 28. April 1784, † 11. Juni 1866 an Herzentzündung)
Der neue Besitzer scheint gut gewirtschaftet zu haben, nachdem er seinen Grundbesitz durch verschiedene Zukäufe vergrößern konnte (113,66 Tgw). Er erwarb 1827 von dem Handelsjuden Raphael Landauer von Hürben, der mit Klostergrundstücken ein schwunghaftes Geschäft trieb, einen Acker (FlNr. 280) um 285 fl und 1839 von Georg Botzenhart von Kleinkötz die »Ewigkeit«, früher der »Rechgarten, Reichgarten, Reichsgarten« genannt, mit 9 Tgw um 900 fl.

Der Zehnt: Was hatte der »Bläsbauer« 1849, ein Jahr vor der Gefälleumwandlung, an Dominikalreichnissen zu leisten?

an Herbst- oder Stiftungsrechnungsgeld	32 kr 6 hl
an Kuchendienstgeld für 2 Hennen	24 kr
4 Hühner	32 kr
100 Eier	40 kr
An Frondienstgeld	10 fl -- --
An Ausreutzins	27 kr 2 hl
An Neubruchzehntgeld	34 kr 4 hl
In Summa	13 fl 10 kr 4 hl

Dazu kamen Naturalabgaben:

a) an Giltgetreide	Schaff	Metzen	Viertl.
Roggen	5	2	1
Haber	4	4	1
b) an Zehntgetreide			
Roggen	2		2
Haber	2		3
Veesen	5	5	1
Gerste	1	5	2

Das jüngste der 5 Kinder Maria Anna trat das väterliche Erbe an.

1849–1884 Joseph Eisenlauer von Autenried
(* 7. Feb. 1819, † 5. Aug. 1884 an Herzbeutelwassersucht)
∞ 27. Nov. 1849 Maria Anna Berchtold
(* 24. Aug. 1829, † 20. März 1900 an Influenza und Lungenlähmung)
Er war ein tüchtiger Bauer und genoss Achtung bei seinen Mitbürgern, die ihn 1852 zum Bürgermeister wählten. Bis 1858

107 Theodor Eisenlauer I. im Jahr 1938 vor seinem Hof HsNr. 5

hatte er diesen Auftrag inne. Seine Frau führte nach seinem Tod den Hof weiter bis zur Übergabe an ihren Sohn.

1892–1945 Theodor Eisenlauer I. (* 27. Nov. 1867, † 17. Sept. 1945)
∞ 25. Juli 1892 Maria Endres (* 13. Aug. 1869, † 8. März 1961)
Brauereibesitzerstochter
1893 brannte der Hof nieder. Beim Nachbarn »Beim Ruedl« war im Stadel Feuer ausgebrochen. 1933 brannten die südlich und westlich vom Wohnhaus gelegenen Stadel nieder. 1945 am Ende des Zweiten Weltkrieges brannte durch Kriegseinwirkung wieder der Stadel nieder.
Den Hof führte Maria Eisenlauer nach dem Tod ihres Mannes weiter, unterstützt von ihrem Sohn Theodor. 1955 gab sie die Verantwortung dann in seine Hände. 1960 hatte der im Ruhestand in Limbach lebende Oberlehrer Franz Lang die Altbäuerin Maria Eisenlauer über die Arbeit auf einem Bauernhof erzählen lassen, wie sie sich um die Jahrhundertwende und in den ersten Jahrzehnten des 20. Jahrhunderts gestaltete (siehe oben S. 199 ff. »Leben auf dem Bauernhof am Anfang des 20. Jahrhunderts« und S. 204 ff. »Erntearbeit am Anfang des 20. Jahrhunderts«).

108 Theodor Eisenlauer I. und Maria Eisenlauer, geb. Endres, um 1940

1955–1965 Theodor Eisenlauer II. (* 14. Nov. 1902, † 5. Nov. 1979)
∞ 5. Nov. 1941 Theresia Haug von Hammerstetten
(* 30. Sept. 1906, † 9. Dez. 1977)
Theodor, der ein begeisterter Jäger war, baute im Brühl ein Haus, wo er seinen Ruhestand verbrachte. Denn nach nur zehn Jahren gab er den Hof an seinen Sohn Theodor weiter.

1965–2000 Theodor Eisenlauer III. (* 6. Sept. 1936, † 11. April 2021)
∞ 7. Aug. 1965 Helga Haupeltshofer
(* 2. Mai 1940, † 17. Okt. 2001)
Um die Jahrtausendwende wurde die Milchviehhaltung beendet.

seit 2000 Petra Eisenlauer
∞ 1998 Dietmar Kammerer von Anhofen
(* 7. Juli 1966, † 13. April 2019)
Nach der Übergabe wurden die Felder von Anhofen aus bewirtschaftet.

HsNr. 6 Bürgermeister-Hindelang-Straße 3

Hausname: 1837 Hansadam
1855 Hansambaur
1860 Mäusle-Uri

1517 »Diese Söld gehörte zu den neun Anwesen, die Heinrich Günzburger, des Rats und Bürger zu Ulm, anno 1517 an das Kloster Wettenhausen verkaufte. 1764 zinst sie dem Heiligen von Limbach ¾ Pfund Wax mit 27 kr.« Rührt die Söld von der Markgrafschaft Burgau her. Nach 1803: Ein Eigengütel. Volles Eigentum durch Ablösung des Auf- u. Abfahrtsgeldes per 11 fl 20 kr. (12)

1517 Leonhard Baumeister
»Item Leonhard Baumeister gibt jährlich aus seinem Lehen 2 Ymin Roggen, 2 Ymin Haber, 2 Pfund 7 Sch Zins u. Heugeld, 2 Höner u. 1 Hennen. Mehr aus einer halben Jauchert gen Burgau an der Landstraße, so diese mit Nuz stan soll, geit er vom Wintrigen ½ Ymin Roggen und vom Symmrigen ½ Ymin Haber u. geit das Lehen 1 fl u. 1 Sch zu Auffahrt u 1 fl. 1.Sch. zu Abfahrt.« (61)

1535 Benedict Happich »hat ein Erblehen mit Haus und Hofraithin.« (5)

1551 Michael Baumeister
»Der benannt Michel Baumeister hat ein Erblehen mit Haus und Hofraithin, Acker, Maad und Holz.« (6) Er hatte dazu noch den Hof HsNr. 7. (5)
Barbara Mitterin (6)
Michel Stain (6)

1578/96 Hans Scheuch
»Hans Scheuch hat ein Lehen mit Haus, Hofraithin, Stadel und Garten zwischen dem Pfarrhof und Lienhard Schmid.« (7) Er zog 1596 auf HsNr. 11. (8)

1596 Hans Scheuch, jung, hat ein Lehen mit Haus, Hofraithin, Stadel und Garten zwischen dem Pfarrhof und Jerg Wiedemann. (8)

1618 Hans Wiedemann oder Bausser (88)
Peter Golmitzer (8)
Hans Ambrosi (8)
Jakob Behringer (8)

1651	Hans Jäger zu Limbach, »wegen Jakob Peringers Haus und Lehen daselbsten 35 fl u. dann jerlich auf Martini 10 fl Zihl u. mit erstem Zihl Martini anno 1652 fürgehen.« (15)
1662/66	Hans Feyrer († 9. Feb. 1666) ∞ Barbara († 7. Dez. 1674) »Hat ein Lehen mit Haus, Hofraithin, Stadel und Garten zwischen dem Pfarrhof und Jakob Schwarz Hof, stoßt hinten u. vorn auf die Gemeind.« (9) Das Haus ist im Schwedenkrieg nicht abgebrannt. Er hat die Zeit der Zuteilung der Grundstücke nach dem Dreißigjährigen Krieg mitgemacht und den Wiederaufbau der Landwirtschaft nur kurze Zeit mitgetragen. Sein Anwesen hat
1667–1690	Peter Stocker übernommen. ∞ 16. Nov. 1667 Katharina Pindter († 4. Nov. 1693, alt 60 Jahr) aus der Stadt Bihel in der Steiermark (12, 15) Stocker hatte seinen Besitz erweitert indem er 2 Jcht Holz im Löchlen zu 65 fl einkaufte. (24) Nebenbei musste er noch die Erbschaften der Töchter seines Vorgängers abwickeln. (24)
1690–1699	Hans Ott von Großkötz ∞ 15. Nov. 1689 Regina Stocker (* 16. Sept. 1670) (12) Ott hatte die Tochter seines Vorgängers geheiratet. »Den 4. Februar 1699 erkauft Hans Ott zu Limpach von Leonhard Mündel zu Hartberg auf vorher zu dem Ende untertänig ausgebettnen herrschaftl. gdg. Specialconsens das bisher ingehabte leibfällige Gut Salbuch fol. 103 mit aller Ein- u. Zugehör an Holz und Feld per 710 fl« und bittet untertänig um die gewöhnliche Belehnung. Der Bescheid lautet: »Unter dem ausdrucklichen Beding, dass die herrschaftl. zu Verkaufung des leibfälligen Guets erteilte Bewilligung künftig in keine Folgerei gezogen werden solle, wird Käuferen dasselbe auf sein Leib und lebenlang dergestalten verliehen, dass er zu Handlohn 75 fl zumalen jährlich Rechnungsgeld 2 fl 55 kr 6 hl, 1 Hennen, 100 Ayr, Roggen 6 Mitle, Haber 10 Mitle lüffern und entrichten auch sonsten alles dasjenige was zu ihme des Gotteshaus Salbücher und herrschaftl. Gewohnheiten zu mehreren Anweisen werden, praestieren tun und verrichten solle.« (25) »Den 5. Februar 1699 erkauft Andreas Schmid von Limpach von Hans Otten allda das bisher ingehabte Lehengut Salbuch fol. 295 mit aller Ein u. Zugehör nach Inhalt gemelten Salbuchs per 636 fl sambt 3 Schaaf Haber u. 1 Schaaf Kern. Bitten mit allerseits Beiständen als Martin Lauter und Peter Krambser von erdeutem Limpach um die gewohnliche Belehnung

untertänigst. Den 26. April 1700 ist der völlige Kaufschilling mit Erlegung der noch restierenden 20 fl. abgerichtet worden. Beschaid: Wird Käufer Andreas Schmid mit gdg. herrschaftl. Conzession erhandleten Lehenguts alljährlich auf gewohnliche Rechnungszeit 2 fl 11 kr 7 hl, 1 Hennen, 5 Hüener, 3 Jmmi Roggen, 3 Jmmi Haber liefern solle und bezahlen, auch jeder Teil zu schuldiger Auf und Abfahrt 6 fl in Summa 12 fl bezahlen.« (25)

1699–1701 Andreas Schmid (13) siehe bei HsNr. 22
Andreas Schmid hatte die Gelegenheit wahrgenommen und für seinen Sohn Hans Adam diesen Hof am 5. Februar 1699 gekauft. »Den 2. Nov. 1699. Ander Schmid zu Limpach ist Hans Otten zu Hartberg lt. Prot. 5. Febr. 1699 wegen aberkauften Lehenguts in Nachzihlern über bereits erlegt 60 fl annoch 140 fl schuldig, welche er ihme Otten dato umb 94 fl dergestalten abgehandlet, dass er demselben also bar 40 fl dann auf nachkommende Weihnachten 30 fl und auf Lichtmeß negsthin übrige 24 fl entrichten solle und wolle.« (25)

1701–1751 Hans Adam Schmid starb in Anhausen eines plötzlichen Todes. Er war Heiligenpfleger. (* 20. März 1682, † 5. Juli 1751)
I. ∞ 8. Aug. 1701 Anna Maria Abele (* 13. Jan. 1681, † 5. Juni 1738)
II. ∞ 28. Nov. 1741 Witwe Christina Hanzinger von Großanhausen († 8. Dez. 1761) (12)
Laut Protokoll vom 23. Juli 1701 »will Hans Adam Schmid zu Anna Maria Aubele sich verheiraten. Sie bringt ihm an Heiratgut mit 350 fl Geld, ½ Tgw grundeigenen Mahds im Anhauser Riedle und 5 Tgw zwischen der Cammlach und ihme Aubele selbst gelegen, 1 Roß, 1 Khue und 1 Jungstuck samt ehrlicher Ausfertigung und gleich 200 fl in bar. Bei des Hochzeiters Tod 300 fl und bei der Hochzeiterin Tod, wenn keine Leibserben vorhanden sind 150 fl. Ruckfall. Er bringt ihr in die Ehe das von seinem Vater von Hans Otten erhandlete Erblehengut mit aller Zugehör nebst 4½ Jchrt. grundeignen Ackers. Beistände Andres Schmid und Hans Aubele, Friedrich Gossner, auch Niclas Koch von Kleinenbeuren. Beschaid: Der Heirat wird genehmigt und das Gut ihm auf sein Leib und Lebenlang geliehen. Auf und Abfahrt zusammen 12 fl Rechnungsgeld 2 fl 12 kr, 1 Hennen, 3 Hüener, je 3 Immi Roggen und Haber.« (26)
Hans Adam hat Geld erübrigt, um einzukaufen. Er erwarb 1711 von Bartl Krambser ½ Jchrt Acker zu 54 fl (30), von Caspar Gailer zu Hartberg ein Hölzle und Mahd im Löchle für 39 fl (30) und von Christoph Schmid 1 Jcht ¾ weniger 5 Ruethen Hölzl per 21 fl. (29) Dann auch wieder ging es in der Kas-

se klamm her, so dass er genötigt war, Geld zu leihen oder auch wieder Land zu verkaufen. Im März 1714 brauchte er für die Wiederbeschaffung eines verunglückten Pferdes vom Heiligen in Deubach 25 fl. (29) Als 1742 seine Tochter Agnes nach Jettingen heiratete, wollte er ihr 350 fl zum Heiratsgut geben. Ein Darlehen von 200 fl stellte ihm die Sprenglerische Erbschaft zu Wettenhausen zur Verfügung. (40) 1750 verkaufte Hans Adam Schmid, 1 Jcht Acker im Kötzer Feld an Jakob Heim burgauischer Untertan in Limpach für 215 fl. (47)
Auf diese Weise kam er des Öfteren nach Wettenhausen in die Kanzlei, wo er auch die eine oder andere Strafe berappen musste, wenn er auch nicht selber der Schuldige war. Er klagte »wider den Hirten von Kleinanhausen, der ihm in einen 2 jährigen Khau« getrieben habe. Dabei waren wohl »Schmähreden« gefallen. Der Hirt wurde ermahnt. Für die »Schmähreden« wurden beide Teile mit 1 Pfd Heller bestraft. (27) Seine Frau geriet 1708 mit Ursula Weber in einen »lüderlichen Zankhandel«. Es wurde Friede geboten bei 4 fl Strafe. (27) 1713 tätigten Schmid und Jakob Levi einen Pferdehandel. Weil sie nicht protokollieren ließen, wurde Strafe vorbehalten. (29) 1748 gerieten seine Söhne Felix und Zacharias mit den Großkötzern aneinander. Dabei hat Zacharias einen mit einem »Stückl« derart geschlagen, dass das »Stückl« jedes Mal abgebrochen ist. Zacharias zahlte 20 Reichsthaler, der Felix 5 Pfd Straf. (45)
»Den 23. Nov. 1741. Hans Adam Schmid von Limbach will sich zum 2. Mal verloben mit Christina Hanzinger, deren Vermögen 150 fl, 1 Khue, 1½ Mittle Lein, 1 Cloben Flax, 4 Betten 2 Pfulgen 5 Kissen, 4 Leylacher und anderes Hauszeug.« (39)
»Den 3. Juni 1751. Hans Adam Schmid von Limpach will Alters halber übergeben seine lehenbare Söld, ist Burgauer Lehen mit 1 Kühe, je 1 Stierle, Schwein, Immen, Schaf, alle Roß, 2 tragende Kalbelen, 3 Hennen, 2 Gäns, alles um 2890 fl seinem Sohn Andreas Schmid. Hierauf will sich Andreas Schmid verloben gegen Anna Mannesin, deren Einbringen 400 fl.« (48)

1751–1769 Andreas Schmid (* 25. April 1725, † 12. Nov. 1769) Heiligenpfleger
I. ∞ 22. Juni 1751 Maria Anna Mannes
(* 19. April 1723, † 12. Mai 1758)
II. ∞ 1. Aug. 1758 Maria Anna Madl von Oxenbronn
(* 25. Feb. 1732, † 20. Sept. 1793) (12)
Andreas Schmid hat sein Anwesen gut geführt. Er hatte es flächenmäßig gering verkleinert, weil er einmal getauscht und ein Stück verkauft hat. (73) Selten brauchte er ein Darlehen, um Schulden zu begleichen. Doch 1754 erhielt er vom Heili-

gen in Höselhurst 150 fl und dazu von dem Linderschen Deposito 100 fl, um eine Schuld zu bezahlen. (49) Vier Jahre später lieh er im Juli aus der Waisenkasse 200 fl, im November brauchte er aus der Heiligen Kasse 100 fl, von der Maria Reitter aus Jettingen 124 fl 30 kr und von seiner Schwester Maria in Leinheim 72 fl. (65) Ein Grund wird nicht genannt. Zur Versorgung mit frischem Brot hatte er einen Backofen an der Nordseite des Hauses angebaut. Zum Anbau brauchte er vom Grund und Boden der Herrschaft 2 oder 3 Schuh. Es wurde genehmigt und eine jährliche Rekognitionsgebühr von 1 kr 4 hl festgelegt. (50) 1761 klagte ihn Johann Mussinger an: Andreas Schmid habe ihn beschimpft und geschlagen. Auch die Angabe, ein gehabter Rausch, bewahrte ihn nicht vor einer Ehrenerklärung und 3 Pfd Pfg Strafe. (16)
»Limbach, den 18. Juli 1758. Auf Absterben seiner ersten Ehewirtin Anna will sich Andreas Schmid mit untertänig, Gebett u. anhoffendem Consens abermahlen ehelich verloben an u. gegen Marianne Madlen, deren einbringendes Vermögen aus 1000 fl Heuratgut nebst 1 rvdo Kuh und einem jungen Stuck, auch ehrlicher Ausfertigung bestehet, wovon 750 fl gleich paar das übrige aber denen mit ihren Geschwistern alternierenden Nachfristen ad 100 fl zu entrichten ist, all welches indessen der Hochzeiterin zugegenstehende Befreindte namentlich Johann Madel repromittiert und hierüber ein herrschaftl. Attestatum beizubringen gelobet, jedoch mit dem Beisatz, dass von ermelten 1000 fl Aussteuer die gewöhnliche Nachsteuer abgehe. Dies der Hochzeiterin einbringend Vermögen tut der Hochzeiter mit all seinem vorhandenen Habseligkeiten, Stuck und Güeteren in bester Form widerlegen, doch also und dergestalten, dass denen aus erster Ehe vorhandenen 2 Kindern Hans Michl und M. Anna zum mütterl. Voraus mit einander 1200 fl worinnen sei mit Ausschluß des Vaters einander zu erben haben, nebst einem weiteren Zusatz, dass dem Bueben samt einem Hochzeitskleid 1 Roß und ½ Wagen oder statt dessen 40 fl dem Mägdlein aber nebst standesmäßiger Ausfertigung 1 rvdo Kuh und einer mit 3 Bötheren 1 Pfulgen 2 Kissener und dreifachen flexenen und 1 ehewerkenen Überzug, bei Standsveränderung oder Austrettung des 24. Jahrs bar erlegt und abgefolgt oder widrigenfalls verinteressiert werden sollen. Was entlich die ohnausbleiblichen Sterbfällen anbetriffet, so haben sich partes contrahentes dahin verstanden, dass auf Absterben der Hochzeiterin ohne ehelich vorhandene Leibserben dero negsten Anverwandten der 3. Teil nebst 1 Truchen und besten oder Hochzeits Einschlauff zum disponierl. Ruckfall hinausbezahlt werden solle. Sollte aber der Hoch-

zeiter vor der Hochzeiterin das Zeitliche segnen, so wäre das vorhandene Vermögen gerichtlich zu interventieren und unparteilich einzuschätzen, soforten nach von seiten der Kinder 1. Ehe von dem unzerteilten Gut bezogenen Mütterl. Voraus, dann noch auf Seiten der Hochzeiterin erhaltenen Eingebrachten unter denen Kindern erster, zweiter Ehe, und der Hochzeiterin in gleichen Teilen zu verteilen. Falls entlich die 2 Kinder 1. Ehe vor ihme Vater und hienach er absterben sollte ohne Kinder, so behaltet der Hochzeiter sich über 600 fl die freie Disposition bevor, überhin conformiert sich die Hochzeiterin prävia certioritate et renuntiatione allhiesigen Statuta und Polizeisatzungen. Prot. in Beisein beeder Brautpersonen, dann auf Seiten des Hochzeiters sein freundl. geliebter Bruder Felix Schmid und Matheis Wielandt. Auf seithen der Hochzeiterin Johann Madel und Jakob Stocker und Joseph Trulscher Bauren von Oxenbrunn. Betten Contrahentes nebst ihren Beiständen umb gdg. Ratification des Heuraths. Resot: Heurat ist in Gnaden ratifizert.« (65)

»Den 30. Dez. 1769. Auf Absterben Andreas Schmid seel. will dessen hinterlassene Witib Maria Anna sich mit gdg. Hochherrschaftl. Consens abermals verheiraten an und gegen Johannes Sailer, ehelich erzeigten Sohn, deme sie die vermög Iventariy vom 12. huius enthaltene Andreas Schmidschen sämtlich im- und mobiliar Stuck, wie solche in dem Urbario weithwendiger beschrieben sind, anheürathet und hierauf mit Einschluß derer bei Andreas Thanner zu Ochsenbronn noch unvertagten 165 fl Zihleren 2700 fl zum wahren Heiratgut sichere bestimmet, welches der Hochzeiter mit baren 1950 fl ohne allen Abzug widerleget und betreuet. Und gleich wie die Andreas Schmidischen 2 Kinder 1. Ehe Johann Michel und Maria Anna die Schmiden, inhaltlichen vorherbesagten Inventariy insoweit abgefertiget sind, dass denselben ihre mütterliche Betreffniß sowohl als der väterliche Erbteil bis auf 600 fl bar zur hiesigen Waisenkassa entrichtet oder verinteressieret werden sollen. So ist wegen gedachten 600 fl die Vorabred mit der Kinderen Pfleg-Vätteren und Befreindten dahin genommen und vestgesetzet worden, dass solche mit jährlichen Fristen ad 50 fl Liechtmeß 1771 anfangend nachgetragen, nicht weniger der Tochter bei Standsveränderung ihre vermög Prot. dato 18. Juli 1758 ausgeworfene Ausfertigung ohne Abgang und wohl conditionierter, auch ohne anderwärtigen Zuzug verabfolget. Zumalen wann eines deren Kinderen erkrankete auf der Heimat der freie Unterschlaf gestattet werden solle. Der Sterbefällen halber, gleichwie von der Hochzeiterin kein Kind vorhanden ist, ist auf Seiten ihrer ein erblicher Ruckfall per 1100 fl nebst Kasten und dem besten Halskleid 700 fl zum gleichen Ruckfall vorbehalten, in übrigen Fällen aber alles denen gemeinen beschriebenen Rechten und allhiesiger Gerichtsverfassung überlassen. Protocolliert in präsentia sponsorum. Auf Seiten der Hochzeiterin Ulrich Madl von Rohr, Antoni Madel von Anhofen, dann Joseph Teutschenbaur von dar. Auf Seiten des Hochzeiters dessen Pflegvatter Antoni Zeller und Franz Miller von Großkötz, dann Joseph Hupfauer von dar, auf Seiten der Kinder Zacharias Aubele und Felix Schmid von Limpach. Betten Contrahentes um gdg. Ratification des heirats unterthänig. Responsum: Ist gdg. ertheilt.« (55)

1769–1793 Johann Sailer von Großkötz (* 24. Juni 1743, † 26. Nov. 1819)
∞ 16. Jan. 1770 Maria Anna Schmid von Oxenbronn
(* 25. Feb. 1732, † 20. Sept. 1793)
Bei Johann Sailer lesen wir von ein paar interessanten Landverkäufen, bei denen die gängigen Flurnamen auftauchen. So verkaufte er 1779 zusammen mit seiner Frau ½ Tgw Riedmahd im Cronbach. (76) 1783 verkauften sie 2 Jcht 1½ Vrtl Eigenacker, die an 3 Stucken gelegen sind: »½ Tgw. im mittleren oder Teffinger Feld beim Weyerstrich, item 1¼ Jcht im unteren oder Strassfeld um 750 fl«. (78) Dann lesen wir von Bestrafungen, die er sich selbst eingebrockt hat. 1774 hatte er den Gemeindsbürgermeister einen Spitzbuben geheißen. 1 fl Strafe. (18) 1777 verkaufte er am Biertisch dem Bartl Kupfer einen Acker um 400 fl. Am anderen Tag aber hat ihn dieser Verkauf gereut. Auch seine Frau hatte dagegen gesprochen. Die Sache wurde untersucht und festgestellt, dass weder der Verkäufer als vermögender Mann noch der Käufer, der ganz andere Zahlungen zu leisten hatte, zu einem solchen Vertrag einen Grund hatte. Weil ein Verkauf ohne die Zustimmung der Herrschaft keine Gültigkeit hatte, wurde der Verkauf annulliert. Weil es aber bekannt geworden war, dass der Verkäufer den Käufer nur foppen wollte, in der Meinung, dass dieser das Geld nicht aufbringen könne, musste am Ende der Sailer dem Kupfer 2 bayer. Thlr bezahlen und Nebenkosten in Höhe von 12 fl 8 kr übernehmen. (18) 1785 war Sailer bei denen dabei, die im Gemeindsholz Holz gehauen und abgeführt haben. Jeder wurde mit 45 kr bestraft. (19) Dann holte er sich 1788 nochmals eine Strafe, weil er nicht beim Müller in Hammerstetten, sondern in Knöringen hat mahlen lassen. Als Strafe musste er dem Müller die Mahlung erstatten und 7 fl 30 kr Strafe hinterlegen. (19) Am 7. Dezember 1793 verkaufte »Johannes Sailer, Baur zu Limpach« ¼ eigenen Acker, »zinst jedoch St. Stefano in Limpach alljährlich 11 kr 2 hl«, für 76 fl Bargeld. (83) Als er

1794 bereits im Austrag war, war er noch bei einem Raufhändel dabei. Strafe 1 fl 30 kr. Von zwei Roßhandelschaften wird berichtet. Eine davon mit dem wettenhausischen Scharfrichter Michl Kuisl. (21)
Im folgenden ist zu ersehen, wie umfangreich und genau in der Schreibstube in Wettenhausen bei einer Übergabe gearbeitet wurde. Genaue Flächen, Lage und dazugehörige Abgaben wurden aufgeführt, dass der Übernehmer genau unterrichtet war über Rechte und Pflichten. »Actum, den 10. Dezember 1793. Johann Sailer, verwitibter Erbsöldner zu Limpach verkauft nach erlangt hochherrschaftl. gdg. Consens unter Beistandsleistung des Michl Schmids hochherrschaftl. Bürgermeisters daselbst seiner freundlich geliebten Schwesterstochter Josepha Hupfauerin, des Josepf Hupfauers gewesten Bauren zu Großkötz nunmehr seelig und Ursula dessen Eheweibs ehelich erzeugten Tochter, ledig, seine lt. Salbuch fol. 261 beschriebene und ruhig ingehabte Erblehenssöld in Haus angehengtem Stadel Hofraithe, abgesöndertem s. v. Schweineställ, Wurz und Grasgarten, auch ganzer Gemeindsgerechtigkeit zwischen dem Pfarrhof und Ulrich Mayr, Aufgang und Niedergang auf die Gemeind stoßend, mit dazugehörigen 7½ Jcht Acker, 1 Tgw Brachmaad im Nordried und ¾ Jcht Holz im Cronbach, woraus gdg. Herrschaft zur jährlichen Rechnungszeit inclusive deren vigore Prot. dato 3. Juni 1756 zu einem Bachofen bewilligten 2 oder 3 Schuch herrschaftl. Bodens gegen alljährlich 1 kr 4 hl Recognitionsgeld zusammen 2 fl 13 kr 4 hl, 1 Hennen, 3 Hüner, zur beständigen Gilt 3 Immi Roggen und 3 Immi Haaber, bei jeder Veränderung aber zu Auf- und Abfahrt zusammen 12 fl zu verreichen sind. Ferners zinset diese Söld dem lieben Heiligen in Limpach alljährl. 7 kr 4 hl und rühret von der Markgrafschaft Burgau her. Dann fol. 300: 1 Jcht ½ Vrtl Holz zu Anhausen im Cronbach und ¾ Tgw Riedmad daselbst, welch beede Grundstück ehedem ein Knöring. und nunmehro aber ein Wettenhaus. Freilehen sind und geben bei jeder Veränderung zu Auf und Abfahrt zusammen 3 kr 4 hl. Dann im oberen oder Kötzerfeld: an eigenen Gütern fol. 310: 1½ Vrtl Acker lt Grundriß ½ Jcht 47 R zwischen Johann Georg Geiler beederseits, Mittag auf Kötzerweg, Mitternacht Leinheimer Holz stoßend, ist eigen und vermög Bereinigung nacher Kleinkötz zehndbar, eodem ½ Jcht am Egart zwischen Joseph Berchtold und Johann Georg Geiler, Mittag aufs Gemeindholz, Mitternacht Kleinkötzer Weg stoßend, ist auch eigen, gibt jedoch St. Stefano in Limpach an 1½ Pfd Wachs alljährl. die Hälfte mit 27 kr eodem ½ Jcht eigenen Acker zwischen Johann Georg Stuhlmüller und Mathes Wie-

land, Mittag auf Gregori Brand und Joseph Sailer, Mitternacht auf die Viehwayd stoßend. Eodem 1½ Vrtl im kleinen Feldle zwischen dem Cronbachkäule und Johann Georg Geiler, Mittag auf den Cammerkau, Mitternacht gedachten Geiler stoßend, zinsen St. Stefano in Limpach jährl. 6 kr 4 hl. Fol. 311: 3½ Vrtl. daselbst zwischen Joseph Bolkart und Johann Georg Geiler, wo beinebens aber 1½ Vrtl hievon dem St. Stefano daselbst vermög Bereinigung 2 kr 5 ⅖ hl, nach dem Heiligenregister aber 2 kr 6 hl verreichen. Eodem im eröfterten kleinen Feldle zwischen Johann Georg Geiler und Anhauser Gangsteig, ist eigen, gibt aber jedoch hieraus dem Heiligen St. Stefano in Limpach an jährl. Grundzins 1 fl (Vigore Prot. dato 30. Juli 1751 ist possessor das hierauf stehende Kreuz zu unterhalten schuldig, wohingegen der Antecessor vermög Prot. dato 16. Mai 1711 deine Obligation auf sich genommen. Im Mittlen oder Deffingerfeld fol. 311: ½ Jcht aufm Bach zwischen denen Anwanden und Mathes Wieland, eodem: ¾ Ackers aufm Raunsertle zwischen Joseph Bolkart einer-, dann Johann Georg Geiler und gedachtes Hölzle andererseits, Mittag auf den Feldweg, Mitternacht auf Ulrich Mairs Stelzer stoßend, sind ebenfalls eigen, geben jedoch St. Stefano in Limpach alljährl. lt. Heiligenbuch 1 fl 30 kr eodem 2½ Vrtl zwischen Johann Georg Geiler beederseits, Mittag auf Joseph Sailer, Mitternacht auf Deffinger Weg stoßend, sind eigen, verreichen aber jedoch St. Stefano in Limpach jährlich 8 kr 1 hl Fol. 312. 1 Jcht zwischen Zacharias Aubele und Lorenz Mair, Mittag auf Joseph Sailer, Mitternacht auf den Schleifweg stoßend, eodem ½ Jcht zwischen Joseph Sailer und Anton Meisle, eodem ¼ Jcht aufm Gschlatt zwischen Mathes Wieland und Jakob Rösch, Aufgang auf die Gschlattplätzen, Niedergang Zacharias Aubele stoßend. Ferners im unteren oder Strassfeld, eodem, ½ Jcht zwischen Zacharias Aubele und dem Feld, oder Ausweichweg, so zum Acker gehören solle, Mittag auf die Gemeindplätzen, Mitternacht die Landstraß stoßend. Eodem 1¼ Jcht zwischen Jakob Rösch und Antoni Mair. Fol. 313: 1 Jcht auch eigenen Ackers beim Kreuz vorm Reissert zwischen den Anwanden und Zacharias Aubele. Eodem ½ Jcht Zwischen seinen 5 Vrtl Lehenacker und Franz Berger. Eodem 1¼ Jcht zwischen Anton Meisle einer- dann Joseph Bolkart und denen Leinheimer Anwanden andererseits. An eigenen Mädern, fol. 331: 2½ Tgw im Kleinanhauser Ried zwischen H. Caplan von Remshart und Antoni Mair. Eodem 2¾ Tgw im Cronbach zwischen Güntzburger Waldung, Johann Georg Stuhlmüller und dem Cronbach. Fol. 332: 2½ Vrtl Ohmetmaad im Löchle bei Anhauser und Hammerstetter Hölzer zwischen denen Hölzern allerseits, nur stoßen solche gegen Aufgang auf Leonhard Springs von Anhausen seelig Acker. An Holtz: eodem 2¼ Jcht eigenen Holtz zwischen Kaspar Sigel und Johann Michl Kempter, dann Joseph Eser einer- und Johannes Henle andererseits, eodem 1½ Jcht auch eigenen Holz im Cronbach zwischen Jakob Rösch Holz und Acker. Eodem 5½ Jcht Holz zwischen dem herrschaftl. Birkenkau und dem Feld, sind vigore in margine annotierten Prot. dato 23. Feb. 1714 Erblehen oder vielmehr eigen, zumalen außer dem alljährl. Rechnungsgeld ad 41 kr nichts weiteres hievon zu entrichten. Mit Dareingab 4 Zugroß und 1 Jungstück, 6 Melkküh und 2 Kälber, 3 Gäns, 5 Hennen, 2 Schwein, dann all auf dem Boden und Stadl vorhandenen Getreid, samtlich Stroh, Heu und Ohmet, 2 Wägen, Pflug und Eggten, Eisen und Ketten, Schiff und Geschirr, kurz mit aller Haus und Baumannsfahrnuß, nichts davon besondert noch ausgenommen, außer seines Betts und der zugehörigen Bettwaar, samtlich vorhandenen sowohl wirken als flexenen Tuch, wovon er doch den Ehhalten Lohn selbst zu bestreiten hat, auch mit Ausnahm 3 schäfenen Säcken, 1 Axt und 1 Schneier, alles zusammen und benanntlich per 6000 fl also und dergestalten, dass nach Verfluß ¼ Jahrs von der Käuferin 5000 fl zum Teil baar erlegt und zum Teil an Schulden übernommen, die übrige 1000 fl aber in jährl. Fristen à 100 fl jedes Mal auf M. Lichtmeß anno 1795 erstesmal nachgetragen werden sollen. Übrigens bedingt sich der verkaufende Seiler die lebenslängliche Wohnung im Haus und zwar dergestalten, dass er sich solang es ihm thunlich und sie sich in der Güte mit einander betragen können, in der gemeinsamen Stuben und in einem zur Liegerstatt schicklichen Ort genüssen will, sollten sie sich aber über kurz oder lang nicht gütlich einverstehen oder ihme Sailer aus anderen Ursachen länger also zu bleiben nicht mehr gefällig sein, so solle er befugt sein, sich im Haus ein Stübl und eine Kammer samt einem Küchele, wo es immer am thunlichsten ist, einzupauen, zu welchem Bau sie Käuferin oder ihr zukünftiger Ehemann neben denen unentgeldlichen zu prästieren habenden Fuhren 50 fl an Geld beizutragen, all Übriges aber inclusive eines Ofens selbst zu bestreiten und zu tragen hätte. Nebendeme und wenn er Sailer sich auf dieses Stübl über kurz oder lang mit einer bedagten Weibsperson, wovon ein Kind nicht mehr wohl zu hoffen, verheiraten wollte, so durfte ihme solches von dem Gutsbesitzer nicht nur nicht verwehrt, sondern noch überhin erlaubt sein, dass auch nach seinem Absterben sein hinterlassenes Eheweib als Witib, folgsam ohne weitere Verheiratung den bloßen Unterschluf, ohne ihr mindestes abzugeben, den lebenslänglichen Unterschluf zu suchen hätte, wo sodann das Stübl und Kammer samt Kuchl und Ofen dem Gutsbesitzer unentgeldlich heimfallete. Nebendeme will er Verkäufer Sailer a dato an in der gemeinsamen Stuben mit der Käuferin auch die gemeinsame Kost genüssen, auf den schon besagten Fall aber, dass sie sich in der Güte nicht betragen könnten, folgsam ein Stübl erbaut würde, bedingt er sich zu einer jährl. Pfründ, die ihme sodann a dato an, wo die Kost Separation geschehete, zu laufen anfangete, und worauf ihme anticipiert werden müsste, folgendes als 12 Mitle Kern, 14 Mitle Roggen, 1 Mitle Erbsen, 1 Mitle Mußmehl, 2 Mitle Grundbirn, jährl. 30 Pfd Schweinfleisch auf zweimal, wenn zweimal geschlachtet wird, außerdeme auf einmal, 4 oder auf einmal 8 Pfd Würst, und wenn ein Rind geschlachtet wird 15 Pfd, Rindschmalz 25 Pfd wochentlich 3 halbe Milch von Georgi bis Micheli, 100 Krautsköpf, 50 Eier, wohingegen der Sailer und sein etwaiges Eheweib keine Henne laufen lassen dürfen, den 3. Teil von dem geratenden Obst von aller Gattung, 3 Pfd Schmeer, 4 Pfd Leinoehl, 2 Kloben Flachs an Reisten, 2 Klafter Holz, 6 Schöber Bischel, auch endlichen, daß ihm, wenn er ausreiten will, ein Pferd unentgeldlich hergegeben werden müßte, mit dem Beding, daß wenn er sich aus diesem Haus in Limpach oder anderwärtshin verheiraten täte, die Pfründ durchgängig aufhören, und es geschehete über kurz oder lang, all Eingebautes dem Haus zufallen sollte, und solang der Sailer ohne Weib lebte, wäre die Gutsbesitzerin schuldig und gehalten zu waschen, so wie er nach einer Verheiratung in dem Waschkössel und Bachofen den gemeinsamen Genuß zu genüssen hätte, und zwar ohne Beitrag eines Holzes, wenn es gemeinschaftlich geschiehete. Schließlichen und wenn wider Verhoffen, von ihme Sailer von seiner anderten Ehe noch ein Kind erzeugt würde, so hätte, obschon die Mutter nach des Vaters Absterben nur allein die Wohnung zu genüssen hätte, doch auch wie ganz natürlich bei Lebzeiten der Mutter im Stübl zu bleiben, aber nach Absterben der Mutter nur alsdann bei der Heimat den bloßen Unterschluf zu suchen, wenn es in der Dienerschaft krank oder liegerhaft würde, und sonst auf keine Unterschluf keinen Anspruch zu machen hätte, womit also dieser Kauf beschlossen und all Bedungenem nachzukommen obrigkeitlich angelobt worden. Zeugen ab Seiten des Verkäufers Michl Schmid Bürgermeister und Baur zu Limpach, ab Seiten der Käuferin ihr Mutter Ehemann Ignaz Wieser und dessen Bruder Johann Georg Wieser, auch Bartholomä Heel, alle 3 von Großkötz.

Nota: den 5. Mai 1794 erhielte der Sailer die erlegte Barschaft hierüber per 1130 fl im Beisein des Michl Schmids Bläsi Baurens daselbst dergestalten, daß er Sailer allvorderist hievon den von seinem Eheweib angeschafften Jahrtag zur Heiligenkassa bezahlte mit 36 fl dann zur löbl. Steurkassa unter besagtem 5. Mai a. c. sogleich ad 3% verzinslich einlegte 1000 fl, die übrige 94 fl tut 1030 fl dem besagten Bläsi Baur behändigte, welcher ihme hievon bisweilen zur Notdurft Geld geben, und sohin hierüber Rechnung machen solle.« (83)
Diesem Protocoll lag nachstehende Rechnung des Ignaz Wiser bei: »Waß ich enttes unterschriebener Meinem Schwager Johann Seiller von Lembach an barem Geld vorgeströckt habe.

Erstlich den 13. Oct. geben die freinte hinaus zu bezahlen	150 fl	
item wider den 17. November geben	17 fl	24 kr
item den 9. Dezember geben	12 fl	12 kr
item den 10. Dez. bei dem Brotocol sambt dem Verzöhren geben	11 fl	10 kr
item dem Fröschle aus Krumbach ein Kunten	15 fl	40 kr
item den 15. Dez. geben	13 fl	45 kr
item den 2. Jenner geben	11 fl	
item den 21. Jenner zue der Hochzeit	44 fl	
item den 9. Hornung	13 fl	45 kr
item den 20. Hornung zur Gleittung geben	13 fl	24 kr
item den 10. Martz geben	9 fl	40 kr
item den 23 Martz geben	11 fl	
Summa	323 fl.	

Großkötz den 24. Martz 1794.
Ignatius Wiser« (83)

»Den 4. Jan. 1794. Josepha Hupfauerin, ledige Bauerntochter von Großkötz, welche unterm jüngst vergangenen 10. Dez. von ihrem Vätter Johann Sailer in Limbach dessen Besitzungen käuflich an sich gebracht hat, will nach erlangtem herrschaftl. Consens sich bis auf priesterl. Einsegnung in ein eheliches Versprechen einlassen mit dem auch ledigen Ulrich Faißt, des Johannes Faißt, Söldner zu Limbach und Sybilla, dessen Eheweibs beeder noch am Leben ehelich erzeugten Sohn, der ihr Hochzeiterin vielmehr der selbst gegenwärtige Vater nach Umfluß ¼ Jahrs 1200 fl neben denen von ihm Hochzeiter selbst ersparten 200 fl somit 1400 fl zu seinem Heiratsgut zuzubringen verspricht. Dahingegen veranheiratet sie ihme ihre, wie im Eingang gesagt, mittels Kauf an sich gebrachte samentl. Besitzungen mit Schulden und Burden, so wie es das alleg. Protokoll weitwendiger beweiset. Vielmehr aber die ihm in dotem vermög Pflegamtl. Attestat dato Großkötz de hesterno nach Verfluß ¼ Jahrs zubringende 1000 fl wovon der selbst zugegenstehende Vater die Nachsteuer zu leiden sich anheischig gemacht hat. Der Sterbfällen halber ist abgeredt worden, dass auf des eint wie auf der anderen Seite im Vorabsterbungsfall ohne aus dieser Ehe hinterlassenden ein oder mehreren Kindern von resp. 1400 fl weil ihr Hochzeiterin ihr Vätter Johann Sailer seine Besitzungen in einem ganz gemäßigten Preis hingelassen hat, der dritte Teil mit 466 fl 40 kr nebst dem besten Kleideranzug zu einem disponierl. Ruckfall der nächsten Anverwandtschaft hinausgegeben werden solle. Würde sich aber der Johann Sailer aus seinem Haus, somit in oder außer Limpach noch verehelichen, als in welchem Fall gemäß des erörterten Kaufprotokolli seine stipulierte Pfründ aufhörte und sie Hochzeiterin hienach vor ihm Hochzeiter ohne einen Leibserben zu hinterlassen verabsterben, so müsste derselbe ihrer nächsten Anverwandtschaft zu einem ebenfall disponierl. Ruckfall nebst dem besten Kleideranzug von 2000 fl den 3. Teil mit 666 fl 40 kr hinausbezahlen. Sollte übrigens einem von diesen 2 Brautpersonen noch ein allenfallsiges Erb zufallen, so wäre auch von diesem der 3. Teil per Ruckfall zu prästieren. Übrigens und letztl. hat sich die Hochzeiterin den Wettenhausischen Statutis besonders denjenigen, welche zu Gunsten der hiesigen Heiligen und Waysenkasse des Vorzugrechts halber vor der Weiberheiratgüter eingeführt seind und von denen sie zu Genüge verständiget worden, gänzlich unterworfen. Womit dieser Heirat beschlossen und allem nachzukommen obrigkeitl. angelobt worden. In praesentia sponsi et sponsae. Zeugen: Ab Seiten des Hochzeiters sein leiblicher Vater Johannes Faist und Johann Michl Schmid, herrschaftl. Burgermeister, beede zu Limpach, dann ab Seiten der Hochzeiterin ihr Stiefvater Ignaz Wieser, auch Georg Wieser und Bartl Hehl, alle 3 Bauren von Großkötz, dann ihr Hochzeiterin Vätter Johann Sailer von Limpach.« (55)

1793–1827 Johann Ulrich Faißt (* 7. April 1763, † 24. Feb. 1830)
∞ 21. Jan. 1794 Maria Josepha Hupfauer
(* 11. März 1764 in Großkötz, † 3. Mai 1836 in Remshart) (12)

1827–1834 Joseph Faißt (* 20. Dez. 1799, † 30. Dez. 1833)
∞ 31. Juli 1827 Katharina Strobel
(* 17. Nov. 1804 in Harthausen, † 2. Okt. 1834) (12)

1834–1835 Anton Zech und Consorten

109 Blick in die heutige Pfarrer-Völk-Straße (Kreisstraße) vor ihrem Ausbau im Jahr 1960. Linker Hand das Austragshäuschen des Anwesens HsNr. 6, in der Bildmitte das Anwesen HsNr. 19, auf dessen Grund der ehemalige Wettenhausener Zehntstadel steht, hier am rechten Bildrand zu sehen.

Anton Zech kam von Egenhofen und kaufte bei öffentlicher Versteigerung am 29. November 1834 das Anwesen um 9415 fl und verkaufte es wieder am 11. August 1835 um 4325 fl an.

1835–1843 Isidor Fink (* 28. März 1782 in Haldenwang)
∞ 10. Okt. 1809 in Deffingen Christina Köttel von Denzingen (* 15. Juni 1785)
Fink zog von Deffingen hierher. Er übergab seiner Tochter Agnes.

1843–1846 Leonhard Schwer
(* 2. Okt. 1819 in Schneckenhofen, † 15. Nov. 1855 in Mindelaltheim)
∞ 1. Aug. 1843 Agnes Fink (* 5. Jan. 1820 in Deffingen)
Schwer kaufte das Anwesen für 6000 fl und verkaufte es wieder leer und ohne Inventar am 10. Februar 1846. Er zog nach Mindelaltheim. Das Anwesen erwarb um 9025 fl

1846–1847	Joseph Kochlöffel von Weiler (* 7. Mai 1820 in Ettenbeuren) ∞ Maria Anna Eser von Großanhausen Sie verkauften am 29. Oktober 1847 das Anwesen mit lebendem und totem Inventar um 6000 fl und zogen nach Rettenbach. Ihr Besitznachfolger war
1847–1860	Joseph Mäusle von HsNr. 19½ (* 9. März 1792, † 10. Aug. 1869) ∞ 29. Aug. 1815 Walburga Schmucker von Offingen (* 26. Feb. 1797, † 10. Dez. 1867) Im Juni 1860 baute er sich in seinem Garten ein Pfründehaus. Um 7500 fl übernahm sein Sohn
1860–1889	Ulrich Mäusle (* 10. Mai 1833, † 16. Juli 1894) ∞ 10. Juli 1860 Viktoria Berger (* 11. Jan. 1837, † 3. Feb. 1906) Sie übergaben an ihre Tochter Theres.
1889–1921	Leonhard Haugg (* 15. Feb. 1859 in Rieden an der Kötz, † 2. Mai 1908) ∞ 6. Mai 1889 die Hoferbin Theres Mäusle (* 3. Okt. 1864, † 9. März 1953)
1921–1960	Karl Haugg (* 29. Okt. 1891, † 9. Jan. 1976) ∞ 14. Nov. 1921 Ämilie Wiedemann von Rettenbach (* 23. Aug. 1897, † 22. Juli 1964) Sie übergaben an ihren Sohn
1960–1995	Ludwig Haugg (* 8. März 1934, † 23. Aug. 1987) ∞ 12. Mai 1960 Theresia Hertle aus Schwörsheim/Ries In seiner Zeit wurde das Pfründehaus abgebrochen, der Stadel neu errichtet und 1995 das Wohnhaus und der angehängte Stadel neu erbaut. Nach dem frühen Tod des Hofbesitzers hat die Witwe das Anwesen weitergeführt und an ihren Sohn Gerhard übergeben.
seit 1995	Gerhard Haugg ∞ 2005 Elke Grosch (* 20. Feb. 1965, † 24. Mai 2015) Der verkleinerte Viehzuchtbetrieb liefert keine Milch mehr ab. Die Felder werden noch im Nebenerwerb eigen bewirtschaftet.

HsNr. 7 Bürgermeister-Hindelang-Straße 4

Hausname:	1706 der Neue Baur (29) wird zu »Nuibaur«
1293	»Am 26. Juni 1293 schenkt Graf Ulrich von Helfenstein all seine Eigengüter in Limpach, die der Ritter Heinrich von Münsteren von ihm zu Lehen trägt dem Kloster Wettenhausen und zwar 3 Bauernhöf, so dermalen ao 1686 Friedrich Gossner, Hans Konradt Schwarz u. Martin Lauter für leibfällig innehaben.« (59)
1486	Christian Baumeister, präpositurae Werneri nono, hatte zusammen mit Michael Käck *in communem usum plebano suo in Limpach* (Jodocus Rettenberger) und für ihre zwei eigenen Höfe, einen Brunnen gegraben, der an Vigil von St. Barbara (3. Dezember) fertig gestellt war. (65)
1535/51	Michael Baumeister hatte einen Hof. (5) Später erhielt er auch Happachers Lehen (HsNr. 6) übertragen. Der Hof auf HsNr. 7 zahlte keine Mayensteuer. (5) Der Hof blieb in der Hand der Familie Baumeister, denn Sohn Ulrich führte ihn weiter.
1551/78	Ulrich Baumeister »hat ein Hof mit Haus, Hofraithin, Stadel und zwei Gärten«. (7) Er musste im Jahr 1567 knapp bei Kasse gewesen sein, da er im September von der löblichen Bruderschaft in Günzburg 30 fl lieh. (52) Im Oktober verkaufte er noch ein Jauchert Ackerland um 87 fl 30 kr an Matheis Maisch. (52) Schlimmer war es um seine Finanzen wohl im Jahr 1574 gestanden. Er versetzte in diesem Jahr mit Zustimmung der Herrschaft sein ganzes Hofgut mit 12 Jauchert Ackerland, 14 Tagwerk Wiesen und 15 Jauchert Wald. Es handelte sich um 200 fl die zu 5% zu verzinsen waren. (52) Sein Sohn
1596/1603	Hans Baumeister »hat ein Hof mit Haus, Hofraithin, Stadel u. zwei Gärten.« (8)
1618	Jakob Matheis (8, 88)
bis 1634	Christian Veyhl (8)
1634	Christian Veyhls Witwe (8)
1662–1677	Als 1662 endlich die »Flurbereinigung« kam und die Zuständigkeiten neu verteilt wurden, wurde festgestellt, dass bei

HsNr. 7 kein Haus und keine Scheune war. Die beiden, die diesen Hof nun übertragen bekamen, wohnten im Unterdorf in HsNr. 12 und 13.
Andreas Stocker († 23. April 1677) und Maria (HsNr. 13) und Klaus Lauter (8), der in HsNr. 12 wohnte, haben miteinander einen Hof mit noch leerer Hofstatt, Stadelplatz und Garten. (9)

1677–1683 Klaus Lauter und Leonhard Gering. Letzterer tief verschuldet verkauft an

1683–1724 Hans Friedrich Gossner, Sohn des Veit Gossner von Wilpertshausen (Wiblishausen) († 27. Mai 1724, alt 60 Jahr) und Walburga Thalhofer von Hausen († 28. Mai 1731)
Inzwischen war wohl eine Behausung und auch ein Stadel aufgebaut worden, so dass Gossner diesen leibfälligen Hof käuflich übernehmen konnte. Der Bauer brauchte natürlich eine Bäuerin, die er in Walburga Thalhofer von Hausen gefunden hatte und mit nach Limbach brachte. Der Hochzeiter brachte den Hof in die Ehe und 300 fl. Auch die Hochzeiterin brachte 300 fl. (24) Er vermehrte sein Gut durch den Kauf von 1¼ Tgw eines Riedmahds von Matheis Conrad von Leinheim im Grombach. (26) Ins Gerede kam er mit seiner Tochter, die mit einer Freundin und zwei Burschen eine ungesetzliche Nacht verbrachte. Die Mädchen wurden zur Strafe »in die Geigen geschlagen«, die Burschen mussten »in der Keichen« abbüßen. (27) Seinen Versuch bei der Steuerbeschreibung etwas einsparen zu wollen – er gab ein Pferd weniger an, als er besaß – hat ihm der Nachbar Schmid versaut. Man sollte keine Streitigkeiten anfangen oder immer ehrlich sein. Beide, der Ankläger und der Beklagte haben sich hinterher sicher geärgert. Der eine, weil er das beste Pferd im Stall abgeben und der andere, weil er drei Reichstaler Strafe erlegen musste. Grund war, dass er den Betrug erst nach einem Streit anzeigte. (27) Ein weiterer Gang vors Gericht wurde befohlen, weil Gossner beim falschen Schneider, dem Kapellenschneider, arbeiten ließ, der nicht zur hiesigen Zunft gehörte. (29) Nach Gossners Tod ist das leibfällige Gut der Herrschaft heimgefallen. Doch konnte die Witwe mit Leonhard Fahrenschon von Leinheim einen Bräutigam für ihre Tochter Brigitta vorweisen, dem der Hof dann überschrieben wurde. Er brachte in die Ehe »1 Roß, 1 Bett u. 600 fl«. (33)

1724–1725 Leonhard Fahrenschon von Leinheim († 3. Jan. 1725)
∞ 30. Okt. 1724 Brigitta Gossner (* 29. Sept. 1688)
Noch ehe der neue Besitzer sich recht einleben konnte, ist er bereits nach zwei Monaten verstorben. Die Witwe Brigitta

hatte in Hans Jörg Stuhlmiller von Glött schnell einen neuen Mann gefunden. »Der Hof wird Stuehlmiller auf dessen Leib und Leben lang nit länger beliehen und bezahlt. Bestand 200 fl.« (34)

1725–1766 Hans Jörg Stuehlmiller von Glött
I. ∞ 6. Aug. 1725 Witwe Brigitta Fahrenschon († 12. Feb. 1744)
II. ∞ 1. März 1745 Maria Fahrenschon von Leinheim
(† 5. April 1793 in Großanhausen)
Nach fast 20 Jahren Ehe war Brigitta 1744 gestorben. Der Witwer hatte wohl guten Kontakt zu den Fahrenschons in Leinheim, denn von dort holte er sich ein Jahr später in Maria Fahrenschon seine zweite Frau. »Sie bringt mit 1 Khue und 600 fl u. ehrliche Ausfertigung.« (43) 1744 stritt er sich mit seiner Schwägerin um eine Kuh, die nach seiner Meinung als Stellkuh bei ihr untergestellt war. Als die Schwägerin die Kuh nicht herausgab, schnitt er kurzerhand den Strick ab und verletzte dabei die Frau mit dem Messer. Als es zur Streitsache kam, wurde die Kuh der Schwägerin zugesprochen. Er musste 3 Pfd Pfennige Strafe bezahlen und wurde bis zum Abend im Arrest behalten, damit der Fall ohne Ungelegenheiten abginge [auf dem Heimweg]. 1757 ließ er sich auf einen Streit mit dem Juden Baruch Benedict ein. Es ging um ein Füllen und eine Pfanne, die der Jud geliefert hatte. Beides wollte er nicht bezahlen und auch nicht zurückgeben. Das Füllen sei krepiert. Der Jude musste nun nachweisen, dass er die Rückholung versucht habe. Er brachte Zeugen für seine Absicht und schließlich gab die Bäuerin zu, dass er das Füllen abholen wollte. Es kam weiterhin zum Streit um das Futtergeld und dessen Verderben. Nach dieser Aussage trafen den Stuhlmüller 2 fl 30 kr Strafe. (20)
Stuhlmiller hielt auch die Beziehung nach Glött aufrecht und hat dorthin seine Tochter Theresia mit dem Witiber Leonhard Christel verheiratet. Er gab ihr ein gehimmeltes Ehrenbett und 500 fl mit. (47) 1760 führten mehrere Streitsachen den Stuhlmiller vor das Gericht. Der erste Fall war die Forderung des Zacharias Abele, der das mütterliche Heiratsgut von 175 fl für seine Frau einforderte. Zu diesem Betrag kamen noch die 100 fl »aufgeschwollene« Zinsen. Alle Strafandrohung (*exemption* = Enthebung) half nichts, es war kein Geld da. Erst eine Anleihe bei der Heiligenkasse konnte den Streit aus der Welt schaffen. In diesem Jahr kehrte die Unordnung in das Haus der Stuhlmillers ein. (16)
Die zweite Frau Stuhlmillers, Maria, nahm es mit der ehelichen Treue nicht so genau. Der Knecht Ulrich Mayers

(HsNr. 4) hatte es ihr angetan. Ihn hatte sie zu nächtlicher Stunde besucht. Da hatte Mayer im Dienst an der sittlichen Ordnung ziemlich hart durchgegriffen. Die Stuhmillerin trug nicht wenige blaue Flecken davon. Als es zur Klage kam, führte Mayer zu seiner Rechtfertigung an, dass dieses Verhalten eine Belastung war für sein Gewissen. Er habe dies auch mit seinem Pfarrer besprochen und den Rat erhalten, die »Klägerin bei mehrmaliger Betrettung dichtig abpritschen« zu sollen. Dieses Vorgehen hat die Situation freilich nicht geklärt. (16) Die Stuhlmillerin hatte ihrerseits in einem andern Fall auch rabiat reagiert. Eine Gans, die sie im Roggenacker erwischt hatte, schlug sie kurzerhand tot. Der Ohrfeige wegen, die ihr der Franz Berger dafür versetzte, ging sie vors Gericht. Berger musste ½ Pfd Pfennige erlegen. (16) Der häusliche Friede bei den Stuhlmillers war wohl nicht mehr gegeben, wenn wir lesen, dass die Hausfrau sich länger in dem Wirtshäusel bei Allerheiligen aufhielt. Damit kam erneut der Verdacht auf, dass »wider die Stuhmillerin in puncto *suspecti adulterii* [Ehebruch] vor Gericht eingekommenen Indicien abermalen ein verdächtiger unzulässiger Lebenswandel abzumerken ist.« Auch sind so manche Dinge aus dem Haus verschwunden, die die Stuhlmillerin mitgehen ließ. Die Magd Maria Schneider gab zu, davon gewusst zu haben. Damit waren ihre Tage auf dem Hof gezählt und sie musste den Dienst und Limbach verlassen. In diesem Zusammenhang wurde Stuhlmiller auch aufgefordert, seine »größere Tochter« von dem Wirthausbeständer in Allerheiligen nach Hause zu holen oder in andere unverdächtige Dienste zu schicken. (16) 1762 stand wieder eine Anklage an, diesmal gegen den Bauern selber. Es ist schön, im Wirtshaus zu hocken und Karten zu spielen. Wenn man sich an die Sperrstunde hält, passiert nichts. Wenn aber der »Hans Jerg Stuhlmiller«, der »Ubald Wiedemann« und der »Antoni Geßler« mit »dem Wirt Joseph Mayr«, dem Wirt von Hammerstetten die ganze Nacht hindurch karteln, dann wird dies bestraft. Stuhlmiller und Wiedemann trafen 2 Reichstaler, Mayr und Gessler 1 Reichstaler. (17) Zu einem anderen Fall würden wir sagen, dass dies eine Tat des Mitleids war, als Stuhlmiller eine fremde hochschwangere Frau beherbergte. Diese Tat war aber oberamtlich nicht gestattet. Er musste 3 fl Strafe bezahlen, weil er sie nicht fortschickte. Die Frau wurde vom Amtsknecht aus der Herrschaft ausgeschafft und durfte nach Androhung der Geigen bei Wiederbetreten gehen. (17)

Bei all dem, was hier schief gelaufen ist, verwundert es nicht, dass das Anwesen hoch verschuldet war. Die Felder waren nicht mehr richtig bestellt, Zahlungsforderungen aus Handelschaften mit Juden standen offen, nicht einmal versprochene Erbansprüche konnten bezahlt werden. Die Herrschaft hatte ihn mehrmals aufgefordert, das leibfällige Hofgut abzutreten und seiner »eltern Tochter« zu überlassen. Zum einen willigte er nicht ein, zum andern zog die Tochter nicht. Die Herrschaft schlug ihm dann 1766 vor, aus drei möglichen Kandidaten, die die Übernahme schultern konnten, auszuwählen. Aus dieser Auswahl ging Bartholomäus Kupfer aus Ebersbach als Nachfolger hervor. (73) Hans Jörg Stuhlmiller zog wohl weg, er starb nicht in Limbach. Seine Frau kaufte HsNr. 17 in Großanhausen und zog dorthin.

1766–1784 Bartholomäus Kupfer (Bruder des Jakob Kupfer von HsNr. 12) († 19. Dez. 1800 im Pfarrhof, wurde vom Schlag getroffen)
∞ Maria Anna Ganser von Hochwang
(* 2. Sept. 1720, † 12. April 1795)
Sie zogen 1766 von Ebersbach hierher. Dieses Hofgut, das Johann Georg Stuhlmiller abgeben musste, wurde ihm am 12. April 1766 mit aller Ein- und Zugehör auf sein Leib und Lebenlang in Gnaden verliehen. Er soll die 37¾ Jcht Acker, 12 Tgw Mahd, circa 11 Jcht Holz in eigener Person besitzen, im baulichen Wesen unterhalten, die Gilten und Gefälle auf Ziel und Zeit ungesaumt entrichten und das Gut unzertrennt behalten. (73)
Im Januar 1767 verkaufte er sein Hofgut in Ebersbach an »Johann Georg Lenzer von Eberspach um 1500 fl«. Die Stuhlmillerischen Eheleute erhielten in Ebersbach beim neuen Besitzer den ohnentgeldlichen Unterschlauf. (55) Bartl Kupfer, wie er kurz genannt wurde, brachte den Hof wieder auf die Füße. So forderte er am 20. Mai 1767, wie es heißt, *post prandium* [nach dem Frühstück], dass er die nach dem Kaufcontract zwischen Hans Jerg Stuhlmiller und Hans Michl Gassner ihm versprochene Maad im Cronbach ein, wie es ihm bei der Übernahme des Hofes zugesichert wurde. (17) Häufig gingen die Juden aus Ichenhausen bei ihm ein und aus. Er brauchte für die Arbeit immer wieder neue Pferde. 1766 kaufte er bei Mayr Weil einen blinden Rappen gegen zwei alte Pferde und Aufgeld. Im Jahr darauf erstand er bei Löw Marx einen zweijährigen Hengst gegen ein dreijähriges Stütle und Aufgeld. 1768 handelte er bei Joseph Mändle eine Stute ein gegen eine Stute und Aufgeld. 1774 erwarb er bei Löb Kuisel eine Stute gegen einen Hagen und Aufgeld. 1776 kaufte er vom Knecht von Baruch Henle eine Stute. Zum Aufgeld gehörten oft noch Naturalien wie Kern, Gerste, Roggen, Bischel samt Anlieferung. Interessant ist dabei, dass nur der Jude für die vier Hauptmängel (herz-

schlächtig, hirnrizig, lungenfaul und wurmig) gerade stehen musste. 1778 und 1783 sind noch zwei Handelschaften mit Joseph Mändle berichtet. Einmal um eine schwarzbraune Stute und dann um einen braunen Ballachen. (20)
1773 machte sich Bartl Kupfer mit seinem Bürgermeisterkollegen Anton Mayr auf den Weg nach Wettenhausen, um für die Gemeinde die Zulassung eines tauglichen Wagners zu erbitten. Sie hatten mit Johann Deger, der bisher als Taglöhner gearbeitet hat, einen gelernten Fachmann vorzuweisen. Deger hatte sich beworben. Der Tafernwirt Johann Michael Baader stellte seine Lehensöld als Behausung zur Verfügung. Deger sollte sich dann auch verheiraten und nahm Maria Anna Bestlerin zur Frau. (74)
Am 12. März 1777 hatte er sich unvorsichtig mit Johann Sailer auf einen Wirtshaushandel eingelassen, der von obrigkeitswegen untersucht wurde. Das Amt befand, dass weder der Verkäufer als vermögender Mann, noch der Käufer, der anderweitige Verpflichtungen habe, keine Ursache zu solch einem Kontrakt haben. Außerdem war ein Handel unter Untertanen nicht gültig, ohne dass ein Protokoll erstellt wurde. Der Kauf wurde darum annulliert. Im amtlichen Protokoll wird auch festgehalten, dass der Sailer den Kupfer nur foppen wollte. Sailer wollte erweisen, dass Kupfer das Geld gar nicht aufbringen könne. Dafür durfte er dann dem Kupfer zwei bayer. Thaler und 12 fl 8 kr Nebenkosten bezahlen. Kupfer hatte nämlich schon beim Steicheliwirt in Günzburg 400 fl ausleihen lassen. Dieser musste sie wieder zurücknehmen ohne den ¼ Jahreszins einstreichen zu dürfen, der abgemacht war. (18) Hier ist wieder einmal eine gewisse Fürsorge der Herrschaft gegen Nepp zu erkennen.
Von einer Fahrt nach Gutenbronn in Unterösterreich zu seinem Sohn Caspar wird berichtet, dem er 300 fl gebracht hatte, für dessen Versorgung. Dazu hatte er von seinem leibfälligen Hofgut mit Einwilligung der Herrschaft dreimal ½ Jcht Ackers in allen drei Feldern, »im obern oder Kötzerfeld«, »im mittlen oder Deffinger Feld« und »im Kreennest im unteren oder Straßfeld« für 475 fl verkauft. Er musste dafür 1 Tgw eigenes »Ohmadmaad« in den leibfälligen Hof einlegen. (78)
1784 hielten es Bartl Kupfer und seine Frau Maria Anna für an der Zeit ihrem Sohn Augustin zu übergeben. In einem ausführlichen Protokoll wird der Umfang des Besitzes, der Abgaben und der Versorgung der Übergeber festgehalten. Es handelt sich um »ungefähr 35 Jcht 1¼ Acker, 10½ Tgw Mäder worunter eingelegtes halbes Tgw Ried- und ein ganzes Tgw Ohmetmad im Haderbach begriffen ist, auch 13¾ Jcht Holz auf

2 Plätz bestehend und woraus zur jährlichen Rechnungszeit 5 fl 17 kr 4 hl, 1 Henn, 60 Eyer, zur beständigen Gült 8 Malter Roggen, 8 Schaff Haaber, bey jeder Veränderung hingegen ein nach hochherrschaftl. Willkür zu benennendes Bestandgeld zu verreichen ist. 15½ Tgw eigen Riedmad im Cronbach, 4¼ Ohmetmad« »gibt zur jährlichen Rechnungszeit 30 kr 1 hl bey Veränderung aber zu Ab- und Auffahrt zusammen 2 fl, 9 Jcht Holz«, »samt 5 Roß, 1 Zwijährlich, 6 Küh, 4 Jung Stuck, 2 Schwein, 2 Schaaf, 2 alte Gäns, 8 Hennen, allen vorhandenen Wägen, Pflüg, Eggden und übrige zum Bauwesen vorfindlicher Zugehör, auch den zukünftigen Schnitt, Futterey und Stroh wie nicht minder samentliche Hausfahrnuß, außer was der Vater alsogleich für sich absondern würde«. Der übernehmende Sohn hat auch alle die Anleihen, die der Vater in Anspruch genommen hatte, zu übernehmen und dem Übergeber in dem »bereits einzubauen angefangenen und von dem Sohn auf eigene Kösten noch vollends herzustellenden Stüblen und Cammer den lebenslänglichen Unterschlauf« bereit zu halten. Der Sohn war verpflichtet »jährlich 2 Klafter Holz, 5 Schöber Bischel, 12 Mitlen Roggen, 4 Mitlen Gersten, 12 Mitlen Kern, 2 Kloben geputzten Flachs, 2 Mitlen Erdäpfel, den 4. Teil Obst, 3 Pfd Leinöl, 2 Pfd Schmeer, 20 Pfd Schmalz, von dem auf Weihnachten« geschlachteten »Schwein 1 Vrtl Fleisch mit dem Speck, also auch von dem schlachtenden Rind ¼ oder wenn keines geschlachtet wird, statt dessen an Geld 2 fl., ½ Mitle Erbsen, ½ Mitle Mußmehl, 50 Krautsköpf, von St. Georgi bis Michaelis wochentlich 1 Maaß Milch abzugeben«. Er hat auch »seinen noch ledigen Geschwistern, von denen er Übernehmer der Tochter Marianna bey ihrer Standsveränderung 1 Khue oder 10 fl dafür abzugeben hat, falls sie in diesem Stand krank oder liegerhaft würden den unentgeldlichen bloßen Unterschlupf auf der Heimat zu gestatten hat, nur daß jedoch auf des Vaters oder Mutters erfolgendes Absterben die Hälfte dieser voranstehenden Pfründ – die Holz- und Bischelabgabe allein ausgenommen – durchaus« wegfällt. Diese Bestimmungen waren wichtig, da die Austrägler sonst keinerlei Einkünfte hatten und auf die Naturalien, die der Nachfolger zu liefern hatte, angewiesen waren. (78)

Gleich mit dem Übergabevertrag von Bartl Kupfer auf den Sohn Augustin wurde auch der Ehevertrag für den neuen Bauern beantragt und genehmigt. Hierauf ist Augustin Kupfer entschlossen »mit weiter erlangtem hochherrschaftl. gdg. Consens sich bis zur priesterlichen Einsegnung in ein eheliches Versprechen einzulassen mit der ehrbaren Marianna Jungin«, welche ihm nach Ablauf »¼ Jahr 800 fl bar, dann 200 flmit jährlich 100 fl Zihlfrist ohne einigen Abgang oder Nachsteuer nebst standesmäßiger Ausfertigung und 1 Kuh oder 15 fl dafür als ein wahres Heiratsgut zuzubringen verspricht. Solch einbringendes Vermögen widerleget und betreuet der Hochzeiter mit den heute übernommenen Stuck und Gütern oder vielmehr denen hierauf gaudierenden 800 fl«. (78) Das Beispiel des ältesten Sohnes, Johann Georg Kupfer, der 1771 unehelich Vater geworden ist, sei erwähnt. Weil die beiden jungen Leute die Heirat angekündigt haben, ist die Strafe mit je 10 fl für beide Beteiligte gnädig ausgefallen. (18)

1784–1818 Augustin Kupfer
(* 13. Feb. 1752 in Ebersbach, † 14. Juli 1837 an Altersschwäche)
∞ 7. Juni 1784 M. Anna Jung von Großkötz
(* 15. Feb. 1760, † 2. Mai 1840 an Altersschwäche)
Aus seiner Zeit wird nichts Auffallendes berichtet. Keine Landverkäufe wie beim Vater, nur zwei Handelschaften um Pferde mit den Juden Joseph Mändle und Lazarus Gumpp. (21) Wichtig aber war die Veränderung durch die Säkularisation, in der das Kloster aufgehoben wurde und die Bauern allmählich ihr Gut vom Staat auslösen konnten. Der Sohn Joseph übernahm am 28. Mai 1818 um 3800 fl.

110 Ein vielbesuchter Ort im Winter war der Weiher. Im Hintergrund das Lorenzhaus (HsNr. 16 ½)

111 Das Anwesen mit der ehem. HsNr. 7 ist auch im Jahr 2023 noch ein stattliches, gut gepflegtes Bauernhaus.

1818–1856 Joseph Kupfer (* 17. März 1788, † 29. Juli 1875 an Altersschwäche) ∞ 16. Juni 1818 Maria Victoria Wiedemann von Rettenbach (* 17. Sept. 1792, † 24. Jan. 1867 an Gehirnschlag und Lähmung) Joseph Kupfer hatte das leibfällige Hofgut, das er vom Kloster Wettenhausen erhalten hatte und ein Lehen der Markgrafschaft Burgau war, lt. Obereigentums-Ablösungsurkunde am 2. August 1820 mittels Reluitionsschilling in Höhe von 1000 fl als eigen erworben. Ehe er seinen Hof um 11 000 fl an seinen Sohn Stefan übergab, baute er 1855 das Pfründehaus gegenüber dem Pfarrhof. Er beschäftigte dabei den Maurermeister Eisenlohr von Wettenhausen und zog 1856 dort ein.

1856–1903 Stefan Kupfer I. (* 25. Dez. 1831, † 17. April 1918 an Altersschwäche) ∞ 25. Nov. 1856 Barbara Endres von Opferstetten, Pfarrei Echlishausen (* 25. Nov. 1831, † 20. Aug. 1902 an Lungenentzündung) 1900 baute er das Pfründehaus, blieb aber auf dem Hof, während sein Sohn mit Familie bis 1925 das Pfründehaus bewohnte.

1903–1950	Stefan Kupfer II. (* 24. Okt. 1872, † 15. Dez. 1957) ∞ 16. Nov. 1903 Coletta Engelhardt von Hammerstetten (* 5. Nov. 1881, † 10. Dez. 1967), Müllerstochter Er bezog 1925 den im Jahr zuvor erbauten Hof.
1950–1979	Stefan Kupfer III. (* 13. Dez. 1909, † 11. Feb. 1996) ∞ 8. Sept. 1950 Anna Ruchs aus Raunertshofen (* 24. Mai 1921, † 20. April 2015)
seit 1979	Stefan Kupfer IV. Stefan Kupfer hat die Milcherzeugung eingestellt und 2017 seine Grundstücke verpachtet und damit die aktive Landwirtschaft bis auf die Bearbeitung der Wälder beendet.

HsNr. 8 Pfarrer-Völk-Straße 10

Hausname:	1837 beim Bäuerle.
1293	»Am 26. Juni 1293 schenkt Graf Ulrich von Helfenstein all seine Eigengüter in Limpach, die der Ritter Heinrich von Münsteren von ihm zu Lehen trägt, dem Kloster Wettenhausen und zwar 3 Bauernhöfe, so dermalen anno 1686 Friedrich Goßner, Hans Konradt Schwarz und Martin Lauter für leibfällig innehaben.« (59)
1535	Hans Kentner hat ein Hof (5), der keine Mayensteuer bezahlt.
1551	Georg Varenschon hat ein Hof. (5, 6) Leonhard Kötterle (6) Sebatian Dentzel (6)
1578	Peter Memminger hat ein Hof mit Haus, Hofraithin, Stadel und Garten zwischen Ulrich Baumeister und der Gemeind. (6, 7)
1596/1618	Hannibal Veyl gibt 1596 1 Pfd Sch zur Auf- und 2 fl zur Abfahrt. 1618 findet sich Hannibal Veihel noch als Bürger in Limpach bezeichnet. (8) Simon Veyhl (7)
1662/1676	Gregor Stocker († 29. Feb. 1676) ∞ Maria Waindler († 13. Mai 1698) (7, 12) »Gregor Stocker, vorher Hannibal Veyhl, hernach Simon Veyhl, zuvor Peter Memminger hat ein Hof mit beedes neuerpau-

tem Haus und Stadel, Hofraithin und Garten zwischen Hans Baumeisters Hof und der Gemeind, stoßt vorn auf die Gemeind, hinten auf sein Hofacker«. (9) Sein Bruder Johann († 30. März 1676) hatte für sich und Gregor einen Jahrtag gestiftet.

1676–1704 Martin Lauter († 28. April 1724)
∞ 11. Aug. 1676 Witwe Maria Stocker
(† 13. Mai 1698, alt 53 Jahre) (12)
Nach dem Tod seiner Frau Maria durfte der Witwer mit den beiden Kindern aus dieser Ehe den Hof behalten, musste aber an die Stocker-Kinder noch lange Zahlungen leisten. (25) Bis 1704 hatte er den Hof noch in seiner Verwaltung. Dann übergab er das ganze leibfällige Hofgut mit allem, was dazu gehörte, an seinen Schwiegersohn Andreas Konrad. Dabei traf er auch Vorsorge für seine Altersversorgung und trug dem Schwiegersohn auf, für die Schwägerin Elisabeth ein Heiratsgut herauszugeben. (26)

1704–1755 Andreas Konrad († 4. Jan. 1755) von Wildpertshausen (Wiblishausen) bei Waldstetten
I. ∞ 4. Feb. 1704 Agnes Lauter (* 6. Jan. 1678, † 29. Nov. 1735)
II. ∞ 9. Okt. 1736 Margretha Sing von Gundelfingen
(† 24. Juni 1774) (12)
Konrad hatte einen recht guten Start in Limbach, wie es das Eheprotokoll festhält. Sie brachte den leibfälligen Hof ein, er bekam von seinem Vater 200 fl und noch 150 fl verdienten Lidlohn. (26) Er konnte 1716 ein Riedmahd in Hammerstetten von Hans Liebmann aus Deubach dazukaufen. (30) Als sich dann seine Tochter nach Mindelaltheim verheiratete, zeigten sich erste finanzielle Schwierigkeiten, die auch durch Schauerschaden verstärkt wurden. Er musste vom Lieben Heiligen in Deubach 62 fl 45 kr leihen. (34)
Ein übler Einbruch in sein Haus brachte ihm 1733 großen Schaden. Neben dem Schaden, den die Einbrecher am Haus verursachten, kam der Verlust des in den Ofen eingesetzten Hellhafens und des Waschkessels. Sein Verdacht, wer für den Einbruch in Frage käme, den er geäußert, führte nicht zu einer Wiedergutmachung. Konrad hatte zwei Töchter verheiratet. Die eine ging nach Wettenhausen, die andere nach Mindelaltheim. Das versprochene Heiratsgut hatten sie aber nicht erhalten. (35) Er hat in den Jahren 1740 bis 1749 dann auch mehrmals mit den jüdischen Händlern wegen Bedarfs an Pferden zu tun gehabt. Immer wieder musste er dabei zulegen. (20)

Finanziell ging es immer mehr bergab. Zwei Jahre vor seinem Tod – er war schon kränklich – musste ihn die zweite Frau Margaretha vertreten und sich mit dem Schwiegersohn Stengelmair vergleichen, der das Heiratsgut eingefordert hatte. Der Geldbetrag wurde von 100 fl auf 50 fl halbiert. Dafür kam aber noch ein »kleines Aichle« in den Vergleich. (49) Nach seinem Tod fiel das überschuldete Gut wieder an Wettenhausen zurück und Conrads Allodialbesitz samt Inventar wurde vergantet. Das Kloster nahm das hoch verschuldete Hofgut zurück und stellte fest, dass mit dem vorhandenen beweglichen Gut die Kreditgeber nicht befriedigt werden können. Das Kloster suchte einen Nachfolger, den es in Joseph Sailer aus Ebersbach fand. Sailer übernahm mit dem Hof auch eine Altersversorgung der Witwe Konrads. (50)

1755–1769 Joseph Sailer von Ebersbach († 20. April 1769)
∞ 29. April 1755 Maria Idda Aichner von Biberachzell (12)
Sailer hatte für seinen übernommenen Hof auch gleich eine Bäuerin mitgebracht, die von Biberachzell hierher kam. Sie brachte als Heiratsgut 800 fl mit nebst einer standesmäßigen Ausfertigung und eine Kuh. Er widerlegte ebenmäßig mit 800 fl oder vielmehr mit seinem an sich gebrachten Vermögen. (66) Er musste sich ja um die Aufnahme im Ort bemühen und auch um die Rechte kämpfen, die mit dem Hofgut verbunden waren und anscheinend vom Vorgänger nicht mehr genügend gewahrt worden waren.

Sein Start auf dem Hof war mit Schulden verbunden. Die »Conradschen Gantcreditores« kamen ihm entgegen und ließen ihm Zeit für die Zahlung, aber zu 5 % Zins. Er fand im Ort Anschluss, auch wenn es ein strafbares Unternehmen war, wie Holz fällen ohne Erlaubnis. »Joseph Berchtold, Hans Jerg Stuehlmiller, Felix Schmid und Jakob Rösch auch Joseph Sailer von Limpach, dann Sebastian Mayr, Johann Kempter und Caspar Sigl zu Anhausen, item Franz Mändel, Anton Geihler und Joseph Haugg von Hammerstetten haben wider alt und erneuerte Policeiordnung teils in ihren Hof- und Lehenshölzern schädlich Holz geföllet.« Sie riskierten dabei die Einziehung der Hofhölzer. Bekamen aber nach einer strengen Ermahnung 10 Reichstaler Strafe und mussten dazu noch 4 fl bzw. 1 fl drauflegen. (16) In Jakob Rösch fand Sailer auch einen Mitstreiter gegen den Müller von Hammerstetten. Zweimal im Jahr 1755 wurden sie vorstellig, dass der Weg für die Viehherden wieder geöffnet und passierbar werde. (50, 66)

Um die Riedmähder, die die Witwe Konrad versteigert oder verkauft hatte, weil sie dem Konrad zu eigen waren, wieder

zu erhalten, musste Sailer vor Gericht ziehen. Mit den Einkünften aus der Versteigerung bzw. den Verkäufen und der geringen Altersversorgung war die Witwe Konrad nach Großanhausen HsNr. 22 gezogen. Sailer hat sich diese Riedmähder zurückgeholt. (65, 66)
Seine Geschäfte mit den Juden führten Joseph Sailer öfter nach Wettenhausen. In diesem Zusammenhang war 1759 auch ein langwieriger Fall durchzufechten. Es ging um ein Pferd, das von verschiedenen Wasen- und Kleemeistern begutachtet und schließlich dann niedergestochen worden war, ohne den Bauern zu benachrichtigen. »Worüberhin auf beschehene Conclusion und submission ergehet der Bescheid: In Streitsachen sich enthaltend zwischen Johann Edlmann von Ellzee, Kläger an eines dann Joseph Sailer, Beklagter zu Limpach, am andern Teil, wird nach wohlerwogen der Sachen, Umständen, auch genommener Rechtbedacht zu Recht erkennt, daß die vom klagenden Teil sogestalter Dingen einseitig unternommener Pferdeschau und Niederstechung rechtswidrig und unbeständig, mithin Beklagter von angestellter Klag zu entbinden, wie wir denn auch vorgenommene Niederstechung und Pferdebeschau vor rechtswidrig und unbeständig erkennen und Beklagten von angestellter Klag absolvieren«. (16, 20)
Mit seinen Bediensteten hatte Sailer auch immer wieder Auseinandersetzungen wegen der Bezahlung, weil er über diese anderer Ansicht war als die Dienstboten. 1760 klagte der Knecht Johann Steckh um 1 fl 30 kr Lohn, den ihm Sailer noch schuldig sei. Sailer wandte ein, dass der Knecht ohne genügende Ursache aus dem Dienst getreten sei. Der Knecht brachte als Grund vor, dass er bei so schlechter Kost nicht bestehen konnte. Mit dem Angebot von Sailer 30 kr zu bezahlen, wurde der Fall erledigt. Ein anderes Ende fand die Klagsache der Marianne Beurin. Es ging um 1 fl, den Sailer ihr schulde. Sie hatte sich aber ein Goller (Schultertuch) angeeignet. Hier lautete der Schluss: »Daß Beklagter Joseph Sailer den genannten Gulden der Marianna Beurin abzugeben nicht schuldig, wohl aber dieselbe das entwendte Goller zu restituieren gehalten sein soll.« (12, 16)
Es lag wohl an der schweren Zeit, dass gleich reihenweise Darlehen protokolliert wurden, um Häuser in Stand zu halten und Schulden zu begleichen. Daneben wurden auch immer wieder Darlehen gebraucht, um knappe Zeiten zu überbrücken. (65, 66, 71, 73, 74) Zwei weitere Fälle, die Sailer vor das Gericht brachte, handeln um die nächtliche Schlachtung eines Schweins, zu der der Besitzer keine Erlaubnis gegeben hatte. Angeklagt waren Michael Senser, Jakob Rösch, Johann Feist, Joseph Fritz, Jo-

seph Bolkart und Mathes Wieland. Mit 5 fl 50 kr sollten sie das Schwein wieder gut machen. (16) Der zweite Fall drehte sich um einen Krautkopf. Dieser war der Anlass für Anton Mayr, die Dienstmagd von Sailer zu schlagen und den Bauern mit seiner Bäuerin als »Lumpenleut« zu beleidigen. Der Bescheid besagt: »Daß beklagter Anton Mayr in der Sache zu viel und unrecht getan. Zu seiner wohlverdienten Straf soll er 1 fl erlegen. Der geringe mittels Entwendung einigen Salats zugefügte Schaden wegen eigenmächtig sich selbst verschafften Satisfaction, sowie die klagende Dienstmagd, die die ihr versetzten Schläge gleichwohlen ertragen, und die unterloffenen Injurien endlich von Amts wegen aufgehebt seien«. (17)
1769, im April, ging das Leben dieses streitbaren Mannes zu Ende. Das Hofgut fiel an die Herrschaft zurück. Die Witwe Idda erbat sich im Juli die Gunst, wieder heiraten zu dürfen und stellte in Johann Schmidt aus Schnuttenbach einen tauglichen Bestandsmann vor. Ein Ehevertrag, der auch die Zukunft der vier Kinder Eleonora 13, Apollonia 6, Sebastian 5 und Kreszentia ¼ Jahre bedachte, wurde verfasst und genehmigt. Doch Schmidt hat den Hof nicht übernommen und kam nicht nach Limbach. (70) Alsbald im September 1769 dann brachte sie einen neuen Anwärter für die Übernahme des Hofes in Joseph Brenner aus Glöttweiler. Der Ehevertrag wurde verfasst, beschlossen und herrschaftlich genehmigt. Brenner ist dann tatsächlich nach Limbach gekommen. (70)

1769–1791 Joseph Brenner von Weiler, Pfarrei Aislingen
(† 19. Nov. 1821 an Auszehrung, 77 Jahre alt)
∞ 18. Sept. 1769 Witwe Idda Sailer († 6. Okt. 1784). Sie konnte wegen Erbrechen im Sterben die hl. Kommunion nicht mehr empfangen. (12)
Wie viele andere in dieser Zeit, brauchte auch Brenner immer wieder Zugtiere, um der Feldarbeit Herr zu werden. So kaufte er im April 1770 von Anton Bayer, eingebürgerter Metzger in Ichenhausen eine hellrote Stute (69), dann im Mai des gleichen Jahres von Löb Kuisl eine braune Stute. (20) 1773 handelte er im April eine braune blinde Stute ein und im Juli einen braunen Wallach. (20) Am Ende des Monats verfügte dann die Kanzlei, dass der Wallach wieder zurück zu nehmen ist, weil er für die Arbeit völlig unbrauchbar war. (18) In dieser Zeit kämpfte Brenner auch immer wieder mit Geldsorgen. Eine Anleihe über 200 fl erhielt er aus der Steuerkasse. (69) Für den Viehweideteil in der unteren Viehweid erlöste er 100 fl. (69) Für einen Teil eines Ackers erhielt er von Joseph Bolkart 230 fl. (69) Zur Verheiratung seiner Stieftochter ging er die Heiligenkas-

sa um 270 fl an. (82) Das alles reichte nicht aus. Im Februar 1775 musste er schon Schulden machen bei der Anschaffung von Kleidung. Wenn es auch nur um 5 fl 14 kr ging, brauchte er Aufschub bis Michaeli. 1779 stand er mit seinem Hof unter amtlicher Administration. Als ihm ein Pferd krepierte, kaufte im Mai Amman Michael Schmid als Verwalter für ihn ein. Sollte er bis im Herbst nicht bezahlen können, ist die Bezahlung von Amts wegen garantiert. (12, 20) Ein anderer Fall von Selbstjustiz ist von der Behörde geregelt worden. Bauer Wiedemann von Ebersbach hatte sich im Juni 1785 durch Holzdiebstahl bei Brenner schadlos halten wollen. Er hatte seine Forderung von 5 fl seit Jahren nicht eingeklagt. Jetzt wurde er verpflichtet, das Holz dem Brenner auf den Hof zu führen und dazu noch 1 Reichstaler als Strafe zu erlegen. (19) Aus seinem Tief hatte sich Brenner noch einigermaßen hochgearbeitet. Er wurde schließlich 1791 erlöst durch die Heirat seiner Tochter mit Philipp Fischer von Erisweiler. In diesem Ehevertrag wurde der Besitz, den Brenner übergeben konnte beschrieben. 37¾ Jcht Ackerland, 10½ Tgw Riedmähder und 21 Jcht 2½ Vrtl Holz, auch das lebende Inventar und alles, was auf dem Felde wuchs, war ein stattlicher Besitz. Für sich selber nahm er das Wohnrecht in der gemeinsamen Stuben aus. Sollten sie nicht friedlich zusammenleben können, wäre ein Stüberl für ihn einzurichten. Diesem nach will sich »M. Anna mit hochherrschaftl. gdg. Einwilligung bis auf priesterl. Einsegnung in ein eheliches Versprechen einlassen mit dem ehrbaren Philipp Fischer von Erisweiler. Sein Gutsinsitzender Bruder Johann Fischer, verspricht der Hochzeiterin in einem Obervogteiamtlich Neuburgisch Attestat 150 fl für 1 Pferd und halben Wagen, dann Nachsteuerfreie weitere 1000 fl nach Umfluß ¼ Jahrs zuzubringen.« (82)

1791–1824 Philipp Fischer von Erisweiler
(* 30. Sept. 1760, † 18. Nov. 1832 an Wassersucht)
∞ 5. Juli 1791 M. Anna Brenner
(* 4. Feb. 1771, † 7. Sept. 1824 an Unterleibsverhärtung). Sie war Chorsängerin bei Maria Königin Bild.
In seinen Anfangsjahren als Bauer in Limbach werden immer wieder Protokolle verfasst, in denen es um Anleihen ging, um die Geschwister seiner Frau und den angeheirateten Stiefsohn ordentlich auslösen zu können. Auch Unwetter haben 1791 großen Schaden zugefügt, so dass regelmäßige Einkünfte ausblieben. (82, 83, 87)
Am 26. April 1824 folgte laut Protokoll die Übergabe um 2431 fl an den Sohn

1824–1855 Johann Georg Fischer
(* 13. April 1793, † 14. Sept. 1876 an Wassersucht)
∞ 11. Mai 1824 M. Krescenz Miller von Reisensburg
(* 23. Dez. 1796, † 21. Aug. 1873 an Altersschwäche und Wassersucht) (12)

1855–1883 Hugo Grail von Billenhausen
(* 31. März 1828, † 28. Juni 1896 an Altersschwäche)
∞ 13. Feb. 1855 Maria Fischer (* 30. Jan. 1826, † 26. Mai 1905)
Grail war 1871/75 Kirchenpfleger.

1883–1921 Leonhard Konrad von Höselhurst
(* 6. Nov. 1853, † 12. Feb. 1926 an Arterienverkalkung)
∞ 9. April 1883 Anna Grail
(* 12. März 1860, † 26. Dez. 1937 an Altersschwäche)
Konrad Scheit von Wettenhausen, in den umliegenden Dörfern als Lohnhechler bekannt und noch bekannter als Mann mit gutem Humor, verehrte dem neuvermählten Paar Leonhard Konrad und Anna Grail in Limbach HsNr. 8 das Buch »Wettenhauser Kreuzberg« mit der Widmung:

> »Gott segne Euer Haus, die Bettstatt und die Wiege.
> Er geb, daß übers Jahr ein schönes Kind drinn liege.
> Dies wünscht von Herzen die alte Hechl (1883).«

Nebenbei erwähnt, ging der Wunsch der alten Hechel prompt in Erfüllung. Die Erfüllung war Josepha, die aber bald starb. Konrad baute sich 1919 ein Pfründehaus im Hofraum, nachdem er das an diesem Platz befindliche hatte abbrechen lassen, und bezog es 1921. Anno 1892 war der Stadel abgebrannt und musste neu gebaut werden.

1921–1956 Hugo Konrad (* 3. März 1888, † 12. Dez. 1956)
∞ 23. April 1921 Theres Hafner von Hausen
(* 1. Mai 1894, † 16. Juli 1963)
Er war Hofbesitzer während des Zweiten Weltkrieges und hatte auch unter den Kriegseinwirkungen leiden müssen. Im April 1945 war er einer von denen, deren Stadel durch Beschuss abgebrannt war. Erkennbar sind diese Städel, die nach dem Krieg eilig wieder aufgebaut wurden, weil sie nicht mehr gemauert, sondern nur mit Brettern verschalt wurden. Der Sohn

1956–1958 Hugo Konrad (* 14. Feb. 1929, † 20. Juni 1958)
führte den Hof nach dem Tod des Vaters weiter, bis er bei einem Verkehrsunfall tödlich verunglückte. Die Schwester Maria ehelichte

112 *An der nördlichen Zufahrt zum Dorf begrüßt den Gast im Jahr 2023 ein Hinweis auf die »L'Appartements«-Anlage von Kurt Zehl, die an der Stelle des Anwesens mit der ehem. HsNr. 8 entstanden ist.*

1958–2009 Karl Baumann von Günzburg (* 29. April 1918, † 30. Nov. 2009) ∞ 2. Juni 1960 Maria Konrad (* 23. April 1924, † 12. Dez. 2009) Baumann wohnte im Austragshaus und hatte das alte Haus mit dem barock geschwungenen Giebel dem Verfall preisgegeben (siehe Abb. 77). 2006 wurde es abgebrochen und durch einen Neubau ersetzt. Für den Viehbestand hatte er einen neuen Stall in Nordrichtung an den Stadel angebaut.

2009–2020 Annemarie Baumann
übernahm den Hof und verpachtete bzw. verkaufte nach und nach die Grundstücke, um entstandene Schulden auszugleichen. Am 22. April 2015 erfolgte der Abbruch des neuen und alten Stalles und des Stadels aus dem Jahr 1945. Die Hofstelle, wo heute eine Wohnanlage für Übernachtungsgäste des Legolandes steht, ging schließlich in die Hände von Kurt Zehl über, der am Ende auch noch 2020 ihr neues Haus und das Austragshaus erwarb. Sie selbst zog von Limbach weg.

HsNr. 9 Bürgermeister-Hindelang-Straße 5

Hausname: 1837 beim Schreiner
1860 beim alten Schreiner oder Botenschreiner

Ein Erblehen, erbgitig zum Kloster Wettenhausen mit 2 fl 34 kr 2 hl Auf- und Abfahrtsgeld. Zinst anno 1764 dem Heiligen von Limpach 1 Pfd Wax = 36 kr und ist Lehen der Markgrafschaft Burgau. (12) Gibt anno 1662 1 Pfd hl Ab- und 2 fl Auffahrt. (9)

1535 Utz Baumeister

1551/78 Jakob Ment
I. ∞ Agnes Kündig
II. ∞ Katharina Mayr (6, 7)
In wenigen Niederschriften im Vogtamt wird er als der Besitzer des Anwesens genannt. Davon beziehen sich zwei Einträge auf Geldanleihe. (52) Dabei ist besonders interessant die Beschreibung der Lage des Hofes und die Lage und Streuung der Felder. »Den 6. März 1574. Wür Vogt und Gericht zu Wettenhausen bekennen mit dem Brief als wür gerichtsweis beieinander versammlet gesessen, vor uns erschünen ist der Ehrbar Jakob Menth zu Limpach und ließ uns gerichtlich fürbringen. Demnach er willens were auf sein Haab und Guet ein Sum-

ma Gelt aufzubringen, uns derhalben gebetten ihme doch sein Guet zu werthen und erstlich fürgeschlagen sein Haus, Stadel und Garten zwischen Anna Prolierin und Hansen Kätterlens madt. Mehr 6 Jchrt Ackers, davon 1 Jchrt am Eisenbronnen an der Eschwing, mehr ½ Jchrt. Item ½ Jchrt auf dem Hardt, item ½ Jchrt auffm Auloch, item 1 Jchrt in der Gewandt, item 1 Jchrt in der Gewandt, item ¾ im Gschlatt, item ½ Jchrt in der Reütte. Und dann ¾ Ackers neben Karl Beringer und Christian Steichele, so alles frei ledig und erbaigen, dann daß ain Pfründwax dem Heiligen zu Limpach daraus gehet jährlich und dem Gottshaus Wettenhausen laut deren Saal- und Zünsbuecher mit der Jurisdiction unterworfen, das alles haben wir zusammengeschetzt umb 200 fl. dieser Zeit wohl werth seye.« (52) Dabei wird auch die Abgabe von Pfründwachs an den Heiligen zu Limpach erwähnt. Der Besitzer war wohl einer der Imker im Ort. Ment traf auch das Schicksal, dass seine Frau Agnes starb und er eine zweite Ehe einging. »Den 25. April 1570. Jakob Mennth zu Limpach hat sich nach Absterben seiner anderen ehelichen Hausfrauen Agnes Kundigin selig wiederumben zue des Erbaren Melchior Mayrs zu Leinhaim ehelichen Tochter Katharina im Beywesen erstgemelten ihres Vatters, dann auch der Ehrwürdigen und Ehrbaren Herren Daviden Kadlishofers Conventuale des Gottshaus Wettenhausen und Pfarrer zu Limpach, item Georgen Menthens von Harthausen, Leonhard Frizens Würths zu Röttenbach und Caspar Proliers zue Limpach auch andere mehr Ehrliche Befreindte auff baeider Seitten eine eheliche ehrliche Zusammenverpflichtung durch das Hochwürdige Sakrament der hl. Ehe begeben [...].« (52)

Melchior Zoller (8)

1596 Peter Memminger zuvor Melchior Zoller hat ein Erblehen mit Haus, Hofraithin, Stadel und Garten zwischen Hans Prolier und der Gemeind. (8, 12)

(1618)–1644 Ambros Scheuch

ab 1644 Hans Scheuch übernommen am 20. Februar 1644 (8, 88)

Thomas Wiedemann (7)

(1662)–1669 Mathias Heim († 24. Juli 1669) »vor Peter Memminger hat ein Erblehen mit Haus, Hofraithin, Stadel und Garten zwischen Simon (und Maria) Bernsteiner und Jakob Schmids Priel, stoßt vorn auf die Gassen, hinden auf die Gemeind. (9) Sein Haus ist im Schwedenkrieg nicht abgebrannt.

1669–1677 Matheis Heims Witib (8, 12)

1677–1709 Heinrich Heim († 16. Okt. 1718, alt 70 Jahr)
∞ 26. Okt. 1677 Helene Schaidnagel
Die Familie traf schweres Leid, als der Erstgeborene, Ignaz Heim, erst 2 Jahre alt, in seines Vaters Hausgartenmistlachen unwissend seiner Eltern ertrunken war. Sie brachten auch ein totgeborenes Kind nach Ursberg zum wundertätigen Kreuz, wo es bedingterweise getauft wurde. Vielfach wurden damals solche Kinder dorthin gebracht, unter das Kreuz gelegt und wenn sie besondere Merkmale aufwiesen, wie z.B. Veränderung der Hautfarbe etc. so wurde dies als Zeichen vorübergehend erwachten Lebens gedeutet, das Kind getauft und dann begraben. (9, 12)
Mit 61 Jahren hatte Heim seinen Besitz an den Schwiegersohn Johann Karl Schwarz übergeben, der die Tochter Franziska Heim ehelichte. Das Erblehen bestand aus »Haus, Stadel und Garten zwischen der Gemeindsschmitten und Thomas Krambser gelegen vornen auf die Gassen hinten auf die Gemeind mit dazugehöriger Gemeindsgerechtigkeit, item 6 Jcht Ackers. Auf- und Abfahrt 1 Pfd Heller.« In diesem Protokoll ist interessant, dass inzwischen in der Nachbarschaft die Gemeindsschmiede entstanden war. (27)

1709–1751 Johann Karl Schwarz (* 28. Jan. 1682, † 14. Aug. 1751)
∞ 12. Nov. 1709 Franziska Heim (* 9. März 1684, † 29. Jan. 1750)
Es müssen unruhige Zeiten gewesen sein, mit Kriegszügen, wenn die Wettenhauser Herrschaft Sonderabgaben einforderte, um einer militärischen Execution zu entgehen. Es waren dabei bereits Rückstände entstanden und eine beträchtliche Summe aufgelaufen. Soviel konnten die Untertanen aber nicht aufbringen.[245] Wie der Fall ausging müsste noch eruiert werden. Ein paar Jahre ging es bei Schwarz wohl wieder aufwärts, so dass er am 7. November 1718 von den Heimschen Erben um

245 »Den 16. Juni 1713. Die Wettenhauser Herrschaft verlangt zur ›Rethung deutscher Freyheit‹ und einer militärischen Execution zu entgehen, den Hinterstand zu bezahlen, als:

Winterverpflegsgeld annoch	696 fl
An Winter Extraord.	85 fl
Monturkösten	300 fl
Schon bis Pfingsten gegenwärtigen Sommers vertagte Zinsgelder	500 fl
Gage für alle 6 Monate, welche jedesmal vorzuschiessen	700 fl
Sommerverpflegung auch Extraord.	1404 fl
Von verschiedenen Waysen, Heiligen und sonsten entlehnte Gelder und täglich erforderliche Gelter	729 fl 40 kr 6 hl
	Sa. 4414 fl 40 kr. 6 hl

Die Untertanen aber lassen wissen, daß sie alle nicht bezahlen können.« (29)

26 fl (31) und 1727 von Peter Krambser um 70 fl je ¼ Ackers kaufen konnte. (34) 1733 und in den Jahren zuvor schien ein Dieb im Ort umgegangen zu sein, der Schafe und Immen entfremdete, wie man damals zum Diebstahl sagte. (35)
Schwarz ist wohl ohne eigene Kinder gestorben, so dass er seine Base Barbara Schultheiss von Hafenhofen als Erbin einsetzte, die sich mit dem Schreiner Anton Mair von Remshart verheiratete. Auf ihn, der sich eine Schreinerwerkstatt einrichtete, geht wohl der Hausname »Beim Schreiner« zurück. (48)

1751–1777 Anton Mayr, Schreiner († 27. Jan. 1791 im Bett tot aufgefunden)
∞ 4. Okt. 1751 Barbara Schultes von Hafenhofen
(* 6. Sept. 1713, † 20. Juli 1787) (12)
Finanziell muss es bei Mayr immer etwas eng hergegangen sein, nachdem er sich in den Jahren 1753, 1756, 1767, 1773 und 1776 immer wieder kleinere und größere Summen ausgeliehen hatte. Ein Fall sei erwähnt, der zeigt, dass die Juden von Ichenhausen auch für einen Schreiner Waren besorgen konnten. (20) Die Tochter M. Anna hat sich selbst einen Bräutigam gesucht und damit ihn und sich selbst vor den Kadi gebracht. Das Vergehen der Leichtfertigkeit hatte doch immer wieder auch Folgen, die man nicht vertuschen konnte. Sie kamen mit einem ernstlichen Verweis und je 10 fl Strafe davon. Die ganze Affaire fand dann doch ein gutes Ende, als der Vater sein Anwesen im Mai 1777 dem jungen Paar vermachte. Ein Übergabevertrag mit beschriebenem Leibgeding für die Pfründner wurde verfasst. Dabei hatte man auch an die wenig erfreuliche Situation gedacht, dass der häusliche Friede gestört werden könnte. In diesem Fall wäre mit beidseitiger Beteiligung ein Stüble zu bauen. (75) Hierauf war Marianna Mayr mit »hochherrschaftl. Consens entschlossen bis auf priesterliche Copulation sich in ein eheliches Versprechen einzulassen mit und gegen Leonhard Maisle, dem sie die unterm heutigen Datum übernommene Stuck und Güter oder vielmehr die ihr darauf in dotem ausgewiesenen 400 fl nebst standesgemäßiger Ausfertigung anheiratet, so der Hochzeiter mit 500 fl betreut und widerleget«. (75) Ein Ehevertrag bestimmte dann, dass bald die Hochzeit gefeiert werden sollte.

1777–1801 Leonhard Mäusle von Leinheim
(† 19. Aug. 1830 am Schleimschlag, 79 Jahr alt)
∞ 27. Mai 1777 M. Anna Mayr
(* 28. Juli 1752, † 10. März 1825 an Altersschwäche, 73 Jahr alt)
(12)

Noch frisch in den Ort gekommen, stand Mäusle am 15. Juli 1778 vor dem Kadi. Er hatte sich mit Geyler angelegt. Es ging um eine Lappalie. In Nachbars Haberacker hatte er mit seinem Weib und dem Dienstmädchen Gras geholt. Natürlich hatte sich das der Nachbar nicht gefallen lassen. Im fälligen Streitgespräch fiel der Begriff »Huttl« mit der Zielrichtung Geylers Frau. Da musste irgendwann in ihrer ledigen Zeit ewas vorgefallen sein. (18) Der Apfel fällt nicht weit vom Stamm, sagt ein Sprichwort. So hat auch der Sohn Leonhard den Peter Schieferle 1789 einen »Spitzbuben« geheißen. Der Weg führte umgehend vor den Richter. (19) Verschiedentlich hatte Leonhard Mäusle mit Zustimmung der Herrschaft Grundstücke verkauft, um die finanzielle prekäre Lage zu bereinigen. 1801 war dann die Zeit gekommen das irdische Gut an die Jungen weiter zu geben. Übergabevertrag, Leibgeding und Ehevertrag wurden aufgesetzt und von der Herrschaft genehmigt. Sie erhielten die Erblehensölde, die mit insgesamt 6 Jcht Acker in allen Feldern ausgestattet war.[246]

1801–1858 Hans Georg Hopfenziz von Unterknöringen
(* 12. April 1769, † 7. Juni 1818 an Wassersucht und Auszehrung)
∞ 27. Jan. 1801 M. Victoria Mäusle
(* 4. April 1777, † 4. März 1858 an Wassersucht)
Eltern: Leonhard Mäusle von Leinheim und M. Anna Mayer.

246 »Actum, den 17. Januar 1801. Leonhard Meisle diesseitiger reichsstiftischer Unterthan und Söldner zu Limpach, und mit ihm Maria Anna sein Eheweib, welche selbst nicht erschienen, sondern ihen Bruder Anton Mair Söldner zu Gundremmingen gewalthabend abgeordnet hat, übergeben nach erlangt hochherrschaftl. gdg. Consens ihrer geliebten Tochter Victoria, ledigen Stands ihre lt. Saalbuch fol. 272 beschriebene Erblehensöld in Haus angehengtem Stadel, abgesondertem Schweinestall, Hofraithe, Wurz- und Grasgarten, auch ganzer Gemeindsgerechtigkeit bestehend, wozu in allen 3 Feldern zusammen 6 Jcht Ackers gefügt sind, gibt jährl. Rechnungsgeld 46 kr 2 hl, 1 Henne, zur beständigen Gilt 1 Malter Roggen und 8 Vrtl Haaber, bei jeder Veränderung zur Auf- und Abfahrt im ganzen zusammen 2 fl 34 kr 2 hl. Ferners zinset gedachte Söld dem Heiligen in Limpach jährl. 1 Pfd Wachs oder 36 kr. Wollte er die Huck treiben, hätte er sonderbar hieraus zum jährl. Rechnungsgeld 30 kr zu bezahlen. [...] Übrigens bedingen sich die Ältern das lebenslängliche Unterkommen in dem erst aus dem Laden auf gemeinschaftliche Kösten herstellenden Stüble und zur Liegerstatt die sogenannte Magdkammer, zur Pfründ aber jährlich folgendes, als 4 Mitlen Kern, 4 Mitlen Roggen, 4 Mitlen Gersten, 2 Mitlen Erdäpfel, 25 Krautsköpf, 10 Pfd. Rindschmalz, von 2 schlachtenden Schweinen 1 Viertel, wenn aber nur eines gemezget wird ½ Viertel. Statt der Eier muß man ihnen eine Henne laufen lassen, den 3. Teil vom geratenden Obst.« Es folgen noch Regelungen für den Todesfall eines der Übergebenden und die jüngeren Geschwister. »Hierauf will sich vorstehende Übernehmerin Victoria Meislin nach weiters erlangt hocherrschaftl. Consens bis auf priesterliche Einsegnung in ein eheliches Versprechen einlassen mit dem ledigen Johann Georg Hopfenziz, des Jakob Hopfenziz selig zu Unterknörigen und Victoria dessen Eheweibs, noch am Leben, ehelich erzeugten Sohn, der ihr Hochzeiterin in Gemäßheit Attestati von einem löbl. Obervogteiamt Knöringen dato Offingen am 15. dies nachsteuerfreie älterliche 600 fl binnen ¼ Jahr und selbst ersparte 150 fl ferners 2 Pferd in einem Anschlag per 100 fl sohin zusammen 850 fl zum Heiratgut zuzubringen verspricht.« (87)

1858–1871 Andreas Hopfenziz
(* 29. Nov. 1815, † 10. Sept. 1886 an Lungen- und Rippenfellentzündung)
Anna Hopfenziz (* 5. Juli 1811, † 7. Dez. 1893 an Grippe, Altersschwäche)
Johanna Hopfenziz (*15. Mai 1813, † 3. Nov. 1879 an Altersschwäche)
Die drei Geschwister verkauften am 13. Mai 1871 um 9500 fl an

1871–1900 Joseph Anton Schilling von Reisensburg
(* 29. Okt. 1838, † 28. Nov. 1880 an Lungenleiden, Typhus)
∞ 30. April 1867 Zäzilia Mäusle
(* 5. Nov. 1835, † 23. Nov. 1909 an Wassersucht)

1900–1938? Joseph Anton Schilling (* 10. März 1878, † 6. Feb. 1933 an Magenkrebs)
∞ 30. Juli 1900 Franziska Ziegler von Harthausen
(* 27. Okt. 1874, † 1953).
Am 2. Januar 1926 brannte das Haus ab und wurde im selben Jahr wieder erbaut.

1938?–1971 Johann Ev. Schilling (* 13. Dez. 1905, † 13. Mai 1993)
∞ 10. Dez. 1938 in Augsburg St. Ulrich Afra Philomina Kupfer
(* 5. März 1907, † 10. Sept. 1989)
Er war Schuster und Landwirt. Lange Zeit führte er die Gemeindekasse und war Kirchenpfleger von April 1958 bis 1982. Als der Sohn Manfred die Elektrikerlehre vollendete, ging die Milchwirtschaft zu Ende und die Felder wurden verpachtet.

seit 1971 Manfred Schilling
∞ 30. Sept. 1976 Waltraud Mader von Dürrlauingen
Der gelernte Elektriker, machte den Meister und gründete die Firma Elektro Schilling, die von 1971 bis 2015 bestand.
Zum Anwesen Schilling gehörte ein Austragshäuschen. Es stand in der Ecke zwischen Straße und Schuster. Nach dem Zweiten Weltkrieg als viele Vertriebene und Flüchtlinge in Deutschland aufzunehmen waren, zog hier die Familie Klein ein. Adolf Klein, ein Mann mit Witz hatte es übernommen, mit seiner Frau als Hausmeister in der Schule zu arbeiten. Als Hausmeister musste er auch früh am Morgen den Ofen im Klassenzimmer anheizen. Auf seinem Weg kam er beim Mayer (am Stüble) und beim Hoser vorbei. In dieser Zeit war es

113 Blick über den Weiher zum Dorfzentrum von Limbach im Jahr 2023

noch üblich, dass das Herzhäuschen bei der Dunglege stand und im Schlafzimmer noch der Potschamper. Beim Bier hat darum Klein erzählt: »Wenn ich zur Schule zum Anheizen gehe, muss ich schon Slalom laufen. Auf der einen Seite schüttet die Mayerin heraus und auf der anderen Seite schüttet die Hoserin heraus.«

HsNr. 10 Bürgermeister-Hindelang-Straße 7

Hausname: 1837 beim Schmied
1860 beim alten Schmied
1885 beim Schmiedjörg

1685 Nach erhaltener Baulicenz vom 29. November 1685 wurde 1686 dieses Haus von der Gemeinde als Gemeindeschmiede erbaut. (33) Das Söldgütel war erbgitig zum Kloster Wettenhausen mit 4 fl Auf- und Abfahrtsgeld.

1686–1693 Martin Forster, Schmied
∞ Magdalena Mayer von Offingen, Schmiedstochter
Kunde vom ersten Schmied in Limbach gibt das Taufbuch der Pfarrei. (2) Was mit diesem Schmied und seiner Frau geschehen ist, ist nicht bekannt. 1693 wurde aber ein neuer Schmied erwähnt in der Person des

1693–1698 Jörg Strohmayer von Langenhaslach († 14. März 1698, alt 32 Jahr)
∞ Margaretha
Strohmayer war fünf Jahre auf der Schmiede. (3) Infolge einer Erkrankung eines Fußes ist er hier verstorben.

1698–1722 Thomas Kienle von Mindelzell
∞ 29. April 1698 die Witwe Margaretha Strohmayer.
Bereits im April 1698 hatte die Witwe einen neuen Schmied gefunden. Er war Schmiedgeselle in Mindelzell, aus der Herrschaft Ursberg. Kienle fand hier das nötige Handwerkszeug und den Hausrat vor. Sein Beitrag für die künftige Ehe waren 20 fl. (25) Er war nun der dritte Schmied in Limbach. Trauzeugen waren die beiden Bürgermeister Heinrich Heim und Friedrich Gossner. Kienle, der von Mindelzell kam, kannte die Wundermacht des Ursberger Kreuzes. Das Taufbuch berichtet: Als ihm ein Kind tot geboren wurde, trug er sein Kind nach Ursberg, um es dort *sub conditione* taufen zu lassen. Sein Trauzeuge Heinrich Heim, dem auch ein Kind tot gebo-

ren wurde, machte den gleichen Weg. Für seine große Familie – am 7. Februar 1716 trug man sein 12. Kind zur hl. Taufe – schien sein Einkommen nicht ausgereicht zu haben, was auch die nachfolgenden Protokolle zu bestätigen scheinen. Er bemühte sich darum, seine Schmiede in Limbach loszuwerden. Dies war möglich. »Lt. Vergleich vom 22. Juni 1718 kann die Schmitte auch an einen anderen Schmied verkauft werden.« (12) In Oberbleichen war eine Schmiede frei, in die er sich einkaufen wollte. Da aber die finanzielle Situation nicht rosig war, musste er Geld aufnehmen. Carl Schwarz übernahm die Bürgschaft. Verschiedene Kassen waren bereit, ihm Geld zu leihen. »Den 20. Juli 1722. Thoma Kienle, Schmied in Limpach, will zu seinem Behelf und besseren Unterkommen zu Oberblaichen sich einkaufen, kann aber mit baren Mittlen ohne erhaltenes Anleihen nit aufkommen, will darum unter Beistand und allenfalls erforderlicher und versprochener Bürgschaft Carl Schwarzens, Lehner in Limpach, verzinslich aufnehmen folgende Gelder, als

aus der Ebersbacher Waisenladt:	52 fl 30 kr
aus dem Wattenweiler Casten	20 fl 30 kr
aus der Jakob Maurerischen Pflegschaft	20 fl
von den Dielischen Kindern	7 fl
	100 fl

welche inner Jahreszeit zurückzuzahlen sind.« (33)

1722–1726 Thomas Wiedemann von Behlingen

Ziemlich heruntergekommen musste die Schmiede und die Wohnung gewesen sein, als sich Thomas Wiedemann von Behlingen daran machte, die Schmiede und das bisherige Hirtenhaus zu kaufen. »Thomas Wiedenmann von Behlingen will mittelst beigebrachter Neuburg[ischer] Attestati vom 14. Aug. 1722 von einer ehrsamen Gemeind von Limpach und dermaligen hierzu expresse Abgeordneten als Alban Schmid, Carl Schwarz, Hans Jörg Mannes, erkaufen die ziemlich ruinöse Schmidte und bishöriges Hirtenhaus.« Dieses Haus und dazu gehörige Gärtchen liegt zwischen »dem Gemeindboden bei dere Wette und Baltes Schwarzen Hofbrüehl«. Die Gemeindsleut geben desweiteren einen Krautstrangen dazu. Sie gestatten ihm auch alle folgende Gemeindsnutzungen, außer »deren Holz-, Heu- und Ohmetanteilen«. Er muss mithin alle »Gemeindsonera an Diensten, Steuern, Quartiers oder allen gleichen anderen Untertanen obliegende Beschwerden ohne Ausnahm tragen«. Es ist auch festgelegt, dass dieses Haus kein anderer als der jeweilige Schmied verkaufen darf. Er muss auch »nach dem sub 22. Juni 1718 verglichenen Tax schmieden«. »Die Gemeindsleut sollen für jeden Nagel zu schlagen 1 Pfg bezahlen«. »Der schuldige Kaufschilling ist in Summa 260 fl, als bar, 160 fl ab Martini 1723 jeweils 10 fl«. (33) Wahrscheinlich hatte die Schmiede nicht genug abgeworfen, so dass Wiedemann 1725 bei »U. L. Fr. Gotteshaus zu Großanhausen 15 fl« leihen musste. (34) Wiedemann schien weitere Schulden gemacht zu haben und ein »Schlankl« gewesen zu sein, wie in einem Protokoll festgehalten ist. Barbara Kirchdorferin hatte den Schmied beschuldigt, dass er bei ihr zweimal einsteigen wollte. Sie hatte dies auch seiner Frau erzählt. Der Schmid stritt das ab. Als dann der Schmiedgeselle beschuldigt wurde, hatte er solche Gedanken abgewiesen. Es gab kein Urteil, da für die Versuche zu Fensterln keine Zeugen ausfindig gemacht werden konnten. Diese Sache scheint dann doch im Sande verlaufen zu sein. (34) Bereits 1726 verließ Wiedemann, wenig rühmlich, Limbach wieder und verkaufte an Simon Frei von Stoffenried. Dieser musste 480 fl hinblättern. In bar brachte er 410 fl, dann auf Michaeli 10 fl und in den folgenden sechs Jahren jeweils 10 fl. Von diesem Bargeld waren verschiedene Gläubiger Wiedemanns zu befriedigen. Seine Abreise wurde beschleunigt, da man ihm deutlich gemacht hatte zu gehen. (34)

1726–1741 Simon Frey von Stoffenried, faber ferrarius (Schmied)
∞ Maria (12)
Frey hatte mit seiner Frau 15 Jahre lang die Schmiede geführt. Was ihn bewogen hatte zu verkaufen, ist nicht festgehalten. Er fand einen Nachfolger in Michael Senser, der ihm 400 fl bot und alles übernahm, wie es da stand. (39)

1741–1774 Michael Senser, Huf- und Waffenschmied
∞ 14. Sept. 1741 Viktoria Horber von Egenhofen († 26. Juli 1789) (12)
Als ein lediger Bursche hatte Senser zugegriffen, als er vom Freiwerden der Schmiede erfuhr. Als gelernter Huf- und Waffenschmied war er ein guter Nachfolger für Frey. Umgehend brachte er mit Viktoria Horber eine Frau ins Haus, die ihm eine ordentliche Aussteuer mitbrachte und 15 Kinder gebar. (39) 1756 und 1757 finden sich zwei Einträge über Schulden. (16, 50) Die Frau Viktoria war in zwei Klagsachen verwickelt. Einmal, weil sie ihrem Mundwerk freien Lauf ließ und die Mannes als »Ehemannshure« beschimpfte. Was dies auch immer bedeuten mag. (17) Im anderen Fall erhob sie Klage gegen Joseph Wieland, der tätlich geworden war. (18) Der Sohn Peter, der aus der Schmiede in Behlingen Handwerkszeug »enttragen« hatte, musste zwei Stund in dem Stock abbüßen. (18) Nach dem

Urbar 1764 hatte die Schmiede noch keine anderen Grundstücke außer Wurz- und Grasgarten und einem Krautstrangen neben dem des Kuhhirten gelegen.

1774–1798 Johann Michael Senser, *faber ferrarius* [Eisen- oder Hufschmied] (* 23. Jan. 1748, † 4. Nov. 1816 an Auszehrung, 68 Jahre alt) ∞ 16. Mai 1774 Maria Victoria Gossnerin von Meßhofen bei Roggenburg (* 29. Dez. 1743, † 16. Dez. 1800) (12)
Michael Senser übergab um 700 fl am 1. September 1798 seinem gleichnamigen Sohn Michael Senser, der das Schmiedehandwerk gelernt hatte. Mehrmals in den Jahren 1781 und 1782 lieh Michael Senser Geld aus, weil bei seiner Behausung Reparaturen anstanden. Inzwischen hatten die Schmiede wohl auch Grundstücke erworben. Sonst hätte Senser nicht am 18. Juni 1784 »½ Tagwerk Wiesmaad im unteren Ried von Hammerstetten an Andresen Spengler von Deubach« verkaufen können, um dem Ulrich Mayr (vi prot. dato 9. Dezember 1775) eine Schuld von 50 fl abtragen zu können. Am 30. Juni veräußerte er die restliche Hälfte an Jakob Hoser von Limbach für 40 fl. (78) Senser scheint ein etwas säumiger Zahler gewesen zu sein, da von 1782 bis 1798 immer wieder amtliche Zahlungszieler festgelegt werden mussten. Mit dem einen oder anderen Dorfbewohner gab es wohl auch Auseinandersetzungen. Denn in einem Fall ließ Geiler z. B. in Anhausen schmieden. (19) In einem anderen Fall hatte sich Senser wegen »gröblicher Unbild« mit Franz Kempter auseinandergesetzt. (22) 1798 übergaben die Eheleute Michael und Viktoria ihre Schmiede und was dazu gehört an ihren Sohn. Auch die Schulden musste der Sohn übernehmen. Der Übergeber behielt sich den »Lehnstuhl, 1 angerichte Bettstatt mit 2 Bettern und 1 Pfulben, 1 Zuber, 1 Krautstande, 1 Bachtrog, 1 Schäffle, 1 große und 1 kleine Pfannen, 1 Waschkössel, 1 Truche, und 1 Mehltrüchle um und für 700 fl rechtsbedungene Übergabsumme dergestalten, daß der übernehmende Sohn hievon 100 fl als ein Heiratgut in Händen zu behalten und abzuziehen befugt« sei. Die weiteren 554 fl hatte er den übergebenden Eltern binnen ¼ Jahr teils durch Barschaftsauflage teils durch Schuldenübernahme zu vergüten. Die übrigen 46 fl war er endlich schuldig und gehalten, in jährl. 4 fl ab St. Martini 1799 nachzutragen. Die Eltern erhielten »das lebenslängliche Unterkommen in dem schon vorhandenen Stüble, welches sie auf ihr Kösten noch erweitern wollen«. Dieses Stüble fiel aber nach ihrem Absterben ihm zu. Dafür musste er einem jeden seiner drei Geschwister 25 fl auszahlen. (85)

1798–1841 Michael Senser
(* 17. Feb. 1775, † 29. Dez. 1847 an Zwerchfellentzündung)
∞ 11. Sept. 1798 Barbara Mayer, Kuhhirtentochter
(* 24. Juni 1775, † 25. Nov. 1839 an Lungenschlag, 64 Jahr alt)
Senser hatte am 1. September 1798 mit 4 fl Auffahrt übernommen. »HsNr. 10 hat kein Gemeinderecht, jedoch hat der Besitzer das Weidemitrecht auf sämtlichen Brach- und Stoppelfeldern und auf den Wiesen zur offenen Zeit.« (13) »Im Jahr 1840 wurde die Schmiedwerkstätte abgebrochen und die Gerechtigkeit am 11. Oct. desselben Jahres um die Summe von 211 fl an Joseph Mäusle von Limpach verkauft. Der Handwerkzeug kostet 52 fl sohin 263 fl.« (13) In der Zeit der Franzosenkriege hatte die Tochter Viktoria zweimal ein folgenschweres Techtelmechtel mit kaiserlichen Soldaten. Sie wurde angezeigt und »als schon 2 malige Huren auf 4 Wochen zur Wegschanzarbeit verfällt«. (22)

1841–1881 Georg Senser, Schmid
(* 9. April 1812, † 17. Dez. 1888 an Lungenlähmung)
∞ 11. Mai 1841 Johanna Mayer
(* 23. Mai 1813, † 24. Mai 1883 an Altersschwäche)
Senser hatte am 3. Juni 1841 um 1800 fl übernommen und übergab wieder, nachdem er das Haus 1880 neu gebaut hatte, am 11. Juli 1881 um 6860 M. Überdies baute er sich an die Ostseite seines Hauses einen Pfründeanbau mit einer Stube und darüber eine Kammer, eine 2. Kammer war im Stadel des Hauses eingebaut und durch eine Tür vom Anbau aus zugänglich gemacht. Nach seinem Tod ließ sein Sohn den Anbau bald wieder entfernen.

1881–1891 Michael Senser, Gemeindediener (* 19. Mai 1850)
I. ∞ 25. Juli 1881 Barbara Mäusle
(* 9. Nov. 1852, † 24. Juli 1889 an Nierenleiden)
II. ∞13. Jan. 1890 Wilhelmine Knöpfle
(* 15. Dez. 1854 in Bubesheim) Zimmermannstochter von Harthausen
Am 1. Mai verkaufte er sein Anwesen an den Hebräer Abraham Regensburger und zog in Miete nach Nornheim und später nach Rettenbach. Das Anwesen kaufte vom Juden am 5. Mai 1891 um 6000 M.

1891–1913 Ulrich Schuster von Anhofen (* 4. Feb. 1852)
∞ 31. Dez. 1877 Mathilde Kraus von Wettenhausen.
Er übergab am 29. Oktober 1913 um 6000 M.

1913–1915 Sebastian Schuster (* 16. Feb. 1888 in Anhofen, am 4. Jan. 1915 im Gefecht bei Arras durch Brustschuss schwer verwundet. Er starb im Lazarett Bailleul am 5. Jan. 1915. Vom kath. Feldgeistlichen wurde er auf dem Friedhof von Bailleul beerdigt.)
∞ 24. Nov. 1913 Paulina Hindelang
(* 19. Juni 1889, † 13. Juni 1953 beim Bau des Austragshauses vom Gummiwagen gegen die Hauswand gedrückt)

1915–1948 Die Ehefrau führte den Besitz weiter. Sie heiratete 1919 Friedrich Langenwalter von Oberknöringen
(* 25. Feb. 1890, † 20. Feb. 1958 an Brand)
Er war Mesner und Kirchenpfleger von 1929 bis zum Tod.
∞ 11. Jan. 1919 die Witwe Paulina Schuster
(Ehevertrag vom 19. Dez. 1918)
Gemeinsam führten sie das Anwesen bis der Sohn aus erster Ehe übernahm.

1948–1977 Sebastian Schuster II. (* 13. Sept. 1914, † 12. März 1996)
∞ 20. Nov. 1948 Elisabeth Kiehbacher
(* 24. Sept. 1920, † 31. Mai 2007)
1962 bauten sie das Haus neu.

seit 1977 Sebastian Schuster III.
∞ 1972 Christiana Wagner von Waldstetten
Sebastian lernte das Metzgerhandwerk, ging aber später in die Münzbrauerei zur Arbeit. Die Landwirtschaft betrieb er im Nebenerwerb. Er löste die Viehwirtschaft auf und ist nur noch mit dem Ackerbau befasst.

HsNr. 11 Ebersbacher Straße 4

Hausname: 1837 beim Weiherhansen
1860 Weihfriedl

1493 Ulrich Baumeister verkauft am Dienstag nach Lichtmeß 1493 sein Haus, Stadel und Hofraithin an Propst Ludwig zu Wettenhausen um 72 rheinische Gulden gängiger Landwährung in Barzahlung. (68) Mit diesem Hof wurde belehnt

1493/1514 Heinrich Engkinger auf der Tränkin (60)
Am Freitag nach dem Weißen Sonntag 1514 verlieh Bischof Heinrich dem Heinrich Günzburger einen Hof, ein Lehen und

	sechs Sölden. Darunter wird auch das Lehen genannt, das der Enkinger innehat. (61)
1517/35	Bartholomäus Gerwig hat ein Söld. (5) Schon drei Jahre später am Montag nach Jakobus dem Älteren verkaufte Heinrich Günzburger seine Güter an Herrn Ulrich, Propst in Wettenhausen. Damit ging auch das Lehen ans Kloster. Erwähnt wurde auch das Weiherlein vor dem Dorf –, schon zu Enkingers Zeiten begründete es den Beinamen »auf der Tränkin« –, das in diesem Zusammenhang zum Kloster kam. (61)
1551	Sibilla Weber, hat ein Söld. (5)
1568/96	Lienhard Algeuer, hat »ein Söld mit Haus, Hofraithin, Stadel und Garten zwischen dem herrschaftl. Weiher und Carl Beringer. Ist Lehen der Markgrafschaft Burgau«. (7) Am 18. März 1568 wird »Leonhard Algeuer den Pflegern Valentin Pauren und Hans Köterlin 90 fl. schuldig, die diese [Pflege] für das Waisenkind Hans Pauren, den Sohn von Georg Pauren« verwalten. Auf »oculi«, den 3. Fastensonntag fallen 4½ fl Zins an. Er setzt dafür sein Haus und Hof ein. (52) Auch 1596 wird Leonhard Allgäuer noch genannt, weil er wiederum auf Mittfasten 90 fl dem »Valentin Pauren von Nersingen wegen Hans Pauren erlegt« und damit eine Schuldverschreibung ablöst. (52)
1596	Hans Scheuch, zog von HsNr. 6 hierher.
	Matheis und Anna Remmelin (8)
1618	Hans Hörmann (8, 88) Hans Hörmanns Witib (8)
5. Sept. 1639	Jakob Würstell von Sometingen (mgl. Sulmetingen) (8)
17. Juni 1653	Hans Kindig († 21. Jan. 1691, 85 Jahre alt) (9) hat ein Söld mit neuerbautem Haus, Stadel, Hofraithin und Garten ∞ Margaretha († 12. Sept. 1676) (12) Die erbgitige Söld bezahlt 4 fl Auf- und Abfahrt (9)
1666–1696	Bartholomäus Krambser aus Kärnten, Pfarrei Großkirch, Mesner († 5. Feb. 1717, 90 Jahre alt) (12) ∞ 7. Juni 1666 Katharina Kindig († 4. März 1713) Bartl Krambser, der nach der Neuverteilung der Anwesen, die

vom Kloster aus 1663 vorgenommen wurde, nach Limbach kam, hatte die Kindig-Tochter geheiratet und das Anwesen übernommen. Als er 1681 den Andreas Schmid beschuldigte, einen Kauf nicht bezahlt zu haben, gab es nicht nur Streit mit Beschimpfungen, sondern auch Tätlichkeiten von Seiten Schmids. Krambser hatte seine Beschuldigungen nicht beweisen können und musste sie zurücknehmen. Vor vier Zeugen musste er darüber hinaus erklären, Schmid für einen ehrlichen Mann und Nachbarn zu halten. Für die Schmähungen hatte er 5 Pfd Heller Strafe zu zahlen. Andreas Schmid musste für seine zwei Tätlichkeiten, indem er Krambser vor der ganzen Gemeinde zweimal angefallen und sich dadurch selbst zum Richter erhob, 3 Pfd Heller erlegen. (24) 1683 wird von einem kleinen Kauf berichtet, den er mit Andreas Schmid und Martin Kindig für die Gemeinde tätigte. (24) 1693 entlehnte Krambser 50 fl von Andres Bernsteiner, der vertreten wurde durch seine Vormünder Hans Aubele und Hans Georg Parth. (54)

1696 übertrug Krambser seine Söld seinem Sohn Peter. Ein recht ausführlicher Übergabevertrag mit Leibgeding wurde aufgesetzt. »Den 19. Oct. 1696. Bartl Krambser von Limpach übergibt dato sein inhabendes Söldnerhaus zue Limpach seinem lieben Sohn Peter Krambser.« Zum Haus gehörten »3 Jauchert Acker samt 1 Tgw. Mat um 300 fl wobei auch des Sohns Heiratgut begriffen ist«. Der Sohn übergibt dem Vater gleich bar »75 fl hernach jährlich 35 fl«. Der Vater überließ dem Sohn dazu »2 Roß, Wagen, Schiff und Geschirr«. Der Sohn soll dem Vater auf 6 Jahr lang seine 3¼ Jchrt eigen Acker anbauen und jährlich 3 Viertl ackern und düngen, doch das Stroh verbleibe dem Sohn. Die Behausung sollen der Vater und die Mutter Zeit Lebens genießen. »Wenn sie bei dem Sohn nicht verbleiben könnten«, sollen sie auf »gdg. Herrschaft Licenz« das Recht haben, »anstoßendes neues Haus auf des Vaters Unkosten zu errichten«. In diesem Fall gebührt auch dem Vater das halbe Holz. Ferner hat der Vater seinem Sohn die halbe Jchrt grundeigenen Ackers auf dem Hart übergeben mit der Bedingung, daß der »Sohn bei denen Bertheinischen Erben« (= Bernsteinischen) ein Kapital per 50 fl samt der jährlichen Verzinsung übernehmen solle. »Hierauf verheiratet sich der Peter Krämbser mit der tugendsamen Agnes Schmitin von Limpach«. Sie bringt ihm zum Heiratsgut 300 fl zu, »ehrliche Ausfertigung« und auch eine Kuh und ein Kalb. Von dieser Summe ist anstatt Bargeld ¾ eigen Acker, so um 75 fl angeschlagen worden. »Die übrigen 75 fl werden paar gereicht, hernach jährlich auf Weihnachten ab 1697, 25 fl«. »Sollte aber dem Vater Bartl Krambser ein Kind ausheiraten, so solle der Sohn über obige Zihler

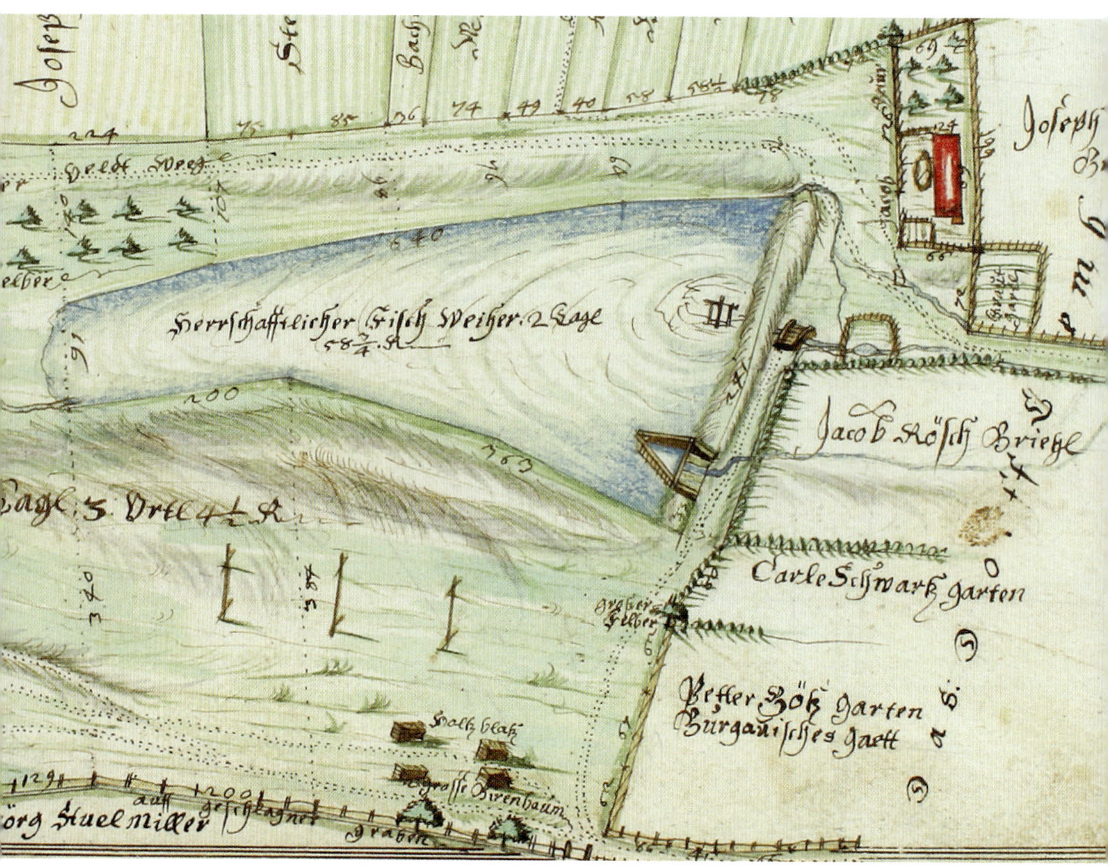

114 Der herrschaftliche Fischweiher mit dem Hof auf der Tränkin, oben rechts in rot eingezeichnet. Flurkarte von Johann Caspar Klickh, 1743

noch« außerordentlich »25 fl dem Vater entrichten. Stirbt eins vor dem andern ohne Leibserben, so soll der Hochzeiterin auf ihre« Verwandten »100 fl des Hochzeiters aber 60 fl gereicht werden«. (54)

1696–1734 Peter Krambser (* 18. Feb. 1673, † 28. Nov. 1738 am Schlag)
∞ 13. Nov. 1696 Agnes Schmid († 16. Feb. 1734 (12)
Bald nach der Übergabe heirateten weitere Geschwister von Peter. Im Januar 1697 heiratete Martin die Barbara Schick von Hochwang. (54) 1698 ehelichte die Schwester Anastasia Matheis Gossner, einen Webergesellen von Scheppach. (25) 1714 verheiratete sich dann Agnes mit dem Witwer Georg Lohr von Wettenhausen. (29) Damit waren immer neue Ausgaben fällig für die Aussteuer und das Heiratsgut. Allem Anschein nach hatte die Söld das nötige Kapital abgeworfen, da keine Schuldverschreibungen genannt werden.
Die Kinder von Peter Krambser hatten immer wieder mit dem Gericht zu tun. Mathes tat sich mit anderen Dienstboten zusammen und sie lauerten Ebersbacher Burschen auf, holten sie

von den Pferden und entführten die mitgeführte Frau samt Pferd ins Wirtshaus. Strafe war dann je 10 Klafter Grabenarbeit. (33) Für das Schwängern der Maria Maisch, die er daraufhin heiratete, mussten Mathes und Maria dennoch je 20 fl berappen. (34) Die Schwester Maria, die sich mit Georg Beckh von Biberach bei Roggenburg eingelassen hat, musste zusammen mit ihm, da sie mittellos waren, drei Sonntage mit dem strohenen Kranz in Limbach abbüßen. (37)
Peters Tochter Ursula heiratete am 12. Oktober 1734 Jakob Bauer von Deffingen.

1734–1753 Jakob Baur von Deffingen († 26. März 1753)
I. ∞ 12. Okt. 1734 Ursula Krambser
(* 2. Sept. 1714, † 18. Mai 1740)
II. ∞ 1. Aug. 1740 Anna Seybold von Röfingen
(* 26. Dez. 1709, † 12. Juli 1757)
Jakob Baur brachte aus Lidlohn und mütterlichem Erbe 200 fl mit in die Ehe. (35) Ursula, die Frau, über die Baur auf den Hof kam, ist nach sechs Jahren Ehe verstorben. Umgehend hat sich Baur um eine neue Frau umgesehen und ist in Anna Seybold von Röfingen fündig geworden. Sie brachte 217 fl an Geld, »13 fl für eine Kuh, 3 Better, 1 Pfulgen 2 Kissen mit 2 flexenen und 1 wirkenen Überzug«. Dann weiter für »1 Bettstatt und Truchen 7 fl. Er hat eine Erbsöld.« (38) Um 1733 kaufte Baur in Denzingen von Johannes Walser ein Häusel um 220 fl. 1746 gab es da wohl Unstimmigkeiten, ob die Frau, die der Verkäufer erst nach dem Handel geheiratet hat, auch als Witwe wohnen bleiben könne. Baur sagte vor dem Amt aus, es sei abgemacht, dass nach dem »Tod das Weib keine Herberg« haben soll. (44) Als Jakob Baur 1753 starb, bot sich Johann Faißt an, die Sölde zu übernehmen und die Witwe Anna Baur zu ehelichen. (49)

1753–1796 Johann Faißt von Großkötz († 12. Jan. 1806 an Entkräftung)
I. ∞ 7. Juni 1753 Witwe Anna Baur († 12. Juli 1757)
II. ∞ 5. Sept. 1757 Sibylla Stuhlmiller
(* 17. Nov. 1729, † 7. Feb. 1803 an Altersschwäche)
Faißt brachte in die Ehe eine Truhe und 200 fl. (49) Nach vier Ehejahren starb Anna im Juni. Schon im August wollte sich Faißt mit herrschaftl. Zustimmung wieder verheiraten. Sibylla Stuhlmiller war die Auserwählte. Sie erhielt aus dem mütterlichen Voraus 200 fl mit Zulag und weitere 50 fl Heiratsgut. Dazu eine Kuh und standesgemäße Ausfertigung. Er brachte sein Söldnergütle und sämtliches übrige Vermögen ein. Dann war dem Kind Katharina aus der ersten Ehe, mit

der Anna Baur, ein Erbteil von 357 fl 13 kr 7 hl hinauszubezahlen. (67)
Faißt kaufte im Oktober 1758 von Ulrich Mayr ein Feldlehen dazu. Um bar bezahlen zu können, lieh er vom Pfarrer Peter Paul Lechner 200 fl zum Zins von 5 %. (65)
1787 heiratete die Tochter Barbara nach Deffingen. Sie brachte ihrem künftigen Ehemann Johann Georg Fasold 900 fl nebst standesmäßiger Ausfertigung. (80) Faißt übergab seiner Tochter Apollonia um 2500 fl. Beachtliche Zahlen treten in dieser Zeit auf. Entweder waren die Menschen damals recht wohlhabend oder hat der Gulden an Wert verloren. Jedenfalls brachte die Tochter mit ihrem Zukünftigen die Summe von 2400 fl auf und übernahm die Sölde.
Apollonia übernahm 1796 für 2500 fl rechtsbedungene Übergabssumme. Sie darf davon gleich zum Heiratsgut 1000 fl abziehen. Die übrigen 1500 fl sollte sie aber nach ¼ Jahr bar nachtragen. Übrigens bedingen sich die Eltern das lebenslängliche Unterkommen in der sogenannten Stubenkammer aus. Sollten sie sich aber miteinander nicht friedlich betragen können, so wäre auf beidseitig gleichheitliche Kösten ein Stüble herzurichten, welches nach Ableben beider Eltern übernehmender Tochter gänzlich heimfiele. Zu einer jährlichen Pfründ aber wollen sie sich folgendes ausgenommen haben, als 1 Schaaf Kern, 1 Schaaf Roggen, 2 Mitle Gersten, 1 Mitle Erdäpfel, 25 Pfd Schweinefleisch, 2 Pfd Schmeer, 50 Eyer, 50 Krautsköpf, 1 Klafter Holz, 3 Schöber Bischel, welche beide Artikel schon aufgemacht für das Haus unentgeldlich zu führen sind, wöchentlich ½ Pfd Rindschmalz und von St. Georgi bis St. Michaeli 1 Mass Milch, dann muß ihnen jährlich 1 Mitle Lein, wozu die Eltern doch den Samen herzugeben haben, umsonst angebaut werden. Daneben ist denselben der Gebrauch des Kuchel und Schäffelgeschirrs, sowie das Mitwaschen und Mitbacken ohne Holzbeitrag unverwehrt. Hierauf will sich die übernehmende Tochter Apollonia nach weiters erlangt hochherrschaftl. gdg. Consens bis auf priesterliche Einsegnung in ein eheliches Versprechen einlassen mit dem ledigen Friedrich Hindelang, des Jakob Hindelang, Söldners von Eberspach annoch am Leben und Catharina seines Eheweibs seel. ehelich erzeigten Sohn, der ihr nach Verfluß ¼ Jahrs 400 fl zum Heiratsgut zuzubringen versprochen hat. Dieses Heiratsgut betreuet sie mit ihrem soeben mittelst Übergab an sich gebrachten Besitzungen samt Schulden und Bürden, vielmehr mit ihren darauf zum Heiratgut stehen gebliebenen 1000 fl. Die Besitzungen waren ein Feldlehen zu 7 ¼ Jcht Ackers und 2 ½ Tgw Mahd, fer-

115 *Das Anwesen ehem. HsNr. 11 am Weiher. Ölbild, von Simon Mitterhuber, November 1942. Auf dem Dach des Wohnhauses die Initialen »FH« für Friedrich Hindelang*

ners das in 3 Felder gelegene leibfällige Lehen a 3 Jht Ackers. 1 Tgw Riedmaad im Kronbach, ¼ eigenes Äckerle im unteren oder Straßfeld, 1 ½ Vrtl im gleichen Feld sind ebenfalls eigen. Ebenso 2 Tgw Riedmahd und beim Stubenweiher das Erblehen oder vielmehr eigene Riedmahd, mit Dareingab 1 Zugpferd 4 Melkkühe und 3 Jungstück, 6 Schaf, 4 alte und 22 junge Gäns, 7 Hennen und 5 Hühner, samt aller vorhandener Haus- und Baumannsfahrnuß, Schiff und Geschirr, Eggten, Pflug, Wägen, dann vorhandenes Heu und Gestreu, nur das auf dem Boden sich befindliche Getreid ausgenommen, welches die übergebenden Eltern vorbehalten, dagegen aber dürfen die jungen Eheleute hievon zur Kost bis kommende St. Jakobi verzehren. Der unausbleiblichen Sterbfällen halber sich dahin verstehend, daß falls eines vor dem andern ohne aus dieser Ehe hinterlassende Kindern das Zeitliche segnen würden, das Überlebende des Vertorbenen nächsten Anverwandten den 3. Teil von dem erweislichen Einbringen nebst besten Kleideranzug und ab Seiten des Hochzeiters 1 leere Truche, ab Seiten der Hochzeiterin 1 detto Kasten zum disponierl. Rückfall hinauszugeben hätte. (85)

1796–1830 Friedrich Hindelang von Ebersbach
(* 6. März 1766, † 16. Nov. 1845 an Entzündung und Brand)
∞ 12. April 1796 Apollonia Faißt
(* 9. Feb. 1767, † 27. Juni 1840 an Altersschwäche)
Am 29. Mai 1830 hatte er um 3000 fl übergeben. (12)

1830–1867 Georg Hindelang (* 15. April 1801, † 25. Okt. 1879 an Altersschwäche)
I. ∞ 8. Juni 1830 Victoria Miller von Nornheim
(* 9. April 1804, † 23. Aug. 1853 an Brand)
II. ∞ 21. März 1854 Theres Hoser
(* 9. Jan. 1812, † 27. Mai 1888 an Wassersucht und Lungenlähmung)
Sie bauten sich südlich des Wohnhauses ihr Pfründehaus, das sie Anfang Mai 1867 bezogen.

1867–1906 Sigismund Hindelang
(* 27. Okt. 1838, † 8. Aug. 1911 an Altersschwäche)
∞ 7. Mai 1867 Josepha Mändle von Hammerstetten
(* 11. März 1847, † 2. Dez. 1920 an Herzleiden und Wassersucht)
Sie übernahmen am 5. April 1867 um 7000 fl.

1906–1941 Friedrich Hindelang (* 28. Feb. 1878, † 1. Juni 1945 nach einem Unfall beim Holzfällen im Krankenhaus in Burgau)
∞ 19. Nov. 1906 Anna Frey von Harthausen
(* 7. Aug. 1882, † 8. Nov. 1970)
Sie übernahmen am 20. Oktober 1906 im Anschlag zu 12000 M. Durch Einkäufe von Xaver Hanger (Urkunde vom 16. Sept. 1925) und Joseph Weichenmeier (Urkunde vom 10. April 1929) vermehrte Friedrich den Grundbesitz um 0,36 ha. An Anton Oßwald verkaufte er 0,12 ha (Urkunde vom 12. Jan. 1928). Am 12. November 1941 (Urkunde vom 12. Nov. 1941) übergab er den Hof seinem Sohn.

1941–1973 Alois Hindelang, von 1945 bis 1978 erster Bürgermeister
(* 19. Feb. 1908, † 7. März 1980)
∞ 22. Mai 1937 Maria Eisenlauer von Limbach
(* 2. Aug. 1906, † 7. Dez. 1987)
In den 31 Jahren, in denen sie den Hof bewirtschafteten, hat sich der Flächenumfang bedeutend erweitert. Am 7. April 1949 erwarb er von seiner Tante Viktoria Mäusle 0,6 ha zum Kaufpreis von 785 DM (Urkunde vom 7. April 1949). Der Streifen Wiese, der heute an der Ringstraße überbaut ist von Belinda Schmid und Richard Hindelang, Martin Hindelang sowie Horst Hindelang. Nach dem Tod von Viktoria Mäusle kam das

Anwesen HsNr. 19½ (Haus und Garten) durch Erbschaft zum Besitz dazu. 1954 erweiterte sich der Besitz erneut: Alois Frey mit seiner Frau Anna aus Harthausen, Bruder der Anna Hindelang, geb. Frey, also ein Onkel, übereignete seinen Hof in Harthausen im Übergabevertrag vom 29. November 1954 dem Neffen Alois.
Die Hofgebäude sind erneuert worden (1945 brannte durch Kriegseinwirkung der Stadel ab und wurde im gleichen Jahr neu aufgeführt). 1955 Bau des Schweinestalls (SW-Ecke), der an die früher errichtete Garage angehängt wurde. Heute genutzt für das Jungvieh. 1956 kam ein Maschinenschuppen dazu. 1958 wurde der Bau des ersten gemauerten Silos (an der Nordseite des Stadels) begonnen, zu dem später noch zwei weitere hinzukamen. 1964/65 wurde das Wohnhaus neu erbaut. Im folgenden Winter fiel das alte Wohnhaus der Spitzhacke zum Opfer. Es wurde Platz geschaffen für den neuen Stall. 1966 im Frühjahr wurde die Grube für die Schwemmentmistung ausgehoben. Bis zum Juli stand der Stall für 16 Rinder bezugsfertig da. Die Winterzeit wurde genutzt, die Stallung für 40 Mastschweine herzurichten. 1967 wurde der alte Viehstall ausgebrochen und die Aufstallung für 22 Rinder verlängert. Für das Jungvieh gab es einen Laufstall. Am 17. Juni erhielt die alte Dunggrube einen stabilen Betondeckel. 1970, nachdem die Oma verstorben war, wurde das Pfründehaus abgebrochen (es wurde 103 Jahre alt) und 1971 durch eine neue Garage ersetzt. 1953/54 wurde das ererbte Haus 19½ umgebaut, in das zwei Familien einzogen und am 5. August 1977 an den Sohn Erhard übergeben. 1973/74 baute er noch das Haus in der Ringstraße 4 für seinen Sohn Richard. Landwirtschaftliche Technik hielt Einzug: 1958 wurde zusammen mit Theodor Eisenlauer zum Beispiel der erste Mähdrescher in der Gemeinde angeschafft.
Die Eheleute übergaben den Hof an ihren Sohn Erwin am 16. Januar 1973.

1973–1999 Erwin Alois Hindelang (* 25. Dez. 1937, † 7. März 2023)
∞ 15. Nov. 1963 Ingrid Melcher (* 25. April 1940, † 30. Juli 2021)
Zu ihrer Zeit kamen Pachtflächen zum Hof vom Bruder Georg aus Leinheim und anderen.

seit 1999 Martin Hindelang
∞ 4. Mai 1995 Christine Bucher aus Großkötz
Sie brachte einen Acker in Großkötz mit in die Ehe.

HsNr. 11½ Bürgermeister-Hindelang-Straße 9

Hausname: Schmied

1837 Die neuerbaute Schmiede, freieigen, fixierter Handlohn mit 1 fl 52 kr. anno 1837. (13)

1840–1847 Joseph Mäusle tauschte 1840 von Joseph Mayer (HsNr. 4) den Wätteplatz ein und erbaute darauf 1841 das Haus mit Schmiede. Der Schmid Senser hatte 1840 seine Schmiede aufgegeben. Joseph Mäusle war daran interessiert, die Schmiede für das Dorf zu übernehmen. Dazu musste er aber, um das Schmiedehandwerk ausüben zu dürfen, die Schmiedgerechtigkeit erwerben. Nachdem er sie dem Schmid Senser um 211 fl abgekauft hatte, wurde dieser Erwerb vor dem Landgericht Burgau beurkundet: »Burgau, den 29. April 1841. Schmiedgerechtigkeitskauf per 211 fl. Der Schmiedmeister Michael Senser von Limbach verkauft dem Halbbauer Joseph Mäusle von Limbach die bisher besessene auf dem Wohnhaus Nr. 10 in Limbach ruhende im Gewerbekataster fol. 241 als real eingetragene Schmiedgerechtigkeit mit allen Rechten und Verbindlichkeiten für die Summe von 211 fl / Zweihundert Eilf Gilden/, welche bereits bezahlt ist, und hierüber Verkäufer in bester Form Rechtens quitiert wird. In diesen Kauf wird bloß ein eiserner, 10 Pfd schwerer Schraubstock gegeben und hat Käufer vom 4. Oktober 1840 an die auf diesen Realitäten ruhende Gewerbssteuer zur Berichtigung übernommen. Da nun diese Schmiedgerechtigkeit im Hinblick auf das Gesetz vom 11. September 1825 Art. 4 Nr. 2–5 in realer Eigenschaft anerkannt werden muß, Verkäufer solche auch unterm 1. September 1798 titule oneroso übernommen hat, so wurde auch unterm 13. Oktober 1840 die polizeiliche Bewilligung zu diesem Kauf gegeben. Michael Senser, Joseph Mäusle – Kgl. Landgericht Burgau. Caspar, Landrichter .« (Siegel) Joseph Mäusle übergab Haus und Schmiedgerechtigkeit um 2200 fl seinem Sohn Anton Mäusle.

1847–1886 Anton Mäusle, Schmiedmeister (* 15. Mai 1821, † 4. Aug. 1891)
∞ 13. Juli 1847 Victoria Hagenmayer von Remshart
(* 4. April 1822, † 16. Dez. 1902 an Altersschwäche).
Sie übergeben ihrem Sohn

1886–1920 Engelbert Mäusle, Schmied
(* 10. Nov. 1861, † 23. Mai 1920 an Magenverhärtung und Speiseröhrenkrebs)
∞ 26. Juli 1886 Barbara Birkner
(* 17. April 1864, † 26. Sept. 1929 an Herzwassersucht)

116 Das Anwesen ehem. HsNr. 11½ »Schmied«. Ölbild, von Simon Mitterhuber vermutlich im November 1942 gemalt.

1920–1923	Georg Mäusle, Schmied (* 30. März 1884, † 1. März 1923 an Peritonitis) ∞ 27. Feb. 1922 Anna Lindner von Deubach (* 14. Mai 1893, † 30. Aug. 1928 an Unterleibskrebs)
1924–1958	Josef Schmid von Aislingen, Landwirt und Viehhändler (* 27. Nov. 1896, † 12. Feb. 1972) I. ∞ 6. Mai 1924 die Witwe Anna Mäusle II. ∞ 24. Nov. 1928 Viktoria Schmalberger von Leinheim (* 2. Dez. 1896, † 6. Okt. 1987) Sie bauten 1958/59 das Austragshaus.
1958–1989	Josef Schmid, Landwirt (* 25. Feb. 1925, † 22. Sept. 1995) ∞ Maria Knöpfle von Landensberg (* 12. Nov. 1931, † 15. Aug. 2011 an Krebs) Ihr Schicksal war es, die Landwirtschaft am 9. September 1988 aufzugeben und die Felder zu verpachten. Sie übergaben an
seit 1989	Leonhard Merfeld von Coesfeld, Gartenbaumeister ∞ 15. Aug. 1987 Ulrike Schmid

HsNr. 12 Bürgermeister-Hindelang-Straße 17

Hausname: 1837 Kupfer

1517 Dieses Lehen gehörte zu den neun Anwesen, die Heinrich Günzburger des Rats und Bürger der Stadt Ulm anno 1517 an das Kloster Wettenhausen verkaufte. (12)

1517 Thomas Schneeweiß
»gibt jährlich aus seinem Lehen zu Gült 6 Sch Heller, 2 Höner und 1 Hennen. Mer hat er in die 3 Ösch vierthalb Jauchert Ackers, so diese mit Nuz stan sollen, gibt er von jeder Jchrt Wintriges, 1 Ymin Roggen und Symerigs 1 Ymin Habers und so das Lehen ledig wird, gibt er 1 Pfd 1 Sch zu Auffahrt und 1 Pfund 1 Sch zu Abfahrt«. (61)

1535/58 Silvester Merklin
»Wir, Otto Kardinal und Bischof zu Augsburg, bekennen als Inhaber der Markgrafschaft Burgau, daß wir unserm lieben Zimprecht Pentelin, Aman zu Wettenhausen, ein Lehen, so Silvester Merklin innhat, zu Limpach gelegen und zuvor Johann Wölflin, Schreiber zu Wettenhausen zu Lehen getragen hat, zu rechtem Lehen geliehen. Dillingen, 23. Dez. 1558.« (61)
Die Lehensübertragung vom Schreiber Johann Wolflin auf den Aman Zimprecht Pentlin nennt Silvester Merklin als Söldner.

Jörg Merkli

bis 1571 Martin Rößlin, alt
∞ Anna Nonnenbeckh

ab 1571 Martin Rößlin, der jung
übernahm mit der Sölde auch die Verpflichtung, für die fünf Geschwister Madlena, Maria, Michael, Agnes und Ursula zu sorgen und 160 fl bereitzustellen. Als verordnete Pfleger sind ihm Veit Stierlin und Hans Libmann zur Seite gestellt. In diesem Zusammenhang wird auch die Lage seiner Sölde beschrieben. Nachbarn waren Melchior Schneeweiß und Bartl Wiedemann. Martin Rösslin muss seinen Verpflichtungen gegenüber den genannten Kindern nachkommen und braucht dazu Geld, das er sich leihen muss. Er bietet als Pfand verschiedene Grundstücke an. Dabei treten die Flurnamen »Raunser, Bürkengehau, Eisenbrunnen und Hardt« auf. Schließlich kommt es dann 1574 zum Verkauf eines Jcht Ackers am Eisenbrunnen. (52)

	Anton Gropp (6)
	Jörg Steichelin (6, 7)
1578	Hans Steichele »vor Jörg Steichele vor Martin Rößlin, hat ein Erblehen mit Haus Hofraithin, Stadel und Garten zwischen Barthel Wiedemann und Mathes Schneeweiß.« (7)
	Stoffel Selbherr (8)
1596–1634	Hans Volk, »zuvor Stoffel Selbherr hat ein Erblehen mit Haus, Hofraithin, Stadel und Garten zwischen Peter Jerg und Martin Schneeweiß.« (8) »Gibt zur Auffahrt 1 Pfd 1 Sch und ebensoviel zur Abfahrt.« (9, 88)
1634	Hans Volks Witwe stehet 1634 (7)
	Georg Beringer (8)
27. Feb. 1644	Balthassar Satzen (8)
12. Nov. 1649	Claus Lauter (8, 12)
1662–1686	Claus Lauter († 12.Juni 1687, alt 55 Jahr) ∞ Anna († 23. Nov. 1695, alt 77 Jahr), obstetrix [Hebamme], von welcher die Matrikel rühmt: »Hat über 200 Kinder empfangen und alle zur hl. Taufe gebracht.« Nach dem Dreißigjährigen Krieg, bei dem nur wenige Gehöfte übrig geblieben waren, war Claus Lauter einer, der ein Haus und was dazu gehört zur Verfügung hatte. (9) Als Hoferbin hatte Lauter seine Tochter Katharina, die mit Andreas Barth verheiratet wurde. Der Übergabevertrag berücksichtigt einen Austrag für den Übergeber und auch eine Versorgung der drei anderen Kinder. (56) Die Erbangelegenheit wurde erst ganz erledigt, nachdem die Mutter auch schon sieben Jahre tot war. Der Schwiegersohn, Hans Kindig, der zweite Mann der Katharina, hatte noch von der Schwiegermutter Geld geborgt, das er jetzt herausgeben musste. Die Geschwister Anna, Martin, Georg, Katharina und Barbara erhielten jedes 11 fl 42 kr. (26)
1686–1693	Andreas Barth von Oxenbronn († 7. Mai 1693, alt 33 Jahr) ∞ 18. Nov. 1686 Katharina Lauter (* um 1653) Andreas ist knapp sieben Jahre auf dem Hof gewesen. Die Witwe Katharina sah sich bald nach einem neuen Mann um, den

sie in Johann Kindig fand. Kindig kam von HsNr. 15. Er hatte einen Bruder gleichen Namens und wird zur Unterscheidung mit dem Beiwort »alt« bezeichnet. (54) Die beiden Vormünder für die Kinder Monika und Friedrich legten regelmäßig Rechnung ab bis ins Jahr 1703, dass ihnen auch ihr zugesagtes Erbe zukam.

1693–1737 Johann Kindig, alt (* 18. Juni 1668, † 13. Mai 1737)
I. ∞ 28. Sept. 1693 Witwe Catharina Barth
(† 9. Nov. 1698, alt 45 Jahr)
II. ∞ 26. Jan. 1699 Anna Rothmayer
(* 24. März 1669, † 25. Dez. 1699)
III. ∞ 22. Feb. 1700 Walburga Braun von Rettenbach
(* 11. Feb. 1678, † 2. Dez. 1744 am Schlag)
Kindig hatte mit seinen Frauen wenig Glück. Nach fünf Ehejahren starb Katharina. Für die beiden Stiefkinder Monika und Friedrich hatte Kindig nach dem Protokoll vom 7. Oktober 1699 100 fl auszubezahlen. »Dem Mägdle bei dessen Standsveränderung [war] ein angerichte Bettstatt, Truchen und Khue hinauszugeben«. Beide, hat er versprochen, »6 Jahr bei dem Güetle unentgeltlich aufzuziehen«. Die Kinder waren »mit seinem jetzigen Eheweib und diese mit ihnen nicht wohl ausgekommen«. Als Lösung hatte man das gesamte vorhanden gewesene Vermögen der Mutter »unparteilich« zu Geld »angeschlagen« und nach Abzug der unbezahlten Schulden blieb soviel Rest, daß der halbe, die Kindern betreffende Anteil 165 fl 29 kr 4 hl ausmachte. Die Kinder sind bei Verwandten aufgenommen worden. (25)
Er ehelichte dann im Januar 1699 Anna Rothmayer, die noch im gleichen Jahr starb. (25) Zwei Monate später führte er Walburga Braun von Rettenbach an den Traualtar. Sie brachte 50 fl und die Hälfte von 1½ Viertl grundeigenen Ackers in die Ehe ein. (25) 1725 hat die Tochter Agnes aus der Ehe mit Katharina in Deubach den Dienstboten Lorenz Tausend, der wie sie bei Georg Heim im Dienst war, kennengelernt und mit ihm verkehrt. Der Fall wurde mit 20 fl und der nachfolgenden Heirat bereinigt. (34) Die Tochter Anna übernahm den Hof und heiratete

1737–1739 Johann Georg Luz, Schuster von Offingen († 15. April 1739)
∞ 23. Juli 1737 Anna Kindig (* 8. Okt. 1714, † 15. April 1739)
Anna hatte den Hof nach dem Tod des Vaters von der Mutter und den Geschwistern überlassen erhalten und Johann Luz aus Offingen geheiratet. (36) Beide starben 1739 nur 5 Stunden voneinander getrennt. (12) Der Pfarrer hat in der Matrikel

dazu geschrieben: »Luz Johannes ist nach fünf Stunden seiner Frau mit Namen Anna gefolgt. Über sie kann ich zu Recht sagen: Sie hat die Liebe verbunden. Eine Krankheit, einer Kraft ähnlich, hat das unauflösliche Band der Ehe getrennt. Was sonst durch den Tod lösbar, ist hier nicht durch den Tod gelöst. So sehr waren sie eins im Leben, jetzt sind sie in einem Hügel bestattet.« (4) Nach dem Tod der beiden Eltern folgte die alleinige Erbin, das Töchterchen Viktoria im Mai nach. Als nächste Erben standen nunmehr die Geschwister der Anna an. Diese waren Agnes, Matheis, Maria, Walburga und Eva, sowie die Tochter des Matheis Lutz, die in Leinheim verheiratet war. Die Erben kamen überein, die Bewerbung der Walburga Kindig anzunehmen und ihr, die den Jakob Kupfer ehelichen wollte, den Hof für 730 fl zu überlassen. (38, 39)

1739–1749 Jakob Kupfer von Ebersbach († 5. März 1749)
∞ 9. Nov. 1739 Walburga Kindig (* 1. Mai 1712, † 2. März 1749, Tochter von Johann und Walburga Kindig) (12)
Jakob Kupfer brachte 1739 mit in die Ehe 260 fl und eine tragende Kuh. (38) Zehn Jahre später – ähnlich wie die Schwester Anna und ihr Gatte Johann 1739 – sind Walburga und Jakob Kupfer im März 1749 – nur drei Tage von einander getrennt – gestorben. Die beiden Kinder, die sie hinterlassen haben, waren für den Antritt der Erbschaft viel zu jung. Es kam nun die Schwester Maria zum Zuge, die sich mit Joseph Kupfer, dem Bruder von Jakob, verheiratete. Sie übernahmen die Erziehung der Kinder Walburga und Rosina. (46)

1749–1790 Joseph Kupfer von Ebersbach (* 20. Feb. 1719, † 31. Mai 1790)
I. ∞ 15. April 1749 Maria Elisabeth Kindig († 6. Juni 1758)
II. ∞ 21. Aug. 1758 Maria Anna Berger
(* 14. März 1733, † 29. Jan. 1769)
III. ∞ 26. April 1769 Isidora Weipert von Deffingen
(† 11. Feb. 1799) (12)
Joseph Kupfer brachte seinerseits 600 fl und ¼ eigen Äckerle in die Ehe ein. (46) Auch Joseph Kupfer hatte, wie schon Johann Kindig, zwei Frauen zu beerdigen. Da Kinder da waren, wurde jeweils schnell wieder geheiratet. Am 21. August 1758 führte er Maria Anna Berger zum Traualtar. Sie brachte ihrem »zukünftigen Ehemann nebst standesmäßiger Ausfertigung und 1 revdo Khue oder 10 fl im Wert, 200 fl zum wahren Heiratsgut« zu. Im Eheprotokoll musste natürlich für die Kinder Matthäus, Marianna und Stefan der ersten Ehe gesorgt werden. »Es wird Vorsorge getroffen für die Berufsausbildung der Buben und das Heiratsgut des Mädchens.« (65) Als auch die zwei-

te Frau schon mit 36 Jahren starb, ging Joseph Kupfer mit Isidora Weipert die dritte Ehe ein. Zu den drei Kindern aus erster Ehe kamen jetzt noch Ludovica, Caspar und Jakob dazu, für deren Versorgung auch Vorkehrungen zu treffen waren. (48)
Unter dem 12. April 1793 ist eine Satisfactionsklage behandelt worden. Die Wittib und Pfründnerin Isidora Kupferin habe die venerische Krankheit (Franzosen) und wurde, nachdem dieses Gerücht in der Wirtschaft verbreitet worden war, von den Leuten gemieden. Nachdem der Chirurg Franz Joseph Knehr und der Apotheker Anton Neukomm bei ihrer inspectionem corporis keine Spur der Krankheit entdeckten, wurden die hauptverdächtigen Personen vorgeladen. Der burgauische Untertan und Söldner Sebastian Heim war *Diffamator principalis* [Hauptverleumder], hat die Tat freiwillig eingestanden. Er machte noch den Zusatz, »daß er diese Krankheit verstehe und allenfalls selbst zu kurieren sich getraue«. Nachdem die Kupferin auf oberamtlichen Zuspruch von einer Satisfactionsforderung Abstand nahm, wurde Heim zur Bezahlung der Kosten für die Gutachter, den Bader und den Apotheker, 4 fl 48 kr verurteilt. »Weil er aber diese Bezahlung absolut verweigerte, wurde er bis er solche leiste, in bürge[rischen] Arrest geführt. (22)
In mehreren Aktennotizen sind von Joseph Kupfer Anleihen getätigt worden (Januar 1766; Januar 1768; November 1768; März 1770; Februar 1771). Am 26. April 1771 verkauften die Eheleute »ihren bishero innghabten und lt. Saalbuch de anno 1661 fol. 334 beschrieben eigenthumblichen ¼ Acker zwischen Joseph Bolkard und Andreas Schmid an und gegen Franz Berger für und umb 100 fl.« (69) Die Witwe Isidora verkaufte ihre Erbsölde mit »Haus, angehengtem Stadel, Hofraithe Wurz und Grasgarten, auch ganzer Gemeindsgerechtigkeit«. »Dazu gehören 3½ Jcht Acker an 3 Plätzen und reicht jährl. Rechnungsgeld 6 Schilling oder 10 kr 2 hl an Dienstgeld solang es gdg. Herrschaft gefällig 23 kr 5 hl in toto also 24 kr, 1 Henne, 2 Hüener, dann von jeder Jcht Acker, was tragt 1 Immi«, im 2. Jahr »2 Immi«, im »3. hingegen 2½ Immi zu verreichen, bei jeder Veränderung gehet zur Auf und Abfahrt zusammen 2 Pfd 2 Schilling hl = 1 fl 12 kr« und »zinset St. Stefano in Limpach alljährlich 2 Pfd Wachs oder 1 fl 12 kr«. Sie verkauft mit »1 Kuh, samt dem vorhandenen Getreid und samentl. Hausfahrnuß, nichts davon ausgenommen, außer was die Witib heut noch davon separieren wird, 2 Schwein, wofür der Käufer den Schweintreiber« extra noch zu bezahlen hat, »alles zusammen und benanntl. per 1500 fl« dem Alois Kupfer von Limbach. »Die Verkäuferin bedingt sich ein Stüble aus, wel-

ches der Käufer aus einer Kammer für sie herrichten muss. Bei ihr soll auch die Tochter Ludovica aus 2. Ehe unterkommen, während die noch ledigen Joseph Kupfer'schen Kinder nur im Erkrankungsfall bei der Heimat das bloße Unterkommen erhalten. Der Käufer verspricht der Verkäuferin eine jährliche Pfründe.« (82)

1791–1803 Alois Kupfer († 9. Juni 1803, alt 43 Jahr an Nervenlähmung, wie der Bader Joseph Fischer von Rettenbach konstatierte)
∞ 16. Nov. 1790 Victoria Stanger von Rettenbach
(* 4. Feb. 1769 in Rettenbach) (12)
Am 3. November 1790 wurde protokolliert. Nachdem Alois Kupfer bereits am 23. September die »Joseph Kupfer'sche Besitzungen« »käuflich an sich gebracht«, »will er sich bis auf priesterl. Copulation in ein eheliches Versprechen einlassen mit der ehrbaren Victoria Stangerin«, will ihr Stiefvater Lorenz Müller dem Hochzeiter als Heiratsgut 400 fl »nachsteuerfrei neben standesmäßiger Ausfertigung zubringen«. (82) Alois Kupfer hatte sich hier also eingekauft und mit Viktoria Stanger die Söld bewirtschaftet. Nach seinem recht frühen Tod hatte sich die Witwe verheiratet mit

1803–1822 Franz Xaver Mäusle
(* 24. Nov. 1763, † 20. Jan. 1817 an Auszehrung)
∞ 26. Juli 1803 Witwe Victoria Kupfer
(* 4. Feb. 1769, † 19. Nov. 1845 an Altersschwäche) (12)
Die Witwe übergab am 31. Dezember 1822 ihrem Schwiegersohn Thomas Hanger, der sich ihre Tochter Kreszenz zur Frau ausgewählt hatte.

1822–1867 Thomas Hanger, Schuster
(* 11. Dez. 1796 in Hafenhofen, † 21. April 1856 an Abzehrung)
∞ 4. Feb. 1823 Krescenz Kupfer
(* 15. Juni 1802, † 8. Feb. 1877 an Altersschwäche) (12)
Er übernahm am 8. Januar 1823 von seiner Schwiegermutter um 2000 fl.

1867–1905 Joseph Hanger (* 22. Juli 1836, † 18. Mai 1920 an Gehirnschlag)
∞ 30. April 1867 Krescenz Stolz von Ebersbach
(* 18. Mai 1841, † 27. März 1904 an Gebärmutter- und Mastdarmkrebs)

1905–1940 Anton Wiblishauser aus Leinheim (* 9. März 1880, † 2. Feb. 1947)
∞ 1. Mai 1905 Josefa Hanger (* 2. Juni 1880)
Sie bauten 1911 das Haus neu.

1940–1969 Anton Wiblishauser, Hausmetzger
(* 25. Okt. 1907, † 18. Juli 1969)
∞ 11. Dez. 1940 Anna Bernhard aus Reisensburg
(* 20. Feb. 1905, † 30. Juli 1980)
Anton Wiblishauser war als Hausmetzger unterwegs und hatte immer Durst. Von ihm wird erzählt: Wenn er mit seinen zwei Maßkrügen kam, um Brotzeitbier zu holen, dann stellte ihm die Wirtin vorsorglich eine Halbe hin, die er austrank, bis sie die Krüge gefüllt hatte.

1969–2015 Hermann Wiblishauser (* 7. Feb. 1934, † 4. Nov. 2015)
Er führte die Landwirtschaft noch weiter. Vor der Jahrtausendwende beendete er die Viehhaltung und verpachtete die Felder. Das Haus mit angehängtem Stadel und die Grundstücke erbte die Schwester Helene Brendle.

HsNr. 13 Bürgermeister-Hindelang-Straße 19

Hausname: 1800 Lochhaus
1837 Zimmermann
1860 Beim Böckenschreiner

1517 Die Erbsölde, war erbgitig zum Kloster Wettenhausen mit 2 fl Auf- und Abfahrtsgeld. (13) Sie zählte zu den neun Anwesen, »die Heinrich Günzburger, des Rats und Bürger zu Ulm, auf Montag nach St. Jakobi, des meren (älteren) Heiligen 12 Bottentag anno 1517« an das Kloster Wettenhausen verkauft. (12)

1517 Heinrich Baumeister
»besitzet ein Erblehen und geit jährlich zu Gilt 2 Ymin Roggen, 2 Ymin Haber, 1 Pfd. 14 Sch Zins, Heu- und Holzgeld, 2 Herbsthöner und 1 Hennen und geit 1 Pfd 1 Sch zu Auffahrt und 1 Pfd 1 Sch zu Abfahrt.« (61)

1535/66 Caspar Wiedemann (6)
»hat ein Erblehen mit Haus, Stadel und ganzer Hofraithin.« Eine Nachricht über den Söldner Caspar Wiedemann belegt ein Geldverleih an Ulrich Baumeister. Die üblichen Bedingungen Zins und Pfand (ein Acker) hat der Schreiber festgehalten. Am 25. April 1566 lieh Caspar Wiedemann von Limpach Ulrich Paumeister 20 fl. Dafür setzte er ihm 1 Jcht eigen Ackers ein. (52) Das Anwesen übernahm sein Sohn

1571/74 Barthel Wiedemann (7)

Bei Barthel Wiedemann begegnen wir einer wichtigen Einrichtung, die sich um Waisenkinder oder Halbwaisen kümmert, der Pflegschaft. So manches Waisenkind war auf den Beistand der Pfleger angewiesen, dass es auch eine entsprechende Unterkunft und Ausbildung bekam. Am 24. März 1571 sollte »Barthlme Wiedemann von Limpach« den Pflegern »Hans Kötterlin von Limpach und Simon Bannwolfer von Rieth« für »Simon Schmids Sohn« – Simon genannt – 20 fl »jährlich auf Michaelis mit 1 fl verzinsen«. Unterpfand war »sein Erblehengut«, bestehend aus »Behausung, Hofraithin, Stadel, Garten, Acker, Wießmad und Holz«. (52)

1578/96 Peter Jörg

»hat ein Erblehen, Haus Hofraithin, Stadel und Garten zwischen Martin Mesch und Martin Rößlin. Ist Lehen der Markgrafschaft Burgau«. (7)

1618 Caspar Aubele, alt (9, 88)

Jörg Hans Aubele (8)

1662/77 Enderle (Andre) Stocker († 23. April 1677)

∞ Maria Braidlin (28)

»Er hat ein Erblehen mit Haus, Hofraithin, Stadelplatz und Garten zwischen Jakob Schmid und Klaus Lauter, stoßt oben auf die Gassen, hinten an Hans Frischhaupts Setzgarten.« (9)

1677–1688 Jakob Langegger († 22. Aug. 1688, alt 30 Jahr von Ettenbeuren)

∞ 13. Sept. 1677 Witwe Maria Stocker (12)

1689–1711 Georg Mayer Hörmann († 21. April 1711, alt 53 Jahr von Mörgen aus der Kirchheimer Herrschaft (12)

∞ 24. Jan. 1689 Witwe Maria Langegger († 15. Nov. 1715, alt 80 Jahr)

Es hat manchmal etwas länger gedauert, bis ein Heiratsgut ausbezahlt wurde. Am 31. Januar 1701 war es endlich so weit, dass »Georg Hörmann zu Limpach und dessen Stieftochtermann Lorenz Maisch zu Knöringen« überein kamen, dass Hörmann an »verfallenen Zihlern 82,30 fl plus 7 fl 11 kr 2 hl« Zins, macht 89 fl 41 kr 2 hl bezahlen soll. Die tatsächliche Bezahlung sah dann vor, dass der Lorenz »an Haber und Stroh 7 fl 18 kr und bar 82 fl 23 kr 2 hl« erhält. (26) Eine nachbarliche Beziehung wurde am 17. November 1708 verhandelt. Ignaz Heim hatte mit Margaretha Langeggerin, der Schwester von Maria Langegger, ein Techtel Mechtel angefangen, das nicht ohne Folgen blieb. Sie wollten »miteinander zu Ehren« kommen und haben sich verlobt. So konnten sie einer Bestrafung entgehen. Sie brachte »ihm 50 fl gebührende Ausfertigung, 1 Kalbel und auch weiteres zu holendes« als väterliches Erbe zu. »Er von seinem Vater versprochene 150 fl, welche derselbe bei ergebendem Anstand herzugeben willens ist.« (27) Am 2. März 1711 verkaufte Georg Mayer Hörmann seinem Schwiegersohn Ignaz Heim eine ½ Jcht eigen Acker für 70 fl. Heims Plan war aber, sich in Burtenbach einzukaufen und verkaufte deshalb am gleichen Tag einen Eigenacker für 140 fl an Carl Schwarz. (28) Nach Hörmanns Tod im April 1711 berechnete seine Witwe Maria geborene Braidlin ihre Schulden. Sie verkaufte »ihr Erblehen, dazu 2 Roß und 2 Khue und Zugehör per 800 fl an ihren Tochtermann Lorenz Maisch. Unterschlauf und Pfründe wurde ihr gestattet. Auf- und Abfahrt 10 fl.« (28)

1711–1731 Lorenz Maisch († 7. Juni 1727 von Knöringen)
∞ Cäcilia Stocker (* 22. Nov. 1677, † 13. April 1735) (9, 12)
Zweimal wurde der Hof über die Witwe durch Neuheirat weitergegeben. Jetzt hatte eine Stockertochter den Lorenz Maisch geheiratet, der das Erblehen käuflich übernahm. Am 4. Mai 1696 nach dem »hochfreiherrlichen Relingischen Amtsprotocoll von Knöringen«, »verheiratet sich Lorenz Maisch von Knöringen mit Cäcilia Stockerin«. Der Hochzeiter brachte seiner Hochzeiterin 500 fl auf Zinsen liegendes Kapital. Ebenso »½ Jcht Ackers im Burgauer Rembsharter Feld«. »Entgegen bringet ihme seine zukünftige Hochzeiterin zu 300 fl«, die Jörg Hörmann ihr Stiefvater zu bezahlen übernommen hat. »Bei der Hochzeit bar 100 fl den Überrest aber jährlich mit 25 fl auf Georgi« ab 1697. Sollte »aber der Hochzeiterin Mutter nach dem Willen Gottes vor Ausgang der bemelten Zihlfristen« sterben, »solle dieser Fristentermin« aufgehoben »und der noch übrige Ausstand als ein« Erbe bar abgeführt werden. Weil aber die 300 fl Bargeld sein sollten, lässt »der Hörmann den Hochzeiter« »½ Jcht Ackers, so mit Roggen stehet, in dem Kötzer Feld gelegen, schneiden« und abernten. Des Weiteren bringt Cäcilia eine Kuh ein, »1 Kalb und ein ehrliche Ausfertigung«. Weil »der Hochzeiter bei Anna Weyhraterin von Hochenwang ein Töchterlin Anna Maria« hat, ist der Hochzeiter laut Consistorial-Sentenz verpflichtet, das Kind zu sich zu nehmen. Das Kind soll auch nach dem Tod seines Vaters neben andern Kindern erbberechtigt sein. (54) Maisch hatte auch noch zwei Schwäger abzulösen. Er lieh darum aus verschiedenen Kassen 110 fl und 30 kr. (30) Einen Rappen und

ein braunblasses Füllen tauschte Maisch mit dem Hebräer David Einstein »gegen eine fuxete Stute« und 16 fl Aufgeld einschließlich »2 Schöber Bischel«. (31) Nach einer »nächtlichen Heimsuchung« des Andreas Bieremann bei der Magdalena Krembser, die bei Maisch im Dienst war, ist diese schwanger geworden. Am 23. Januar 1725 wurden die beiden bestraft. Die Strafe war wie üblich je 20 fl. (34) Franziska, die Tochter von Lorenz Maisch heiratete

1731–1751 Sebastian Mayer von Dürrlauingen
I. ∞ 9. Okt. 1731 Franziska Maisch († 14. Nov. 1746) (12)
II. ∞ 7. Feb. 1747 Barbara Seitzin von Egenhofen
Es waren in diesen Jahren schwere Zeiten, um finanziell durchkommen zu können. Anleihen und Ackerverkauf halfen weiter. So lieh Mayer am 27. Dezember 1740 vom Heiligen in Limpach 25 fl. (39) 1743 im April kaufte Mayer von Joseph Gedron eine braune Stute, eine Kuh und ein Mitle Kern um 45 fl. Die Bezahlung erfolgte innerhalb 14 Tagen 36 fl, die restlichen 9 fl und Kern im Herbst. (20) 1746 starb im November die Frau Franziska. Im Februar führte Mayer Barbara Seitz aus Egenhofen zum Traualtar. Sie brachte 300 fl in die Ehe. (45) In dieser Zeit gab es in den Familien viele Kinder. Sebastian Mayer hat mit seinen beiden Frauen zusammen 23 Kinder gezeugt, von denen neun herangewachsen waren. Bald nach der zweiten Heirat mit Barbara Seiz verkaufte Mayer am 4. Juni 1749 seine Erbsölde an den Wirt Hans Michl Fritz. Der Wirt von Limbach bezahlte dafür 1625 fl und 1 Duplon Trinkgeld. (46) Mayer selbst zog nach Kleinanhausen HsNr. 7 und später noch nach Großanhausen HsNr. 19.

1749–1752 Hans Michl Fritz, Wirt in Limpach (12, 46)
Fritz, der die Söld um 1625 fl eingekauft hatte, gab sie drei Jahre später an seinen Nachfolger als Wirt Joseph Bolkart zu gleichem Preis weiter und zog nach Leinheim. (48)

1752–1772 Joseph Bolkart, Wirt in Limbach (12, 48)
»Rührt alles von der Markgrafschaft Burgau zu Lehen und reicht die Erbsöld bei jeder Veränderung zusammen 10 fl ist auch anhero (Wettenhausen) gericht- und steuerbar.« (12) Am 27. Oktober 1756 verpachtete Bolkart die Söld nebst 1½ Jchrt Acker auf 6 Jahre für 600 fl in bar an Bernhard Mayr von Remshart. (50)

1756–1770 Bernhard Mayr (* 19. Mai 1732 von Remshart)
∞ 9. Nov. 1756 Maria Anna Fasold, Johann und Franziska

Fasold in Deffingen Tochter, deren Einbringen lt. Prot. vom 27. Oktober 1756 bestand in 150 fl bar, 1 Kuh und ehrlicher Ausfertigung. (50)
Mit seinem Nachbar Felix Schmid (HsNr. 21, vorher HsNr. 4) scheint der neu zugezogene Mayr nicht auf gutem Fuß gestanden zu haben. Ein Gerichtsprotokoll vom 9. November 1770 besagt: Klagsache Bernhard Mayr gegen Felix Schmid wegen Beleidigungen und Schlägen und wegen zerschlagenem Fenster und totgeschossenem Hund und Bezichtigung wegen Holzdiebstahls: Es ergeht nach Anhörung folgender Bescheid: »Die ersteren Schmäh- und Schlaghändel sind in dem burgauischen Wirtshaus verübt worden. Sie sollen auch dahin überlassen und verwiesen sein. Nachdem aber Felix Schmid hierauf neuerdings den Bernhard Mayr aus seinem eigenen Haus zum Raufen aufgefordert und außerordentlich beschimpft und an Fenstern einigen Schaden verursachet und zuvor dessen Hund totgeschossen hat, soll Felix Schmid dieser seiner sträflichen Untaten und Mißhandlungen wegen in dem spanischen Mantel abgebüßt werden und dem klagenden Mayr für den totgeschossenen Hund und zugefügten Schaden 1 fl bezahlen. Weil jedoch Mayr nicht erwiesen hat, dass Felix Schmid den Schöpfbrunnen mit Ehschwingen [Flachsabfall] eingefüllt habe, sondern Bartl Kupfer wissen solle, wer hieran Schuld trage, bleibt dieses bis auf Weiteres zu unternehmen noch aufgestellt und dem Kläger die fernere Probführung vorbehalten.« (18)

1772–1783 Der Besitz ging am 13. August 1772 in die Hände des Johann Michael Baader, Wirt in Limbach (12)
und wenige Jahre später am 20. Oktober 1783 an

1783–1806 Anton Bolkart, Wirt in Limbach
Am 1. April 1806 gab der Wirt Bolkart das Anwesen zum Kaufpreis von 1650 fl weiter an Joseph Meier. (12)

1806–1818 Joseph Meier, Zimmermann von Harthausen (* 30. Okt. 1774, † 16. April 1858 in Günzburg)
∞ 30. Mai 1806 in Harthausen M. Anna Aleiter, Zimmermannstochter (* 30. Mai 1781 in Leinheim, † 19. Aug. 1826 heftige Blutungen)
Und wieder geht das Anwesen an den Wirt von Limbach.
Am 13. November 1818 kaufte das Anwesen

1818–1845 Xaver Baader, Wirt in Limbach (13)

1845–1859 Xaver Mäusle, Schuster
(* 5. Sept. 1822, † 12. Juli 1880 an Lungentuberkulose)
∞ 28. Jan. 1845 Agatha Meier
(* 5. April 1822, † 13. April 1885 an Blutschlag)
Sein Vater Joseph Mäusle ließ ihm das Haus neu bauen, aber Xaver war ein Bibulus (Trinker). Er musste verkaufen und zog am 21. November 1859 nach Rohr, Pfarrei Ichenhausen. Von dort kam er nach Günzburg. Er verarmte vollständig und kam 1868 hierher ins Armenhaus.

1859–1878 Johann Mack, Schreiner von Anhofen
(* 10. Mai 1812 , † 4. Nov. 1878 an Lungenlähmung).
Ihm wurde im Wald unwohl. Er starb, nach Hause gebracht, nach ungefähr ½ Stunde, ohne wenigstens die hl. Ölung empfangen zu können. Er hatte jedoch tags zuvor am Allerseelensonntag gebeichtet und kommuniziert.
∞ 5. Aug. 1848 M. Anna Schieferle
(* 21. Jan. 1813 in Limbach, † 21. Juli 1878 an Schleimschlag)
Die beiden zogen von HsNr. 15 hierher, daher der Hausname »Böckenschreiner«. Dessen Sohn

1878–1920 Sebastian Mack, Schreiner
(* 8. Dez. 1849, † 30. Sept. 1895 an Darmkrebs)
∞ 15. Dez. 1878 Kreszenz Frei von Reisensburg
(* 20. Sept. 1854, † 1. Nov. 1925 an Marasmus)
Das Anwesen übernahm der Sohn

1920–1960 Anton Mack, (* 22. Feb. 1892, † 19. Okt. 1967)
I. ∞ 12. Juli 1920 Cäcilia Wieser von Remshart
(* 17. Nov. 1892, † 11. März 1936 an Sepsis. Ein Fuß musste wegen Blutvergiftung abgenommen werden.)
II. ∞ 27. April 1936 Barbara Wagner
(* 12. Jan. 1904, † 22. Juni 1985)
Er übergab an seinen Sohn

1960–2002 Helmut Mack
∞ 26. Mai 1962 Viktoria Bröll von Wörleschwang
In ihrer Zeit bauten sie in der Raunsetstraße zwei Häuser. Am Hof errichteten sie einen neuen Stall mit Scheune, bauten dann aber den Milchviehanteil der Landwirtschaft ab. So übergaben sie an ihren Sohn

seit 2002 Helmut Mack
Er bewirtschaftet die Felder im Nebenerwerb und hat noch Jungvieh im Stall und Schafe.

HsNr. 13½ Bürgermeister-Hindelang-Straße 21

Hausname:	unbekannt
1844	Im Jahre 1844 baute Joseph Mayer von HsNr. 13 dieses Söldhaus für seinen Sohn Jakob Mayer und trat ihm von seinem Anwesen Gründe für 1100 fl dazu ab.
1844–1856	Jakob Mayer, Zimmermann (* 3. April 1811) ∞ 6. Aug. 1844 Kreszenz Senser (* 28. Okt. 1805) Sie legten ihr Heiratsgut von ihm 500 fl und von ihr 225 fl zusammen. 1856 verkaufte er sein Anwesen an den ledigen Joseph Birkner und baute sich eine Wohnung an die östliche Seite des Hirtenhauses (HsNr. 16) an. 1863 verkaufte er auch diesen Anbau an die Gemeinde und zog nach Günzburg.
1856–1866	Joseph Birkner (* 2. Nov. 1819, † 25. Juli 1875)
1866–1874	Mathias Birkner (* 5. Feb. 1837, † 11. Sept. 1874 an Kopftyphus) ∞ 9. Jan. 1866 Walburga Voggesser (* 9. Aug. 1829 in Reifertsweiler, † 10. Nov. 1892) Nach dem Tod ihres Mannes blieb die Frau noch einige Zeit im Haus wohnen. Sie verkaufte das überschuldete Anwesen, das schon jahrelang leer gestanden war, da sie sich im Armenhaus eingemietet hatte, an Johann Mack. Walburga zog mit ihrer Tochter Viktoria nach Rettenbach. Sie starb bei ihrer Schwester Viktoria Miller in Leinheim. Johann Mack bewohnte das Haus nicht selbst, sondern übergab es seiner Tochter
1891–1912	Anna Mack (* 21. Juni 1847, † 5. Nov. 1912 an Krebs an der Stirne) Nach ihrem Tod fiel das Haus an
1912–1927	Kreszenz Mack, Schreinerswitwe, die es von 1920 bis zu ihrem Tod († 1. Nov. 1927) bewohnte. Das Haus erbte ihr Sohn
1927–1984	Anselm Mack (* 18. Dez. 1894, † 10. April 1950 nach einem Sturz beim Bau des Hauses in der Raunsetstraße 3). Er war Taglöhner und Flaschenbierhändler. I. ∞ 25. März 1926 Walburga Mäusle (* 16. Aug. 1896) II. ∞ 12. Juli 1945 Maria Bestler von Deubach (* 7. Juli 1905, † 8. Juli 1984 in Krumbach)

seit 1984 Angela Ihle
Die Erbin und ihre Nachfahren nützen dieses Haus für Wochenendaufenthalte.

HsNr. 14 Bürgermeister-Hindelang-Straße 25

Hausname: 1764 Jörglibauer
1837 Jörgle

1517 Einst rechtes Lehen der Markgrafschaft Burgau wird die ehemals wettenhausische Erbsölde erstmals 1517 erwähnt. Heinrich der Günzburger, des Rats und Bürger zu Ulm, verkaufte sie mit acht weiteren Limbachischen Gütern am Montag nach St. Jakob des meren (älteren) Heiligen (27. Juli) 1517 an Propst Ulrich von Wettenhausen »um achtendhalb hundert alles guter rechtgewogener rheinischen Gulden«. (12) Das Lehen hatte damals inne

1517/35 Simon Schmid
Schmid wird 1517 und 1535 genannt als der Inhaber eines »Erblehens mit Haus, Stadel und Garten«. (5)

1551 Simon Schmids Witib
Die Witwe führte das Lehen weiter. Auch bei ihr heißt es »hat ein Erblehen mit Haus, Stadel und Garten. (6) Als deren Nachfolger sind genannt

Hans Aubele (7, 12)
Georg Wieland (12)

1566/96 Mathes Maisch (Mösch, Mesch)
∞ 1566 Anna Steichele
Am 19. Mai 1566 hat sich Anna Steichelerin zu Limpach mit Mathias Maisch verheiratet. Er bringt der Frau als Heiratsgut 150 fl und eine Kuh. Für die Kinder der Frau macht man folgendes aus: »Für ihre Tochter Margareth Schmidin 150 fl eine angerichtete Pettstatt, Mantel und Rockh« und eine Kuh. Dem Sohn Jakob Schmid 150 fl für eine Handwerkslehre u. ihrem Sohn Stoffel Schmid gleichviel. (52) »Matheis Mesch, vor Simon Schmid, hat ein Haus Hofraithin Stadel u. Garten zwischen Bartl Wiedenmann, Jörg Lippen und dem Gemeindweg. Ist Lehen der Markgrafschaft Burgau.« (7, 12) Anschei-

nend braucht Maisch Geld, weil er 8 Jcht Holz an die Vierer und ganze Gemeinde Leinheim verkaufte und bar bezahlt wurde. (52)

um 1632 — Jetzt folgt ein großer Schritt bis zum Schwedenkrieg, der um 1632 auch über Limbach hinwegzog. Der Ort hatte auch furchtbar zu leiden. Noch 1662 war ein Großteil der abgebrannten Höfe nicht aufgebaut. Unter den 7 Familien wettenhausischer Herrschaft, die sich glücklich über diese Schreckenszeit hinübergerettet hatten, befand sich auch

1643–1670 — Jakob Schmid († 14. Juni 1670)
mit seiner Frau Maria († 29. April 1667) und ihren drei Kindern Christoph, Andreas und Anna Maria.
Schmid, genannt »der alt Sandmann« saß eigentlich auf Hof HsNr. 3, doch die Schweden hatten ihm den roten Hahn aufs Dach gesetzt und so belehnte ihn das Kloster mit dem Jörgleanwesen, das im Krieg verschont geblieben war. Überdies erhielt er von der Markgrafschaft Burgau den Hof »Beim Ruedl« (HsNr. 22), der wohl ebenfalls abgebrannt war, zur Bemeierung. Damit hatte Schmid drei Höfe in einer Hand, etwas viel! Doch der alte Sandmann stellte seinen Mann und fand bei seinen Lehensherren auch die verdiente Anerkennung. So erhielt nach seinem Tode sein Sohn Christoph HsNr. 3, sein zweiter Sohn Andreas 1668 den »Ruedlhof« und seine Tochter Anna Maria das Jörgleanwesen. (12) Durch die Heirat mit Anna Maria wurde zum Hofnachfolger

1670–1701 — Thomas Wiedemann von Nornheim, Heiligenpfleger
(† 13. April 1716, alt 80 Jahre)
∞ 11. Aug. 1670 Anna Maria Schmid († 3. März 1698) die »Schwester des Stoffel und des Andres Schmid« (12)
Im Februar 1701 haben Wiedemann und Andreas Schmid gemeinsam von Georg Hartmann einen Acker gekauft. Die 2½ Viertl wurden verteilt. Schmid erhielt davon 1½ Viertl und Wiedemann das restliche Viertl. Dazu gab Schmid noch ½ Viertl für 14 fl 30 kr an Wiedemann. (26)
Thomas Wiedemann kaufte 1702 dann von seinem Schwager Christoph Schmid dessen halbe Erbsöldbehausung samt Gemeindsgerechtigkeit um 140 fl. Sie hatten aber abgesprochen, dass ein Rückkaufsrecht bestehen bleibt. Als dann 1706 Schmid den Rückkauf tätigte, musste er 150 fl hinlegen. (26)
Noch 1715 war der »Austrägler« im Geschäft. Ein Streitfall mit der Gemeinde Leinheim wegen eines frisch angepflanzten Wäldleins, zu dessen Schutz er einen Graben ziehen ließ, wur-

de befriedet, indem ein Zaun mit Stangen die Weide der Leinheimer begrenzte. (30) Zwei Töchter hatten ordentliche Partien gemacht. Die Tochter Anna heiratete 1696 Jakob Miller von Leinheim und bekam 200 fl und 1½ Jcht Ackers in Leinheim liegend, 1 Tgw »Briehlmahd«, eine Kuh und ein Jungstück. (54) 1705 dann heiratete Agatha nach Deubach zu Michel Khuen. Sie bekam 600 fl mit. (27) Die Sölde blieb mit dem 6. Kind, dem Sohn Johann Caspar, in Wiedemännischer Hand. (26)

1701–1717 Johann Caspar Wiedemann (* 6. Jan. 1682, † 3. April 1717)
I. ∞ 12. Sept. 1701 Maria Welz von Nornheim
(† 19. Juli 1716 im Wochenbett)
II. ∞ 14. Sept. 1716 Barbara Drexler von Deubach (12)
Maria Welz brachte als Heiratsgut 500 fl, ehrliche Ausfertigung und 2 Stück Vieh. (26) Caspar Wiedemann machte nicht viel von sich reden. Er kaufte einmal ein ½ Jcht Ackers um 54 fl von Bartl Krambser. (30) Nachdem die erste Frau im Kindbett gestorben war, heiratete der Witwer Maria Barbara Drexler von Deubach. Ihr Einbringen war 400 fl, eine Kuh und ehrliche Ausfertigung. (30) Nach dem Tod des Vaters erbten die drei Kinder Maria, Thomas und Magdalena. Sie verteilten das Erbe. Magdalena heiratete 1733 Hans Leible in Weiler und verkaufte ihren Anteil an Ackerland. (35) Thomas verheiratete sich 1736 zum Ramp nach Keuschlingen. Er brachte sein Waisengeld mit. Die Grundstücke in Limbach erwarb Mathes Müller, der Maria geheiratet hatte. (36)
Der zweiten Ehe Wiedemanns entstammte nur ein Kind, das die Witwe mit in die neue Ehe nahm. Sie heiratete

1718–1764 Alban Schmid († 26. Jan. 1753)
I. ∞ 11. Jan. 1718 die Witwe Maria Barbara Wiedemann
(† 1. Aug. 1722 bei der Geburt ihres 3. Kindes aus dieser Ehe)
II. ∞ 17. Nov. 1722 Barbara Deininger von Rettenbach
(† 6. Jan. 1764) (1, 12)
Alban Schmid heiratete nach dem Tod der ersten Frau Maria Barbara Dieminger [Deininger] von Rettenbach, die ihm ehrliche Ausfertigung, 1 Kuh und 500 fl in die Ehe brachte. (33)
Schmid machte von sich reden, weil er den Aufruf zum Frondienst im April 1793 nicht befolgt hatte. Er war anderswohin gefahren. Das war ihm wohl die 1 Pfd Heller Strafe wert. (38)
Ein andermal hatte er einen Pfahl an seinem Garten eigenmächtig ersetzt ohne die Untergänger zuzuladen. Er hätte sie dann nicht noch beschimpfen sollen, denn das brachte ihm 2 Pfd Pfg Strafe ein. (42) Die Witwe führte nach dem Tod

Albans den Hof weiter und hatte dafür einen Vertrag mit Mathes Miller (HsNr 15) als Baumeister. Als dieser vorzeitig aussteigen wollte, ging sie zum Oberamt und klagte, dass Miller ohne mindeste Ursache aussteigen wolle, der Vertrag aber bis kommende Lichtmess erst ende. Miller entgegnete, dass er glaube Grund genug zu haben, da er wohl merke, dass »man ihn lieber gehen sehete«, zumal schon ein Anderer auf den Dienst warte und »über ihn hinterrucks« gespottet werde. Seiner Bitte um Aufhebung des Vertrags wurde nicht entsprochen. (50) Im August 1755 und wieder im Juli 1756 klagte der Müller Johannes Wiedenmann zu Hammerstetten, weil neben anderen auch Alban Schmids Witwe die Bannmühle übergangen hat. Die Beklagten wurden jeder zu 1 Pfd Pfg bestraft. Der Müller aber wurde visitiert und große Mängel wurden an der Mühle festgestellt. 1763, nach der Reparatur der Mühle, hatte Alban Schmids Witwe wieder gegen das herrschaftl. Verbot in auswärtiger Mühle mahlen lassen verstoßen. Sie wurde dahero mit 1 Reichstaler bestraft. (17)
Johann Georg Geiler von Hammerstetten hatte sich in Limbach umgesehen, weil er gerne heiraten wollte. So war er einmal, nachdem er mit Ubald, des Müllers Sohn, ein paar Mass getrunken hatte, auf dem Heimweg überfallen worden. Die Angreifer hatte er erkannt und darum traf man sich vor dem Kadi. Ein gerechter Richter langte bei beiden Parteien zu. Die einen waren nach der Sperrstunde erst heimgegangen (jeder 1 Pfd Pfg). Die Angreifer machten Bekanntschaft mit 25 Karbatschenstreichen bzw. mit dem spanischen Mantel. So war Geiler kein Unbekannter, als er später beim Schmid einheiratete. (49)

1764–1797 Johann Georg Geiler von Hammerstetten
(† am Aschermittwoch, 1. März 1797 nach der Auflegung der Asche, vor dem Introitus, vom Schlag gerührt)
∞ 15. Feb. 1764 Maria Schmid (* 23. Aug. 1724, † 15. Okt. 1798), die älteste Tochter von Alban Schmid und Maria Barbara Wiedemann
Geiler war der letzte Baumeister bei Schmid. Die noch ledige Tochter Maria erhielt den Hof mit allem, was dazu gehörte. Der bereits verheirateten Schwester Catharina hatte sie noch 1650 fl hinauszubezahlen. Geiler brachte 1150 fl bares Geld mit. Somit stand der Ehe mit Johann Georg Geiler nichts mehr im Weg. (48) Das jüngste ihrer Kinder trat das Erbe an.

1800–1838 Isidor Geiler (* 2. Feb. 1770, † 4. Juli 1837 an Lungenentzündung und Schleimschlag)
I. ∞ 11. Feb. 1800 Maria Victoria Rösch von Ebersbach (* 7. Okt. 1774, † 28. Juli 1809 nach der Geburt ihres 7. Kindes an Nervenkrampf)
II. ∞ 27. Feb. 1810 Maria Anna Furnier von Haldenwang (* 23. Juli 1787, † 28. Okt. 1819 an Lungensucht) (12)
Isidor Geiler machte seine ehemals zum Kloster Wettenhausen »erbgitige Söld durch die Ablösung des ständigen Auf- und Abfahrtsgeldes von 10 fl durch den doppelten Betrag zum freieigenen Besitz« zahlte aber (1847) noch jährlich »3 fl 4 kr 7 hl ans königliche Rentamt.« (13) Isidor hatte noch an seinen Bruder Xaver, Grünbaumwirt in Burgau, 400 fl zu bezahlen, die er aus der Waisenkasse entlehnte. (86) Die drei Geschwister legten fest, wie nach dem Tod der Mutter das Erbe zu verteilen sei, denn auch für die ledige Schwester Josepha war noch zu sorgen. Die Verlassenschaft, aufgenommen am 29. Oktober 1798 umfasste sämtliche Besitzungen und Hausgerätschaften, »die lt. Salbuch fol. 282 beschriebene Erbsöld in Haus Stadel, angehengter Wagenhütte, Hofraith, Wurz- und Grasgarten auch ganze Gemeindsgerechtigkeit«. Dazu gehörten in allen 3 Feldern »3½ Jcht Ackers und 1 Tgw Ohmetmahd«. An eigenen Äckern sind vorhanden wie sie in der angezogenen Erbverteilung spezifiziert enthalten sind, in allen »3 Feldern zusammen 14½ Jcht, an eigenen Mädern 6½ Tgw, an eigenem Holz zusammen 6½ Vrtl, an auswärtigem Wieswachs im Knöringer Ösch 5 Vrtl Tgw Mäder«. Die Anschlagsumme des ganzen Vermögens war 7718 fl. (86)
Am 13. Juni 1801 bekannte Joseph Rösch von Eberspach die 1100 fl Mitgift seiner Tochter Viktoria gegenüber seinem Tochtermann Isidor Geiler schuldig zu sein. (87) Am 13. September 1802 bekannte Isidor Geiler von Limpach von der aufgehobenen Priesterbruderschaftspflege zu Günzburg 150 fl geliehen zu haben, um sie seiner in Günzburg verehelichten Schwester Josepha Birk an schuldigem Heiratsgut bezahlen zu können. (87)

1838–1866 Anton Geiler (* 7. Sept. 1808, † 13. Feb. 1885)
∞ 6. Feb. 1838 Ursula Schmid von HsNr. 5 (* 20. Aug. 1814, † 5. Dez. 1867 an Hysterie, Rheumatismus und Wassersucht)
Geiler erhielt im Anschlag zu 7000 fl den stattlichen Besitz mit 67,31 Tgw Er war allgemein geschätzt und geachtet, was schon daraus hervorgeht, dass ihm seine Mitbürger für die Jahre 1842–1849 das Bürgermeisteramt übertrugen. 28 Jahre lang betreute er den Hof, bis seine Frau, Mutter von 17 Kindern, zu kränkeln anfing.

117 *Das Anwesen HsNr. 14 »Jörgle«. Federzeichnung, signiert »Förster« aus dem Jahr 1927*

Das Bier schien er sehr geliebt zu haben. So erzählt man sich: Zusammen mit seinem Nachbarn Hansatoane war er zum sonntäglichen Dämmerschoppen im Gasthaus. Auf dem späten Heimweg kamen sie am Haus von Bestler vorbei und bemerkten Licht im Keller, wo Bestler noch am Webstuhl saß. Geiler blieb stehen und sagte: »Du, Toane, dean versäuf mer dau dunda. Du brauchsch mir aber gar et helfa, mit meine elf Mauß schaff i des ganz alloi.« Gesagt, getan! Bestler hat sich über den Regen gewundert, ist aber nicht ersoffen.
Im Mai 1866 übergab er seinem Sohn und zog nach dem Tode seiner Frau zu seiner Tochter Verena, Schlossgärtnerin in Harthausen, wo er auch am 13. Februar 1885 an Herzwassersucht starb. Er wurde auf dem Friedhof in Limbach begraben.

1866–1899 Ulrich Geiler (* 30. März 1841, † 12. Sept. 1910 an Schlaganfall plötzlich in seinem Pfründestübchen)
∞ 29. Mai 1866 Krescenz Danner von Kleinkötz
(* 12. Sept. 1844, † 27. Nov. 1885 an Blutvergiftung nach der Frühgeburt ihres 15. Kindes)

1899–1929 Simpliz Danner
(* 1. März 1864 in Kleinkötz, † 17. März 1930 an Magenkrebs)
∞ 15. Mai 1899 Krescenz Rauberger von Diedorf
(* 7. März 1878, † 19. Mai 1949), die ihm 6 Kinder gebar.
Simpliz Danner war lange Jahre Heiligenpfleger und Mesner.

1930–1948 Anselm Danner (* 31. Dez. 1901, † 18. April 1948)
∞ 18. Nov. 1933 Augusta Holzbock
(* 21. Okt. 1908 in Scheppach, † 3. Feb. 1953)

1948–1990 Josef Müller von Ebersbach (* 24. März 1902, † 12. Dez. 1990)
I. ∞ die Witwe Augusta Danner
II. ∞ 15. Juli 1961 Anna Asanger
(* 21. Juli 1923 in Holzhäusel, Niederbayern, † 30. März 2018 in Günzburg)
Die Ehe blieb kinderlos. Die Felder wurden (um 1970) an Rudolf und Martha Kempter, verpachtet bis schließlich das Erbe Danner verteilt wurde. Das Anwesen und wenige Grundstücke behielt Josef Müller, die Felder gingen an Martha Kempter, geborene Danner. Nach dem Tod Josef Müllers erbte seine Frau Anna. Nach ihrem Tod erbte ihre Schwester Maria Geiger, die in Oberstdorf zuhause war. Das gesamte Anwesen wurde 2019 abgerissen und an die Stadt in der Absicht verkauft, auf dem großen Grundstück mehrere Bauplätze auszuweisen.

HsNr. 15 Frühlingstr. 1 und 3

Hausname: 1776 beim Böcken
1849 beim Brui

Ein Söldgütl erbgitig zum Kloster Wettenhausen mit 8 fl Auf- und Abfahrtsgeld. (13)

1535 Martin Schmid, »hat ein Söld, ist Erbgut«. (5)

1551	Martin Schmids Witib, »hat ein Söld«. (6) Lorenz Schmid (6) Kaspar Jelin (6)
bis 1571	Ulrich Wiedemann (6) Ulrich (= Utz) Wiedemann wird erwähnt bei einem Ackerverkauf aus seinen eigenen Grundstücken. (52) Im Jahr darauf wird nach seinem Tod die Witwe genannt.
bis 1572	Ulrich Wiedemanns Witib (6) Das Haus und einige Grundstücke bekommen alsbald in Georg Lipp einen neuen Besitzer. Am 30. Oktober 1572 verkauften die Pfleger Schmid von Limpach und Paumann von Goldbach Georg Lipp die Behausung Utz Wiedemanns verlassenen Kindern, ihren Pflegekindern, um 181 fl. Dazu gehörten dritthalb Jcht und 1 Tgw Mahd. Sie mussten wohl für die Kinder auf diese Weise Geld beschaffen. 130 fl bekamen sie bar auf die Hand. Der Rest, die 51 fl, wird in jährlichen Raten zu 7 fl, jeweils zu Allerheiligen ausgefolgt. (52)
1572	Georg Lipp (7)
1578	Stefan Selbherr (7) Lipp war nur sechs Jahre auf dem Anwesen. Ihm folgte Stefan Selbherr. Übergabe oder Verkauf sind nicht festgehalten.
1596/04	Leonhard Kötterle (7) Ähnlich verhielt es sich mit der Übernahme 18 Jahre später, als Leonhard Kötterle die Erbsöld innehatte.
1618	Hans Scheu (8, 88) Hans Beringer (8) Jakob Schmid (8)
1640–1645	Melchior Fischer (8) »Der 19. April 1640 beidseits vorbehaltene Behausung bis zur folgenden oder Hauptvertrag beglichenen Zeiten anno 1641.«
1645–1662	Hans Frischhaupt »Der Kauf ist Hans Frischhaupt übergeben den 15. März 1645.« (8) Er hatte 100 fl Schulden beim Kloster Wettenhausen und sein Schwiegersohn Keller verkaufte am 12. Juni 1663 dafür der Herrschaft ein Tgw »aigen Mahd im Gronbach, was das Kloster auf sein hochflehentlich Bitten und in Ansehung seiner Armut also aus Gnade acceptieret«. (9)

1662 Hans Frischhaupts Erben (9)

1662–(1666) Jakob Keller
Hans Frischhaupts Erben haben die Sölde mit »Haus, angehängtem Stadel, Hofraithin und Garten« ganz schnell wieder an Jakob Keller verkauft. (12)

1666–1720 Martin Kindig (7) († 20. Sept. 1716, alt 90 Jahre)
I. ∞ Anna († 25. Feb. 1694, alt 80 Jahr)
II. ∞ 27. Juli 1694 mit Walburga Rapp von Lauterbach († 25. Feb. 1726) (12)
Vier Kinder hatte Anna Kindig geboren. Diese vier mussten versorgt werden, ehe er sich abermals verheiraten konnte. Die drei Buben bekamen je 30 fl und das Mädchen 25 fl, eine Kuh und ehrliche Aussteuer. (54)
Von dreien der Kindigkinder wird uns berichtet: Valentin Kindig (Eltern: Martin und Anna) heiratete Maria Dreher von Edenhausen. Sein Heiratsgut waren 30 fl. (27) Adam Kindig ein Zwilling (Eltern: Martin und Walburga) heiratete am 4. September 1723 Catharina Bregler von Dalkingen ohne Erlaubnis und wurde dadurch aus der Herrschaft emigriert (ausgebürgert). Er wurde Soldat beim Reichsstift Elchingen. Die Mutter gab ihm 25 fl Heiratsgut mit. (33) 1716 starb Martin Kindig. Die Witwe führte die Sölde weiter, bis sie im Januar 1720 um 500 fl an ihren Sohn Hans übergeben konnte. (32)

1720–1754 Hans Kindig jun. Heiligenpfleger (* 25. Mai 1695, † 31. Juli 1753)
∞ 13. Feb. 1720 Walburga Barth (* 1. Mai 1694, † 12. Dez. 1754)
Er heiratete Walburga Barth, die im Protokoll aber Barbara genannt wird. Sie brachte ihm »1 Khue, ½ Jcht eigen Ackers und 100 fl« in die Ehe. (32) Als Heiligenpfleger hat er zusammen mit seiner Ehefrau Walburga (40 fl), M. Theresia Miller (20 fl) und Pfarrer Peter Paul Lechner (12 fl 25 kr) der Kirche ein bleibendes Geschenk gemacht: Einen in Silber getriebenen, vergoldeten Kelch vom Meister Georg Ignaz Baur aus Augsburg. Die Gravur am Fuß des Kelches erzählt: BeatI StephanI honorIbVs LegarVnt TheresIa MILLerIn, Ioannes KInDIg, VXor eIVs VVaLbVrga. [Zu Ehren des hl. Stephanus stifteten Theresia Miller, Johannes Kindig und seine Frau Walburga] Die römischen Ziffern addiert ergeben das Jahr 1755.
Ein Beispiel für die Wasserversorgung ist hier angesprochen. Kindig hatte einen Brunnen. Das neu errichtete Hirtenhaus nebenan, das keinen Brunnen hatte, durfte diesen Brunnen unwiderruflich nutzen. Die Gemeinde bezahlte für dieses

Recht einmalig 15 fl und versprach, bei Reparaturen sich zu beteiligen. (33) Mit seinem Schwager Hans Georg Barth hatte Kindig eine Erbschaft zu klären. Barth musste noch ein Jahr bauen (Felder bestellen) und Kindig bezahlte 5 fl. (34) Kindig konnte seinen Besitz durch den Kauf eines Riedmahds von Jakob Hauf vermehren. (35) Auch bei Kindig war zwischendurch das Geld nicht flüssig, so dass er 1743 vom Pfarrer Peter Paul Lechner für einige Zeit 40 fl zur Leihe nahm. (42) Nach dem Tod von Hans Kindig 1753 fand sich die Witwe im Amt ein und trat das Erblehengut, das seit 1720 in der Hand Johann Kindigs war, an den ledigen Mathes Miller um 1100 fl ab. Bei diesem Kauf hatte sie sich den Unterschlauf (Unterhalt) festschreiben lassen. (49) Sie ist dann noch im gleichen Jahr gestorben.

1754–1756 Die Mathes Millerschen Kinder (Mathes * 15. Sept. 1728 und Elisabeth Miller * 5. Nov. 1733) (13) (siehe HsNr. 19½)
Mathes hatte bereits zwei Jahre später auf den Besitz verzichtet und zum Anschlag von 1130 fl weitergegeben an seine Schwester Elisabeth, die sich mit Anton Sailer aus Kleinbeuren verheiratete. Er brachte 900 fl in die Ehe mit zu den vorhandenen 600 fl der Braut. So konnten sie den Bruder Mathes auszahlen. (66) Er selbst hatte seine Zukunft nach Leinheim verlegt und dort Catharina Mäusle geheiratet. (65)

1756–1757 Anton Sailer von Kleinbeuren (* 4. Okt. 1728, † 22. April 1757)
∞ 27. Juli 1756 mit Elisabeth Miller
(* 5. Nov. 1733, † 21. Nov. 1795)
Dem Anton Sailer war nur eine kurze Zeit als Erbsöldner beschieden. Schon ein Jahr nach der Übernahme starb er. Seine Witwe Elisabeth fand in Lorenz Mayer einen neuen Partner. Zwei Berufe hatte er gelernt. Er war Musiker und Metzger und hatte die Erlaubnis erhalten, in Limbach Schule zu halten und auch als Hausmetzger zu arbeiten. Das ausführliche Protokoll, das zur Übernahme und Heirat geschrieben wurde, berücksichtigte auch das Kind Anton aus der Ehe Elisabeths mit Sailer. Seine Versorgung wurde geregelt, indem ihm 300 fl und der Erlös aus dem Verkauf der väterlichen Kleider verzinslich angelegt wurde. (65)

1757–1776 Lorenz Mayer (* 11. Mai 1735, † 16. März 1806 an Faulfieber), Schullehrer und Metzger von Altenmünster.
∞ 7. Nov. 1757 mit Witwe M. Elisabeth Miller, welche die letzten acht Jahre ihres Lebens blind war

Seine Grundstücke hatte er 1758 durch den Einkauf von ½ Tgw Mahd vermehrt. Dazu brauchte er aber von Pfarrer Lechner 60 fl, um in zwei Raten zu 30 fl bezahlen zu können. (65) Auch 1763 musste er wieder 30 fl zum üblichen Zins von 5 % aus der Waisenkasse leihen. Diesmal ist aber kein Grund angegeben. (72) Mayer blieb nicht in HsNr. 15, es war wohl für die Schule kein so recht geeignetes Anwesen. Im April 1776 gewann er Michael Gassner, von HsNr. 1, mit ihm die Behausung zu tauschen. Die Grundstücke hat jeder behalten. (12)

1776–1777 Hans Michael Gaßner von Ettenbeuren, Bäcker (* 4. Sept. 1735)
I. ∞ Witwe Franziska Bott († 8. März 1780 am Schlag)
II. ∞ Klara Hölzlin
Gaßner hatte nur das Haus allein getauscht, ohne Grundstücke. (9, 12) Mit Gaßner hatte die HsNr. 15 einen nur vorübergehenden Herrn. Schon 1777 zog hier Franz Kempter ein. Gassner zog nach Ettenbeuren, hatte sich nochmals verheiratet mit Klara Hölzlin und wurde vom Schneider Georg Riß gegen Bezahlung von 20 fl in sein Stüble aufgenommen. Es wäre alles in Ordnung gewesen, wenn sich die Riß und die Gaßner vertragen hätten. So musste Gaßner sich eine andere Behausung suchen, bekam vom anbezahlten Geld aber wieder 15 fl zurück. (55, 79)

1777–1806 Franz Kempter (* 24. Sept. 1756, † 19. Okt. 1823 er wurde in Günzburg vom Schlag getroffen und nach Limbach überführt)
∞ 19. Aug. 1777 Katharina Haugg von Nornheim
(† 4. Dez. 1811 an Wassersucht, alt 55 Jahr 3 Tag)
Am 16. Juli 1777 übernahm Kempter um 800 fl. Ein seltener Fall wird hier berichtet. Kempter war in Behandlung beim Medikus. Die Kosten überstiegen sein normales Einkommen, so dass er ein Darlehen von 30 fl aus der Waisenkasse in Anspruch nehmen musste. (80) Am 6. Juli 1806 übergaben sie um 2100 fl.

1806–1845 Sebastian Schieferle
(* 9. Jan. 1775, † 3. Juni 1845 an Lungenentzündung und Lähmung)
I. ∞ 1. Juli 1806 mit Maria Kempter
(* 2. April 1780, † 12. Okt. 1820 *puerpera* [Wöchnerin])
II. ∞ 27. Feb. 1821 mit Maria Katharina Motzer von Rettenbach
(* 19. Nov. 1778, † 2. Feb. 1836 an Magenkrampf und Lungenentzündung)
Die Tochter Maria Anna übernahm das Erbe am 29. Juli 1845 und heiratete

1845–1860	Johann Mack Schreiner von Anhofen (* 10. Mai 1812, † 4. Nov. 1878) ∞ 5. Aug. 1845 Maria Anna Schieferle (* 21. Jan. 1813, † 21. Juli 1872 an Schleimschlag) Mack verkaufte 1860 sein Anwesen an Alois Weichenmeier und kaufte von Xaver Mäusle HsNr. 13.
1860–1885	Alois Weichenmeier, Bräuer von Wettenhausen (* 27. Dez. 1826, † 9. April 1885 an Abzehrung) ∞ 20. Nov. 1860 Walburga Hanger (* 26. Feb. 1833, † 26. Nov. 1886 an Lungenschwindsucht)
1886–1935	Joseph Weichenmeier (* 18. Aug. 1862, † 24. Feb. 1930 an doppelseitiger Lungenentzündung) ∞ 13. Aug. 1888 Viktoria Welsch, Schmiedstochter von Ettenbeuren (* 13. Feb. 1862 in Kemnath) Die Witwe verkaufte im Dezember 1935 und zog nach Ettenbeuren.
1935–1942	Wenzeslaus Bäurle, Schäffler (* 17. Mai 1880 in Ried bei Jettingen, † 28. Jan. 1942 in Limbach) ∞ 21. April 1903 Maria Anna Schuler (* 29. Sept. 1880 in Scheppach)
ab 1942	Wenzeslaus Bäurle, Hilfsarbeiter (* 28. Juli 1912) ∞ 23. Mai 1938 Hämmerle Bertha (* 25. Mai 1916 in Münsterhausen) Nach ihm wurde die Hofstelle in Nord-Süd Richtung geteilt und verkauft an Franz Prawetschek (* 23. Jan. 1926, † 2. Sept. 2003) ∞ 1. Mai 1953 Theresia Seemann (* 11. Okt. 1926, † 29. Sept. 1997) und Sebastian Mäusle (* 12. Feb. 1902, † 12. März 1973) ∞ Paula Hartmann von Leinheim (* 19. Aug. 1900, † 2. Aug. 1993) Prawetschek und Mäusle kauften zu gleichen Teilen und errichteten jeweils ein Wohnhaus. Inzwischen gehörte das Haus Prawetschek der Tochter Maria Schwarz. Sie vermachte Haus und Grundstück ihrer Tochter Monika Banse, geb. Schwarz.

Das Haus wurde abgerissen und durch einen Neubau 2019 ersetzt. Das Mäusle-Haus verkaufte der Sohn Werner an Familie Braun. Diese wiederum veräußerte es an Familie Kostic.

HsNr. 16a/b Bürgermeister-Hindelang-Str. 29

Hausname: Hirtenhaus

»1764: Die Gemeinde hat ein Hirtenhaus, allenthalben an der Gemeind gelegen. Bei jeder Veränderung oder vielmehr auf erfolgend Ableben des bestellten Lehenträgers Auf- und Abfahrtgeld 4 fl«. (12)
»1804: Erbgitig zum Kloster Wettenhausen mit 2 fl Auf- und Abfahrtgeld. Letzter Anfall 1804 auf den Lehenträger Mathias Kempter, Schullehrer.« (13)

1675 Michael Grambser und Regina, Schweinehirt (Taufe!)

1678 Martin Schaup und Maria, Pferdehirt (Taufe!)

1678 Lorenz Österreicher, Hirt (Taufzeuge!)

1673/82 Thomas Blaps und Anna, Kuhhirt (Taufe!)

1679/87 Gabriel Trauthgard und Anna, Kuhhirt (Taufe!)

1687 Thomas Blösch, Schweinehirt († 10. Okt. 1687, alt 70 Jahr)

1685–1718 Thomas Grambser, († 11. Juni 1718)
I. ∞ 4. Juni 1685 Katharina Engelhart von Deffingen († 1. Okt. 1701)
II. ∞ 15. Nov. 1701 Katharina Breudin († 6. Dez. 1713)
III. ∞ 9. April 1714 Maria Hieber von Alleshausen [Aletshausen], *obstetrix* [Hebamme] († 29. Mai 1738)
Thomas Grambser war *pastor et bubulcus* [Rinderhirt] *et jugarius* [Ochsenhirt] *et armentarius* [Pflugtierhirt].

1686–1718 Urban Schmid, Schweinehirt († 10. Sept. 1689, alt 28 Jahre), ∞ 29. April 1686 Susanna Luible von Großanhausen, Witwe († 6. Feb. 1687 auf dem Weg von Anhausen nach Limbach erfroren)
Weil sie am Gumpigen Donnerstag nachmittags um 2 Uhr wegen des tiefen Schnees, Gehewinden und Unwetter in dem

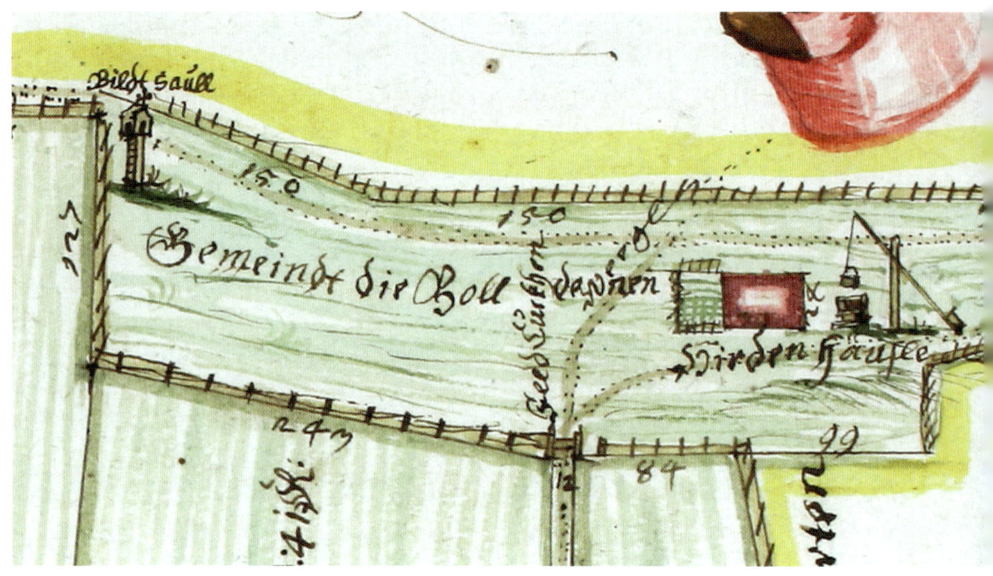

118 *Auf den Flurplänen, die Johann Caspar Klickh 1743 aufgenommen hat, ist auch das Hirtenhaus zu sehen, mit einem Brunnen zum Tränken der Tiere und einer »Bildtsäull«. Noch heute steht genau an dieser Stelle ein Bildstock.*

Kronbach am Kirchweg nach Großanhausen gehen wollte, ist sie erst am dritten Tag tot im Schnee liegend gefunden worden. (Matrikel)

1696/1701	Joseph Wüst von Hammerstetten, Hirt ∞ 3. Okt. 1696 Maria Blösch von Limbach Zwei junge Leute, mittellos, haben sich ohne Ehe geliebt. Dasnannte man damals »in Unehren vergriffen« und »verbottene Leichtfertigkeit«. Die Strafe von je 10 fl war hier wohl kaum zu begleichen. Ausweg war eine Heirat, die mit dem Attribut versehen war »aufs frei Feld hinaus.« (54)
1699	Matheis Ölberger, pastor und Margaretha (Kind †)
1696/99	Joseph Hopf, Schweine-, Kuh- und Pferdehirt und Maria
1703/16	Jakob Ratzinger und Magdalena († 26. Dez. 1716) ∞ 8. Feb. 1717 Franziska Steiner, Witwe, von Unterknöringen Sie zogen 1717 nach Kleinanhausen.
1709/13	Dionys Grambser, Hirt, ∞ 11. Feb. 1709 Anna Brunhuber

Den 15. November 1723 sind laut Quittung des burgauischen Vogts Franz Anton Herzer 3 fl Feuerstattgeld bezahlt worden. (12)

1727–1754 Johann Martin Wüst, Viehhirt (* 10. Nov. 1698, † 20. Dez. 1754)
I. ∞ 29. Okt. 1727 Elisabeth Kindig († 20. Juni 1742)
II. ∞ Elisabeth Baumeisterin
Von Johann Martin Wüst, der recht lange Zeit als Viehhirt beschäftigt war, sind drei Protokolle vorhanden: Das eine betraf die Heirat mit Elisabeth Kindig und die Verleihung des Hirtenstabes im Jahr 1727. (34) Das zweite Protokoll betraf die zweite Ehe mit Elisabeth Baumeisterin. (40) Im dritten Protokoll, das auf zwei Termine aufgeteilt ist, geht es um die Regelung der Folgen einer außerehelichen Beziehung. Die Tochter Franziska, die in Scheppach beim Bester beschäftigt war, hatte sich selbst angezeigt und den Joseph Burglehner von Oberknöringen als »Mittäter« angegeben. Da er die Tat zugegeben hat, wurde er schuldig gesprochen, die Kosten für Geburt und regelmäßig Alimente zu bezahlen. (17)

1733/41 Richard Wiest, Schweinehirt, und Ursula

1735–1757 Andreas Schneck, von Kleinbeuren gebürtig, Viehhirt († 27. März 1757 an Erbrechen)
I. ∞ Maria Franziska Brand († 19. Juni 1748)
II. ∞ 26. Aug. 1748 Eva Imminger von Deubach († 18. April 1756) (45)
III. ∞ 25. Okt. 1756 Maria Lertler von Leinheim
Sie heiratet am 9. Mai 1757 Thomas Knoll (* 20. Dez. 1709) von Lutzingen (Taufen 1758/60).
»Den 15. Oktober 1735. Andreas Schnegg, gebürtig von Kleinbeuren, ledig, dient schon viele Jahr zu Limpach. Wegen seines Wohlverhaltens ist ihm geholfen worden zu einem kleinen Besitz zu gelangen. Daraufhin will er sich verloben mit Maria Franziska Brand, der Tochter des (Kapellen) Mösmers in Limpach. Sie hat eine Khue und 25 fl. Er hat nichts.« (35)
Im Dezember 1764 wurde die Tochter Victoria vor den Richter zitiert. Grund war die Schwangerschaft der ledigen Person. Sie kannte jedoch ihren Partner und gab ihn an. Es handelte sich um Hans Jerg Mayer von Niederstotzingen. Bis der junge Mann sich stellte, sollte mit der Bestrafung nicht länger als bis zum 10. März abgewartet werden. Am 9. März stellte sich Mayer, der in Rammingen im Dienst war. Das Urteil bestimmte die Bezahlung der Kosten und Alimente und auch die öffentliche Zurschaustellung. »Den 9. März 1765.

Johann Georg Mayr von Niederstotzingen gebürtig und Victoria Schneck von Limpach geben dato zu vernemmen, welchergestalten sie sich mit einander fleischlich versündiget haben, so daß fornicatrix wirklich schwanger seie, woraufhin ergehet dann der Beschaid: Daß bemelter Johann Georg Mayr das zur Welt gebärende Kind zu agnoscieren und zu alimentieren, gleich auch die Kindböttkösten iuxtum consuetum stylum auszuhalten, beede aber wegen solch ihrem sündhaften Verbrechen gewöhnlichermassen mit angehengtem herkömmlichen Schandzeichen öffentlich fürzustehen gehalten sein sollen, wie wir selbe hiemit verfällen.« (17) Der Fall nahm ein gutes Ende, indem die beiden sich zur Ehe entschlossen und er hier in Limbach als Kuh- und Schweinehirt angestellt wurde.

1755/61 Andreas Mayr von Remshart (* 7. Sept. 1724)
I. ∞ 10. Feb. 1755 Witwe Elisabeth Wiest († 12. April 1759)
II. ∞ (8. Mai 1759) Theres Will von Goldbach
Von der ehrsamen Gemeind zu Limbach als Schmalhirt angestellt, will sich Andreas Meyr erneut verheiraten. Seine Frau Elisabeth, Witwe von Johann Martin Wüst, war am 12. April 1759 gestorben. Theres Will von Goldbach war die Auserwählte. Am Ende des Protokolls stand die Mahnung: »[...] dass sich die neuangehende Eheleut mit der dermahlen erhaltenen Huet betragen und keineswegs sich derselben entschlagen, auch sonsten einen ehrlichen Lebenswandel führen sollen.« (65) Diese Mahnung geriet wohl in Vergessenheit, denn 1761 wurde ein heftiger Streit in der Nachbarschaft abgehandelt. Joseph Aßler und der Rosshirt Andreas Mayr, sekundiert von den Ehehälften und Katharina Wiest, stritten bis zu Handgreiflichkeiten. Das Urteil machte die Theresia Mayr und die Katharina Wiest mit der Geigen für eine Stunde bekannt, Joseph Aßler und der Hirte büßten unter den Peitschenhieben und mit 2 Pfd Pfg. (16)

1763/64 Jakob Holander, Roßhirt, und Maria Anna

1764/83 Ignaz Schlander, Roßhirt († 24. März 1783) und Maria Anna († 4. Jan. 1806 an Auszehrung)

1765–1799 Johann Georg Mayr von Stotzingen, Kuhhirt und Schweinehirt, und Viktoria Schneck (*26. April 1741) von Limbach
Er starb am 26., sie am 31. Januar 1799.

1769 Jakob Wiedenmann und Margaretha, Pferdehirt

1748/64 Mathäus Bestler (* 14. Feb. 1725, † 27. Jan. 1788)
∞ 29. Juli 1748 Maria Zanlin von Großkötz († 13. Nov. 1782)

1775–1799 Johann Bapt. Schneck, Schafhirt († 13.Nov. 1799)
I. ∞ 7. Feb. 1775 Victoria Deller von Anried († 7. Aug. 1786)
II. ∞ 21. Aug. 1786 Victoria Wiest
(† 15. Feb. 1812 an Brand, 67 Jahr alt)
Johann Bapt. Schneck (wohl ein Sohn von Andreas Schneck) ist als Schmalhirt eingestellt worden und heiratete 1775 Victoria Deller. »Da beide kein Vermögen einander zuzubringen vermögen, so haben sie sich mit dem Hüten oder in anderswie ehrlich zu ernähren und fortzubringen. Falls sie als Hirtenleut nit mehr anständig sein sollten, müssen sie sich anderweitig um ein Unterkommen umsehen.« (74)

1783–1821 Johann Michael Schneck, Schafhirt
(† 21. Juli 1821 an Altersschwäche),
∞ 29. April 1783 Katharina Deger von Hammerstetten
(* 11. Mai 1746, † 1. Jan. 1819 an Abzehrung)

1800 Ottmar Mayr, Pferdehirt, und Maria

1801 Anton Fink, Schweinehirt, und Euphrosina († 18. April 1801)

1803/05 Bartholomäus Gerber von Goldbach, Kälberhirt
(† 25. April 1805 wegen Leibschaden, 58 Jahr alt)
∞ Maria Anna
(† 26. Aug. 1803, 78 Jahr alt, »Krankheit war das Alter«)
Barthl Gerber war 1801 Hirt in Ebersbach.

1801–1856 Anton Schlander, Schafhirt in HsNr. 16a
(* 10. Juni 1778 in Limbach)
∞ 29. Juni 1801 Apollonia Gerber von Goldbach
(* 11. Sept. 1782, † 24. Okt. 1843 an Lungenentzündung)
Die Halbscheid HsNr. 16a kaufte am 20. Februar 1804 Bürgermeister Isidor Aubele um 361 fl und verkaufte sie wieder um 361 fl am 21. April 1804.
Anton Schlander, gewester Mousquetier, wurde von der Gemeinde als Schmalhirt angestellt. Mit dieser Anstellung hatte er auch Aussicht, eine Familie ernähren zu können. Darum holte er sich die Erlaubnis, die Hirtentochter von Ebersbach, Apollonia Gerber, heiraten zu dürfen. Am 22. Juni 1801 erhält Anton Schlander, »gewester diesseitiger Contingents Mousquetier«, die »Hochherrschaftliche Heiraths Erlaubnis«. Schlander wurde von der Gemeinde Limpach als Schmalhirt

aufgenommen. Die Gnädige Herrschaft erteilte dazu die Heiratserlaubnis mit dem ausdrücklichen Vorbehalt, dass im Falle sich der Schlander oder seine künftige Ehegattin nicht gut betragen würden, sie Limpach zu verlassen und sich anderswo um eine Hütestelle zu bewerben hätten. Demnach »will er sich bis auf priesterliche Einsegnung in ein eheliches Versprechen einlassen mit der ledigen Apollonia Gerberin von Ebersbach«, die in Goldbach geboren war. Sie verspricht ihm »nach Verlauf ¼ Jahres 10 fl nebst 3 Better, 3 Überzügen und ihre Kleidungsstücke zum Heiratgut zuzubringen«. »Dasselbe betreut er mit 14 bis 15 fl, die er bei der Gemeinde Limpach noch ausstehen hat.« (87)

1804–1842 Mathias Deger, Taglöhner
(* 22. Feb. 1775, † 28. Mai 1842 an Altersschwäche)
∞ 8. Mai 1804 Theres Mayr
(* 18. Feb. 1773 zu Deffingen, † 20. März 1852 an Brustwassersucht) (12)

1829/30 Georg Schiele von Langenau in Württemberg, evangelisch.
Die ledige Hirtentochter M. Anna Schlander, HsNr. 16, hatte von ihm ein Kind, illegitim.

1832 Franz Xaver Konrad von Nordenheim, ledig.
Die ledige Hirtentochter Victoria Schlander, HsNr. 16, hatte von ihm ein Kind.

1847 Anton Sailer, Hirtensohn von Kleinkissendorf, ledig. Die ledige Hirtentochter Crescenz Schlander (HsNr. 16) hatte von ihm ein Kind.

1847 Alois Karg, ledig von Landensberg und Afra Spitz (HsNr. 24), ledig, ein Kind.

In diesen Häusern wechselten die Bewohner sehr häufig. Ihre Reihenfolge kann ich nicht mehr realisieren. Den Platz, wo das Hirtenhaus, später Armenhaus, stand, erwarben

Anton Kienle von Ichenhauen
∞ 15. Feb. 1974 Luzia Kienle, geborene Storch, von der Gemeinde und bauten sich ein Eigenheim.

HsNr. 16, Anbau

Hausname: 1837 beim Hirtendeisen

»Das Gnadenhaus, ehemals Hirtenhaus, erbgitig zum kgl. Rentamt, vorher Kloster Wettenhausen, mit 2 fl ständigem Auf- und Abfahrtsgeld in Kauf-, Tausch- und Übernahmefällen, rührend von der Gemeinde her und hat der Besitzer dieses von dem dermaligen Bürgermeister Isidor Aubele laut Prot. vom 21. April 1804 um 361 fl erkauft. War früher als Gemeindehirtenhaus benützt worden.« (15)

1804–1852 Mathias Deger, Taglöhner (* 22. Feb. 1775, † 28. Mai 1842)
∞ 8. Mai 1804 Theres Mayer von Deffingen
(* 18. Feb. 1773, † 20. März 1852)
Dieser Westanbau (3. Wohnung) des Armenhauses wurde um 1870 abgebrochen. In einem neuen Anbau (errichtet um 1950) wohnte die Familie Kreis. Paul Kreis baute sich dann in der Frühlingstraße 20 ein Eigenheim.

HsNr. 16½ Am Weiher 2

Hausname: 1860 Hebamm, Bauramichl

um 1833 Das Haus wurde ca. 1833 neu erbaut.

1843–1875 Michael Baur von Limbach, Gemeindediener
(* 20. Jan. 1812, † 23. Dez. 1872 an Magenverhärtung)
∞ 10. Jan. 1843 M. Anna Böck von Großanhausen, Hebamme
(† 25. Juni 1875 an Brand)

1876–1889 Joseph Mäusle, HsNr. 27½,
∞ Barbara Hoser
Sie kauften das Häuslein 1876 als Pfründewohnung.

1890–1909 Thomas Glöggle, Maurer (HsNr. 26)
(* 18. Dez. 1826 in Leinheim, † 9. Aug. 1909 an Altersschwäche)
∞ Sept. 1862 Victoria Hindelang von Gerlenhofen
(* 19. Aug. 1829, † 10. März 1881 an Gebärmutterleiden)
kauften 1890 das Haus.

1909–1912	Josef Kastler von Rettenbach, Schweizer (* 11. Sept. 1855, † 26. Okt. 1912 an Leberkrebs) I. ∞ 30. Dez. 1889 Krescenz Glöggle von Denzingen (* 6. Jan. 1863, † 9. Juni 1908 an Herzleiden und Magengeschwüren) II. ∞ 25. April 1909 Victoria Schuster, geb. Pollak von Wasserburg (* 25. Nov. 1863)
ab 1912	Josef Kiehbacher, Maurer, von Kleinbeuren (* 24. Feb. 1884, † 15. März 1951) ∞ 24. Juli 1911 Stephanie Spitz (* 27. Jan. 1887)
bis 1950	Alois Kiehbacher, Schuhmacher, (* 26. Mai 1909) ∞ 6. Mai 1933 Anna Maria Käufl aus Pöttmes (* 9. Juli 1904)
1950–2009	Josef Lorenz aus Ullersloh/Sudetenland (* 2. Juni 1902, † 16. März 1982) ∞ Anna Möckl (* 20. Jan. 1906, † 3. Sept. 1991)
seit 2009	Der Sohn Josef Lorenz zog nach Amorbach. Thomas Schilling erwarb das Häuslein, nahm es zum angrenzenden Grundstück Schilling dazu und errichtete nach dem Abriss ein neues Wohnhaus.

HsNr. 17 Bürgermeister-Hindelang-Straße 34

Hausname:	1780 beim Hauser 1818 beim Sauhändler
	Die Erbsölde, erbgitig zum Kloster Wettenhausen, bezahlt 2 fl Auf- und Abfahrt dem Heiligen von Limbach und 2 fl dem Kloster. (7, 9)
	Bernhard Kloyber (5)
1535/72	Leonhard Schmid »hat 1 Jcht Acker«. (5) Schmid wird genannt wegen einer Schuld über 20 fl bei Georg Weiland von Leinheim. (52)
1574	Hans Liebmann (6) Barthl Kindig

1578	Hans Schmid, »vor Bartl Kindig hat ein Söld mit Haus und Garten zwischen Carl Beringers Mad und Hans Liebmanns Garten. Zinst dem Heiligen von Limpach.« (7)
1596/1618	Thoma Schmid, »zuvor Bartl Kindig hat ein Söld mit Haus und Garten zwischen Jerg Börninger und Mathes Maisch, zinst dem Heiligen zu Limpach.« (8, 88)
1662	Hans Ostermann, »vor Hans Schmid vor deme Bartl Kindig hat ein Söld mit Haus, angehengtem Stadel, Hofraithin und Garten. Zinst dem Heiligen zu Limpach.« (9)
	Heinrich Wittich (8)
1669–1675	Hans Berger, Weber, aus einer bayrischen Pfarrei († 12. März 1675) ∞ 28. Nov. 1669 Walburga Kauffecker von Limpach (8)
1675–1688	Hans Melchior Weinberger von Leinheim († 12. Juli 1699, alt 63 Jahre) I. ∞ 5. Nov. 1675 Katharina Schlinker († 24. März 1692, alt 35 Jahre, am zweiten Tag nach der Geburt ihres Kindes Anna Maria) II. ∞ 2. Juni 1692 Elisabeth Schlinder, geb. Ansorg aus Derndorf († 28. Feb. 1744) Melchior Weinberger, ein Schreiner, hat sich hier eingekauft Zu diesem Kauf hat er bei seinem Schwager Schulden gemacht, die er 1679 ganz beglichen hat. (24) Weinberger zog 1688 auf HsNr. 1.
1688–1697	Mathias Maurer Am 6. März 1694 gab Michael Weinberger sein Lehengütle (HsNr. 17) an Mathes Maurer von Wiesensteig ab. Es gehörten dazu Haus, Garten, Krautgarten, Gemeindsgerechtigkeit, ½ Jcht Ackers. Der Kaufschilling betrug 400 fl. Der Betrag war in Raten bis Ostern 150 fl, auf Jakobi 50 fl, vom Rest 1695 auf Georgi 120 fl und weiter jährlich auf Georgi 10 fl. (54) Maurer hatte diverse Schulden. Ein Beiständer, Thomas Gesell von Bitingen, hatte Maurer im Stich gelassen. Michael Kirchdorfer von Ziemetshausen stand ihm dann zur Seite. (25, 54) Am Ende aber übernahm Kirchdorfer das Gütle.

1697–1730 Michael Kirchdorfer, Bäcker von Ziemetshausen († 13. Okt.1729)
I. ∞ 13. Aug. 1697 Maria Hinterkircher von Goldbach († 14. April 1727)
II. ∞ 14. Sept. 1729 Franziska Fahrenschon von Leinheim
Er wie Ostermann trugen ¼ Jcht Acker »Beim Kötzer Brunnen« zu Lehen, am 17. Januar 1730 lt. Prot. erhielt Peter Göz diese ¼ Jcht »Beim Kötzer Brunnen«. »Den 4. Juni 1701. Michael Kirchdorfer und Zacharias Langegger zu Limpach erlegen in die Schlenggersche Pflegschaft das pro hoc anno verfallene Zihl zu 8 fl resp. 5 fl.« (26) »Den 5. Dezember 1713. Michael Kirchdorfer erkauft von Zacharias Langegger 1 Jcht Acker im Aulach oder Schwarzenberg per 38 fl und Zacharias Langegger von Bartl Krambser ½ Jcht Acker im langen Gewandt per 36 fl.« (29)
Die Witwe Franziska Kirchdorfer heiratete am 30. Januar 1730 Martin Miller.

1730–1738 Martin Miller, Bäcker von Rettenbach
Er kaufte am 27. Juni 1732 HsNr. 21, verkaufte es aber wieder am 28. April 1733 an Georg Sailer. HsNr. 17 verkaufte er an Justina Volk, verwitwete Kempter. Er selbst wurde wieder erwähnt in Wattenweiler. (36)

1738–1740 Justina Kempter, Witib
»Den 18. Feb. 1740. Johann Kempter von Limpach will das Söldhaus, so des Leonhard Kempters hinterlassenen Kindern zugehörig ist, samt Garten und Gemeindsgerechtigkeit, dann der Bachstub verkaufen und zwar gegen Simon Frey alda um 540 fl. Sollte er nit beihalten, sollen alle aufgehenden Kösten von seiner Schmitten bezahlt werden. Die Bachstatt aber wann er bestehe und das Concessionsgeld bezahlen würde ihm vergunnt sein.« (39) Bezahlt 2 fl Auf- und Abfahrt dem Heiligen. Rechnungsgeld jährlich 20 kr 4 hl, 1 Hennen.« (Prot. vom 23. Feb. 1740). (38)

1740–1743 Simon Frei, Schmied
Seine Schmiede hatte er 1741 an Senser verkauft und sein Handwerk aufgegeben, aber schon 1743 verkaufte er auch HsNr. 17 wieder (12) an

1743–1750 Johann Renz, Cementarius von Hochwang († 29. Okt. 1749) (12)
Er kam aus HsNr. 10 in Großanhausen.
I. ∞ 26. Nov. 1715 Margaretha Kleinhans († 30. April 1721), der

er 10 fl elterl. Erb und 10 fl Lidlohn als Heiratsgut mitbrachte. (30) Laut Übergabsprot. vom 12. Nov. 1715.
II. ∞ 10. Nov. 1721 Katharina Stadler von Ichenhausen († 11. April 1735), die ihm neben ehrlicher Ausfertigung 150 fl und 1 Kuh zubrachte. (33) Laut Prot. vom 16. Okt. 1721.
III. ∞ 6. Juni 1735 Anna Maria Mayr (* 4. Sept. 1699, † 21.Aug. 1741), die ihm 20 fl mitbrachte. (35) Lt. Prot. vom 17. Mai 1735.
IV. ∞ 5. Feb. 1742 Maria Anna Keul von Behlingen. Sie brachte ihm 35 fl und ehrliche Ausfertigung mit. (40) Gemäß Heiratsvertrag vom 24. Januar 1742.
Letztere übergab am 16. September 1750 die Söld, »woraus jährlich 20 kr 4 hl, 1 Henne, zu Auf- und Abfahrt jedes 1 fl und solle dem Heiligen jährlich 2 Dienst oder vor jeden Dienst 20 kr geben«, ihrer Stieftochter Maria Renz im Anschlag zu 474 fl. (47)

1750–1781 Joseph Aßler von Rettenbach († 18. Jan. 1786)
∞ 30. Sept. 1750 Maria Renz
(* 22. März 1729, † 11. Aug. 1780) (12)
In Rettenbach existierte ein Hausname »Hauser«. Vielleicht hatte Aßler diesen Hausnamen mit herüber gebracht. Aßler kam in einer Streitsache mit dem Rosshirt Mayr vor den Richter (siehe auch bei HsNr. 16). (16) Finanziell ging es im Hause Aßler wohl immer wieder recht klamm zu. Verschiedene Anleihen hatte Aßler gemacht, um nötige Dinge kaufen zu können und Schulden zu begleichen. (70, 71, 74) 1781 übergab Joseph Aßler an seinen Sohn Andreas mit einer gehörigen Belastung durch Schulden und familiäre Verpflichtungen (2 Brüder waren auszusteuern, der Austrag zu bestreiten). Am 12. Januar 1781 übergab er also seinem Sohn um 505 fl 23 kr. (77)

1781–1817 Andreas Aßler, gelernter Metzger
(* 24. Sept. 1757, † 9. Juli 1801) (12, 19)
I. ∞ 30. Jan. 1781 Katharina Miller von Harthausen
(* 24. Nov. 1750, † 6. Dez. 1782)
II. ∞ 21. Jan. 1783 Victoria Wagner von Ebersbach
(* 10. Aug. 1754)
Andreas trat als neuer Besitzer an und heiratete alsbald. Er war bereit, »sich bis zur priesterl. Einsegnung in ein eheliches Versprechen einzulassen an und gegen Catharina Müllerin, welche ihm laut beigebrachtem amtl. Attest, dato Rettenbach, am 12. Jan. 1781 binnen eines Vierteljahres 125 fl ohne einigen Abzug oder Nachsteuer nebst standesmäßiger Ausfertigung zu Heiratgut einzubringen verspricht«. (77) »Andreas Assler

hatte den Joseph Meisle, wie Assler einen gelernten Metzger, einen schlechten Kerl« geheißen. Ihren Streit haben sie vor den Richter getragen. Aßler zog den Kürzeren und musste 30 kr bezahlen. (19) Die Frau Katharina, die er im Januar 1781 geehelicht hatte, starb bereits im Dezember 1782. Schon im Januar stand er wieder vor dem Traualtar mit Victoria Wagner von Ebersbach, »welche oder vielmehr ihr selbst gegenwärtiger Vater« dem »Hochzeiter neben einer standesmäßigen Ausfertigung 110 fl und zwar 100 fl nach Verfluß ¼ Jahrs, 10 fl aber auf künftigen Herbst zu bezahlen, zuzubringen versprochen. Dies einbringende Heiratgut betreut der Hochzeiter mit seiner besitzenden Erbsöld«, »so wie er solche unterm 12. Jan. 1781 von seinem Vater übernommen, vielmehr mit seinem hierauf gaudierenden Vermögen von 217 fl.« Und weil die »Hochzeiterin ihme ein im ledigen Stand geborenes und nunmehr 4 jähriges Knäbel«, »Johannes Kugler zubringt, so will er solches in Cost und Cleidung und auch völlig in unentgeldlichen Unterhalt übernehmen und bis dieser Knab sein Brot selbst verdienen kann, mit aller Notwendigkeit verpflegen.« (78) Im Zusammenhang mit der Verpflichtung seinen Brüdern Franz Joseph und Stefan gegenüber brauchte er 30 fl zu den üblichen Bedingungen 5 % Zins und Hypothek von der Waisenkasse, um eine Lehre zu finanzieren. (78) 1791 rührte sich der Jude Hirsch Hajum aus Ichenhausen und wollte noch Schulden eintreiben, die der Vater Joseph hinterlassen hätte. Dieser Fall wurde zu Aßlers Gunsten entschieden, da bereits die 5 fl, die im Übergabevertrag standen, beglichen worden waren. (21) Ein tätlicher Angriff, der Grund wird nicht genannt, gegen Johann Rupprecht von Hammerstetten kostete Aßler wieder 45 kr. (22) 1801 starb Andreas Aßler. Seine Frau Victoria übernahm das Anwesen und führte es weiter. Wohl weil sie Geld brauchte, verkaufte sie das Grasplätzle in der unteren Höll an Mathes Hegenauer von Leinheim. (87) Am 19. Dezember 1817 übernahm

1817–1861 Stefan Aßler, Sauhändler
(* 17. Dez. 1791, † 2. Okt. 1865 an Schlag)
∞ 3. Feb. 1818 Barbara Frei von Unterknöringen
(† 12. März 1853 an Abzehrung)
Er baute sich 1860 südlich von seinem Haus ein Pfründehäuschen und übergab seinem Sohn

1861–1887 Anton Aßler, (* 11. Okt. 1829, † 9. März 1899 an Gehirnschlag)
∞ 8. Jan. 1861 M. Anna Sontner
(* 3. März 1834, † 28. April 1891 an Lungenleiden)

Er lebte zuletzt allein in seinem Pfründehaus und wurde, als man ihm das Mittagessen brachte, tot aufgefunden. Auf ihn folgte sein Schwiegersohn

1887–1897 Georg Goßner von Denzingen
(* 6. Sept. 1861, † 17. Okt. 1897 an Brustfellentzündung)
∞ 10. Okt. 1887 Agatha Aßler (* 6. Sept. 1862, † 1952)
Die Witwe heiratete

1898–1934 Franz Xaver Wagner von Leinheim
(* 17. Nov. 1862, † 30. Sept. 1929 an Magenkrebs)
∞ 4. Sept. 1898 Agatha Goßner, geb. Aßler (s. o.)

1934–1964 Josef Wagner, Schreinermeister (* 3. Juni 1899, † 5. Aug. 1978)
∞ 29. Juli 1933 Amalie Berger (* 24. Nov. 1906, † 5. Jan. 1990)

1964–1990 Josef Wagner, Schreinermeister (* 2. Juni 1934, † 15. Mai 2012)
∞ 12. Nov. 1964 Mathilde Schilling
Er baute sich im nördlich angrenzenden Wiesengrundstück 1974 ein neues Haus und zog dorthin. Die alte Werkstatt samt Wohnhaus ging an seine Frau Mathilde, der die Aufgabe bleibt, die weitere Nachfolge zu regeln.

HsNr. 18 Bürgermeister-Hindelang-Straße 32

Hausname: 1800 Webermartin

»Die Sölde zählte zu den neun Anwesen, die Heinrich der Günzburger des Rats und Bürger zu Ulm anno 1517 an das Kloster Wettenhausen verkaufte. War erbgitig zum Kloster mit 1 fl 12 kr Auf- und Abfahrtsgeld. Volles Eigentum nach Ablösung des Auf- und Abfahrtsgeldes durch den doppelten Betrag. Ablösungsprotokoll vom 3. Quartal 1834/35. Zahlt jedoch an das königliche Rentamt jährlich 4 fl 25 kr 2 hl.« (13)

1517/35 Peter Koch
»Item Peter Koch gibt jährlich von seinem Lehen 6 Sch Hellers Zins und 1 Hennen. Mer hat er 3 Jchrt Reitackers, so diese mit Nuz stan sollen, gibt er von jeder Jchrt Wintrigs, 1 Ymin Roggen und Symrigs 1 Ymin Habers und so das Lehen ledig wird, gibt es 1 Pfd 1 Sch zu Auf- und Abfahrt. (61)

1551	Jakob Neukhumb (5) Kaspar Baumeister (5)
1578	Hans Liebmann (12)
1596/1618	Hans Schneeweiß (12, 88) Georg Moreck, der Jäger von Remshart. Er wohnte 1639 in HsNr. 2. Jakob Schmid Melchior Fischer
1652–1682	Matheis Mündle († 19. Sept. 1687, alt 75 Jahr) ∞ Barbara Mindle († 18. Nov. 1681) Er war 30 Jahre lang Heiligenpfleger und 35 Jahre Gerichtsmann der Herrschaft Wettenhausen. (12) Nach dem Salbuch 1662 gab er »jährlich 1 Pfd 1 Sch Wax = 36 kr. Zins dem Heiligen als Auf- und Abfahrtsgeld und rührt von der Markgrafschaft Burgau als Lehen.« (9) Von zweien seiner Kinder ist aus dem Jahr 1682 ein Protokoll über ihre Verehelichung vorhanden. Sohn Georg, der sich bereits mit Cäcilia Raut zusammengetan hatte und sie geschwängert hatte, erhielt 70 fl, von denen aber 10 fl abgezogen werden, die der Vater als Anteil an der Strafe (20 fl) für die Sünde auslegte. (24) Die Tochter Anna, die als Erbin genannt wird, verehelichte sich mit Mathes Berger, einem Weberknappen, der von Pähl aus Bayern hierher gekommen ist. »Der Mathes Mindl übergibt seiner Tochter und« »ihrem künftigen Ehemann sein Erblehengut zu Limpach samt darein gehörig Haus, Hof und 3 Jchrt Ackers samt aller Fahrnuß angeschlagen per 250 fl.« Damit er sein Geld bekommt sollten die Übernehmer zu ihrem vorhandenen Kapital noch 30 fl bei der Kirche von Limbach verzinslich annehmen und ihm bar geben. Die restlichen 110 fl jeweils zu Martini mit 10 fl jährlich ableisten. Für das Nutzen seines Heiliglehens erwartet er zeitlebens den Unterhalt und die Kost. (24)
1682–1727	Matheis Berger, Bavarus de oppido Bähl († 13. April 1720) ∞ 6. April 1682 Anna Mindle (* ca. 1667, † 2. Aug. 1727) (12) Matheis Berger muss ein fleißiger und tüchtiger Mann gewesen sein, denn es war ihm möglich immer wieder Grundstücke einzukaufen. Von Hans Schuster in Kleinanhausen erwarb er 1701 ½ Tgw erbgütiges Ohmedmahd um 35 fl (54), 1701 von Georg Mayr Hörmann ½ Jcht Eigenackers zu 72 fl bar (26), 1703 von Michl Walter von Burgau ½ Jcht Eigenackers

zu 70 fl (26), 1704 von Mathes Scherter von Knöringen ½ Tgw Riedmahd im Kleinanhauser Riedle zu 25 fl. (26) Von mehreren Kindern sind Protokolle vorhanden, die ihre Ehe festhalten und auch ihre Mitgift. 1713 heiratete Martin die Lehrerstochter Maria Preul von Gablingen. (29) 1723 verehelichte sich Christoph mit Maria Seewald von Leinheim. (33)
Bei der Tochter ging die Heirat nicht ohne vorhergehende Strafe ab. Sie hatte sich mit Johann Müller von Leinheim ihren Hochzeiter selber ausgesucht und vorzeitig an der Zukunft gearbeitet. So setzte es Anfang Dezember 1726 noch die übliche Strafe von 20 fl. Bis Ende Dezember wurde dann die Hochzeit protokolliert. Wohnung haben sie sich erbeten bei der Mutter. (34) Die Anna Berger wurde in ihren alten Tagen blind. Im Juni 1727 hatte sie ihrem Sohn Christian (= Stanislaus) übergeben, der ihr versprach, für sie aufzukommen. (34)

1727–1759 Christian (= Stanislaus) Berger, Weber
(* 13. Nov. 1688, † 2. Feb. 1747)
∞ 15. Juli 1727 Barbara Remeler von Remshart
(* 29. Nov. 1705, † 27. Mai 1758) (12)
Nachdem die Barbara Berger, geb. Remeler, 1758 verstorben und die Übergabe oder Besitznachfolge nicht geklärt war, gab es sechs Erben. Die bestellten Pfleger Zacharias Aubele und Ulrich Mayr halfen mit, die Güter, die in diesem Protokoll ausführlich beschrieben waren, an den Franz zu bringen. Es handelte sich um das »Erblehen mit Haus Stadel Garten ganzer Gemeindsgerechtigkeit nebst dazugehörigen 3 Jcht Ackers an drei Stucken gelegen«, »weiters ¾ Acker im Straßfeld am Auloch oder schwarzen Berg gelegen«, »3 Vrtl ½ Jcht in der Sandgruben«, »¼ Acker im Kötzerfeld«, »½ Jcht eigen Acker aufm Kreuzweeg«, »½ Jcht eigen Acker im Straßfeld«, »an Mädern: ½ Tgw eigen Riedmaad im Knöringer Ried«, »½ Tgw Riedmaad im Kleinanhauser Ried«, »ferners 3 rdo Khüe, 1 junges Stückle, 7 Schaaf, 4 Gäns, 6 Hennen, 2 Schaff Roggen, dann jene der Marianna Bergerin abgeführte 160 fl besseren Nuzens halber käuflich« »abtreten ihrem Bruder Franz Berger um und für 1500 fl.« (71) Er bat daraufhin darum, sich mit Maria Bestler verheiraten zu dürfen.

1759–1795 Franz Berger, Weber, (* 3. Okt. 1729, † 18. Dez. 1795)
∞ 15.Jan. 1760 Maria Bestler
(* 5. Nov. 1736, † 26. Sept. 1800) (12)
1798 war wieder eine Übergabe fällig. Maria Berger ordnete ihren Bruder Bartholomäus Bestler ab, um den Übergabevertrag für sie niederschreiben zu lassen. Wieder werden bis ins

Einzelne die Besitzungen und Güter aufgezählt. Auch die Verpflichtungen gegen die Geschwister und die Mutter sind festgehalten. So nahm »die Mutter 1 Hafen Schmalz aus, sowie das vorfindliche Getreid, wovon sie aber den neu angehenden Eheleuten nebst ihrem Sohn Jakob das zur Kost benötigte bis künftige St. Bartolomäi verreichen will«. Über die bedungene Übergabesumme von 1600 fl wurde verfügt, »daß der übernehmende Sohn 500 fl hievon als ein Heiratgut abzuziehen und in Händen zu behalten befugt« ist. 500 fl waren auszubezahlen an seinen Bruder Jakob »als ein von der Mutter angewiesenes Heiratgut binnen ¼ Jahr«. Die weiteren 500 fl endlich ist ihm gestattet, sie in Händen zu behalten. »Dafür hat er aber seinen unweltläufigen Bruder Anton lebenslänglich mit aller Notdurft als Kost und Kleider, Medicamenten und Verpflegung und ihm überhin wöchentlich, so lange er arbeitet, bar resp. Recreationsgeld« zu verreichen. Was aber, »ihn noch nach Ableben der Mutter an Erb treffen sollte, gehörete ihm Anton« eigen und unterstehe »dessen freien Disposition«. »Übrigens bedingt sich die Mutter das lebenslängliche Unterkommen in der gemeinsamen Wohnstuben, zur Liegerstatt aber die obere nebst der Kaminkammer. Sollten sie sich aber mit einander nicht friedlich betragen können, müßte derselbe auf gemeinsame Kosten ein Stüble erbaut und zu dessen Beheizung sowie zum Kochen das benötigte Holz umsonst abgegeben werden. Zur Pfründ, die mit kommendem St. Bartolomä 1799« beginnt, wird jährlich angesetzt: »6 Mitle Roggen, 4 Mitle Kern, Kraut nach Notdurft, 30 Pfd Schmeer, 50 Eier, 4 Pfd Leinoehl, den 4. Teil vom geratenden Obst, 25 Pfd geschwungenen Flachs, wochentlich von St. Georgi bis St. Michäli 1½ Maas Milch. Das Mitwaschen und Mitbacken ist ihr ohne Holzbeitrag unverwehrt. Dem Sohn Jakob ist im Falle einer Erkrankung in seinem ledigen Stand der bloße unentgeldliche Unterschluff bei der Heimat vorbehalten.« Angemerkt wird noch, »daß ihr Enklin Katharina Kleiberin zu Eberspach« nach der Übergeberin »Absterben von ihrer Hinterlassenschaft zum Voraus«, »50 fl zugehen sollen«, ohne den sie noch betreffenden Erbteil zu schmälern. »Schließlich ist noch anzufügen, daß dem Anton nach der Mutter Tod ihre Böttstatt nebst den sich darin befindlichen Böttern samt Überzug zugehören«. Hierauf will sich der übernehmende Sohn Martin Berger »mit gdg. Consens bis auf priesterl. Einsegnung in ein eheliches Versprechen einlassen mit der ledigen Marianna Schusterin«, »die ihm nebst standesmäßiger Ausfertigung 400 fl zum Heiratsgut nach ¼ Jahr zuzubringen versprochen hat«. (86)

1798–1835 Johann Martin Berger, Weber
(* 9. Nov. 1771, † 21. Jan. 1835 an Abzehrung)
∞ 27. Nov. 1798 M. Anna Schuster von Wattenweiler
(* 11. Okt. 1767, † 14. Mai 1843 an Brustwassersucht) (12)

1835–1871 Ulrich Berger, Weber
(* 18. Juni 1802, † 5. Jan. 1891 an Altersschwäche)
∞ 9. Juni 1835 Viktoria Maurer von Wattenweiler
(* 30. Juli 1807, † 23. Sept. 1871 an Magenleiden und Wassersucht)
Der Trauung assistierte der Priester Anselm Berger.

1871–1904 Anselm Berger
(* 4. Juni 1839, † 14. Mai 1923 an Altersschwäche)
∞ 9. Mai 1871 Victoria Mack
(* 24. Mai 1846, † 17. Feb. 1920 an Wassersucht.)
Er übergab sein Anwesen seinem Sohn Mathias und kaufte sich HsNr. 32½.

1904–1955 Mathias Berger (* 18. Mai 1872, † 2. März 1955)
∞ 21. Nov. 1904 Theresia Wölfle von Gundremmingen
(* 26. Aug. 1878, † 10. Feb. 1949)

1955–1981 Anton Berger, Sattler (* 28. Okt. 1910, † 16. Mai 1993)
∞ 31. Mai 1957 Barbara Endres (* 10. März 1923, † 31. März 2004)
Sie vermachten die Landwirtschaft ihrem Sohn

seit 1981 Anton Berger, Verwaltungsangestellter
Anton hat 2005 die Milchwirtschaft eingestellt und betreibt den Ackerbau nebenher.

HsNr. 19 Pfarrer-Völk-Straße 15

Hausname: Zehntstadel, 1837 Zehntbaur

Joseph Mäusle hat den wettenhausischen Zehntstadel, der dann staatlich war, anno 1826 der Gemeinde um 360 fl abgekauft. Er wurde damit sein volles Eigentum und war ganz unbelastet. Als der neue Besitzer des Zehntstadels baute Mäusle 1827 eine Wohnung und einen Stall ein. Er nahm die HsNr. 19 von seiner vorhergehenden Wohnung im Unterdorf mit, so dass diese Nummer ins Oberdorf kam. Er wohnte vorher in HsNr. 19, aus der später HsNr. 19½ wurde.

1827–1847	Joseph Mäusle (* 9. März 1792, † 10. Aug. 1869) ∞ 29. Aug. 1815 Walburga Schmucker von Offingen (* 26. Feb. 1797, † 10. Dez. 1867) Sie kamen also von HsNr. 19 im Unterdorf und zogen in den ehemaligen Zehntstadel. Seine Tochter Maria heiratete 1844 Franz Schieferle, HsNr. 28 (Bgm.-Hindelang-Str. 36). Seinem Sohn Xaver baute er 1845 HsNr. 13 neu auf (heute: Bgm.-Hindelang-Str. 19), seinem Sohn Anton baute er anno 1847 HsNr. 11½ (heute: Bgm.-Hindelang-Str. 9), seinem Sohn Joseph baute er anno 1848 HsNr. 27½ (heute: Pfr.-Völk-Str. 28) und seinem Sohn Johann baute er anno 1855 HsNr. 19½ (heute: Bgm.-Hindelang-Str. 30). Er selbst zog 1847 auf HsNr. 6 (heute: Bgm.-Hindelang-Str. 3). Das Anwesen übernahm der zweite Sohn um 5300 fl am 3. April 1847.
1847–1886	Max Mäusle (* 10. Okt. 1817, † 12. Okt. 1900 an Altersschwäche) I. ∞ 20. April 1847 Krescenz Fahrenschon (* 27. Aug. 1824, † 19. April 1875 an Unterleibsbrand) II. ∞ 8. Aug. 1875 Theres Bolkart, geb. Fahrenschon (* 29. Mai 1821 in Nornheim, † 15. Juni 1886 an Lungenleiden) Zuvor war sie in Echlishausen verheiratet.
1886–1917	Franz Mäusle (* 14. März 1848, † 4. Juli 1913 an Urämie [Schrumpfniere]) ∞ 21. Juli 1886 Walburga Bolkart (* 3. Sept. 1864 in Echlishausen) Anno 1912 ließ er die an den Zehntstadel angebaute Wohnung abbrechen und baute sich daneben ein neues Haus mit Stall und Scheune.
1917–1955	Josef Jehle, Brauereibesitzer (* 25. Sept. 1877 in Ebersbach, † 16. Juni 1955) ∞ 13. Juni 1905 Amalie Müller (* 11. Okt. 1883 in Niederhausen, † 28. Mai 1967) Jehle kaufte das Anwesen und baute eine Käseküche ein. In der Nacht vom 7. auf 8. März 1937 brannte das Haus ab und wurde im gleichen Jahr ohne die Käseküche wieder aufgebaut. Am 25. April 1945 wurde Limbach von den Amerikanern erstürmt. Dabei brannte das Haus wieder ab. »Der Hauptmann der SS Formation in Limbach hatte in diesem Haus sein Quartier aufgeschlagen und hinter demselben eine Batterie aufgestellt. Als dann die Amerikaner anrückten, machten sich die SS Mannschaften, welche sich bei der Autobahnbrücke verschanzt hatten, auf und davon. Sie liefen zu ihrem Hauptmann mit der Meldung: ›Die Amerikaner kommen!‹ Dieser jedoch gebot ihnen – mit dem Revolver in der

Hand: ›Wer nicht an seinen Platz geht, den knalle ich nieder.‹ Die tapferen SS Männer aber fürchten sich und suchten Schutz in den Häusern und Kellern. Nur noch drei leisteten Widerstand, indem sie vom Stadel des Hugo Konrad aus, wo sie sich versteckt hatten, auf die anrückenden Amerikaner schossen. Die Amerikaner aber umstellten den Stadel, schossen ihn in Brand und die drei SS Männer verbrannten darin. Man hat von ihnen nichts mehr gefunden als nur die eisernen Koppelschließen. Andere, die sich in die Keller geflüchtet hatten, wurden von den Hausbesitzern durch Zureden ins Freie geschickt und ergaben sich. Ihr tapferer Hauptmann hatte Zivilkleider angezogen und sich aus dem Staub gemacht. Seinen Rock fand ich [Anm. des Verfassers Pfarrer Joseph Völk] später im Vorgärtchen und seine Hose im Hof des Hauses Nr. 19. Den Rock warfen wir ins Feuer, die Hose nahm ein Limbacher an sich. Das Haus selbst hat von der Ostseite her einen Granattreffer abbekommen und brannte nieder. Die Mietsleute, welche sich seit einem Jahr darin befanden, nämlich Karl und Anna Haugg, ein Kaufmann aus Augsburg, mit ihren zwei Kindern, welche den westlichen Teil des Hauses bewohnten und Frau Mölders, die Witwe des Fliegerhelden Mölders und wiederverheiratete Frau Petzold mit ihren zwei Kindern, die den östlichen Hauspart bewohnten, hatten sich schon vor dem Angriff in einen Ort bei Fischach geflüchtet und nur ihre Habseligkeiten im Keller untergebracht. Der Keller blieb unversehrt, wurde aber von hier untergebrachten norddeutschen Evakuierten, französischen Kriegsgefangenen und Limbachern (!) gründlich ausgeraubt.«

1955–1992 Franz Jehle (* 11. Jan. 1909, † 14. März 1992)
∞ 19. Aug. 1947 Mathilde Miehlich aus Wemding
(* 5. Jan. 1914, † 20. Dez. 1990)
Sie überließen das Haus mit dem Grundstück ihrer Tochter Mathilde.

1992–2012 Alexander Egenberger (* 16. Aug. 1955, † 20. Nov. 2012)
∞ 11. Aug. 1984 Mathilde Jehle
Der Sohn aus der Baumschule Egenberger begann hier einen Betrieb mit Gartengestaltung und Pflanzenhandel. Mit seinem Tod endete der Betrieb wieder.

seit 2012 Mathilde Egenberger

HsNr. 19½ Bürgermeister-Hindelang-Straße 30
(bis 1827 unter der HsNr 19 geführt)

Hausname: 1850 beim Mäusle

»Diese Erbsölde gehörte zu den 9 Anwesen, die Heinrich Günzburger, des Rats und Bürger zu Ulm anno 1517 an das Kloster Wettenhausen verkaufte. Anno 1837 erbgitig zum Kloster Wettenhausen mit 8 fl Auf- und Abfahrtsgeld.« (13)

1517 Stefan Gerwig
»Am Montag nach St. Jakobs des meren Heiligen (Jakobus der Altere) Zwölfbottentag anno 1517. Ich Heinrich Günzburger, des Rats und Bürger zu Ulm bekenne, dass ich Herrn Propst Ulrichen in Wettenhausen verkauft.« Seine Abgaben hat er nun dem Kloster zu liefern. (61)

Kaspar Ruef (5)
Peter Burlafinger
»Sind Pfleger Prolier zu Limbach und Barthlmä zu Hartberg.« (5)

1535 Matheis Märkli
»hat ein Erblehen mit Haus, Stadel und Hofraithin.« (5)

1551 Hans Allgäuer
»hat ein Erblehen mit Haus, Stadel und Hofraithin, hat mer des Pfeiffers Holz, leit am Herraberglin.« (6)
Leonhard Kötterle (7, 9, 12)
Baltassar Kötterle
Baltassar Kötterles Witib (7, 8)

1591 Jerg Beringer
»am 13. Dezember 1591 angenommen.« (8)

1566/1618 Georg Liebmann
I. ∞ Catharina Wieland
II. ∞ Apollonia Friz (6–8, 12, 88)
Liebmann hatte von Catharina, seiner ersten Frau den Sohn Hans, der mit 50 fl und einer Kuh versorgt wurde. Die künftige Ehefrau, Apollonia Friz, sollte bei seinem Tod den Kindern gleichgestellt sein in der Erbschaft. (8)

1621 Jerg Liebmanns Witwe Apollonia (15)

1662 Sebastian Golmizer († 4. Feb. 1675)
∞ Ursula († 14. Sept. 1676)
»Sebastian Golmizer vor Jerg Liebmann vor deme Lienhard Kötterlin, hat ein Erblehen mit neuerbautem Haus, angehengtem Stadel, Hofraithin, Stadlplaz und Garten zwischen Matheis Mündl und Hans Schmidt, stoßt vorn auf die Gassen, hinten auf den Bach. Ist Lehen der Markgrafschaft Burgau.« (9)
Golmizer war vier Jahre lang Heiligenpfleger und wettenhausischer Gerichtsmann. (7, 9, 12) Im Fall der hinterbliebenen Kinder von Golmizer wird die Bedeutung der Vormundschaft erkennbar. Die beiden Vormünder Mändle und Krambser fordern von den Gemeindsführern Scheffler und Storgner die Erstattung der bei der Waisenkasse offen gebliebenen Schulden (13 fl) des entlaufenen Hirten. Der ergangene Bescheid gab ihnen Recht. Die Ausführung der Bezahlung ließ anscheinend auf sich warten, so dass noch einmal eine Ermahnung fällig wurde. (24)
Auch bei der Heirat der Golmizer Tochter Maria traten wieder die Pfleger Krambser und Schmid auf, die an Stelle der Eltern handelten. Maria verheiratete sich mit Hans Jörg Österreicher in Remshart. Sie konnte ihm 100 fl, 1 Kuh und ehrliche Ausfertigung mitbringen. (24)

1685 Mathias Gollmizer (siehe Kirchenstuhlordnung)
∞ 3. Juli 1685 Anna Fahrenschon von Günzburg

1688–1693 Thomas Stocker († 23. Okt. 1693, alt 28 Jahr)
∞ 31. März 1688 Anna Gollmizer
Nach dem frühen Tod Stockers hatte die Witwe Anna alsbald wieder geheiratet. Schon im November trat sie mit Leonhard Miller von Rettenbach an den Traualtar. Das beidseitige Einbringen wird festgehalten und die Versorgung des Kindes Hans Jörg aus der ersten Ehe festgelegt. Der Junge erhielt einen Acker, den er, sollte er ihn verkaufen wollen, zuerst seinem Stiefvater anbieten musste. (54)

1693–1722 Leonhard Miller von Rettenbach († 30. Sept. 1717)
»ein ehrenhafter, guter und fleißiger Mann« wurde tot im Bett aufgefunden (12)
∞ 26. Nov. 1693 Witwe Anna Stocker
Mit der Heirat hatte Miller auch die Verantwortung für die Golmizerkinder übernommen, die es 1699 noch auszusteuern galt. Am 11. März 1699 hatte »Leonhard Miller zu Limpach mit denen Golmizerschen Erben (vide Prot. Dato 16. Feb. 1688)

ordentlich« abgerechnet. Die Gollmizer und Gollmizerinnen erhalten noch

»Maria	31 fl 11 kr 3 hl
Magdalena	31 fl 11 kr 3 hl
Matheis	12 fl 8 kr 4 hl
Andreas	18 fl 52 kr 7 hl
Matheis Conrad	18 fl« (25)

1713 war Miller in der Lage, ein Jcht Ackerland im Strassfeld von Christian Schmids Witwe zu kaufen. (31) 1722 übernahm der Sohn Mathias das Anwesen und heiratete Maria Wiedenmann, die ihm 600 fl mitbrachte. (33)

1722–1738 Mathias Miller
(* 21. Sept. 1697, † 25. April 1738)
∞ 23. Nov. 1722 mit Maria Wiedemann
(* 8. Sept. 1702, † 7. Mai 1737) (13)
»Den 10. Oktober 1733. Matheis Müller und Martin Müller und Christian Berger alle 3 von Limbach, haben eigenmächtig in Limpacher Gemeinde- und anderen Hölzern Aichelen abgeschlagen und nach Haus geführt, werden darum per ½ Pfd hl abgewandlet.« (35)

1738–1742 Matheis Millersche Kinder
Mathias Miller war bereits 1738 gestorben. Die Kinder durften das Anwesen weiter umtreiben. 1742 hatte sich jedoch Ottilia entschlossen, das Erblehen um 1300 fl zu kaufen und zu heiraten. Die übrigen Kinder hatte sie ausgesteuert, wobei jedes der fünf Geschwister 213 fl erhielt. Ottilia heiratete Anton Meisle von Leinheim. Er brachte 500 fl ein. Mit ihm zog der Name Mäusle für 200 Jahre ein. Die Millerschen Kinder traten das vorhandene Gut an ihre Schwester ab. Dabei wurde dieses Gut in allem Umfang beschrieben. Das Erblehen bestand aus der »Söld mit Haus, Stadl, Hofraithin, Garten, und darzugehörige Gemeindsgerechtigkeit und darzugehörigen Feldlehen bestehend in 10½ Tgw Ackher, ½ Tgw Mahd und ½ Tgw Holz, woraus järlich zu Rechnungszeit 1 fl 49 kr 6 hl, 4 Tgw Mähdern 2 fl 17 kr aus 2½ Jchrt Ackers 1 fl 30 kr, weiters zu järlicher Gilt Roggen 10 Mitlen, Haber 10 Mitlen, bei jeder Veränderung zu Auf und Abfahrt jedes 4 fl = 8 fl und von denen Mäderen jedes 2 fl = 4 fl« Weiters übernimmt Sie Ottilie Millerin die sechs Jcht eigen Ackher, in der Weise, dass ihr »hievon 1½ Jcht allein zufallen und verbleiben«. Diese »sechs Jcht aigen aber verbleiben denen Kindern, Matheis, Theresia, Elisabeth und Anna zu ihrem Vorauß«, »daß bei deren Verhei-

ratung jedem seine 1½ Jcht Ackers erfolget oder dafür 150 fl bezahlet werden«. (40, 56)

1742–1790 Anton Mäusle von Leinheim, Heiligenpfleger († 10. Mai 1772)
I. ∞ 22. Mai 1742 Ottilia Miller (* 13. Dez. 1723, † 25. April 1747)
II. ∞ 3. Juli 1747 Anna Maria Heim († 22. Aug. 1748)
III. ∞ 15. Okt. 1748 Anna Katharina Kempter (* 24. Nov. 1729, † 28. Jan. 1750)
IV. ∞ 28. April 1750 Maria Franziska Mayr von Schneckenhofen (* 19. April 1726, † 20. März 1795)
Anton Mäusle hatte wenig Glück mit seinen Ehefrauen, zumindest was die Zeit ihrer jeweiligen Ehe betraf. Ottilia starb bereits im 5. Ehejahr. Ihr Kind Maria wurde nur vier Monate alt. Anna Maria starb nach einem Jahr, wenige Tage nach der Geburt ihrer Tochter Anna Maria, die am Tag der Beerdigung ebenfalls starb. (45) Anna Katharina, die ihm 600 fl in die Ehe brachte, starb kurz nach der Geburt ihrer Tochter Viktoria. (45) Maria Franziska, die 1 Kuh und 2 Schafe samt 450 fl mitbrachte, gebar ihm sieben Kinder und überlebte ihn. (47) Ein Pferdehandel, der Kauf einer Stute gegen eine Aufgabe von 17 fl und Naturalien 1742 mit David Einstein ist festgehalten. (20) 1752 wurde er bestraft, weil er wegen eines gepfändeten Pferdes ohne Erlaubnis der Herrschaft vor einem fremden Gericht erschienen war. (48) Als Anna Müller, eine Tochter von Mathes Müller, sich mit Jerg Gollmizer in Leinheim verheiratete, hatte er mit 700 fl für die Aussteuer gesorgt. (50) Die vierte Frau Maria Franziska hatte eine Magd aus Schneckenhofen. Es kam zum Streit um den Lidlohn. Wegen der Worte in diesem Streit und des nicht ausbezahlten Lohns, ging es vor Gericht. Magdalena Geyer, die Mutter der Magd, und ihre Tochter Maria gewannen die Auseinandersetzung. 2 fl 15 kr, 10 Ellen Tuch, dann für Goller und Fürtücher 12 kr und eine Ehrenerklärung wurden fällig. (16) Die inzwischen verwitwete Maria Franziska musste für die Viktoria Mäusle, die nach Waldstetten heiratete, ein Heiratsgut ausbezahlen. Um ihr das Heiratgut zukommen zu lassen verkaufte sie 1773 eine halbe Jcht Acker im Deffinger Feld an Jakob Heim um 210 fl. (74) An ihren Tochtermann Ulrich Mayer von Hammerstetten ist 1778 eine Aussteuer zu bezahlen. Dazu nahm sie 450 fl aus der Herrschaftskasse als Anlehen. Das Geld ist mit 5 % zu verzinsen. (76) Auch 1783 musste sie noch einmal Geld leihen. (78) 1790 übergab sie mit herrschaftlicher Zustimmung die Erbsöld an ihren Sohn Joseph. Es handelte sich um die »Erbsöld mit Haus, angehengtem Stadel, Hofraite, Wurz- und Grasgarten, auch ganzer Gemeindsgerechtigkeit«, hierzu gehören

»ungefähr 11½ Jcht« Acker, »1½ Viertl Maad und 3½ Viertl Holz«. Weiteres gehört dazu ein »Erblehen in 1¼ Jcht Acker, 2 Tgw Riedmahd und 2 Tgw Brachmahd«. Dann mussten noch »ungefähr 6½ Jcht eigene Äcker und 1½ Viertl eigenes Holz; wie nicht minder ¾ Ohmetmahd«, in Burgau zuprotokolliert werden. Alles zusammen löste er ein um 4299 fl. Von dieser Übergabesumme darf »der Übernehmer 800 fl als Heiratgut« behalten, dann sind seinen »2 noch ledigen Brüdern Stefan und Xaveri jedem 400 fl bei Standsveränderung« bar zu bezahlen oder verzinslich zu übernehmen. »Die übergebende Mutter« hatte sich das »lebenslängliche Unterkommen in dem schon vorhandenen Stübl bedungen«. Zur »jährlichen Pfründ 8 Mitle Roggen, 6 Mitlen Kern, 2 Mitlen Gersten, ½ Mitle Erbsen, 15 Pfd Rindschmalz, 3 Pfd Leinöl, 1 Mitle Grundbirn, 2 Pfd Schmer, 100 Eier, 10 Pfd Rindfleisch, wenn ein Rind geschlachtet wird, ¼ Pfd Schweinefleisch mit Speck«, »wochentlich 1½ Maas Milch von Georgi bis Martini, im Winter aber wochentl. ½ Maaß, wann man eine hat, und saures Kraut soviel sie will, den 3. Teil vom Obst, 30 Pfd Flachs an Reisten gehechelt, 1 Klafter Holz und 2½ Schober Büschl, das halbe Wurzgärtle, den 3. Teil von dem heurigen auf der Wurzel stehenden Flachs, den unteren Kirschenbaum. Endlich muß man ihr das Bier um ihre Bezahlung holen, auch unentgeldlich ein Pferd zum Gebrauch geben.« (47)

Joseph nahm den Gerichtstermin zum Anlass, die Zustimmung einzuholen zu seiner Heirat mit Barbara Deutschenbauer von Oxenbronn. (12, 47) Noch einmal war 1795 von der Witwe Franziska Meisle die Rede in einem Protokoll. Sie wollte ihr Testament machen. Weil sie aber krank war, konnte sie nicht vor dem Amt erscheinen. Es wurde der Amtsknecht nach Limbach gesandt, der mit zwei unparteilichen Männern den letzten Willen der Mäuslin festhalten sollte.

»Auf Handgelübd an Eidesstatt haben die drei einhellig gesagt, dass erstens nach ihrem Absterben die 3 gewöhnlichen Gottesdienst jedesmal mit Amt und 2 heiligen Nebenmessen abgehalten und überdies weitere 8 Messen für ihre Seele gelesen werden sollen.

Zweitens sollen ihrem noch ledigen Sohn Xaver Meisle statt der ihm vorher ausgeworfenen 400 fl 600 fl zukommen.

Drittens solle ihr auch lediger Sohn Stefan Meisle über die ihm zugewiesenen 400 fl weitere 50 fl erhalten.

Viertens ihrer verwitibten Tochter Maria Anna Mayrin Bäurin zu Limpach ebenfalls 50 fl bezahlt werden.

Fünftens sollen ihrem Gutsbesitzenden Sohn Joseph Meisle die schuldig geweste 100 fl geschenkt sein.

Sechstens habe sie des Joseph 2 Kindern als ihren Enklen zum Angedenken angeschafft 10 fl.
Siebtens ihrer Tochter der Rothgerberin in Günzburg 5 Kindern auch zum Angedenken mit einander 10 fl.
Achtens habe sie ihren Taufgödlen, als des Bartl Schenks 4 Stiefkinder denen Hagenmaier und Hagenmaierinnen mit einander 4 fl und den 4 Kindern des Franz Kempter ebenfalls 4 fl verschafft und ausgemacht.
Neuntens habe sie ausdrücklich verordnet, daß ohngeachtet der obigen Vermächtnisse, alle ihre 6 Kinder gleiche Erben sein sollen.« (84)

1790–1815 Joseph Mäusle (12) gelernter Metzger (19)
(* 30. Juni 1751, † 10. April 1827 an Lungensucht)
I. ∞ 20. Juli 1790 Barbara Deutschenbauer von Oxenbrunn
(* 4. Dez. 1766, † 22. Feb. 1805 in Kindsnöten: totgeborenes Kind)
II. ∞ 8. Juli 1805 Magdalena Wiblishauser, Müllerstochter von Ellzee
(* 18. März 1757, † 15. Juli 1812 an Erstickung)
1805 trafen sich die Vertragspartner vor dem kurpfalzbayrischen Landgericht Wettenhausen um den Ehevertrag protokollieren zu lassen. Darin will sich der »Witiber Joseph Meisle, der seiner künftigen Ehegattin nichts von seinen Besitzungen und übrigen Vermögen«, mit wenigen Ausnahmen, anheiraten, »sondern dasselbe für seine 3 Kinder«, die durch ihre Vormünder »Isidor Geiler von Limpach« und »Martin Teutschenbaur« von Glöttweng vertreten sind, Joseph, 13 Jahre, Maria 11 Jahre und Viktoria 5 Jahre, die von ihrer seligen Mutter eingebrachten 800 fl stehen haben. Im Heiratsvertrag wird auch der mögliche Austrag aufgelistet, wenn Joseph Mäusle vor ihr sterben sollte. Dieser Austrag ist ganz ähnlich dem, der von Maria Franziska bei der Übergabe an Joseph ausgemacht worden war. 1812 war Magdalena gestorben. 1815 kam es zur Aufteilung ihres Erbes, wie es im Heiratsprotokoll bereits vorgesehen war. Kleidung und ein wenig Geld waren zu verteilen. Die Verwandten gingen friedlich auseinander. Inzwischen war der Ort für das Protokoll in Burgau. (47)

1815–1827 Joseph Mäusle (* 9. März 1792, † 10. Aug. 1869 an Altersschwäche)
∞ 18. Aug. 1815 Walburga Schmucker von Offingen
(* 26. Feb. 1797, † 10. Dez. 1867 an Nervenschlag und Altersschwäche) (12)
Am 18. August 1815 übergab der Vater Joseph im königlichen Rentamt zu Wettenhausen die Erbsöld an seinen Sohn Joseph,

der »unterm 2. dies von dem kgl. General-Commissariat des Oberdonaukreises in Eichstädt, die Militärpflichtentlassung gnädigst« erhalten hatte, »um die Rechts bedungene Übergabesumme von 3500 fl.«
»a) dem Übernehmer bleibt als Heiratgut auf dem Anwesen stehen die Summe von 1000 fl.
b) bis künftige Martini werden an den Übergeber 500 fl und bis Lichtmeß 1816 gleichfalls abbezahlt 500 fl.
c) bleiben jene 1300 fl als zu 4% verzinsliches Capital stehen, welches der Übergeber dem Juden Jakob Seligmann von Ichenhausen schuldig ist.
d) die restierende 200 fl werden in Zihlfristen mit 20 fl jährl. mit Lichtmeß 1817 zum erstenmahl zur Abführung gebracht.«
Der Besitz wird genau umschrieben, wie es schon beim Großvater geschehen ist. Die Pfründe für den Übergebenden wurde festgelegt. »Zum ferneren Unterkommen des übergebenden Joseph Meißle ist die hintere Cammer in wohnbaren Zustand gesetzt und bestimmt worden. Ferner bezieht derselbe, als jährl. Naturalien ausgemacht, wie folgt: 5 Metzen Roggen, 5 Metzen Kern, 3 Metzen Gersten, ½ Metzen Erbsen, wenn solche angebaut werden, 3 Metzen Grundbirn, 12 Pfd Rindschmalz, 2 Pfd Schmeer, 75 Eyer, 10 Pfd Rindfleisch, wenn geschlachtet wird, 15 Pfd Schweinefleisch und 2 Würst. Gegen Abgabe des Samens wird jährlich 1 Metzen Lein angebaut. Von Georgi bis Martini wöchentlich ½ Maas Milch, wenn solche vorhanden ist, den 4. Teil des Obstes, 50 Krautsköpf, 1 Klafter Holz und 3 Schöber Wellen wird von dem Übernehmer abgeben und unentgeldlich zur Wohnung führen.« Der Übergeber hat »das Recht des Mitwaschens und Backens, endlich das Recht des Gebrauchens eines Pferdes im Fall der Notwendigkeit. Schließlich wird auch die Versorgung der zwei Schwestern Maria und Viktoria bestimmt. Sie behalten das »Recht des unentgeldlichen lebenslänglichen Unterkommens auf dem väterlichen Hause, in Krankheits- oder anderen Unglücksfällen«. Gleichzeitig wurde der Heiratsvertrag mit der 19jährigen Pottaschenbrennerstochter Walburga Schmucker beurkundet. Sie gebar ihm 18 Kinder von 1815 bis 1840. Davon sind tatsächlich 12 alt geworden.
1827 zog er in den Zehntstadel, in den er eine Wohnung einbauen ließ. Der Zehentstadel hatte keine Hausnummer, darum nahm er die Hausnummer 19 mit. Das bisherige Haus wurde zudem abgebrochen.

1827–1855 Das Haus war niedergerissen.

1855–1895 Johann Mäusle (* 21. Dez. 1818, † 12. Aug. 1895 an Altersschwäche)
∞ 23. Okt. 1855 Monika Holzschuh von Stoffenried
(* 21. Okt. 1830, † 15. Juni 1892 an Lungenlähmung, sie wurde morgens um 5 Uhr tot im Bett aufgefunden)
Der Bauplan dieses Hauses aus dem Jahr 1855 ist bis heute erhalten. Er hat aus Amerika wieder nach Hause gefunden und kam 2019 über Ulrich Schmid zurück an den derzeitigen Besitzer.

1895–1953 Anton Mäusle
(* 22. Juli 1856, † 2. Feb. 1923 an Arterienverkalkung und Altersbrand)
∞ 18. Nov. 1901 Viktoria Hindelang
(* 11. Jan. 1874, † 26. Juni 1953)
Die Witwe verkaufte fast alle Grundstücke und ließ auch den Stadel bis zum Stall vor, weil baufällig, abbrechen. Mit dem Holz aus dem Abbruch wurde eine Holzlege errichtet. Als ihren Erben setzte sie ihren Neffen ein.

1953–1977 Alois Hindelang (* 19. Feb. 1908, † 7. März 1980)
∞ 22. Mai 1937 Maria Anna Eisenlauer von Limbach
(* 2. Aug. 1906, † 7. Dez. 1988)
Das Haus wurde vom neuen Besitzer nicht selbst bewohnt. Er ließ es umgestalten in ein Mietshaus mit zeitweise drei Wohnungen. Mieter waren nacheinander im Erdgeschoß: Rosenfelder (kaufte die Wirtschaft am Weiher, Ebersbacher Str. 8), Sommerer (zogen ins eigene Haus, Ebersbacher Str. 10), Vosselers fanden hier eine Wohnung (weil HsNr. 20 unbewohnbar geworden war), im 1. Stock: Pratzer (baute ein Haus gegenüber, Bgm.-Hindelang-Str. 23), Erwin Hindelang (war als Hoferbe hier wohnhaft, bis die Wohnung am Hof bezugsfertig war; sein Sohn Martin wurde hier geboren), Bachhuber (baute ein Haus in der Ringstr. 9), Melcher (erhielt einen Teil des Grundstücks und baute sich ein Haus), Merfeld (heiratete zum Schmid), Maria Hindelang, die »Dodle Marie« (Tante des Besitzers und Schwester der Viktoria) und Valeria Högg (waren Bewohnerinnen der beiden Zimmer im 1. Stock gegen Osten).
Er überschrieb dieses Haus seinem Sohn

1977–2017 Erhard Hindelang
∞ 12./13. Juni 1981 Maria Muras aus Offingen
Die einzige bauliche Veränderung war der Abbruch der Holzlege und die Errichtung einer Doppelgarage. Eine Gasheizung

ließ er 1993 einbauen. Auf dem Dach helfen drei Elemente einer Solaranlage, warmes Wasser aufzubereiten. Am 10. Oktober 2017 übergab er mit Zustimmung seiner Frau und der weiteren Kinder Regina, Johannes und Anna-Maria das Haus und die Grundstücke an den Sohn

seit 2017 — Peter Hindelang
2018 ließ dieser zum bestehenden Gebäude ein Fertighaus im Garten errichten, das die HsNr. 30a erhielt.

HsNr. 20 Bürgermeister-Hindelang-Str. 24 (leer)

Hausname: 1837 Kasper oder Weber

»Diese Erbsöld gibt Auf- und Abfahrtgeld dem Heiligen in Limpach zusammen 12 kr und zu St. Gangulfskirchl jährlich 8 kr 4 hl.« (9)

1578 — Gall Prolier (7)

1596 — Jerg Paumeister (8)
Baltasar Remmele und alte Caspar Aubele
geben 1 Henne = 1 kr, Dienstgeld 16 kr. (8)

bis 1656 — Hans Rimmele († 1656)
∞ Anna († 24. Nov. 1686, alt 76 Jahr, 30 Jahr, vidua (8)
Hans Caspar Schmid (8)

1656–1693 — Hans Schmid, alias »der alte Sandhans«
(† 15. Feb. 1693, 80 Jahre alt)
∞ 17. Nov. 1686 Witwe Agnes Luible von Großanhausen
(† 5. Mai 1696 in Großanhausen, 70 Jahre alt)
Zuvor Hans Rimmelin, hat eine neuerbaute Behausung 1662. (9) Schmid stiftete einen ewigen Jahrtag, für den er 30 fl vermachte. Vom Zins erhielt der Pfarrer 30 kr, der Mesner 5 kr. Die restlichen 55 kr gingen an den Heiligen, der dafür zwei Kerzen auf die Bahre stecken musste. Der Pfarrer musste das Placebo beten.
Am 18. August 1693 wurde das Erbe des Hans Schmid verteilt. Erben waren Stoffel Schmid und Thomas Wiedemann, die zu gleichen Teilen die Söld und dazugehörige Felder bekamen. Andreas Schmid erhielt zu seinem Anteil 50 fl. (54)

Die Erste Halbscheide

1693–1697 Christoph (Stoffel) Schmid (Sohn von Jakob Schmid, HsNr. 3) Nach vier Jahren zeigte es sich, dass Thomas Wiedemann ein tüchtiger Halbscheider war. Er lieh seinem Mithalbscheider 100 fl. (25) 1699 war es dann soweit, dass Christoph von seinem Sohn Dionis 114 fl lieh und den Nutznieß für seine Halbscheid Wiedemann überlassen musste. Sollte es jedoch zur Versteigerung kommen, sollte Wiedemann vor anderen das Kaufrecht haben. (25)

1697–1699 Thomas Wiedemann
Als Nutznießer hatte Wiedemann vorübergehend beide Teile in der Hand.

1699–1702 Dionys Schmid (* 8. Okt. 1671)
∞ 26. Jan. 1693 Anna Maria Catharina Bausch von Ettenbeuren (Schwester des Pfarrers Bausch von Limbach)
»Den 13. März 1702 kauft Dionys Schmid zu Limpach im Tauschweg von seines Vaters Eheweib anderter Ehe ¼ aignen Ackers im Limpacher unteren Feld gegen 1 Tgw Mahd im Leinstetter Ried unten und oben auf Nusslacher Mähder gelegen.« (26) »Den 30. Oct. 1702. Thomas Wiedemann zu Limpach erkauft von Christoph Schmid alda die halbe Erbsöldbehausung mit dero Gemeindsgerechtigkeit per 140 fl bar.« (26)

1702–1709 Thomas Wiedemann
»Den 7. Juni 1709. Christian Schmid von Limpach erkaufet von Thomas Wiedemann alda dessen sub 30. Oct. 1702 von dermaligen Käuferen geliebtem Vater Christoph Schmid erhandlete halbe Erbsöldbehausung und Gemeindsgerechtigkeit per 205 fl.« (27)

1709–1713 Christian Schmid (* 5. April 1681, † 10. Okt. 1713 »im Fall durch ein kleines Stück Holz im Auge verletzt.«)
∞ 21. Juni 1706 Maria Neumiller von Unterrohr
»Den 1. Juni 1706. Staniß (= Christian) Schmid von Limbach verheiratet sich mit Maria Neu-Millerin von Unterrohr. Sie bringt ihm mit 150 fl. Er heiratet ihr an das Mütterliche per 100 fl und den durch Vergleich ihm vom Vater gegebenen angeblümten Acker. Ruckfall 50 fl.« (27) »Den 3. März 1712. Christian Schmid in Limpach erkauft von Peter Krambser ¼ Ackers per 28 fl.« (28)

1713–1714 Maria Schmid
Die Witwe heiratete Jerg Stocker von Hammerstetten und verkaufte an Blasius Langegger, den Besitzer von HsNr. 5.

1714–1724 Blasius Langegger (siehe bei HsNr. 5)

1724 – 1727 Joseph Berchtold (siehe HsNr. 5)
»Den 7. Jan. 1727. Sebastian Bestel in Limpach hat mit Joseph Berchtold alda eine Behausung und Garten gemeinschaftlich, will aber der Erstere auf Zusprechen zu nuzbarer consolidierung erhandlen den Berchtoldschen Anteil gegen verglichene 300 fl. Gibt das Erblehen Rechnungsgeld nach Wettenhausen 16 kr, 1 Henne, dann dem Heiligen in Limpach Jahrtaggeld 24 kr, item 2 Frondienst, bei jeder Veränderung 12 kr Auf- und 12 kr Abfahrt, dem lieben Heiligen zu Kleinanhausen jährlich 7½ kr. Bestel entlehnt zur Erledigung dieses Kaufes vom Heiligen in Kleinanhausen 15 fl und vom Heiligen in Großanhausen 85 fl.« (34)

Die Zweite Halbscheide

1693–1706 Thomas Wiedemann
»Den 3. Nov. 1706. Thomas Wiedemann von Limpach gibt zu kaufen Christoph Schmid alda, die von ihm vor etlichen Jahren mit dem Beding erhandlete Erbsöld, dass wann Schmid solche über kurz oder lang wieder haben wollte, dass er davor gehalten sein solle, den alten Kaufschilling 150 fl bar zu erlegen, was Schmid verspricht.« (27)

1706–1722 Christoph Schmid († 19. Sept. 1707), identisch mit Stoffel Schmid, HsNr. 3
I. ∞ 15. Nov. 1667 Maria Bellatzer von Hammerstetten († 20. März 1683)
II. ∞ 31. Mai 1683 Anna Khuen von Oxenbronn († 21. Feb. 1734)
»Den 6. Feb. 1722. Christoph Schmids Witwe Anna Kuen zu Limpach will ihrer Tochter Helena abtreten die Hälfte des Erblehens Haus und Garten mit der Gemeindegerechtigkeit, woran dermalen Blasius Langegger den anderten halben Teil innhat, gibt das ganze Haus zu Rechnungsgeld nach Wettenhausen 16 kr, 1 Henne, dem lieben Heiligen in Limpach ewiges Jahrtagsgeld 24 kr, 2 Frondienst, bei jeder Veränderung 6 kr Auf- und 6 kr Abfahrt, St. Gangulf in Kleinanhausen jerlich 8 ½ kr. Beschaid: Die Concession wird gutgeheißen, doch

solle vor dem Einzug die nötige Reparation beschechen. Hierauf will sich Helena ehelich verloben gegen Sebastian Bestl von Deupach, bestehet dessen Vermögen in 100 fl bis Georgi zu bezahlen. Die Heirat wird genehmigt, wegen fürgegangener Cohabitierung auch beide Teil per 20 fl abgewandlet.« (33)

Die ganze Erbsöldbehausung

1722–1747 Sebastian Bestel († 8. Jan. 1747)
I. ∞ Helena Schmid († 11. Aug. 1734).
II. ∞ 12. Okt. 1734 Anna Maria Kindig
(* 29. Sept. 1709, † 5. April 1772)
Aus der Ehe mit Helena waren fünf Kinder da. Im Ehevertrag mit Anna mussten diese Kinder bedacht werden. Die 5 Kinder waren Joanna, Leonhard, Mathias, Agnes und Sebastian. Einem jeden Buben wurden 30 fl, jedem Mädchen aber 20 fl, dann den 2 Mädchen, »je 1 angerichte Bettstatt mit 2 Bötter, 1 Pfulgen, 2 Kissen, 1 Stohsack mit doppeltem Überzug, als einen flexenen und einen wirkenen, 1 Böttstatt, 1 Truchen bei Standesveränderung oder erlebenden mannbaren Jahren«. (35)
Das Kind aus zweiter Ehe wurde bei Maria Königin Bild 1736 von der Mundfäule geheilt.
»Den 12. April 1734. Sebastian Bestl in Limpach erkauft von seinem Mitinteressenten Christoph Schmid[isch] Witib[ischer] Erbschaft 3/2 Acker per 160 fl.« (35)

1747–1766 Johann Kaspar Biremann von Großanhausen
(* 5. Jan. 1720, † 23. März 1756)
∞ 26. Juni 1747 Anna Maria Bestler, Witwe (12)
Nach dem Tod ihres Mannes holte sich Anna Maria in Johann Kaspar Biremann wieder einen Mann ins Haus. (45) »Den 9. Oct. 1751 Caspar Biremann von Großanhausen erkauft von Carl Schwarz selig 1 Jcht Acker, benannt ›am Kirchenspitz‹ per 150 fl.« (48) »Limpach, den 5. Feb. 1761. Marianna Bieremännin von da hat abschon unterm 22. Dez. a.c. aus der Waisenkassa 250 fl Anlehen erhalten, welches sie mit jährlich 12 fl 30 kr dahin zu verzinsen gelobet.« (71)
1766, 10 Jahre nach dem Tod Kaspar Bieremanns gab die Witwe das Anwesen an ihren Sohn Alban Bestler aus erster Ehe. Nach der genauen Beschreibung des zu übergebenden Gutes bat der Übernehmer auch gleich um die Einwilligung der Herrschaft in ein eheliches Versprechen bzw. die Heirat mit Viktoria Degerin von Leinheim. (73)

1766–1785	Alban Bestler, Weber und im Jahre 1774 Bürgermeister (* 25. Mai 1738, † 10. Sept. 1785) (18) ∞ 29. Juli 1766 Maria Victoria Deger von Leinheim (* 28. Juli 1745, † 12. April 1823) (12) Eine recht sinnvolle Tauschgeschichte regte Bestler an. Er tauschte mit Thomas Berger von Anhausen ein Viertl Äckerle. So wurde für beide der Anfahrtsweg zu ihrem Grundstück viel kürzer. (79) Alban Bestler war im besten Alter gestorben. Seine junge Frau suchte mit ihren vier Kindern einen neuen Mann und Vater. Nach genauen Angaben für die Versorgung der Kinder hatte sie um die Erlaubnis gebeten mit Joseph Hagenmaier erneut vor den Altar treten zu dürfen. (79)
1785–1791	Joseph Hagenmaier v. Höselhurst (* 16. Aug. 1754, † 12. Jan. 1791) ∞ 25. Okt. 1785 Witwe Victoria Bestler (12) Auch den zweiten Mann hatte Viktoria überlebt. Sie wollte nicht alleine bleiben und hat darum ein drittes Mal im Juli 1791 mit Bartholomäus Schenk die Ehe geschlossen. Wieder wurde ein ausführlicher Ehevertrag aufgestellt unter Berücksichtigung der inzwischen fünf Kinder. (82) Am 23. Januar 1792 bekannte »die gegenwärtige Victoria von ihrem Ehemann Bartl Schenk die zum Heiratgut versprochene 270 fl empfangen zu haben«. Sie erhielt in bar 70 fl. Die weiteren 200 fl wurden in Rettenbach gelassen für ihre dort verheiratete Tochter Afra Bestler. (82) Den 20. Dezember 1797 erschien »Bartl Schenk von Limpach und erklärte zum Prot. dass die vorhergehende Heiratsgutbekanntnuß sub 23. Jan. 1792 von seinem Eheweib per 270 fl dortmalen gewisser Ursachen wegen irrig angegeben worden seie, zumalen er ihr nur über Heiratgut effective in zerschiedenen Posten zusammen 185 fl zugebracht habe«. Also änderte sich der Rückfall, der seinerzeit per 3. Teil angegeben war (82)
1791–1811	Bartl Schenk, Weber von Rettenbach († 18. Sept. 1830 an Wassersucht im Alter von 77 Jahren) ∞ 16. Aug. 1791 Witwe Victoria Hagenmaier, Hebamme († 12. April 1823 an Altersschwäche) (12)
1811–1853	Pius Joseph Bestler, Weber (* 7. April 1776, † 4. Mai 1846 an Abzehrung) ∞ 9. Juli 1811 Magdalena Röthle von Remshart (* 22. Juli 1790, † 29. Juni 1866 an Altersschwäche und Wassersucht) Bestler hatte im Juli 1811 von seinem Stiefvater um 2200 fl übernommen. (12)

119 Blick ins Hinterdorf. Ganz vorn das Anwesen HsNr. 24 ½, darüber HsNr. 24, dann HsNr. 21. Am oberen Bildrand links das heute nicht mehr existente Wohnhaus des Anwesens HsNr. 20.

1853–1892 Joseph Bestler, Weber
(* 15. Jan. 1822, † 22. Mai 1897 an Magenleiden)
∞ 25. Juli 1854 Maria Josepha Steck von Leinheim
(* 19. März 1827, † 3. Okt. 1891 an Lungenleiden)
Er hatte am 16. August 1853 um 3000 fl übernommen.

1892–1935 Anselm Bestler, (* 14. Nov. 1865, † 19. Feb. 1935 an Herzleiden)
I. ∞ 18. Juli 1892 Barbara Schilling von Reisensburg
(* 17. Sept. 1869, † 30. Mai 1896 an Bauchfellentzündung),
II. ∞ 29. Juli 1896 Anna Schilling von Reisensburg
(* 23. März 1868, † 18. April 1942)
Er hatte am 1. Juli 1892 um 10000 M übernommen. Nach seinem Tod erhielt den Erbhof

ab 1935 Josef Bestler, Öl- und Fettreisender
(* 4. März 1893 in Günzburg)
∞ 7. April 1920 Krescenz Wieser
Sie verpachteten das Anwesen an

Chrysostomus Braig (* 14. Aug. 1881 in Altheim bei Ehingen)
∞ 3. Feb. 1910 in Ehingen Maria Jäger
(* 22. Juni 1882 in Altstätten (Achstetten?) OA Laupheim)
Heute ist das Anwesen im Hof nebenan (Walz) integriert, der es Anfang der 1950er Jahre kaufte. Die Gebäude sind bis auf den Stadel abgebrochen.

HsNr. 21 Bürgermeister-Hindelang-Str. 20

Hausname: 1837 beim Raymond
Beim Küahfranz

»Diese Erbsöld, erbgitig zum Kloster Wettenhausen mit 5 fl Auf- und Abfahrtsgeld (im Jahr 1800) gehörte zu den neun Anwesen, die Heinrich Günzburger, des Rats und Bürger zu Ulm anno 1517 an das Kloster Wettenhausen verkaufte.« (61) »Zinst 1 Pfd Wax St. Stefano und ist Lehen von der Markgrafschaft Burgau. Auf- und Abfahrt zusammen 5 fl anno 1764.« (12) »Nach Brief vom 20. März 1650 gibt er 1 fl 1 Sch Ab- und soviel Auffahrt, anno 1662.« (9)

1517 Ludwig Prolier (7)
»Item Ludwig Prolier gibt jährlich aus seinem Lehen 1½ Ymin Roggen, 1½ Ymin Haber, 1 Pfd 1 Sch Zins, 2 Höner und 1 Hennen. Mehr hat er 4 Jauchart Reitackers, so diese mit Nuz stan sollen, gibt er von einer jeden Jcht Wintrigs, 1 Ymin Roggen und Symerigs, 1 Ymin Haber, und so das Lehen ledig wird gibt er 2 Pfd 6 Sch zu Auffahrt und 2 Pfd 6 Sch, zu Abfahrt [...] anno 1517. (61)

1535 Hans Prolier »hat ein Erblehen mit Haus und Hofraithin« (5, 12)

1551 Hans Proliers Witwe, »hat ein Erblehen mit Haus und Hofraithin« (6)

1572/78 Am 16. November 1572 übernahm (52) Hans Prolier »[zu-]vor Hans Prolier, sein Vater, hat ein Erblehen mit Haus, Hofraithin Stadel und Garten zwischen Gall Prolier und Hans Liebmann.« (7)

1596/1625 Baltassar Prolier »zuvor Hans Prolier, sein Vater, hat ein Erblehen mit Haus, Hofraithin; Stadel und Garten zwischen Jerg und Michel Baumeister und ist Lehen der Markgrafschaft Burgau.« (8, 15)

bis 1633 Kaspar Aubele, der Alte (15)

ab 1633 Kaspar Aubele, der Jung (8)
Er hatte 1633 zwei Sölden bestanden. (15)

ab 1641 Hans Rimmele (8)

1662–1682 Jakob Schwarz († 20. März 1675) (9)
Dieses Haus war im Schwedenkrieg nicht abgebrannt. »Jakob Schwarz vorgemeld, vor dem Hans Prolier, hernach Hans Baltassar Prolier hat ein Erblehen mit Haus, Hofraithin, Stadel und Garten zwischen Hans Aubelin und Hans Schmidt, stoßt vorn auf die Gassen und unten auf den Bach.« (7, 8, 9) Er besaß dazu noch HsNr. 4.

1682–1689 Stefan Schwarz († 12. Jan. 1689, alt 25 Jahr)
∞ 20. Okt. 1682 Walburga Fahrenschon von Leinheim (12)
1682 war schon die Zeit, da es im Lande wirtschaftlich wieder aufwärts ging. So hat mancher mit den Einnahmen auch etwas dazu erwerben können. Der Vater war schon 1675 gestorben. Die Mutter hat die Sölde weitergeführt und den Sohn handeln lassen. Am 21. Oktober 1681 kaufte »Stefan Schwarz zu Limpach« »von Leonhard Gering ½ Jcht Ackers im Strassfeld« »per 37 fl davon er dem Heiligen zu Limpach 7 fl dem Gering aber 30 fl bezahlt hat«. (24) 1682 wurde dann die Übergabe vollzogen. Besitzbeschreibung und Ausgeding gehörten in das Protokoll hinein. Genauso wurde das gegenseitige Einbringen protokolliert. Erstens »überlasst dem Stefan seine Mutter Ursula ihr Erblehen zu Lempach mit Haus, Hofraithin Stadel und Garten samt 7 Jcht ¼ Ackers in 3 Feldern, mehr 2 Tgw Mahd zu Stuben, mehr ein Mähdlein, der Luß genannt, mehr 1 Jcht ¾ aignen Ackers, mehr 1 Tgw Eigen Mahd zu Kleinanhausen Ried, mehr 1 Khue und 2 Kälber; 2 Roß, 1 Fillen, alle Fahrnuß im Stadel und auf dem Haus, mehr alle Fahrnuß Geschiff und Geschirr, alles angeschlagen per 540 fl.«. Er soll »seine Mutter Zeit ihres Lebens im Haus haben und jährlich 1 Schaff Roggen, 1 Schaff Kern liefern, wie auch 1 Mitle Lein

anbauen, hingegen hat er die 1½ Jcht Acker, welche die Mutter aus Konrad Schwarzen Hof«, »so lang sie lebt für sich vorbehalten hat zu bauen«. Nach ihrem Ableben soll diese der Konrad wieder hergeben, »und sie wieder zum Hof stoßen«. »Der Jakob Fahrenschon gibt seiner Tochter neben ehrlicher Ausfertigung als 2 gerichte Bettstatt, 1 Khue und Jungvich, dann Heiratsguet 150 fl auf Weihnachten 82, 83, 84 jedesmal 50 fl, dazu 1½ Jcht Acker außer zehndsfrei, doch der Markgrafschaft Burgau steuerbar. Wenn beede Eheleut nach dem Willen Gottes ohne Hinterlassung ehelicher Leibserben sollten gescheiden werden, solle allzeit das Überlebende des Verstorbenen Freindschaft 50 fl hinausgeben und in 2 Jahren bezahlen.« (24) Trotz aller Genauigkeit bei der Übergabe blieb doch noch ein Streitpunkt über das Düngen eines Ackers, den die Mutter beim Bruder zurückbehalten hat. (24) Bereits im Alter von 25 Jahren ist Stefan Schwarz gestorben. Seine Witwe Walburga hat wieder geheiratet.

1689–1732 Johann Georg Barth von Oxenbronn († 8. Jan. 1732)
I. ∞ 2. Mai 1689 Witwe Walburga Schwarz
(† 27. Nov. 1704, alt 40 Jahr),
II. ∞ 17. Feb. 1705 Maria Strobl von Harthausen (12)
Bar bezahlt hatte Barth 1695 seinen Einkauf am Weg nach Kötz dem Georg Sailer von Ebersbach. (54) 1696 hatte er schuldige 90 fl seinen Schwägern von Rettenbach ausbezahlt samt der Nachsteuer, die erhoben wurde, weil das Geld in eine andere Herrschaft floss. (54) Die Kinder aus der Vorehe seiner Frau hatten inzwischen das heiratsfähige Alter erreicht und mussten ausgesteuert werden. Brigitta zog nach Hagenried und heiratete Michl Baur. Sie bekam 330 fl mit. (27) Vierzig Jahre alt ist seine Walburga geworden, über die er die Erbsölde erhalten hatte. Bald stand er wieder vor dem Traualtar mit Maria Strobl von Harthausen. (27) Die eigene Tochter Monika ging mit dem kaiserlichen Proviantknecht Jakob Steininger nach Ungarn. (28) Ein Streit, den die Frau Maria mit Hans Adam Schmid wegen des sogenannten Schlossgrabens angefangen hatte, wurde mit Handschlag wieder beendet. (34) Das Gütlein kam zum Verkauf, weil die Witwe Maria Barth sich verheiratet hatte nach Egenhofen. Eingekauft hat sich

1732–1733 Martin Miller, Bäcker von Rettenbach
∞ 30. Jan. 1730 Witwe Franziska Kirchdorfer (vgl. HsNr. 17)
Miller hatte dieser Kauf anscheinend schnell gereut, so dass er weiterverkaufte an Georg Seiler von Pfaffenhofen. Am »28. April 1733« verkaufte »Martin Miller, Inwohner und

Böck in Limpach« »Georg Sailer von Pfaffenhofen, Weißenhorner Herrschaft sein unlängst unter dem 27. Juni 1732 erhandeltes Barthsches Güetlein und zwar sein Erblehenssöld mit Haus Stadel Garten und Gemeindsgerechtigkeit und dazu 2 Ross, 1 Wagen 1 Pflug etc. per 1200 fl gegen Erlag von 10 fl Auf- und Abfahrt.« (35)
Miller zog nach Wattenweiler. Im Oktober 1733 aber stand er noch vor Gericht mit Matheis Müller und Christian Berger. Sie hatten unerlaubt Eicheln abgeschlagen und mit nach Hause genommen. (35) 1736 noch forderte Jerg Barths Witwe jetzt aus Eichenhofen noch schuldige 135 fl ein. (36)

1733–1742 Johann Georg Sailer von Pfaffenhofen
(† 4. Mai 1741 und unter großem Volksconcurs beerdigt)
∞ 19. Mai 1733 M. Magdalena Grußier von Oberhausen, *obstetrix* [Hebamme] († 10. Februar 1754)
Sailer hatte sich hier eingekauft und gleich seine Frau Magdalena mitgebracht. (35) 1735 erwartete die Witwe Barth immer noch 300 fl von Sailer. Der brauchte zur Begleichung der Schulden 180 fl Anleihe. (35) Sailer hatte bei seinem Tod eine große Schuldenlast hinterlassen. Die Witwe mit ihren drei kleinen Kindern war gezwungen zu verkaufen. Bartl Mayr von Hammerstetten trat als Käufer auf und übernahm Haus und Hof um 975 fl. Davon waren bis Georgi 500 fl fällig. Der Rest in Ziehlern ab Lichtmeß 1743. Obendrein verpflichtete sich Mayr der Witwe 1 Klafter Holz, 1 Schober Wolle und ¼ Gerste zu geben und noch 2 Jahre ein Mitle Lein anzubauen. (40)

1742–1751 Bartholomäus Mayer († 16. Jan. 1757, alt 84 Jahr)
∞ Anna Maria († 20. Okt. 1753) (12)
Auch beim Mayer muss es finanziell knapp hergegangen sein. Immer wieder liest man von Anleihen. Zum Bau seines Stadels 1744 mangelte es an Mitteln. Zu dem schon bestehenden Kredit von 15 fl kamen weitere 25 fl hinzu. (42) Im Jahr darauf benötigte er zu seiner Notdurft wieder 46 fl aus der Matheis Volkschen Waisenpflege. (43) Als dann 1747 die Tochter Franziska den ehemaligen k. u. k. Musquetier Martin Schotter von Ulmitz heiratete, brauchte Mayer wieder vom Heiligen zu Großanhausen 85 fl. (12, 45) 1751 übergab er altershalber an seinen Sohn Hans Ulrich, der sich mit Franziska Abele verlobte. (48)

1751–1758 Johann Ulrich Mayr († 30. Sept. 1788)
I. ∞ 22. Sept. 1751 Franziska Abele
(* 17. Sept. 1728, † 18. März 1772)

II. ∞ 19. Mai 1772 Theres Haugg von Nornheim
(† 29. März 1778)
III. ∞ 1. Juni 1778 Maria Anna Mäusle
(* 4. Okt. 1752, † 5. Nov. 1821 an Auszehrung)
Johann Ulrich scheint es besser gegangen zu sein, denn er kaufte von Gabriel Gering 1 Jcht 3 Viertl Acker im Eisenbronner Feld um 100 fl. (49) Ein wichtiger Schritt war für ihn der Besitzwechsel mit Felix Schmid, der auf HsNr.4 abgewirtschaftet hatte am 31. Juli 1758.

1758–1772 Felix Schmid (* 17. April 1717, † 27. Juli 1772)
Sein Vater ist Johann Adam Schmid, HsNr. 6.
∞ 9. Feb. 1745 Witwe Franziska Kempter (12)
Von Felix Schmid ist unter der HsNr. 4 allerlei festgehalten. Er hatte hier in den Besitz Kempter eingeheiratet. In der neuen Umgebung im Unterdorf war lange Zeit von Felix Schmid nicht viel zu hören. Es wird berichtet von Geldanleihen für die verschiedensten Zwecke. Dabei musste seine Frau für ihn einstehen. Ihm ging es genauso wie vielen anderen in dieser notigen Zeit. (48, 73, 74) Doch 1770 ging es recht unschön zu in der Nachbarschaft zwischen Schmid und Mayr. Fensterscheiben gingen bei Mayr zu Bruch, Mayrs Hund wurde erschossen und sein Schöpfbrunnen wurde mit Ehschwingen (Rest vom Flachsstengel) verunreinigt. Für die ersten »Schmä- und Schlaghändel« sah sich das Gericht in Wettenhausen nicht zuständig, da der Vorfall im Wirtshaus passiert war, das ja burgauisch war. Die Fortsetzung im Unterdorf freilich kosteten den Schmid 1 fl (für den Hund) und für die Untaten und Misshandlungen ein Abbüßen im spanischen Mantel. Der Vorfall mit den Ehschwingen, zu dem Kupfer etwas hätte sagen können, wurde nicht geklärt. (18) Nach dem Tod Felix Schmids verkaufte die Witwe Franziska Flächen des Anwesens um 850 fl an Johann Sayler, um Schulden bezahlen zu können. (69) Sie selber blieb auf der Hofstelle wohnen und heiratete Reumund Birkner, einen Schuster von Ichenhausen. (74)

1773–1818 Reumund Birkner
(† 26. Juli 1805 an Lungenentzündung), *sutor* [Flickschuster] aus Ichenhausen
I. ∞ 12. Aug. 1773 Franziska Schmid, Witwe, († 14. Jan. 1788)
II. ∞ 15. April 1788 Barbara Miller von Leinheim
(* 17. Juni 1756, † 5. Mai 1818 an Krebs)
Auch bei Birkners ging es finanziell recht eng zu. Aber er hatte wohl gut gearbeitet und gewirtschaftet, da über seine Zeit nur drei Protokolle vorhanden sind, die von Anleihen berichten und

von der zweiten Heirat nach dem Tod der Franziska mit Barbara Müller von Leinheim. (50, 86, 90) Barbara führte den Hof weiter. Am 31. Oktober 1818 übernahm ihr Sohn das Erbe. (12)

1818–1863 Leonhard Birkner (* 19. Feb. 1794, † 7. März 1848 an Magenverhärtung)
∞ 17. Nov. 1818 Katharina Haugg von Deffingen
(* 30. April 1795, † 20. Okt. 1865 an Altersschwäche und Brand)
Im April 1863 übergab Birkner um 6000 fl wieder an

1863–1887 Georg Birkner (* 19. März 1825, † 17. Aug. 1892 an Lungenleiden)
∞ 2. Juni 1863 Monika Stolz von Ebersbach
(* 21. Dez. 1828, † 6. Feb. 1909 an Altersschwäche)

1887–1901 Wendelin Spengler von Hochwang (* 3. März 1861)
∞ 9. Mai 1887 Sophia Birkner (* 26. März 1867)
Er verkaufte sein Anwesen an einen Hebräer in Ichenhausen und zog nach Oberstetten, Pfarrei Ochsenhausen, Württemberg.

1901–1919 Franz Schwarz von Rettenbach
(* 8. Dez. 1836, † 11. Jan. 1924 an Altersschwäche)
∞ 1872 in Deffingen Philomina Merkle aus Bibrachzell
(* 17. Juli 1845, † 22. Aug. 1918 an Herzfehler)

1919–1931 Franz Schwarz von Deffingen (* 17. Juli 1888, † 19. Dez. 1955)
∞ 3. Feb. 1919 Mathilde Weißhaupt von Konzenberg
(* 20. Juli 1898, † 31. Mai 1973)
Wegen Überschuldung mussten sie verkaufen und kauften HsNr. 27⅓ ein.

1931–1965 Georg Walz I. von Deubach (* 5. Sept. 1904, † 21. Feb. 1993),
∞ 11. April 1931 Anna Waldenmair von Kleinkötz
(* 16. Aug. 1906, † 9. März 1997)
Sie erwarben das Nachbargehöft (HsNr. 20) und mehrten die landwirtschaftlichen Flächen durch Zukauf und Pacht.

1965–1990 Georg Walz II. (* 17. Nov. 1933, † 14. Sept. 1996)
∞ 5. Juni 1965 Rosa Felber aus Schrobenhausen
(* 11. Aug. 1938, † 14. Sept. 2007)
In seiner Zeit wurden Wohnhaus und Stall von HsNr. 20 abgerissen. 1954 datiert das neue Austragshaus. Auch das alte Wohnhaus und der Stall wurden abgerissen und ein Neubau des Wohnhauses und des vergrößerten Stalles mit Stadel in Angriff genommen.

ab 1990 Georg Walz III.
Er betreibt die Landwirtschaft mit Viehzucht.

HsNr. 22 Pfarrer-Völk-Straße 13

Hausname: 1800 beim Ruedl

Das ehemals burgauische Söldl, eigen.

1578 Caspar Prolier (7)
Eine erste greifbare Nachricht über diese Söld, die angesiedelt war zwischen den heutigen Anwesen Kupfer und Eisenlauer, berichtet von dem Auftrag des Prolier als Pfleger der Kinder des Hans Prolier. Die Pfleger verkauften Ackerland am Eisenbrunnen, 1 Jcht Acker und 2 Jcht auf dem Hart an Mathes Maisch um 180 fl. Nicht vergessen wird, dass aus dem Jcht im Eisenbrunnen 1 Pfd Wachs an die Kirche in Kleinkötz geht. (49)

1596 Hans Prolier (8), siehe bei HsNr. 1

1662 Jakob Schmid Die Hofstatt war leer, weil abgebrannt und 1662 noch nicht aufgebaut. Er wohnte in HsNr. 14 und hatte auch HsNr. 3 und 22 inne.

1663–1703 Andreas Schmid († 21. Juli 1703, 59 Jahre alt)
I. ∞ Maria Remmele aus Burgau († 20. April 1693, 55 Jahre alt)
II. ∞ 4. Juni 1693 Anna Maria Lindenmayer von Burgau († 7. Juni 1697, 36 Jahre alt)
III. ∞ 5. Aug. 1697 Maria Dietherich von Ebersbach
Andreas war der Bruder des Stoffel Schmid auf HsNr. 3 und wurde 1701 als Bürgermeister genannt. Andreas Schmid stand finanziell gut da. Es war ihm 1681 möglich, sein Gut zu mehren durch einen Ackerkauf von der gnädigen Herrschaft. Es handelte sich dabei um ein ½ Jcht um 20 fl. (24) Er war auch in der Lage, Geld zu verleihen. Der Mesner Jerg Weber musste sein abgebranntes Haus neu aufbauen. Schmid lieh ihm 40 fl und ließ sich dafür zur Verzinsung 6 Jcht Acker zur Bebauung geben. Die Rücklösung war jederzeit möglich. (24) 1695 tauschte Schmid mit Friedrich Gossner ½ Jcht Acker, ohne dass ein Grund dafür angegeben ist. (54) 1796 kaufte Schmid schon wieder ein. Diesmal waren es von Thomas Krambser ¾ Ackers. Interessant ist die Angabe, dass

davon je ¼ im oberen Feld, im mittleren Feld und im unteren Feld lagen. Im Kaufvertrag von 1698 wurde das mittlere Feld mit dem Ramsat in Verbindung gebracht. (54) 1697 starb die zweite Frau und hinterließ ihm zwei Kinder. Im Ehevertrag zeigte es sich, dass hier auf dem Hof Geld da war. Die beiden Kinder wurden mit je 700 fl oder 7 Jcht Ackers bedacht. Andreas war ein genauer Rechner, so erhielt die dritte Frau ebenso 700 fl. Davon sollten etwa fehlende Nachzihler von den 200 fl zur Einbringung zur Hochzeit abgezogen werden. (25) 1698 kaufte Andreas seinem Bruder Christoph (Stoffel) die ererbten ¾ Ackers im mittleren Feld am Ramsat (Raunset) ab. Von den 80 fl bezahlte er 50 bar, die restlichen 30 schuldete er als Jahrtaggeld dem lieben Heiligen zu Limbach. (25) 1699 kaufte er ein von Hans Otten bisher ingehabtes Lehengut um 636 fl. Bar erlegte er 430 fl. Den Rest sollte er in Raten auf Lichtmeß 1700 erstmals mit 50 fl und dann jährlich mit 20 fl abbezahlen. Es wurde aber angemerkt, dass im April 1700 der restliche Kaufschilling bezahlt wurde. Das Lehengut wurde Schmid mit allen Lasten auf seinen Leib und lebenslang verliehen. (25) Hans Otten ist nach Hartberg gezogen und hatte dorthin bis Lichtmess 1700 den restlichen Kaufschilling erhalten, nachdem Schmid ihn von 140 fl auf 94 fl heruntergehandelt hatte. (25) Im April 1699 war sein Bruder Christoph bei Andreas mit 122 fl verschuldet. Andreas kaufte ihm 1½ Viertl grundeigenen Acker um 50 fl ab und bezahlte bar. (25) Im gleichen Jahr im September erstand er von Peter Krambser ½ Jcht grundeigenen Acker im Dannenfeld um 50 fl. (25) Noch zweimal im Jahr 1699 standen die beiden Brüder Andreas und Christoph in der Kanzlei, um einen Kauf beurkunden zu lassen. Andreas übernahm dabei einmal 2 Jcht. grundeigen Ackers hinter den Dannen um 100 fl und zum Anderen ½ Jcht im oberen Feld hinter den Dannen um 50 fl. Das zweite Grundstück war bereits an Unsere Liebe Frau zu Großanhausen verpfändet. Das verkaufte Pfand ersetzte Christoph durch eine Mahd im Nusslacher Ried. (25) Im Februar 1700 erwarb Andreas zwei alte Schuldbriefe von 1683 und 1691 und legte dafür 150 fl hin. Via Rückkaufsrecht fielen an den Bruder die am 18. November 1699 erkauften 2 halben Jcht Ackers zurück. (25) Noch ein Kauf von Peter Krambser im Jahr 1700 ist festgehalten. Es ging um ein ½ Jcht grundeigen Ackers, das am »21. März 1681 Christoph Schmid von Georg Sailer von Ebersbach« als »Abschlag des Heiratsguets« überlassen hatte, um 50 fl Bargeld »und 1½ M. Roggen«. Das Grundstück »ist nach Kleinenkötz zehendbar«. (26) Andreas wurde als Bürgermeister im Oktober 1701 bestraft, weil er gegen das Verbot Gungelhäuser besucht hat. Er bezahlte 1 fl 30 kr und für die Tochter und die Magd zusammen 1 fl. (26) 1703 hatte dem 59jährigen Mann das Stündlein geschlagen und seine Verlassenschaft wurde abgeschätzt. Die vier Erben erhielten je 535 fl 36 kr und 6 hl. (26)

1703–1740 Rudolf Aubele, *subditus burgoviensis* [burgauischer Untertan] (* 15. April 1676, † 5. April 1740)
I. ∞ 6. Nov. 1703 Witwe Maria Schmid († 5. Okt. 1720)
II. ∞ 26. Nov. 1720 Agatha Berger (* 5. Feb. 1692, † 30. Aug. 1740)
Sie war die Tochter von Mathes und Anna Berger, geb. Mindle. Bei seiner Hochzeit 1703 war Johann Jakob Freyberger, burgauischer Präfect Trauzeuge. Von Rudolf Aubele rührte der Hausname »Beim Ruedl«. Sein Vorgänger Schmid hatte Grundstücke eingekauft, Aubele verkaufte an den Wirt Bolkart Grundstücke im oberen Kötzer- oder Hartfeld um 225 fl Bargeld. (31) Rudolfs Frau Maria starb im Oktober 1720. Der Witwer, der Haus und Stadel und was dazugehört in die Ehe einbrachte, nahm von der erwählten Agatha Berger 300 fl entgegen. (31) Mit seinem Stiefsohn hatte Ruedl finanziellen Ausstand zu klären. Alban Schmid verlangte 50 fl Ruckfall nach dem Tod seiner Mutter, weil er weder Unterhalt noch Verpflegung erfahren habe. Damit wollte er dann die 30 fl, die er von Helena erhalten hatte zurückzahlen. Rudolf Aubele bezahlte daraufhin den rückständigen Zins und trat seinen Anteil am Kronbach-Holz an Alban ab. (33) Eine weitere Schuld ließ der Wirt Gallus Aubele von Neusäß feststellen. Von Jerg Mannes, Hans Adam Schmid und Rudolf Aubele hatte er insgesamt 105 fl 36 kr zu bekommen. (36) Rudolf Aubele beteiligte sich an einer Anzeige gegen Unbekannt, weil in der Nacht auf den Feldern Schaden durch freilaufende Rösser entstanden war. Es wurde bestimmt, dass die Gemeinde oder die »Rosshabenden« für den Schaden aufkommen müssten. (36) Im Wallfahrtsbuch in Deubach ist ein Mirakel verzeichnet, das einer Maria Aubele von Limbach widerfahren war. »Maria Aubele von Lympach hat bezeiget, wie dass sie in einem schweren Anliegen oder Krankheit, mit welcher sie ein ganzes Jahr hindurch behaftet und vergeblich allerhandt Arzneimittel gebraucht, nachdem nichts anschlagen wollen, sich endlich zu dieser gnadenreichen Mutter allhier [Deubach] mit einer hl. Messe und 3 samstäglichen Wallfahrten versprochen und unter wehrender Abstattung ihres Gelübds wunderbarlich die liebe Gesundheit erhalten habe.« (23)

1740–1746 wird kein Besitzer genannt.

1746–1796 Zacharias Abele (* 3. Nov. 1723, † 2. Dez. 1770)
∞ 14. Nov. 1746 M. Anna Stuhlmiller
(* 19. Januar 1727, † 5. Nov. 1800)
1746 verlobte sich Zacharias Abele mit Maria Stuhlmiller von Limbach und übernahm das Anwesen. Sie brachte 500 fl in die Ehe. Das Protokoll führte »Franz Anton Herzer, kais. auch Markgräfl. Burgau[ischer] Vogt«. (44) Zacharias kaufte um 160 fl von Franz Anton Volk von Großanhausen ¾ eigen Acker im oberen Feld am Nusslacher Feldweg. (66) Nach diesem Kauf entstand ein Streit um »16 Ruthen Ackers«, bei dem Abele vom Oberamt abgewiesen wird. (16) 1759 starb 20jährig der jüngere Bruder Johann. Ein Jahrtag mit 35 fl Dotation wurde gestiftet. Zacharias lieh sich das Kapital und bezahlte dafür den Zins. (55) Zacharias Abele starb 1770. Die Witwe Anna führte den Hof weiter. Sie verkaufte 2 Tgw »Ohmetmaad« 1775 an Anton Stuhlmiller von Burgau, der bis Martini 150 fl bar hinlegen musste. (74) Einen Außenstand von 100 fl musste Joseph Mayr, der Müller von Hammerstetten, in zwei Raten jeweils zu Martini 1785 und 1786 erlegen. Sollte er der Zahlung nicht nachkommen, wurde ihm unausweichlich eine »Veränderung« angesagt. (19) Der Sohn Augustin hatte zusammen mit Johann Feist vier Pferde des Nachts frei laufen lassen und Schaden verursacht. Die Beiden mussten zusammen 4 fl Strafe zahlen. (19)

1796–1817 Isidor Abele, Bürgermeister (* 5. April 1766)
∞ 26. Juli 1796 Theres Fahrenschon aus Leinheim
(* 25. Okt. 1774)
Vgl. HsNr 16! Laut Protokoll vom 20. Februar 1804 hatte er die Hälfte des hinteren Hauses gekauft. (12) 1817 war er als Taufzeuge noch mit Söldner eingetragen, während er nach dem Grundbuch bereits 1816 nach Leinheim übersiedelte.

1817–1856 Joseph Fahrenschon aus Leinheim
(* 23. Jan. 1783 in Leinheim, † 23. März 1832 in Limbach)
I. ∞ 20. Mai 1817 Theres Schmidt
(* 8. Sept. 1786, † 12. Juli 1820 als Wöchnerin)
II. ∞ 8. Mai 1821 Maria Müller von Nornheim
(* 24. April 1794, † 25. Jan. 1866 an Lungenentzündung)

1856–1872 Joseph Fahrenschon (* 15. Juli 1826, † 3. Feb. 1872 an Magenkrebs)
I. ∞ 10. Juni 1856 Maria Anna Kuhn aus Leinheim
(* 22. Juli 1831, † 19. Jan. 1866 an Unterleibsbrand)
II. ∞ 15. Jan. 1867 Josepha Mayr aus Roßhaupten (* 2. Juni 1832)
Er verkaufte das Haus an Stefan Kupfer. Dieser verwendete

das Abbruchmaterial und ließ HsNr. 32½ bauen. Joseph Fahrenschon erbaute sich 1868 ein neues Haus mit abgesondertem Stadel auf einem von Grayl (HsNr. 8) erkauften Acker. Seine Witwe Josepha verkaufte an Max Mäusle und zog nach Burgau. Sie war eine stramme Wirtschafterin. Einen ihrer Knechte schalt sie einmal, als dieser beim Mittagessen noch eine Nudel für den Nachmittag in der Joppentasche verschwinden ließ. Ihr Spruch wurde in der Gemeinde zum geflügelten Wort: »D'Säck und d'Mäga macht ma it voll, sagt die alt Ruedlerin.«

1872–1886 Max Mäusle (* 10. Okt. 1817, † 12. Okt. 1900 an Altersschwäche)
I. ∞ 20. April 1847 Kreszenz Fahrenschon
(* 27. Aug. 1824, † 19. April 1875 an Unterleibsbrand)
Sie war eine Tochter des Joseph Fahrenschon und der Maria Müller.
II. ∞ 8. Aug. 1875 Theres Bolkart, geb. Fahrenschon aus Nornheim (* 29. Mai 1821, † 15. Juni 1886 an Lungenleiden)
Sie war die Witwe des Friedrich Bolkart von Echlishausen.

1886–1912 Franz Mäusle (* 14. März 1848, † 4. Juli 1913 an Urämie [Schrumpfniere])
∞ 21. Juli 1886 Walburga Bolkart von Echlishausen
(* 3.Sept. 1864, † 5. Okt. 1951), vgl. HsNr. 19

1912–1953 Josef Mäusle (* 13. April 1884, † 10. Feb. 1953)
∞ 8. Juli 1912 Kreszenz Miller aus Leinheim
(* 23. Jan. 1886, † 4. Dez. 1961)
In der Nacht vom 29. auf 30. Januar 1932 brannte der freistehende Stadel und der hinter dem Wohnhaus befindliche Teil ab. Das Wohnhaus blieb, durch die Feuermauer geschützt, erhalten. Am 20. April 1945 brannte der Hof durch feindlichen Beschuss erneut ab.

1953–1974 Ulrich Schmid (* 18. Mai 1919 in Aislingen, † 17. Feb. 1986)
∞ 19. Mai 1948 Rosa Haupeltshofer, geb. Mäusle
(* 11. Juli 1913, † 3. Aug. 1993)
Sie fügten am Nordende des Gartens dem Anwesen ein Austragshaus zu.

1974–2012 Ulrich Schmid
∞ 28. Sept. 1974 Berta Meitinger
In ihrer Zeit wurde die Viehzucht eingestellt. Die Felder wurden weiterhin bewirtschaftet. Berta Schmid war Kreisbäuerin und wurde dank ihrer Bekanntheit zur Bezirksrätin gewählt

und anschließend für zwei Perioden als Abgeordnete in den bayerischen Landtag.

seit 2012 Andreas Schmid
∞ 28. Mai 2011 Kathrin Popp
Sie bauten an Stelle des alten Stalles ein neues Wohnhaus mit der HsNr. 13a. Die Felder bewirtschaften sie im Nebenerwerb.

HsNr. 23 Bürgermeister-Hindelang-Straße 15

Hausname: 1837 beim Klausen

Eine ehemalige burgauische Sölde, eigen, jedoch zinsbar zum kgl. Rentamt. (13)

1571 Melchior Schneeweiß (52)
1578 Mathes Schneeweiß (7)
1596 Martin Schneeweiß (8)

1662 Lienhard Gering ihn finden wir später auf HsNr. 27 (9)

(1666)–1686 Leonhard Grambser, *sartor* [Schneider] († 18. März 1688)
∞ Anna († 18. März 1685)

1686– Lorenz Grambser
I. ∞ 11. Feb. 1686 Maria Pfleger aus Leinheim
(† 13. Dez. 1689, 35 Jahre alt)
Sie kam ursprünglich aus Neuhausen bei München.
II. ∞ 6. Feb. 1690 Anna Böck von Rettenbach
Im Juni 1687 hatte das Kloster zwischen zwei burgauischen Untertanen zu richten, da ihm das Gassengericht zustand. Grund der Nennung war eine Verleumdung, in die aufzuklären auch der Pfarrer einbezogen war. Andreas Schmidt habe dem Rosshirten gegenüber geäußert, es solle von den Krambsern »ainiges Tuch« bei seinem Bruder Stoffel gestohlen worden sein. Es kam zum Wortwechsel, bei dem Beschimpfungen nicht ausblieben. Der Hirte, der befragt wurde, sagte aus, er »wisse nicht und könne nichts sagen« außer »einiges Wort wäre gerödt worden«. Als Andreas Schmidt bald danach auf den Hof seines Bruders Stoffel zuging, weil er einen Sack ausleihen wollte, habe »ihne der Thomas Crambser auf öffentlicher Gassen mit dem Hirtenkolben überloffen und nit allein bezichtiget, was ihne sein Bruder Lorenz Crambser des

entfremdten Tuechs halber vorhero bezichtigt gehabt, auch ganz keine Entschuldigung annehmen wollen, sondern auch mit dem Kolben hinter ihne hergefolgt und sich in seines Bruders Hofraitin zu reterieren gezwungen, unter anderm viele Schand- und Schmähwort, aber diese in specie öffentlich ausgestoßen«. Außerdem wurde noch eine alte Geschichte ausgegraben von einem »Diebsgulden«, den die Schmidts ans Oberamt zu zahlen gehabt hätten. Das musste jetzt geklärt werden. Das Urteil lautete: »Als ist er wegen solcher Bezichtigung fürnemblich aber wegen des Überlauffs auf offener Gassen und angemaßten Schlagens, mithin verübten Frevels per 3 Pfd Heller gestrafft. Der Thomas Crambser aber solle dem Andreas Schmidt und seinen Mitinteressenten wegen des Diebsgulden offentlich abbitten und des verübten großen Frevels, ohngeachtet vermög der Gerichts- und Polizeiordnung ein weit höcherer Straf darauf stünde, in Respect eines löbl. Kayserl. Oberamts allein um 10 Pfd hl angezogen sein.« Die Strafe ist dann doch noch gemildert worden. Nachdem Thomas Crambser Abbitte leistete, traf die beiden Brüder als Strafe 4 fl 30 kr, die sie bezahlen mussten. Im Nachlauf dieses Streits hätten die »Inwohner des oberen Dorfes zu Limpach ausgeben, es seye nichts sicher vor den beeden Crambser.« (56)

In der Besitzfolge ist hier eine Lücke geblieben. Eventuell ist Heinrich Heim, der Vater von Niclas Heim noch einzufügen.

1703–1734 Niclas Heim
(* 10. Sept. 1680, † 28. Aug. 1742 fiel von einem Vogelbeerbaum und starb). Niclas Heim war der Sohn von Heinrich Heim und Helena Schaidnaglin.
∞ 22. Mai 1703 Sybilla Anwentlerin von Rohr († 1. Okt. 1728)
Sie brachte ihm mit »neben ehrlicher Ausfertigung und eines jährigen Kalbs und 150 fl, daran bar 50 fl. Er ihr gleichfalls 150 fl. (26) Niclas Heim mehrte 1709 seinen Besitz um ¼ aigen Ackers von Mathes Niederhofer aus Leinheim. (27) 1727 verkaufte er wieder ¼ eigen Ackers an Ruedl Aubele. (34)

1734–1776 Jakob Heim (* 8. Juli 1709, † 27. Jan. 1781)
I. ∞ 16. Nov. 1734 Katharina Speckberger von Remshart
(† 16. Juli 1741)
II. ∞ 29. Aug. 1741 Katharina Mannes
(* 28. Sept. 1718, † 4. Nov. 1788)
Taufpate aller ihrer Kinder war der Benefiziat von Maria Königin Bild Dr. Andreas Schäffer. 1758 erwarb Jakob Heim

von Johann Faißt ein Feldlehen um 200 fl. Pfarrer Lechner stellte ihm dafür 150 fl zur Verfügung, die er zu 5 % verzinste und pünktlich wieder zurückzahlte. (65)

1776–1812 Sebastian Heim (* 20.01.1747, † 30. März 1814)
∞ 4. Juni 1776 Maria Deutschenbaur von Oxenbronn
(* 29. Aug. 1755, † 25. Aug. 1829 an Entkräftung)
Sebastian Heim hatte wie schon sein Vater sich gern nach Maria Königin Bild gewandt. So hatte er Ende Januar 1783 bei der Jungfer Marianna Ritter, der Schwester des Benefiziaten Ritter, zu einem größeren Einkauf von Äckern insgesamt 700 fl rheinischer Münze geliehen. Wie üblich standen darauf 5 % Zins und Rückzahlung nach ½ jährlicher Kündigung. Er verpfändete dagegen sein sämtliches Gut, das in wettenhausischer Jurisdiction und Steuerbarkeit lag. (78) Gleich am 3. Februar war er wieder in der Kanzlei, um die Grundstücke, die er vom Vater bereits vor sieben Jahren übernommen hatte, sich zuschreiben und in seinem Besitz bestätigen zu lassen. (78)

1812–1858 Joseph Heim
(* 8. März 1786, † 22. Jan. 1859 an Lungenentzündung)
∞ 7. Sept. 1812 Ottilia Fahrenschon von Leinheim
(* 13. Dez. 1781, † 9. April 1839 an Schlag und Brand)
Um 2600 fl hatte er von seinem Vater das Anwesen übernommen und um 6000 fl seinem Sohn Sebastian am 16. Oktober 1858 übergeben.

1858–1875 Sebastian Heim (* 2. März 1824, † 14. März 1875)
∞ 26. Okt. 1858 Barbara Kraus
(* 24. Okt. 1827, † 27. Jan. 1881 an Wassersucht). Sie war eine Weberstochter von Wettenhausen.
Sebastian Heim empfing am 13. März 1875 »bei guter Geistesgegenwart« die hl. Sterbesakramente. Am andern Tag abends zwischen 8 und 9 Uhr sprang er in den Dorfweiher und ertrank. Er war geisteskrank und war schon mehrere Jahre zuvor zweimal zur Heilbehandlung in Irsee. Eine Tochter der Barbara Kraus war Mathilde Schuster, geb. Kraus, die bei HsNr. 10 auftaucht.

1875–1887 Barbara Heim,
die Witwe erbte das Anwesen im Anschlag zu 9653 fl. Nach ihrem Tod führten ihre Kinder Franziska, Maria, Sebastian und Theres Heim das Anwesen gemeinsam weiter. Bald heiratete Franziska.

1887–1925	Joseph Berchtold (* 10. Feb. 1848, † 7. April 1922 an Arterienverkalkung) ∞ 14. Feb. 1887 Franziska Heim (* 24. April 1859, † 4. April 1925 an Herzleiden) Den Hof erbte die Tochter Franziska Berchtold. Sie heiratete Joseph Riesemann.
1925–1966	Joseph Riesemann (* 4. Aug. 1900, † 6. Dez. 1992) Sägerssohn aus Günzburg, gelernter Telefonarbeiter ∞ 20. Sept. 1924 Franziska Berchtold (* 16. Aug. 1900, † 18. Nov. 1966) Die einzige Tochter Franziska Riesemann übernahm den Hof und heiratete Clemens Stahl.
1966–2015	Franziska Stahl (* 19. Nov. 1924, † 22. Juli 2015) ∞ 19. Okt. 1953 Clemens Stahl aus Günzburg Sie beendete um 2007 die Landwirtschaft, gab die gepachteten Flächen zurück und verpachtete die eigenen Flächen. Die beiden Söhne Siegfried Klemens und Arthur führen die Landwirtschaft nicht mehr weiter.

HsNr. 24 Bürgermeister-Hindelang-Straße 16

Hausname:	1712–1817 beim A(u)bele 1817 beim Spitz, beim Schäffler
	Das ehemals Kaisersheimische Hofgut, erbgitig zur Reichsprälatur Kaisheim, bezahlt 2 fl 8 kr. (13)
1280	Otto von Limbach schenkte den Hof dem Kloster Kaisheim.
1587	Christian Steicheles Erben (7)
1596	Michael Baumeister (8)
bis 1671	Johann Abele, senior († 11. Aug. 1673) ∞ Maria († 24. Juli 1669) Den Johann Abele nennt 1661 ein Holzverkauf an das Kloster Wettenhausen. (64)
1671–1712	Johann Abele, junior (* um 1646, † 28. März 1712) I. ∞ 30. Juni 1671 Maria Kling von Hausen (* um 1658, † 8. Aug. 1688, alt 30 Jahre)

II. ∞ 27. Sept. 1688 Eva Dornmayer von Hausen bei Waldstetten (* um 1657, † 15. Mai 1692, alt 35 Jahre)
III. ∞ 8. Juli 1692 Maria Forstbauer von Kleinbeuren (* um 1672, † 21. Mai 1701, 29 Jahre alt)
IV. ∞ 1. Aug. 1701 Anna Wanner von Jettingen (* 17. Mai 1679, † 17. Mai 1720 als Wöchnerin)
In der Taufmatrikel wurde er 1688 als der »neue Heiligenpfleger« genannt und unterm 13. März 1696 als Kaisersheimscher Untertan bezeichnet. 25 Kinder seien es gewesen, die ihm die vier Frauen zwischen 1672 und 1711 geboren haben. 12 davon sind bald nach der Geburt gestorben. Unter den Überlebenden war ein Student, der in Salzburg, Steur [Steyr, Oberösterreich], Prag und Brüssel studiert hat. Was aus ihm geworden ist, steht nicht dabei. Beim Sterbeeintrag von Johann Abele bemerkte der Pfarrer: Consul et fabriciae templi atque multorum pupillorum fidelis praefectus.« [»Er war der Kirchenfabrik (Kirchenstiftung) und vieler Kinder treuer Vorgesetzter.«] Hans Abele wird in drei Protokollen als Käufer von Grundstücken genannt. Der Giltacker, den er im Mai 1683 erwarb, lag in Hammerstetten (24), im Oktober kaufte er um 46 fl 30 kr einen anderen Acker im Deffinger Feld (24), den dritten Acker ebenfalls in Limbacher Flur erstand er um 68 fl. (54) In eine Klagsache ist Abele hineingezogen worden. Er hatte im Rausch das Gerücht weitererzählt, »dass Andre Reiß und Georg Lautter einige Schaaf entfremdet haben sollen.« Er selber glaubte nicht, dass die Beschuldigungen wahr wären. Er halte die beiden »für gute ehrliche Leute« und wisse auch sonst »ihnen nichts Nachdenkliches nachzusagen«. Die beiden, die des Schafdiebstahls angeklagt waren, wurden auf seine Aussage hin frei gesprochen. (54) Durch die Heirat mit der Abele Witwe kam als der nächste Eigentümer auf den Hof.

1712–1737 Johann Georg Mannes aus Leinheim
(† 12. April 1737) vulgo Abele genannt
I. ∞ 24. Mai 1712 Anna Abele
II. ∞ 9. Okt. 1720 Anna Maria Mendle von Kleinanhausen (* 1. Juli 1700, † 26. Feb. 1753)
Nach dem Tod der ersten Frau Anna, waren zwei Mädchen, die »Fränzel und Cätherl miteinand zu einem Mütterlichen 400 fl und 1 Jcht Acker, die sie einstens selbsten zu erwählen« berechtigt. Im Amtsprotokoll wird ihr Erbe und die Heirat mit Anna Maria Mendle geregelt, die mit 550 fl in die Ehe einwilligte. (32) Nach seinem Tod wurden die Güter getrennt aufgeführt, nach ihrer Zugehörigkeit zu Kaisheim oder Wet-

tenhausen. (36) Die Witwe hatte wieder geheiratet und so kam als neuer Besitzer auf den Hof

1737–1771 Mathias Wieland, vulgo Abele, von Rammingen († 2. März 1771)
I. ∞ 29. Okt. 1737 Anna Maria Mannes, Witwe
II. ∞ 17. Nov. 1755 Maria Katharina Fahrenschon von Leinheim († 17. März 1771) vulgo Abelesbäurin
Wieland ging es wie vielen anderen in dieser Zeit. Auch er musste sich aus der Waisenkasse Geld leihen, es waren insgesamt 125 fl. Dafür verpfändete er sein Vermögen. (65) Ein zweiter Fall von Geldleihe, es ging um 300 fl, zeigte, dass auch im Amt Fehler passieren konnten, so dass eine Obligation »unter anderen actis zerstrayet« war und die Rückzahlung ausgesetzt wurde bis zur Auffindung der Obligation. Er bat aber sofort, ihm die Summe weiter zu belassen. (73) Der Sohn Joseph Wieland hatte sich 1774 schon vor der Ehe mit Maria Kolmor zusammengetan und war unerlaubt Vater geworden. Weil die beiden sich zur Ehe versprachen, wurden sie nur nach »eingeschärpfter Fürhaltung« mit je 10 fl bestraft. (17)

1771–1772 Jakob Heim, vulgo Abele (* 21. Juli 1744, † 21. Mai 1772)
∞ Ursula Rösch († 14. Dez. 1806 an Auszehrung und war 76 Jahre alt)

1772–1797 Petrus Schieferle von Mönstetten
(† 8. Juni 1822 an Wassersucht, 74 Jahre alt)
∞ 23. Juli 1772 die Witwe Ursula Heim
Schieferle hatte auch als Untertan von Kaisheim seine Geschäfte in Wettenhausen anzumelden. So wurden seine Handelschaften mit den Juden und Einkäufe festgehalten. (20) Im Ort hatte er wohl Ansehen, da er als Lehenträger für das Hirtenhaus aufgestellt wurde. (12) Als Bürgermeister hat er bei der Aufnahme eines Hirtenpaares zusammen mit Raymund Bürkner die Gemeinde vertreten. Es handelte sich um die beiden ledigen und unbemittelten Personen Hans Michl Schneck von Limbach und Cathrina Degerin von Hammerstetten. Die Gemeinde übernahm eine Fürsorgepflicht gegenüber diesen beiden. (78) Die Hofübernahme, die durch die Heirat zustande kam, meldete er bei der Oberamtskanzlei, damit auch wettenhausische Flächen ihm zugesprochen werden konnten. (74) Auch in Strafsachen musste der kaisheimische Untertan vor dem Gericht in Wettenhausen antreten. Der Fall des »Einhütens im herrschaftlichen Birken-Chau« brachte einen ernstlichen Verweis und 2 fl Strafe für die Beteiligten. (18) 1782 musste er für das Ausleihen von 100 fl seinen wettenhausischen

Acker als Pfand einsetzen. (55, 79) 1797 übergab Schieferle den Hof an seinen Stiefsohn Joseph Heim. Er hatte es aber versäumt, die 100 fl Schuld im Übergabevertrag festzuhalten. So hatte ihn die Oberamtskanzlei vorgeladen, um die Angelegenheit zu bereinigen und die Zuständigkeiten festzuhalten. (87)

1797–1804 Joseph Heim (* 2. März 1772) von Limbach
∞ 18. April 1797 Maria Wieser von Hetschwang, Pfarrei Pfaffenhofen)
Am 1. März 1804 hat der Wirt Bolkart um 5000 fl das Anwesen gekauft.

1804–1807 Anton Bolkart, Wirt
Er hat es wieder verhandelt an

1807–1817 Christian Frey († 22. März 1810, alt 53 Jahre)
∞ Victoria Baumeister († 29. März 1831 an Schleimschlag, alt 69 Jahre)
Beide wohnten zuvor in Oberknöringen. Christian ist gelegentlich der Reise der neuen Kaiserin Ludovika nach Frankreich ein Böllerzapfen an den Kopf geflogen, welcher ihm ein Loch in das Hirn geschlagen. Er starb nach drei Tagen. Victoria Frey übergab am 17. Januar 1817 um 1800 fl ihrer Tochter Maria.

1817–1866 Andreas Spitz von Rettenbach, Schäffler
(* 26. Nov. 1793, † 6. Dez. 1866 an Lungenschwindsucht)
∞ 4. Feb. 1817 Maria Frey
(* 5. März 1794, † 11. Jan. 1842 an einer Mutterkrankheit)
Anno 1864 erbauten sie sich HsNr. 24½.

1866–1889 Andreas Spitz (* 20. Dez. 1820, † 6. Nov. 1905 an Altersschwäche)
∞ 9. Jan. 1866 Maria Mönich von Edenhausen
(* 16. Sept. 1830, † 10. Aug. 1880 an typhösem Gall- und Gelbfieber)
Um 1882 brannte das Haus ab, das zweistöckig gebaut war. Spitz baute es eingädig wieder auf.

1889–1903 Joseph Mäusle (* 17. Juni 1863, † 27. Feb. 1950)
∞ 3. Juni 1889 Josepha Spitz
(* 11. Sept. 1867, † 6. Aug. 1935 an Magenkrebs)
Joseph Mäusle, der zuletzt im Pfründehäuschen von HsNr. 11 wohnte, siedelte am 1. April 1937 zu seinem Enkel Hans Mäusle, der die Joseph Jehle'sche Wirtschaft »Hindenburghöhe« in Pacht hatte, nach Burgau über. Den Hof verkaufte er an

1903–1952	Anton Oßwald von Burlafingen (* 14. Dez. 1873, † 30. Aug. 1952) I. ∞ 28. Sept. 1903 Anna Hanger (* 22. Jan. 1873, † 24. April 1923 nach einer Kropfoperation im Johanneum in Ulm) II. ∞ 17. Dez. 1923 Barbara Brucker von Ichenhausen (* 8. April 1886, † 3. Jan. 1974) Ihr Haus ist 1911 abgebrannt und wurde im selben Jahr wieder zweistöckig aufgebaut.
1952–1975	Barbara Oßwald, geb. Steck von Unterknöringen (* 31. Juli 1914, † 2. Okt. 1996) ∞ 26. Juli 1937 Anton Oßwald (* 16. Aug. 1909, † 13. Juli 1942 gefallen) Anton war als Hofnachfolger vorgesehen. Er wurde als Soldat zum Kriegsdienst einberufen. Nachdem er 1942 gefallen und sein Vater 1952 gestorben war, führte die Witwe das Anwesen weiter. Die Tochter Marianne heiratete
seit 1975	Oskar Gröger (* 7. Juli 1927, † 2. Feb. 2009) ∞ 11. Mai 1957 Marianne Oßwald Sie führten die Landwirtschaft weiter bis in die 1980er Jahre. Tochter Sonja Gröger ∞ 1986 Claus Dezort, Soldat Sie haben das Haus gründlich renoviert und die Wohnfläche erweitert. Als Hobbybauern führen sie mit einem Teil der Grundstücke die Landwirtschaft weiter.

Beschreibung des Besitzes unter Hans Abele um 1700

Limbach. Hans Abele Baur besitzt ein erbgüetigen Hof, wobey Haus, Hofraith, Stadel und Garten 5/4 Tgw halltend, ligt zwischen Hans Georg Partin Söld und Hans Conrad Schwarzen Hofprüell, stoßet oben auf die Gemeindsgassen auch auf Andres Schmid burgauisch Garten und auf Friedrich Gossner wettenhausischen Garten. Darein gehören nachfolgende Äckher:

Im oberen Veldt

1 Jcht zu Eisenpronnen zwischen seinem eignen und Hans Mannes eignen Ackher, gibt davon den Zehenden nach Kleinen Kötz, stoßet oben auf Kötzerweeg unten auf Simon Gollmizers Holltz zu Leinheimb.

¾ Jcht zwischen Friedrich Gossner und Leonhard Miller, unten auf Kötzerweg oben auf den Reichsgarten stoßend.

3 Jcht zwischen Friedrich Gossners Hof- und Christoph Schmidts eignen Ackher, stoßen oben auf den Reichsgarten unten auf Kötzerwisweg.

½ Jcht beedereits zwischen Hans Georg Barth Lehenäckher oben auf Hans Conrad Schwarzen Hofackher unten auf die Viehwayd stoßend.
½ Jcht zwischen dem Gemeindhölltz und Andreas Schmidten aignen Ackher, stoßet oben auf Christoph Schmidt, unten auf die Viehwayd.
1½ Viertl. zwischen Martin Lautter Hof- und Andreas Schmidtens aigenem Ackher, unten auf die Viehwayd und oben auf Martin Lautters Hofagger stoßend.
1 Jcht zwischen Hans Conrad Schwarzen und Matthäs Berger, stoßt oben auf der Herrschaft Holltz den Bürkhen Kau genanndt unten auf die Viehwayd.
¾ Jcht zwischen dem Pronnenlohe Gemeindsholltz, und vor den Anwanden stoßen unten auf Bartl Grambser, oben auf ihn selbst.
1½ Viertl zwischen Bartl Grambser und Ulrich Langegger, oben auf ihn selbst unten auf die Viehwayd stoßend.
1½ Viertl zwischen Bartl Grambser und Melchior Weinberger, stoßen oben auf den Pronnenlohe unten auf die Viehwayd.
5/4 Jcht zwischen Hans Conrad Schwarzen Hofagger und Bartl Grambser eigenen Ackher oben auf die Viehwayd unten auf Ulrich Langeggers Hofacker stoßend.
½ Jcht zwischen Leonhard Miller und Thoma Wiedemann stoßt unten auf Leonhard Millers Holltz oben auf Friedrich Gossners Hofacker.

Sa. 10 Jcht 1½ Viertl.

Im Mittlen Veldt gegen Deffingen
½ Jcht beym Dorf zwischen Georg Hörmann und Hans Georg Barten beede Lehenägger, stoßt oben auf Christoph Schmidt und Heinrich Heim unten auf den Weyherstrich.
½ Jcht zwischen Heinrich Heimen und der Gmeindwies, oben auf Ulrich Langegger unten wieder auf die Gemeindwis stoßend.
½ Jcht zwischen der Gemeindwis und Andreas Schmidt eignem Acker, oben auf ihme Andreas Schmidt unten auf die Gemeindwies stoßend.
½ Jcht zwischen Hans Georg Barth und Thomas Wiedemanns aignem ainer-, dann Christoph Schmidts Hofagger anderseits unten auf die Gemeindswies oben auf Friedrich Gossner und Hans Conrad Schwarzens Hofäcker stoßend.
¾ Jcht vor den Anwanden und zwischen Friedrich Gossner, stoßen oben auf Hanns Georg Barth oben auf Thoma Grambser.
1 Jcht zwischen Heinrich Heim, und Hans Otten, unten auf Hans Georg Barth Lehenagger, oben auf Deffinger Weg stoßend.
5/4 Jcht zwischen Hans Ott und seinem aignen Acker unten auf Conrad Schwarzen Hofagger oben auf Deffinger Staig stoßend.
¼ Jcht zwischen Hans Georg Barth und Friedrich Gossners Hofacker, stoßt unten auf ihne selbst oben auf Friedrich Gossner.
¾ Jcht vor den Anwanden zwischen Friedrich Gossner und Hans Otten, oben auf Deffinger Weg unten auf Klein Raunsetlen stoßend.
½ Jcht zwischen Friedrich Gossners Hofacker und Leonhard Miller Söldagger, stoßet oben auf Deffinger Weg unten auf die Viehwayd.

¾ Jcht vor den Anwanden zwischen Hans Conrad Schwarzen unten auf Deffinger Weg oben auf Friedrich Gossner Hofäcker stoßend.
¼ Jcht zwischen Thoma Wiedemann und Andres Schmiden aignen Äckern oben auf sein eigen Acker unten auf sein Hofmad stoßend.

Sa. 7½ Jaucht.

Im unteren Veld auf der Landstraße
½ Jcht beym Dorf zwischen dem Hirtenmädlen und sein eignem Agger, oben auf die Staig unten auf die Gemeindswies, die Rese genanndt, stoßend.
1¾ Jcht zwischen dem Staig und seinem Hofmädlen unten auf Friedrich Gossners Mad oben auf sein eigen Acker stoßend.
½ Jcht zwischen Hans Georg Barth und Georg Weber stoßet oben auf die Landstrasse unten auf den Grünen Weg gemeindtwis.
5/4Jcht gehen yber die Landstrasse hinyber zwischen Martin Lautters Hofagger und ihme selbst unten auf den Postweg und oben auf Bartl Grambser stoßend.
¾ Jcht zwischen Hans Mannes und Andres Schmid eignen Äggeren, stoßen oben auf den Postweg unten auf den Reisen Kau.
1½ Viertl zwischen Christoph Schmid und Melchior Weinberger, oben auf die Landstraße unten auf Bartl Grambsers eignem Agger stoßend.
½ Jcht zwischen Ulrich Langegger und Hans Conrad Schwarzen, stoßt oben auf den Schleiffweg unten auf den Schwarzenberg.
½ Jcht zwischen sein selbst aignem und Hans Georg Barth Söldenagger, gehet yber die Landstraße hinyber, stoßet oben auf den Schleiffweg unten auf den Postweg.
½ Jcht zwischen Hans Otten und Ulrich Langegger, oben auf den Schleiffweg unten auf den Schwarzenberg stoßend.
½ Jcht zwischen Hans Otten und Matthes Berger, stoßt oben auf den Schleiffweg unten auf den Schwarzenberg.
¾ Jcht geben den Zehend nach Leinheimb, zwischen Friedrich Gossners Hofacker und denen von Hardthausen, stoßen oben auf die Landstraße unten auf Leinheimber Gemeindhollz.
¼ Jcht zwischen Leonhard Miller und Hans Otten, stoßet oben auf Ulrich Lang-egger und auf ihne selbst.
1¾ Jcht zwischen Leonhard Miller und Heinrich Heimen, stoßen oben auf Ulrich Langegger unten auf den Reisen Kau und Hardthauser Holltz.
½ Jcht vor den Anwanden und zwischen Melchior Weinberger, stoßet oben auf die Landstraße unten auf ihn selbst.

Sa 10 Jaucht. 1½ Viertl.
Summa alle hievorbeschriebenen Ackher thuett 28¼ Jcht

Vollgen die Mäder
½ Jcht auf den Bach zwischen Leonhard Miller und Friedrich Gossners Hofmad, stoßet oben auf den schwarzen Berg unden auf die Gemeind.

1 Tgw zwischen Hans Conrad Schwarzen und sein Wexlmad, oben auf die Äg-ger unten auf das Gemeind Möslin stoßend.
2 Tgw gehen mit Hans Conrad Schwarzen zu Wexl, beedseits zwischen ihme selbst gelegen, oben auf Hans Conrad Schwarzen unten auf den Schwarzen-berg stoßend: durch diese 2 Tgw fliesset der Bach mitten hindurch.
1 Tgw zwischen erstbesagten 2 Tgw Wexelmädern und Hans Conrad Schwar-zen.
1 Tgw zwischen ihme selbst und dem Gemeindholltz, oben auf mehrbesagte Wexelmäder unten auf die Gemeindwies stoßend.
1 Tgw zu Hammerstetten, geht mit Friedrich Gossner 2 Tgw also zu Wexl, dass dem Baurn ein Schoch und dem Gossner 2 Schochen zugehen.
3½ Tgw im Burgauer Nordried an 3 unterschiedlichen Orthen.

Holltz
12 Jcht nach der Leipheimbischen Beschreibung liegen aneinander zwischen der Herrschaft zu Rembshardt und Georg Mayr Hörmans Söldholltz unten und oben auf das Herrschaftsholltz zu Rembshardt stoßend. (62)

Hans Aubelins Hoff, gibt jährlich Gilt:		
8 Immi Roggen à 2 fl tut	16 fl	
8 Immi Haber à 1 fl tut	8 fl	
Heugelt	5 fl	20 kr
Steur	4 fl	30 kr
1 Hennen		10 kr
Dienst in natura		

Ist erbgütig und der Herrschaft mit der niederen Gerichtsbarkeit unterthan, giebt auf die veränderlichen Fälle 4 fl. Rheinisch zu Weglosin und Handlohn jeder à 1 fl 4 kr. (62)

Ausgaben für einen Studenten

Den 18. März 1700.
Niclaus Koch zu Kleinbeuren bittet untertänig zu künftiger Nachricht und Versicherung seiner an Hans Aubele zue Limpach verheirateten Stieftoch-ter jenige Gellter, welche er Aubele für seinen studierenden Sohn ausgelegt (Stefan Aubele, * 28. Dez. 1673) und nach väterlicher Anweisung von ihme zu seiner Zeit wieder gueth getan werden sollen ad Protocollum zu nem-men.

Von anno 1684 bis 1689 inner 5 Jahrs Herrn Wielandt zu Günzburg Costgeld bezahlt für jedes 30 fl thut	150 fl
Von anno 1689 bis 1692 per 3 Jahr ihme Sohn auf Salz-burg überschickt	100 fl
Darauf ihme nacher Steuer ybermacht	14 fl

Anno 1697 wie er von Prag zu Haus wieder angelangt auf Kleidung Verwendt und zu Dillingen widerumb Costgeld bar bezahlt	123 fl
Anno 1698 auf Weynachten für Strimpf und Huet geben	4 fl
Weiteres auf die Fassnacht wiederum für Strimpf und Degen	2 fl 30 kr
Den 16. März 1698 ferners für Costgeld	27 fl 30 kr
Den 16. Oct. eiusdem anni zue Dillingen für Costgeld und anders Sachen, dem Schuhmacher Macherlohn und die Apothek zusammen	42 fl 50 kr
Mehr hat der ihme beschafft neue Rock gekostet	10 fl 25 kr
Den 18. Feb. 1699 bei dem Kayserheimischen Herren Pfleger in Ulm wegen des Sohns entlehnt	50 fl
und darvon ausgeben umb ein paar Schuech	1 fl 30 kr
zu Ulm bey Abholung des Gelds verzöhrt	1 fl 5 kr
dem Costherrn zu Dillingen geben	14 fl 30 kr
die von einem Studenten entlehnten 3 fl gutgetan	3 fl
in Dillingen dazumalen verzöhrt	56 kr
Item den Costherren auff das Bier und dem Pedellen erlegt	1 fl 10 kr
Für 3 Paar Schuech solen	1 fl 18 kr
Für einen Canis	40 kr
An dem Palmsonntag, als er Aubele wiederumb zu Dillingen gewesen dem Sohn gegeben	33 kr
Mehr zu Jakobi per 31 Wochen Cost und Biergeld bezahlt	25 fl 2 kr
Für ein paar Schuehsolen	20 kr
Für den Geburtsbrief ausgelegt	4 fl
Wie er Sohn die erste Weühung abgehollet ihme geben	1 fl 10 kr
Als er die Testimonia zue Dillingen abgehollet	1 fl
Nacher Brüssel geben	30 kr
Für 2 Paar Schuech	3 fl
Für das Tuech zu einem neuen Rock, über den obigen anno 1698	10 fl
dann wieder für ein anderes 1699	7 fl 30 kr
Wie er aus der Schuel geloffen, dem botten von Dillingen und anderen so ihne gesuecht, geben	2 fl 30 kr
Mehr ein paar Schuech zu sohlen	25 kr
Für ein paar Handschuech	45 kr
Für ein paar Strimpf	1 fl 40 kr
Den 20. Febr. 1700 ihme Sohn auf dem Weg nacher Dillingen geben	4 fl
Da er Aubele mit ihme auf Kaiserheimb gegangen verzöhrt	1 fl 7 kr 4 hl

Züns von obigen aufgenommen 50 fl	30 kr
Für ein paar Sohlen	15 kr
Summa	564 fl 41 kr 4 hl

Von Posten zu Posten also herausgezogen aus einer durch ihme Aubelin aigenhändig zusammengeschriebener Specification. (25)

HsNr. 24½ Bürgermeister-Hindelang-Straße 16

Hausname: unbekannt

1864–1866 Andreas Spitz
(* 26. Nov. 1793, † 6. Dez. 1866 an Lungenschwindsucht)
∞ 4. Feb. 1817 Maria Frey
(* 5. März 1794, † 11. Jan. 1842 an Mutterkrankheit)
Andreas Spitz war in Rettenbach geboren. Er kam nach Limbach und erbaute 1864 von HsNr. 24 aus dieses Haus.

1867–1886 Christian Spitz
(* 4. Sept. 1825, † 11. April 1904 an Altersschwäche)
Er verdiente sich den Unterhalt als Taglöhner.
∞ 3. Sept. 1867 Ottilie Fäustle aus Ettenbeuren
(* 26. Juli 1831, † 26. Dez. 1902 an Schlaganfall)
1886 zogen sie, nachdem das Haus 1883 in der Gant verkauft wurde, in das Pfründehaus von HsNr. 6. Im Mai 1889 kamen sie ins Armenhaus und 1894 zogen sie nach HsNr. 33.

1886–1902 Anton Mäusle, Schmied (* 15. Mai 1821, † 4. Aug. 1891)
∞ Viktoria Hagenmayer von Remshart
(* 4. April 1822, † 16. Dez. 1902)
Sie wohnten in HsNr. 11½ und kauften 1883 das Haus Nr. 24½ in der Gant. Von ihrem Anwesen, der Schmiede, in HsNr. 11½ nahmen sie noch einige Grundstücke mit und zogen dann 1886 ein.

1902–1920 Engelbert Mäusle, Schmied auf HsNr. 11½
(* 10. Nov. 1861, † 23. Mai 1920)
∞ 26. Juli 1886 Barbara Birkner
(* 17. April 1864, † 26. Sept. 1929)
Er heiratete Barbara Birkner, die 1920 nach seinem Tod nach HsNr. 24½ zog. Engelbert erbte das Haus nach dem Tod seiner Mutter 1902.

1920–1929 Barbara Mäusle, Schmiedswitwe von HsNr. 11½ (* 17. April 1864, † 26. Sept. 1929) Von ihr erbte das Haus ihre Tochter Anna.

1929–1980 Karl Endres (* 29. Okt. 1887, † 21. Mai 1980) ∞ 2. Juli 1927 Anna Mäusle (* 15. April 1896, † 16. Dez. 1961) Seit dem Tod des Karl Endres steht das Haus leer.

HsNr. 25/26 Maria Königin Bild-Straße 3

Hausname: 1837 Wagner
1837 Käppelischneider

Ehemaliges burgauisches ¼ Leerhaus. Hausunterhaltsverbindlichkeiten hatte der Besitzer von HsNr. 26 zu ¼ Teil und HsNr. 25 zu ¾ Teil zu tragen. Die Haustüre für HsNr. 26 befand sich auf der Westseite.

1698–1730 Michael Schmied von Wertingen († 22. April 1730, alt 67 Jahre) Er war Mesner und Organist bei Maria Königin Bild und *sartor* [Schneider].
∞ Walburga Schmied († 28. April 1730)
Mit dem »Käppele-Schneider« haben die Limbacher Schneider sich nicht so recht vertragen. Einmal gab es Reklamationen, weil der Schneider in Limbach gearbeitet hatte. Das war aber für ihn verbotenes Terrain. (33) 1724 kam sein »Bauantrag« für einen Nebenbau mit Stall und Stadeldennen im Erdgeschoß und einer Wohnung darüber. Der Grund, warum dieses Vorhaben für die gdg. Herrschaft zu Wettenhausen und die Gemeinde Limbach höchst nachteilig war, wird nicht näher beschrieben. Es war nur die Rede von Eigenmächtigkeit. (33) Um 1729 hatte Michael Schmied, Mesner, sich »das Stüble am Haus neu erbaut« und zahlte daraus 7 kr, 1 Hennerle = 3 kr und aus dem Baumgartl 15 kr.

1732 Konrad Gerger, Mesner und Organist bei Maria Königin Bild. Er war unter dem 7. Januar genannt. Im gleichen Jahr wird dann aber

1732 Anton Thoma aus Ettenbeuren erwähnt, Mesner und Organist Er wurde später Chorregent in Neuburg/Kammel. Am 31. Juli 1758 ließ er sich in Maria Königin Bild mit Theres Mayer trauen, obwohl er schon in Neuburg/Kammel wohnte.

1736 — Ignaz Brandt, Mesnerssohn von Limpach (* 31. Jan. 1714)
∞ 16. Jan. 1736 Maria Schmid, Mesnerstochter von Maria Königin Bild

1745/47 — Petrus Deger
∞ Anna Maria († 20. Juli 1777)

1769 — Andreas Weittner, Mesner in Maria Königin Bild
Er wurde genannt unter dem 4. April, stammte aus Deffingen und war der Bruder von Isidora Kempter von HsNr. 12.

1743–1804 — Johann Deger, Wagner (* 2. Juli 1745, † 15. April 1792)
∞ 27. Juli 1773 Maria Bestler
(* 5. Sept. 1749, † 25. März 1815 an Mutterkrankheit)
In der Einsamkeit draußen hinter dem Heiligtum war das Leben auch nicht viel heiliger als im Dorf, so stand die Degertochter vor Gericht, weil sie unehelich geschwängert wurde. Der angegebene Schneck konnte sich von der Angabe befreien durch den Hinweis, dass die Viktoria von einem anderen Geld erhalten hätte. Die Strafe war trotzdem, drei Sonntage mit dem Schandzeichen öffentlich ausgestellt zu werden. (18) In einem zweiten Anlauf gab sich Johann Deger als Vater zu erkennen. Die Strafe wurde abgewandelt in eine ernsthafte Ermahnung. (18) 1806, nach der Aufhebung der Klosterherrschaft, sah dann auch ein Ehepakt viel einfacher und natürlich auch knapper aus. Wichtig war der Hinweis auf die priesterliche Einsegnung, dann das Einbringen der Braut und des Bräutigams, dann der Erbfall und schließlich der Güterstand. Die Unterschriften waren in dieser Zeit oft immer noch mit Handzeichen. (57)

1804–1835 — Johann Michael Deger, Wagner
(* 19. Aug. 1773, † 24. Jan. 1833 an Lungensucht)
∞ 27. Nov. 1804 Barbara Geiger von Großkötz
(* 28. Sept. 1786, † 22. Nov. 1843 an Altersschwäche)

1835–1846 — Johann Michael Deger, Wagner (* 19. Juli 1811)
∞ 2. März 1835 Juliana Roth von Großkötz (* 9. Jan. 1809)
Er übernahm von seiner Mutter um 800 fl und zog, nachdem er sein Anwesen verkauft hatte, nach Schneckenhofen.

1846–1879 — Kaspar Gaa, Wagner
(* 25. Feb. 1816, † 12. März 1858 an Abzehrung)
∞ 10. Nov. 1846 Barbara Bestler
(* 4. Nov. 1818, † 25. April 1890 an Herzbeutelwassersucht)

Kaspar Gaa kam von Knöringen und hatte das Anwesen im April 1846 um 2000 fl gekauft. Auf seinem Grabstein war zu lesen:

»Sanft ruh' der stille Mann!
Als Bürger, Vater, Christ,
hat er treu getann
was recht und löblich ist.«

1879–1908 Joseph Gaa, Wagner
(* 4. März 1850, † 12. Feb. 1930 an Herzschlag)
∞ 21. April 1879 Krescenz Hertrich, Wasenmeisterstochter von Wettenhausen (* 24. Juli 1850, † 2. Nov. 1925 an *Carcinoma faciei* [Hautkrebs im Gesicht])
Sie erbauten sich das Pfründehaus.

1908–1962 Joseph Gaa, Wagner, (* 18. Jan. 1880)
∞ 23. März 1908 Franziska Findler von Goldbach
(* 28. Nov. 1883)
1962 in der Silvesternacht ist das Haus abgebrannt, weil sich die neue Gasflasche entzündete. Heute hat sich die Gartenbaufirma Dolze auf diesem Grundstück niedergelassen.

Hausname: 1727 Königinbildschuster
1791 Königinbild
1837 Käppelischneider

bis 1727 Johann und Maria Demeter

1727–1788 Johann Georg Gallbrunner, Schuhmacher aus Gundelfingen
(† 3. Mai 1789 alt 99 Jahr)
I. ∞ 13. Mai 1727 Anna Demeter von Limbach († 3. Mai 1730)
II. ∞ 12. Sept. 1730 Maria Theresia Bader von Krumbach
(† 15. Aug. 1762)
III. ∞ 9. Nov. 1762 Maria Baumeister von Ettenbeuren
Gallbrunner war auch Zapfenwirt und bezahlte um 1730 nach Burgau 2 fl aus dem Zapfen und 1 fl aus Branntweinschänken. Wahrscheinlich war Peter Göz sein markgräflicher Bier- und Schnapslieferant, denn bei der zweiten Taufe stand Göz Pate.
»Actum, Burgau den 26. April 1727. Dato auf Ableiben Johann Demeter und Maria dessen Ehefrau bey der Kgl. Capellen negst Limpach, hat dessen hinterlassene jüngste Tochter Anna Demeterin mit Consens beedseits befreindten sich mit dem bescheidenen Johann Georg Gahlbronner, des ehrengeachteten Niclas Gallbronner seel. hinderlassener ehelich erzaigter Sohn

von Gundelfingen, Churpfälzischer Herrschaft in folgendten Heiratspact sich eingelassen und zwar erstlich bringt obermelte Anna Demeterin zue einem wahren Heiratsguth ein halbe Behausung negst der Kgl. Capellen, so an Geld per 120 fl angeschlagen, zue daran sie nichts als annoch ihrer vorhandenen Schwester Regina Demeterin, so annoch ledig, 60 fl als paars 15 fl die restierende 45 fl aber alljährl mit 5 fl Zihl, jedes Mal auf Weihnachten und zwar anfahrend als erstes Zihl auf Weihnachten 1727 mit 5 fl zue bezahlen und solang und vil damit zue continuieren bis die Summa der 45 fl bezahlt sein wirdtet, hinauszugeben verbunden sein solle. Hingegen belegt ihr negst angehender Hochzeiter Johann Georg Gahlbronner selbiges mit seiner Profession, des Schuemacher Handwerks nebst bestehenden 15 fl paaren Gelds, sonsten ist die halbe Behausung mit alliglicher Jurisdiction der löbl. Markgrafschaft Burgau unterworffen – wovon selbige anhero mit dann jährlich an 23 kr 1 hl die Hälfte zu tragen schuldig – nebst obigen 60 fl aber solle die Schwester Regina lebenslänglich alleinig den Unterschlauf im Hause haben, sofern sie wider Verhoffen sich im Haus neben und bey einander nit betragen kunten, solle die Schwester ihren Unterschlauf anderwärtig suchen, dargegen statt dessen ihr aber 15 fl Gelds prestiert werden. Schließlich ist soviel abgeredt worden, da ein oder das andere ohne Leibl. Erben von einander das Zeitliche segnen sollte, dessen negst Anverwandten das Hochzeitliche Ehren Klaid nebst 10 fl Geld zurückzugeben verbunden sein sollen, dessen auf Seiten des Johann Georg Gahlbronner ist Gezeugen Leonhard Bohner Burger und Glaser von Gundelfingen, auf Seiten der Anna Demeterin aber Michael Demeter, Hinkhstötter [Hygstetter] Baur negst Gundelfingen. NB! Weilen in diesem Häusel unter anderem auch Bier, welches zwar von dem Limpacher Würth genommen wirdt, ausgeschenkhet und jährlich wohl 40 Aymer verschlissen werden, davon aber kein Zapfengeld gegeben wird, ist in dieser Sach zu inquirieren.« (58)

»Extract aus dem Kayserl. Königl. Markgrafschaft Burgau. Gerichts Vogtamtl. Protok. Dato 20. October 1762.

Heyratsbrieff: Dato und auf Absterben Theresia Gallbronnerin im Leben gewester Schusterin bey der Kgl. Capell zu Limpach, numehro seelig, verhayrathet sich abermalen deroselben mit einem, jedoch bereits verhayrateten Kind hinterlassene Witiber Hans Georg Gallbronner, jedoch auf Hochherrschaftl. Ratification und zwar in Gegenwart nachbenannter Befreindten Beiständ und Gezeugen mit und gegen die Ehr- und Tugendsame Maria Paumeister ledigen Stands von Ettenbaüren und verspricht

1. Sie Hochzeiterin ihrem freundlich geliebten Hochzeiter oder vielmehr deroselben zugegenstehend Bruder Johannes Paumeister burgerl. Hafner zu gedachtem Ettenbaüren als ein recht-wahres Heiratgut benebst einer ansechlichen Einrichtung, an Geld 200 fl nach Verfluß eines viertl Jahrs baars zuzubringen. Dargegen und
2. anverheiratet er Hochzeiter seiner gleichfalls geliebten Hochzeiterin seine bis-anhero ruhiglich und aigenthumblich nächst der Kgl. Capell zu gedachtem Limppach gelegenen Söldenbehausung und Garten besamt all übrig und weithers apertinentiis nichts hievon ausgenommem, wie solches alles immer Namen haben khann und mag, inner und außer des Hauses, welch alles zusamben ohngefähr 800 fl zu ästimieren, wie auch denen hierauf haftenden Herrschaftlichen Beschwerden. Was aber und
3. den ohnausbleiblichen Todesfall dieser Prautpersonen belangt, so ist hierüber von erst gedachten beeden Verlobten und beedseits Ehrliebend Freundschaft, Beyständ und Gezeugen besonders abgerödet und wohl bedächtlich stipulieret worden, dass und im Fall über kurz oder lang er Hochzeiter mit oder ohne aus dieser künftigen Ehe ainig vorhandenen Eheleibl. Erben mit Todt abgehen sollte, alsdann die dazu noch hinterlassene Wittib zu obgesagter Söldenbehausung, auch aller Ein- und Zugehör benebst Herausnehmung ihres erweislich eingelegten Heiratguts den ersten Zuspruch und Vorkauf haben, nachdem jedoch seine Hochzeiters leibliche Tochter Maria Anna Merkhlin, Bäurin zu Rettenbach unter erbettener Beystandsleistung Michl Wiedenmann, Baurens zu gedachtem Rettenbach ihne behandlet und versprochenen 400 fl zuvor baars erhalten haben würdet und die etwann unter während dieser künftigen Ehe sich größere Schulden gänzlichen bezahlt sein werden, gestalten diejenige Schulden, so während der ehevorigen Ehe bereits bestellt gewesen sein sollen, solche von obersagten 400 fl zu defalcieren sein wirden, mithin sie Witib von all weiterem Vermögen, wie solches immer Namen haben khann und mag die alleinig wahre Besitzerin und Aigenthumberin sein und verbleiben solle.
4. Sollte aber sie Hochzeiterin vor ihme Hochzeiter ohne aus dieser Ehe ainig vorhandene eheleibl. Erben das Zeitliche mit dem ewigen verwechseln, solchen Falls sollte der dazumal hinterlassene Wittiber deroselben nächsten An- und Bluettsverwandten von dem erweislich eingebrachten Heiratgut in Zeit eines Viertl Jahrs besamt Truchen und Hals- dann Leibesklei-

dern unverruckt 150 fl baars hinauszubezahlen und zu geben verbunden und gehalten sein. Endlich und schließlich auch 5. haben beedseits zugegenstehende Teill der Böther und dermalen vorhandenen Flaxes, dann des Väterl. Kastens und Kleider – weilen ex superfluo dahin einander verstanden und abgemacht, dass nach Ableiben des Vaters Hans Jerg Gallbronner vorberührter Kasten, besamt denen Kleidern seiner zu Rettenbach vorfindigen Enkelen alleinig und als ein Aigenthumb, dessen Tochter hingegen die Hälfte des gegenwärtigen Flaxes und die Hälfte der Böther zu gleichen Teilen verteilt, dann die väterl. Böthstatt sambt denen Vorhäng, Schueh Knechts, zuständig sein und verbleiben solle. Geschechen in Gegenwart beed Brautpersonen und der Hochzeiterin Beystands, dann des Hochzeiters leibl. Tochter benebst ihrem Beistand selbsten. Testis: Joseph Bolkart, Tafernwirt und Zacharias Aubele Söldner und beede zu Limppach. Extradiert Burgau 2. Jenner 1763. Testis: Johann Leonhard Cramer Gerichtsvogt und Jurisdictions Verwalter alda.« (58)

1788–1798 Jakob Hauf von Hammerstetten (* 26. Juli 1737, † 8. Jan. 1798)
I. ∞ 19. Mai 1788 Maria Deger (* 2. Sept. 1747, † 30. Nov. 1790)
II. ∞ 24. Jan. 1791 Barbara Clarman von Amendingen
(* 16. Sept. 1752, † 23. Mai 1829 an Wassersucht)

1798–1824 Jakob Kupfer (* 13. Juli 1768, † 25. Nov. 1823 an einem Fluß, der sich zur Herzkammer gezogen)
∞ 24. April 1798 die Witwe Barbara Hauf

1824–1863 Joseph Hauf, Schneider
(* 21. März 1792, † 13. Dez. 1863 an Wassersucht und Schleimfieber)
I. ∞ 26. Okt. 1824 Theres Strak von Deffingen
(* 14. Okt. 1789, † 27. April 1825 im Wochenbett)
II. ∞ 18. Okt. 1825 Kreszenz Andelfinger von Bubesheim
(* 20. Juni 1792, † 18. Dez. 1863 an Brustentzündung)
Hauf hatte am 25. Oktober 1824 das Anwesen um 300 fl übernommen. Von ihm erzählt man sich, dass er sich nach seinem Tod angemeldet habe. Er soll drei Mal an der Türe geschnallt (die Klinke bewegt) haben. Die Frau Kreszenz sei darüber so erschrocken, dass sie sich nicht mehr an der Beerdigung ihres Mannes beteiligen konnte und ihm fünf Tage später im Tode nachfolgte. Von den Erben kaufte ein lediger Schneider das Haus, verkaufte es aber schnell wieder weiter.

1864–1890 Auch der neue Käufer veräußerte es wieder umgehend an Thomas Glöggle, Maurer von Leinheim (* 18. Dez. 1826, † 9. Aug. 1909 an Altersschwäche) ∞ Sept. 1862 Victoria Hindelang aus Gerlenhofen, Pfarrei Aufheim (* 19. Aug. 1829, † 10. März 1881 an Gebärmutterleiden) Bei ihnen wohnten als Beisitz Joseph und Krescenz Kastler (vgl.HsNr. 16½). Glöggle verkaufte am 2. Februar 1890 an Joseph Gaa, der diese an sein Haus angebaute Wohnung in einen Stadel umbauen ließ. Glöggle kaufte sich HsNr. 16½.

HsNr. 27 Pfarrer-Völk-Straße 22

Hausname: Wirt

Über die vormals markgräflich-burgauische Wirtssölde mit realer Tafern-, Bräuerei-, Metzgerei- und Bäckereigerechtsame findet sich schon anno 1602 in den Annales (63) der Eintrag: *Quid sit taberna et quando per violentias austriacas in pagum nostrum Limpach fuerit intrusa* (es besteht eine Taverne, die einmal durch die österreichische Oberhoheit in unserem Ort Limpach eingerichtet wurde). Anno 1873: eigen jedoch zum kgl. Rentamt zinsbar

1574/78 Anna Prolier (7, 52)

1596 Jerg Prolier (8)

1662 Simon Bernsteiner († 13. April 1669)
∞ Maria († 2. Sept. 1669)
Der Sohn Martin hat für beide einen Jahrtag gestiftet um 20 fl. Am 18. März 1681 verkauften »mit Vorwissen und Gutbefinden gdg. Herrschaft« »die Vormünder Theis Mändle und Hans Aubele, beede von Limbach,« »5/4 aigen Ackers als ¾ im Deffinger Feld« und »2/4 Baumgarten«, zusammen um 111 fl. Die Grundstücke gehörten den Waisenkindern Simon Bernsteiners. Der Käufer Stefan Schwarz bezahlte 11 fl. bar, die 100 fl ordentlich verzinst«. (24)
Die Einrichtung der Vormundschaft war immer eine Vertrauensangelegenheit. Darüber galt es vor dem Amt Rechnung zu legen über die Verwaltung: So ein Beispiel hat sich ergeben mit den Waisenkindern des Simon Bernsteiner. Am 9. Dezember 1698 »haben Hans Aubele und Hans Georg Bart zu Limpach als bestellte Curatores weiland Simon Bernsteiners selig hin-

terlassene auch nunmehr bei 17 Jahr in der Fremde, und soviel letztmals zu erfahren gewesen, in Kriegsdiensten befindenden Sohn Andreas Bernsteiners über die ihme erbschaftl. Zuständige 75 fl. folgende Rechnung abgelegt:

Einnahmb:		
Vermögen. Letzterer in anno 1692 aufgenommener Rechnung sind ihnen in Handen geblieben	75 fl	
und haben dieselben ab 70 fl. in 6 Jahren Zins eingenommen	21 fl	
an alten Zinsrestanten	2 fl	38 kr

Ausgab:		
Wegen Aufnamb letzterer Rechnung Canzleitax	1 fl	36 kr.
Die Freindschaft hat bei allhiesiger Rechnung verzöhrt		24 kr
Für 3 Jahrtäg als anno 1693, 94, 95 jedesmal 35 kr.	1 f	45 kr
Wegen abgefallen Geld dorten Herrn Pfarrer zu Limpach den gestiften Jahrtag ersetzt	5 fl	3 kr
Als Mathes Maurer 15 fl. entlehnt, Canzleitax, verzöhrt dabei	5 fl	
Bleiben in Rest	89 fl	30 kr

Von dieser restierenden Summa hat in Handen Peter Krambser

Auf ½ Jcht. Ackers, jedoch unter weiterer Bürgschaft Bartlme Krambsers, vis prot. dato 28. Nov. 1693	50 fl	
Ist an 5 hinterstölligen Zinsen schuldig	12 fl	30 kr
Michael Kirchdofer solle an Capital	15 fl	
3 Jahr Zins	2 fl	15 kr
Hans Georg Bart, Mitpfleger hat auf Zins empfangen	5 fl	
Item bleibt er schuldig 4 Jahreszinsen	1 fl	
	85 fl	45 kr
und haben sie Rechnungsgeber paar Geld in Händen	3 fl	45 kr
	89 fl	30 kr

(25)

Auch am 6. März 1700 haben »Hans Aubele und Hans Jörg Bart zu Limpach verordnete Curatores Andreas Bernsteiners, so sich über die 10 Jahre schon unwissend, wo in der Fremde sich befindet vom 9. Dez. 1698 bis dato Rechnung gegeben worden wie folgt:

Einnamb:

An Exstantien und barem Geld nach voriger Rechnung	89 fl 30 kr
Von Peter Krambser zu Limpach ab 50 fl. Zins	2 fl 30 kr
Von Michl Kirchdorfer ab 15 fl Zins	45 kr
Von dem Pfleger Jörg Bart ab 5 fl Zins	15 kr
	93 fl

Ausgab:

Canzleigebühr wegen aufgenommener letzter Rechnung	1 fl
Verzöhrt nach und nach	48 kr
[Stand	91 fl 12 kr]

(25)

1666–1683 Leonhard Gering
I. ∞ Christina († 29. April 1675) Wirtin in Limpach
II. ∞ Katharina Strobl, Witwe von Harthausen
(† 15. April 1689, alt 70 Jahr, in Großanhausen)
Sie zogen nach Großanhausen HsNr. 2. (Taufmatrikel 1666)
Am 21. Oktober 1681 kaufte Hans Maurers Witwe von Leinheim von Leonhard Gering zu Limbach »2 Jcht Ackers«, davon »¼ im mittleren Feld«, »1 Jcht im Cammerkau«, dann »¾ im mittleren Veld zwischen dem Bronnenloch und den Anwanden« um zusammen »190 fl bar Geld«. »Von diesen Äckern seind die ersten 5/4 Andres Schmid und Hans Aubelen lt. Prot. vom 10. Juli 1676 um 65 fl auf 5 Jahr versetzt gewesen. (24)

seit 1683 Hans Mannes
∞ Maria († 11. Aug. 1688, alt 66 Jahr)
Hans Mannes wird in der Taufmatrikel am 20. Juni 1685 genannt und nochmals am 4. Juni 1685 als Trauzeuge, dabei wird er als Wirt in Limbach bezeichnet.

1 1703 starb Hans Mannes von Leinheim. Er hatte »bei Georg Mayr Hörmann zu Limpach 20 fl Capital, 3 Jcht in hiesiger Herrschaft gelegenen aigen Ackers und 1 dergleichen Stuck Holz hinterlassen«. Davon wurde am 29. März 1703 das Kapital »zu einem ewigen Jahrtag« in der Pfarrkirche St. Stefan zu Limpach verwendet, »die Grundstück aber unter die Erben verteilt«. (26)
Am 1. April 1693 tauschten »Hanns Mannes, Würth zu Limpah« seine »eigene halbe Jcht im Kleinkötzer Veld« gegen »½ Jchrt Lehenacker mit Hans Otten von Limpach«. Dabei blieb »des Mannes eigene ½ Jchrt lehenbar« und die des Ott eigen. (54)

1701–1707 Johann Gossner, *hospes* (Gastwirt)
∞ Eva
Bei der ersten eingetragenen Taufe waren Taufzeugen: *Perhonesta Virgo M. Theresia Kempterin, soluta, loco matris suae Dominae Annae Mariae Kempterin, Praefectissae in Biberzell et Christian Hueber de Unterreichenbach, parochiae Oberhusanae.* (Die ehrenhafte Jungfrau M. Theresia Kempter, ledig, an Stelle ihrer Mutter, der Herrin Anna Maria Kempter, Vorsteherin in Biberzell, und Christian Hueber von Unterreichenbach, Pfarrei Oberhausen.)

1707–1727 Johann Bolkard († 10. Juni 1727)
∞ 22. Mai 1708 Anna Saumweber von Ettenbeuren
»Den 24. Mai 1708. Inhalt Kayserl. burgauischer Förtigungsprot. dato 30. Sept. 1707 verheiratet sich der burgauische Wirt Johann Bolkart in Limbach gegen Anna Saumweberin von Ettenbeuren, Jakob Saumwebers und Ursula N. ehelichen Tochter. Bringt ihm selbe neben ehrlicher Ausfertigung 1 Khue, 1 Kalbl, zum Heiratsgut 225 fl daran bei der Hochzeit bar 100 fl den Rest in jährlichen Zihlern mit 25 fl. Der Hochzeiter bringt mit sein jüngstens erhandletes Wirtshaus und Preuwerk, so ihm bei 550 fl solle gekostet haben.« (27)
Am 22. Juni 1708 klagte »Abraham Levi Aaberer in Ichenhausen« den Wirt »Johann Bolkard« in Limbach an, »dass dieser ihn bei der Schmidtin in Limbach angefallen, hart ›gedrucket‹ und gestoßen«, so dass er mehrere Tage zu Haus verbleiben musste und seinem Gewerbe nicht nachkommen konnte. Er bat um Schadenersatz. Bolkard gestand die Tat, wendete aber ein, der Jud habe ihn mit Drohungen gereizt. Der Beschaid lautete: »Bolkard bezahlt dem Juden einen Duggaten und erlegt zur Strafe 3 fl. (27)
Wieder stand Hans Bolkard, burgauischer Zapfenwirt in Limbach am 12. August 1710 vor dem Richter. Er hatte Johann Aubele »auf der Gassen im Dorf mit Streichen angefallen und den Flor am Hals zerrissen«. Bolkard soll sich »wegen des zerrissenen Halsflors vergleichen« und »2 Pfd. Haller Straf« zahlen.« (27)

1728–1747 Peter Göz († 16. Jan. 1747) von Großkissendorf
∞ 27. Jan. 1728 die Witwe Anna Bolkart († 6. Mai 1745)
Auf einem Ritt nach Günzburg fiel er einmal vom Pferde und blieb mit einem Fuß am Steigbügel hängen. Das Pferd ging durch und schleifte ihn mit. Erst als er den Schutz von Maria Königin Bild anrief, blieb das Pferd stehen. (Scheffer, Außführlicher Bericht, p. 157)

Nachdem »Peter Göz, burgauischer Wirt in Limpach« im Januar »das Zeitliche mit dem Ewigen verwexlet« hatte, wurde am 28. April 1747 das Erbe verteilt.
Zu seinen Gütern gehörte auch eine wettenhausische Erblehenssöld (siehe HsNr. 1). Die beiden »Söhne Bernard und Joseph« überließen alles »ihrer Schwester Victoria Bolkart« und damit ihrem Mann Hans Michl Fritz, dem jetztigen Wirt. »Die Söld gibt dem lieben Heiligen in Großanhausen 17 kr 1 hl und zur Auf- und Abfahrt zusammen 8 fl.« (45)

1747–1752 Johann Michel Fritz von Leinheim
I. ∞ 11. April 1747 Maria Victoria Bolkart
(* 20. März 1726, † 8. Jan. 1751)
II. ∞ 27. April 1751 Anna Maria Sauter von Großkötz
Fritz war zuvor Tafernwirt in Leinheim und zog wieder nach Leinheim. Am 9. Januar 1753 löste sich Michael Fritz aus einer Schuld gegen den ledigen Anton Crambser, der sich »in der Fremde aufhalten solle«, indem er sie an Sebastian Mair aus Kleinanhausen weitergibt. Die 70 fl hat nun Mair dem Crambser zu verzinsen. (49) Fritz kaufte die Erbsöld HsNr. 13 um 1625 fl, die er drei Jahre später an Bolkart zum Einkaufspreis weitergab.

1752–1772 Franz Joseph Bolkart (* 4. Dez. 1720, † 13. April 1772)
∞ 3. Juli 1752 Barbara Strehle von Rettenbach
1756 im April war Bolkart in Deubach im Wirtshaus. Auch Caspar Herniger von Kleinbeuren war dort und bereits »ziemlich bezechet«. Er begann mit »verschiedentlichen Wortwexeln« und »Beschimpfungen«. Andere mussten schlichtend eingreifen. Dabei erlitt Joseph Bolkart, der Wirt von Limbach, durch einen gefährlichen Sturz eine blutige Wunde. Herniger als der Verursacher dessen wurde per 2 Pfd Pfg. bestraft.
Am 5. Mai 1756 greifen Matheis Altsteiger von Ettenbeuren und Joseph Bolkart, der Wirt zu Limpach, als Pfleger der Saumweberschen Waisen zu Hammerstetten zum Mittel der Klage »wider Carl Maisch daselbst«, dass dieser den Waisen die am »18. Aug. 1742 zum väterlichen Voraus bedungene Ausfertigung« nicht verschaffe. Sie bitten, »ihn gerichtlich hiezu zu verurteilen«. Der Beklagte widersprach zwar dieser Abmachung nicht. Die Kinder aber hätten die beim Tod ihrer »Mutter vorhandenen Better und Leinwath« teils zu sich genommen, teils zur Befriedigung der vielfältigen Kredite zurücklassen müssen, »so dass er also denselben nichts weiteres schuldig sei«. Die saumweberschen Waisen entgegneten, nur allein zwei Leintücher und einen Kissenbezug empfangen zu

haben. Übrigens hätten sie sich »wegen der stiefväterlichen Schulden nicht beladen wollen«. Der Beklagte wiederholt einfach die frühere Aussage.
Der Bescheid lautete: Das unterm 9. Juli 1737 übereingekommene Heiratsprotokoll ist gültig. Infolge dessen muss der beklagte Maisch jeder der zwei Mädchen eine angerichtete Bettstatt mit zwei Betten, einem Pfulgen, einem Kissen, samt einem halb flexenen halb wirkenen Überzug – mit Abzug der erhaltenen zwei Leintücher und dem einen Kissenbezug – »bei deren Verheiratung oder Auftrettung des 25. Jahrs ihres Alters« unweigerlich verschaffen. (16)
Am 27. Oktober 1756 überließ »Joseph Bolkart, Wirt in Limpach«, seine Behausung (HsNr. 13) für sechs Jahre Bernhard Mayer um 600 fl bar. Diese Söld ist nun für Bernhard Mayer eine gute Grundlage für eine Familiengründung. Er will sich daraufhin »verloben gegen die Maria Fasold« von Deffingen. »Deren Einbringen bestehet in 150 fl bar 1 Kuh und ehrlicher Ausfertigung.« (50)
Es folgen eine Reihe von Geldanleihen, die Joseph Bolkart zusammen mit Bernhard Bolkart, Rösslewirt von Krumbach aufnahm: Am 30. März 1761 entlehnten sie aus der Waisenkasse 1000 fl und versprachen dieses aufgenommene Kapital jährlich mit 50 fl zu verzinsen. (71) Am 10. Juni 1761 entliehen sie mit »Wendelen Keuffl von Krumbach« als dem Dritten im Bunde noch weitere 1000 fl aus der Waisenkasse. Sie versprachen dieses neuerdings aufgenommene Kapital mit jährlich 5 % zu verzinsen und nach ¼ jährlicher Kündung ungesäumt zurück zu zahlen. (71) 1763 verkaufte Joseph Bolkart mit untertänig erbetener hochherrschaftlicher Zustimmung seine »unterm 2. März 1759 von Franz Anton Volk« erkaufte und »lt. Salbuch fol. 159 beschriebene« ½ Jcht Acker im Löchle dem Joseph Eser um 81 fl. (72) Ein Schuldbrief vom 14. April 1763 über 200 fl belegt, dass »Joseph Bolkart, Tafernwirt zu Limbach,« von »Hans Jörg Gallbronner, Zapfenwürt und Schuster zum Kgl. Bild nächst Limpach«, bar erhalten hat. Dabei ist die Verzinsung zu 5 % und die vierteljährige Aufkündigung von beiden Seiten reserviert worden.« (58) Am 10. Januar 1766 erhielten »Joseph und Bernhard Bolkard« »weitere 300 fl verzinsliches Darlehen« »über das vorhin aufhabende Capital aus der Waisenkassa«, um Früchte einkaufen zu können. (73) Am 7. Mai 1767 verkaufte Joseph Bolkart »die lt. Salbuch de anno 1661 fol. 175 beschriebene ¾ Acker im Anhauser obern Feld« um 238 fl. an »Gabriel Schmahl von Anhausen«. Der Käufer bezahlte 18 fl bar, dann auf »St. Jakobi 200 fl die weiteren 20 fl entlich 14 Tag« später. (70)

Nach dem Tod Joseph Bolkarts heiratete die Witwe Johann Michael Baader. Er übernahm die dem Reichsstift Wettenhausen zugehörigen Flächen und Güter. Dazu gehörte auch eine Erbsöld mit »Haus, abgesonderten Stadel, Hofraithe, Wurz und Grasgarten auch ganze Gemeindsgerechtigkeit« »nebst 6 Jcht. Acker im Loh«. Bei dieser Übernahme werden sämtliche Flächen und Gilten aufgezeichnet. (69)

1772–1783 Johann Michael Baader, Witwer von Harthausen
(† 17. Nov. 1783, bei der Beerdigung waren 7 Priester und viel Volk zugegen)
∞ 25. Juli 1772 Witwe Barbara Bolkart († 24. Feb. 1789)
1772 erstattete am 19. August Basili Ziegler, Zapfenwirt in Ebersbach, Anzeige, dass der Bürgermeister und die Untergängern (Feldgeschworenen) bei der kürzlichen Begehung und »Pfahlung anstatt des sonst gewöhnlichen Trunks einem jeden Gemeindsmann 5 kr an Geld abgegeben« haben. Er selbst aber hat nebst sieben anderen im Wirtshaus in Limbach den Trunk vollbracht. Diesem Vorgehen haben die Betroffenen nicht widersprochen, sondern das Geld habe man ausgeteilt, um Kosten zu ersparen, außerdem habe der »Wirt Basili oder vielmehr dessen Eheweib ehevor zur Antwort« gegeben, »dass kein Gemeindstrunk in so lang und viel gereicht werden solle, bis nicht die ältere, bereits anderthalb Jahr« anhängende Schuld bezahlt sei. Also erging der Beschaid, dass der Bürgermeister von einer solchen »Geldauslag und Verteilung nichts in Rechnung bringen darf, sondern von denjenigen, welche« etwas erhalten haben, dies zurückfordern muss. Also hat jeder die »gemachte Zehrung« selbst zu bezahlen. Die Schuld beim Wirt Basili Ziegler ist innerhalb von vier Wochen zu begleichen. Der Bürgermeister muss »1 Pfd Pfg. zur Strafe erlegen«. (18)
Als 1780 die Tochter Viktoria nach Krumbach heiratete, brauchten Johann Michael Baader und seine Frau Barbara 1400 fl aus der Waisenkasse. Es galten die üblichen Bedingungen, das sind die 5 % Zins, die immer an Lichtmess fällig waren, die vierteljährliche Kündigung und die Hypothek auf den Besitz. (77)

1783–1816 Anton Bolkart (* 3. Mai 1764, † 7. Feb. 1836 in Burgau)
I. ∞ 20. Mai 1783 Barbara Zech von Knöringen
(* 22. Mai 1763, † 6. Aug. 1814)
II. ∞ 13. April 1819 Witwe Maria Anna Zech, Tafernwirtin in Unterknörigen, die ihn aber nach kurzer Zeit wieder verließ.
Am 20. August 1783 übernahm »Anton Bolkart, ledig, jedoch vogtbarer Wirtssohn von Limpach« von seiner »Mut-

ter Barbara Baderin und dem Stiefvater Johann Michl Bader burgauischen Wirtsleuten in Limpach ihre inngehabte Markgrafschaft burgauische Wirtschaft«, und andere dazugehörige Güter, die ganz genau aufgeführt werden. (78)
Im September 1784 gab es eine Verhandlung um seinen Anteil an der Aucht-Weide am Schwarzen Berg und den Ohmet Anteil der auf die Rossbesitzer zu verteilen war. Gegen die »Mitgemeinderen«, respektive »den Amman Joh. Michl Schmid und dermalige Bürgermeistere Peter Schieferle, Bauern und Franzen Kempter, Söldner«, hatte Bolkart »die Beschwerde vorgebracht, »dass diese, vielmehr die samentliche« Rossbesitzer daselbst, von der »Aucht-Weyd am Schwarzen Berg gegen Leinheim ihme« und den »Ohmat Anteil nicht lassen wollen«, der ihm als Besitzer der wettenhausischen Sölden und Güter doch gebührt. Als einem doppelt »Berosseten« wollen sie auch nicht zweifach zukommen lassen. Die Sache ist dahin verabschiedet worden, dass Bolkart, obwohl er damals auf der wettenhausischen zur Zeit unbewohnten Sölde keine besonderen Pferde unterhalte, ihm doch der Nutzen eines »Berosseten«, gedoppelt zukommen müsse, als er wegen der wettenhausischen Güter desto mehr Pferde bei seiner Wirtschaft vorzuhalten habe. Andererseits sei er aber angehalten, »sowohl bei denen jährlichen ankommenden Gemeindsfrondiensten, als bei den Soldaten, doppelte Dienste zu leisten«. (19)
Am 9. August 1787 wurde die Wallfahrtskirche zum Königlichen Bild wie viele andere, kurzweg gesperrt und auf Abbruch versteigert. Bolkart hatte mit seinem Angebot von 750 fl den Zuschlag erhalten. Zwei Jahre später stand das Benefiziatenhaus noch, das von der Österreichischen Regierung in Freiburg auch Bolkart zugestanden worden war. Es stand auf klösterlichem Grund. Infolge dessen wurde der Wirt Bolkart mit diesem Erwerb den Limbacher Untertanen und Söldnern gleichgestellt und »was die Fron und Scharwerksdienst betrifft, solle er Bolkart und seine Nachfolger auf diesem Haus solche gdg. Herrschaft wie ein anderer Limpachischer Unterthan und Söldner mit der Handarbeit hauptsächlich im Getreid schneiden, Heu mähen und Thung laden ebenso verrichten wie es ihm wegen der schon besitzenden wettenhausischen Söld bereits obliegeet.« Über die Verwendung dieses Hauses hatte er sich mit der hiesigen Herrschaft zu verständigen. (81)
Am 2. Dezember 1790 entschloss sich »Bolkart, burgauischer Tafernwirt zu Limpach«, das Benefiziatenhaus »zum Abbrechen zu verkaufen«, da er es »weder durch weiteren Verkauf« oder durch eigenen Besitz für sich nutzbar machen könne. »Den Grund, worauf das Haus gestanden samt den ehemali-

gen Gärten« und dem gesamten Grund, der durch Pfähle ausgewiesen und zugeeignet worden war, in »Zukunft als einen eigenen Acker zu geniessen«. Also verkaufte er das Haus, »so wie es dastehet nur mit Ausnahm deren darin befindlichen 2 eisernen Kästen samt den eichenen Aufsätzen« an »Leonhard Weisenbach, burgauischer Maurermeister in Günzburg, und Leonhard Zimmermann, Baron Freybergischen Untertanen und Söldner zu Knöringen«, um 515 fl mit der Auflage, dass mit »künftiger Lichtmesszeit« innerhalb von acht Wochen das Ende gemacht werden muss. (82) 1792 wurde ein Grundstückstausch zwischen Anton Bolkart, Tafernwirt, mit Philipp Fischer, Untertan und Baur zu Limpach, protokolliert, ebenso ein Verkauf von 5 Tgw Riedmähdern an Peter Schieferle Kaisheimischer Untertan in Limpach um 90 fl. (82)
Am 29. Februar 1796 erklärten »Johann Michl Schmid und Sebastian Heim, beede Bürgermeister, dann Joseph Meisle Untergänger zu Limpach« in der Oberamtskanzlei, dass die »Gemeinde ihrem Mitgemeinder Anton Bolkart, Wirth«, »zur Erweiterung seines Kellers« eine Gemeindefläche »70 Schuh in der Länge und 15 in der Breite« um bis »St. Martini zahlbare 34 fl 30 kr käuflich« überlassen habe. (85)

1816–1861 Xaver Baader, der Hirschwirtssohn von Burgau
(* 5. Juli 1791 in Burgau, † 6. Feb. 1862)
∞ 10. Sept. 1816 die Wirtstochter Johanna Bolkart
(* 14. Okt. 1793, † 6. Sept. 1854)
Er übernahm am 19. November 1818 von seinem Schwiegervater Anton Bolkart um 15000 fl und übergab 1861 an seinen Sohn Anton. Dieser war vorher Zinkwirt in Burgau und zog mit seiner Familie nach Limbach.

1861–1874 Anton Bader (* 5. Feb. 1817, † 2. März 1870)
∞ 7. März 1843 Theresia Berchtold (* 30. Aug. 1821)
Auf seinem Grabstein stand:

Ruhe sanft nach Schmerz und Kummer,
Deinen Frieden störe nichts.
Ruhe sanft, schlaf süßen Schlummer
Bis zum Anfang jenes Lichts,
Das der Gräber Nacht zerstreut,
Das den Tod zum Leben weiht.
Dort ja, sehen wir uns wieder
Selig singend heil'ge Lieder.

1871–1873	Gabriel Weggenmann (* 18. März 1844 in Klosterbeuren) ∞ 18. Juli 1871 Barbara Stolz (* 29. Nov. 1839 von Ebersbach) Sie hatten die Wirtschaft von der Witwe Theresia Bader gepachtet. Diese verkaufte sie an
1874–1897	Peter Endres (* 15. Feb. 1841 in Auerbach, † 16. Mai 1900 in Günzburg) ∞ 29. Sept. 1868 Karolina Sterz (* 3. Jan. 1848 in Täfertingen, † 29. Okt. 1929 in Günzburg) Sie verkauften am 16. November 1897 die Wirtschaft und zogen am 1. Dezember 1897 nach Günzburg in ihr dortiges Pfründehaus. Am gleichen Tag zog hier in die Wirtschaft der neue Besitzer ein.
1897–1903	Franz Joseph Zinth aus Inneberg, Pfarrei Egg an der Günz (* 10. März 1860) ∞ 7. Jan. 1889 Theresia Laupheimer (* 16. Jan. 1871 in Heimertingen) Sie hatten vorher die Wirtschaft in Heimertingen und blieben auch nicht lange in Limbach, denn sie verkauften am 14. Oktober 1903 an
1903–1947	Josef Jehle von Ebersbach (* 25. Sept. 1877, † 16. Juni 1955) ∞ 13. Juni 1905 Amalie Müller (*11. Okt. 1883 in Niederhausen, † 28. Mai 1967)
1947–1978	Franz Jehle (* 11. Jan. 1909, † 14. März 1992) ∞ 19. Aug. 1947 Mathilde Miehlich von Wemding (* 5. Jan. 1914, † 20. Dez. 1990) Unter Franz Jehle wurde die alte Gastwirtschaft mit Kegelbahn und die ganze Brauerei ab 1955 abgerissen und neu aufgebaut. Die Gastwirtschaft erhielt einen geräumigen Saal und eine Reihe Fremdenzimmer. Die Brauerei hatte nur mehr wenige Jahre gearbeitet und wurde 1969 ganz geschlossen. Das Bier für die Gaststätte in Limbach, und die bis dahin belieferten Gaststätten in Ebersbach, Hammerstetten, Stubenweiher, Leipheim (Bären) und Burgau (Entenkeller), wurde einige Zeit in der Münzbrauerei gebraut. Die Landwirtschaft wurde in seiner Zeit eingestellt, die Grundstücke teilweise verkauft und der Rest verpachtet. Im Stubenweiher hatte Jehle eine Gaststätte angefangen und nach und nach ausgebaut. Sein jüngster Sohn, Helmut, ist dort schließlich Wirt geworden.

120 Die Brauereigaststätte (Anwesen HsNr. 21). Beim Neubau Ende 1950er-Jahre, wurde die Gebäudeachse um 90 Grad von Nord-Süd auf Ost-West gedreht.

Von Franz Jehle wurden 1929 Gefäße für die heiligen Öle gestiftet. Dies geschah aus Dankbarkeit für die Genesung vom Starrkrampf. Der Kranke suchte Zuflucht bei der lieben Frau von Wemding und hat dabei auch seine Frau von dort mitgebracht.

1978–2013 Josef Jehle, Brauer
∞ 2. März 1970 Klara Frey aus Denzingen
Er lernte bei seiner Mutter das Kochen.

seit 2013 Jürgen Jehle, Küchenmeister und Hotelbetriebswirt
∞ 2008 Christina Precour aus Ulm-Böfingen

HsNr. 27½ Pfarrer-Völk-Straße 28

Hausname: 1848 Kiesbauer, Feldbauer, Feldmaus

1848 Das Haus ist 1848 von Joseph Mäusle (zuerst auf HsNr. 19, damals aber bereits auf HsNr. 6) für seinen Sohn Joseph erbaut worden, der von seinem Vater auch Grundstücke im Anschlag zu 1100 fl als Heiratsgut erhielt.

121 *Rückseite der Brauereigaststätte (Anwesen HsNr. 21) Ende der 1950er-Jahre, vor dem Abriss und Neubau.*

1848–1877 Joseph Mäusle (* 9. Nov. 1816, † 28. Jan. 1900)
∞ 18. Juli 1848 Barbara Hoser (* 6. Nov. 1817, † 18. Feb. 1889)
Sie kauften 1876 HsNr. 16½ als Pfründehaus und übergaben ihrer Tochter Johanna.

1877–1920 Anton Voggesser von Reifertsweiler
(* 3. März 1849, † 1. Dez. 1928)
∞ 1. Mai 1877 Johanna Mäusle (* 21. Juni 1849, † 23. Feb. 1913)
Voggesser verkaufte das Anwesen 1920 und zog zu seinem Sohn Franz, der in Ottobeuren als Postbote tätig war. Nach seinem Tod wurde Voggesser in Limbach beerdigt. Das Anwesen erwarb

1920–1967 Otto Spleiß, gelernter Bräuer (* 6. Jan. 1887, † 19. Mai 1966)
∞ 1. Mai 1920 Elisabeth Wieser (* 28. Mai 1893, † 3. Dez. 1969)
Spleiß war gebürtig in Erbishofen und brachte seine Frau aus Diepertshofen mit. Das Anwesen ging nach seinem Tod über an seine Tochter Georgine.

1967–1970 Dr. Maximilian Hindelang (* 8. Feb. 1921, † 27. Mai 2011)
∞ 10. Mai 1947 Georgine Spleiß (* 14. Mai 1922, † 9. Dez. 1999)

	Mit ihnen wurde die Landwirtschaft beendet. Die Grundstücke wurden verkauft. Das Haus ging über an den Sohn
seit 1970	Franz Ulrich Hindelang ∞ 11. Aug. 1972 Monika Riegg aus Günzburg

HsNr. 27 1/3 Pfarrer-Völk-Str. 32

Hausname:	1870 Feldschuster 1905 Hangerverl
1867	Dieses Haus wurde im Mai/Juni 1867 auf einem Acker erbaut und am 8. Juni 1867 bezogen.
1867–1905	Ludwig Hanger, Schuhmacher (* 25. Aug. 1830, † 16. Sept. 1717) ∞ 11. Juni 1867 Monika Emminger von Deubach (* 16. Jan. 1843, † 16. Jan. 1900)
1905–1928	Xaver Hanger (* 20. Juli 1876, † 1. Feb. 1930) I. ∞ 16. Jan. 1905 Viktoria Anwald aus Reisensburg (* 13. Sept. 1879, † 20. März 1905) II. ∞ 4. Dez. 1905 Krescenz Anwald aus Reisensburg (* 6. Sept. 1878) Hanger verkaufte im Sommer 1925 die Grundstücke bis auf einen Acker. Am 20. Juni 1928 kamen Haus und Acker in der Zwangsversteigerung an Hugo Mayer. Hanger zog am 16. April 1929 ins Armenhaus.
1928–1931	Hugo Mayer (* 9. Dez. 1897) ∞ 23. Okt. 1934 Barbara Haupeltshofer Er verkaufte sein Anwesen. Sein Nachfolger wurde darum
1931–1953	Franz Schwarz I. (* 17. Aug. 1888 in Deffingen, † 19. Dez, 1955) ∞ 3. Feb. 1919 Mathilde Weißhaupt von Konzenberg (* 20. Juli 1898, † 31. Mai 1973) Sie übergaben ihr Anwesen an den Sohn
1953–1980	Franz Schwarz II., Maurer (* 20. April 1919, † 25. Aug. 2011) ∞ 6. Juni 1949 Barbara Frey aus Reisensburg (* 12. Nov. 1919, † 30. Juli 1993) Er baute mit seinem Sohn ein neues Wohnhaus und einen großen Kuhstall mit einem modernen Melkstand. Die Feldflächen erweiterte er durch Pachtübernahmen.

1980– Franz Schwarz III.
∞ 20. Okt. 1979 Irmgard Mayer von Ritzisried
(* 17. Dez. 1955, † 7. Juli 2011)
Der große Stall wurde 2016 dem Erdboden gleich gemacht und an seiner Stelle durch die Tochter Birgit ein Wohnhaus errichtet. Die Landwirtschaft wurde 2015 an die Tochter Stefanie verpachtet. Die Felder werden von Reisenburg aus bewirtschaftet.

HsNr. 28 Bürgermeister-Hindelang-Straße 36

Hausname: 1849 beim Franz
1896 beim Kiehbacher

1843 Dieses Haus wurde von Sebastian Schieferle (HsNr. 15) 1843 einstöckig neu erbaut.

1844–1879 Franz Schieferle (* 4. Okt. 1810, † 26. Juli 1879)
∞ 19. Feb. 1844 Maria Mäusle (* 19. Feb. 1820, † 1. Sept. 1897)
Franz Schieferle erhielt am 26. Januar 1844 vertragsgemäß von seinem Vater das einstöckige Haus und einzelne Grundstücke von HsNr. 15 zugewiesen. 1858 ließ er das Haus abreißen und zweistöckig wieder aufbauen.

1879–1893 Franz Schieferle (* 14. Juni 1849, † 18. März 1893)
I. ∞ 5. Mai 1879 Thekla Rauberger von Diedorf
(* 14. Sept. 1849, † 10. Nov. 1885 bei einer Geburt an Blutvergiftung gestorben)
II. ∞ 7. März 1886 Juliana Mader von Konzenberg
(* 8. Juni 1862)
Sie heiratete 1895 wieder und zog nach Glöttweng.
Franz kam in Gant und sein Anwesen erwarb nach seinem Tod der Jude Aufhäuser aus Ichenhausen am 27. September 1893. Das Haus blieb 3 Jahre unbewohnt.

1896–1919 Jakob Kiehbacher
(* 22. Juli 1854, † 2. Nov. 1921), geboren in Wettenhausen kam er von Kleinbeuren nach Limbach
∞ 14. Juli 1879 Susanna Seif von Wettenhausen
(* 26. Juli 1858, † 20. Dez. 1924)
Sie verkauften ihr Anwesen in Kleinbeuren und zogen am 14. März 1896 hier ein.

1919–1958	Johann Kiehbacher (* 28. April 1891, † 28. Jan. 1976) Er war noch in Kleinbeuren geboren. ∞ 27. Okt. 1919 Elisabeth Steinle von Konzenberg (* 14. Juni 1896, † 27. Sept. 1971)
1958–1990?	Johann Kiehbacher (* 11. Feb. 1923, † 7. April 1997) ∞ 26. Mai 1958 Franziska Konrad von Unterbleichen (* 4. Sept. 1931, † 31. März 2011) Sie verpachteten ihre Grundstücke und beendeten die Landwirtschaft. Die Tochter
seit 1990 ?	Elisabeth Dotschkal, Verwaltungsangestellte übernahm das Anwesen, blieb aber weiterhin im Austragshäusel wohnen, das am Ende der Wiese nach Westen zu errichtet worden war. Östlich vom Anwesen erbauten Dotschkals ein neues Wohnhaus, das zeitweise vermietet war und jetzt von den Söhnen Michael und Stefan bewohnt wird.

122 Am Wohnhaus des Anwesens HsNr. 28 hat sich als Anbau an die Küche das Backhäuschen erhalten.

HsNr. 29 Bürgermeister-Hindelang-Str. 1

Pfarrhof, siehe oben: »Geschichte der Pfarrei Limbach«

HsNr. 30 Pfarrer-Völk-Str. 12

Kirche, siehe oben: »Geschichte der Pfarrei Limbach«

HsNr. 31 Pfarrer-Völk-Straße 17

Hausname: 1820 Schule
1912 beim Sattler

1817 wurde ein Schulsaal gebaut. Die beiden Gemeinden Limbach und Großanhausen taten sich zusammen und wandten dafür 999 fl auf. Der eingädige Bau hatte noch keine Lehrerwohnung (siehe Abb. 9). 1859 wurde dieses Gebäude bereits wieder abgerissen und durch ein zweistöckiges Haus mit Lehrerwohnung im Erdgeschoß, Schulsaal im ersten Stock und Räumlichkeiten für einen landwirtschaftlichen Betrieb neu errichtet. Es diente daraufhin bis 1912 als Schulhaus.

1912–1954 Wendelin Kuhn, Sattlermeister und Krämer
(* 18. Juli 1880, † 18. Dez. 1954)
Er kam von Leinheim und kaufte das Haus um 4000 M.
∞ 15. Juli 1912 Kreszenz Bader von Egenhofen
(* 6. Mai 1885, † 6. Feb. 1946)

1954–1998 Josef Kuhn (* 6. April 1920, † 31. Jan. 1998)
∞ Viktoria Schwarz von HsNr. 32½
(* 18. Aug. 1921, † 27. Juli 1987)
Josef führte mit seiner Frau den Kramerladen nicht weiter. Seegrasspinnen brachte ihm eine Nebeneinkunft. Später arbeitete er als Feuerwehrmann am Flugplatz in Leipheim. Die kleine Landwirtschaft wurde verpachtet.

seit 1998 Ludwig Kuhn, Architekt
∞ 21. Okt. 1990 Claudia Kögel aus Langerringen, Verwaltungsangestellte

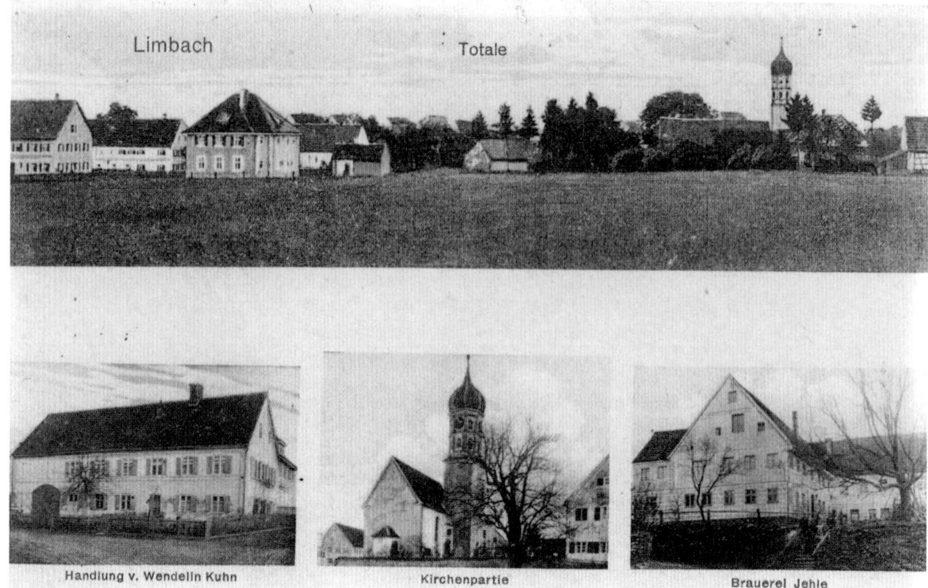

123 Postkartenansicht von Limbach. Links unten der Krämerladen von Wendelin Kuhn, HsNr. 31

HsNr. 32½ Pfarrer-Völk-Straße 30

Hausname: 1880 Käser
1920 Bergertoni

1869 Stefan Kupfer hatte dieses Haus anno 1869 auf seinem Acker den Hopfenzizschen Kindern Andreas, Anna und Johanna, die 1872 ihr HsNr. 9 verkauften, erbaut.

1869–1877 Andreas, Anna und Johanna Hopfenziz
Von diesen kaufte Stefan Kupfer das Haus 1877 wieder und baute ihnen HsNr. 33. Laut Protokoll vom 22. März 1877 tauschte er HsNr. 32½ gegen HsNr. 33 im Anschlag zu je 1800 M.

1878–1882 Joseph Anton Klemens Köpfle, Käser von Stockach aus der öster. k.k. Bezirkshauptmannschaft Reuthe in Tirol
(* 23. Nov. 1825, † 3. Sept. 1880 an typhösem Gelb- und Gallfieber)
∞ 10. Juni 1873 in Straß Josepha Epple (* 19. März 1846)
Sie kauften das Anwesen am 15. April 1878 von Stefan Kupfer um 3430 M. Am 11. Oktober 1880 erhielt die Witwe Josepha Köpfle das Anwesen im Anschlag zu 3000 M als Alleineigentum.

1882–1894 Franz Xaver Weixler, Käser, aus Diepolz bei Sonthofen (* 29. Juni 1847, † 20. Aug. 1888)
∞ 7. Feb. 1882 die Witwe Josepha Köpfle.
Er erhielt am 10. Januar 1882 das Miteigentumsrecht im Anschlag zu 3000 M. Die Witwe erhielt am 3. Oktober 1888 wieder das Alleineigentum im Hälfteschätzungswert von 1060 M. Sie verkaufte am 31. Januar 1894 um 4800 M und zog nach Hettenbach. Der Käufer war

1894–1901 Sebastian Immle, Käser, aus Untermelden bei Ebersbach, Pfarrei Obergünzburg (* 30. Jan. 1866)
∞ 15. Okt. 1894 Theres Wetzler von Memmenhausen (* 2. Sept. 1872)
Die beiden machten riesige Schulden. Am Markustag 1901 ließen sie ihre Habseligkeiten aufladen und verduffteten, während die Leute bei der Prozession waren. Auf diese Weise merkte niemand etwas vom Auszug.

1901–1920 Anselm Berger
(* 4. Juni 1839, † 14. Mai 1923 an Altersschwäche)
∞ 9. Mai 1871 Victoria Mack
(* 24. Mai 1846, † 17. Feb. 1920 an Wassersucht)
Sie kauften das verlassene Haus am 13. Juni 1901 um 2700 M.

1920–1932 Anton Berger (* 9. April 1880)
∞ 5. Juni 1920 Maria Strobl von Freimann bei München (* 17. Mai 1895)
Er übernahm das Anwesen vom Vater am 29. Mai 1920. Im Herbst 1932 musste er überschuldet verkaufen. Er pachtete daraufhin die Wirtschaft »Bruckertal« bei Lorch in Württemberg.

1932–1933 Lorenz Beh, gelernter Metzger
∞ Mathilde Offenwanger
Beh war jahrelang in Amerika als Metzger tätig. Von der Landwirtschaft verstand er nichts und ging der Arbeit aus dem Weg. Er kam auch nie in einen Gottesdienst und verkaufte Gott Lob wieder.

1933–1969 Karl Lenzer aus Großanhausen (* 29. Jan. 1905, † 18. Sept. 1994)
∞ 25. Juli 1933 Rosina Griffel, Zimmermannstochter von Augsburg (* 19. April 1907, † 13. März 1991)

1969–2003 Karl Lenzer
∞ 29. Nov. 1970 Marianne Engel von Ichenhausen

	Sie bauten sich in der Angerstraße ein Holzhaus, verpachteten die Grundstücke und überließen die Hofstelle ihrem Sohn
seit 2003	Markus Lenzer ∞ 2003 Manuela Donderer von Münsterhausen Er ließ das alte Haus abreißen und baute 2003 neu in Fertigbauweise.

HsNr. 33 Pfarrer-Völk-Straße 25

Hausname:	1905 Spitzennähere
1877	Dieses Haus wurde 1877 von Stefan Kupfer für die drei Geschwister Hopfenzitz erbaut.
1877–1879	Andreas, M. Anna und Johanna Hopfenzitz kamen von HsNr. 32½. Andreas Hopfenzitz hat der Feuerwehr das noch vorhandene Trinkhorn gestiftet.
1879–1886	Andreas (* 29. Nov. 1815, † 10. Sept. 1886) und M. Anna (* 5. Juli 1811, † 7. Dez. 1893) erbten den Anteil der Johanna Hopfenzitz (* 15. Mai 1813, † 3. Nov. 1879) im Anschlag zu 600 M am 15. Dezember 1879.
1886–1894	M. Anna Hopfenzitz hatte am 19. Oktober 1886 das Haus im Hälfteanschlag zu 600 M bekommen. Sie wurde von Joseph Hindelang (auf HsNr. 1) in Pflege genommen. Dafür erhielt er das Haus am 21. April 1894 im Anschlag zu 1000 M.
1894–1903	Ottilie Spitz (siehe HsNr. 24½) (* 26. Juli 1831, † 26. Dez. 1902) erstand das Haus von Joseph Hindelang am 11. Juni 1894 im An-schlag von 1100 M.
1903–1925	Christian Spitz (* 30. Okt. 1874), Afra Spitz (* 13. Juni 1868) und Maria Spitz (* 5. Jan. 1871, † 6. Dez. 1932) erbten das Haus am 23. Januar 1903 von ihrer Mutter Ottilie.
1925–1932	Christian und Maria Spitz Afra, die sich verheiratete, trat ihre Rechte 1925 an die Geschwister ab. Nachdem Maria 1932 gestorben war, blieb Chris-

tian als Erbe im alleinigen Besitz des Hauses. Zu ihm zog im Mai 1933 Wilhelm Spitz ins Haus, der Sohn der Maria Spitz, mit seiner Frau Mathilde Wenger. Diese beiden wohnten zuvor im Pfründehaus des Stefan Kupfer und arbeiteten in der Textilfabrik Leutze in Burgau.

1932–1989 Wilhelm Spitz (* 8. Nov. 1897, † 16. Feb. 1989)
∞ 9. Juli 1927 Mathilde Wenger aus Oberknöringen
(* 11. Jan. 1902, † 14. Dez. 1985)

1989–2019 Franz Körösi (* 11. April 1955, † 18. Sept. 2019)
Körösi kam aus Unterknöringen zu uns, kaufte das Haus vom Erben Scheppach aus Oberknöringen, riss es Stück für Stück ab, um es an gleicher Stelle wieder aufbauen zu dürfen. Die Tochter Elisabeth verkaufte 2022 das Haus an den Nachbarn Stefan Schuster.

HsNr. 34 Karl-Kempter-Straße 6

Hausname: 1913 beim Ulrich

1913 Dieses Haus wurde 1913 von Ulrich Mayer (HsNr. 4) für seinen Sohn Ulrich erbaut und durch Teilung des Hofes bei HsNr. 4 mit Grundstücken ausgestattet.

seit 1913– Ulrich Mayer (* 28. Mai 1882, † 17. Okt. 1965)
∞ 5. Mai 1913 Philomina Jehle von Ebersbach
(* 5. Okt. 1893, † 13. Feb. 1960)

Georg Mayer (* 1. Jan. 1918, † 9. Juli 1962)
∞ Anna Felber aus Röfingen (* 30. Dez. 1923, † 16. Aug. 1968)
Nach dem Tod ihres ersten Mannes Georg Mayer heiratete sie

Josef Spengler (* 19. Mai 1920, † 24. Juni 2005)
I. ∞ die Witwe Anna Mayer
II. ∞ 12. Aug. 1971 Magdalena Sonner von Münsterhausen
(* 8. April 1924, † 19. Feb. 2013).
Unter Josef Spengler wurde die Landwirtschaft eingestellt, die Felder verpachtet und teilweise verkauft. Mit dem Tod von Magdalena Spengler gelangte das Haus in die Hände einer Erbengemeinschaft, die das Haus verkaufte an

seit 2015 Joachim und Gabriele Kainz

HsNr. 35 Karl-Kempter-Straße 3

Hausname: Schule

1912 Die Gemeinde Limbach erbaute 1912 diese Schule (siehe Abb. 10), die heute eine schulvorbereitende Einrichtung für behinderte Kinder beherbergt.

HsNr. 36 Pfarrer-Völk-Straße 27

Hausname: beim Schmied

1925 im Juli 1925 erbaute Georg Holder die Schmiede. Es war damit der dritte Ort, an dem eine Schmiede entstand. Eine Wohnung baute er erst 1933 dazu.

1925–1952 Georg Holder, Schmied (* 16. Sept. 1894, † 29. April 1952)
∞ 23. Jan. 1926 Karolina Walcher von Unterbalzheim
(* 29. April 1896, † 10. März 1965)

seit 1952 Jakob Holder, Schmiedemeister (* 29. Mai 1922, † 3. Aug. 2011)
∞ Theresia Ganser aus Billenhausen
(*19. Juni 1934, † 11. Sept. 2022)
In seinen Anfangsjahren hat er noch Reifen auf Holzräder aufgezogen, die in der Werkstatt von Mäusle gefertigt wurden. Die Pflüge brauchten immer wieder scharfe Sechen. Der Fortschritt bei den landwirtschaftlichen Geräten und Maschinen nahm dem Schmid viel angestammte Arbeit weg. Jakob verlegte sich auf Kunstschmiedearbeiten und arbeitete bis ins hohe Alter immer wieder in seiner Werkstatt.

Mit diesem Haus beenden wir unsere Rückschau über die Anwesen in Limbach. Die neueren Häuser wurden im Anhang zu diesem Buch in einer Übersicht mit grobrastiger Entstehungszeit angeführt.

Anhang

Alte und neue Hausnummern

früher	heutiger Besitzer	heute
1	Mäusle	Karl-Kempter-Str. 2
2	Hoser	Pfarrer-Völk-Str. 21
3	Schuster	Pfarrer-Völk-Str. 23
4	Mayer	Pfarrer-Völk-Str. 20
4½	Mayer (ehemals Austrag)	Pfarrer-Völk-Str. 18
5	Eisenlauer	Bgm.-Hindelang-Str. 8
6	Haugg	Bgm.-Hindelang-Str. 3
7	Kupfer	Bgm.-Hindelang-Str. 4
7½	Altmann	Bgm.-Hindelang-Str. 6
8	Zehl	Pfarrer-Völk-Str. 10
8½	Zehl	Bgm.-Hindelang-Str. 2
9	Schilling	Bgm.-Hindelang-Str. 5
10	Schuster	Bgm.-Hindelang-Str. 7
10½	Schuster	Am Weiher 4
11	Hindelang	Ebersbacher Straße 4
11½	Merfeld	Bgm.-Hindelang-Str. 9
12	Wiblishauser/Brendle	Bgm.-Hindelang-Str. 17
13	Mack	Bgm.-Hindelang-Str. 19
13½	Bestler/Ihle	Bgm.-Hindelang-Str. 21
14	Müller	
	(abgebrochen 2019)	Bgm.-Hindelang-Str. 25
15	Bäuerle geteilt:	
	Banse (15, nach 1950)	Frühlingstraße 1
	Kostic (15½, nach 1950)	Frühlingstraße 3
16	Kienle	Bgm.-Hindelang-Str. 29
16½	Lorenz	Am Weiher 2
17	Wagner	Bgm.-Hindelang-Str. 34
18	Berger	Bgm.-Hindelang-Str. 32
19	Egenberger	Pfarrer-Völk-Str. 15
19½	Hindelang	Bgm.-Hindelang-Str. 30
20	Bestler (abgebrochen)	Bgm.-Hindelang-Str. 22
21	Walz	Bgm.-Hindelang-Str. 20
22	Schmid	Pfarrer-Völk-Str. 13
23	Stahl	Bgm.-Hindelang-Str. 15
24	Dezort	Bgm.-Hindelang-Str. 18
24½	Berger	Bgm.-Hindelang-Str. 16
25	Dolze	Königin-Bild-Str. 1

26	Dolze	Königin-Bild-Str. 3
27	Jehle	Pfarrer-Völk-Str. 22
27½	Hindelang	Pfarrer-Völk-Str. 28
27⅓	Schwarz	Pfarrer-Völk-Str. 32
28	Dotschkal	Bgm.-Hindelang-Str. 36
29	Pfründestiftung Pfarrhof	Bgm.-Hindelang-Str. 1
30	Kirchenstiftung Kirche	Pfarrer-Völk-Str. 12
31	Kuhn	Pfarrer-Völk-Str. 19
32½	Lenzer	Pfarrer-Völk-Str. 30
33	Körösi (†)	Pfarrer-Völk-Str. 25
34	Kainz	Karl-Kempter-Str. 6
35	Stadt (Schule, Lebenshilfe KiTa)	Karl-Kempter-Str. 3
36	Holder	Pfarrer-Völk-Str. 27
37	Wagner	Pfarrer-Völk-Str. 7

Nach 1945 entstanden:

11⅓	Merfeld	Bgm.-Hindelang-Str. 11
13⅓	Baur	Bgm.-Hindelang-Str. 23
34½	Sager/Mäusle	Karl-Kempter-Str. 4
38	Böck	Am Weiher 1
39	Rosenfelder	Ebersbacher Str. 8
40	Stöhr/Haugg/Schuster	Ebersbacher Str. 6
41	Mack	Raunsetstr. 3
42	Sommerer	Ebersbacher Str. 10
43	Schuster	Angerstr. 2
44	Berger	Leinheimer Str. 5
45	Dotschkal	Raunsetstr. 2
46	Mack	Raunsetstr. 5
47	»Lagerhaus«	Am Weiher 3
48	Schmid	Frühlingstr. 22
49	Egenberger	Königin-Bild-Str. 7
50	Eisenlauer	Ebersbacher Straße 2
51	Schmid	Pfr.-Völk-Str. 9
52	Kreis	Frühlingstr. 20
53	Klaiber	Karl-Kempter-Str. 5
54	Schilling	Angerstraße 6

Nach 1978 entstanden (die Straßennamen wurden 1978 eingeführt):

	Mayer	Angerstr. 1
	Lenzer	Angerstr. 8
	Melcher	Bgm.-Hindelang-Str. 28
	Dotschkal	Leinheimer Str. 1
	Wagner	Leinheimer Str. 2
	Kupfer	Pfarrer-Völk-Str. 29

Mack	Raunsetstr. 1
Schuster/Janosch	Ringstr. 1
Hindelang, Richard	Ringstr. 2
Schuster	Ringstr. 5
Hindelang, Horst	Ringstr. 6
Vit/Flörchinger	Ringstr. 7
Bachhuber	Ringstr. 9
Primavera	Ringstr. 11
Gröger	Ringstr. 12
Prinzing	Ringstr. 14
Albrecht	Ringstr. 15
Jehle	Ringstr. 18
Frodl	Ringstr. 19
Wagner, Stefan	Ringstr. 20
Alexander	Ringstr. 21
Wagner, Josef	Ringstr. 22
Schubert	Ringstr. 24
Lubbe	Ringstr. 25
Seitz	Ringstr. 26
Schwarz	Ringstr. 27
Janosch/Socher	Ringstr. 28
Schachteli	Ringstr. 30

Nach 2010 entstanden:

Schilling	Am Weiher 2
Stahl	Bgm. Hindelang Str. 15a
Hindelang, Peter	Bgm.-Hindelang-Str. 30a
Wagner	Bgm.-Hindelang-Str. 34
Dirr	Ebersbacher Str. 3
Banse	Frühlingstr. 1
Kraus	Frühlingstr. 4
Feistle	Frühlingstr. 5
Küter	Frühlingstr. 6
Mäusle	Frühlingstr. 7
Kramer	Frühlingstr. 9
Messerschmidt	Frühlingstr. 11
Mäusle	Karl-Kempter-Str. 2a
Zehl	Pfarrer-Völk-Str. 8
Schmid, Philipp	Pfarrer-Völk-Str. 11
Schmid, Andreas	Pfarrer-Völk-Str. 13a
Werdich	Pfarrer-Völk-Str. 31
Müller	Pfarrer-Völk-Str. 34
Hindelang, Martin	Ringstr. 4
Schwarz	Ringstr. 13

Stand der Landwirtschaft 1959 und 2019

Die landwirtschaftlichen Flächen waren zu dieser Zeit noch überschaubar. Interessant ist, dass fast alle Landwirte unter 10 ha einer Nebenbeschäftigung nachgingen, um das Einkommen aufzubessern. Die heutigen Flächen sind dem Verfasser nicht bekannt, die Bemerkungen für 2019 sind aus der Beobachtung erhoben, und mit folgenden Abkürzungen in die Tabelle eingetragen: A (noch Ackerbau), B (noch Viehzucht und Ackerbau), L (Landwirtschaft aufgegeben), vp (verpachtet), va (von auswärts betrieben), vk (verkauft)

HsNr.	Name	Fläche	mit Nebenerwerb	2019
1	Mäusle, Josef	9 ha 36 a	Wagnerei	L, vp
2	Hoser, Lorenz	9 ha 4 a	Raiffeisen Lager	L, vp
3	Schuster, Franz	22 ha 83 a		B
4	Mayer, Leo	24 ha 67 a		B
5	Eisenlauer, Theodor	31 ha 31 a		A, va
6	Haugg, Karl	13 ha 12 a		A
7	Kupfer, Stefan	38 ha 50 a		L, vp
8	Konrad, Theresia	29 ha 37 a		L, vk
9	Schilling, Johann	11 ha 35 a		L, vp
10	Schuster, Sebastian	7 ha 90 a		A
11	Hindelang, Alois	16 ha 1 a		B
11½	Schmid, Josef	10 ha 95 a	Viehhändler	L, vp
12	Wiblishauser, Anton	7 ha 51 a	Hausmetzger	L, vp
13	Mack, Anton	12 ha 10 a		A
14	Müller, Josef	9 ha 05 a		L, vk
17	Wagner, Josef	9 ha 36 a	Schreinerei	L, vp
18	Berger, Anton	9 ha 22 a	Polsterer	A
21	Walz, Georg	13 ha 17 a		B
22	Schmid, Ulrich	15 ha 62 a		A
23	Stahl, Clemens	14 ha 43 a		L, vp
24	Oßwald, Barbara	6 ha 16 a		A
27	Jehle, Franz	27 ha 27 a	Brauerei und Gasthof	L, vp
27½	Spleiß, Otto			L, vk
27⅓	Schwarz, Franz	6 ha 97 a	Maurer	A, va
28	Kiehbacher, Johann	6 ha 99 a		L, vp
31	Kuhn, Josef	6 ha 15 a	Sattler, Feuerwehrmann	L, vp
32½	Lenzer, Karl	8 ha 53 a	Schäfer	L, vp
34	Mayer, Georg	15 ha 77 a		L, vk
36	Holder, Jakob	2 ha 61 a	Schmied	L, vp

Im Häuserverzeichnis benützte Akten

Die folgenden Akten sind von 1 bis 88 durchnummeriert. Im Kapitel »Die Anwesen und Ihre Besitzer« sind hinter den einzelnen Absätzen diese Nummern in Klammern angegeben. Sie dienen damit dem archivalischen Nachweis und geben die Signatur und den Standort an.

Abkürzungen: ABA – Archiv des Bistums Augsburg, AW – Amt Wettenhausen, OAW – Oberamt Wettenhausen, PL – Pfarrarchiv Limbach, RW – Reichsstift Wettenhausen, StAA – Staatsarchiv Augsburg

1 StAA RW Lit. 35 (Gültregister Wettenhausen von 1728/29)
2 ABA Pfarrmatrikel L (Limbach), Bd. 1, 1-T
3 ABA Pfarrmatrikel L (Limbach) Bd. 1, 1-S-1
4 ABA Pfarrmatrikel L (Limbach), Bd. 2, 2 HS
5 StAA RW Lit. 6 (Salbuch Wettenhausen von 1535)
6 StAA RW Lit. 7 (Sal- und Grundbuch Wettenhausen von 1551)
7 StAA RW Lit. 8 (Gült- und Zinsbuch von 1578)
8 StAA RW Lit. 9 (Salbuch Wettenhausen von 1596)
9 StAA RW Lit. 10 (Salbuch Wettenhausen von 1662)
10 StAA RW Lit. 44 (Heiligenrechnungsregister von 1774/83)
11 StAA RW Lit. 45 (Heiligenrechnungsregister von 1784/93)
12 StAA RW Lit. 13/II (Urbar von 1764)
13 Pfarrarchiv Limbach, Abt. V, OG 17: Grundbuch der Flurgemarkung Limbach 1837, Abschrift von J. Mäusle
14 Pfarrarchiv Limbach, Abt. III, Anh. 2: Salbuch Großanhausen von 1692
15 StAA RW Lit. 42 (Bestandsprotokoll des Gotteshauses Wettenhausen, AW 1621–51)
16 StAA RW Lit. 98 (Klag- und Verhörsprotokoll, AW 1756–61)
17 StAA RW Lit. 99 (Klag- und Verhörsprotokoll, AW 1761–67)
18 StAA RW Lit. 100 (Klag- und Verhörsprotokoll, AW 1767–80)
19 StAA RW Lit. 101 (Klag- und Verhörsprotokoll, AW 1780–91)
20 StAA RW Lit. 103 (Judenklag- und Verhörsprotokoll, AW 1740–87)
21 StAA RW Lit. 104 (Judenklag- und Verhörsprotokoll, AW 1788–04)
22 StAA RW Lit. 102 (Klag- und Verhörsprotokoll, AW 1792–02)
23 Pfarrarchiv Limbach, Abt. IV, PfV 16, Beneficia B.V.M. Deubacensis 1675–1763 S. 268
24 StAA RW Lit. 47 (Contractsprotokoll des OAW von 1679–84)
25 StAA RW Lit. 48 (Contractsprotokoll des OAW von 1697–00)
26 StAA RW Lit. 49 (Contractsprotokoll des OAW von 1700–04)
27 StAA RW Lit. 50 (Contractsprotokoll des OAW von 1705–10)
28 StAA RW Lit. 51 (Contractsprotokoll des OAW von 1711–12)
29 StAA RW Lit. 52 (Contractsprotokoll des OAW von 1713–14)
30 StAA RW Lit. 53 (Contractsprotokoll des OAW von 1715–17)
31 StAA RW Lit. 54 (Contractsprotokoll des OAW von 1718–20)

32 StAA RW Lit. 55 (Contractsprotokoll des OAW von 1719–21)
33 StAA RW Lit. 56 (Contractsprotokoll des OAW von 1721–24)
34 StAA RW Lit. 57 (Contractsprotokoll des OAW von 1725–27)
35 StAA RW Lit. 58 (Contractsprotokoll des OAW von 1733–35)
36 StAA RW Lit. 59 (Contractsprotokoll des OAW von 1736–38)
37 StAA RW Lit. 60 (Contractsprotokoll des OAW von 1738–39)
38 StAA RW Lit. 61 (Contractsprotokoll des OAW von 1739–40)
39 StAA RW Lit. 62 (Contractsprotokoll des OAW von 1740–41)
40 StAA RW Lit. 63 (Contractsprotokoll des OAW von 1741–42)
41 StAA RW Lit. 64 (Contractsprotokoll des OAW von 1742–44)
42 StAA RW Lit. 65 (Contractsprotokoll des OAW von 1743–44)
43 StAA RW Lit. 66 (Contractsprotokoll des OAW von 1744–46)
44 StAA RW Lit. 67 (Contractsprotokoll des OAW von 1745–46)
45 StAA RW Lit. 68 (Contractsprotokoll des OAW von 1746–48)
46 StAA RW Lit. 69 (Contractsprotokoll des OAW von 1747–49)
47 StAA RW Lit. 70 (Contractsprotokoll des OAW von 1749–51)
48 StAA RW Lit. 71 (Contractsprotokoll des OAW von 1750–52)
49 StAA RW Lit. 73 (Contractsprotokoll des OAW von 1753–54)
50 StAA RW Lit. 75 (Contractsprotokoll des OAW von 1755–56)
51 ABA Pfarrmatrikel L (Limbach), Bd.1, 1-S-1
52 Pfarrarchiv Limbach, Abt. V, OG 30: Protokolle Ambts Wettenhausen 1566–1574
53 Pfarrarchiv Limbach, Abt. V, OG 43: Ordinari Lichtmeß Steuer-Register Wettenhausen 1699
54 Pfarrarchiv Limbach, Abt. V, OG 31: Protokolle Wettenhausen 1693–97
55 Pfarrarchiv Limbach, Abt. V, OG 35: Protokolle Wettenhausen 1759–94
56 Pfarrarchiv Limbach, Abt. V, OG 29: verschiedene Wettenhausener Ackten
57 StAA Vorderösterreich Lit. 26 (Heiratsprotokolle 1802–09)
58 StAA Vorderösterreich Lit. 1 (Burgauische Contractsprotokolle 1758–64)
59 StAA RW, Annales Wettenhusani p. I, t. I
60 StAA RW, Annales Wettenhusani p. I, t. II
61 StAA RW, Annales Wettenhusani p II, t. I
62 StAA Reichsstift Kaisheim Pflegamt Ulm-Biberberg 5 (Güterbeschreibung des Pflegamts Ulm von 1695 (1752))
63 StAA RW, Annales Wettenhusani p. II, t. II
64 StAA RW, Annales Wettenhusani p. IV, t. VI
65 StAA RW Lit. 78 (Contractsprotokoll des OAW von 1756–59)
66 StAA RW Lit. 77 (Contractsprotokoll des OAW von 1755–56)
67 StAA RW Lit. 76 (Contractsprotokoll des OAW von 1757–58)
68 StAA RW, Annales Wettenhusani
69 StAA RW Lit. 83 (Contractsprotokoll des OAW von 1769–73)
70 StAA RW Lit. 82 (Contractsprotokoll des OAW von 1767–69)
71 StAA RW Lit. 79 (Contractsprotokoll des OAW von 1759–62)
72 StAA RW Lit. 80 (Contractsprotokoll des OAW von 1762–64)
73 StAA RW Lit. 81 (Contractsprotokoll des OAW von 1764–67)

74 StAA RW Lit. 84 (Contractsprotokoll des OAW von 1773–75)
75 StAA RW Lit. 85 (Contractsprotokoll des OAW von 1775–78)
76 StAA RW Lit. 86 (Contractsprotokoll des OAW von 1778–80)
77 StAA RW Lit. 87 (Contractsprotokoll des OAW von 1780–81)
78 StAA RW Lit. 88 (Contractsprotokoll des OAW von 1782–85)
79 StAA RW Lit. 89 (Contractsprotokoll des OAW von 1785–86)
80 StAA RW Lit. 90 (Contractsprotokoll des OAW von 1786–88)
81 StAA RW Lit. 91 (Contractsprotokoll des OAW von 1788–90)
82 StAA RW Lit. 92 (Contractsprotokoll des OAW von 1790–92)
83 StAA RW Lit. 93 (Contractsprotokoll des OAW von 1792–94)
84 StAA RW Lit. 94 (Contractsprotokoll des OAW von 1794–96)
85 StAA RW Lit. 95 (Contractsprotokoll des OAW von 1796–98)
86 StAA RW Lit. 96 (Contractsprotokoll des OAW von 1798–1800)
87 StAA RW Lit. 97 (Contractsprotokoll des OAW von 1800–02)
88 Pfarrarchiv Limbach, Abt. V, OG 37: Register des Einnemens 1618 des Reichsstiftes Wettenhausen

Allgemeine Abkürzungen im Text[237]

a	Ar
a. c(urr.)	anno currendo (laufendes Jahr)
B.V.M.	Beata Virgo Maria (gesegnete Jungfrau Maria)
cfr.	conferatur (vergleiche)
(pro) cto.	centum (Zahlbegriff für 100)
fl	Gulden (florenus)
fol.	folium (Blatt)
gdg.	gnädig
ha	Hektar
h.a.	herrschende Ansicht
hl	Heller
HsNr.	Hausnummer
Jcht/Jchrt	Jauchert
kr	Kreuzer
l.	Abkürzungszeichen für isch/lich
Lit.	Literalie
M.	Mark
Mltr.	Malter
NB	Nota bene [wohlgemerkt, übrigens]
OA	Oberamt
Pfd	Pfund
Pfg	Pfennig
R	Ruthen

237 Siehe auch: Lenz, Abkürzungen.

Reg.	Regierungs-
rvdo./rdo.	Reverendissimo (verehrungswürdig, wenn es dem Nomen Kuh vorgestellt wird, ist es ein Verweis darauf, dass es sich um ein Tier und kein Schimpfwort handelt)
Sa.	Summa
Sch/Schg	Schillinge
s.v.	salva veniat (mit Erlaubnis), sub verbis (unter den Worte)
Tgw	Tagwerk
Thlr	Thaler
Urb.	Urbarium (Grundbuch)
vi(s)	vigore (laut [z.B. Protokoll])
vgl.	vergleiche
Vrtl	Viertel

Maße, Gewichte, Längen- und Flächenangaben

Die Angaben der Maße, Gewichte, Längen- und Flächenangaben variieren innerhalb des Heiligen Römischen Reiches sehr stark. In jedem Landstrich wurden andere Bezeichnungen und Maßeinheiten verwendet. Erst 1872 wurde z. B. in Bayern das metrische System eingeführt. Es werden manchmal die Maßeinheiten angegeben, mit denen gehandelt wurde. Ein Beispiel von 1775 ergab die folgende Umrechnung nach dem Maß der Reichsstadt Giengen: 29 Metzen (Ginger Meß) ergibt 3 Scheffel ¾ Metzen = 10,32 Ztr. Nachdem aber meist die genaue Angabe fehlt, welches Maß genommen wurde, so wie es bis zur Einführung des metrischen Systems Gültigkeit hatte, handelt es sich bei den unten angegebenen Maßen lediglich um eine Orientierunghilfe.[238]

Längenmäße

Ruthe/Rute

1 bay. Ruthe = alte Ruthe = 15 Fuß .... 4,378 Meter
1 bay. geom. Ruthe zu 10 Fuß .... 2,92 Meter
1 österr. Ruthe = 2 Klafter = 12 Fuß .... 3,793 Meter
1 ulmische Ruthe = 18 Fuß .... 5,202 Meter

Klafter (Das Klafter ist die Länge zwischen den Fingerspitzen der waagerecht ausgestreckten Arme.)

1 bay. Klafter zu 6 Fuß .... 1,75 Meter
1 österr. Klafter zu 6 Fuß .... 1,897 Meter

238 Verdenhalven, Alte Maße, 26–29, 31f., 34, 36, 38–40, 44–46, 49, 51; Kahnt – Knorr, Alte Maße, 128.

Elle (Die Elle ist die Länge zwischen den Fingerspitze und dem Ellbogen.)
1 bay. Elle .... 0,85 Meter
1 augsburgische Elle .... 0,58 Meter
1 freiburgische Elle .... 0,54 Meter

Flächenmaße

1 Tagwerk, auch Morgen, J(a)uchert, Joch .... 3407,27 m²
(die Einheit wird vorwiegend in Altbayern, der Oberpfalz und Schwaben verwendet)
1 Hektar .... 2,93 Tagwerk
1 Hube/Hufe .... 33–42 Tagwerk
1 bay. Jauchert = 180 Quadratruthen .... 3450,042 m²
1 schwäb. oder tirolischer Jauchert = 400 Quadratruthen .... 3596,65 m²
1 württ. Jauchert = 1½ Morgen .... 4727,61 m²
1 württ. Viert(e)l .... 788,94 m²

Hohlmaße fest

1 Kärtner Schaff .... 491,9 Liter
½ bay. Metzen, Viertel genannt .... 18,53 Liter
1 bay. Metzen zu 34 ⅔ Maaskannen .... 37,06 Liter
1 österr. Metzen .... 61,487 Liter
1 österr. Mutte(l)/Mittle = 4–5 Metzen .... 150–300 Liter
1 österr. Mut(h) = 30 Metzen .... 1844,983 Liter
1 württemb. Im(m)i .... 18,308 Liter
100 schweiz. Immi .... 1 Malter
1 schweiz. Malter .... 150 Liter
1 böhm., sächs., schles. Malter .... 1122,96 Liter

Münzen

Das Pfund (Pfd) als Gewichts- und Münzeinheit geht auf Karl den Großen zurück.

1 Pfd. Silber sind 240 Pfennige (Pfg), auch Denare (d) oder Haller (hl) genannt.

Anfangs (zwischen dem Jahr 751 und 1200) entsprachen
240 Pfennig .... 12 Unzen Feinsilber = 8 Schilling = 1 Pfund = 1 Florin
im Jahr 745 .... 1 Schilling (s = solidus) = 12 denarii
nach 751 .... 22 Schilling = 1 Pfund (240 Pfg)
im 14. Jh. .... 30 d = 1 Schilling
1225 .... 660 Pfg = 1 Mark Silber
1344 .... 960 Pfg = 1 Mark Silber
1400 .... 1200–1400 Pfg = 1 Mark Silber
1600 .... 15 Sorten, davon die besten 120 Pfg = 1 Gulden, die geringsten 576 Pfg = 1 Gulden

Der rheinische Gulden (fl = Florin) fand seit dem 15. Jh. im Heiligen Römischen Reich Verwendung, in Österreich seit dem 16. Jh.

1 Gulden = 60 Kreuzer (kr) = 180 Denare = 540 Heller
1 österr. Kreuzer = 4 Pfg
60 österr. Kreuzer = 1 Gulden = 1 Pfd Pfg
1 bay. guter Kreuzer = 5 Pfg

In Schwaben ging man um 1230 dazu über, zweiseitige Münzen zu prägen. Der Name leitet sich von der Ursprungsstätte Hall am Kocher her, später nannte man die Münzen anstatt Haller Heller.

Um 1420 sind 12 hl = 2 ½ Pfg.

Glossar (Worterklärungen)

aedituus	Mesner
Agatha	5. Februar
agnoscieren	anerkennen, Identität feststellen
allegierte	anführen, vorbringen, zitieren
Allod	Eigengut
antecessor	Vorgänger
armentarius	Pflugtierhirte
Auf- und Abfahrt	Geldbetrag, der bei Übernahme bzw. Abgabe eines Hofgutes bei der Herrschaft fällig wird.
Augenentzündung	Periodisch auftretende Entzündung der Augen beim Pferd, auch Mondblindheit genannt, kann zur Erblindung führen.
Ausgemächt	Übereinkommen
Auszehrung/ Abzehrung	Krebs (Krankheit)
Ayr	Eier
Ballach/Wallach	Wallach (beschnittenes Pferd)
Bannmühle	eine zwangsweise (von der Herrschaft) zu nutzende Mühle
Brand	Wundbrand
Bauwesen	Feldbau
Befreinden	Verwandtschaft
Bestandsmann/ Beständer	Pächter
bubulcus	Rinderhirt
carcinoma faciei	Hautkrebs vorwiegend an Stirn, Nase und Ohren (heller Hautkrebs)
cedieren	weichen, jmd. etwas abtreten
cementarius	Totengräber
Dämpfigkeit	chronische Lungenerkrankung bei Pferden, die sich auf das Herz ausbreitet, meist mit tödlichem Verlauf
Dummkoller	Der Abfluss des Hirnwassers beim Pferd ist gestört, wodurch Hirnzellen absterben, was wiederum bei Fortschreiten der Krankheit zum Tod führt.
Erblehen	ein von der Herrschaft ausgegebenes Stück Land, das weitervererbt werden kann auf die Kinder
Ehrschatz	*laudemium* (Abgaben an den Grundherrn)
Eggden	Egge
Eigenacker	dem Bauern zu eigenem Besitz stehender Acker
Eigenmahd	dem Bauern zu eigenem Besitz stehende Mahd
Ein- und Zugehör	Zubehör
Einschlauff	bestes Gewand (Eingeschleif)
Einstandsrecht	Vorkaufsrecht

Elle	etwa ein halber Meter
erbgitig	unfreies Gut in einem erblichen Leiheverhältnis
Erbsölde	vererbares Hofgut
Eschwing/ Öschwende	faseriger Teil des Flachses
faber ferrarius	Grobschmied
Faulfieber	Typhus
fornicatrix	Hure
Freindschaft	Verwandtschaft
Fron	Herrendienst
Führer	Gemeindeführer/Gemeindevorsteher
Fürtücher	Schürze
Gant/verganten	gerichtliche Versteigerung
Geäckerich	Gebiet im Wald für die Schweinemast besonders mit Bucheckern und Eicheln
(in die) Geige schlagen/ in der Keichen	an den Pranger stellen / ins Gefängnis werfen
Gemeindsgerechtigkeit	Anteil an der Gemeindeflur
Gemeindsmann	Gemeindemitglied
Gemeindsonera	Gemeindelasten
Georgi	23. April
Gerichtsmann	Schöffe, Beteiligter bei Gerichtssitzungen
Geschiff	Gefäß
Goller	Schultertuch
Gunkelstube/-haus	Spinnstube
Gutsinsitzer	Mieter
Hagen	Zuchtstier
Halbscheid	Hälfte, halber Anteil
Halskrebs	eine Krebsart am Hals
Hauszieler	zu einem bestimmten Termin fällige Renten- oder Ratenzahlung, für die das Haus haftet
(Lieber) Heiliger/ Heiligenpflege	Kirchenstiftung
Hellhafen	länglicher Kessel zum Wasser sieden im Ofen
herzschlächtig	vgl. Dämpfigkeit
hirnritzig	vgl. Dummkoller
Hirtenkolben	Hirtenstab, Hirtenkeule
Hofraithe	der für Wirtschaftszwecke dienende frei Raum eines Herrenhofes
hospes	Gastfreund
Huck treiben	fahrenden Handel treiben (Huck bezeichnet eine Rückentrage)
Hysterie	in Mittelalter und Früher Neuzeit als teuflische Besessenheit gedeutet
in dotem	Mitgift

Injurien	Beschimpfungen
Intuitu	in Rücksicht auf
Innsitzer	Mieter
iuxtum consuetum stylum	nach gewöhnlichem Stil / Maßstab
Jakobi	25. Juli
Johannis	24. Juni oder 27. Dezember
jugarius	Ochsenhirt
K. und K. Viarium	kaiserliche und königliche Straßenbaudeputation
Kadi	Richter
Karbatschen	aus ledernen Riemen oder Hanfseilen geflochtene Peitsche mit kurzem Holzstiel
Keren/Kern/Korn	Getreide
Klafter	Maßeinheit
Kleemeister	Wasenmeister
Kloben	gespaltenes Holzstück zum festklemmen
kolderen	vgl. Koppen
Kopftyphus	auch Typhus (schwere Durchfallerkrankung)
Koppen	Verhaltensstörung beim Pferd, um Stress abzubauen
Lehengut	geliehenes Stück Land mit Rechten und Pflichten für beide Seiten
leibfällig	Güter, die nach dem Tod des Inhabers an den Herrn zurückfallen
Liegerstatt	Liegestätte, Bett
Leylacher	Teppich, Wandbehang
Lidlohn	Arbeitslohn, Dienstlohn für Dienstboten und Gesinde
Lohnhechler	Lohnarbeiter für Flachs
Loh	feuchtes Gebiet
Ludimagister	Spielmeister/Schulmeister
lungenfaul	vgl. Pfeifen
Lungenlähmung	allgemeine Bezeichnung für Atemstillstand bis ins 19. Jh.
Lungenschlag	plötzlicher Atemstillstand
Lungensucht	Lungenschwindsucht
olim	einst
Maderitte	Matratze?
Magenverhärtung	chronische Gastritis, die zum Magenkrebs werden kann
Maß	Maßeinheit für Flüssigkeiten
Marasmus	schwere Erkrankung infolge von Mangelernährung
Mayensteuer	Abgabe an den Grundherrn im Mai
Me(t)zen	Maßeinheit
Michaeli	29. September
Mitle	Maßeinheit
Mousquetier	Musketier, Soldat

Mutterkrankheit	zu große Fixierung der Mutter auf ihre Rolle, kann zu Schizophrenie führen
Nachsteuer	Steuer auf eine bereits versteuerte Sache
Nachziehler	nach dem Termin erfolgte Ablösung einer Schuld
Nervenfieber/ Nervenkrampf	Fieberschub, der das Gehirn und Nervensystem angreift
Obligation	schriftliche Verpflichtung, Schuldverschreibung
obstetrix	Hebamme
pastor	Hirte
Peritonitis	Entzündung des Bauchfells
Pfeifen	chronische Atemstörung bei Pferden, sichtbares Zeichen: Atemnot bei Anstrengung
Pfründe	Besoldung für einen Geistlichen
Pfulbe	ein größeres mit Federn gefülltes Ruhekissen
Policeyordnung	allgemeine Themen regulierende Ordnung der Herrschaft
possesssor	Besitzer
puerpera	Wöchnerin
Reiste	ein Büschel oder Zopf gehechelter Flachs
Reitacker/Reutacker	durch Waldrodung gewonnener Acker
Reluitionsurkunde	Urkunde über die Auslösung eines Pfandes
Reskript	Rückantwort
Rotz	hochinfektiöse Krankheit bei Pferden, die auf den Menschen übertragen werden kann, sichtbar an Geschwüren auf der Haut, aus denen gräulich-gelber Eiter fließt, Fieberschüben, Abmagerung und struppigem Fell
sartor	Schneider
Schaff	Maßeinheit
Scharwerksdienst	Arbeit zu der man verpflichtet ist, Frondienst
Schleifweg	Holzschleifweg oder Schleichweg
Schleimschlag	Schlaganfall, der nach der frühneuzeitlichen Medizin auf ein Zuviel an Schleim im Körper zurückgeführt wurde
Schober	Maßeinheit
Schmalhirt	Kleinviehhirte
Schneier	auch Hippe; Hackmesser zum Zerkleinern von Reisig
Schweizer	Stallknecht für Milchvieh
Schuldbrief	schriftliche Bestätigung über das Bestehen einer Schuld
Sepsis	(Blut-)vergiftung
Sidel	Maßeinheit
siligo	sehr heller Winterweizen
Simmriges	Sommergetreide

(im) Stock abbüßen	am Pranger stehen
spanischer Mantel	eine Tonne mit Blech ausgeschlagen und Gewichten, die der Delinquent übergestülpt bekam und damit dem Spott der Leute preisgegeben wurde
sponsus	Ehegefährte
Supplicant	Bittsteller
sutor	Schuster
Taufgödlen	Taufpate
titulo oneroso	Ehrentitel
Überzüg (flexene und wirkene)	Bettbezüge aus Leinen (fein und grob gewebt)
Urbarium	mittelalterliches Grundbuch
unter dem Reiff verkaufen	der Reif war ein Wirtshauszeichen, das ausgehängt wurde
Untergänger	Feldmesser, Steinsetzer
Unterleibsbrand	starke Entzündung des Unterleibs, die nicht behandelt werden konnte
Unterschlauf/-schluff	Unterstützung, Unterkunft
Verlassenschaft	Erbe
vulgo	umgangssprachlich
Wätte	seichtes Gewässer zum Waschen der Tiere/Pferde
Wasenmeister	Abdecker, Kleemeister
Wassersucht	vermehrte Ansammlung von Wasser im Körper
Wellen	Holzbündel
Wintriges	Wintergetreide
Witiber	Witwer
Wirkstuhl	frühneuzeitliche Strickmaschine vorwiegend für Strümpfe
wurmig	vgl. Rotz
Ymin/Immi	Maßeinheit
Zinsverschreibung	in Geld verzinsliche Schuldverschreibung
Zihlfrist/Ziehler	Zahlungsfrist
Zwilch	derber Leinen- und Baumwollstoff

Quellen- und Literaturverzeichnis

Archivalien und Urkunden

Bayerische Staatsbibliothek München (BSB)
- Cgm 6844(9

Staatsarchiv Augsburg (StAA)
- Kloster Wettenhausen Urkunden
- Kloster Wettenhausen Literalien MüB
- Reichsstift Wettenhausen Gemeinderechnungen Limbach
- Reichsstift Kaisheim Urkunden
- Reichsstift Kaisheim, Pflegamt Ulm-Biberberg
- Reichsstift Wettenhausen, Annales Wettenhusani (Handschriften)
- Reichsstift Wettenhausen, Genealogia Wettenhusana
- Reichsstift Wettenhausen Literalien
- Vorderösterreich Lehenurkunden
- Vorderösterreich Literalien

Archiv des Bistums Augsburg (ABA)
- Pers. 3518 L
- Pfarrmatrikel L (Limbach), Bd. 1, 1-T 1665–1701
- Pfarrmatrikel L (Limbach), Bd. 1, 1-S-1 1665–1701
- Pfarrmatrikel L (Limbach), Bd. 2, 2-HS 1701–1751
- Pfarrmatrikel L (Limbach), Bd. 4, 4-T 1803–1826 (Filmrolle 1)
- Pfarrmatrikel L (Limbach), Bd. 8, 8-T-R, 8-H-R, 8-S-R 1665–1967
- Pfarrmatrikel K (Kleinkötz), Bd. 2, 2-T 1703–1789

Pfarrarchiv Limbach
- Abteilung I, Maria Königin Bild (MKB)
  - 2 Abschrift der Chronik
  - 3 Stahlhut, Chronik

- Abteilung II, Pfarrgeschichte Limbach
  - 2 Glocken
  - 3 Orgelgeschichte: Orgel
  - 7 Renovierungen
  - 13 Bruderschaftsbuch
  - 17 Pfarrliche Verrichtungen
    Verkündtafel
    Aushangblatt
  - 19 Pfarr- und Kirchenvisitiationen
  - 36 Wahrheitsfreund 12/1886

- Abteilung III, Anhausen (Anh)
  - 2 Salbuch Großanhausen von 1692

Abteilung IV, Pfarrer Völk (PfV)
- 1 Persönliche Urkunden
- 10 Aus Günzburgs Vergangenheit (Stiftsbuch Frauenkloster Günzburg)
- 16 Beneficia B.V.M. Deubacensis 1675–1763
- 19 Brauchtum: Sammlung und Beilage
- 25 Josef Völk, Predigten (es liegen sieben fertige Übertragungen aus dem Stenogramm von Karl Janosch bei)

Abteilung V, Ortsgeschichte (OG)
- 3A Besitzbeschreibungen HsNr. 1–11
- 3B Besitzbeschreibungen NsNr. 12–37
- 11 Lehrer in Limbach
- 12 Elektrifizierung 1922/23: Sammelliste Beleuchtungskörper
- 16 Stammbaumforschung
- 17 Grundbuch der Flurgemarkung Limbach 1837
- 23 Eigentumsrechte bei Grundstücken: Protokoll des Notariats Burgau vom 14. Dezember 1912: Wassergenossenschaft
- 29 verschiedene Wettenhausener Ackten
- 30 Protokolle des Ambts Wettenhausen 1566–1574
- 31 Protokolle Wettenhausen 1693–97
- 35 Protokolle Wettenhausen 1759–94
- 37 Register des Einnemens 1618 des Reichsstiftes Wettenhausen
- 43 Ordinari Lichtmeß Steuer-Register Wettenhausen 1699

Privatbesitz Erhard Hindelang
- Aufsatz zu den Altären in Großkötz (zur Verfügung gestellt von Ulrich Schmid sen.
- Aufzeichnungen Karl Janosch, Sammlung für die Schule
- Brauchwasserbescheid 1979
- Eingemeindungsvertrag vom 20. November 1976
- Gedicht Pfarrer Völk
- Gemeindebeschrieb 1965 (zur Kreisbeschreibung für den ehemaligen Landkreis Günzburg)
- Notizen zum Königin Bild (gefunden von Hrn. Schieferle)

Privatbesitz Ulrich Schmid sen.
- Gemeindebeschrieb 1876

Quellen aus Vereinsbesitz
- Protokollbuch des Schützenverein Limbach
- Liste des Schützenmeisteramtes
- Chronik des Krieger- und Soldatenvereins
- Chronik der FFW Limbach 1984

Quellen, Handbücher, Urkundenbücher, Atlanten, Monographien, Kataloge, Aufsätze, Zeitungsartikel

Abraham a Sancta Clara, Etwas für Alle: Das ist: Eine kurtze Beschreibung allerley Stands- Ambts- und Bewerbs-Persohnen. Mit beygedruckter Sittlichen Lehre und Biblischen Concepten. Nürnberg 1699. [Abraham a Santa Clara, Etwas für Alle]

Anton Aubele, Straß. Zur Geschichte eines Dorfes im Ulmer Winkel. Weißenhorn 1982. [Aubele, Straß]

Bebauungsplan 2013: Informationsblatt der Bürgerversammlung

Bernhard Bischoff (Hg.) – Sigrid Thurm (Berb.), Deutscher Glockenatlas. Bayerisch-Schwaben. Band 2, München 1967. [Bischoff – Thurm, Glockenatlas]

Placidus Braun, Historisch-topographische Beschreibung der Diöcese Augsburg in drey Perioden. Erster Band. Erste Periode, Augsburg 1823. [Braun, Historisch-topographische Beschreibung 1]

Burgau aktuell Sept. 12, 4: Kreuzungvarianten zum Knotenpunkt bei Limbach

Karl Ludwig Dasser, Johann Baptist Enderle 1725–1798. Ein schwäbischer Maler des Rokoko, Weißenhorn 1970. [Dasser, Johann Baptist Enderle]

Lydia L. Dewiel, Bayerisch Schwaben: Kultur, Geschichte und Landschaft zwischen Ries und Lechfeld, Köln 1990. [Dewiel, Bayerisch Schwaben]

Helmut Findler, Pilgern in Burgau. Kreuze erzählen Geschichte, Burgau 2020.

Ingo Gabor, Der Vorarlberger Baumeister Valerian Brenner, Leben und Werk, Augsburg 2000. [Gabor, Valerian Brenner]

Eugen Ganzenmüller, Sagen und Geschichten aus dem Raum Günzburg, Ort und Jahr. [Ganzenmüller, Sagen und Geschichten]

Gemeinde-Verzeichniss für das Königreich Bayern. Ergebnisse der Volkszählung vom 1. Dezember 1890. Hrsg. vom K. statistischen Bureau, München 1892. [Gemeinde-Verzeichniss 1892]

Michaela Glenk, Historisches Ortsnamensbuch von Bayern. Schwaben, Bd 11: Günzburg – Stadt und Altlandkreis, München 2012. [Glenk, HONB Günzburg]

Grimmsches Wörterbuch =

Jacob Grimm – Wilhelm Grimm, Deutsches Wörterbuch. Bearbeitet von Ludwig Sütterlin und den Arbeitsstellen des Deutschen Wörterbuches zu Berlin und Göttingen. ND der Erstausgabe von 1860. Band 2: Biermörder – Dwwatsch, München 1984.

Jacob Grimm – Wilhelm Grimm, Deutsches Wörterbuch. Bearbeitet von Ludwig Sütterlin und den Arbeitsstellen des Deutschen Wörterbuches zu Berlin und Göttingen. ND der Erstausgabe von 1862. Band 3: E – Forsche, München 1984.

Jacob Grimm – Wilhelm Grimm, Deutsches Wörterbuch. Bearbeitet von Ludwig Sütterlin und den Arbeitsstellen des Deutschen Wörterbuches zu Berlin und Göttingen. ND der Erstausgabe von 1897. Band 5: Gefopp – Getreibs, München 1984.

Jacob Grimm – Wilhelm Grimm, Deutsches Wörterbuch. Bearbeitet von Ludwig Sütterlin und den Arbeitsstellen des Deutschen Wörterbuches zu Berlin und Göttingen. ND der Erstausgabe von 1911. Band 6: Getreide – gewöhniglich, München 1984.
Jacob Grimm – Wilhelm Grimm, Deutsches Wörterbuch. Bearbeitet von Ludwig Sütterlin und den Arbeitsstellen des Deutschen Wörterbuches zu Berlin und Göttingen. ND der Erstausgabe von 1935. Band 9: Greander – Gymnastik, München 1984.
Jacob Grimm – Wilhelm Grimm, Deutsches Wörterbuch. Bearbeitet von Ludwig Sütterlin und den Arbeitsstellen des Deutschen Wörterbuches zu Berlin und Göttingen. ND der Erstausgabe von 1877. Band 10: H – Juzen, München 1984.
Jacob Grimm – Wilhelm Grimm, Deutsches Wörterbuch. Bearbeitet von Ludwig Sütterlin und den Arbeitsstellen des Deutschen Wörterbuches zu Berlin und Göttingen. ND der Erstausgabe von 1885. Band 12: L – Mythisch, München 1984.
Jacob Grimm – Wilhelm Grimm, Deutsches Wörterbuch. Bearbeitet von Ludwig Sütterlin und den Arbeitsstellen des Deutschen Wörterbuches zu Berlin und Göttingen. ND der Erstausgabe von 1893. Band 14: R – Schriefe, München 1984.
Jacob Grimm – Wilhelm Grimm, Deutsches Wörterbuch. Bearbeitet von Ludwig Sütterlin und den Arbeitsstellen des Deutschen Wörterbuches zu Berlin und Göttingen. ND der Erstausgabe von 1893. Band 15: Schiefeln – Seele, München 1984.
Günzburger Zeitung
30.04.1959: Rücklagen für den Straßenbau
29.02.1960: Titel unbekannt
02.01.1963: Titel unbekannt
(19.)01.1969: Seine Werke werden weiterleben
24.01.1973: Alle Möglichkeiten sind offen
21.01.1974: Vorschulkindergarten kirchlich eingeweiht
21.10.1975: Der traurigste Tag war im Krieg
08.05.1987: Rund 2 Millionen für Kanalarbeiten
22.05.1987: Limbacher Straßen sind wie eine Faß ohne Boden
21.11.1987: Kanalisation erregt die Gemüter
07.1988: Das Leben im Stadtteil Limbach geprägt
23.10.1989: Wunsch der Wehr scheint in Erfüllung zu gehen
30.12.1989: Neues Domizil für Limbacher Wehr
04.02.1994: Platznot auf Friedhof
15.07.1995: Limbacher Friedhof wird erweitert
09.03.1996: Der Limbacher Friedhof soll erweitert werden
17.04.1997: Unfallschwerpunkt: Limbacher Kreuzung wird entschärft
07.09.1997: »Limbacher Kreuzung« wird nun entschärft
16.09.1997: Kreuzung wird umgebaut
05.03.1999: Dorfweiher wird schöner

07.04.1999: Limbacher Dorfweiher erhält neues Gesicht
06.07.2001: Neuer Friedhof nach 25 Jahren
10.07.2001: Neuer Limbacher Friedhof eine »gute Visitenkarte«
01.07.2004: Ein jahrhundertealter Wunsch geht in Erfüllung
01.07.2005: Limbacher Floriansjünger beziehen Feuerwehrhaus
14.11.2009: Lösung für das Baugebiet in Limbach ist in Sicht
06.08.2011: Nüßlein: Erst Neubau, dann Abriss
23.04.2012: Limbacher A 8-Brücke abgerissen
13.07.2012: Bürgerversammlung zum Thema B10 bei Limbach
03.08.2012: Kreisverkehr oder Unterführung
18.08.2012: Die Zeit der Umwege ist vorbei
17.06.2015: Eine neues Stück A 8 ist jetzt da
04.08.2017: Die alte B 10 ist wieder frei
21.12.2017: Millionen für die Straßen
24.12.2019: Limbacher ehren Karl Kempter
05.05.2020: Mitteilung der Stadt Burgau (Änd. des Flächennutzungsplanes)

Hilke Hennig, Die Hallstattzeit in Schwaben, in: Hans Frei – Pankraz Fried – Franz Schaffer (Hg.), Historischer Atlas von Bayerisch-Schwaben, Augsburg [2]1982 ff., Karte III/4. [Hennig, Hallstattzeit, Karte III/4]

Herbert Huber, Der Augsburger Domkapellmeister und Komponist Karl Kempter (1819–1871), in: JABG 53 (2019), Bd. I, S. 193–237. [Huber, Karl Kempter]

Hermann Hoffmann, Die Urkunden des Reichsstiftes Kaisheim 1135–1287 (SFG. Reihe 2a: Urkunden und Regesten 11), Augsburg 1972. [Hoffmann, Urkunden Kaisheim]

Helmut Kahnt – Bernd Knorr, Alte Maße, Münzen und Gewichte, Mannheim/Wien/Zürich 1987. [Kahnt – Knorr, Alte Maße]

Katholische Sonntagszeitung des Bistums Augsburg, 11. Januar 2020, Nr. 2, S. 13: Karl Kempter wird plastisch

Johann Lambert Kolleffel, Schwäbische Städte und Dörfer um 1750. Geographische und Topographische Beschreibung der Markgrafschaft Burgau 1749–1753 (Beiträge zur Landeskunde von Schwaben 2). Tafelband. Hg. von Robert Pfaud, Weißenhorn 1974. [Kolleffel, Beschreibung 1749–1753]

Josef Lautenbacher, Kempter, Karl, in: ADB 51, 1906, S. 112–114.

Rudolf Lenz, Abkürzungen aus Personalhandschriften des XVI. bis XVIII. Jahrhunderts (Marburger Personal-Forschungen 1), Marburg 1978. [Lenz, Abkürzungen]

Martin Luther, Von der Freiheit des Christenmenschen, Wittenberg 1520. ND München 1961. [Luther, Von der Freiheit]

Meisterwerke Massenhaft. Die Bildhauerwerkstatt des Nikolaus Weckmann und die Malerei in Ulm um 1500. Ausstellung im Württembergischen Landesmuseum Stuttgart, 11. Mai–1. August 1993. Ulm 1993. [Meisterwerke Massenhaft]

Gerhart Nebinger – Norbert Schuster, Das Burgauer Feuerstattguldenregister, in: Das obere Schwaben vom Illertal zum Mindeltal 7 (1963) (Festgabe

Paul Auer zum 80. Geburtstag), S. 77–164. [NEBINGER – SCHUSTER, Burgauer Feuerstattguldenregister]
Gertrud OTTO, Die Ulmer Plastik der Spätgotik, Reutlingen 1927. [OTTO, Ulmer Plastik der Spätgotik]
Johann Nepomuk von RAISER, Der Ober-Donau-Kreis des Königreichs Bayern unter den Römern / 2: II. Abth.: Die Römer-Male von Coeliomonte bis ad Castra Vetoniana, Augsburg 1831. [RAISER, Ober-Donau-Kreis]
RB =
Karl Heinrich von LANG (Hg.), Regesta sive Rerum Boicarum Autographa. Band 4, München 1828. [RB IV]
Maximilian von FREYBERG (Hg.), Regesta sive Rerum Boicarum Autographa. Band 9, München 1841. [RB IX]
Philipp Ludwig Hermann RÖDER, Geographisches Statistisch-Topographisches Lexikon von Schwaben oder vollständige alphabetische Beschreibung aller im ganzen Schwäbischen Kreis liegenden Städte, Klöster, Schlösser, Dörfer etc. 1 und 2, Ulm [2]1800. [RÖDER, Lexikon II]
Andream Francis. Xaver. SCHEFFER (Hg.), Außführlicher Bericht der Berühmten in der Reichsgefürsteten Marggrafschaft Burgau, auf der Kayserlichen Land-Strassen nächst dem Dorff Lempach in Schwaben gelegenen Königlichen Lothringischen Und Groß-Herzoglich Thoscanischen Wallfahrt Königin-Bild, Augsburg/ gedruckt bey Johann Michael Labhart 1740. [SCHEFFER, Außführlicher Bericht]
Johann Andreas SCHMELLER, Bayerisches Wörterbuch. Sammlung von Wörtern und Ausdrücken, die in den lebenden Mundarten sowohl, als in der älteren und ältesten Provincial-Litteratur des Königreichs Bayern, besonders seiner ältern Lande, vorkommen, und in der heutigen allgemein deutschen Schriftsprache entweder gar nicht, oder nicht in denselben Bedeutungen üblich sind. Band 2. Enthaltend Theil III. und IV. der ersten Ausgabe, München 1877. [SCHMELLER, Bayerisches Wörterbuch 2]
Alfred SCHRÖDER, Das Traditionsbuch und das älteste Einkünfte-Verzeichnis des Klosters Ursberg, in: Jahrbuch des historischen Vereins Dillingen 7 (1894), S. 3–39. [SCHRÖDER, Traditionsbuch Ursberg]
Alexander SCHULZ, Maria Königin Bild, Eine Wallfahrt in Schwaben, Günzburger Hefte 14, Weißenhorn 1980. [SCHULZ, Maria Königin Bild]
Klaus SCHWARZ, Atlas der spätkeltischen Viereckschanzen Bayerns. Textband, München 2007. [SCHWARZ, Viereckschanzen Bayerns]
Joseph STAHLHUT, Chronik der Kirche und Wallfahrt zum »Königin-Bild«. [STAHLHUT, Chronik] (lagert im Pfarrarchiv Limbach)
Antonius STEICHELE – Alfred SCHRÖDER, Das Bisthum Augsburg historisch und statistisch beschrieben. Band 5: Die Landkapitel: Ichenhausen und Jettingen, Augsburg 1895. [STEICHELE – SCHRÖDER, Bisthum Augsburg 5]
Hans Peter UENZE, Die Latènezeit in Schwaben, in: HANS FREI – PANKRAZ FRIED – FRANZ SCHAFFER (Hg.), Historischer Atlas von Bayerisch-Schwaben, Augsburg [2]1982 ff., Karte III/5. [UENZE, Latènezeit, Karte III/5]

Fritz VERDENHALVEN, Alte Maße, Münzen und Gewichte aus dem deutschen Sprachgebiet, Neustadt/Aisch 1968. [VERDENHALVEN, Alte Maße]

Joseph VÖLK, Aus der Pfarrgeschichte Limbach, in: Schwäbische Heimat, Febr. 1925, Nr. 1.

Joseph VÖLK, Benefiziaten von »Maria Königin Bild«, in: Schwäbische Heimat, Nr. 10, Oktober 1925.

Joseph VÖLK, Der Elendherrgott von Limbach, in: Schwäbischer Heimatbote, 1930, Ausgabe 12.

Joseph VÖLK, Ein versunkenes Schloss, in: Schwäbische Heimat 1926, Nr 14.

Joseph VÖLK, »Maria Königin Bild« bei Limbach in: Schwäbische Heimat, Nr. 4, Mai 1925.

Joseph VÖLK, »Maria Königin Bild« bei Limbach in: Schwäbische Heimat, Nr. 10, Oktober 1925.

Joseph VÖLK, »Maria Königin Bild« bei Limbach in: Schwäbische Heimat, Nr. 11, November 1925.

Joseph VÖLK, 1796, Moraeu zieht durch unsere Gegend, in: Schwäbische Heimat 1927, Nr 4 und 5.

Joseph VÖLK, Pfarrhof-Jubiläum, in: Schwäbischer Heimatbote, Juli 1930, Nr. 7.

Joseph VÖLK, St. Stefanskirche in Limbach, in: Schwäbische Heimat, 1926, Nr. 19; 1926 Nr. 20.

Vom Advent zum Advent, Liturgischer Wochenkalender, Leipzig 2013. [Vom Advent zum Advent]

Alfred WEITNAUER, Keltisches Erbe in Schwaben und Bayern, Kempten 1961. [WEITNAUER, Keltisches Erbe]

Wirtembergisches Urkundenbuch. Hg. von dem königlichen Staatsarchiv in Stuttgart, Band 2, Stuttgart 1858. [WUB 2]

Wolfgang WÜST, Günzburg (Historischer Atlas von Bayern, Teil Schwaben, I/13), München 1983. [WÜST, Günzburg]

Abbildungsverzeichnis

Anton H. Konrad Verlag 67
Archiv des Bistums Augsburg 49 (BO 3955)
Bayerische Vermessungsverwaltung 7, 103 (Uraufnahme; NW 15-39/15-40; CC BY-ND 3.0 DE)
Bayerisches Landesamt für Denkmalpflege – Luftbilddokumentation 2 (Aufnahmedatum 27.05.1978; Otto Braasch, Archiv-Nr. 7526/025-1, Dia-Nr. 33-31); 3 (Aufnahmedatum 18.06.2000, Klaus Leidorf, Archiv-Nr. 7526/025-2, Dia-Nr. 8258-5)
Erzbischöfliches Diözesanmuseum Freiburg 64, 65 (Frei/MULF/0018); 66 (Frei/MULF/0019)
Heimatmuseum Günzburg 48 (Inv.Nr. 03816)
Konrad, Christoph, Berlin Titelbild; 1; 17; 19–21; 24; 25; 29; 31; 69; 71; 88; 98; 100; 111–113
KHM-Museumsverband 46 (Ölgemälde von Charles Brendel, 1684; GG 2750)
Merfeld, Leonhard 89–91
Österreichisches Staatsarchiv 6 (OeStA; KA KPS KS B IV a 499-1, fol. 188)
Public Domain 74 (Wikimedia)
Staats- und Stadtbibliothek Augsburg (SuStBA) 45 (Titelkupfer zum Wallfahrtsbuch von Andreas F. Scheffer, Außführlicher Bericht Der Berühmten In der Reichs-Gefürsteten Marggrafschafft Burgau..., Augsburg 1740; SuStBA Th L 554)
Staatsarchiv Augsburg Vorsatz (Karten- und Plansammlung G 55); 4 (Reichstift Kaisheim Urkunden 232); 5 (Reichstift Wettenhausen Urkunden 6); 9 (Generalkommissariat des [2.] Oberdonaukreises 511); 30 (Karten- und Plansammlung O 241); 47, 114, 118 (Karten- und Plansammlung G 55)
Stadt Burgau S. 7 und 9
Seitz, Josef, Billenhausen Buchrückseite; Frontispiz; 22; 23; 32–44; 50–63; 68; 70; 72; 115; 116
Universitätsbibliothek Frankfurt 73 (Sammlung Manskopf; S 36/G0 3217)

Alle übrigen Aufnahmen wurden vom Autor und von Martin Hindelang beigetragen.

Register

von Bernhard Appenzeller

Ortsregister

Im Ortsregister sind alle Ortsnamen erfasst, die im Text, in den Bildunterschriften und in den Fußnoten vorkommen. Nicht berücksichtigt sind Ortsnamen in den Literatur- und Quellenangaben, im Anhang S. 451ff. sowie Limbach. (?) bedeutet, der Ortsname ist nicht eindeutig zu zuordnen.

Personenregister

Im Personenregister sind alle Personennamen erfasst, die im Text, in den Bildunterschriften und in den Fußnoten vorkommen. Nicht berücksichtigt wurden Personennamen der Literatur- und Quellenangaben und im Anhang S. 451ff. vorkommende Namen.

Be[…]

Über daß Dorf Limbach, auch denen Innwohneren, un[…] Hofraithungen, Wurz, und Grasgärten, auch Äckher, Mäde[…] so nach dem Alphab[…]

Litt:		Ort	
A.	S: Stephan Pfarr-Kirchen, mit dem Fraythof	—	
B.	Pfarr Hof mit dem garten	—	1
C.	Der Herrschaftliche zehent-Stadl	—	—
D.	Andreas Conrad Baur	2	1
E.	Hanns Jörg Buchlmüller. Baur	—	4
F.	Hanns Adam Schmid. Söldner	—	1
G.	Stephan Ramster Baur	—	2
H.	Rudolph Aubeles Erben. Burgauisch	—	2
I.	Georg Berchtold. Baur	—	3
K.	Zacharias Langegger, iezo Peter Götz. Söldner	—	1
L.	Gregori Brand. Söldner	—	1
M.	Jacob Röch. Baur	—	2
N.	Peter Götz. Würth. Burgauisch	1	—
O.	Carl Schwarz. Söldner	—	3
P.	Michael Sönner. Schmid	—	—
Q.	Mathes Wieland, Baur. Kaysersheimbisch	—	4
R.	Barthl Mair. Söldner	—	2
S.	Sebastian Bestl. Söldner	—	3
T.	Antoni Maisle. Söldner	—	2
V.	Christian Berger. Söldner	—	1
W.	Johannes Kanz. Maurer	—	1
X.	Albanus Schmid. Söldner	—	3
IJ.	Johannes Kündig	—	3
Z.	Sebastian Mair. Söldner	—	2
AB.	Jacob Küefer. Söldner	—	1½
BB.	Jacob Haimb. Burgauischer	—	4½
CB.	Jacob Baur.	—	1
DB.	Das Hürten Häusle auf der Gemaindt	—	—
EB.	Georg Berchtold Brühl	—	4½
FB.	Jacob Röch Brühl	—	3
GB.	Stephan Ramsters Brühl neben Georg Berchtold Brühle	—	1
HB.	Stephan Ramsters Brühl über der gassen	—	2
IB.	Andreas Conrad ein ackher in seinem garten	1	—
	Summa	19	—